陳飛 凡評 校閱
黃俊郎 注譯

新譯大唐西域記

三民書局

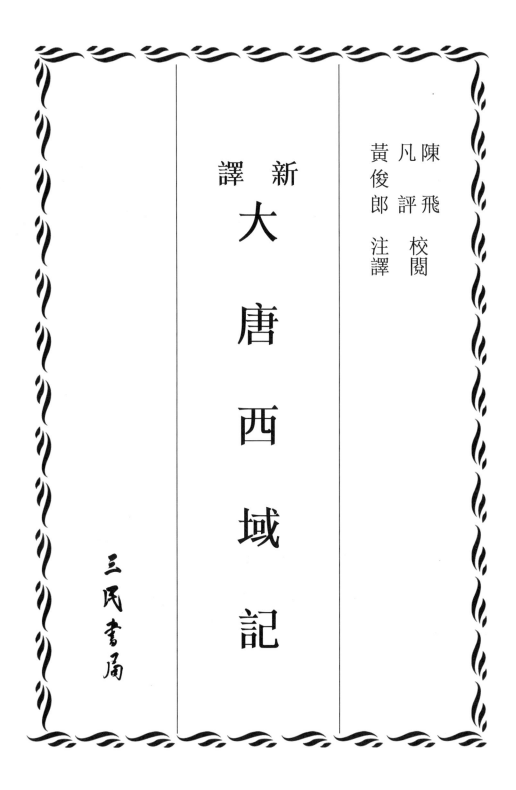

刊印古籍今注新譯叢書緣起

劉振強

人類歷史發展，每至偏執一端，往而不返的關頭，總有一股新興的反本運動繼起，要求回顧過往的源頭，從中汲取新生的創造力量。孔子所謂的述而不作，溫故知新，以及西方文藝復興所強調的再生精神，都體現了創造源頭這股日新不竭的力量。古典之所以重要，古籍之所以不可不讀，正在這層尋本與啟示的意義上。處於現代世界而倡言讀古書，並不是迷信傳統，更不是故步自封；而是當我們愈懂得聆聽來自根源的聲音，我們就愈懂得如何向歷史追問，也就愈能夠清醒正對當世的苦厄。要擴大心量，冥契古今心靈，會通宇宙精神，不能不由學會讀古書這一層根本的工夫做起。

基於這樣的想法，本局自草創以來，即懷著注譯傳統重要典籍的理想，由第一部的四書做起，希望藉由文字障礙的掃除，幫助有心的讀者，打開禁錮於古老話語中的豐沛寶藏。我們工作的原則是「兼取諸家，直注明解」。一方面熔鑄眾說，擇善而從；一方面也力求明白可喻，達到學術普及化的要求。叢書自陸續出刊以來，頗受各界的喜愛，使我們得到很大的鼓勵，也有信心繼續推廣這項工作。隨著海峽兩岸的交流，我們注譯的成員，也由臺灣各大學的教授，擴及大陸各有專長的學者。陣容的充實，使我們有更多的資源，整理更多樣化的古籍。兼採經、史、子、集四部的要典，重拾對通才器識的重視，將是我們進一步工作的目標。

古籍的注譯，固然是一件繁難的工作，但其實也只是整個工作的開端而已，最後的完成與意義的賦予，全賴讀者的閱讀與自得自證。我們期望這項工作能有助於為世界文化的未來匯流，注入一股源頭活水；也希望各界博雅君子不吝指正，讓我們的步伐能夠更堅穩地走下去。

新譯大唐西域記　目次

卷五　六國

卷六　四國

卷七　五國

卷十二　二十二國

導讀

在西元五世紀即將結束，六世紀就要開始的「世紀之交」的三年裡，中國社會正處於隋文帝開皇後期的「盛世」時期，朝野上下沈浸在一片「太平」景象裡，大概誰也不會料到，十五年後，這個政權會在頃刻間土崩瓦解，為另一個更加強盛的新政權所取代。當然，這時的人們也絕不會對他們身邊先後出生的兩個男孩給予特別的注意。然而這兩個不平凡的生命，不僅創造了中國的歷史和文化奇蹟，而且也創造了世界的歷史和文化奇蹟。這兩人便是唐太宗李世民和三藏法師玄奘。前者作為現實界的天才領袖，是大唐盛世的締造者和開啟者；後者作為精神界的天才領袖，是中國佛教「真經」的求取者和法相唯識宗的大師。他們兩人及其功績，早已是並且今後仍將是世人為之驚嘆讚美的奇蹟！而且他們兩人在先後逝世之前，曾有過密切的交往，這更使得兩個奇蹟互為關聯，交相輝映，光彩奪目，令人興味無窮。我們現在所看到的《大唐西域記》，就是記錄這個奇蹟尤其是記錄玄奘奇蹟的一部書，而它本身，也是一個奇蹟。

明代文人吳承恩寫過一部有名的長篇小說，名為《西遊記》。說的是「唐僧西天取經」的故事，其中的「唐僧」，就是以玄奘為人物原型，「西天取經」，就是以玄奘前往印度求取佛法的事跡為故事原型。因此，玄奘和他的「西遊」事跡，早已是家喻戶曉、婦孺皆知的。不過，小說的描寫，畢竟帶有很大的藝術虛構的成分，「唐僧」和玄奘，有著本質的不同，「西遊」和印度求法也完全不是一回事。為了更正確地閱讀和理解《大唐西域記》，我們有必要先對玄奘及其西征求法（他自己稱之為「西征」）的真實情況作一簡要的了解。

一

玄奘，俗姓陳，名禕，出生於西元六〇〇年，逝世於西元六六四年，係唐代洛州緱氏（今河南偃師陳河村附近）人❶，據說他是漢代太丘長陳仲弓的後裔。他的曾祖陳欽，在後魏時官上黨太守。祖父陳康，北齊時官國子博士。父親陳慧，是一位人品英潔、操守高雅的人物，很早就深通儒家經術，曾做過一段時間的江寧令，由於對功名利祿本無興趣，又趕上隋朝社會腐敗衰微，便辭官歸隱，潛心於學術文化，被有識者譽為守志一貫的隱淪之士。玄奘正是出生在這樣一個既「家世儒宗」，又不樂世俗的家庭裡。

玄奘是陳慧的第四個兒子，從小便表現出非凡的天資和過人的聰悟。據說八歲那年，一日他坐在父親身邊聽講《孝經》，當聽到「曾子避席」一節時，小玄奘忽地站起，整理好衣服，恭敬侍立。其父問為何，小玄奘回答說：「曾子聽到老師的教誨便避席而立，我今天怎麼可以坐著聽父親的教訓呢？」父親聽後很高興，知道此兒將來必有所成。從此之後，玄奘越發專心致志地學習儒家經典，嚮往古代的聖哲賢士，凡是不合乎雅正精神的書籍，他一概不看；凡是不合乎聖賢要求的作風，他一概不習。而且也不和兒童結夥遊戲，無論外邊有什麼熱鬧事，他都不聞不問，每日只在房裡用心讀書，漸漸養成了溫和、清正、淳厚、謙謹的性格品質。

玄奘的二兄陳素，早年便出家，法名長捷，住於東都淨土寺。他早已看出玄奘在佛學上具有過人的天賦和美妙的前景，於是便有意引導他接觸佛教，教他誦習經業，給他講解教義，還帶他到道場感受經驗。不久，朝廷有令，要在洛陽度僧二十七名。當時修行較高的求度者有數百人，玄奘因年齡未到，不在選取之列，便站在門邊觀看。這時，負責錄取的官員為大理卿鄭善果，是一位很有人物識鑑水準的官

❶ 楊廷福《玄奘年壽考》。引據季羨林《大唐西域記校注・前言》。

員。他一見玄奘，便為玄奘的氣質神采所感動，問道：「你是誰家的後生？」在聽了玄奘的回答後，又問：「你也希望被錄取嗎？」玄奘回答說：「是的。只是習近業微，不得入列。」鄭善果又問：「你為什麼要出家呢？」玄奘說：「為的是追隨如來，弘揚佛法。」鄭善果大加稱賞，遂破格錄取了他，並指著玄奘對眾人說：「誦念佛經的人好找，但風骨越絕的人難得。這個年輕人如果得度為僧，將來必然成為佛教的傑出人物。遺憾的是我與大家那時恐怕早已入土，無福親見他功業大成之日的光彩了。即使如此，這樣的奇才是不能讓他失落的。」於是，玄奘便成了一位正式的僧侶。

出家以後，玄奘便和二兄長捷一起，在淨土寺修行。在這裡，他聆聽了景法師講授的《涅槃經》，又跟從嚴法師學習《攝大乘論》。玄奘本來就有一定的慧根，又在其兄的引導下，對佛學有了一定的基礎，於是一經景、嚴二師的教誨，更加酷愛佛教，為之廢寢忘食，勤學不倦，加之悟性過人，一聽法師講解，便能領會大略，再經誦讀一遍，便能全部掌握。寺裡上下，無不驚異。於是讓玄奘昇座復述所習，玄奘表述流暢，分析無誤，和法師所教毫無差錯，遂博得眾人的讚揚和器重。這時他才十三歲。

此時，隋朝的政權已經敗壞，各地豪傑紛紛而起，天下大亂，海內沸騰，社會處於動盪慘殘的戰亂之中。玄奘雖為少年，但對眼前的局勢有清醒的認識。他對兄說：「天下喪亂已經到了如此地步，洛陽雖為父母之邑，但若守此不動，也只能是死路一條。現在聽說唐主已經率晉陽大軍佔領了長安，得到天下人的擁戴和歸順，我們不如前往投奔。」長捷接受了玄奘的意見，兄弟二人遂投長安而來，此時已是武德元年（西元六一八年）。

玄奘來到長安後，住在莊嚴寺裡。當時李唐政權剛剛建立，各地豪強尚未完全歸服，統治者的主要精力仍在軍事方面，尚無暇顧及精神文化事業，以致偌大一個京城，連一個佛教講席都沒有。由於戰亂，京都僧侶的衣食供應也很困難，不少高僧都流向較為安定的綿、蜀一帶，遂使那裡的佛教反較京都為盛。於是玄奘又對兄說：「這裡既然沒有法事，我們也不能在此虛度光陰，不如到蜀地去，尋求高僧，受業進修。」於是兄弟二人又向成都求學而來。

當時的蜀中，薈萃了一大批德高望重的僧侶，佛教活動也很興盛。玄奘在這裡先後聆聽了道基法師、寶暹法師所講的《攝論》、《毘曇》，道震法師所講的《迦延》等。玄奘珍惜每一寸光陰，刻苦奮勵，不敢有一絲懈怠。二、三年間便究通諸部，受到當地佛教界的普遍稱譽。同時，其兄長捷的修行也有長足進步，也受到很高的評價。

到了二十歲時，玄奘已經把在成都所能學到的大抵都學遍了，便想回到京城尋找高僧求學，但其兄長捷卻不同意，要求他留在成都。玄奘不得已，只好私自和幾個商人結伴，泛舟三峽，沿長江而下，來到荊州天皇寺。這裡的道俗早已聽說了玄奘的大名，仰慕已久，玄奘的到來，使他們格外驚喜，一致請求玄奘說法。於是玄奘便為他們講《攝論》和《毘曇》，從夏至冬，各講三遍。聽者踴躍，上自王公，下至庶民，都深受感動。

罷講以後，玄奘又北遊，訪師求學。在相州，他曾向慧休法師請教疑難；在趙州，他拜道深法師學習《成實論》。來到長安，他住在大覺寺，跟隨道嶽法師學習《俱舍論》。這些經典，在一般人須多年學習，有的甚至要終生鑽研，才能弄懂，而在玄奘，都是一遍而盡其旨，過目不忘於心，往往還能作出新的闡釋和發現。

當時長安有兩位高僧：法常和僧辯，學行高深，名聞遐邇，眾望所歸，前來拜師求學的人絡繹不絕。二大德學綜眾經，尤精《攝大乘論》。玄奘對此論既曾用過功夫，於是又隨二師更加深造，盡得二師之學。二師對玄奘說：「你真是釋門的一匹千里駒啊！中國佛教振興的使命，將由你來實現。只恨我們年已老朽，恐怕看不到那一天了。」從此，寺中上下對玄奘刮目相看，很快他便譽滿京城了。

據統計，玄奘於二十五歲以前，在國內四方求學期間，先後師從了十三位高僧，他們是景、嚴、空、慧景、道基、寶暹、道震、慧休、道深、道嶽、法常、僧辯和玄會❷。這一方面使他成為一名功力堅實、學識淵博的僧人，另一方面，也使他在國內佛教界贏得了一定的聲譽和地位。與此同時，玄奘也發現，各家學說互有宗派，深淺不一，見解多有分歧，甚至有嚴重對立，往往令人無所適從，從而影響了佛教的生命力。於是他感到，自己應當擔負起振興佛教、救濟眾生的使命。想到前代法顯、智嚴等高僧西行求法的功績，他發誓要到西方（即印度）佛教的故鄉，去尋求真理，解釋疑難，並求取《十七地論》（即《瑜伽師地論》）回國，統一和發展中國佛教，以實現真正的振興。

主意既定，便立即付諸行動。玄奘約好了幾位僧人一起上表朝廷，請求允許他們結伴西行。但是朝廷的答覆卻是：不許。既然朝廷不放行，那麼要是一意孤行的話，便有犯法獲罪的可能。因此同伴們都相繼退卻，只有玄奘並不甘心，他打算隻身西行，但他知道，要想西行成功，最重要的條件是要能通曉西域各國的語言。為此，玄奘有一段時間忽然在京城消失了。同伴們也許以為他也退卻了，其實，玄奘卻是「遍學蕃語」，去為他的「孤遊」作積極的準備。除了從事語言的準備外，玄奘還特別注意鍛鍊自己的意志和體質，故意用種種常人不堪忍受的苦難考驗自己。當他覺得一切準備就緒，可以上路的時候，便來到塔前向佛禮拜，乞求天上的聖靈保祐他往返無阻，西行成功。就在他決定啟程的前一天夜裡，玄奘又一次祈求神靈給予啟示。當晚，他夢見自己站在大海邊，大海中有蘇迷盧山，極為莊嚴美妙。他想到山上去，但波濤洶湧，又無舟楫。最後，他還是奮不顧身縱身跳入大海，忽然有蓮花生於足下，托著他飛快來到山下，轉眼之間，蓮花又消失不見了。玄奘準備登山，可是山勢陡峭，無法攀登。於是玄奘試著向上騰躍，他雙足剛一離地，便有狂風忽捲，一下子把他送到山頂。站在山頂，他看到天地廣大，四方平坦，宇宙一片光明，……玄奘歡喜而寤，於是決意立即西行。

以上是我們以《大慈恩寺三藏法師傳》❸（下稱《法師傳》）為主要依據，對玄奘西行前情況所獲得

---

❷ 參見侯外廬主編《中國思想通史》第四卷（上），第二〇〇～二〇一頁。

❸ 慧立、彥悰《大慈恩寺三藏法師傳》（以下簡稱《法師傳》）。孫毓棠、謝方點校本。

的大致了解。儘管這些記載有一定的誇張和神話成分，但它仍告訴了我們一些基本事實，這些事實可以說明玄奘從出家為僧到他決心西征的主要原因。除了他優秀的天資以外，家庭的教育和兄長的引導，也是促使他出家的重要因素。但他的決意西征求法，則是個人的自覺選擇，而促使他作出這種不惜生命的選擇的根本原因，乃是由於他對佛教的無限虔敬、深厚修養和主動承擔使命的高尚情操。西行越是艱難危險，越能證明此行的必要和玄奘的勇敢堅強，富於捨身救世的精神。這也反映出當時的中國佛教現狀：亟待清理和統一；當時的中國民生現狀：亟待救濟和引導——這些則可以視為宗教和社會的現實原因。總之，玄奘決定西征求法，並不是毫無必要的多此一舉，也不是漫無目的的旅遊觀光，而是有其必然要求和現實根據的。同時，促使他決定西征的過程，也是他為西征積累條件的過程。我們看到，在上路之前，他自身的準備已很充分：學識、意志、體質和語言等等，這就為他的成功作了鋪墊。因此，玄奘絕不是《西遊記》裡那位只會念阿彌陀佛，離開別人幫助便寸步難行的「唐僧」。

二

當一切準備就緒以後，玄奘便踏上了西行的漫漫征程，其時在貞觀元年（西元六二七年）四月，玄奘二十六歲❹。

這次西征，在人類「求法」史上應是未有前例的壯舉。據文獻記載，玄奘從長安出發後，西行經過秦州、蘭州、涼州，到達敦煌，然後經玉門關，過伊吾，到達唐屬西境高昌。在此他堅決謝絕了高昌王的挽留，然後便跨越大唐邊境，進入「西域」。真正的西域之行應從這裡計起。玄奘經過凌山、熱海之險，過素葉水、呾邏私諸城，折而南下，縱貫今中亞細亞南部和今阿富汗東北部，東向經今巴基斯坦北部而至迦溼彌羅。在此約留至貞觀三年末，然後循印度半島北部東南行，歷貞觀四年和五年的大部分時間，

❹ 參見《法師傳》所引一九五四年版〈刊誤〉文，第一一頁。

中途經過今尼泊爾南部，約在貞觀五年歲暮抵達摩揭陀，進入當時印度佛教的最高學府那爛陀寺，師從戒賢法師近五年之久。其後大約有三年的外出巡遊，足跡幾乎遍及印度半島的東部和西部。他先是循恒河東入孟加拉，再沿印度半島東岸南行至與今斯里蘭卡隔海相望的達羅毘荼，又折而西北，沿印度半島西岸北上，中間曾到過阿旃陀石窟，並曾一度進入印度半島腹地今昌巴爾河流域東南一帶。然後仍西行入今巴基斯坦，沿信度河北上，到達今喀什米爾南方查莫附近一帶的鉢伐多，在此留居研習約兩年，乃折回東還摩揭陀繼續從師學習。學業漸成後，又在那爛陀寺講學並著述，約在貞觀十六年，玄奘應拘摩羅王和戒日王邀請，前往會見，並被作為論主，參與了著名的曲女城大會。次年，戒日王又為玄奘在鉢邏耶迦舉行七十五日的無遮大會。然後，玄奘便辭別歸國。返途經今巴基斯坦北部和今阿富汗東北部，轉東經今帕米爾高原南面的瓦罕谷地，於貞觀十八年春夏之交到達于闐，次年正月回到長安。往返行程達五萬餘里，歷時約十八年，親身經歷了一百一十個國家，並從傳聞中得知二十八個國家，總計親歷親聞國家近一百四十個❺，創造了這項震驚世界的「西征」奇蹟。

在這將近二十年長逾五萬里的漫漫征途，其艱難險阻和美妙神奇都是人們所難以想像的，其中的豐富內容也是一言難盡的。玄奘所遭遇的艱難險阻，雖然不一定像《西遊記》中的「唐僧」那樣有九九八十一難，但作為肉身凡人，又無神徒護從的玄奘，他所承受的磨難大約比「唐僧」還要深重。這些艱難險阻有的是來自自然環境的，有的則是來自社會人事的。它們共同對玄奘構成巨大的威脅，也給他巨大的鍛鍊。

就自然環境來說，玄奘的西征可謂是死亡之旅。這裡有千山萬水，有流沙瀚海，山高路遠是不用說的，更可怕的是道路的不熟、飲水和食物的短缺和氣候冷暖的巨大變化，以及豺狼猛獸的出沒。正如玄奘在前往玉門關途中碰到的那位胡人老翁對他所說的那樣：「西路險惡，沙河阻遠，鬼魅熱風，遇無免

---

❺ 參見章巽校點本《大唐西域記》酈隶彬〈前言〉。

者。徒侶眾多，猶數迷失，況師單行，如何可行？」玄奘的回答是：「貧道為求大法，發趣西方，若不至婆羅門國，終不東歸。縱死中塗，非所悔也。」❻誓言雖然很堅決，但路途畢竟是可怕的。據載，玄奘在前往伊吾的路上，沒能找到別人為他指引的野馬泉，又不慎將自己所攜帶的飲水全部傾覆撒掉了，正是「千里之資一朝斯罄」，眼望山路盤迴，不知道該往何處去，只好掉頭往回走。走約十餘里，又「自念我曾發願，若不到天竺終不東歸一步，今何故來？寧可就西而死，豈東歸而生！」於是又撥轉馬頭，繼續向西北而行，可見意志堅定的玄奘也曾有過動搖和退縮。當時的玄奘，四顧茫然，遠近不見人影，上下不見鳥跡，夜晚，鬼火處處，恍若繁星；白天，驚風陣陣，飛沙如雨。連續四夜五日，他沒有一滴水沾喉，口腔乾裂，腹內如焚，玄奘倒在沙漠中，昏迷垂死。據載，即使在此時，他心中仍在「默唸觀音」，祈求菩薩。終於在第五個夜晚，他在昏迷中忽覺涼風觸身，被一陣寒水澆醒，這才得以睜開眼睛，復甦身體。於是他繼續前行，走約十里，馬忽然不聽節制，直往異路走去，不久，便見有青草數畝，不遠處有水一池，於是人馬終於獲救❼。這一番死裡逃生，往往被說成是菩薩對玄奘的保祐。但是，如果我們將這種神話因素暫時排除不計，便會看到，玄奘這次獲救是頗為偶然的。先是多虧了一陣難得的雨水，後是多虧了老馬知水。如果沒有這兩個偶然，玄奘也許未出國境就魂歸西天了。玄奘在途經凌山時，受到了嚴寒的考驗。凌山為蔥嶺北隅，山勢險峭，峻極於天。據說它是自天地開闢以來冰雪積聚而成，春夏不解，互相凍結，與白雲相連。舉目仰望，皚然耀眼，不見其際。崩塌的凌峰，有的高達百尺，有的廣及數丈，使山路越發崎嶇難行。山間寒風凜凜，大雪狂飛，即使穿著再厚重的服裝，也難免寒戰不已。路上既沒乾燥之處可供停歇，更無溫暖之地可供睡眠。玄奘和屈支王所派的送行者們經過七日跋涉，才得以走出此山。凍死者十之三、四，牛馬凍死的更多❽。玄奘能夠安然通過凌山，除因屈支王派人護

❻《法師傳》卷一。
❼《法師傳》卷一。

從以外，大約就是僥倖了。如果不是這樣，玄奘恐怕也要長眠凌山了。而「大雪山」的「路途艱危，倍於凌磧之地」，《法師傳》的作者感嘆道：「嗟乎，若不為眾生求無上正法者，寧有稟父母遺體而遊此哉！」❾西征路上的險惡，由此可見一般。

自然環境的險惡既如上述，而人為的險惡，有時更甚於此。玄奘在未出國境時，便幾次遇險，差點犯法被害，死於非命。當時，唐朝政權初立，疆域有限，朝廷嚴令禁止百姓擅自出蕃，違者將被治罪。玄奘的西行，大約已被官方得悉，所以當他來到涼州時，都督李大亮接到報告後，便逼使玄奘還京，幸得慧威法師相助，密遣二弟子暗中送玄奘西行。到了瓜州，涼州方面便發來「訃牒」（通緝令之類），明令：「有僧字玄奘，欲入西蕃，所在州縣，宜嚴候捉！」又幸虧州吏李昌信仰佛教，私自放走了玄奘。將至玉門關時，陪行的胡人夜間曾拔刀而起，企圖加害玄奘，因見玄奘正在誦經而作罷。次日又威脅著要玄奘回去，見玄奘發重誓，又送他一匹馬作酬謝才罷休。玄奘獨自行至「第一峰」，夜晚取水時，連連有兩支冷箭飛來，差點就被射中。好不容易到了高昌，又被高昌王強行挽留，他見玄奘執意要走，便威脅說：「弟子有異途處師，師安能自去？或定相留，或送師回國，請自思之，相順猶勝。」玄奘回答說：「玄奘來者為乎大法，今逢為障，只可骨被王留，神識未必留也！」並以拒絕飲食表達決心。到了絕食的第四天，高昌王才妥協，在留玄奘講經一月後，厚禮送玄奘上路❿。嚴格說來，玄奘當年的西行，乃是偷越國境的犯法行為，如果不是遇到善良者的幫助，他不僅走不出大唐，反而有被判以重罪甚至處死的可能。

在西征路上，對玄奘威脅最大的是不斷出現的「盜賊」。在燈光城南，玄奘隻身先行去參拜佛影，路

❽《法師傳》卷二。
❾《法師傳》卷二。
❿《法師傳》卷一。

上被五個賊人持刀攔劫，幸好被玄奘嚴詞感化，未行傷害。在波羅奢大林中，玄奘和行伴又與五十多個賊人遭遇，賊人把他們的衣資劫奪都盡，還揮刀把玄奘等往枯池中驅趕，幸虧玄奘和身邊的沙彌在棘林遮擋下，鑽過一個水穴，及時請來當地農民幫助，才免於難。否則，他們可能都將被沈於枯池中了⓫。可謂驚心動魄的遭遇，是在自阿踰陀國順恒河向阿耶穆佉國的途中，突然從兩岸阿輪伽林中衝出十餘船賊人，將玄奘和船上八十餘人全都劫持上岸，脫去眾人衣服，搜去全部珍寶，並欲將玄奘作為祭神之物。原來這夥賊人一向信奉突伽天神，每年秋天都要用一位質狀端美的人，殺了取血，以祭祀此神。他們看到玄奘儀容偉麗，體骨勻稱，便選中了玄奘來作祭品。隨行眾人請求賊人放過玄奘，甚至有人願意代玄奘而死，都被拒絕了。於是賊人設好祭壇，將玄奘牽到壇上，有二賊拔刀正欲砍下，玄奘說：「不必著急，請讓我安心歡喜取滅。」於是玄奘專心念佛，忘卻生死。突然，黑風四起，折樹飛沙，河流湧浪，船舫漂覆。賊眾恐懼，問知是至那國來的高僧，便一齊懺謝，稽首歸依⓬。終於逢凶化吉，大難不死。

當然，人為的險惡並不只來自盜賊，有時也來自那些高貴人等，甚至來自佛教僧侶。就在玄奘完成學業，準備回國之前，東印度的鳩摩羅王遣使來到那爛陀寺，邀請玄奘前往一會，但當時玄奘等人正準備往戒日王處與小乘僧人對論，於是戒賢法師便以玄奘即將回國為由，婉言推辭了。鳩摩羅王聞之大怒，立即又派使者帶著措辭嚴厲的文書來見戒賢法師，信中說：「如果不立即派遣玄奘前來，我便索性做個惡人，連菩提樹都可以毀壞，又何況小小的那爛陀寺！我將立即率領象軍，將寺院踏個粉碎！」玄奘只得隨使者去見鳩摩羅王。戒日王聽說玄奘已到鳩摩羅王處，頗為驚怒，當即派使者前來要求速送玄奘回去。鳩摩羅王回答說：「我頭可得，法師未可即來。」戒日王聞言大怒，又遣使來對鳩摩羅王說：「既然你說頭可得，就馬上將頭交使者帶來。」鳩摩羅王自知失言，眼見兩國戰爭一觸即發，他只好率象軍

⓫ 《法師傳》卷二。
⓬ 《法師傳》卷三。

兩萬，乘船三萬艘，送玄奘到戒日王處。這兩次雖然都是出於對玄奘的仰慕和盛情，但都帶有一定的挑釁性，在二王的心裡，也有看看這位外國僧人的究竟，考較一下他的真實才學的意思。同時二王相爭，也有互相炫耀實力地位之意，所以名為做善事，但稍有差池，便會釀成大禍：不論是鳩摩羅王踏平那爛陀寺，還是戒日王攻打鳩摩羅王，只要事端一起，那結果就將是毀滅性的，玄奘也難以倖免。因此，玄奘赴邀，實際上也是一種捨身赴險。在表面的禮遇下，時時存在著危險，只有當玄奘征服了他們之後，這危險才會消除。所以，玄奘此行，也如同出征一般，只有取勝，才得生還。最扣人心弦的是曲女城大會。當時到會的有五印度十八國王，諳知大、小乘的僧侶三千多人，婆羅門及尼乾外道兩千多人，那爛陀寺僧人一千多人，還有一些王公大臣等其他人。戒日王和鳩摩羅王親侍左右。場面宏大、華麗、莊嚴、緊張。玄奘為大會論主，持大乘思想，並寫為序論，任人攻難。二王命人將序論另寫一本，懸示會場門外，並宣布，若有一字被攻破，玄奘便斬首相謝。經過五日，無人能夠難倒玄奘。小乘外道見自己的宗派將被玄奘毀掉，便聯合起來，打算謀害玄奘。二王得知其情後，便下令：「如有一人傷觸法師（玄奘）者，斬其首；毀罵者，截其舌。其欲申辯教義，不拘此限。」這才震懾了邪徒的歹心。歷時十八日，無人發論，玄奘終於獲得這場辯論的勝利⑬。當時的場面氛圍，現在想來，仍覺驚心動魄。要知道，參加大會的，都非等閒之輩，要在他們面前拿一個字來賭性命，而且歷時十八天，其凶險幾乎時時都有可能發生。可見玄奘為此承受了多麼大的壓力，付出了多麼大的勇氣！

根據以上關於自然和人為的險惡情況的簡單了解，我們完全可以用歷盡艱險、出生入死來描述玄奘的西征。不過，西征對於玄奘說來，並不僅僅是艱難險惡，同時也是巨大的收穫。這些收穫，就構成了玄奘西征的主要內容。概括起來，有如下幾個方面：

一是覽聖。玄奘冒著如此巨大的艱難險阻，往返五萬餘里，絕不是一般的旅遊觀光，他的主要目的

⑬《法師傳》卷五。

雖然在於追求佛法，但一路上他首先面對的則是沿途景物。我們看到，玄奘雖然也對異國的自然風光有所描寫和讚嘆，但他的興趣更多地集中在有關佛教的聖地方面，如歷史上或傳說中重要人物的故鄉、舊址，重要事件的發生地、遺跡，現實中的著名寺院、佛塔等建築，重要的佛教人物及有關場所，這些才是玄奘特別留心的。如他聽說燈光城西南瞿波羅龍王所住之窟，當年如來降伏此龍時曾留影其中，他便要去禮拜。人說道路荒阻，且多盜賊，勸他勿去，隨行使者也不願去。玄奘說：「如來真身之影，億劫難逢，寧有至此不往禮拜？汝等且漸進，奘到即來。」[14]他寧肯冒險，也不放過瞻仰禮拜聖跡的機會。這不僅是因為他的虔誠，還因為他對此行機會的珍惜，畢竟路過這裡可能只有這一次。所以，凡遇此類地點，他都不輕易放過。而且每到一處，他都盡可能地仔細觀察，詳細記述，力求無所遺漏。這一點尤其以對菩提樹及其周圍聖跡的覽記最具代表性。

二是求法。玄奘多次宣言，他此行的主要目的和內容就是求法，而不是為了任何其他目的。在「第一峰」時，校尉王祥打算送玄奘到敦煌去依從張皎法師。玄奘說：「奘桑梓洛陽，少而慕道。兩京知法之匠，吳、蜀一藝之僧，無不負笈從之，窮其所解。對揚談說，亦忝為時宗，欲養己修名，豈出檀越敦煌耶？然恨佛化，經有不周，義有所闕，故無貪性命，不憚艱危，誓往西方遵求遺法，……必欲拘留，任即刑罰，玄奘終不東移一步以負先心。」[15]由此可知，玄奘要到西方尋求的佛法包括兩個方面：一為佛經，打算以此來補充中國「佛化」的經有不周的不足；二為佛義，打算以此來彌補中國「佛化」的義有所闕的失誤，共同促使中國佛教真實地接近西方的「正宗」佛教。在屈支國，木叉毱多對玄奘說：「此土《雜心》、《俱舍》、《毘婆沙》等一切皆有，學之足得，不煩西涉受艱辛也。」玄奘回答：「此有《瑜伽論》不？」毱多說：「何用問是邪見書乎？真佛弟子者，不學是也。」玄奘反駁道：「《婆沙》、《俱舍》

[14]《法師傳》卷二。
[15]《法師傳》卷一。

本國已有，恨其理疏言淺，非究竟說，所以故來欲學大乘《瑜伽論》耳。又《瑜伽》者，是後身菩薩彌勒所說，今謂邪書，豈不懼無底枉坑乎？」⑯看來，玄奘更為明確而具體的目的，乃是求學《瑜伽論》，以獲得「究竟說」。也可以說，就他個人而言，是為了獲得佛教的最高真理，達到佛學的最高境界。因此，玄奘西征的過程，也就是尋經、求學的過程。所以我們才會看到玄奘此行並沒有一個嚴格的時間表，而是根據學習的目的和需要，當住則住，當行即行，遇有值得學習的地方，或停三、五日，或住二、三月，或留一、二年。停留時間較長的地方有三處：一是在迦溼彌羅國，跟從僧稱學習《俱舍論》、《順正理論》、《因明》和《聲明論》；二是在鉢伐多國，從二三大德學習正量部《根本阿毘達摩》及《攝正法論》、《教實論》等；三是在杖林山，師從勝軍學《唯識決擇論》、《意義理論》、《成無畏論》、《不住涅槃十二因緣論》、《莊嚴經論》及《瑜伽》、《因明》等。這三處問學各約二年之久。當然，最重要的是在當時的佛教中心那爛陀寺，師從著名的戒賢論師，玄奘在這裡「聽《瑜伽》三遍，《順正理》一遍，《顯揚》、《對法》各一遍，《因明》、《聲明》、《集量》等論各二遍，《中》、《百》二論各三遍，其《俱舍》、《婆沙》、《六足》、《阿毘曇》等，以曾於迦濕彌羅國聽訖，至此尋讀決疑而已。兼學婆羅門書、印度梵書。」「凡經五歲」⑰。然則玄奘在這裡並非只學《瑜伽論》，他還兼學了其他一些內容，其中包括他不贊成甚至反對的內容。因而，當他往程結束，準備回國的時候，也正是他求得「佛法」，道德學問完成的時候。他帶回國的，不僅是自己的精深的學識——「佛義」，還帶來了大量的文獻——佛經，以及其他許多寶貴法物。據載，玄奘帶回來的有：如來肉舍利一百五十粒；摩揭陀國前正覺山龍窟留影金佛像一尊；擬婆羅痆斯國鹿野苑初轉法輪像刻檀佛像一尊；擬憍賞彌國出愛王思慕如來刻檀寫真像刻檀佛像一尊；擬劫比他國如來自天宮下降寶階像銀佛像一尊；擬摩揭陀國鷲峰山說《法華》等經金佛像一尊；擬那揭羅曷國伏毒龍所留影像

⑯《法師傳》卷二。

⑰《大藏經》卷五〇《續高僧傳》。

刻檀佛像一尊；擬吠舍釐國巡城行化刻檀像一尊。大乘經二百二十四部，大乘論一百九十二部；上座部經、律、論一十四部；大眾部經律論一十五部；三彌底部經、律、論一十五部；彌沙塞部經、律、論二十二部；迦葉臂耶部經、律、論一十七部；法密部經、律、論四十二部；說一切有部經、律、論六十七部；因明論三十六部⑱。玄奘「求法」所得，可謂成果驚人。

三是弘教。玄奘並不是那種茫然無知的出國求學者，相反的，他在出國之前，就已經是一位學識深厚的高僧，就像他自己所說的那樣，已經窮盡了國內的學說，成為「時宗」，足夠他「養己修名」的了。而且，正如人們所知道的那樣，他是奉持大乘學說的。儘管當時的中國佛教還不能和印度佛教的水準相比，但玄奘個人所達到的水準，即使在印度，也非一般僧人所能比擬。因此，西征途中的玄奘，既是一位佛法的尋求者，同時也是一位佛法的弘揚者——這正是他作為一名相對有成就的僧人的責任和義務。玄奘弘揚佛法，主要表現為兩個方面：一是向世俗眾生宣講教義，教化他們去惡向善，皈依佛教。他自踏上征途之日起，直到西域歸來，始終堅持不懈。經他教化的人眾，上自國王，下至庶民，有本分的良民，也有積惡的盜賊。玄奘對他們都循循善誘，因緣施教，樂此不疲。如在前往禮拜佛影途中，面對拔刀相向的賊人，玄奘毫不畏懼，仍隨機說教：「賊云：『師欲何去？』答：『欲禮拜佛影。』賊云：『師不聞此有賊耶？』答云：『賊者，人也，今為禮佛，雖猛獸盈衢，奘猶不懼，況檀越之輩是人乎？』賊遂發心隨往禮佛。」到了石窟，玄奘經數百拜，終於使佛影顯現，便讓那幾個賊人進來一同參拜。由於帶入火光，佛影又隱沒了。玄奘又為他們拜讀重現，終於使五個賊人「皆毀刀杖，受戒而別」⑲。

另一方面，是與各種部派的僧侶乃至外道邪說之徒進行辯論，從而達到宣揚佛教，捍衛大乘、排除異端的效果。這方面當然以曲女城大會最為著名。玄奘在會上的勝利，實在是他所代表的大乘教派的勝

⑱《法師傳》卷六。

⑲《法師傳》卷二。

利。其實，玄奘即使在平時，也是時刻為宣揚和捍衛自己的信仰而不遺餘力的，如和木叉毱多的交鋒。毱多竟視《瑜伽論》為「邪書」，不僅是對彌勒菩薩的詆毀，也是對玄奘信仰的挑釁。玄奘此時正蒙受著毱多的款待，但在原則面前，他是毫不含糊的，立即加以反駁。但毱多畢竟也有二十多年的學養道業，也非尋常之輩，立即以攻帶守地說：「《婆沙》等汝所未解，何謂非深？」玄奘針鋒相對道：「師今解不？」毱多說：「我盡解。」於是玄奘便引《俱舍》初文讓他解說，對方才一發端，便被玄奘指出許多謬誤。毱多臉色大變，說：「汝更問餘處。」玄奘又拈出一段《論》文，對方仍然不解，又強辯說：「《論》無此語。」幸有其國王叔出家者智月在旁，證明此文確實出自《論》語，又取書本對讀，毱多才羞慚認輸，說：「老忘耳。」⑳這次交鋒以玄奘取勝告終。玄奘在那爛陀寺，與小乘和外道有過兩次更為尖銳的交鋒。原來，南印度王灌頂的老師名般若毱多，精通正量部義，他撰寫的《破大乘論》七百頌，深受小乘教師的推重。他對戒日王說：「我宗如是，豈有大乘人能難破一字者？」戒日王說你們沒見過大乘諸德，所以才敢這樣說。於是毱多要求與大乘較量。戒日王便修書致那爛陀寺戒賢論師，請求派四位大德到烏荼國來論辯。戒賢當即派玄奘和海慧、智光、師子光四人前往。海慧等三人心裡憂懼，坐臥不安。玄奘對他們說：「小乘諸部三藏，玄奘在本國及入迦濕彌羅以來遍皆學訖，具悉其宗。若欲將其教旨能破大乘義，終無此理。奘雖學淺智微，當之必了，願望德不煩憂也。若其有負，自是支那國僧，無關此事。」他以中國僧人的名義一力承擔了全部責任。但就在他們前往烏荼國之前，有位順世外道婆羅門找上門來要求論難，並寫了四十餘條教義懸在寺門，聲稱：「若有難破一條者，我則斬首相謝。」過了數日，無人敢出來應戰，於是玄奘派人將此外道喚入，當眾將他的教義一一予以攻破，此人理屈辭窮，甘願受死。玄奘饒了他的性命，收為奴僕，此人歡喜敬從。玄奘為了赴烏荼國論辯，作了周密準備。他先是訪得《破大乘論》七百頌，仔細尋省，幾處拏不準的地方，便令他所降伏的婆羅門為之講解。此人已經對此論聽

⑳《法師傳》卷二。

習五遍，自是精通。但他對玄奘說：「我今為奴，豈合為尊講？」玄奘說：「此是他宗，我未曾見，汝但說無苦。」此人說：「若然，請至夜中，恐外人聞從奴學法，汙尊名稱。」於是他在夜裡為玄奘講解一遍。玄奘備得其旨，釋放了此奴，然後針對《破大乘論》中的謬誤，撰寫了《破惡見論》，長達一千六百頌㉑。後來玄奘赴曲女城大會，並大獲全勝，無疑也包括了對《破大乘論》的勝利。這是與他的淵博學識和精心準備分不開的。然則他對佛法的弘揚，並不僅僅表現為口頭論辯，同時也用著書立說的形式。他的《會宗論》三千頌，是這方面的代表作品。

以上，只是玄奘西征的主要內容。當然，玄奘實際上所進行的活動遠不止此，而是非常豐富的，如宣傳大唐國情，了解西域各國概況，進行各種各樣的文化交流等等。但僅就上述主要內容來看，我們已經可以說，玄奘是一位精誠堅貞的求法者，勇敢機智的弘教者，不畏艱險的朝聖者，學識卓越的佛學家，品德高尚的佛教法師。他的西征，不僅是人類旅行史上的奇蹟，也是人類思想史上的奇蹟。而通過西征所形成的完善人格，則可以說是人類文明史上的奇蹟了。這應該是中國文明的驕傲，也是中華民族的驕傲。

三

為了全面了解玄奘其人，我們有必要對玄奘回國以後的情況略作介紹。

玄奘在參加了著名的曲女城法會之後，又接受了戒日王和鳩摩羅王的挽留，參加了場面浩大的無遮大施，據載，參加大會的人數多達五十餘萬，歷時七十五日。大施結束後，二王又請求玄奘永久性居留下來，被玄奘堅決謝絕。於是二國王送玄奘上路回國。當時，「法師以經像等附北印度王烏地多君，鞍乘漸進。後戒日王更附烏地王大象一頭，金錢三千，銀錢一萬，供法師行費，別三日，王更與鳩摩羅王、跋吒王等各將輕騎數百復來送別，其殷勤如是，仍遣達官四人名摩訶怛羅。王以素氈作書，紅泥封印，

㉑ 《法師傳》卷四。

使達官奉書送法師所經諸國，令發乘遞送，終至漢境。」㉒玄奘真正是拒絕了優厚的待遇毅然回國的求法者，而且受到所在國君臣上下的隆重護送，可謂殊榮。回來的路上比較順利，玄奘除了適當的覽聖、說法和吸收學識外，幾乎沒作更多的停留，終於在貞觀十九年（西元六四五年）正月末回到大唐都城長安，光是負載經文和法物的馬就達二十匹。當時的盛況是：「於是人增勇銳，各競莊嚴，窮諸麗好，幡帳、幢蓋、寶案、寶轝，寺別將出分佈訖，僧尼等整服隨之，雅梵居前，薰爐列後，至是並到朱雀街內，凡數百事。布經、像兩行，珠珮流音、金華散彩，預送之儔莫不歌詠希有，忘塵遣累，嘆其希遇。始自朱雀街內，終居弘福寺門，數十里間，都人士子、內外官僚，列道兩旁，瞻仰而立，人物闐闠。所司恐相騰踐，各令當處燒香散華，無得移動，而煙雲讚響，處處連合。昔如來創降迦毘，彌勒初昇覩史，龍神供養，大眾圍繞，雖不及彼時，亦遺法之盛也。其日眾人同見天有五色綺雲現於日北，宛轉當經像之上，紛紛鬱鬱，周圓數里，若迎若送，至寺而微。」這種無比熱烈，像對待民族英雄一樣歡迎西征歸來的玄奘，被認為是佛教傳入東方以來的最盛之事。

玄奘的西征之所以能夠取得如此重大的成就，除了由於他個人的優秀性格資質和非凡的才能學識以外，最重要的一點，應是他有一個偉大的祖國。沿途各國之所以對他如此禮遇，除了出於對他個人的欽佩以外，最重要的也是出於對大唐帝國的敬仰。對此，玄奘本人的體會自然是比誰都深切的。他在歸途未到達長安，尚在于闐時，便上表唐太宗李世民，其中說到自己這次西征，「雖風俗千別，艱危萬重，而憑恃天威，所至無鯁。仍蒙厚禮，身不辛苦，心願獲從。」㉓當唐太宗第一次接見玄奘，問起如何能到達目的地時，玄奘回答說：「奘聞乘疾風者，造天池而非遠；御龍舟者，涉江河而不難。自陛下握乾符，清四海，德籠九城，仁被八域，淳風煽炎景之南，聖威鎮蔥嶺之外，所以戎夷君長，每見雲翔之鳥自東

㉒《法師傳》卷五。

㉓詳見《法師傳》卷六及釋彥悰箋語。

來者，猶疑發於上國，斂躬而敬之，況玄奘圓首方足，親承育化者也。既賴天威，故得往還無難。」㉔這些話不應看成是完全的謙詞，在很大程度上這確是實情。因為當時的唐太宗，不僅早已掃平了隋朝末年以來的天下紛亂，而且實現了號稱太平盛世的「貞觀之治」。他的英武仁明，天姿秀發，已足與歷史上任何一位傑出的聖君明王相媲美，甚至可以說是中國古代最偉大的帝王。他在對待「四夷」方面，也取得了巨大的勝利，被萬國君長尊為「天可汗」，威名震動遐邇。戒日王曾問玄奘：「師從支那來，弟子聞彼國有《秦王破陣樂》歌舞之曲，未知秦王是何人？復有何功德，致此稱揚？」法師回答說：「玄奘本土見人懷聖賢之德，能為百姓除凶翦暴、覆潤群生者，則歌而詠之。上備宗廟之樂，下入閭里之謳。秦王者，即支那國今之天子也。未登皇極之前，封為秦王。是時天地板蕩，蒼生乏主，原野積人之肉，川谷流人之血，妖星夜聚，沴氣朝凝，三河苦封豕之貪，四海困長蛇之毒。王以帝子之親，應天策之命，奮威振旅，撲翦鯨鯢，杖鉞麾戈，肅清海縣，重安宇宙，再耀三光，六合懷恩，故有茲詠。」戒日王聽後感嘆道：「如此之人，乃天所以遺為物主也。」㉕可見李世民拯救天下的功績和佛家普渡眾生的教義是大體一致的，而且李世民的聲名也早已傳入西域，並受到敬重。玄奘的介紹，不僅產生進一步頌揚的效果，同時也流露出強烈的民族自豪感。

不少人以為玄奘歸國後，與唐太宗以及後來的唐高宗關係過於密切，有媚附之嫌。其實這應當予以具體分析。首先，正如上面所說，唐太宗確是千載難逢的聖明之主，繼位的高宗雖然英明不及乃父，但其仁孝勤勉，也頗受人稱道，和這樣的君主關係密切，是不應受到指責的。其次，佛家的教義，在於普渡眾生，而君主王侯等高層人物，尤其是佛教感化的對象，因為他們地位崇高，在民眾中影響力巨大，還能為佛教事業提供可觀的物質支持，因而理應努力爭取他們信仰佛教。當然，更重要的一點，乃是玄

㉔《法師傳》卷六。

㉕《法師傳》卷五。

奘深刻認識到，不僅西征離不開國家的實力和君主的威望的支持，而且在國內自己即將展開的佛經翻譯、佛法宣傳和開宗立派等佛教事業，更加離不開君主的支持。因為在中國古代，特別是唐代，君主是一切權力的擁有者，而國家實行的是儒家政治，如果不能得到君主的支持，不要說自己的佛教事業難以開展，甚至連生存都會成為問題。更何況玄奘當年西征，還是「偷越國境」呢。所以他如此急切而謙卑地接近唐太宗，是有著許多現實原因的。另外，玄奘本人並不是一個迂腐單純的書呆子，而是具有很強的政治素質和悟性的高僧，唐太宗一見到玄奘，就覺得他「堪公輔之寄」，就想勸他罷道從政，幫助君主料理國家大事。在玄奘婉言謝絕後，太宗又想讓玄奘隨侍御駕，遠征遼東，也被玄奘婉拒。可見太宗對他的器重，也可看出玄奘的政治才能。以上各種原因，都促使玄奘對佛教和政治的關係達到了超乎尋常的理解，他的親近君主大臣，正是這種理解的具體落實。

簡單地說，由於玄奘積極主動地把和最高統治者的關係調整到了最佳狀態，使得他回國後的事業得以順利發展，不僅戰勝了「外道」的種種挑戰和責難，也保護了當時全國的佛教利益，從而大大提高了佛教在整個國家思想文化及社會生活中的地位。至於玄奘本人，也早已被奉為「聖僧」，成為當日佛教界的領袖和法相宗的宗主。在統治者的大力支持和保護下，玄奘得以組織大量的人力物力，從事佛經翻譯和宣傳，取得了驚人成就。麟德元年（西元六六四年）正月，玄奘預感到自己將不久於人世，「遂命嘉尚法師具錄所翻經、論，合七十四部，總一千三百五十卷。又錄造俱胝畫像、彌勒像各一千幢，又造素像十俱胝，又寫《能斷般若》、《藥師》、《六門陀羅尼》等經各一千部，供養悲、敬二田各萬餘人，燒百千燈，贖數萬生。錄訖，令嘉尚宣讀，聞已合掌喜慶。」[26]看來，玄奘對自己的成就是滿意的，他可以含笑離去了。到了二月四、五日夜半，玄奘便在怡悅之中安靜地圓寂了，享年六十四歲[27]。

---

[26]《法師傳》卷一〇。

[27]《法師傳》卷一〇。

顯而易見，回國以後的玄奘及其作為，不是西征奇蹟的結束，而是奇蹟的繼續。他終於成為一位成功的佛法弘揚者，一位精深的佛典翻譯家，一位偉大的佛教領袖，同時還是一位高明的佛教活動家——這些，同樣可以稱得上是奇蹟。

四

《大唐西域記》，顧名思義，就是記述玄奘西征的書，但是如果真作如此理解，不僅是簡單的，甚至是錯誤的。因為這種記述應包括兩個主要內容：一是玄奘西征的所作所為所獲，一是玄奘西征的所見所聞，前者是關於玄奘本人的，後者是關於「西域」的。本來這二者應合在一起記述，但由於一個特殊原因，只好分開來進行。上面說到，玄奘還沒回到長安，就急切地上表唐太宗以求關注，唐太宗的反應也很熱情，不僅降敕迎勞，讓他「可即速來，與朕相見」，而且還特別邀請玄奘到洛陽宮相見，因此時「帝將問罪於遼濱，天下兵馬已會於洛，軍事忙迫」。太宗對玄奘的熱情禮遇，在當時主要並不是出於對佛教的信仰[28]而是出於對「奇蹟」的興趣。他在談話中，先是問：「師出家與俗殊隔，然能委命求法，惠利蒼生，朕甚嘉焉，亦不煩為愧。但念彼山川阻遠，方俗異心，怪師能達也。」玄奘在作了一番謙敬感荷之辭後，便為太宗歷述「自雪嶺以西，印度之境，玉燭和氣，物豐風俗，八王故跡，四佛遺蹤」等等，「法師既親游其地，觀覿疆邑，耳聞目覽，記憶無遺，隨問酬對，皆有條理，帝大悅。」於是對玄奘說：「佛國遐遠，靈跡法教，前史不能委詳，師既親覩，宜修一傳，以示未聞。」[29]有一種說法，認為太宗「當時正想消滅西突厥的割據政權，以鞏固統一的多民族國家，和別國建立睦鄰關係，發展與中亞、南

[28] 太宗在政治上力行儒教，對佛教比較冷淡，只是給予有限的寬容而已。但是到後期受玄奘影響，稍增興趣。對此筆者已於《唐太宗傳論》中有所論列，茲不多及。

[29] 《法師傳》卷六。

亞以及西亞各國的友好往來。因此他迫切需要了解西域廣大地域的情況」㉚。這可以為我們理解這個問題提供更豐富的背景參考。不過，我們也不必把它說得具有如此確切的功利目的，實際上，僅僅是玄奘本身的奇蹟，已足夠引起太宗的興趣。當然，玄奘對西域的征服，也不能不激起雄才大略的唐太宗的羨慕，如果說他此時已產生了某種「征服」之心，也不是沒有可能的。總之，是唐太宗以君主之尊，要求玄奘「宜修一傳，以示未聞」的，於是玄奘便用了大約一年的時間，完成了這部《大唐西域記》。

由於有了這樣的背景，《大唐西域記》的撰寫便受到了一定的局限，從而具有了相應的特色。玄奘在呈獻此書時附給太宗的進表中說：「所聞所履，百有二十八國。竊以章允之所踐籍，空陳廣袤。夸父之所陵厲，無述風土。班超侯而未遠，張騫望而非博。今所記述，有異前聞。雖未極大千之疆，頗窮蔥外之境，皆存實錄，匪敢彫華。謹具編裁，稱為《大唐西域記》。凡一十二卷，繕寫如別。」㉛也就是說，此書的主旨只在於向皇上介紹自己所見所聞所了解到的大唐「西域」的靈跡法教、山川地理和風土人情，而不是向世人講述自己歷盡艱險西征求法的故事——這一任務後來由玄奘的弟子慧立和彥悰在《大慈恩寺三藏法師傳》裡完成了。因此，如果把兩部書結合起來覽讀，最能了解玄奘西征的全面情況。

說明了這一點，我們便比較容易理解為什麼一部《大唐西域記》裡，幾乎看不到玄奘的身影和蹤跡，彷彿和玄奘毫無關係似的，於是本書所記述的主要內容也就一望便知了。如同第二卷〈印度總述〉的節目所顯示的那樣，它包括一、名稱；二、疆域；三、數量；四、歲時；五、宮室；六、衣飾；七、饌食；八、文字；九、教育；十、佛教；十一、族姓；十二、兵術；十三、刑法；十四、致敬；十五、病死；十六、賦稅；十七、物產。這些內容概括起來就是如下幾大方面：一是有關佛教的靈跡聖址；二是有關西域的山川地理；三是有關各國的城鎮人物；四是關於各民族的風土人情；五是有關其他的政治、經濟

㉚ 詳見章巽校點本《大唐西域記》之〈前言〉和季羨林《大唐西域記校注‧前言》。

㉛ 《法師傳》卷六。

和文化。當然，前兩個方面的地位更加重要。這些內容，讀者只要打開本書便歷歷在目，這裡就不一一列舉了。

關於《大唐西域記》的意義和價值，向來評價甚高。季羨林先生以為，這部書無論是對於中國地理學的貢獻還是對印度地理學的貢獻都是空前的。就其記載的國家之多、內容之豐富、翔實而言，它不僅超越了以往所有類似著作，而且其後很長一段時間裡也沒有一本能趕得上它的著作，可以說是一個高峰。本書在歷史學、文化學、社會學、哲學、宗教學等方面也具有不可多得、難以代替的學術價值；在中印兩國的友好交往、文化交流方面的價值也是巨大的[32]。這些評價既是權威的，也是公認的。但它同時也表明，《大唐西域記》究竟是一部什麼性質的著作，似乎很難一下子清楚斷定。它既可以被歸入地理類，也可以被歸入歷史類；看上去像是「遊記」，實質上又帶有濃厚的宗教色彩；根據其中關於風土人情的記載，將它列入「民俗」、「文化」之類中，似乎也不無道理；而玄奘西征本身，就個人而言是「求法」，就國家而言，則是民族間、國家間的「友好交往」……所以要給此書「定性」是比較困難的，這也給我們的譯注和「說明」工作帶來一定的麻煩。按照本套叢書的統一體例：文學類的著作，須作「賞析」，其他學術類的著作則須作「說明」。但由於《大唐西域記》「跨類」較多，我們便只好作「兼顧」處理。我們認為，本書作為「記」，應是文學性的，而作為「大唐西域」的記，又是非文學性的。所以我們在「說明」中，就既適當地進行一些必要的解說，又適當地進行一些文學的分析和鑑賞。上面所引述的權威評價，大抵是與前者相適應的。下面，擬就後者——本書在文學上的特點——略作評價。

《大唐西域記》給人最強烈的感受，首先應推它在作「記」時的翔實和全面，即以開卷第一篇為例，對於阿耆尼國，它記述的內容包括這些項目：幅員、城郭、地形、道路、河流、土質、作物、出產、氣候、民風、文字、服裝、裝飾、貨幣、君主、國政、寺院、僧侶、經典、修持等等，與前引「印度總述」

[32] 詳見季羨林《大唐西域記校注・前言》。

所包含的內容大抵相近。這種記述在一般的「遊記」作品裡是很難見到的，似乎早已超出了一個僧人所應關注的範圍。這或許確有為唐太宗全面了解西域情況而提供材料的原因在，但它的記述周全本身已是難能可貴的。這不僅反映了玄奘觀察的細緻，而且還能透露出此書撰作過程的某種信息：很顯然，如此詳盡記述一百多個國家的方方面面，光憑記憶是不可能的，即使是博聞強識、才智越群的玄奘，也難以做到。因此，我們猜想，玄奘一路上必然有較為詳備的「旅行日記」之類的更為原始的記錄，這個記錄不僅是他撰寫《大唐西域記》的基礎，而且也是後來慧立等人撰寫《法師傳》的主要根據。另外，玄奘在寫作時，很可能還參考了其他一些文獻材料。因為在他之前，已經有過不少西行者，有俗人，也有僧侶，並且也有程度不同的傳說或記錄。遠一些的如漢張騫出使西域且不必說，近一些的如晉法顯的《佛國記》，後來釋道安的《西域志》，智猛的《遊行外國傳》，釋法盛的《歷國記》等等，這些作品雖然今天我們已經看不到了，但在玄奘的時代，特別是在佛教界，是應該能夠看到或了解的。玄奘於貞觀十九年二月受太宗之命「修傳」，至二十年七月才完成《大唐西域記》，前後歷時近一年半。如果僅僅是對記憶的筆錄或對已有「日記」的整理，費時應不致如此之久，很可能還伴有搜集資料、互相印證、斟酌取捨的過程。因此，本書不僅在記述內容上堪稱詳備，而且在準確性上也超過前此所有。可見玄奘在這本書中是用了很大功夫的。

雖然如此翔實全面，但仍有兩條一以貫之的主線：一是作者的足跡，一是作者的信仰。前者是有形的，後者是無形的，二者共同使得本書線索分明，主題突出。由於作者本人並沒有直接出現在書裡，因而他的「足跡」在本書裡實際上就被轉化為記述的路線，這條路線一般是由方位和距離來確定的，如他說，由此往「西」二百里，由此往「西南」五百里等等，這樣一站一站地相連，中間沒有斷絕。讀者如果願意，完全可以「按圖索驥」，不僅可以找到行程中的每一站點，而且可以勾畫出整個路線圖來。所以我們面對這本書，頗似面對一幅地圖。有了明晰的路線，沿途各國各地的方方面面便被有條不紊地串連起來，遂使翔實和全面顯得集中而有序。至於作者的信仰，在這裡主要表現為對佛國的嚮往和對大乘教義的恪守，它給本書帶來了「精神」和「靈魂」，遂使讀者感到，雖然征途漫漫，事物萬般，但前景廣闊美好，顯示出作者是帶著一種「目標」和「熱情」來記述這一切的，這些便構成本書的主題。它還一定程度地影響著作者對事物的記述：總的說來，他是沿著和這種主題有關的路線來記述的，甚至在一些局部地帶，他也是以最能突出該主題的事物為中心或座標展開記述的。這兩條線索結合起來，便使本書成為並非單純的地理「地圖」，而是關於佛教的地圖。我們在跟隨它遊歷西域的同時，也就接受了它所宣揚的佛教。這既是玄奘此記的特點，也是它的原則和藝術。

作者在內容的安排上，表現出良苦的用心和高超的才能。我們知道，雖然一路上有一百多國，但各國的「內容」是大抵相似的，如果都像記述阿耆尼國那樣記述下來，那麼恐怕未過五國，讀者就要昏昏欲睡了，因為它的單調和枯燥。所以，我們看到，玄奘在「內容」上是經過一番精心處理的。他首先將記行、述聖和說理三者適當地錯落在一起：有時以記地理為主，有時又以述聖為主，有時則以講道理為主，努力不讓它們一味出現。同時，他又將歷史和現實交織起來，將神話傳說和現實狀況穿插起來，將故事敘述和人物刻劃結合起來，使它們互相配合、互相映帶、互相調濟。於是使全書給人以移步換景、精妙紛呈、層出不窮之感，閱讀起來令人興味盎然，不忍釋手。

而在具體的描寫上，作者採用的手法也多種多樣：有實寫，如工筆重彩，務必將對象全面真切地呈現在讀者面前；有虛寫，類似潑墨寫意，只求傳神，不計細節；有詳寫，不放過事件的每一環節；有略寫，幾句話概括事件的大概；有正寫，直接面對事物或人物；有側寫，通過第三者曲折迂迴地表現事物或人物。幾乎文學上用以敘事、寫人的所有手法，在本書中都有所運用。而在「說理」時，作者似乎也深諳不能直說的真諦，往往通過記靈跡、講故事、述神話等，用生動的情節和形象來「寄寓」道理，使佛教的旨義，通過藝術感染讀者，而不是蒼白的說教。凡此，都顯示出作者在文學方面深厚的修養和高超的才華。

說到本書的整體風格，玄奘本人謂之「皆存實錄，匪敢彫華」[33]。辯機稱為「或直書其事，或曲暢其文，優而柔之，推而述之，務從實錄，進誠皇極」[34]。可見翔實和質樸是其最突出的風格。應當說明的是，玄奘並不是不能作華美之文，從他後來給唐太宗、高宗的多次上書中，從他一向的能言善辯中，從他人對他的評價裡，我們知道他的文、史之才是可以和子游、子夏、馬遷、班固相媲美的，完全能夠寫出華麗典奧的文章來。《大唐西域記》寫得如此質樸，顯然是他的有意追求。這大約是為了使內容更顯得真實可靠，易受信從，同時也是為了迎合唐太宗的興趣和需要：因為他是位反對雕飾、講求實效的君主。然則，要使文章華美固然不易，但要使文章質實，也非易事。而能夠欲華美便華美，要質實就質實，收發自如，得心應手，就更加難能可貴了。

在質實之中，《大唐西域記》還有一種「優柔」的風格。所謂「優柔」，我們體會，大約就是由從容、自信、雅正和平和等等共同造成的效果，從中可以感受到玄奘精深的修養、崇高的精神、正直的人格以及對信仰的恪守和對世界的仁慈。這裡也反映出大唐國家的強大、社會的昌盛和那個時代人們健康樂觀的風貌。

本書在風格上也有一點比較突出，就是「明淨」。它的敘述、它的語言、它所描繪的事物、它所宣揚的道理等等，都給人以簡潔、明快、清淨、晴朗的感受，沒有故意的晦澀，沒有粗俗的字句，沒有淫靡的場景，也沒有隱曲的旨趣，讓人讀來心清目明，精神爽朗。

所有這些都充分說明，《大唐西域記》不僅完全有理由進入「文學」的殿堂，而且是我國古代文學寶庫中的一塊瑰寶，是一部優秀的文學傑作。它除了具有歷史學、地理學、哲學等方面的意義和價值外，

[33]《法師傳》卷六。

[34] 見《大唐西域記》辯機〈贊〉。

在文學上，它同樣應具有崇高地位：它的敘事，它的寫人，它的抒情和明理，以及它的藝術風格，都給人以優美的文學享受和強烈的藝術感染。讀此書，不僅可以激起我們對中國文化的熱愛，而且可以增強我們的民族自豪感。玄奘「奇蹟」不僅教給我們豐富的知識和啟示，而且會促進我們的人格昇華和事業進取。

五

正是由於《大唐西域記》具有多方面的重要價值，所以從它問世以來，就受到人們的普遍重視和寶貴，產生了廣泛的影響。因而歷代中外學者對它都有所研究，並取得了很大成就。一九七七年上海人民出版社出版的章巽先生的校點本，已是一部甚為精審全面的《大唐西域記》，一九八五年中華書局出版的季羨林等先生的《大唐西域記校注》，則是一部合諸位名家之力，廣泛吸收已有文獻和成果，堪稱完備的本子。同年，陝西人民出版社又出版了季羨林等先生的《大唐西域記今譯》，更加推動了此書的普及。當然，除此之外的研究成果仍復不少。古今學者的辛勤研究和豐碩成果，無疑為我們更加深入全面地理解、認識和利用《大唐西域記》提供了基礎和方便。我們這次「新譯」，主要是以章巽先生的校點本為依據，適當吸收了范祥雍先生的校勘和季羨林等先生的注譯，同時還參考了孫毓棠先生和謝方先生點校的《大慈恩寺三藏法師傳》（中華書局一九八三年版），以及其他一些研究論著。在此一併表示敬意和謝忱。我們對「說明」文字的處理原則，已見上節，大抵以文學性賞析和認知性闡釋相結合為原則，同時也根據具體內容的不同，有所側重。佛法高深，三藏淵博，其間精妙，決非我們的淺學疏才所能得其萬一，而缺點錯誤更是在所難免，敬祈讀者方家，不吝賜教。

陳飛　凡評　於天心居

自序

三藏沙門玄奘奉勅撰

歷選❶皇猷❷，遐❸觀帝錄，庖羲❹出震之初❺，軒轅❻垂衣❼之始，所以司牧❽黎元❾，所以疆畫分野，暨❿乎唐堯⓫之受天運，光格⓬四表，虞舜⓭之納地圖，德流九土⓮。自茲已降，空傳書事之冊，逖聽⓯前修，徒聞記言之史，豈若時逢有道，運屬無為者歟！我大唐御極則天，乘時握紀，一六合⓰而光宅⓱，四三皇而照臨，玄化⓲滂流，祥風遐扇，同乾坤⓳之覆載，齊風雨之鼓潤，與夫東夷⓴入貢，西戎㉑即敘，創業垂統，撥亂反正，固以跨越前王，囊括先代。同文共軌，至治神功，非載紀無以贊大猷，非昭宣何以光盛業！玄奘輒隨遊至，舉其風土，雖未考方辨俗，信已越五踰三。含生㉒之儔，咸被凱澤；能言之類，莫不稱功。越自天府㉓，暨諸天竺㉔，幽荒異俗，絕域殊邦，咸承正朔，俱霑聲教。贊武功之績，諷㉕成口實；美文德之盛，鬱為稱首。詳觀載籍，所未嘗聞；緬惟圖牒，誠無與二。不有所敘，何記化洽？今據聞見，於是載述。

【章　旨】本段概括介紹本書寫作的原因、目的和意義。文章一開始，作者便稱引古代聖賢，歌頌當今昌明。君主的英明和國家的強盛不僅是促成他西域之行順利成功的重要條件，也使他自覺有責任和義務記述見聞、頌揚盛世。

【注　釋】❶歷選　歷數。❷猷　謀劃。❸遐　悠遠。❹庖羲　即伏羲氏。❺出震之初　指萬物發動。《易・說卦》以「萬物出乎震。震，東方也」。此謂人類紀元的開始。❻軒轅　即黃帝。❼垂衣　指無為而治。❽司牧　管理。❾黎元　百姓。❿暨　到；及於。⓫唐堯　傳說中的中國原始社會部落聯盟的首領。⓬格　至；達。⓭虞舜　傳說中的中國原始社會部落聯盟的首領。⓮九土　即九州。指冀、兗、青、徐、揚、荊、豫、梁、雍九州。⓯遂聽　遠聞。遂，遠。⓰一六合　指統一天下。六合，指天、地、四方。泛指天下。⓱光宅　天下大治。⓲玄化　至德的教化。⓳乾坤　乾，天。坤，地。⓴夷　古時對異族的貶稱。多用於東方民族。㉑戎　古時對西部異族的稱呼。㉒含生　生物。㉓天府　指唐朝。㉔天竺　指印度。㉕諷　傳誦。

【語　譯】歷數歷代皇帝的統治，遍觀帝王們的著錄，伏羲氏作八卦，開始了人類歷史的紀元，軒轅黃帝無為而治，開始了對天下的治理，於是管理百姓，劃野分封諸侯。到了唐堯君臨天下，光明傳於四方，虞舜時擴大版圖，德名流布在九州。從此以後，空自傳下許多記事的簡冊，對前代賢人的美德，也只能從悠遠的記言的史書中去發現，再沒有過那天下有道，無為而治的時代了！我大唐建國，以天為法則，應時而興，把握綱紀，統一天下而大治，繼承了三皇的德業而照臨四海，仁義的教化遍流宇內，祥和的風範遠遠傳揚，如同天地一樣覆載眾生，好像風雨一樣潤澤萬物，東夷入貢，西戎臣服，我大唐聖上創業垂統、撥亂反正的功績，足以跨越前王，囊括先代。書同文、車共軌的至治神功，不載入史冊無以讚美大治，不宣明何以光大盛業！玄奘隨遊蹤所到，列舉其風土人情，雖然還沒有考證方位、辨別習俗，但可以知道聖上的功業已經超過三皇五帝。所有眾生，都感受著我大唐慈惠的德澤，凡是能說話的人們，無不頌揚我大唐的功業。玄奘從天府之地到達天竺，所到之處，無論是荒僻地區的異族，還是絕域的外國，都奉承我大唐的正朔，沐浴著大唐的教化。對我大唐赫赫武功的讚美，是人們談話的資料；說起大唐文德的昌盛，人們都讚為天下第一。這是在典籍群書中從未見過的，遍觀以前的地圖和譜牒，也沒有類似的記載。如果不加以記述，拿什麼來說明我大唐教化的普及情況？於是我根據自己的見聞，在這裡記述下來。

然則索訶世界❶舊曰娑婆世界，又曰娑訶世界，皆訛也三千大千國土，為一佛之化攝也。今一日月所照臨四天下者，據三千大千世界❷之中，諸佛世尊皆此垂化，現生現滅，導聖導凡。蘇迷盧山❸唐言妙高山。舊曰須彌，又曰須彌婁，皆訛略也四寶合成，在大海中，據金輪❹上，日月之所照迴，諸天❺之所遊舍。七山七海❻，環峙環列。山間海水，具八功德❼。七金山外，乃鹹海也。海中可居者，大略有四洲焉。東毘提訶洲❽舊曰弗婆提，又曰弗于逮，訛也，南贍部洲❾舊曰閻浮提洲，又曰剡浮洲，訛也，西瞿陀尼洲❿舊曰瞿耶尼，又曰劬伽尼，訛也，北拘盧洲⓫舊曰鬱單越，又曰鳩樓，訛也。金輪王乃化被四天下，銀輪王則政隔北拘盧，銅輪王除北拘盧及西瞿陀尼，鐵輪王則惟贍部洲。夫輪王者，將即大位，隨福所感，有大輪寶，浮空來應，感有金、銀、銅、鐵之異，境乃四、三、二、一之差，因其先瑞，即以為號。

【章　旨】本段介紹了索訶世界的廣大和奇妙，以及輪王王號的由來。為下文將要展開記述的「西域」提供了一個「背景」和「方位」。

【注　釋】❶索訶世界　梵文 Sahālokadhātu 的譯名。佛教指釋迦牟尼所教化的範圍。是古代印度傳說中包括三千大千世界的名稱。索訶，是梵文 Sahā 的音譯，又譯作索阿、娑婆等。意譯為「堪忍」、「忍土」。❷三千大千世界　是古代印度傳說中對廣大無極世界的稱謂。它認為以須彌山為中心，同一日月所照臨的四天下是一個小世界；一千個小世界是一個小千世界；一千個小千世界構成一個中千世界；一千個中千世界構成一個大千世界。❸蘇迷盧山　梵文 Sumeru 的音譯。又譯作須彌、須彌樓等。意譯為「妙高」、「妙光」、「安明」等。即喜馬拉雅山。佛教以這座山作為南贍部洲的中心。為帝釋天居住的地方。❹金輪　又作金剛輪。佛教認為世界的最下層是風輪，風輪之上是水輪，水輪之上有金輪。厚三億二萬由旬(古代印度計量單位)。是由輪形金剛組成，因此叫金輪。金輪之上便是九山八海。即地輪。❺天　泛指天神。❻七山七海　佛教以為圍繞著蘇迷盧山有七重金山，山與山之間有一大海。這是佛教對廣大宇宙的想像。❼八功德　即八種優良的屬性：澄淨、清冷、甘美、輕軟、潤澤、安和、除飢渴、長養諸根。❽毘提訶洲　梵文 Videha 的音譯。意譯為「勝身」。❾贍部洲　梵文寫作 Jambudvīpa。又譯作「閻浮提」等。在蘇迷盧山南面的鹹海中。印度就在這個洲上。贍部，是梵文 Jambu 的音譯。樹名。❿瞿陀尼洲　梵文 Godānīya 的音譯。意譯為「牛貨」。在蘇迷盧山的西方。⓫拘盧洲　梵文 Kuru 的音譯。也譯作「俱盧」、「拘樓」等。意譯為「高勝」。在蘇迷盧山以北。

【語譯】無窮大的索訶世界的三千大千國土都是佛教化的範圍。現在同一日月所照臨的四天下，位於三千大千世界之中，佛世尊都在這裡下降化身，現示生成和滅亡，導引聖賢和凡俗。蘇迷盧山由四種寶物合成，位於大海之中，據於金輪之上，是日月迴照，天神棲息的地方。七山七海環繞在它的周圍。山間的海水具有八種優良的屬性，七座金山的外面就是鹹海了。鹹海中可以居住的，大略有四大洲，即東方的毘提訶洲，南方的贍部洲，西方的瞿陀尼洲，北方的拘盧洲。金輪王統有四天下，銀輪王統領北面的拘盧洲以外的三洲，銅輪王統領除北面拘盧洲和西面的瞿陀尼洲以外的兩洲，鐵輪王只統有贍部洲。所謂輪王，當他們要繼承王位時，根據他們福德的感召，有大輪寶浮空而來應驗。感召有金、銀、銅、鐵的不同，他們統有的疆域就有了四洲、三洲、二洲和一洲的差異。根據先前的靈瑞，作為他們的王號。

其贍部洲之中地者，阿那婆答多池❶唐言無熱惱。舊曰阿耨達池，訛也。也。在香山❷之南，大雪山之北，周八百里矣。金、銀、瑠璃、頗胝❸，飾其岸焉。金沙彌漫，清波皎鏡。八地菩薩❹以願力故，化為龍王，於中潛宅。出清冷水，給贍部洲。是以池東面銀牛口流出殑巨升反伽河❺舊曰恒河，又曰恒伽，訛也，繞池一匝❻，入東南海；池南面金象口流出信度河❼舊曰辛頭河，訛也，繞池一匝，入西南海；池西面瑠璃馬口流出縛芻河❽舊曰博叉河，訛也，繞池一匝，入西北海；池北面頗胝師子口流出徙多河❾舊曰私陀河，訛也，繞池一匝，入東北海，或曰潛流地下，出積石山，即徙多河之流，為中國之河源云。

【章　旨】本段記述了贍部洲中的阿那婆答多池，以及從該池發源的四條河流。本段已由神話中的佛國進入現實中的佛國。

【注　釋】❶阿那婆答多池　梵文 Anavatapta 的音譯。意譯為「無熱惱」。❷香山　梵文 Gandhagiri 的意譯。佛教傳說中的贍部洲最高中心。❸頗胝　梵文寫作 sphaṭika。又譯作「頗梨」、「玻璃」等。即水晶。❹八地菩薩　指佛教八部眾中的「龍眾」，也就是八大龍王。菩薩，梵文寫作 bodhisattva。全譯為「菩提薩埵」。bodhi，意譯為「覺」，sattva，意譯為「眾生」。❺殑伽河　即恒河。源出喜馬拉雅山，注入孟加拉灣。殑伽，梵文 Gaṅgā 的音譯。意譯為「天堂來」。❻匝　周。❼信度河　即印度河。信度，梵文 Sindhu 的音譯。源出岡底斯山西麓，注入阿拉伯海。❽縛芻河　梵文寫作 Čakṣu。即今瓦赫什河。源出帕米爾。注入鹹海。❾徙多河　梵文 Śīta 的音譯。即今葉爾羌河與塔里木河。

【語　譯】在贍部洲的中心是阿那婆答多池。這池潭在香山的南面，大雪山的北邊，方圓八百里。池岸上裝飾著金、銀、瑠璃和水晶，金色的沙土彌漫在池邊，池水清澈，皎潔如鏡。八地菩薩以發願的力量，化為龍王，在這池中居住。出清冷水，供給贍部洲。因此，池東面銀牛口中流出恒河，河水繞池一周，流入東南海中；池南面金象口中流出印度河，河水繞池一周，流入西南海中；池西面瑠璃馬口中流出縛芻河，河水繞池一周，流入西北海中；池北面水晶獅子口中流出徙多河，河水繞池一周，流入東北海中，有一種說法認為這河潛流地下，出積石山，就是徙多河的支流，成為中國黃河的源頭。

時無輪王應運，贍部洲地有四主焉。南象主則暑溼宜象，西寶主乃臨海盈寶，北馬主寒勁宜馬，東人主和暢多人。故象主之國，躁烈篤學，特閑❶異術，服則橫巾❷右袒❸，首則中髻四垂，族類邑居，室宇重閣。寶主之鄉，無禮義，重財賄❹，短製左衽❺，斷髮❻長髭，有城郭之居，務殖貨❼之利。馬主之俗，天資獷暴，情忍❽殺戮，毳❾帳穹廬，鳥居逐牧。人主之地，風俗機慧，仁義昭明，冠帶右衽，車服有序，安土重遷，務資有類。三主之俗，東方為上，其居室則東闢❿其戶，旦日則東向以拜。人主之地，南面為尊。方俗殊風，斯其大概。至於君臣上下之禮，憲章文軌⓫之儀，人主之地，無以加也。清心釋累之訓，出離生死之教，象主之國，其理優矣。斯皆著之經誥，問諸土俗，博關今古，詳考見聞。然則佛興西方，法流東國，通譯音訛⓬，方言語謬，音訛則義失，語謬則理乖⓭。故曰：「必也正名乎」，貴無乖謬矣。

【章　旨】本段記述了贍部洲上的四大主宰的領域，以及它們之間的差別和聯繫。所謂聯繫，主要在南象主和東人主之間：「佛興西方，法流東國」。但由於語言文字的差異，使東國對佛法的理解有些偏差。因此，「正名」成為翻譯者的首要任務。

【注　釋】❶閑　熟習；擅長。❷橫巾　橫披巾布。❸右袒　袒露右臂。❹財賄　財物。❺衽　衣襟。❻斷髮　剪髮。❼殖貨　販賣貨物。❽忍　殘忍。❾毳　鳥獸的細毛。❿闢　開闢。⓫憲章文軌　典章制度。⓬訛　錯誤。⓭乖　違反常理。

【語　譯】在輪王還沒有應運降臨的時候，贍部洲有四大主宰。南方象主的領域炎熱潮溼，適宜象的繁殖；西方寶主之地瀕臨大海，多聚珍寶；北方馬主那裡氣候嚴寒，適宜馬的畜牧；東方人主之地氣候溫和宜人，人口眾多。因此，象主的國家，人們性情暴躁，專心學問，尤其擅長異術，他們的服飾是橫披巾布露出右臂，頭頂心打一個髻，其餘的頭髮四面垂下，人們多聚居於村邑，住的多是樓閣。寶主之鄉，人們不講禮義，只重財物，身穿短裝，前襟向左，剪髮長鬚，他們住在城郭之中，從事販運貨物獲得利益。馬主地方的風俗粗獷兇暴，人們天性殘忍，嗜血好殺，他們住在半圓形的毳帳中，像鳥一樣不停遷移住處，游牧各地。人主的地方，風俗聰慧，仁義弘明，服飾上戴著冠帶，衣襟向右，乘坐的車馬、穿著的服飾都有等級次序，人們安居本土，不輕易遷移，從事貿易有自己的習慣。南、西、北三主的習俗，以東為貴，他們的住室的門戶都是向東開，每天早晨向東方禮拜。人主地方，以南面為尊。以上是對各地不同風俗的一個概括記述。至於君臣上下的禮節，典章制度的規範，沒有比人主之地更好的了。而清淨心境擺脫世俗欲望煩惱的訓導，出離生死達到涅槃的教誨，象主之國的理論最為優越。這些都著錄在經誥中，也顯示在各地的風俗裡。廣泛探求古今，詳細考證見聞，我得出以上的結論。但是佛法興起於西方，流傳到東國時，翻譯的音調往往有誤，各地的方言又多不同，音調錯了語義就不對了，語言有誤則道理就不合。所以孔子說：「必也正名乎」，翻譯記載貴在沒有錯誤。

夫人有剛柔異性，言音不同，斯則繫❶風土之氣，亦習俗之致也。若其山川物產之異，風俗性類之差，則人主之地，國史詳焉；馬主之俗，寶主之鄉，史誥備載，可略言矣。至於象主之國，前古未詳，或書地多暑溼，或載俗好仁慈，頗存方志，莫能詳舉。豈道有行藏❷之致，固世有推移之運乎？是知候律以歸化，飲澤而來賓，越重險而款玉門，貢方奇而拜絳闕❸者，蓋難得而言焉。由是之故，訪道遠遊，請益之隙，存記風土。黑嶺已來，莫非胡俗，雖戎人同貫❹，而族類群分，畫界封疆，大率土著，建城郭，務田畜，性重財賄，俗輕仁義，嫁娶無禮，尊卑無次，婦言是用，男位居下，死則焚骸，喪期無數，剺❺面截耳，斷髮裂裳，屠殺群畜，祀祭幽魂，吉乃素服，凶則皂❻衣：同風類俗，略舉條貫，異政殊制，隨地別敘。印度風俗，語在後記。

【章　旨】本段從語言、人們性情的差異入手，說明其差異原因是風土習俗的不同。而過去典籍中對印度的記載是非常零碎的。由此引出作者西行的目的：求取佛法和記述風土。

【注　釋】❶繫　關聯。❷行藏　隱現。❸絳闕　宮殿的門闕。❹貫　籍貫。❺剺　刺。❻皂　黑色。

【語　譯】人們性情的剛柔不同和語言語音的差別，是由於風土氣質的不一樣，也是習俗造成的。若論山川物產的不同，風俗性情的差異，人主地方的國史有詳細記載；馬主之地的習俗和寶主之地的鄉土人情，史料中也有完備的記述，可以從略。至於象主之國，前代沒有詳盡記載，有的記著那裡多炎熱潮溼，有的記著那裡崇尚仁慈，這些記載散見於方志中，但都沒有詳細說明。難道說是由於天道的隱現導致了世運的推移變遷嗎？由此可知要使他們等待時運歸化，享受到仁澤而來賓服，越過重重險阻來叩玉門關，貢獻異方奇物拜上於朝廷，實在是難得的事。因此，我訪道遠遊，在向明師請教的空隙，把當地的風土記了下來。從黑嶺開始，都是胡人的地域，他們雖然同是戎人，但卻族類群分，劃界封疆。他們大致都是當地土著，在那裡建築城郭，從事農業和畜牧業，人們重財貨而輕仁義，嫁娶沒有禮制，尊卑沒有次序，婦人作主，男人地位低下。人死了以後，其屍骸被焚燒，服喪期也沒有一定的天數，當地流行刺面割耳、剪髮裂裳的風俗。人們屠殺成群的牲畜，祭祀幽魂，遇到吉事就穿白色衣服，碰到凶事便穿著黑色衣服。這裡概略地列舉了那裡相同或類似的風俗，關於不同的政體和制度，我將隨地另外記敘。有關印度的風俗，將記在後面。

【說　明】本書開卷從「歷選皇猷，遐觀帝錄」到「印度風俗，語在後記」部分，究竟應屬什麼性質的文字？古今說法尚未完全一致。現在所能見到的各種古代版本，大都將它放在《大唐西域記》卷一和「三十四國」目錄之後，而慧琳則將它放在「三十四國」目錄之前，並稱為「西域記敘」（詳見《一切經音義》卷八二）。章巽校點本因此以為這大約是唐本的原貌，因而將它放在卷首，稱為〈序〉。而季羡林校注本則以為不妥，認為這部分本是此書的「正文」，不應看作是書外的「序文」，於是仿照古代史書體例，另加標題稱作「序論」。不過，仔細玩味這段文字，覺得它既帶有「總序」的性質，也具有領起下文的作用，而「論」的性質卻不是很顯著。另外，即使比照史書體例，也只需稱為「序」就可以了，不必另加一個「論」字。為了更準確地表達其內容，我們暫且稱之為「自序」。

又據《一切經音義》，這篇序文題下原署「三藏沙門玄奘奉勅撰」，這裡的「奉勅撰」，既是指《大唐西域記》全書乃是遵照皇上（唐太宗李世民）的旨意撰寫的，當然也是指本篇序文同樣是奉旨而作的。

有關背景，我們在導讀中已有所交代，這裡已不必多說。值得注意的是，玄奘撰寫此書既是為了給皇上看，那麼他就必須迎合皇上的興趣和要求，讓他看了心情愉快，同時還要讓他盡快知道本書的大概內容和主要旨趣，以顯出作者對聖旨的恭敬和遵從。因此，這篇序文雖然沒有直接交代寫作的「原因」，但它實際上是有其特殊背景和確定對象的，故既有「緣起」的性質，又有「報告」的意味。從而使它成為一篇特殊的「序」。整個序文，發言得體，述意明晰，氣氛奇妙，文筆淨美。不僅迎合了聖旨，而且強調了主題：雖然本書的主題是記述「風俗」，但玄奘西征的主題卻是「求法」。因而記「風俗」是為明「義理」服務的。他用了許多筆墨去寫「佛國」和「中國」的聯繫，目的在於說明「西征」的必要性，但同時也是對讀者（唐太宗）的引誘和感染，玄奘不是用枯燥的說教，而是由神祕奇妙的傳說，既顯得佛的世界的博大無極，也使得這個世界充滿魅力，引人入勝。這反映出作者高超的「說教」藝術和文筆才華。

卷一 三十四國

阿耆尼國

【題解】阿耆尼，梵文Agni的音譯，意思是「火」。阿耆尼國就是今天的新疆維吾爾自治區焉耆回族自治縣，現代維吾爾語叫做Qarašähr，意譯為「黑城」。阿耆尼國的東境當時和唐的高昌交界，因而是玄奘西行所到的第一個國家。

出高昌故地，自近者始，曰阿耆尼國。

阿耆尼國，東西六百餘里，南北四百餘里。國大都城周❶六七里。四面據❷山，道險易守。泉流交帶，引水為田。土宜穈❸、黍、宿麥❹、香棗、蒲萄❺、梨、柰❻諸果。氣序❼和暢，風俗質直。文字取則❽印度，微有增損。服飾氈毼❾，斷髮無巾。貨❿用金錢、銀錢、小銅錢。王其國人也，勇而寡略，好自稱伐⓫，國無綱紀，法不整肅。伽藍⓬十餘所，僧徒二千餘人，習學小乘教說一切有部⓭經教律儀，既遵印度，諸習學者，即其文而翫⑭之。戒行律儀，潔清勤勵。然食雜三淨⑮，滯於漸教⑯矣。

從此西南行二百餘里，踰一小山，越二大河，西得平川，行七百餘里，至屈支國舊曰龜茲。

【注釋】❶周　方圓。❷據　靠；依託。❸穈　黍屬而不黏。亦稱穈子。❹宿麥　隔年才熟的麥。即冬小麥。❺蒲萄　即「葡萄」。❻柰　果木名。林檎的一種。也稱花紅、沙果。❼氣序　季節的推移，又稱時序。❽取則　取法；效法。❾氎毼　粗布和細布。氎，或作「疊」。氎，又稱白疊。即白棉布。毼，或作褐。粗毛麻織品。❿貨　貨幣。⓫伐　功勞。⓬伽藍　來自梵文 Saṅghārāma（僧伽囉磨）。意譯為眾園。指佛教徒靜修的場所，即寺院。⓭小乘教說一切有部　小乘，梵文 Hīnayāna 的意譯。只信奉《阿含經》等佛教根本教典。重在自我解脫。以證得阿羅漢果為最高境界，他們自認是佛教的正統派。說一切有部，梵文 Sarvāstiv āda 的意譯。音譯為薩婆多部。簡稱有部。是小乘二十部派之一。據說是釋迦牟尼卒後三百年。從根本上座部分裂而成的一個主要部派。這一部派把一切有為、無為諸法證為是實有的，並且一一說明它的緣由，因此被稱作說一切有部，在小乘佛教中有很大勢力。⓮翫　研習；觀賞。⓯三淨　即三種淨肉。一、不見其為我殺者；二、不聞為我殺者；三、無為我殺之疑者。小乘佛教的戒律並不禁止佛教徒食這三種「淨肉」。但大乘經律則斷然禁止肉食。⓰漸教　這裡指小乘。

【語譯】離開高昌故地，最近的一個國家，就是阿耆尼國。

阿耆尼國東西長六百多里，南北長四百多里。國都方圓六、七里，四面依山，道路艱險易於防守。境內泉水溪流交織如帶，水被引來灌溉田地。這裡的土質適宜種植穈子、黍、冬小麥及香棗、葡萄、梨、沙果等果品。四季氣候溫和，舒暢宜人，風俗質樸。所用文字取法於印度字母，稍有增減。人們用粗布和細布做衣服飾物，剪髮，不束頭巾。通用貨幣是金錢、銀錢和小銅錢。君主是本國人，有勇少謀，喜歡炫耀自誇。國家缺乏綱常法紀，政令也不完備嚴肅。國內有寺院十幾所，僧徒有二千多人，他們研習的是小乘教說一切有部，佛經教義、戒律、儀軌完全遵循印度，眾研習者便都根據印度原文研究揣摩。教徒們恪守戒律儀軌，持身清潔，勤奮刻苦，然而食物中雜有名為「三淨」的肉類，因而只能停留在初淺的「漸教」階段。

從這裡向西南走二百多里，翻過一座小山，渡過兩條大河，再向西便到了一片平原，走七百多里，到達屈支國。

【說　明】本文介紹了阿耆尼國的國土、國都、地理地貌、物產、氣候、風俗、文字、服飾、貨幣、國君、國政和佛教流傳等情況，幾乎囊括了一個國家的各個方面。介紹的重點是佛教的流傳情形，在客觀的敘述中對教徒們信奉小乘佛教流露出些許憾意。

所謂「小乘」是指原始佛教和部派佛教。只信奉《阿含經》等根本教典，重在自我解脫。西元一世紀以後，一種新的佛教派別形成了。這種派別自稱能運載無量眾生從生死大河之此岸達到菩提涅槃之彼岸，成就佛果，因而稱「大乘」，並貶原始佛教和部派佛教為「小乘」。在修習上，大乘並不拘泥於三十七道品的宗教道德修養，倡導以六度為內容的菩薩行。大乘宣傳大慈大悲，普渡眾生，成佛渡世，建立佛國淨土，這無疑比只追求自我解脫的小乘有更高的境界和意義。玄奘是大乘有宗的忠實信奉者，因而他對小乘的態度也就不足為奇了。

屈支國

【題　解】屈支，我國古代稱為龜茲或丘茲、屈茨等，均為古龜茲語 Kutsi 的不同音譯。這裡玄奘根據 Kutsi 的梵文形式 Kuci 譯作屈支。就是現在的新疆維吾爾自治區阿克蘇專區庫克縣，現代維吾爾語稱為 Kuca(r)。

屈支國，東西千餘里，南北六百餘里。國大都城周十七八里。宜穈、麥，有粳稻，出蒲萄、石榴，多梨、柰、桃、杏。土產黃金、銅、鐵、鉛、錫。氣序和，風俗質。文字取則印度，粗有改變。管弦伎樂❶，特❷善諸國。服飾錦褐❸，斷髮巾帽。貨用金錢、銀錢、小銅錢。王屈支種也，智謀寡昧❹，迫❺於強臣。其俗生子以木押❻頭，欲其匾㔸❼也。伽藍百餘所，僧徒五千餘人，習學小乘教說一切有部。經教律儀，取則印度，其習讀者，即本文矣。尚拘漸教，食雜三淨。潔清耽翫❽，人以功競❾。

【注　釋】❶伎樂　歌舞音樂。❷特　出眾；卓異。❸錦褐　錦，用彩色經緯絲織出各種圖案花紋的絲織品。褐，粗毛或粗麻織的短衣。❹昧　昏暗；愚昧。❺迫　逼迫。❻押　通「壓」。上加重力。❼匾㔸　扁而薄。匾，通「扁」。❽耽翫　專心研習。❾競　爭逐。

【語　譯】屈支國東西長一千多里，南北長六百多里。國都方圓十七、八里。土質適宜種植穈子、麥子，出產粳稻、葡萄、石榴，盛產梨、沙果、桃和杏。礦產有黃金、銅、鐵、鉛、錫。四季氣候溫和，風俗質樸。文字取法於印度字母，稍稍加以改變。該國的管弦歌舞伎藝比各個國家都要好。百姓用錦褐做服飾，剪髮，頭戴巾帽。通用貨幣有金錢、銀錢、小銅錢。國王是屈支人，才智不高，缺少謀略，受強臣挾制。當地有一種風俗，孩子出生後用木板箍壓頭部，以使頭形扁薄。國內有寺院一百多所，僧徒五千多人，學習小乘教說一切有部。佛經教義、戒律、儀軌，都取法於印度，那些誦習的人便都依據印度原文了。他們仍然拘泥於漸教教義，食物中雜有名為「三淨」的肉類。但都立身清潔專心研習，大家以修行的功力比較高低。

【說　明】屈支國作為阿耆尼國的鄰邦，氣候、物產包括佛教的流傳等都基本相同，只有它的管弦歌舞是別的國家所無法比擬的。新疆庫車地區的音樂歌舞自古以來就負有盛名，並給內地漢族音樂以很大的影響。東晉時，開始流行的西涼樂便是庫車樂和漢樂及其他少數民族音樂相混和而形成的。在北齊時，除西涼樂外，還有獨立的庫車樂。特別值得一提的是六世紀庫車音樂大師蘇祇婆，他的「七調」對我國的音樂理論產生了相當的影響。隋時，國家確定的「七部樂」、「九部樂」中，就有一部是庫車樂，由此可見庫車音樂的地位。

這一段是對屈支國的簡要概述，以下分四個部分介紹這個國家的著名場所。

國東荒城

國東境城北天祠❶前，有大龍池。諸龍易❷形，交合牝馬，遂生龍駒，儱戾❸難馭，龍駒之子，方乃馴駕，所以此國多出善馬。聞之耆舊❹曰：近代有王，號曰金花，政教明察，感龍馭乘，王欲終沒❺，鞭觸其耳，因即潛隱，以至於今，城中無井，取汲❻池水。龍變為人，與諸婦會，生子驍勇❼，走及奔馬，如是漸染，人皆龍種，恃❽力作威，不恭❾王命，王乃引搆❿突厥，殺此城人，少長俱戮，略無噍類⓫。城今荒蕪，人煙斷絕。

【注　釋】❶天祠　原指祭祀大自在天（摩溼醯伐羅 Maheśvara）的祠所。此處似指祆教的祠所。❷易　變化。❸儱戾生性兇暴。❹耆舊　故老。❺沒　通「歿」。死亡。❻汲　取水。❼驍勇　勇猛強健。❽恃　依仗。❾恭　服從。❿搆　通「構」。交搆；結合。⓫噍類　活人。

【語　譯】在屈支國東部有座城池，城北天祠前有一個大龍池。池中的龍經常改變它們的外形，與雌馬交配，這樣生下的龍駒，生性兇暴，難以駕馭。只有龍駒再生下來的龍駒，才可以馴養駕車，這就是這個國家多出良馬的原因。我聽當地的故老說：近代有一位君王，名號叫金花，政教明察，因而感動了龍來為他駕車。這位君王要死的時候，用鞭子觸碰龍的耳朵，龍便潛藏到池中，一直到現在。城裡沒有水井，居民都要從龍池中取水。龍變成人形，與婦人們幽會，生下來的男兒勇猛矯健，跑起來像奔馬一樣快。就這樣逐漸交染，人人都成了龍種。這些人依恃勇力抖擻威風，不服從君王的命令。君王於是聯合突厥人，屠殺這個城的居民，全城老幼都被殺戮，不留一個活口，如今這座城池已經荒蕪沒有人煙了。

【說　明】國東的這個城市曾以出產良馬著名，城中男子矯健強壯，跑起來快如奔馬，後來這城市為突厥所滅，現已荒無人煙了。這樣一個簡單的故事被作者以一則帶有神怪色彩的傳說變得生動起來。在傳說中，城北天祠這個外道神廟前大龍池中的龍成為主要角色。龍和雌馬交配產生了良馬，龍和城中婦女幽會，使生下的男子強壯矯健，這些男子自恃體魄不聽從君王的命令，君王便引來突厥人殺盡全城老少，使這裡成為荒城。當然這只是一個傳說，並不足信。但作者巧妙地借用這個傳說將一個單調乏味的所在敘述得引人入勝。語言簡潔生動，寥寥數筆便將龍的形象栩栩如生地呈現在讀者面前，有很強的藝術感染力。這傳說也可看作是古代人們對該城居民勇健的一種解釋。

昭怙釐伽藍

荒城北四十餘里，接山阿❶，隔一河水，有二伽藍，同名昭怙釐❷，而東西相稱。佛像莊飾，殆❸越人工。僧徒清肅，誠為勤勵。東昭怙釐佛堂中有玉石，面廣❹二尺餘，色帶黃白，狀如海蛤❺，其上有佛足履之跡，長尺有八寸，廣餘六寸矣。或有齋日，照燭光明。

【注　釋】❶山阿　山間曲處。❷昭怙釐　來自古代龜茲——焉耆語Cakir。意為「輪」。轉意為「寺院」。❸殆　幾乎。❹廣　寬。❺蛤　一種有介殼的軟體動物。產於江河湖海。

【語　譯】在荒城北四十多里與山凹相連的地方，隔著一條河，有兩座寺院，都叫昭怙釐，東西對稱。寺院裡佛像的裝飾，幾乎超出人間工藝水準。僧徒們清靜整肅，非常勤勉。東邊的昭怙釐的佛堂中有一塊玉石，石面寬二尺多，呈黃白色，形狀像海蛤，上面有佛足的印跡，長一尺八寸，寬六寸。倘或有齋戒的日子，佛的足跡便發出明亮的光。

【說　明】這兩座昭怙釐之所以被列入屈支國著名的四大景觀中，有兩個原因：一是寺院中佛像的裝飾巧奪天工，二是東昭怙釐寺中保存有佛的足跡的一塊玉石。作者細緻地描繪了玉石的形貌，最後一句實為畫龍點睛之筆，帶有濃厚的宗教神祕色彩。

大會所

大城西門外，路左右各有立佛像，高九十餘尺。於此像前，建五年一大會❶處。每歲秋分數十日間，舉國僧徒皆來會集，上自君王，下至士、庶❷，捐廢❸俗務，奉持齋戒，受經聽法，渴日忘疲。諸僧伽藍莊嚴佛像，瑩以珍寶，飾之錦綺，載諸輦輿，謂之行像❹，動❺以千數，雲集會所。常以月十五日、晦日❻，國王、大臣謀議國事，訪及高僧，然後宣布。

【注　釋】❶五年一大會　即無遮大會。梵文Pañcapariṣad、Pañcavarṣikā-pariṣad。指國王每五年一次的大齋會。❷庶　平民百姓。❸捐廢　捨棄；停止。❹行像　佛教徒每年在佛誕辰（在我國為四月初八）將佛像載在車上巡行，叫做行像。❺動　動輒；往往。❻晦日　農曆每月的最後一日。

【語　譯】在大都城西門外道路的左右兩旁各有佛的立像，高九十多尺。在這些佛像的前面建了無遮大會的會場。每年秋分的幾十天裡，全國的僧徒都來這裡集會。上自君王，下至官員百姓，全都拋開俗務，持齋受戒，聽講經說法，忘記飢渴疲勞。各寺院都裝飾佛像，點綴以晶瑩的珍寶，披掛上錦繡羅綺，用軒車載著，稱為「行像」，往往數以千計的行像雲集在會場上。國王大臣常在每月的十五日和最後一日商議國家大事，徵詢高僧意見，然後宣布。

【說　明】本段敘述屈支國無遮會的盛況。無遮會是佛教國家五年一次的固定的盛會，意思是賢聖道俗上下貴賤沒有界線分別，平等行財施和法施。本書卷五鉢邏耶伽國一節對無遮會有非常詳細的記述。

阿奢理貳伽藍

會場西北渡河，至阿奢理貳❶伽藍。庭宇顯敞❷，佛像工飾。僧徒肅穆，精勤匪怠，並是耆艾宿德❸，博學高才，遠方俊彥❹，慕義至止。國王、大臣、士、庶、豪右，四事供養❺，久而彌❻敬。聞之耆舊曰：昔此國先王，崇敬三寶❼，將欲遊方，觀禮聖跡，乃命母弟，攝❽知留事。其弟受命，竊自割勢❾，防未萌❿也。封之金函，持以上王。王曰：「斯何謂也？」對曰：「回駕之日，乃可開發。」即付執事，隨軍掌護⓫。王之還也，果有搆禍⓬者，曰：「王命監國，婬亂中宮。」王聞震怒，欲置嚴刑。弟曰：「不敢逃責，願開金函。」王遂發而視之，乃斷勢也。曰：「斯何異物？欲何發明？」對曰：「王昔遊方，命知留事，懼有讒禍，割勢自明。今果有徵⓭，願垂照覽。」王深敬異，情愛彌隆，出入後庭，無所禁礙。王弟於後，行過一夫，擁五百牛，欲事刑腐⓮。見而惟念，引類增懷：「我今形虧，豈非宿業⓯？」即以財寶，贖此群牛。以慈善力，男形漸具。以形具故，遂不入宮。王怪而問之，乃陳其始末。王以為奇特也，遂建伽藍，式旌⓰美跡，傳芳後葉。

　從此西行六百餘里，經小沙磧，至跋祿迦國。

【注釋】❶阿奢理貳　阿奢理，為古代龜茲語 asari 的譯音。意為奇特。貳，為古代龜茲語形容詞字尾的譯音。❷顯敞　寬敞。❸耆艾宿德　年高德劭。耆艾，年壽久長。宿德，年老而有德望的人。❹俊彥　才智傑出的人。❺四事供養　指供給飲食、衣服、臥具、醫藥。❻彌　更加。❼三寶　即佛寶、法寶、僧寶。佛教徒稱釋迦牟尼為「佛寶」；對他的說教稱為「法寶」；對出家修業的僧眾稱為「僧寶」。❽攝　代理。❾勢　男性生殖器。❿防未萌　預防。⓫掌護　掌管保護。⓬搆禍　生事。⓭徵　應驗。⓮事刑腐　行腐刑。這裡指騸割。⓯宿業　佛教指前世行善或作惡所造成而見於今世的後果。⑯旌　表彰。

【語　譯】從大會場西北渡河，就到達阿奢理貳寺。這座寺院庭院寬敞，佛像裝飾得非常精緻。僧徒肅穆，勤奮不懈，他們都是年高德劭、博學高才的人物，遠方的才智出眾之士因為仰慕他們的德學都投奔到這裡。國王、大臣、士族、平民、豪強為他們提供飲食、衣服、臥具、醫藥等生活必需品，時間越長對他們越加敬重。曾聽這裡的老人說：當年這個國家的先王對佛家的三寶非常崇敬，他想去雲遊四方，瞻仰佛祖的聖跡，於是他命令自己的胞弟代他執掌國事。他的弟弟領命以後，偷偷割去了自己的生殖器，以防不測。他將生殖器用金函封好，獻給國王。國王問：「這是什麼？」王弟回答說：「這金函在您返駕回宮那一天才可以打開看。」國王便把金函交給主管官吏，命他隨軍保管好這件東西。國王回國後，果然有挑撥生事的人向國王說：「國王命令他代理國事，他卻淫亂後宮。」國王聽了大怒，要對王弟嚴刑懲處。王弟說：「我不敢逃避罪責，但請國王打開金函。」國王打開一看，是一根被割斷的男性生殖器。國王說：「這奇怪的東西是什麼？你想要說明什麼問題？」王弟回答說：「國王當初雲遊四方，命令我代理留守事務，我害怕遭受讒言之禍，因而割去了自己的生殖器來表明心意。如今我的預感果然應驗了。請君王明察。」國王對胞弟深懷敬重，眷愛之情更加深厚，王弟隨意出入後宮，不受任何限制。後來有一次王弟在路上遇見一個男子，趕著五百頭牛要去騸割。王弟觸景生情，相似的遭遇使他倍加傷感：「如今我形體殘缺，難道不是由於前世的罪惡造成的嗎？」於是他拿出財寶贖下了這群牛。由於慈善的力量，他的男性器官慢慢又具備了。王弟因為自己有了男性器官，便不再入宮了。國王對此感到奇怪來詢問他，他就陳述了事情的原委。國王深感這事奇特，於是建立了這座寺院，以表彰王弟的優美情操，使他流芳後世。

從這裡往西走六百多里，經過小沙磧，就到跋祿迦國了。

【說　明】本段以記人代替記地，敘述重點在於寺的「奇特」。作者先簡單介紹了阿奢理貳寺的外觀、寺中的僧徒以及遠近貴賤人等對阿奢理貳寺的虔誠的供奉和敬慕。幾句話便烘托出該寺不同一般的地位。接著作者以大量筆墨講述了關於阿奢理貳寺的傳說，為我們塑造了「王弟」這個人物形象。作者先設下一個懸念：國王要外出雲遊，命王弟代理國政，王弟受命之後第一件事卻是割下自己的男性器官，用金匣封好請國王隨軍攜帶，回國之日再打開。這金匣對國王來說是個謎，而讀者雖然已經知道王弟的用意，卻也心存疑問：王弟有必要這樣做嗎？接下來講到國王回國後果然有人進讒言陷害王弟，王弟因早有準備，不僅使讒言不攻自破，而且使國王對他更加敬愛。這一個小故事主要表現的是王弟的智慧。王弟雖然以自己的智慧避免了一場災難，但他的形體卻從此殘缺了。這使他在見到一群待騸割的牛時倍感傷情。於是他拿財寶贖出了這群牛。結果奇蹟出現了，他又恢復了男性器官。國王因此為他建了這座寺院。這便是「阿奢理貳」奇特的來歷。整個故事寫得跌宕起伏，結構緊密，引人入勝。注意運用對話推進情節和人物內心活動的刻劃，文字生動。在從容的敘述中宣揚了佛家因果報應和慈悲為懷等思想。

跋祿迦國

【題　解】跋祿迦，梵文 Bālukā 或 Vālukā 的音譯，意思是「沙」。位於現在的新疆維吾爾自治區阿克蘇地區。地理位置非常重要，是大唐通往西域各國的交通要道。

跋祿迦國，東西六百餘里，南北三百餘里。國大都城周五六里。土宜氣序，人性風俗，文字法則，同屈支國，語言少異❶。細氈❷細褐❸，鄰國所重。伽藍數十所，僧徒千餘人，習學小乘教說一切有部。

【注釋】❶少異　稍有不同。❷氈　也作「氊」。用獸毛碾合成的片狀物。❸褐　麻織品。

【語譯】跋祿迦國東西長六百多里，南北長三百多里，國都方圓五、六里。土質氣候、人情風俗、文字語法都與屈支國相同，語言稍有不同。該國出產的細氈細褐受鄰國看重。國中有寺院幾十所，僧徒一千多人，研習小乘教說一切有部。

凌山及大清池

【題解】凌山，又名木素爾達坂，俗稱冰達坂，位於伊犁、溫宿之間。地勢險要，但卻是東西交通的必經之地。大清池又名熱海、鹹海，突厥語作Issyk-kul，今譯伊塞克湖。因大清池水面不封凍，相對於凌山的長年冰封，因而名為熱海。

國西北行三百餘里，度石磧❶，至凌山。此則蔥嶺❷北原，水多東流矣。山谷積雪，春夏合凍❸，雖時消泮❹，尋❺復結冰。經途險阻，寒風慘烈。多暴龍難，陵❻犯行人。由此路者，不得赭❼衣持瓠❽，大聲叫喚。微有違犯，災禍目覩❾。暴風奮發，飛沙雨石，遇者喪沒，難以全生。

山行四百餘里，至大清池或名熱海，又謂鹹海，周千餘里，東西廣，南北狹，四面負山，眾流交湊❿，色帶青黑，味兼鹹苦，洪濤浩汗⓫，驚波汨淴⓬。龍魚雜處，靈怪間起，所以往來行旅，禱以祈福，水族雖多，莫敢漁捕。

【注釋】❶磧　沙漠。不生草木的沙石地。❷蔥嶺　古代對今帕米爾高原和崑崙山、天山西段的統稱。地勢極高。有世界屋脊之稱。❸合凍　封凍。❹泮　溶解。❺尋　隨即；很快。❻陵　通「淩」。侵侮。❼赭　紅褐色。❽瓠　蔬類植物。也叫扁蒲、葫蘆。❾覩　同「睹」。見。❿交湊　交匯。⓫浩汗　同「浩瀚」。⓬汨淴　形容水波急馳的樣子。

【語　譯】從跋祿迦國往西北走三百多里，過了石戈壁就到達凌山了。這裡地處蔥嶺北部，河水多向東流。山谷中常年積雪，即使在春季和夏季也是封凍的，有時雖然有些消融，很快便又凍結成冰了。路途艱險難行，寒風慘烈。經常有「暴龍」侵犯行人。從這條路上經過的人不能穿紅褐色的衣服，不得攜帶葫蘆，也不得大聲叫喚，稍有違犯，災禍馬上發生在眼前。狂風驟起，飛沙走石，碰上的人幾乎都要送命，很難倖免生還。

在凌山中走四百多里就到達大清池。大清池方圓一千多里。東西寬闊，南北狹窄，四面環山，許多河流交匯其中。池水呈青黑色，味道又鹹又苦。池中波濤洶湧，浩瀚無邊，驚波激蕩，水流迅急。龍和魚在池中混在一起，有時還有靈怪出沒。因而往來行人都向池中祈禱求福。池中水族生物雖然很多，卻沒人敢於捕撈。

【說　明】凌山和大清池是玄奘西行經過的兩個比較險惡的地方。據文獻記載，凌山南北綿延一百二十多里，中間有著名的冰川谷道。冰川谷道由許多布滿裂隙的冰達坂組成，其間冰崖聳立，直刺青天，冰崖下是多年的積雪，春夏時稍一消融，馬上又被凜冽的寒風冰凍了，道路崎嶇，攀登艱難，時有「暴龍」襲擊行人。這裡所說的「暴龍」很可能是雪崩或暴風雪。至於大清池，則是一個比較大的內陸湖泊，面積達六千多平方公里，元時成為我國西部內陸大湖之一，名為特穆爾圖淖爾。清穆宗時因與俄國簽訂的不平等條約而被俄國佔有。玄奘是世界上第一個詳細記載大清池的人。

素葉水城

【題　解】素葉水城，又被稱為碎葉城、素葉城，因碎葉水(Sūyab)而得名。一度是唐代的安西四鎮之一。

清池西北行五百餘里，至素葉水城。城周六七里，諸國商胡❶雜居也。土宜糜、麥、蒲萄，林樹稀疏。氣序風寒，人衣氈褐。

素葉已❷西數十孤城，城皆立長，雖不相稟❸命，然皆役屬突厥。

【注　釋】❶商胡　即胡商。這裡是唐人習慣用法。胡，我國古代對北方邊地與西域民族的泛稱。❷已　同「以」。❸稟　接受。

【語　譯】從大清池往西北走五百多里，就到達素葉水城。該城方圓六、七里，各國商人在這裡雜居。土質適宜種植糜子、麥子、葡萄，樹木稀疏。氣候寒冷多風，人們穿氈或褐做的衣服。

素葉城以西有幾十座孤城，每個城池都立有自己的君主。他們雖然相互之間不接受領導，卻都聽命於突厥，受突厥的支配。

窣利地區總述

【題　解】窣利，中世紀波斯語Sülik的對音。窣利地區位於素葉水城和羯霜那國之間，包括千泉、大沙漠、四座城池和十二個國家。從穆斯林時期開始，窣利通常指阿姆河和錫爾河之間的昭武九姓國，包括範圍相對狹窄得多。

自素葉水城，至羯霜那國，地名窣利，人亦謂焉。文字語言，即隨稱矣。字源❶簡略，本二十餘言，轉而相生，其流浸廣，粗有書記❷，豎讀其文，遞❸相傳授，師資無替❹。服氈褐，衣皮氎，裳服褊急❺。齊髮露頂，或總剪剃，繒綵❻絡❼頟❽。形容偉大，志性恇怯❾，風俗澆訛❿，多行詭詐，大抵貪求，父子計利，財多為貴，良賤無差。雖富巨萬，服食麤⓫弊。力田逐利者雜半矣。

【注釋】❶字源　基本字體。❷書記　文字記載。❸遞　依次。❹替　廢棄。❺褊急　衣服狹小。❻繒綵　彩色絲織物。❼絡　纏繞。❽頟　「額」的本字。前額。❾恇怯　怯懦。❿澆訛　浮薄偽詐。⓫麤　通「粗」。不精。

【語譯】從素葉水城到羯霜那國之間的地區名叫窣利，這一帶的居民也就被稱為窣利人，其文字和語言也隨著被稱為窣利文和窣利語。窣利文的基本字母很簡略，只有二十多個字母，由這些字母互相組合，推演派生，詞彙就越來越廣泛了。這裡的人們稍有文字記載的習慣，文字豎讀。其文字由師徒依次傳授，中間沒有廢棄。居民們用毛氈、粗麻、毛皮和細棉布作衣服，上下衣物都很狹小。他們將頭髮剪齊露出頭頂，或者將頭髮全部剃光，用彩色絲織物纏繞額頭。當地居民身材偉岸，然而稟性怯懦。這裡風俗浮薄偽詐，人們行為詭詐，大多貪財嗜利，父子之間也要計較利益得失。財富多的人地位就尊貴，良賤之間沒有什麼差別。即使是家財巨萬的富人，吃的穿的也都很粗陋。種地的農民和逐利的商人在這裡各佔一半。

【說 明】窣利地區的風土人情、語言文字和前面幾個國家大不相同。這一地區的語言文字不是取法印度，而屬於中古伊朗語文字系統，並經過多次演變，成為中亞地區廣泛流行的語言，直到十三世紀蒙古入侵後才漸漸絕跡。

該地區幾乎一半居民是商人。風俗浮薄詭詐，即使父子之間也是錙銖必較。據說這一地區有個風俗，男孩生下來後，大人要馬上將蜂蜜抹在嬰孩口中，希望孩子長大成人以後巧舌如簧，口如蜜餞；將膠放在嬰孩手裡，希望孩子長大後能像膠黏東西一樣攫取和守住錢財。因而這裡的人們非常擅長做生意，哪裡有利益哪裡就有他們活躍的身影。

千 泉

【題 解】千泉，有的史籍稱之為「屏聿」，為千泉的突厥語音譯。九世紀阿拉伯地理學家伊本·忽爾達茲比赫撰寫的《道里與諸國志》對千泉也有記載。書中說，在白水城和呾邏私城之間的阿巴爾扎只有一座丘岡，丘岡四周環繞著水泉千眼，泉水交匯以後成為東流的大河。

素葉城西行四百餘里，至千泉。千泉者，地方二百餘里，南面雪山，三陲❶平陸❷。水土沃潤，林樹扶疏，暮春之月，雜花若綺❸，泉池千所，故以名焉。突厥可汗每來避暑。中有群鹿，多飾鈴鐶，馴狎❹於人，不甚驚走。可汗愛賞，下命群屬，敢加殺害，有誅無赦❺。故此群鹿，得終其壽。

【注　釋】❶陲　邊地。❷平陸　平地。❸綺　有花紋或圖案的絲織品。❹狎　親近。❺赦　寬恕。

【語　譯】從素葉水城往西走四百多里，到達千泉。千泉這個地方方圓二百多里，南面是雪山，另外三面是平原。水源充沛，土地肥沃，樹木繁茂。晚春時節，繁花似錦，泉水蓄成的水池有上千處，因而得名為千泉。突厥可汗經常來這裡避暑。這裡有成群的馴鹿，鹿身上披掛著鈴鐺、佩環，這些鹿習慣和人親近，見了人也不驚慌逃走。突厥可汗很喜愛這些鹿，他對下屬命令：「有敢殺害鹿的，一定處死絕不寬恕。」因此這些鹿都能夠終其天年。

【說　明】千泉是一個美麗的地方，在窣利地區這苦寒之地尤其顯得珍貴。作者簡潔幾筆便使人彷彿看到了千泉的綠意蔥蘢、繁花似錦，其間又有泉水淙淙，鹿群嬉戲，有如世外桃源。突厥可汗對鹿群的保護措施，在大講「環保」的今天仍有積極意義。

呾邏私城

【題　解】呾邏私城在呾邏私河畔，位置在現在獨立國協哈薩克斯坦的江布爾城。

千泉西行百四五十里，至呾邏私城。城周八九里，諸國商胡雜居也。土宜氣序，大❶同素葉。

【注　釋】❶大　大致；大概。

【語　譯】從千泉往西走一百四、五十里，就到達呾邏私城。該城方圓八、九里，城中雜居著各國的商人。土質氣候與素葉水城大致相同。

小孤城

【題解】小孤城的意思是孤獨的小城，所謂「孤」是因為城中居民不像別的國家那樣是「胡人」，而是中國人。

南行十餘里，有小孤城，三百餘戶，本中國人也，昔為突厥所掠，後遂鳩❶集同國，共保此城，於中宅居❷。衣裳去就❸，遂同突厥；言辭儀範，猶存本國。

【注釋】❶鳩　同「糾」。聚集。❷宅居　築宅而居。❸去就　交往。

【語譯】從呾邏私城往南走十幾里，有一座小孤城。這裡居住著三百多戶居民，他們本來都是中國人，當年被突厥人擄掠，後來集合同國人共同佔據了這座小城，在城中築宅而居。他們的衣著交往已經同突厥一樣了，但是談吐禮儀仍保留著本民族的特點。

【說明】小孤城是中國人聚居的地方，居民在外形雖然同突厥人毫無二致，但其語言文字、道德準則仍保持著漢民族的原貌。本段重點敘述了小孤城中中國人的來歷。小孤城無疑是中國人團結一致同突厥人對抗的見證。至於中國人移居到這裡的具體時間，這段文字沒有說明，根據其他一些文獻的記載，可能是在隋末。

白水城

【題解】白水城名Sayram，音譯為賽蘭。為中世紀錫爾河中游主要城市和最大商業中心，其故址在今Chimkent以東約十五公里處。

從此西南行二百餘里，至白水城。城周六七里。土地所產，風氣所宜，逾❶勝呾邏私。

【注釋】❶逾 超過。

【語譯】從這裡往西南走二百多里，就到達白水城。白水城方圓六、七里，土地出產、氣候條件，遠勝過呾邏私。

恭御城

【題解】恭御城似在阿拉伯地理學家所說的「察赤—伊拉克」地區之內，其方位尚不能確定。

西南行二百餘里，至恭御城。城周五六里。原隰❶膏腴❷，樹林蓊鬱❸。

從此南行四五十里，至笯（奴故反）赤建國。

【注　釋】❶隰　沼澤。❷膏腴　肥沃。❸蓊鬱　林木茂盛的樣子。

【語　譯】從白水城往西南走二百多里，到達恭御城。該城方圓五、六里。平原和沼澤都很肥沃，樹木繁茂蔥鬱。

從這裡往南走四、五十里，到達笯赤建國。

笯赤建國

【題　解】笯赤建，是Nujakath、Nujikath或Nūjkath的對音，又被譯為「笯室羯」，意思是「新城」。故址在現在的塔什干地區之汗阿巴德。

笯赤建國，周千餘里。地沃壤❶，備稼穡❷，草木鬱茂，花果繁盛，多蒲萄，亦所貴也。城邑百數，各別君長，進止往來，不相稟命。雖則畫❸野區分，總稱笯赤建國。

從此西行二百餘里，至赭時國唐言石國。

【注　釋】❶地沃壤　土地肥沃。❷稼穡　泛指農事。稼，種植。穡，收穫。❸畫　劃分。

【語　譯】笯赤建國方圓一千多里，土地肥沃，種植和收穫技術完備。草木茂密，花果很多，盛產葡萄，葡萄也是當地人所重視的作物。國內有城鎮一百多個，各有自己的君長，進退來往各城自作主張，彼此之間誰也不服從誰。各城之間界限雖然劃分得很清楚，但仍總稱為笯赤建國。

從這裡往西走二百多里，到達赭時國。

【說 明】本段文字記敘了笯赤建國的地貌、物產等方面的情況。這個國家是由一百多個小城組成的。這些小城邊界清楚，各自為政，實際上就是一個個「小國」，而「笯赤建國」只不過是個總稱而已，實在不能算做是個「國」了。

赭時國

【題 解】赭時，粟特語是Cć，意思是「石」。其大致範圍在錫爾河支流Barak河流域。

赭時國，周千餘里。西臨葉河。東西狹，南北長。土宜氣序，同笯赤建國。城邑數十，各別君長，既無總主，役屬突厥。

從此東南千餘里，至怖捍國。

【語 譯】赭時國方圓一千多里。西臨葉河。東西狹窄，南北長。這裡的土質氣候與笯赤建國相同。國中有城鎮幾十個，各城有自己的君長，沒有總的君主，全都臣屬於突厥。

從這裡往東南走一千多里，到達怖捍國。

怖捍國

【題解】怖捍國，在現在的中亞費爾干納地區。我國文獻中也稱該國為「大宛國」。

怖捍國，周四千餘里，山周四境。土地膏腴，稼穡滋盛，多花果，宜羊馬。氣序風寒，人性剛勇，語異諸國，形貌醜弊❶。自數十年，無大君長，酋❷豪力競，不相賓伏❸，依川據險，畫野分都。

從此西行千餘里，至窣堵利瑟那國。

【注釋】❶醜弊　醜陋。❷酋　豪帥；部族之長。❸賓伏　服從。

【語譯】怖捍國方圓一千多里，四境有群山環抱。土地肥沃，莊稼茂盛，盛產花果，適宜羊馬生長繁殖。氣候寒冷多風，居民性格剛勇，語言和其他國家不同，這裡的人外貌醜陋。幾十年來，這個國家沒有大君王或首長，各部酋長和豪強彼此爭鬥，互不服從，他們憑藉山川天險來劃分各自的地盤。

從這裡往西走一千多里，到達窣堵利瑟那國。

【說明】怖捍國位於一個盆地上。盆地氣候使這裡土地肥沃，糧食和農副產品豐富；四周大山阻隔了居民同外界的來往，因此該國語言也和別的國家不一樣。據文獻記載，這個國家本來是有國王的，唐初時候，國王契苾因觸怒了突厥，被西突厥瞰莫賀咄殺死。此後這個國家便被眾豪強割據，四分五裂了。

窣堵利瑟那國

【題　解】窣堵利瑟那，梵語 Sutrcua 的對音，意思是「乾燥」。位置在錫爾河南，費爾干納盆地西部出口處。

窣堵利瑟那國，周千四五百里。東臨葉河。葉河出蔥嶺北原，西北而流，浩汗渾濁，汩淴漂急。土宜風俗，同赭時國。自有王，附突厥。

【語　譯】窣堵利瑟那國方圓一千四、五百里，東臨葉河。葉河發源於蔥嶺北坡，流向西北，浩瀚渾濁，水流湍急。該國土質風俗和赭時國相同。這個國家有自己的君王，君王依附突厥。

【說　明】葉河從窣堵利瑟那國穿過，給這個國家留下一個壯美的景觀。二十世紀三十年代開始，考古學家從該國的大城 Bunjikath（半制城）遺址發掘出大量的粟特文和漢文文書以及壁畫。具有非常重要的文物價值。

大沙磧

從此西北入大沙磧，絕無水草。途路彌漫❶，疆境難測❷，望大山，尋遺骨，以知所指，以記經途。行五百餘里，至颯秣建國（唐言康國）。

【注釋】❶彌漫　布滿；充滿。這裡指不固定。❷測　測算。

【語譯】從窣堵利瑟那國往西北走就進入了大戈壁。這是一個根本沒有水和草的地方。戈壁中沒有固定的路徑，四周的邊境也很難測定。只有靠大山和遺骨來了解方向和辨認路線。這樣走五百多里，到達颯秣建國。

【說明】本段記敘了大戈壁環境的險惡——沒有水，沒有植物，也沒有路，放眼四望只有無邊的沙丘和死難者的枯骨。簡短的幾句話已使這可怕的戈壁如在眼前。從中我們不僅可以看到作者對文字高超的駕馭能力，也可以看出他非凡的勇氣和毅力。

颯秣建國

【題解】颯秣建國本名Afrasiab，也被稱為康國及薩末鞬。其遺址在今中亞撒馬爾罕以北七里處的一個高地上。西元六至八世紀是颯秣建國國勢鼎盛、文化繁榮時期。

颯秣建國，周千六七百里，東西長，南北狹。國大都城周二十餘里，極險固，多居人。異方寶貨，多聚此國。土地沃壤，稼穡備❶植，林樹蓊鬱，花果滋茂，多出善馬。機巧❷之伎，特工諸國。氣序和暢，風俗猛烈。凡諸胡國，此為其中。進止威儀，近遠取則。其王豪勇，鄰國承命。兵馬強盛，多是赭羯❸。赭羯之人，其性勇烈，視死如歸，戰無前敵。

從此東南至弭秣賀國。唐言米國。

【注釋】❶備　表示完全。❷機巧　靈巧的裝置。❸赭羯　čākir、čākar 的對音。意思是戰士、衛士。

【語譯】颯秣建國方圓一千六、七百里，東西長，南北窄。該國的大都城方圓二十多里，地形非常險固，城中居民很多，各地的珍寶奇貨都匯集在這個國家。該國土地肥沃，幾乎種植了所有的作物，樹木蔥蘢，花果繁茂，盛產良馬，奇巧的手工技藝更是高出各國。氣候溫和宜人，民風卻很猛烈躁動。那些胡人的國家都把颯秣建國看作它們的中心，無論遠近，舉止禮節都取法颯秣建國。該國國王性情豪邁勇猛，不僅能號令全國，連鄰國都聽命於他。他的麾下兵馬強盛，多由赭羯組成。被稱為「赭羯」的這種戰士，性格勇猛暴躁，打起仗來視死如歸，所向披靡。

從這裡向東南方向走就到達弭秣賀國。

【說明】颯秣建國是窣利地區的強國，西元六至八世紀，即玄奘西行經過此地時，正是它國勢鼎盛、文化繁榮的時期，它的禮儀和道德規範為遠近國家所仿效。作者以精練的筆墨生動地描述了颯秣建國得天獨厚的自然環境和豪放的大國氣度。文中特別提到了該國「豪勇」的國王和視死如歸的武士們，在風俗猛烈的胡地，這無疑是颯秣建國成為胡國中心的重要原因之一。

弭秣賀　劫布呾那　屈霜你迦　喝捍　捕喝　伐地　貨利習彌伽等七國

【題解】弭秣賀，是 Māymurgh 的對音，《隋書》中稱之為「米國」。劫布呾那，是 Kapūtānā 的對音，屈霜你迦，是梵語化詞 Kuṣāṇika 的對音。《隋書》中寫作「何國」。喝捍國，又名東安國，位於那密水（今譯拉夫善河）以北。捕喝，是Bukhārā的對音，又被稱為布豁國，位置在烏茲別克斯坦布哈拉附近。伐地國，唐時也稱之為西安國，又寫作戊地。貨利習彌伽，梵文作Horiṣmika，在阿姆河下游兩岸地區，土質肥沃，有水灌溉，自古以來為中亞文化發達地區之一。

弭秣賀國，周四五百里。據川中。東西狹，南北長。土宜風俗，同颯秣建國。

從此北至劫布呾那國（唐言曹國）。

劫布呾那國，周千四五百里，東西長，南北狹。土宜風俗，同颯秣建國。從此國西三百餘里，至屈霜你迦國（唐言何國）。

屈霜你迦國，周千四五百里，東西狹，南北長。土宜風俗，同颯秣建國。從此國西二百餘里，至喝捍國（唐言東安國）。

喝捍國，周千餘里。土宜風俗，同颯秣建國。從此國西四百餘里，至捕喝國（唐言中安國）。

捕喝國，周千六七百里，東西長，南北狹。土宜風俗，同颯秣建國。從此國西四百餘里，至伐地國（唐言西安國）。

伐地國，周四百餘里，土宜風俗，同颯秣建國。從此西南五百餘里，至貨利習彌伽國。

貨利習彌伽國，順縛芻河兩岸，東西二三十里，南北五百餘里。土宜風俗，同伐地國，語言少異。

從颯秣建國西南行三百餘里，至羯霜那國（唐言史國）。

【語　譯】弭秣賀國方圓四、五百里，位於狹谷之中。東西狹窄，南北長。土質風俗和颯秣建國相同。從該國向北走就到達劫布呾那國。

劫布呾那國方圓一千四、五百里，東西長，南北窄。土質風俗和颯秣建國相同。從該國往西走三百多里，就到達屈霜你迦國。

屈霜你迦國方圓一千四、五百里，東西窄，南北長。土質風俗和颯秣建國相同。從該國向西走二百多里，就到達喝捍國。

喝捍國方圓一千多里。土質風俗和颯秣建國相同。從該國往西走四百多里，就到達捕喝國。

捕喝國方圓一千六、七百里，東西長，南北窄。土質風俗和颯秣建國相同。從該國往西走四百多里，就到達伐地國。

伐地國方圓四百多里，土質風俗和颯秣建國相同。從該國往西南走五百多里，就到達貨利習彌伽國。

貨利習彌伽國的國土順著縛芻河兩岸延伸，東西相距二、三十里，南北長達五百多里。土質風俗，和伐地國相同，但語言卻稍有差別。

從颯秣建國向西南走三百多里，就到達羯霜那國。

【說　明】作者對這七國的敘述是非常簡略的，幾乎沒有一句感性的描寫，這同他以前的寫法很不相同。本書辯機所作的後記中說道：「書行者，親遊踐也；舉至者，傳聞記也。」其大意是：在本書中，凡是寫著從某地「行」至某地，說明這地方是作者親自走過的；如果句中沒有「行」字，或是從某地「至」

某地，說明作者沒有到過這裡，對該地的敘述只是來自傳聞。看了辯機的解釋，再看對這七國的敘述，我們可以肯定，玄奘並沒有親自遊歷這七個國家。他很有可能是直接從颯秣建國到達羯霜那國的。

羯霜那國

【題　解】羯霜那，是國名也是城名。城址在颯秣建（撒馬爾罕）南七十五公里處，是中世紀從颯秣建到縛喝大路中途的大城，建於七世紀初，從十四世紀中葉帖木兒時代起稱 Shahrisabz，意思是「綠城」。

羯霜那國，周千四五百里。土宜風俗，同颯秣建國。

從此西南行二百餘里，入山。山路崎嶇❶，谿徑❷危險，既絕人里❸，又少水草。東南山行三百餘里，入鐵門。

【注　釋】❶崎嶇　形容山路不平。❷谿徑　狹窄的小路。❸人里　宅院；民戶居處。

【語　譯】羯霜那國方圓一千四、五百里。土質風俗和颯秣建國相同。

從這裡向西南走二百多里就進入山中。山路高低不平，狹窄危險。沿途既沒有人煙，又缺少水草。在山中往東南走三百多里，就進入鐵門。

【說　明】這段文字主要介紹的是從羯霜那國至鐵門關路途的艱險難行，而對羯霜那國只是一筆帶過，因為羯霜那國雖然是一個交通樞紐，但與別國相比卻並無特異之處，而對往鐵門的路途相對詳細的描寫，不僅使人領略了行路人的勇氣，也對下面所要寫到的鐵門關的雄偉產生了襯托的作用，可謂一舉兩得。

鐵門

【題解】鐵門是 Baysun-Tau 山脈中的重要關隘，其地在今 Shahr-i Sabz 以南九十公里處，是由布哈拉或撒馬爾罕前往巴里黑必經的要衝。

鐵門者，左右帶❶山，山極峭峻❷，雖有狹徑，加之險阻，兩傍❸石壁，其色如鐵，既設門扉❹，又以鐵鍋❺，多有鐵鈴，懸諸戶扇，因其險固，遂以為名。

【注釋】❶帶　連接。❷峭峻　陡峭險峻。❸傍　通「旁」。❹扉　門扇。❺鍋　熔化金屬堵塞物體的空隙。

【語譯】所謂鐵門，是一處左右連山、山勢極為陡峭險峻的關隘。其間雖然有狹窄的小道，但是險阻重重，山路兩旁石崖壁立，顏色像鐵一樣。山口設有門扇，門扇也是將鐵熔入加固的，門扇上面懸掛著許多鐵鈴。因為這個關隘非常險固，因此得名叫鐵門。

【說明】本段描述了鐵門關的地理形勢以及「鐵門」這個名稱的來歷。鐵門關形勢險要，長約三公里，寬僅十二至二十公尺，是窣利地區與覩貨邏國故地的分界。

覩貨邏國故地總述

【題解】覩貨邏，梵文 Tukhāra 的音譯，也有的書譯為「吐呼羅」或「吐火羅」，它既是一個國名，也是地名。這裡是指臣服於西突厥阿史那氏葉護可汗的吐火羅，包括二十七個國家。

出鐵門，至覩貨邏國舊曰吐火羅，訛也故地。南北千餘里，東西三千餘里。東阨❶蔥嶺，西接波剌斯，南大雪山，北據鐵門，縛芻大河中境西流。自數百年，王族絕嗣❷，酋豪力競，各擅君長，依川據險，分為二十七國。雖畫野區分，總役屬突厥。氣序既溫，疾疫❸亦眾。冬末春初，霖雨相繼。故此境已南，濫波已北，其國風土，並多溫疾。而諸僧徒以十二月十六日入安居❹，三月十五日解安居，斯乃據其多雨，亦是設教隨時也。其俗則志性恇怯❺，容貌鄙陋，粗知信義，不甚欺詐。語言去就，稍異諸國。字源二十五言，轉而相生，用之備物，書以橫讀，自左向右，文記漸多，逾❻廣窣利。多衣氎，少服褐。貨用金、銀等錢，模樣異於諸國。

順縛芻河北下流至呾蜜國。

【注釋】❶阨　同「扼」。控制。❷絕嗣　沒有後代。❸疫　瘟疫。❹安居　佛教徒遵循釋迦牟尼的遺法，每年在雨季三個月間禪定靜坐，叫做安居。又叫做雨安居、夏坐、坐臘。安居的日期因各地氣候不同而不同。❺恇怯　懦弱膽怯。❻逾　超過。

【語譯】出了鐵門關後就到達覩貨邏國故地。這個地區南北長一千多里，東西長三千多里，東面控制著蔥嶺，西面與波剌斯接壤，南面是大雪山，北面據有鐵門，縛芻大河自東向西流經國境中部。幾百年來，王族子嗣斷絕，各部酋長和豪強互相爭鬥，各自擁立君王首領，憑仗山川天險各據一方，全境分為二十七個國家。雖然群雄各有自己的領域，但他們全都臣服於突厥，受突厥役使。這裡氣候溫暖，所以瘟疫疾病也很多。每年冬末春初，霖雨連綿，因而這個地區以南，濫波國以北的地方大多流行各種瘟病。於是僧徒們就從十二月十六日開始安居，三月十五日結束安居。這也是根據這裡多雨季節的特點，因時制宜設定的教規。這裡的民風是懦弱膽怯，居民容貌醜陋。人們略微懂得一點信義，不太欺詐別人。他們的語言舉止和別的國家稍稍有些不一樣；基本文字是由二十五個字母組成的，靠這二十五個字母組合形成詞彙用來表達一切事物。他們的文字要橫著讀，從左向右書寫，文字記載漸漸多起來了，數量大大超過窣利地區。居民多穿棉製品，很少穿麻織物。通用貨幣是金錢、銀錢等，式樣和別國不一樣。

沿縛芻河北岸順流而下，就到達呾蜜國。

【說　明】本段較詳細地記述了覩貨邏故地的地理位置、氣候條件、語言文字和佛教徒的安居情況，也大致介紹了該地區的民風、服飾、貨幣等。覩貨邏故地獨特的地理條件形成了它獨特的氣候條件。這種氣候條件使佛教徒們「安居」時間和佛教發源地印度大不相同。一般說來，印度僧徒在五月十六日（或六月十六日）入安居，八月十五日（或九月十五日）結束安居，而覩貨邏僧眾的安居卻比印度晚了近七個月。這不僅反映出兩地氣候條件的差異，也表現了佛教因地制宜、隨遇而安的特性。

再一個需要說明的是這個地區的語言文字同別國也大不一樣。這個地區所使用的是自大夏王朝以來希臘字母記載的語言，而不是塔里木盆地天山山脈南麓通行的吐火羅語。這裡的文明程度明顯高於窣利地區。

呾蜜　赤鄂衍那　忽露摩　愉漫　鞠和衍那　鑊沙　珂咄羅
拘謎陀　縛伽浪　紇露悉泯健　忽懍等十一國

【題　解】呾蜜等十一國是位於鐵門和縛喝國之間的小國，無論是在地理還是宗教等方面都沒有什麼特別的地方，因而在這裡只做簡要的敘述。需要說明的是，呾蜜，Tirmidh 的音譯，位於阿姆河岸；忽露摩和愉漫國都在今杜尚別附近，二國一度曾是一個國家，受突厥統治；鞠和衍那，梵語 Kuvāyāna 的對音，這個國家的故址在今米高楊格勒附近；鑊沙國在今 Kurgan-Tübe 以西十公里處；珂咄羅國在今杜尚別市東南一百二十五公里處。這樣，其他國家的位置就可以大致知道了。

呾蜜國，東西六百餘里，南北四百餘里。國大都城周二十餘里。東西長，南北狹。伽藍十餘所，僧徒千餘人。諸窣堵波❶即舊所謂浮圖也。又曰鍮婆，又曰塔婆，又曰私鍮簸，又曰藪斗波，皆訛也及佛尊像，多神異❷，有靈鑒❸。東至赤鄂衍那國。

赤鄂衍那國，東西四百餘里，南北五百餘里。國大都城周十餘里。伽藍五所，僧徒尠❹少。東至忽露摩國。

忽露摩國，東西百餘里，南北三百餘里。國大都城周十餘里。其王奚素突厥也。伽藍二所，僧徒百餘人。東至愉漫國。

愉漫國，東西四百餘里，南北百餘里。國大都城周十六七里。其王奚素突厥也。伽藍二所，僧徒寡少。西南臨縛芻河至鞠和衍那國。

鞠和衍那國，東西二百餘里，南北三百餘里。國大都城周十餘里。伽藍三所，僧徒百餘人。東至鑊沙國。

鑊沙國，東西三百餘里，南北五百餘里。國大都城周十六七里。東至珂咄羅國。

珂咄羅國，東西千餘里，南北千餘里。國大都城周二十餘里。東接蔥嶺至拘謎陀國。

拘謎陀國，東西二千餘里，南北二百餘里。據大蔥嶺中。國大都城周二十餘里。西南鄰縛芻河，南接尸棄尼國。

南渡縛芻河，至達摩悉鐵帝國、鉢鐸創那國、淫薄健國、屈浪拏國、呬摩呾羅國、鉢利曷國、訖栗瑟摩國、曷邏胡國、阿利尼國、瞢健國，自活國東南至闊悉多國、安呾邏縛國，事在回記❺。活國西南至縛伽浪國。

縛伽浪國，東西五十餘里，南北二百餘里。國大都城周十餘里。南至紇露悉泯健國。

紇露悉泯健國，周千餘里。國大都城周十四五里。西北至忽懍國。

忽懍國，周八百餘里。國大都城周五六里。伽藍十餘所，僧徒五百餘人。西至縛喝國。

【注釋】❶窣堵波　梵文Stūpa的音譯。意思是佛塔。❷神異　指神靈奇異的現象。❸靈鑒　靈驗。❹尠　同「鮮」。少。❺回記　對歸途的記述。

【語譯】呾蜜國東西六百多里，南北四百多里。這個國家的大都城方圓二十多里。東西長，南北窄。境內有寺廟十多座，僧徒一千多人。這裡的佛塔和佛像有很多是很神異、靈驗的。從這裡往東走就到達赤鄂衍那國。

赤鄂衍那國東西四百多里，南北五百多里。這個國家的大都城方圓十多里。有五座寺廟，僧徒很少。從這裡向東走就到達忽露摩國。

忽露摩國東西一百多里，南北三百多里。這個國家的大都城方圓十多里。國君是奚素突厥人。境內有寺廟兩座，僧徒一百多人。從這裡向東走就到達愉漫國。

愉漫國東西四百多里，南北一百多里。這個國家的大都城方圓十六、七里。君王是奚素突厥人。境內有寺廟兩座，僧徒很少。從這裡向西南走到縛芻河就到達鞠和衍那國。

鞠和衍那國東西二百多里，南北三百多里。這個國家的大都城方圓十多里。境內有寺廟三座，僧徒一百多人。從這裡向東走就到達鑊沙國。

鑊沙國東西三百多里，南北五百多里。這個國家的大都城方圓十六、七里。從這裡向東走就到達珂咄羅國。

珂咄羅國東西一千多里，南北一千多里。這個國家的大都城方圓二十多里。從這裡向東鄰接蔥嶺就到達拘謎陀國。

拘謎陀國東西二千多里，南北二百多里，位於大蔥嶺中。這個國家的大都城方圓二十多里。西南和縛芻河相鄰，南面和尸棄尼國接壤。

向南渡過縛芻河，可以到達達摩悉鐵帝國、鉢鐸創那國、淫薄健國、屈浪拏國、呬摩呾羅國、鉢利曷國、訖栗瑟摩國、曷邏胡國、阿利尼國、曹健國。從活國向東南可以到達闊悉多國、安呾邏縛國。這些國家的事跡都在關於歸途的記述中。從活國向西南方向走就到達縛伽浪國。

縛伽浪國東西五十多里，南北二百多里。這個國家的大都城方圓十多里。從這裡向南走就到達紇露悉泯健國。

紇露悉泯健國方圓一千多里。這個國家的大都城方圓十四、五里。從這裡向西北走就到達忽懍國。

忽懍國方圓八百多里，這個國家的大都城方圓五、六里。境內有十幾座寺廟，僧徒五百多人。從這裡向西走就到達縛喝國。

縛喝國

【題　解】縛喝國，是以其都城的名字命名的國家。「縛喝」是古代大夏國都城 Bactra、Baktra 的音譯，後來馬其頓國王亞歷山大大帝東征來到這裡，重建這座城市，名為亞歷山大里亞。我國古代一些典籍根據這個城名也將它譯為藍氏或監氏。其遺址在今阿富汗境內。

縛喝國，東西八百餘里，南北四百餘里。北臨縛芻河。國大都城周二十餘里，人皆謂之小王舍城❶也。其城雖固，居人甚少。土地所產，物類❷尤❸多。水陸諸花，難以備舉。伽藍百有餘所，僧徒三千餘人，並皆習學小乘法教。

【注　釋】❶王舍城　梵文 Rājagha 的意譯。古印度摩揭陀國的都城，是釋迦牟尼傳教中心之一。❷類　種類。❸尤　特別；尤其。

【語　譯】縛喝國東西長八百多里，南北長四百多里。北臨縛芻河。這個國家的大都城方圓二十多里，人們都稱它為小王舍城。這座都城修建得雖然堅固，城中居民卻很少。這裡土地出產品種特別多，水裡、陸地上生長的各種花卉，難以一一列舉。境內有寺廟一百多座，僧徒三千多人，都研習小乘法教。

【說　明】這段文字簡要介紹了縛喝國的國土面積、地理位置、物產、都城和佛教流傳等情況。這個國家的都城也就是大夏王國的都城，自古以來就聞名於世，它既是大夏王國的政治宗教中心，也是商業中心。貴霜王朝時，佛教逐漸流行，這座大都城也就成為大雪山以北地區的佛教中心，因而被稱為小王舍城。以下要介紹的就是和佛教有關的幾個處所。

納縛僧伽藍

城外西南有納縛❶僧伽藍，此國先王之所建也。大雪山北作論❷諸師，惟此伽藍美業❸不替❹。其佛像則瑩❺以名珍，堂宇乃飾之奇寶。故諸國君長，利之以攻劫❻。此伽藍素有毘沙門天❼像，靈鑒可恃，冥❽加守衛。近突厥葉護可汗子肆葉護可汗，傾其部落，率其戎旅，奄襲❾伽藍，欲圖珍寶，去❿此不遠，屯軍野次⓫。其夜夢見毘沙門天曰：「汝有何力，敢壞伽藍？」因以長戟⓬貫徹⓭胸背。可汗驚寤⓮，便苦心痛，遂告群屬所夢咎徵⓯，馳請眾僧，方伸⓰懺謝⓱，未及返命，已從殞歿⓲。

伽藍內南佛堂中有佛澡罐，量可斗餘，雜色炫耀⓳，金石難名。又有佛牙⓴，其長寸餘，廣八九分，色黃白，質光淨。又有佛掃帚，迦奢草㉑作也，長餘二尺，圍可七寸，其把以雜寶飾之。凡此三物，每至六齋㉒，法侶成會，陳設供養，至誠所感，或放光明。

伽藍北有窣堵波，高二百餘尺，金剛㉓泥塗，眾寶廁飾㉔，中有舍利，時燭靈光。

伽藍西南有一精廬，建立已來，多歷年所，遠方輻輳㉕，高才類聚，證四果㉖者，難以詳舉。故諸羅漢將入涅槃㉗，示現神通，眾所知識㉘，乃有建立，諸窣堵波基址相鄰，數百餘矣。雖證聖果，終無神變，蓋亦千計，不樹封記。今僧徒百餘人，夙㉙夜匪懈，凡聖難測。

【注釋】❶納縛　梵文nava的音譯。意思是新。❷作論　這裡指為闡揚佛經教義而撰述經論。❸美業　美好的事業。❹替　衰敗。❺營　營造。❻攻劫　攻打劫掠。❼毘沙門天　梵文寫作Vaiśravaṇa。又名多聞天，四天王（又稱四大金剛）之一。四天王包括：東方守護神持國天、西方守護神廣目天、南方守護神增長天和北方守護神多聞天。多聞天（即毘沙門天）後來在佛教中演變成為護法和施福的天神。❽冥　暗。❾奄襲　突然襲擊。❿去　距離。⓫野次　郊野。⓬戟　古代兵器。在長柄的一端裝有青銅或鐵製成的槍尖，旁邊附有月牙形鋒刃。⓭貫徹　穿透。⓮寤　睡醒。⓯咎徵　凶兆。⓰伸　表達。⓱懺謝　懺悔請罪。⓲殞歿　死。⓳炫耀　光彩明耀。⓴佛牙　佛教徒相傳釋迦牟尼火化時，全身都化為細粒狀的舍利（即骨灰）。其中牙齒不損，稱為佛牙舍利。㉑迦奢草　迦奢是梵語kāśa的音譯，茅草的一種。常作坐具等用。㉒六齋　佛教徒認為每月的八日、十四日、十五日、二十三日、二十九日、三十日這六天，是四天王觀察人間善惡和惡鬼窺視人間有所圖謀的日子，因此要凡事謹慎。過了正午就斷絕一切食物，稱為六齋日。㉓金剛　梵文 vajra 的音譯。即金剛石。㉔廁飾　點綴。㉕輻輳　車輻集中於軸心。比喻人或物聚集在一起。㉖四果　指佛教徒修習到「聖果」的四個階段。包括須陀洹果（即預流果）、斯陀含果、阿那含果（不還果）和阿羅漢果。㉗涅槃　梵文作 Nirvāṇa。意譯為滅、不生、解脫等。是佛教的最高境界。它指熄滅「生死」輪迴後獲得的一種平靜的精神狀態。㉘知識　這裡指朋友。㉙夙　早。

【語譯】 小王舍城外西南方向有一座納縛寺，這座寺廟是縛喝國的一位先王建起來的。在大雪山以北，只有在這座寺廟裡，為弘揚佛經作論的大師們的事業得以代代相傳，沒有衰敗。寺廟裡的佛像用名貴的珍寶營造而成，殿堂屋宇裝飾著奇麗的寶物，因此各國君長都想打劫這座寺廟以得利。這座寺廟裡原來有一尊毘沙門天像，用神靈的力量，暗中守護著這座寺廟。不久前突厥葉護可汗的兒子肆葉護可汗發動了他整個部落的兵馬，突然襲擊這座寺廟，意在圖取這裡的珍寶。他將軍隊在離寺廟不遠的郊野駐紮下來。當天夜裡，他夢見毘沙門天對他說：「你有什麼本事，敢毀壞寺廟？」說著就用長戟刺穿了他的胸背。可汗從夢中驚醒，便害上了心痛的毛病，於是他向群臣講述了夢到的凶兆，派人急速去請僧人們，準備向他們表示懺悔謝罪的心意。還沒有等到請僧人的屬下回來覆命，可汗就死了。

在寺廟的南佛堂裡有一只佛澡罐，容量有一斗多，五彩絢爛，說不上是金子的還是寶石的。還有一顆佛牙，一寸多長，八九分寬，呈黃白色，質地光潔。還有一把佛掃帚，是用迦奢草做成的，二尺多長，周長有七寸，掃帚把上裝飾著各種寶石。這三件神物，每到六齋日僧俗眾人聚會的時候，就被陳設供養起來。有時三件神物被眾人的至誠所感動，就會放射出光芒。

在這座寺廟的北面有一座佛塔，有二百多尺高，塔身飾滿了金剛石，並點綴著許多珍寶。塔中供有舍利，常常現出靈光。

在這座寺廟的西南有一處精廬，自從建立以來，已經經歷了許多年代了。遠方的人們和一些傑出的人物都紛紛聚集在這裡。其中很多證得四果成為羅漢，這裡難以一一列舉。原來那些羅漢在將要解脫的時候，往往顯現神通，眾人就記住了他們並為他們建造佛塔，這些塔基址相鄰，足有幾百座。還有數以千計的人雖然證得了聖果，但解脫前沒有顯示神異，對他們就沒有樹塔的標記了。現在還有僧徒一百多人，都在日夜不停地刻苦修行，讓人難以分辨哪些是凡僧，哪些是羅漢。

【說　明】這篇文章記敘了納縛寺和其附近另兩個處所——塔和精盧的情況。如果說縛喝國的都城是大雪山以北地區佛教中心的話，納縛寺等三個所在便是這中心的中心了。它們以高深的法論、精美的佛像、通靈的神物吸引著虔誠的信徒來學法、修行以證得四果。

本文通過突厥肆葉護可汗受懲罰的故事，重點渲染了納縛寺中神祕的力量。突厥肆葉護可汗垂涎寺中珍寶，率部往寺中搶掠，卻於途中暴斃，死前他夢見寺中護法神毘沙門天怒斥他並以長戟刺穿他的胸背。這是一個帶有神話色彩的故事。肆葉護可汗的死也許只是個偶然事件，但在這個故事中卻成為必然，從而使毘沙門天和納縛寺更為人們所敬畏。另一方面，這個故事對人們也產生一種勸諭的作用——貪財掠奪者必將受到懲罰。

本篇在結構上重點介紹納縛寺，並以納縛寺為中心，談到北面的塔和西南的精盧。在敘述納縛寺時是按照從整體到部分、由外到內的順序進行的，先介紹該寺的歷史、地位、外觀，再介紹佛堂內的神物，條理清楚，從容不迫。對另兩處所在的介紹也是精心設計的，對塔只是一筆帶過，對精盧則有較詳細的描寫。因為數以千百計的凡僧在這裡獲得了佛法中的最高境界，而且證得聖果者也從顯現神通到默默無聞，反映出其境界的逐漸深沈。

敘述與語生動傳神，一聲怒喝便將毘沙門天的威猛形象栩栩如生地展現在我們的面前；對三件神物、塔和精盧的描寫，文字簡潔，給人鮮明的印象。

提謂城及波利城

大城西北五十餘里有提謂城，北四十餘里有波利城，城中各有一窣堵波，高餘三丈。昔者如來初證佛果，起❶菩提樹❷，方詣鹿園❸。時二長者遇彼威光❹，隨其行路之次❺，遂獻麨❻蜜，世尊為說人天之福，最初得聞五戒十善❼也。既聞法誨❽，請所供養，如來遂授其髮、爪❾焉。二長者將還本國，請禮敬之儀式。如來以僧伽胝❿方疊布⓫下，次下鬱多羅僧⓬，次僧卻崎⓭舊曰僧祇支，訛也，又覆鉢，豎錫杖，如是次第，為窣堵波。二人承命各還其城，擬儀聖旨，式修崇建⓮，斯則釋迦法中最初窣堵波也。

城西七十餘里有窣堵波，高餘二丈，昔迦葉波佛⓯時之所建也。

從大城西南入雪山阿，至銳秣陀國。

【注釋】❶起　啟程。❷菩提樹　菩提，梵文 bodhi 的音譯，意思是「覺」。相傳釋迦牟尼在卑鉢羅 (pippala) 樹下證得菩提（覺悟）。因此將卑鉢羅樹稱做菩提樹。為常綠喬木；葉卵形；莖幹黃白；樹子可做念珠。❸鹿園　又名鹿野苑、鹿苑、鹿野伽藍。傳說是釋迦牟尼成道後最初說法的地方。❹威光　威儀神采。❺次　第二。這裡指跟隨。❻麨　炒麵。❼五戒十善　五戒指不殺生戒、不偷盜戒、不邪淫戒、不妄語戒、不飲酒戒。不犯十惡就稱為十善。十惡指殺生、偷盜、邪淫、妄語、兩舌、惡口、綺語、貪欲、瞋恚、邪見。❽誨　教誨。❾爪　指甲。❿僧伽胝　梵文 saṃghāṭī。又譯作僧伽梨、僧伽致等，是比丘（指出家後受過具足戒的男僧）的「三衣」之中最大的一件。因此衣由許多布條縫合而成。又稱為雜碎衣。比丘凡入五宮、乞食、說法時必須穿僧伽胝。⓫布　鋪開。⓬鬱多羅僧　梵文 uttarāsaṅga。又作上衣。為比丘三衣之一。⓭僧卻崎　梵文 saṃkakṣikā。又作僧竭支、僧腳欹迦等。意譯為覆膊衣或掩腋衣。為長方形衣片。⓮式修崇建　按規格隆重修建。式，樣式。崇，隆重。⓯迦葉波佛　梵名 Kāśyapa Buddha。又作迦葉佛。傳說是釋迦佛以前的「過去七佛」之一，是釋迦佛的前世之師，曾預言釋迦將來必定成佛。

【語　譯】大城西北五十多里的地方有一座提謂城。城北四十多里的地方有座波利城。每個城中都各有一座佛塔，高三丈多。當年如來剛證得佛果，就從菩提樹下啟程，來到鹿園。當時有兩位富人見到如來的威儀神采，便追隨在他的身後，向他獻上炒麵和蜂蜜。世尊為他們講說天人之福，他們便是最早聽到五戒十善之說的人。他們在聽到佛法的教誨以後，請如來賜予日後可以供養的神物，如來便將頭髮和指甲給了他們。二人在將要返回本國的時候，向如來請示禮敬供養的儀式，如來便將大衣僧伽胝疊得方方正正平鋪在下面，然後脫下上衣鬱多羅僧，再脫下覆膊衣僧卻崎，也疊好鋪好，然後在上面倒扣上食缽，再在上面豎立錫杖，這樣順序放置就成了一座塔形。二人領命，各自回到自己居住的城中，按照世尊的指教，按那樣的格式大舉建造，這就是佛法中最早的塔了。

城西七十多里處有一座塔，兩丈多高，是當年迦葉波佛時建立的。

從大城西南進入大雪山就到達銳秣陀國。

【說　明】提謂城和波利城都是以人名化成的地名。提謂又稱帝梨富沙 (Trapusa)，波利又稱跋梨迦 (Bhallika)，二人都是北印度商人。釋迦牟尼成道後，首先對這兩個人講說人天教說，並將自己的頭髮和指甲給他們作為佛物供養，又教給他們造塔的樣式。這裡記敘的便是這個宗教傳說，塑造了釋迦佛的形象，其中對釋迦佛教二人造塔這個情節描寫得比較細緻。二人向釋迦佛請教禮敬供養佛的儀式，釋迦佛沒有空洞地說教，而是用具體的實物來示範給他們，使他們很快領悟。這個小故事為我們塑造了一個智慧溫和耐心的釋迦佛。他盡量以最淺近的方式將複雜艱深的問題解答出來，其方式之獨特令人嘆為觀止。

這使人不禁會想，也許佛法的流傳廣遠並不只在於佛法本身，也出於世人對於釋迦佛的尊崇和敬愛。

文中注意運用細節描寫，如兩位商人向釋迦獻炒麵和蜂蜜等，使整個故事氣氛顯得親切和諧，文字樸實生動。

鋭秣陀國和胡寔健國

【題解】鋭秣陀國位於烏滸水以南，大雪山興都庫什山山麓。方位待考。胡寔健國是一個地區名，出產良馬。位於木鹿／馬里與縛喝／巴里黑之間。

鋭秣陀國，東西五六十里，南北百餘里。國大都城周十餘里。西南至胡寔健國。

胡寔健國，東西五百餘里，南北千餘里。國大都城周二十餘里。多山川，出善馬。西北至呾剌健國。

【語譯】鋭秣陀國東西長五、六十里，南北長一百多里。這個國家的大都城方圓十多里。向西南走就到達胡寔健國。

胡寔健國東西長五百多里，南北長一千多里。這個國家的大都城方圓二十多里。境內有很多高山大河，出產良馬。往西北走就到達呾剌健國。

呾剌健國

【題　解】呾剌健，Tālaqān 的音譯，位於 Kunduz 以東六十五公里處。又寫作多勒健。

呾剌健國，東西五百餘里，南北五六十里。國大都城周十餘里。西接波剌斯國界。

從縛喝國南行百餘里，至揭職國。

【語　譯】呾剌健國東西長五百多里，南北長五、六十里。這個國家的大都城方圓十多里。西境與波剌斯國接壤。

從縛喝國往南走一百多里就到達揭職國。

揭職國

【題　解】揭職，Gachi 或 Gaz 的音譯。其故址似在今阿富汗境內。

揭職國，東西五百餘里，南北三百餘里。國大都城周四五里。土地磽确❶，陵阜❷連屬。少花果，多菽、麥。氣序寒烈，風俗剛猛。伽藍十餘所，僧徒三百餘人，並學小乘教說一切有部。

東南入大雪山，山谷高深，峰巖危險，風雪相繼，盛夏合凍，積雪彌谷，蹊徑難涉，山神鬼魅，暴縱妖祟，群盜橫行，殺害為務。行六百餘里，出覩貨邏國境，至梵衍那國。

【注　釋】❶磽确　堅硬瘠薄。❷陵阜　丘陵山岡。

【語　譯】揭職國東西長五百多里，南北長三百多里。這個國家的大都城方圓四、五里。土地堅硬瘠薄，丘陵山岡連綿不斷。這裡花果很少，多產豆、麥。氣候酷寒，民風剛猛。境內有寺院十幾座，僧徒三百多人。研習小乘教說一切有部。

往東南走就進入大雪山，大雪山山高谷深，峰巒險峻。終年風雪連綿不斷，盛夏季節也是冰封雪凍。長年的積雪堆滿山谷，山間小道崎嶇難行，山神、鬼魅逞兇作祟，成群的盜匪橫行無忌，專幹殺生害命的勾當。在山裡走六百多里就出了覩貨邏國故地，到達梵衍那國。

【說　明】這一部分實際上包括兩個內容：揭職國和大雪山。玄奘法師就是從揭職國經過大雪山離開覩貨邏國故地的。文章按他途經路線，先介紹了揭職國的情況，從它的國土、都城、土地物產到民風和佛教流傳情況，面面俱到而又簡明扼要。接下來是對大雪山的描寫。以四字為一句，前後相繼，營造出一種令人窒息的異常險惡的氣氛，從而襯托出玄奘法師可敬的執著和勇氣。

梵衍那國

【題解】梵衍那，也寫作帆延、犯引、失范延。該國西北和護時健相連，東南連罽賓，西南和吐火羅接壤。其國都在今阿富汗首都喀布爾西部約一百五十英里的巴米揚(Bāmiyān)城。

梵衍那國，東西二千餘里，南北三百餘里，在雪山之中也。人依山谷，逐❶勢邑居。國大都城據崖跨谷，長六七里，北背❷高巖。有宿麥，少花果，宜畜牧，多羊馬。氣序寒烈，風俗剛獷，多衣皮褐，亦其所宜。文字、風教、貨幣之用，同覩貨邏國。語言少異，儀貌大同。淳信之心，特甚鄰國。上自三寶，下至百神，莫不輸誠❸，竭心宗敬❹。商估❺往來者，天神現徵祥，示祟❻變，求福德。伽藍數十所，僧徒數千人，宗學小乘說出世部❼。

【注釋】❶逐　依著；挨著。❷背　靠。❸輸誠　奉獻誠心。❹宗敬　供養尊崇。❺估　通「賈」。商人。❻祟　災禍。❼說出世部　梵文Lokottaravādin的意譯。音譯為「盧俱多婆拖」。佛教部派之一。據說是在釋迦逝後二百年從根本大眾部分出的。認為世間法都是虛妄的、假有的。唯有出世之法即「涅槃」等精神境界才是真實的。

【語譯】梵衍那國東西長兩千多里，南北長三百多里，位於雪山之中。居民依著山谷的地勢建起了城鎮聚居在那裡。這個國家的大都城就建在山崖之上，橫跨峽谷，有六、七里長，北靠高聳的山巖。這裡出產冬小麥，花果很少，適宜發展畜牧業，盛產羊、馬。氣候酷寒，民風剛猛粗獷。居民多穿皮毛和粗麻製品，也是為了適應當地氣候。該國的文字、風俗、教化和所使用的貨幣與覩貨邏國一樣，語言稍有差別，居民的舉止外貌則與覩貨邏國大致相同。這裡的人們天性之淳厚，信仰之虔誠遠遠超出相鄰各國。他們上對三寶、下對百神無不誠心誠意、盡心竭力地尊崇和供養。商人們來來往往，天神向他們顯現吉兆或凶兆，他們則向天神祈求福祉。境內有寺院幾十座，僧徒數千人，宗奉研習小乘教說出世部。

【說　明】本文介紹了梵衍那國的國土、氣候、物產、語言文字、風土民情和佛教流行等情況。該國民風淳厚、敬神特誠，這是作者特別強調的。另外，這裡所研習的佛法與別國也有不同。我們知道，前面介紹的各國研習的都是小乘教說一切有部。說一切有部認為一切有為無為諸法都是實有的，並且一一說明它的緣由，而梵衍那國僧徒們尊崇研習的說出世部，意思卻與說一切有部正相反。這一部派認為世間一切法都是虛妄的、假有的。唯有出世之法（「涅槃」等精神境界）才是真實的。這兩個相對立的部派同屬於小乘教。從釋迦逝後一百年開始，由於對佛法的闡釋和對戒律的見解等方面的分歧，小乘教逐漸分裂成為二十個部派，他們各執一端，形成自己的一套理論體系。有些甚至是互相對立的。但他們之間也有共同之處，如將釋迦視為教主，追求個人的自我解脫，並著重於三十七道品的宗教道德修養等。

以下介紹梵衍那國內的兩處著名的佛教場所。

大佛像

王城東北山阿有立佛石像，高百四五十尺，金色晃耀❶，寶飾煥爛❷。東有伽藍，此國先王之所建也。伽藍東有鍮石❸釋迦佛立像，高百餘尺，分身別鑄，總合成立。

城東二三里伽藍中有佛入涅槃臥像，長千餘尺。其王每此設無遮大會，上自妻子❹，下至國珍，府庫既傾，復以身施❺，群官僚佐❻就僧酬贖，若此者以為所務❼矣。

【注　釋】❶晃耀　輝煌耀目。❷煥爛　光芒燦爛。❸鍮石　黃銅。❹妻子　妻子兒女。❺施　施捨。❻僚佐　處於輔助地位的下級官吏。❼務　事務。

【語　譯】在王城東北方向的山邊有座立佛石像，高一百四、五十尺，金碧輝煌，寶石的裝飾光芒燦爛。在這座立佛像的東面有所寺院，是這個國家的一位先王建造的。寺院的東邊有一座黃銅鑄成的釋迦佛的立像，有一百多尺高，是各部位分別鑄就，再組裝而成的。

城東二、三里的寺院有一座佛入涅槃的臥像，長一千多尺。梵衍那國王總在這裡召開無遮大會，在會上國王將他的妻子兒女和國寶，全都施捨出去，國家的府庫被施捨一空，國王又把自己施捨出去，再由群臣百官用重金將他從僧人那裡贖回來，諸如此類的事情竟成了這位國王的正務了。

【說　明】本文記敘了王城東北的兩座立佛像和城東的臥佛像，文字簡潔生動。簡短幾句話便寫出了該國無遮大會的盛況，塑造了一位樂善好施的國王的形象。據考，這兩處佛像可能建於寄多羅貴霜時期，兩座立佛像現在仍矗立在那裡，只是由於風化的原因，已經不再是「金色晃耀，寶飾煥爛」了。

小川澤僧伽藍

臥像伽藍東南行二百餘里，度❶大雪山，東至小川澤，泉池澄鏡，林樹青蔥。有僧伽藍，中有佛齒及劫初❷時獨覺❸齒，長餘五寸，廣減❹四寸；復有金輪王齒，長三寸，廣二寸；商諾迦縛娑❺舊曰商那和修，訛也大阿羅漢❻所持鐵鉢❼，量可八九升。凡三賢聖遺物，並以黃金緘❽封。又有商諾迦縛娑九條僧伽胝衣，絳赤色，設諾迦❾草皮之所績❿成也。商諾迦縛娑者，阿難⓫弟子也，在先身⓬中，以設諾迦草衣，於解安居日，持施眾僧，承茲⓭福力，於五百身⓮中陰⓯、生陰⓰，恒服此衣，以最後身，從胎俱出，身既漸長，衣亦隨廣，及阿難之度⓱出家也，其衣變為法服⓲，及受具戒，更變為九條僧伽胝，將證寂滅，入邊際定⓳，發智願力⓴，留此袈裟㉑，盡釋迦遺法，法盡之後，方乃變壞。今已少㉒損，信有徵矣。

從此東行入雪山，踰越黑嶺，至迦畢試國。

【注釋】❶度 過。❷劫初 劫，梵文寫作 kalpa，又譯為劫波，指通常不能以年月日時來計算的漫長的時間概念。劫初，指世界開始形成的時候。泛指渺茫極古的原始時代。❸獨覺 梵文 pratyekabuddha 的意譯。音譯為辟支佛。佛教將在上古無佛的時候已修行成功覺悟而離生死者，稱為獨覺。❹減 少。❺商諾迦縛娑 是梵文 Śāṇakavāsa、Śāṇakavāsī 的音譯。也譯作商那和修、舍那婆私等。是阿難的弟子。因為他出生時身上裹著設諾迦衣，因此得名。❻大阿羅漢 梵文 Arhat 的音譯。也譯作羅漢。是佛教所謂修得小乘果的人。有三個含義：一是斷除貪、嗔、痴等煩惱；二是應受眾生供養；三是不受生死輪迴。❼鉢 僧人用的飯碗。底平，口略小，形稍扁。❽緘 封口。❾設諾迦 梵文 Śāṇaka 的音譯。就是大麻。其纖維可以織衣。❿績 把麻纖維披開接續起來搓成線。⓫阿難 梵文 Ānanda。意譯為歡喜、慶喜。傳說是斛飯王的兒子。即釋迦牟尼的堂弟。侍從釋迦二十五年，受持一切佛法。在釋迦的十大弟子中以「多聞第一」著稱。⓬先身 前生。⓭茲 這個。⓮五百身 即五百世。五百，泛言多。⓯中陰 又作中有。指此身死後還未託生前的階段所受的陰形，也就是今生和來生之間的果報。它以七天為一期而生於本處。如果在七日末了仍未成生緣，就要再續中陰七天。這樣以七天為一期，最長到第七期末尾，必然託生到一個地方。因此這七七四十九天期間就被稱為中陰。到後來世俗將它演變成七七追薦的法事。⑯生陰　又名生有。指誕生。⑰度　僧尼道士勸人出家。⑱法服　佛教僧尼衣服。⑲入邊際定　指悟得宇宙萬物的道理而心體寂靜，定於一事。⑳智願力　佛教指破除迷信證實真理的識力。㉑袈裟　梵文 Kaṣāya 的音譯。原意為「不正色」。因僧人所著法衣用「不正色」（雜色）布製成。因而稱法衣為袈裟。㉒少　稍稍。

【語　譯】從有臥佛像的寺院往東南走二百多里，越過大雪山，往東便到達小川澤。這裡泉池清澈得像鏡子一樣，樹木繁茂青翠。這裡有一座寺院，寺中有佛齒和遠古時代的獨覺齒，有五寸多長，寬不到四寸。還有金輪王齒，三寸長，兩寸寬；商諾迦縛娑大阿羅漢所用的鐵鉢，容量有八、九升。這三件賢聖的遺物，全都用黃金封起來。這裡還有商諾迦縛娑的一件九帶僧衣，深紅色，是用設諾迦草的纖維紡織而成的。商諾迦縛娑是阿難的弟子，他在自己的前生身穿設諾迦草衣。在解安居的那一天，他把草衣施捨給了眾僧人，由於這一行為的福力，在他後來五百世的中陰和生陰中，總是穿著這件衣服。在他最後一次轉世時，就是穿著這件衣服降生的，以後隨著身體逐漸長大，這件衣服也漸漸寬大。等到阿難度他出家的時候，這件衣服就變成了法服。到他受具足戒的時候，這件衣服又變成了九帶僧伽胝。在他即將圓寂的時候，他進入窮極萬物的禪定境界，他發智願力，留下這件袈裟，希望袈裟同釋迦佛傳留的法教垂於永久。它要到佛法完全毀滅以後才會完全變壞。現在這件袈裟已經稍稍有些損壞了。看來這種說法不無道理。

從這向東進入雪山，翻過黑嶺，就到達迦畢試國。

【說　明】小川澤是一個風光明媚的地方，這裡有一座很有名的寺廟，因為廟裡供奉有三件賢聖的遺物。其中商諾迦縛娑就有兩件。本文以很大篇幅講述了商諾迦縛娑的九帶僧伽胝衣，這些文字實際上也就是介紹了「商諾迦縛娑」這個名字的由來。商諾迦縛娑由於在他某一個前世將自己的麻衣施捨給僧人，從而無論是在他處，於生死之間的時候還是再生，都穿著這件衣服，歷經五百世而不壞，最終成為他的法衣，並與佛法共生。這個小故事宣揚的是佛家的輪迴報應思想。佛家認為人有前世後世並且輪迴不止。你今世的苦樂取決於前世的行為，而今世的行為又決定著後世的苦樂。商諾迦縛娑只在某一世向僧人們奉獻了自己的麻衣，便在以後幾百世的輪迴中都穿著這件衣服，並且在最後進入了佛家的最高境界。這個故事勸告人們對僧人和寺院要不吝施捨，這樣不管經過多少世總會得到福報。這個故事雖然是勸人尊崇佛教，但它宣揚的善有善報的用意仍是積極的。結尾處寫道，商諾迦縛娑的僧衣已經有些損壞了，這暗示著佛教的開始衰微。

迦畢試國

【題解】迦畢試，梵文 Kāpiśī 的音譯，也被譯為迦臂施、迦毘試等。其地在今阿富汗境內的 Begram，即喀布爾以北六十二公里處。是被高山和低地所包圍的盆地。

迦畢試國，周四千餘里，北背雪山，三陲❶黑嶺❷。國大都城周十餘里。宜穀、麥，多果、木，出善馬、鬱金香。異方奇貨，多聚此國。氣序風寒，人性暴獷，言辭鄙褻❸，婚姻雜亂。文字大同覩貨邏國，習俗、語言、風教頗異。服用毛氈，衣兼皮褐。貨用金錢、銀錢及小銅錢，規矩模樣異於諸國。王剎利❹種也，有智略，性勇烈，威懾鄰境，統十餘國，愛育百姓，敬崇三寶，歲造丈八尺銀佛像，兼設無遮大會，周給❺貧窶❻，惠施鰥寡❼。伽藍百餘所，僧徒六千餘人，並多習學大乘法教❽。窣堵波、僧伽藍崇高弘敞❾，廣博嚴淨。天祠數十所，異道❿千餘人，或露形⓫，或塗灰⓬，連絡髑髏⓭，以為冠鬘⓮。

【注　釋】❶陲　邊地。❷黑嶺　阿富汗東境錫雅柯山(Siyah-koh)的意譯。❸鄙褻　粗俗下流。❹剎利　全稱剎帝利。印度古代四種種姓之一。❺周給　周濟。給，供應。❻貧窶　貧困。窶，貧窮。❼鰥寡　鰥，無妻或喪妻的人。寡，死了丈夫的婦人。❽大乘法教　大乘，是梵文Mahāyāna的意譯。音譯為摩訶衍那。一世紀左右形成的佛教派別。自稱能運載無量眾生從生死大河的此岸達到菩提涅槃之彼岸，成就佛果。宣傳的是大慈大悲、普渡眾生。❾弘敞　高大寬敞。❿異道　這裡指異教徒。⓫露形　即露形外道。耆那教的天衣（即裸體）派。⓬塗灰　即塗灰外道。又名大自在天外道。崇拜摩濕醯伐羅(Maheśvara)。以牛和男性生殖器為其神體的象徵。⓭髑髏　死人頭骨。⓮冠鬘　帶纓絡的帽子。鬘，纓絡。

【語　譯】迦畢試國方圓四千多里，北面靠著雪山，其他三面與黑嶺相接。這個國家的大都城方圓十多里。這裡適宜種植穀子和麥子，花果樹木很多，盛產好馬和鬱金香。各地的奇寶異貨，多數都聚集在這裡。氣候寒冷多風，人們性情暴躁粗獷，語言粗俗下流，婚姻關係雜亂。文字和覩貨邏國大致相同，但習俗、語言、風俗卻有不少差異。居民穿用毛、棉製品，還有皮革和粗麻製品。使用的貨幣有金錢、銀錢和小銅錢，形狀紋樣和別的國家不同。國王是剎利種姓的，有智慧謀略，性格勇猛暴烈，威鎮鄰國，有十多個國家在他的統轄之下。這位國王愛護百姓，崇敬三寶，每年造一尊一丈八尺長的銀佛像，並召集無遮大會，周濟貧困的人，向鰥夫和寡婦施以恩惠。境內有寺院一百多座，僧徒六千多人，大多學習大乘法教。這些佛塔、寺院高大寬敞，肅穆清淨。境內還有外道的神廟幾十所，異教徒一千多人，有的屬於露形外道，有的屬於塗灰外道。教徒們往往將死人的頭骨連綴在一起作為頭飾。

【說　明】本文是迦畢試國的總述。迦畢試國是印度西面的一個大國。作者在這裡概括地介紹了該國的地理狀況、土地出產、氣候、風俗、語言、貨幣、服飾以及佛教和外道的情況。語言簡潔，敘事詳盡，脈絡清晰。於極精練的概括中又有細緻的描寫，繁簡結合，粗中有細。

貴霜帝國迦膩色迦王時(約西元一二〇～一六〇年)，迦畢試國的大都城一帶一度是貴霜帝國的夏都，雖然貴霜王朝早已滅亡，但其影響卻是不可磨滅的。在貴霜王朝統治時期，統治者大力提倡佛教，同時對統治地區內不同的宗教信仰也採取了兼容並包的政策。作為貴霜帝國夏都所在地的迦畢試國，其境內佛教興盛和外道神廟眾多這種情況產生的背景，也許可以追溯到貴霜王朝時期。

以下介紹的是該國境內六個著名的佛教場所。

質子伽藍

大城東三四里北山下有大伽藍，僧徒三百餘人，並學小乘法教。聞之耆舊曰：昔健馱邏國迦膩色迦王威被鄰國，化洽❶遠方，治兵廣地，至蔥嶺東，河西蕃維畏威送質❷。迦膩色迦王既得質子，特加禮命，寒暑改館，冬居印度諸國，夏還迦畢試國，春、秋止健馱邏國。故質子三時住處，各建伽藍。今此伽藍即夏居之所建也。故諸屋壁，圖畫質子，容貌服飾，頗同中夏❸。其後得還本國，心存故居，雖阻山川，不替供養。故今僧眾，每至入安居、解安居，大興法會，為諸質子祈福樹善，相繼不絕，以至於今。

伽藍佛院東門南大神王像右足下，坎❹地藏寶，質子之所藏也。故其銘曰：「伽藍朽壞，取以修治。」近有邊王，貪婪凶暴，聞此伽藍多藏珍寶，驅逐僧徒，方事發掘，神王冠中鸚鵡鳥像乃奮羽驚鳴，地為震動，王及軍人辟易❺僵仆，久而得起，謝咎❻以歸。

伽藍北嶺上有數石室，質子習定之處也。其中多藏雜寶，其側有銘❼，藥叉❽守衛。有欲開發取中寶者，此藥叉神變現異形，或作師❾子，或作蟒蛇、猛獸、毒蟲，殊形震怒，以故無人敢得攻發。

石室西二三里大山嶺上有觀自在菩薩❿像，有人至誠願見者，菩薩從其像中出妙色身，安慰行者。

【注釋】❶洽　和睦。❷質　抵押。❸中夏　中國。❹坎　通「砍」。挖。❺辟易　驚退。❻咎　過錯。❼銘　在器物上記述事實、功德等的文字。❽藥叉　梵文 Yakṣa 的音譯。寺院的護法守衛神。❾師　同「獅」。❿觀自在菩薩　觀自在是梵文 Avalokiteśvara 的意譯。在佛教傳說中是與西方彌陀四菩薩的最初法菩薩同體的。通常是作為阿彌陀佛的左脇侍。同阿彌陀佛及其右脇侍大勢至合稱西方三聖。佛教傳說他為救苦難眾生，只要有人念他的名號，他馬上便尋聲前往營救。並能顯示三十二種應化形像。

【語譯】在大都城東面三、四里的北山腳下有一座大寺院，寺中有僧徒三百多人，都研習小乘法教。我聽老年人說，當年健馱邏國的迦膩色迦王威名遍及鄰國，很遠的地方都受到他的教化。他操練軍隊，開拓疆土，把勢力擴大到蔥嶺以東的地區。河西蕃維懾於他的威勢，將兒子送去做人質。迦膩色迦王得到質子後，特別優待，根據寒暑的不同讓他住在不同的館驛裡。冬天住在印度各國，夏天回迦畢試國，春秋住在健馱邏國。因此在質子三個時期的住處各建了一座寺院，現在我們說到的寺院，就是在質子夏天居住的地方建造的。各個屋子的牆壁上，都畫有質子的圖像，質子的容貌和服飾，與中國很相像。後來質子得以返回本國，但心中思念故居，雖然兩地山川阻隔，仍不斷送來對佛的供奉品。因此現在的僧眾們，每當入安居和解安居時，都大興法會，為質子祈福行善。這種法會相繼不絕，一直沿續到現在。

寺內佛院東門以南的大神王像的右足下面，有一批掘地密藏的珍寶，這是質子埋藏在這裡的。銘文寫的是：「本寺損壞時，取出寶物修治。」近來有一位邊王，貪婪兇暴，聽說這座寺院中藏有大批珍寶，便來趕走了這裡的僧徒。正當他要挖掘珍寶的時候，神王冠冕上的鸚鵡像振翅驚叫，大地都隨著這叫聲震動起來了。邊王和他手下的兵士驚慌後退，僵伏在地，很長時間才從地上爬起來，告罪而歸。

在寺院以北的山嶺上有幾間石室，這是質子修習禪定的地方。室中藏有各種珍寶，旁邊有銘文，由藥叉神守衛。有人要掘取這些寶物，這位藥叉神就現出異形，或變成獅子，或變成蟒蛇、猛獸、毒蟲，這些奇形怪狀的東西震怒駭人，因此沒有人敢去盜取這裡的寶物。

在石室以西二三里的山嶺上有一尊觀自在菩薩像，有人心懷至誠想要拜見菩薩，菩薩就從像中現出妙色身，來安慰行者。

【說　明】質子寺是以一個中國王子人質命名的寺院。根據這個傳說，健馱邏國迦膩色迦王統治時期國力強大，威德遍於天下，以致中國也懾於他的威勢將兒子送來做人質。迦膩色迦王對中國王子優禮有加，根據季節變化讓他住在適宜的地方以躲避寒暑。這一座寺院便是其中的一個居處。迦膩色迦王所處的年代大致相當於我國的漢、魏時代。然而在漢、魏的典籍中，從未有中國王子在外國做人質的記載，因而在這裡做人質的到底是什麼人還很難定論。

本文分為四個部分。第一部分介紹質子寺的由來；第二部分寫寺內佛院東門南面大神王像的靈異；第三部分介紹質子修習的石室；第四部分簡略介紹一尊觀自在菩薩像。前三個部分寫的都是有關質子寺的情況。第一部分主要是敘述性文字，簡明扼要。第二、第三部分則有生動的描寫。幾筆簡單的勾勒，便將神王冠中的鸚鵡鳥、質子石室中的藥叉神的神異活靈活現地展現在我們面前。如此的神威，怎能不令那些貪婪兇暴、圖謀不軌者心膽俱裂呢？

曷邏怙羅僧伽藍

大城東南三十餘里至曷邏怙羅僧伽藍，傍有窣堵波，高百餘尺，或至齋日，時燭光明，覆鉢勢❶上石隙間流出黑香油，靜夜中時聞音樂之聲。聞諸耆舊曰：昔此國大臣曷邏怙羅之所建也。功既成已，於夜夢中有人告曰：「汝所建立窣堵波未有舍利❷，明旦❸有獻上者，宜從王請。」旦入朝進請曰：「不量庸昧，敢有願求。」王曰：「夫何所欲？」對曰：「今日有先獻者，願垂恩賜。」王曰：「然。」曷邏怙羅佇立宮門，瞻望所至。俄❹有一人持舍利瓶，大臣問曰：「欲何獻上？」曰：「佛舍利。」大臣曰：「吾為爾守，宜先白❺王。」曷邏怙羅恐王珍貴舍利，追悔前恩，疾往伽藍，登窣堵波，至誠所感，其石覆鉢自開，安置舍利，已而疾出，尚拘❻衣襟，王使逐之，石已掩矣。故其隙間，流黑香油。

【注釋】❶勢　形勢；形狀。❷舍利　梵文寫作 śarīra。本義為身體。又指遺骨、骨灰。❸旦　早晨。❹俄　不久。❺白　稟告。❻拘　留。

【語譯】從大都城向東南走三十多里，就到達曷邏怙羅寺院。寺旁有一座佛塔，有一百多尺高，在齋會的日子裡會不時放射出光芒。在塔身覆鉢形部位的石縫中有黑色香油流出，夜深人靜時能夠聽到塔中有音樂聲。據一些老人說：塔是當年這個國家的大臣曷邏怙羅建立的。塔建成之後，他夜裡夢見有人對他說：「你所建的塔中沒有舍利。明天早晨會有人向國王獻舍利，你應當請求國王賜給你。」第二天早晨入朝，他向國王請求說：「臣昏庸冒昧不自量，斗膽向王上提出一個請求。」國王說：「你有什麼要求？」他回答說：「今天如果有向您進獻貢品的，希望您開恩將第一件賞賜給臣下。」國王說：「可以。」曷邏怙羅佇立在宮門口，望著前來的人。一會兒有一個人捧著一只舍利瓶來到宮門前，這位大臣問他：「你要獻給君王的是什麼東西？」那個人說：「是佛的舍利。」大臣對他說：「我替你看守舍利，你應先去稟報國王。」曷邏怙羅恐怕國王珍愛舍利，後悔剛才對他許下的恩賞，於是飛快地趕往寺院，登上佛塔。塔上的石覆鉢被他的至誠所感動，自動打開了。他安置好舍利以後急忙退出，但衣襟還是被夾住了。國王派人來追，等他們趕到，石覆鉢已經合上了。因為這個原因，石縫中流淌著黑色的香油。

【說　明】曷邏怙羅寺是以迦畢試國大臣曷邏怙羅的名字命名的寺院。本文主要講述曷邏怙羅為佛塔求舍利的故事。作者對這座寺院以及旁邊的佛塔先有一個概述，接下來便從這位大臣做的夢開始敘述這個故事。整個故事寫得緊湊生動，有聲有色。在情節的組織上也有獨到之處。從夢——向國王求獻奉品——宮門守望——得舍利——安放舍利——國王追悔派人索回舍利而沒有成功等，這些情節環環相扣而又曲折緊張，引人入勝。這種結構安排使一位聰明機智、誠心向佛的大臣形象躍然紙上，給人留下難忘的印象。佛塔覆鉢狀塔身石縫中流出黑香油，這種現象被演繹成由於受到曷邏怙羅的至誠所感動，這個石覆鉢自動開裂使他能從容安放舍利。這從另一個角度表現了曷邏怙羅對佛的虔誠。所謂「精誠所至，金石為開」，這個故事要告訴我們的，就是這個道理。

阿路猱山

城南四十餘里至霫蔽多伐剌祠城。凡地大震，山崖崩墜，周此城界，無所動搖。

霫蔽多伐剌祠城南三十餘里至阿路猱山，崖嶺峭峻，巖谷杳冥❶。其峰每歲增高數百尺，與漕矩吒國芻那呬羅山髣髴❷相望，便即崩墜❸。聞諸土俗曰：初，芻那天神❹自遠而至，欲止此山。山神震恐，搖蕩谿谷。天神曰：「不欲相舍，故此傾動。少垂賓主，當盈財寶。吾今往漕矩吒國芻那呬羅山，每歲至我受國王、大臣祀獻之時，宜相屬望。」故阿路猱山增高既已，尋即崩墜。

【注　釋】❶杳冥　幽暗。❷髣髴　同「彷彿」。好像。❸崩墜　倒塌。❹芻那天神　梵文 Śuna 的音譯。意思是福樂。是印度婆羅門教天神之一。這位天神性情猛烈，對信奉者降福，對不信他的人就要降禍。

【語　譯】從大都城向南走四十多里就到達霫蔽多伐剌祠城。每當大地強烈震動的時候，山崖坍塌陷落，只有這座城和它周圍地區，毫不動搖。

從霫蔽多伐剌祠城向南走三十多里就到達阿路猱山。這座山峰崖峭拔險峻，巖谷幽暗深遠。山峰每年長高幾百尺，長到和漕矩吒國的芻那呬羅山高度相仿的時候，就轟然塌陷。聽當地人說：當年，芻那天神從遠方來到這裡，想在這座山上停留。這座山的山神非常恐慌，使山谷都搖動了。天神對他說：「你是不想讓我留在這裡，因而會搖動山谷。其實你只要稍稍示以賓主之禮，就會得到無數財寶。現在我就要到漕矩吒國的稿那呬羅山去了。在我每年接受國王、大臣祭祀貢獻的時候，你不妨遙遙觀望。」這就是阿路猱山長到一定高度就要塌陷的原因。

【說　明】本文主要講述有關阿路猱山的傳說。稿那天神是婆羅門教的天神，對敬奉他的人他就降福，而降禍給那些不信奉他的人。這個傳說形象地說明了他這種暴烈的性格，為了報復對他恐懼的阿路猱山的山神，每年他都要施法術使阿路猱山崩塌一次，使這座山永遠不能長高。當然這也只是一個傳說而已。根據作者的敘述，這一地區可能正處於地震帶上，是頻繁的地震使山崖坍落塌陷，這應該是一個比較合理的解釋。

大雪山龍池

王城西北二百餘里至大雪山。山頂有池，請雨祈晴，隨求果❶願。聞之耆舊曰：昔健馱邏國有阿羅漢，常受此池龍王❷供養。每至中食❸，以神通力，并坐繩床❹，凌虛而往。侍者沙彌❺密於繩床之下，攀緣潛隱，而阿羅漢時至便往，至龍宮乃見沙彌，龍王因請留食。龍王以天甘露飯❻阿羅漢，以人間味而饌❼沙彌。阿羅漢飯食已訖❽，便為龍王說諸法要。沙彌如常為師滌器，器有❾餘粒，駭其香味，即起惡願，恨師忿龍，願諸福力，於今悉現，斷此龍命，我自為王。沙彌發是願時，龍王已覺頭痛矣。羅漢說法誨諭，龍王謝咎責躬，沙彌懷忿，未從誨謝。既還伽藍，至誠發願，福力所致，是夜命終，為大龍王，威猛奮發，遂來入池，殺龍王，居龍宮，有其部屬，總其統命。以宿願故，興暴風雨，摧拔樹木，欲壞伽藍。時迦膩色迦王怪而發問，其阿羅漢具以白王。王即為龍於雪山下立僧伽藍，建窣堵波，高百餘尺。龍懷宿忿⑩，遂發風雨，王以弘濟為心，龍乘瞋毒⑪作暴，僧伽藍、窣堵波六壞七成。迦膩色迦王恥功不成，欲填龍池，毀其居室，即興兵眾，至雪山下。時彼龍王深懷震懼，變作老婆羅門⑫，叩王象而諫曰：「大王宿植善本，多種勝因⑬，得為人王，無思不服。今日何故與龍交爭？夫龍者，畜也，卑下惡類，然有大威，不可力競，乘雲馭風，蹈虛履水，非人力所能，豈王必所怒哉？王今舉國興兵，與一龍爭，勝則王無服遠之威，敗則王有非敵之恥。為王計者，宜可歸兵。」迦膩色迦王未之從也。龍即還池，聲震雷動，暴風拔木，沙石如雨，雲霧晦冥，軍馬驚駭。王乃歸命三寶，請求加護，曰：「宿殖多福，得為人王，威懾強敵，統贍部洲，今為龍畜所屈，誠乃我之薄福也。願諸福力，於今現前。」即於兩肩起大煙焰，龍退風靜，霧卷雲開。王令軍眾人擔一石，用填龍池。龍王還作婆羅門，重請王曰：「我是彼池龍王，懼威歸命，惟王悲愍⑭，赦其前過。王以含育⑮，覆燾⑯生靈，如何於我獨加惡害？王若殺我，我之與王，俱墮惡道，王有斷命之罪，我懷怨讎之心，業報⑰皎然，善惡明矣。」王遂與龍明設要契⑱，後更有犯，必不相赦。龍曰：「我以惡業，受身為龍，龍性猛惡，不能自持，瞋心或起，當忘所制。王今更立伽藍，不敢摧毀。每遣一人候望山嶺，黑雲若起，急擊犍椎⑲，我聞其聲，惡心當息。」其王於是更修伽藍，建窣堵波，候望雲氣，於今不絕。

聞諸土俗曰：窣堵波中有如來骨肉舍利，可一升餘，神變之事，難以詳述。一時中窣堵波內忽有煙起，少間便出猛焰，時人謂窣堵波已從火燼，瞻仰⑳良久，火滅煙消，乃見舍利如白珠璠㉑，循環表柱，宛轉而上，昇高雲際，縈㉒旋而下。

【注釋】❶果　實現。❷龍王　龍，佛經中為八部眾之一。龍王即龍屬之王，能變化雲雨。❸中食　午飯。❹繩床　又名胡床。一種可以折疊的輕便坐具。❺沙彌　梵語寫作 śrāmaṇera。音譯為室羅末尼羅。佛教徒出家開始落髮稱為「沙彌」。❻飯　給……吃。❼饌　吃。❽訖　結束。❾有　佔有。❿宿忿　舊恨。⓫瞋毒　又作瞋恚。是三毒（貪毒、瞋毒、痴毒）中最惡的一種。⓬婆羅門　梵文 Brāhmaṇa 的音譯。意譯為淨行、淨志等。印度四種姓之一。事奉大梵天而修淨行的祭司。⓭勝因　殊勝的善因。⓮悲愍　憐憫。⓯含育　含生保育。⓰覆燾　普遍地照沐。⓱業報　古代印度婆羅門教有自我造業、生死輪迴之說。一切行為，在過去的稱為宿業，現在的稱為現業。有業就有果報，善有善報，惡有惡報。業報就是業因和果報的統稱。⓲要契　條約。⓳犍椎　梵文 ghaṇṭā 的音譯。指可作打擊而發聲音的器物，如鐘、磬等。⓴瞻仰　向上看。㉑珠璠　珠玉。璠，美玉。㉒縈　纏繞。

【語譯】從王城往西北走二百多里，就到達大雪山。山頂有個水池，人們無論是向水池祈雨或是求晴，總是可以如願以償。聽老人們說，當年健馱邏國有一位阿羅漢，常受這個池中龍王的供養。每到吃中飯的時候，這位阿羅漢就施展神通，坐在繩床上淩空而去。侍奉他的一個沙彌，有一次悄悄攀緣著繩床藏在他的繩床下面。阿羅漢到時候便去吃中飯，到龍宮後才發現沙彌，龍王便請他也留下來吃飯。龍王給阿羅漢吃天上的甘露，用人世間的飯食招待沙彌。阿羅漢吃完飯便為龍王演說諸般法要。沙彌像往常一樣為老師洗滌食具。食具上有些剩飯粒，那種香味讓沙彌大為驚異，心裡馬上起了惡毒的念頭，他既怨老師又恨龍王，他祈求各種福力一起顯現出來，斷送這龍王的性命，由他自己做龍王。沙彌發這個誓願的時候，龍王已經感到頭痛了。阿羅漢說法誨諭龍王，龍王謝罪譴責自己，沙彌心懷忿恨，拒不接受阿羅漢的教誨和龍王的謝罪。沙彌回到寺院以後，誠心誠意的發願，由於福力的作用，他當晚就死了，變成了大龍王，他威風抖擻來到池中，殺死龍王，佔據龍宮，並將龍王的部下佔為己有，由他總掌一切號令。由於他原來發誓願也要報復阿羅漢，所以他經常掀起狂風暴雨，摧拔樹木，想要毀壞寺院。當時迦膩色迦王對這種現象感到很奇怪，就問阿羅漢，阿羅漢便將事情的始末原原本本地告訴了迦膩色迦王。迦膩色迦王於是在雪山下為龍建起寺廟和寶塔，塔高一百多尺。由於龍王心懷舊恨，便興風作雨企圖加以毀壞。迦膩色迦王做這一切是出於弘教濟世的抱負，可是龍王卻心懷瞋毒，逞兇施暴，寺廟和寶塔被毀壞了六次，直到第七次才建成。迦膩色迦王為這項功業不能順利完成而深感羞恥，就想填平龍池，毀掉龍的居所，於是出動軍隊開到雪山下。這時那龍王非常驚恐，就變成一個老婆羅門，拉住迦膩色迦王所乘坐的大象勸國王：「大王歷來培植善本，多種勝因，這才得以成為君王，沒有人敢不服從。今天為什麼要和龍爭鬥呢？龍不過是個畜牲，屬於卑下惡劣的那一類。可是它威力很大，不是可以用力氣戰勝的。它能夠騰雲駕風，淩虛踏水，這些都不是人所能做到的。君王為什麼一定要為它發怒呢？君王如今發動全國的軍隊，與一條龍較量，勝了，您也沒有懾服遠方的威風；敗了，您卻要蒙受不能戰勝敵人的恥辱。我為君王著想，覺得您應當退兵。」迦膩色迦王沒有聽從他的勸告。龍馬上回到池中，巨聲雷動，暴風將樹木連根拔起，沙石如雨下，雲霧陰沈，國王的兵馬一時非常驚慌害怕。國王於是命令眾人歸心三寶，祈求護祐。他祈求說：「我平常多方培植福業，這才能夠當上國王，威勢懾服強敵，統轄贍部洲。現在卻被這條畜生所挾制，這實在是由於我福分淺薄的緣故。我祈求各種福力，立即顯現在我的眼前。」就在這時，從迦膩色迦王的兩肩上昇起巨大的冒著煙的火焰，霎時龍退風靜，霧散雲開。迦膩色迦王命令士兵每人肩扛一塊石頭去填龍池。龍王再次變成婆羅門，又一次向國王請求說：「我就是那池中的龍王，現在由於懼怕您的威勢而歸附您，希望君王憐憫，寬恕我從前的過失。君王致力於含生化育，庇護眾生，為什麼唯獨對我忍心加害？君王如果殺了我，我和君王就會一同墮入惡道。君王您有害命大罪，我則有結怨報讎之心。業報昭然分明，誰善誰惡一目了然。」於是迦膩色迦王和龍王當眾立約，如果龍王以後再來侵犯，絕不寬恕。龍說：「我由於前世的罪孽，變成龍身，龍性情兇惡，不能自我克制。一旦萌發惡念，就必然會忘記克制。君王如果再建寺廟，我絕不敢摧毀了。請君王派一個人每天在山嶺上守望，若有黑雲昇起，就趕快敲擊犍椎，我聽到這種聲音，邪惡的念頭就會平息了。」迦膩色迦王於是又建起一座寺廟和佛塔，並且派人守望雲氣，一直到現在也沒有停止。

聽當地人說：這座塔中有如來的骨肉舍利，大約有一升多。有關舍利的許多神異的事跡，難以一一列舉。有時佛塔內忽然昇起濃煙，不久便竄出熊熊火焰，人們以為佛塔已被大火燒成了灰燼。仰頭看了很長時間，火滅煙消之後，看到舍利像白色的珠玉，環繞著表柱宛轉而上，高高地昇到雲天之際，再盤旋而下。

【說　明】這個關於大雪山龍池的傳說實在是寫得轟轟烈烈，氣勢宏大。故事講的是侍從阿羅漢的沙彌因為龍王的稍許怠慢，竟然惡性大發，置阿羅漢的勸諭於不顧，在龍王已表示歉意以後仍然殺死了龍王，並毀壞廟塔，逞威施暴。他的暴行激怒了廣植善根、以庇育眾生為己任的迦膩色迦王。最後迦膩色迦王向佛發下誓願，終於在佛法神力的幫助下，使沙彌轉生的龍王認罪改過。寺院和佛塔被重建起來，神異之事數不勝數。龍池也成為人們祈晴求雨的靈驗所在。故事通過沙彌和龍王、羅漢、迦膩色迦王之間的矛盾和爭鬥，說明善惡僅在一念之間，一念之差就會使人墮入惡道。並誨諭人們要多行善事，廣植善果，潛心修養來排除邪惡的念頭。在輪迴中，善有善報，惡有惡報，一切惡行（如害命）惡念（如瞋毒）都不會有好結果的。正義終究會戰勝邪惡，這正是這個故事所要表現的主題。

整個故事結構嚴謹，先以一句話概述大雪山龍池的靈驗和對百姓的護祐，接下來便詳細記敘有關傳說，最後歸結到為龍王所建的佛塔的神異現象。一條清晰的線索將全文貫穿在一起，那就是龍王。龍王是本文刻劃得非常成功的一個形象。作者注意運用對話烘托人物形象。龍王對迦膩色迦王的三段話，說得振振有辭，合情合理，將龍王性格中狡黠虛弱的一面栩栩如生地表現了出來，這與他興風作浪時所表現出的兇暴、殘忍一起構成了一個完整的、立體的龍王形象，給人以深刻的印象。敘述語言形象生動，對環境氣氛的渲染和爭鬥場面的描寫，表現出作者高超的駕馭語言的能力。文中既有客觀平實的敘述，又有細緻生動的描寫；既有很強的可讀性，又有深刻的勸諭意義。實是一篇文采、說理結合巧妙的佳作。

舊王伽藍

王城西北大河南岸舊王伽藍內，有釋迦菩薩弱齡齓齒❶，長餘一寸。其伽藍東南有一伽藍，亦名舊王，有如來頂骨❷一片，面廣寸餘，其色黃白，髮孔分明。又有如來髮，髮色青紺❸，螺旋右縈，引長尺餘，卷可半寸。凡此三事，每至六齋，王及大臣散花供養。頂骨伽藍西南有舊王妃伽藍，中有金銅窣堵波，高百餘尺。聞之土俗曰：其窣堵波中有佛舍利升餘，每月十五日，其夜便放圓光，燭曜露盤，聯暉達曙❹，其光漸斂，入窣堵波。

【注　釋】❶齓齒　這裡指釋迦菩薩少年時所換的牙齒。❷頂骨　頭蓋骨。❸青紺　黑裡透紅的顏色。❹曙　天亮。

【語　譯】在大都城西北大河南岸的舊王寺裡，有釋迦菩薩幼年時換下的牙齒，一寸多長。這座寺院的東南還有一座寺院，也叫舊王寺。裡面有一片如來的頭蓋骨，寬有一寸多，呈黃白色，上面的髮孔都很清楚。又有如來的頭髮，頭髮顏色黑裡透紅，像螺旋一樣向右旋轉，拉長有一尺多，卷曲時只有半寸。這三件東西，每逢六齋，國王和大臣便來散花供養。有如來頭蓋骨的寺廟西南有一座舊王妃寺，寺中有金銅塔，高有一百多尺。聽當地人說，這個塔中有一升多佛舍利，在每月十五日的夜裡放出圓光，照耀著露盤，與月光交相輝映。天亮時光芒才漸漸收斂，沒入塔內。

比羅娑洛山

城西南有比羅娑洛山（唐言象堅）。山神作象形，故曰象堅也。昔如來在世，象堅神奉請世尊❶及千二百大阿羅漢，山巔❷有大磐石，如來即之，受神供養。其後無憂王❸即磐石上起窣堵波，高百餘尺，今人謂之象堅窣堵波也。亦云中有如來舍利，可一升餘。

象堅窣堵波北山巖下有一龍泉，是如來受神飯已，及阿羅漢於中漱口嚼楊枝，因即植根，今為茂林。後人於此建立伽藍，名鞞鐸佉❹（唐言嚼楊枝也）。

自此東行六百餘里，山谷接連，峰巖峭峻，越黑嶺，入北印度境，至濫波國（北印度境）。

【注　釋】❶世尊　梵文 Lokanātha 或 Bhagavat 的意譯。為釋迦牟尼的尊號。意思是佛具萬德、世所尊重。❷巔　頂部。❸無憂王　就是阿育王 (Aśoka) 的意譯。為古印度名王旃陀羅笈多的孫子。在他統治期間，這個王朝幾乎統治了印度全境。❹鞞鐸佉　梵文 piṇḍaka 的音譯。意譯為樹叢、茂林。

【語　譯】大都城的西南有一座比羅娑洛山。這座山的山神現作大象的形象，因而稱這座山為象堅。當年如來在世的時候，象堅神請世尊和一千二百名大阿羅漢來到山上，在山頂有一塊大石，如來便在石上落座，受象堅神的供養。後來無憂王便在這塊大石上建起一座塔，塔高一百多尺，現在的人稱它為象堅塔，也說其中有如來的舍利，大約有一升多。

在象堅塔北邊的山巖下面有一處龍泉。當年如來用餐完畢和阿羅漢一起在這裡漱口嚼楊枝，當時隨手種根，現在已長成一片茂林。後人在這裡建立了寺院，名字就叫鞞鐸佉。

從這裡向東走六百多里，山谷連綿不斷，峰巖險峻峭拔。翻過黑嶺，就進入北印度境內，到達濫波國。

卷二 三國

印度總述

【題解】印度這個名字，起源於梵文 Sindhu 一詞，這個詞本意是「河流」，後來又專指印度河。西元前六世紀波斯人侵入印度，以這條河的名字來命名這一地區，進而成為整個南亞次大陸的總稱。在我國的記載中，最早稱印度為身毒，後來又有天竺、賢豆等叫法。玄奘則將之譯為「印度」，以後「印度」就成為我國對南亞次大陸的通稱。唐時包括三個國家：濫波國、那揭羅曷國和健馱邏國。以下作者從十七個方面對這一地區進行總的概述。

名稱

詳夫天竺之稱，異議糾紛❶，舊云身毒，或曰賢豆，今從正音，宜云印度。印度之人，隨地稱國，殊方異俗，遙❷舉總名，語其所美，謂之印度。印度者，唐言「月」。月有多名，斯其一稱。言諸群生輪回不息，無明長夜莫有司晨❸，其猶白日既隱，宵燭斯繼，雖有星光之照，豈如朗月之明？苟緣斯致，因而譬月。

良以其土聖賢繼軌，導凡御物，如月照臨。由是義故，謂之印度。印度種姓族類群分，而婆羅門特為清貴，從其雅稱，傳以成俗，無云經界之別，總謂婆羅門國焉。

【注　釋】❶糾紛　形容混亂的樣子。糾，纏繞；糾纏。紛，眾多的樣子。❷遙　遠。❸司晨　掌管天明的人。

【語　譯】仔細考察天竺這個名稱，有很多不同的說法，搞得混亂不堪。舊時叫做「身毒」，或者叫「賢豆」，現在根據正確發音，應該叫做印度。印度人以自己的居住地稱呼自己的國家，而風俗不同的別的國家，對這一地區採用了一個總的名稱，將這個他們所喜歡的地方，稱為印度。印度這個詞，用唐朝語言來講就是月亮。月亮有很多叫法，印度是其中一種。意思是說所有生物生生死死輪迴不息，好像一個沒有光明的長夜，沒有一個天亮的掌管者，就像白天的太陽已經落山，晚上就點上蠟燭，雖然有星光照耀，哪裡能和朗月的明亮相比？就由於這個原因，才把印度比成月亮。實在是因為在這塊土地上聖賢輩出，遺法相傳，導引眾生，條理萬物，就像月亮照耀一樣。由於這樣的原因，將這裡稱作印度。印度種姓很多，按族類分成不同的群體，婆羅門是其中最為清高華貴的。印度又從他們這裡得到一個雅稱，並形成一種習慣叫法，排除地理上的差別，總稱為婆羅門國。

【說　明】本文介紹了「印度」這個名稱的由來。玄奘將「印度」一名解釋成為讀音相同的梵語名詞indu的音譯，意思是「月亮」。並提出所以稱這個國家為「月亮」的原因。對於這種解釋，許多學者有不同的看法。一般認為印度不過是個國名而已，沒有別的意義。

疆域

若其封疆❶之域，可得而言。五印度之境，周九萬餘里。三垂大海❷，北背雪山❸。北廣南狹，形如半月。畫野區分，七十餘國。時特暑熱，地多泉溼。北乃山阜隱軫❹，丘陵舄鹵❺；東則川野沃潤，疇壟膏腴；南方草木榮茂；西方土地磽确❻。斯大概也，可略言焉。

【注　釋】❶封疆　疆界。❷大海　即現在的印度洋。❸雪山　即今喜馬拉雅山脈和興都庫什山脈。❹隱軫　也寫作「殷賑」。眾多和富饒的意思。❺舄鹵　鹽鹹地。❻磽确　土地瘠薄。

【語　譯】至於印度的疆域，我們可以好好談一談。五印度的疆界方圓九萬多里，三面瀕臨大海，一面背靠雪山。整個地形北寬南窄，形狀像個半月。全國劃分成七十多個小國。氣候非常炎熱，地方又多潮溼。北方山巒眾多，丘陵多為鹽鹹地，東部則是肥沃滋潤的河流原野；南方草木茂盛；西方土地貧瘠。這就是大概的情況，這裡只是簡略地談談。

【說　明】本文介紹了印度的疆域和國土情況。其中有兩個情況需要加以說明。一個是「五印度」這種提法。「五印度」是當時對印度國土的一種流行的劃分方法，在印度起源非常古老。它將印度分為中印度、北印度、西印度、南印度和東印度五個部分，因此稱為五印度，簡稱為五印或五天（五天竺）。另一個需要說明的是印度國土的形狀。從地圖上我們可以看到，南亞次大陸是呈三角形，而玄奘卻說它「形如半月」，為什麼會有這麼大的差異？有一位地理學家康寧哈姆認為，玄奘在印度旅行的地域偏北，因此他以溫德亞山脈為底邊，以喜馬拉雅山脈為對徑來比喻印度的形狀，這形狀正是一個半月形。這是一種比較合理的解釋。

數量

夫數量之稱，謂踰繕那❶舊曰由旬，又曰踰闍那，又曰由延，皆訛略也。踰繕那者，自古聖王一日軍行也。舊傳一踰繕那四十里矣；印度國俗乃三十里；聖教所載惟十六里。窮❷微之數，分一踰繕那為八拘盧舍❸。拘盧舍者，謂大牛鳴聲所極聞，稱拘盧舍。分一拘盧舍為五百弓❹，分一弓為四肘❺，分一肘為二十四指，分一指節為七宿麥，乃至蝨、蟣、隙塵、牛毛、羊毛、兔毫、銅、水，次第❻七分，以至細塵，細塵七分，為極細塵。極細塵者，不可復析❼，析即歸空，故曰極微也。

【注　釋】❶踰繕那　梵文 yojana 的音譯。是古代印度的計量單位，並無確定的長度。❷窮　徹底；極端。❸拘盧舍　梵語 krośa 的音譯。是長度數量名稱。意思是牛鳴聲可以達到的距離。❹弓　梵語 dhanus 的意譯。印度長度單位。指人一個手指的長度。沒有一定標準。❺肘　梵語 hasta 的意譯。印度尺度名稱。指人的上臂和前臂部分的長度。❻次第　依次。❼析　分。

【語　譯】對數量單位的稱呼叫做踰繕那。所謂踰繕那，是指古代聖王一天行軍的里程。按舊的說法，一踰繕那相當於中國的四十里，但按印度的國俗一踰繕那通常只相當於三十里，佛教的記載中只有十六里。將這個距離繼續分下去，一踰繕那分為八個拘盧舍。所謂拘盧舍，是指大牛叫聲所能達到的最遠距離，這就叫拘盧舍。一拘盧舍分為五百弓，一弓分為四肘，一肘分為二十四指，一指節分為七宿麥，下面還有蝨、蟣、隙塵、牛毛、羊毛、兔毫、銅、水，再分為七份，就分到細塵了；細塵再分七份，成為極細塵。所謂極細塵，就是不能再分，再分就空無所有了，所以稱為極微。

【說　明】本文詳細介紹了印度的計量單位以及換算方法。但這中間有許多長度單位是不確定的，因此作者將該國主要計量單位「踰繕那」換算成中國的長度計量單位「里」，並詳細介紹了三種情況下踰繕那的長度，使我們對印度的長度計量單位有一個切近的比較清晰的了解。反映出作者細緻嚴謹的治學態度。

歲時

若乃陰陽曆運，日月次舍❶，稱謂雖殊，時候無異，隨其星建，以標月名。時極短者，謂剎那❷也。百二十剎那為一呾剎那，六十呾剎那為一臘縛，三十臘縛為一牟呼栗多，五牟呼栗多為一時，六時合成一日一夜（晝三夜三），居俗日夜分為八時（晝四夜四，於一一時各有四分）。月盈至滿謂之白分，月虧至晦謂之黑分，黑分或十四日、十五日，月有小大故也。黑前白後，合為一月。六月合為一行。日遊在內，北行❸也；日遊在外，南行❹也。總此二行，合為一歲。又分一歲以為六時：正月十六日至三月十五日，漸熱也；三月十六日至五月十五日，盛熱也；五月十六日至七月十五日，雨時也；七月十六日至九月十五日，茂時也；九月十六日至十一月十五日，漸寒也；十一月十六日至正月十五日，盛寒也。如來聖教歲為三時：正月十六日至五月十五日，熱時也；五月十六日至九月十五日，雨時也；九月十六日至正月十五日，寒時也。或為四時，春、夏、秋、冬也。春三月謂制呾邏月、吠舍佉月、逝瑟吒月，當此從正月十六日至四月十五日；夏三月謂頞沙荼月、室羅伐拏月、婆達羅鉢陀月，當此從四月十六日至七月十五日；秋三月謂頞溼縛庾闍月、迦剌底迦月、末伽始羅月，當此從七月十六日至十月十五日；冬三月謂報沙月、磨祛月、頗勒窶拏月，當此從十月十六日至正月十五日。故印度僧徒依佛聖教坐雨安居❺，或前三月，或後三月。前三月當此從五月十六日至八月十五日，後三月當此從六月十六日至九月十五日。前代譯經律者，或云坐夏，或云坐臘，斯皆邊裔殊俗，不達中國❻正音，或方言未融，而傳譯有謬。又推如來入胎、初生、出家、成佛、涅槃日月，皆有參差❼，語在後記。

【注釋】❶次舍　出沒。❷剎那　梵文kṣaṇa的音譯。是最小的計時單位。本意是指婦女紡績一尋線所用的時間。後用來表示極短的時間。❸北行　冬至到夏至。❹南行　夏至到冬至。❺坐雨安居　印度五月十六日到七月十五日為雨季。佛教徒在這期間禪定靜坐叫做坐雨安居。❻中國　這裡指中印度。❼參差　不一致。

【語譯】談到陰陽的運行，日月的出沒，雖然叫法不同，但時間沒有差別，都是以星宿為標準標出月份。極短的時間叫做剎那。一百二十剎那是一呾剎那，六十呾剎那是一臘縛，三十臘縛是一牟呼栗多，五牟呼栗多是一時，六時合為一日一夜。世俗習慣把日夜分為八時。月亮從盈到滿，叫做白分；月亮從虧到晦，叫做黑分。黑分或十四天、或十五天，這是因為有大月和小月的緣故。黑分在前，白分在後，合成一個月，六個月合成一行。太陽在內運行，是北行；太陽在外運行，是南行。這兩行加起來，合為一年；一年又分為六個季節：正月十六日到三月十五日，漸熱；三月十六日到五月十五日，酷熱；五月十六日到七月十五日，雨季；七月十六日到九月十五日，是草木茂盛的時候；九月十六日到十一月十五日，漸寒；十一月十六日到正月十五日，嚴寒。按如來聖教的說法，一年分為三個季節：正月十六日到五月十五日為熱季；五月十六日到九月十五日為雨季；九月十六日到正月十五日為寒季。或者分為春夏秋冬四季。春天的三個月是制呾邏月、吠舍佉月、逝瑟吒月，相當於我國的正月十六日到四月十五日。夏季三個月是頞沙荼月、室羅伐拏月、婆達羅鉢陀月，相當於我國從四月十六日到七月十五日。秋季三個月是頞溼縛庾闍月、迦剌底迦月、末伽始羅月，相當於我國從七月十六日到十月十五日。冬季三個月是報沙月、磨祛月、頗勒窶拏月，相當於我國從十月十六日到正月十五日。所以印度的僧人按照佛的教導在雨季安居，或在前三月，或在後三月。前三月相當於我國的從五月十六日到八月十五日，後三月相當於我國的從六月十六日到九月十五日。前代翻譯經律的人，有的將安居稱作「坐夏」，有的稱作「坐臘」，這都是出於邊地特殊風俗，不合乎中印度的標準音，或者是由於不十分理解方言，以致翻譯上有錯誤。還有對如來投胎、誕生、出家、成佛、涅槃的時間的推算，都有不一致的地方，後面再談。

【說　明】本文詳盡介紹了印度的曆法。涉及到的時間單位，從行、季、時、月到最微小的剎那，無所不至。並與我國的時間相對照，淺顯易懂。文中又對佛教徒坐雨安居的說法和時間加以特別闡明，指出一些說法的不準確。另外關於「時」的概念，文中介紹了兩種說法，一種是佛教的把一天分為六時。在這裡一時相當於現在的四個小時。這六時包括晝三時和夜三時。晝三時分為朝日、日中、黃昏；夜三時分為初夜、中夜、後夜。而世俗的分法則把一天分為八時，這樣一時就相當於現在的三個小時。八時包括晝四時和夜四時。晝四時相當於我國的巳時到戌時（即現在的九時至二十一時）；夜四時相當於我國的亥時到辰時（即現在的二十二時到八時）。

宮室

若夫邑里閭閻❶，方城廣峙；街衢❷巷陌❸，曲徑盤迂。闤闠❹當塗，旗亭夾路。屠、釣、倡、優、魁膾❺、除糞❻，旌厥宅居，斥之邑外，行里往來，僻於路左。至於宅居之製，垣❼郭之作，地勢卑溼❽，城多壘磚，暨諸牆壁，或編竹木，室宇臺觀，板屋平頭，泥以石灰，覆以磚墼❾。諸異崇構，製同中夏。苫❿茅苫草，或磚或板，壁以石灰為飾，地塗牛糞為淨，時花散布，斯其異也。諸僧伽藍，頗極奇製，隅⓫樓四起，重閣三層，榱梠⓬棟梁，奇形彫鏤，戶牖⓭垣牆，圖畫眾彩。黎庶⓮之居，內侈外儉，隩室⓯中堂，高廣有異，層臺重閣，形製不拘。門闢東戶，朝座東面。至於坐止，咸用繩床，王族、大人、士、庶、豪右，莊飾有殊，規矩無異。君王朝座，彌復高廣，珠璣間錯，謂師子床，敷以細氎，蹈以寶几。凡百庶僚，隨其所好，刻彫異類，瑩飾奇珍。

【注釋】❶閭閻　古代的基層行政單位。❷衢　四通八達的道路。❸陌　街。❹闤闠　市肆。❺魁膾　廚子。一說：劊子手。❻除糞　清潔工。❼垣　矮牆。❽卑溼　低矮潮濕。❾墼　未經窯燒的土坯。❿苫　蓋。⓫隅　角落。⓬榱梠　榱，屋椽。梠，屋簷。⓭戶牖　門窗。⓮黎庶　平民百姓。⓯隩室　內室。

【語譯】在城市聚居的地方，方形的城牆又寬又高，大街小巷曲曲折折。市肆當道，樓店夾路。屠夫、釣徒、娼妓、優伶、廚子、清潔工這些人，所居住的地方都有特別標記，他們被排斥在城外，如果在城裡走動，他們只能躲閃在路旁行走。至於住宅的構造，圍牆的建築，因為地勢低而潮溼，城牆多壘磚而成，住宅的牆壁有的用竹木編製。房屋樓臺，用木頭作頂，塗上石灰，蓋上磚坯。有些建築非常高大，構造和中國的相同。房屋用茅草蓋頂，或者用磚或板蓋，牆壁上塗石灰作為裝飾，地面鋪上牛糞被認為是潔淨的，並將應時的鮮花撒在上面，這是和我國不同的地方。那些寺院建造得頗為奇特。角落各有角樓，樓閣共有三層，屋椽和屋梁被鏤雕得奇形怪狀，門窗和牆上畫有許多彩色圖畫。平民的房子，內部奢侈，外表儉樸，內室和中堂的高矮大小都不一樣，層臺重閣，建築形式不拘一格。門向東開，君王的座位也是面向東方。至於坐著休息的用具，都是用繩床，王室、大官、士子、平民、豪族對繩床有不同的裝飾，樣式則沒有什麼差別。君王的座位，更加高大寬敞，錯落地鑲嵌著珍珠，名為師子床，上面鋪著細棉布，一個珍寶裝飾的腳凳擺在前面。一般的官員根據自己的愛好，在座床上進行各種雕刻，上面也裝飾著珍寶。

【說　明】本文詳細介紹了印度人所居住的房屋的式樣、建築材料、室內裝飾等情況。其中又穿插介紹了不同等級的人，各有嚴格的界限，以及寺院的建造奇特。文中提到印度人特有的坐具——繩床。雖然印度人由於等級、身分等的不同各有相應的居所，但是繩床這種坐具卻是都在用的。文章最後結束在對繩床的介紹中，就將前面略顯鬆散的敘述統一起來了，使全文形成一個有機的整體。

衣飾

衣裳服玩❶，無所裁製，貴鮮白，輕雜彩，男則繞腰絡腋，橫巾右袒，女乃襜衣❷下垂，通肩總覆。頂為小髻，餘髮垂下。或有剪髭，別為詭俗。首冠花鬘，身佩瓔珞❸。其所服者，謂憍奢耶❹衣及氎❺布等。憍奢耶者，野蠶絲也，菆摩❻衣，麻之類也；頞鉢羅❼衣，織細羊毛也；褐剌縭❽衣，織野獸毛也。獸毛細輭❾，可得緝績，故以見珍，而充服用。其北印度，風土寒烈，短製褊衣，頗同胡服。外道服飾，紛雜異製，或衣孔雀羽尾，或飾髑髏瓔珞，或無服露形，或草板掩體，或拔髮斷髭，或蓬鬢椎髻，裳衣無定，赤白不恒。沙門❿法服，惟有三衣及僧卻崎、泥嚩些那⓫。三衣裁製，部執不同，或緣有寬狹，或葉⓬有小大。僧卻崎覆左肩，掩兩腋，左開右合，長裁過腰。泥嚩些那既無帶襻⓭，其將服也，集衣為襵⓮，束帶以絛⓯，襵則諸部各異，色乃黃赤不同。剎帝利、婆羅門清素居簡，潔白儉約。國王、大臣服玩良異，花鬘寶冠以為首飾，環釧⓰瓔珞而作身佩。其有富商、大賈，唯釧而已。人多徒跣⓱，少有所履。染其牙齒，或赤或黑，齊髮穿耳，修鼻大眼，斯其貌也。

【注釋】❶衣裳服玩　衣，上衣。裳，下衣。服，外衣。玩，內衣。❷襜衣　圍裙。❸瓔珞　珠玉綴成的飾物。❹憍奢耶　是梵文kauśeya的音譯。意思是野蠶絲。❺氎　細棉布。❻菆摩　梵文kṣauma的音譯。意思是麻。❼頞鉢羅　梵文kambala的音譯。意思是羊毛。❽褐剌縭　野獸茸毛。❾輭　「軟」的異體字。❿沙門　出家人的通稱。⓫泥嚩些那　是梵文nivāsana的音譯。繫於腰部的腰衣。也譯作襌裙。⓬葉　裙子。⓭襻　繫衣裙的帶子。⓮襵　衣裙的褶子。⓯絛　絲帶。⓰環釧　手鐲。⓱跣　光著腳。

【語 譯】印度人上、下、內、外的衣服都不裁製，以白色為貴，看不起雜色。男人在腰間圍一塊布，一直繞到腋下，把長巾橫著搭在左肩上，右肩袒露。女子穿一條下垂的圍裙，把兩肩都遮蓋起來。頭頂的頭髮梳成小髻，其餘的垂下來。有的男人剃掉鬍鬚，還有一些別的奇怪的風俗。頭上戴著花環，身上佩帶瓔珞。身上穿的是憍奢耶衣和細棉布等。憍奢耶就是野蠶絲；菆摩衣，是麻織成的一種衣服；頗鉢羅衣，是由細羊毛織成的；褐刺縭衣，是用野獸毛織成的。獸毛細軟，可以紡織，所以才被珍視，製成衣服。北印度氣候酷寒，因此製成的衣服多是緊身的，和胡人的衣服頗為相似。外道的服飾花樣繁多，有的穿孔雀的羽尾，有的戴人的頭骨綴成的飾物，有的赤身裸體，有的用草或木板遮掩身體，有的拔掉頭髮和鬍子，有的鬢髮蓬鬆，卻在頭頂結成小髻。上衣和下衣沒有一定的樣式，顏色紅白不定。出家人的法服只有三衣和僧卻崎、泥嚩些那。這三種衣服的剪裁製作，各個部派有不同的方式。衣服的貼邊或寬或窄，褶子或大或小。僧卻崎蓋著左肩和兩腋，左開右合，長度剛剛過腰。泥嚩些那上沒有帶子，穿的時候把衣服用一條絲帶束上，束出許多褶子。褶子的形狀各部派也不一樣，顏色也有黃、紅的區別。剎帝利、婆羅門的服飾清素簡單潔白儉樸。國王、大臣的衣飾有很大差別，用花環寶冠作為頭上的飾物，鐲子瓔珞戴在身上。有些富商則只戴鐲子。這裡的人們大多赤腳，很少穿鞋。把牙齒染成紅色或者黑色。將頭髮剪齊，耳上穿孔，高鼻大眼，這就是他們的相貌。

【說 明】本文詳盡介紹了印度人的服飾和形象。文章先總述印度男人和女人的服飾以及布料的選擇。接著分別就外道、出家人、剎帝利和婆羅門等的服飾加以詳細說明，最後總述印度人的外貌。條理清晰，首尾照應。

饌食

夫其潔清自守，非矯❶其志。凡有饌食，必先盥洗，殘宿不再，食器不傳，瓦木之器，經用必棄，金、銀、銅、鐵，每加摩瑩。饌食既訖，嚼楊枝而為淨。澡漱未終，無相執觸。每有溲溺❷，必事澡灌。身塗諸香，所謂栴檀❸、鬱金❹也。君王將浴，鼓奏絃歌，祭祀拜祠，沐浴盥洗。

【注釋】❶矯 糾正。❷溲溺 大小便。❸栴檀 檀香。❹鬱金 鬱金香。花草名。花為黃色，香味持久。

【語譯】他們潔身自守，沒有什麼可以改變他們的生活方式。凡要吃飯，一定要先洗手，隔夜的剩飯不再食用，盛飯的用具不相傳遞。瓦和木製的器具，一用完就丟棄了。金、銀、銅、鐵製的器具經常擦拭得光亮。吃過飯以後嚼楊枝來潔淨口腔。洗澡漱口沒有做完以前，互相之間不相接觸。每次大小便以後一定要洗濯。身上塗抹諸如栴檀、鬱金香一類的香料。國王沐浴時，都要擊鼓彈奏樂器。祭祀拜祠前，一定要沐浴盥洗。

文字

詳其文字，梵天❶所製，原始垂則，四十七言。寓物合成，隨事轉用，流演枝派，其源浸廣，因地隨人，微有改變，語其大較，未異本源。而中印度特為詳正，辭調和雅，與天同音，氣韻清亮，為人軌則❷。鄰境異國習謬成訓❸，競趨澆俗，莫守淳風。

至於記言書事，各有司存。史誥❹總稱，謂尼羅蔽荼❺唐言青藏，善惡具舉，災祥備著。

【注　釋】❶梵天　又稱大梵天。印度婆羅門教和印度教的三大主神之一。主管創造。❷軌則　準則。❸訓　法則。❹誥　帝王任命或封贈的文書。❺尼羅蔽荼　梵語 **nilapiṭa** 的音譯。意思是「青藏」。印度古代史冊、官方文書記錄的總稱。

【語　譯】仔細研究他們的文字，是梵天創製的，最初製定了四十七個字母。後來又結合事物把字母合成在一起，根據事物的不同加以不同的運用。流變演化的時間一長，就產生了種種支派，用途越來越廣，因地和人的不同稍微有些改變，但大致說來都沒有離開本源。在中印度特別純正，辭調和諧雅致，與天神的語音相同，氣韻清亮，可作為人們的準則。鄰近地區和別的國家卻沿習錯誤的發音方法，並以此為法則，競相傾向庸俗，不遵守淳粹的風格。

至於記言書事，各有專人管理。史料和國家文獻總稱為尼羅蔽荼，好事壞事全都寫明，災禍和祥瑞一一列舉。

【說　明】本文記敘了印度語言文字方面的情況。關於印度文字的流傳演變，需要補充一點。有文獻可考的印度最早的文字是佉盧字和婆羅謎字，西元四至五世紀，印度北方開始流行笈多體，到六世紀時出現了悉曇字，玄奘訪問印度時就流行這種字體。在此之後出現的天城字，最終成為今天歐洲和北印度大部分地區刊行古籍所使用的文字。但不論如何演變，梵文所用的四十七個字母是永恒的。它包括十四個元音字母和三十三個輔音字母。由此產生了世界上古老的語言和文字。

教育

而開蒙❶誘進，先導十二章❷。七歲之後，漸授五明❸大論：一曰聲明，釋詁訓字，詮目疏別。二工巧明，伎術機關，陰陽曆數。三醫方明，禁呪閑邪❹，藥石針艾。四曰因明，考定正邪，研覈真偽。五曰內明，究暢五乘因果妙理。

其婆羅門學四《吠陀》❺論，舊曰毘陀，訛也：一曰壽，謂養生繕性。二曰祠，謂享祭祈禱。三曰平，謂禮儀、占卜、兵法、軍陣。四曰術，謂異能、伎數、禁呪、醫方。

師必博究精微，貫窮玄奧，示之大義，導以微言，提撕❻善誘，彫朽❼勵薄。若乃識量通敏，志懷逋逸，則拘縶反關❽，業成後已。

年方三十，志立學成，既居祿位，先酬師德。其有博古好雅，肥遁居貞❾，沈浮物外，逍遙事表，寵辱不驚，聲聞已遠，君王雅尚，莫能屈跡。然而國重聰叡，俗貴高明，褒讚既隆，禮命亦重。故能強志為學，忘疲遊藝，訪道依仁，不遠千里，家雖豪富，志均羈旅，口腹之資，巡匃❿以濟，有貴知道，無恥匱財。娛遊、惰業、婾食⓫、靡衣，既無令德，又非時習，恥辱俱至，醜聲載揚。

【注釋】❶開蒙　啟蒙教育。❷十二章　印度兒童初學梵文的書籍。講述字母、拼法、連聲等基本語法知識。❸五明　指聲明、工巧明、醫方明、因明和內明五種學科。明，梵文 vidyā 的意譯。有見、闡明、知識、學識和智慧等意思。❹禁呪閑邪　念咒制邪。禁呪，用於禁制疾病邪祟的一種巫術。閑，抵制。❺吠陀　梵文 Veda 的音譯。意思是「明」。

❻提撕　分析表達。❼彫杇　將杇木雕琢成材。❽拘縶反關　反閉其門，潛心學習。❾肥遁居貞　退隱的堅貞之士。肥遁，退隱。❿巡匃　行乞。匃，通「匄」。乞求。⓫媮食　苟且偷生。媮，同「偷」。

【語　譯】對孩子們的啟蒙誘進教育，首先教他們十二章基本語法知識。七歲以後，逐漸向他們講授五明大論：第一叫聲明，解釋字義，把條目區分清楚。第二是工巧明，講授工程機關、陰陽曆算。第三是醫方明，講授巫術制邪、藥石針艾的知識。第四是因明，鑑定正邪，考定真偽。第五是內明，研究五乘的因果和妙理。

婆羅門要學習四《吠陀》論：第一叫壽，講的是修身養性之道。第二叫祠，講上供祈禱。第三叫平，講述禮儀、占卜、兵法、軍陣。第四叫術，講奇巧技能、巫術、醫方。

老師必須廣泛研究精微妙義，深刻探討玄奧的道理，用簡單的言辭闡發深刻的思想，幫助誘導他們，使不中用的成材，激勵愚笨的學生前進。那些見識通達敏捷，立志隱逸避世的，他們反關房門潛心學習，直到學成為止。

到了三十歲，志向已立，學業有成，做官受祿以後，首先報答老師的恩德。有些學生有廣博的學識又喜愛雅事，成為隱退世外的堅貞之士，他們於世俗之外沈浮、逍遙，受寵受辱都能漠然處之，雖然聲名遠揚，受到君王的欣賞，但都不能使他們屈從俗務。然而國家尊敬聰明飽學的人，世俗敬重德高智明之士，對他們既有隆重的讚譽，又有周到的禮敬。因此人們都立下求學的大志向，從事學藝不知疲勞。他們訪問有道高人，歸依仁愛之士，不遠千里。雖然家裡很富有，卻立志雲遊四方，靠行乞果腹。以掌握真理為貴，不以貧窮為恥。諸如遊樂、懶惰、苟且偷生、衣著奢華等，被認為是沒有德行的表現，不合於當時的習俗。這樣做就會招來恥辱，醜名遠揚。

【說　明】本文介紹了印度的教育概況。首先作者向我們介紹了教育的階段和內容。從啟蒙開始，使學生們逐漸掌握「五明大論」。婆羅門則另外還要學習四《吠陀》論。接著作者強調了教師的作用：以廣博的知識、高尚的品格循循善誘的教學方法，將學生培養成材。在兩方面的共同努力下，品德高尚的飽學之士不斷湧現出來。最後一部分寫的是社會風氣對學者的禮敬和對不學無術者的鄙薄，這種風氣和高尚飽學人士的湧現是相輔相成的。國家和世俗對高尚品德、廣博知識的尊重，使人們孜孜求學，刻苦鑽研，尋求真理，其結果是造就出大批人才，而人才輩出又助長了尊重美德和知識的風氣。這樣就使整個印度的教育系統處於一種良性循環狀態。印度之所以是一個文明古國，教育的發達是一個相當重要的原因。

作者以簡練明確的筆觸將這一部龐大的教育機器呈現在我們面前，寫來從容不迫，自自然然，可謂是舉重若輕，顯示出作者高超的寫作技巧。

佛教

如來理教，隨類得解，去聖悠遠，正法醇醨❶，任其見解之心，俱獲聞知之悟。部執峰峙，諍論波騰，異學專門，殊途同致。十有八部，各擅鋒銳；大小二乘，居止區別。其有宴默思惟❷，經行❸住立，定慧❹悠隔，諠靜良殊，隨其眾居，各制科防❺。無云律、論，絓是佛經，講宣一部，乃免僧知事❻；二部，加上房資具；三部，差侍者祇承❼；四部，給淨人❽役使；五部，則行乘象輿；六部，又導從周衛。道德既高，旌命亦異。時集講論，考其優劣，彰別善惡，黜陟幽明，其有商搉微言，抑揚妙理，雅辭贍美，妙辯敏捷，於是馭乘寶象，導從如林。至乃義門虛闢，辭鋒挫銳，理寡而辭繁，義乖而言順，遂即面塗赭堊❾，身坌❿塵土，斥於曠野，棄之溝壑。既旌淑慝⑪，亦表賢愚。人知樂道，家勤志學。出家歸俗，從其所好。罹咎犯律，僧中科罰，輕則眾命訶責，次又眾不與語，重乃眾不共住。不共住者，斥擯不齒，出一住處，措身無所，羇旅艱辛，或返初服⑫。

【注　釋】❶醇醨　醇，酒味厚。醨，酒味薄。比喻佛法的深淺。❷思惟　佛教徒在禪定前集中思想叫做思惟。❸經行　指在一定的地方旋繞往來。❹定慧　即禪定與智慧。佛教徒以為凝神靜坐，專注一境，就能觀照事理明淨求得智慧。這是一種宗教神祕主義的修行方法。❺科防　佛教教團所制定的約束預防教徒的條規。❻僧知事　寺院中的事務、雜務工作。❼祇承　恭敬地侍奉。❽淨人　供比丘差遣的俗人（未出家的）。❾赭堊　紅白黏土。❿坌　將粉末敷灑在它物上。⓫淑慝　善惡好壞。⓬返初服　還俗之後重操舊業。

【語　譯】如來佛的宗教真諦，不同的人根據他們根性的差異有不同的悟解。現在距離釋迦牟尼的時代已經很久遠了，他那純正的法教已有深淺不同的理解。信徒們根據自己的理解能力來獲得解悟。部派對峙，各立門戶。種種爭論如波濤騰湧；各種異說雖持論不同，但目標是一致的。一共有十八個部派，都各執鋒銳言辭；大乘和小乘存在的狀態也有區別。有的人苦思冥想潛心入定，有的旋繞往來或住立不動。禪定和智慧相距很遠，喧嘩和靜默也不一樣，於是不同的僧眾團體各自制定條規，無論律藏、論藏和法戒等書都屬於佛經。能宣講一部經的，就可以免作寺中雜務；能宣講兩部經的，給予上等房舍和臥具；能宣講三部經的，就派侍者服侍他；能宣講四部經的，分配俗人供他役使；能講五部經的，外出可以乘坐象輿；能講六部經的，乘象之外再加侍衛。道德高了，建功立表也就不一樣。僧人們時常集會講論，考查誰優誰劣，表彰善的懲罰惡的，罷黜愚暗，提掖聰明的人。有的人能正確審議精微的言論，對精妙的理論抑揚得當，文辭豐富美妙，辯論時思路敏捷，這樣就可以高坐寶象上面，前呼後擁，侍從如林。如果宗教義理空虛，論辯時辭鋒無力，道理少而廢話連篇，違背正確義理只有順耳的空話，這樣的人就會被在臉上塗抹紅白黏土，身上撒上塵土，被丟棄在曠野溝壑中。一方面表彰有德斥責壞人，一方面也表彰賢人貶斥愚昧。於是人們都樂於行道，在家中勤奮學習，出家或歸俗完全按自己的喜好。如果觸犯律條，會受到處罰，輕的當眾斥責，重一點的大家不和他說話，再重的大家不和他共住。如果沒有人和他共住，說明這個人已被擯斥，為群僧所不齒。一旦被擯斥於群僧之外，則無處可去，流浪受苦，有的只好還俗。

【說　明】本文介紹佛教在印度的演變情況和各個部派對僧徒的獎懲辦法。相傳釋迦牟尼逝世後一百年，古印度東部跋耆族僧人提出十條戒律新主張，遭到教團以耶舍為首的諸長老的反對，於是分裂為兩大部派，前者稱為大眾部，後者稱上座部（長老派），從此進入佛教史上所謂部派佛教時期。後來大眾部又分裂成八部：一說部、說出世部、雞胤部、多聞部、說假部、制多山部、西山住部、北山住部。上座部在佛滅後三百年，開始分裂為雪山部與說一切有部。說一切有部又分化為犢子部、化地部、飲光部、經量部。犢子部又分裂成法上部、賢胄部、正量部和密林山部；化地部又變為法藏部。共十一部。但由於雪山部是上座部的轉名，因此只能算是十部。這樣大眾部和上座部合起來就被稱為「十八部」。後來又出現了大乘佛教，並把原始佛教和部派佛教貶為小乘，有關這一點前面已有說明，這裡就不多說了。從本文我們可以知道，部派的分歧和論爭不過是由於各人因本身條件的限制，對佛法理解程度不同而引起的，因而雖然部派之間論爭不息，但總目標是一致的：對佛法精義的參悟。這樣各派都不約而同地採取一些措施鼓勵自己的成員刻苦鑽研佛法努力接近佛的真諦。於是種種獎懲辦法也就應運而生了。本文詳細列舉了這些獎勵和懲罰條款，看起來制訂得確實比較周密，但也未免太過拘泥刻板。這也是部派佛教的主要弱點，它實際上阻礙了佛教的流傳和發展。

族姓

若夫族姓❶殊者，有四流焉：一曰婆羅門，淨行也，守道居貞，潔白其操。二曰剎利，王種也，舊曰剎利，略也。奕世❷君臨，仁恕為志。三曰吠奢，舊曰毘舍，訛也。商賈也，貿遷❸有無，逐利遠近。四曰戍陀羅，舊曰首陀，訛也。農人也，肆力疇隴，勤身稼穡。凡茲四姓，清濁殊流，婚娶通親。飛伏異路，內外宗枝❹，姻媾不雜。婦人一嫁，終無再醮❺。自餘雜姓，實繁種族，各隨類聚，難以詳載。

【注　釋】❶族姓　又稱種姓、姓。是印度的一種社會等級集團。❷奕世　累世；一代接一代。❸貿遷　販運、買賣。❹內外宗枝　母系和父系親屬。❺再醮　改嫁。醮，舊指婦女出嫁。

【語　譯】不同的族姓一共有四個：第一個叫婆羅門，是品行純潔的人，遵守道義堅貞不貳，操守潔白。第二叫剎帝利，是王族貴胄，累世為王，仁愛寬容是他們的準則。第三叫吠奢，是商人，販賣商品互通有無，四處追逐利益。第四叫戍陀羅，是農民，盡力耕種土地，辛勤耕種莊稼。這四個種姓清濁不同，各種姓之間不能互相婚娶，父系和母系親屬也不能通婚。婦女一旦嫁人，終身不能改嫁。其餘雜姓，種族繁多，各按自己的類別聚在一起，難以詳細記載。

【說　明】本文介紹了印度四大種姓的組成以及各種姓之間嚴格的等級界限。關於這四個種姓的來歷，婆羅門編輯的《摩奴法論》中是這樣說的：為了諸界的繁榮興旺，創造神大梵天從自己的口、臂、腿和腳分別生出婆羅門、剎帝利、吠奢和戍陀羅。他給婆羅門安排的行為是教授和學習《吠陀》，祭祀和替別人祭祀，布施和接受布施；他給剎帝利安排的行為是保護眾生，布施、祭祀，學習《吠陀》和不追求感官享受；牧畜、布施、祭祀，學習《吠陀》、經商、放債和務農是吠奢的行為；他給戍陀羅安排的唯一的行為是心甘情願地為上述三個種姓服務。這實際上是婆羅門的願望和意志的表現。本文作者在這裡總述印度的種姓制度時，基本上是沿用了婆羅門的理論。這一方面說明婆羅門的這一套理論在當時還佔有主導地位，另一方面，由於是總述，作者也就用了最簡便的方法，因為婆羅門的這套理論既源遠流長又很系統化。但當時的實際情況卻和這套理論有不小的出入，實際上在當時的印度，一個種姓的事別的種姓的人也可以去做，例如婆羅門、吠奢甚至戍陀羅也有做國王的，而耕地放牛這本應是戍陀羅幹的活兒，卻有婆羅門在做等等，情形相當混亂。

兵術

君王奕世，惟刹帝利。篡弒時起，異姓稱尊❶。國之戰士，驍雄畢選❷，子父傳業，遂窮❸兵術。居則宮廬❹周衛，征則奮旅前鋒。凡有四兵，步、馬、車、象。象則被❺以堅甲，牙施利距❻，一將安乘，授其節度，兩卒左右，為之駕馭。車乃駕以駟馬，兵帥居乘，列卒周衛，扶輪挾轂❼。馬軍散禦，逐北❽奔命。步軍輕捍，敢勇充選，負大櫓❾，執長戟，或持刀劍，前奮行陣。凡諸戎器，莫不鋒銳，所謂矛、楯❿、弓、矢、刀、劍、鉞⓫、斧、戈、殳⓬、長矟⓭、輪索之屬，皆世習矣。

【注釋】❶異姓稱尊　指刹帝利以外的別的種姓稱王。❷畢選　挑選。❸窮　精通。❹宮廬　宮廷。廬，房屋。❺被通「披」。❻距　指鉤上的利刺。❼轂　車輪中間車軸貫入處的圓木。安裝在車輪兩側軸上，使輪保持直立，不致內外傾斜。❽北　敗逃。❾樐　或作「櫓」。兵器。即大盾。❿楯　通「盾」。盾牌。⓫鉞　古兵器。用於斫殺。狀如大斧，有穿，安裝長柄。⓬殳　古兵器名。用竹木做成，一端有稜。⓭矟　矛的一種。

【語譯】能夠世代為王的只有剎帝利這個種姓。篡位弒君的事經常發生，其他種姓也有登基稱王的了。國家的戰士都是從驍勇雄健的人中挑選出來的。這種職業都是父子相傳，他們於是能夠精通兵術。和平時期他們為國王守衛王宮，戰爭時期則奮勇衝鋒在前。一共有四個兵種：步、馬、車、象。象身上都披著堅甲，象牙上裝有鋒利的倒鉤，一位將軍坐在上面，他受命指揮一方，左右有兩個兵卒為他駕馭大象。戰車用四匹馬拉著，軍官坐在車上，在車輪旁有兵卒衛護。馬軍分散開來防禦敵人，追趕敗逃的敵兵。步兵裝備輕武器，都是從勇敢者中選出來的，身扛大盾牌，手持長戟或刀劍，衝在陣前。所有的兵器都非常鋒利尖銳，有矛、楯、弓、矢、刀、劍、鉞、斧、戈、殳、長矟和輪索之類，都是世代相習的。

【說明】本文介紹了印度的兵種、各兵種的作用，以及所使用的武器。在各兵種中以步兵和車兵最為重要。兵士們所用的武器一般為弓、箭、矛、斧等等，這些武器大都用於防守堡壘、城門等處。關於古代印度軍隊的建制，以步兵為例，每十人組成一班，有班長，每十個班長之上設一個隊長，十個隊長之上則為統領。這種建制一直延續到近代。

刑法

夫其俗也，性雖狷急❶，志甚貞質，於財無苟得，於義有餘讓，懼冥運之罪，輕生事之業，詭譎不行，盟誓為信，政教尚質，風俗猶和。凶悖❷群小時虧國憲❸，謀危君上，事跡彰明，則常幽囹圄❹，無所刑戮，任其生死，不齒人倫。犯傷禮義，悖逆忠孝，則劓❺鼻，截耳，斷手，刖❻足，或驅出國，或放荒裔❼。自餘咎犯，輸財贖罪。理獄占辭，不加荊朴❽，隨問款對，據事平科。拒違所犯，恥過飾非，欲究情實，事須案者，凡有四條：水、火、稱、毒。水則罪人與石，盛以連囊，沈之深流，校其真偽，人沈石浮則有犯，人浮石沈則無隱。火乃燒鐵，罪人踞上，復使足蹈，既遣掌案，又令舌舐，虛無所損，實有所傷；懦弱之人不堪炎熾，捧未開花，散之向焰，虛則花發，實則花焦。稱則人石平衡，輕重取驗，虛則人低石舉，實則石重人輕。毒則以一羖羊❾，剖其右髀，隨被訟人所食之分，雜諸毒藥置剖髀中，實則毒發而死，虛則毒歇而穌。舉四條之例，防百非之路。

【注釋】❶狷急　性急不能受委屈。❷凶悖　兇暴逆亂。❸憲　法令。❹囹圄　牢獄。❺劓　割鼻。❻刖　古代砍掉腳的刑罰。❼裔　邊遠的地方。❽荊朴　拷打。荊，灌木名。可以做鞭。朴，通「扑」。一種打人的器具。❾羖羊　黑色公羊。羖，通「羖」。

【語譯】印度的風氣，人的性情雖然急躁，但心地善良淳樸，對於財物不願非正當的獲得，在禮義上能做到謙讓。他們害怕在陰間受罪，對於現世的利益看得很輕。不做詭詐的事，發了誓就一定遵守。政教樸實無華，風格和善友愛。兇暴逆亂的小人有時違犯國法，陰謀危害君主，如果罪行清楚，常常就會被投入牢獄，而不殺掉，任由他們自生自滅，不齒於人倫。如果是傷犯了禮義，違背了忠孝之道，則被施以割鼻、截耳、斷手、斬足等刑罰，或被驅逐出國，或被流放到邊遠的荒野。別的一些罪犯，可以出錢贖罪。問案審訊，不施刑杖。一問一答，根據事實定罪。有人拒絕承認犯罪事實，恥於認罪，掩飾罪行，如果想追究事實真相論定罪狀，就用四種辨法：水、火、稱、毒。水，就是把罪人和石頭盛在兩個相連的囊中，沈到深水中來判定真偽。人沈石浮就說明他有罪，人浮石沈就說明他沒有說謊。火，就是燒一塊鐵，讓罪人蹲在上面，再讓他用腳踩，用手按，用舌頭舔，無罪的人毫無損害，有罪的就會受傷；一些虛弱的人受不了火焰炙烤，就讓他手捧沒有開的花撒在火焰上，無罪則花開，有罪花會被燒焦。稱，就是人和石頭放在天平兩邊以輕重來取驗。無罪則人低石高，有罪則石重人輕。毒，就是用一隻黑色公羊，割下牠的右腿，把毒藥摻在分給被告人所吃的那一份右腿中，有罪則毒發而死，無罪則毒滅蘇醒。用這四種辦法來防止萬一的誤判。

【說明】古代印度特別是孔雀王朝時代實行的是嚴刑峻法。到阿育王時期，刑法開始放寬，一直到中世紀玄奘印度之行的時候，印度的刑法一直是比較溫和的。這也許和印度的民風人情有很大的關係。正如文中所介紹的，印度民風淳樸善良。大眾受佛教影響很深，對於輪迴報應這種理論大多深信不疑。因此給統治者的管理帶來很大便利。國家即使對罪大惡極者也只是將之投入牢獄任其自生自滅。對來世遭受惡報的恐懼是比任何刑戮都更折磨人的。

但是統治者也不是一味的寬宏。對那些拒不認罪，巧言詭辯的罪犯就要使出四種裁判對證的辦法了，這就是所謂的「神判」：水、火、稱、毒。這四種裁判方法玄奘在文中已有詳細介紹，這裡不再重複。這四種方法實行起來也是很令人心驚的，尤其是水判、火判和毒判，都算得上是殘酷的方法。在這樣的裁判對證法的威懾之下，恐怕沒有幾個罪犯敢一直詭辯下去的。但在這四種「神判」中被冤死的無辜者大概也不乏其人。總的說來，這四種裁判方法是很不科學的，但客觀上也可以產生威懾犯罪的作用。

致敬

致敬之式，其儀九等：一、發言慰問，二、俯首示敬，三、舉手高揖，四、合掌平拱，五、屈膝，六、長跪，七、手膝踞地，八、五輪❶俱屈，九、五體投地❷。凡斯九等，極惟一拜。跪而讚德，謂之盡敬。遠則稽顙❸拜手，近則舐足摩踵。凡其致辭受命，褰❹裳長跪。尊賢受拜，必有慰辭，或摩其頂，或拊其背，善言誨導，以示親厚。出家沙門既受敬禮，惟加善願，不止跪拜。隨所宗事，多有旋繞，或唯一周，或復三匝❺，宿心別請，數則從欲。

【注　釋】❶五輪　五體的別稱。指兩臂、兩膝和頭。因它們都呈圓形故稱五輪。❷五體投地　雙膝、雙手及頭著地。是古代印度最敬重的禮節。❸稽顙　舊時所行跪拜禮。以頭觸地。❹褰　撩起；用手提起。❺匝　周；圈。

【語　譯】致敬的方式分為九個等級：一、發言慰問，二、低頭致敬，三、高舉雙手作揖，四、雙手合掌於胸前，五、屈膝，六、長跪，七、雙手、雙膝撐地，八、雙肘、雙膝和頭觸地，九、雙肘、雙膝和頭觸地，整個人跪趴在地上。這九種形式，最高的也只是一拜而已。跪在地上盛讚功德，叫做最高敬禮。離得遠了，就以頭碰地合捧雙手，離得近就用舌頭舔腳並撫摸腳後跟。如果是傳達使命、接受命令，要撩起衣服長跪在地上。尊長和賢德之人受到別人的禮拜，一定要說幾句慰勞的話，或以手撫摩禮敬者的頭頂，或拍拍他的背，好言教導，表示親厚。出家僧人受禮以後就以善言祝願，並不阻止別人的跪拜。對於被禮敬的人，多是用繞著他行走表示敬意。有的繞一周，有的繞三周，如果心裡有所求，那麼想繞多少周就繞多少周。

【說　明】本文介紹了印度人的九種致敬方式。雖然致敬方式較繁，但每一種敬禮的動作卻都比較簡單。和古代印度相比，我國古代的什麼三跪、九拜之禮實在是繁瑣至極。關於本文篇末所介紹的圍著被禮敬者繞行這種儀式，一般是向佛或塔寺作禮拜以後進行的，禮敬者按順時針方向繞著被禮敬者旋行。有時對國王和特致敬意的人也舉行這種儀式。

病死

凡遭疾病，絕粒七日。期限之中，多有痊愈；必未瘳❶差，方乃餌藥❷。藥之性類，名種不同；醫之工伎，占候有異。終沒臨喪，哀號相泣，裂裳、拔髮、拍額、椎胸。服制❸無聞，喪期無數。送終殯葬，其儀有三：一曰火葬，積薪焚燎。二曰水葬，沈流漂散。三曰野葬，棄林飼獸。國王殂落，先立嗣君，以主喪祭，以定上下。生立德號，死無議謚❹。喪禍之家，人莫就食；殯葬之後，復常無諱。諸有送死，以為不潔，咸於郭外，浴而後入。至於年耆壽耄❺，死期將至，嬰累沈痾❻，生涯恐極，厭離塵俗，願棄人間，輕鄙生死，希遠世路，於是親故知友，奏樂餞會，泛舟鼓棹❼，濟殑伽河❽，中流自溺，謂得生天。十有其一，未盡鄙見。出家僧眾，制無號哭，父母亡喪，誦念酬恩，追遠慎終，實資冥福。

【注釋】❶瘳　病癒。❷餌藥　服藥。餌，吃。❸服制　我國古代喪服制度。按照與死者的親疏和情誼分為斬衰、齊衰、大功、小功和緦麻五等服制。❹謚　古代帝王、貴族、大臣或其他有地位的人死後被加的帶有褒貶意義的稱號。❺耄　年老。❻沈痾　重病。❼棹　船槳。❽殑伽河　梵文Gaṅgā的音譯。即恒河。位於今印度與孟加拉國境內。被印度教視為聖河。

【語　譯】印度人一旦有病，先絕食七天。在這期間，很多人就能痊癒，如果這樣病真的好不了，才開始吃藥。藥的種類名稱各不相同，醫生的醫術和預測病情的本領也有差別。親人去世發喪出殯，人們痛哭哀號，撕衣服，抓頭髮，拍打額頭和前胸。印度沒有穿喪服的規定，喪期長短也不固定。送終殯葬有三種方式：一是火葬，堆積木柴焚燒屍體。二是水葬，將屍體沈入水中隨波漂走。三是野葬，把屍體丟在林中餵野獸。國王一死，先讓太子登基，主持喪禮祭奠活動，決定上下的位次。活著的時候都有德號，死了以後沒有謚法。死了人的家庭沒有人去做客吃飯，將死人安葬以後，才恢復常規沒有什麼避諱的了。送殯的人認為這種事是不潔的，都在城外洗浴以後才再進城。至於那些老年人，死亡的日子就要到了，再染上重病，眼看生命就要到達終點，他們討厭這個塵世，願意離開人間，把生死看得很輕，希望能遠離世路。於是親戚朋友為他奏樂宴會，搖槳划船到達恒河的中流，就投水自盡，這叫做生天。十個人中有一個會這樣做，但我還沒有親眼見過。出家的僧人按規定不能號哭。父母去世，只是念經以酬答他們的恩情。嚴肅舉行葬禮並虔誠祭祀，以求得他們在陰間享福。

【說　明】本文分兩大部分，第一部分介紹印度人對疾病的治療方法。主要是絕食七日。這是印度古代民間治病方法之一，是有一定科學依據的。第二部分介紹印度人的喪葬儀式及人們對死亡的態度。一些年邁之人知道自己將不久於人世，便想瀟灑地離開。親朋好友為他舉行告別會，然後目送他駕一葉小舟消逝於恒河之中，這是多麼灑脫超然的人生態度！但其中也不免夾雜著一絲悲涼。因此作者在以相當篇幅介紹了這一儀式以後，接著補充說，可惜我沒有親眼見過，據說十個人總有一個會這樣做。勘破生死並不是一件容易的事。最通常的還是子女為父母送殯，痛哭流涕。而皇族更忙著另立新君，安定政局，這是古代各國都一樣的吧！

賦稅

政教既寬，機務亦簡，戶不籍書，人無傜課❶。王田之內，大分為四：一充國用，祭祀粢❷盛；二以封建❸輔佐宰臣；三賞聰叡碩學高才；四樹福田❹，給諸異道。所以賦斂輕薄，傜稅儉省，各安世業，俱佃口分❺。假種王田，六稅其一。商賈逐利，來往貿遷，津路關防，輕稅後過。國家營建，不虛勞役，據其成功，酬之價直。鎮戍征行，宮廬宿衛，量事招募，懸賞待人。宰牧❻、輔臣、庶官、僚佐，各有分地，自食封邑。

【注釋】❶傜課　勞役賦稅。❷粢　古代供祭祀用的穀物。❸封建　古代帝王把爵位、土地賜給諸侯，在封定的區域內建立邦國。❹福田　泛指能夠產生福報的事業。這裡指國王把土地施捨給各種宗教寺院以求功德福報。❺口分　按人口分田。❻宰牧　泛指州縣長官。縣官稱宰，州官稱牧。

【語譯】政教既然寬和，政務也就簡單。沒有戶籍登記，人們也不出勞役和賦稅。國王的田地大致分為四部分。一部分充作國用，作為祭祀用的祭品；第二部分用來封贈給宰相大臣；第三部分賞給叡智高才的大學者；第四部分贈給不同的宗教團體以求福德。所以賦稅很輕，勞役也少，各家按人口分田，世襲耕作。如果耕種王家的田地，要繳納收成六分之一的稅。商人為了營利，來來往往販運商品，在渡口和關防繳納很少的稅然後通過。國家工程的營建，不會無償役使勞力，根據他們工作完成情況給以相應的報酬。外出鎮邊征伐或者保衛王宮的軍人按照不同情況來招募，出了賞格以後等人來應徵。州縣長官、輔佐大臣、一般的官吏、幕僚各有分地，以封地上的出產養活自己。

【說　明】本文介紹了印度的王田的分配及賦稅制度。「賦斂輕薄，傜稅儉省」是其主要特點。而國王對軍士的徵募更是別具特色。當時印度的賦稅制度已是一個運行良好的完善的體系。對穩定國家政局發展經濟產生不可忽視的重要作用。

物　產

風壤既別，地利亦殊，花草果木，雜種異名。所謂菴沒羅果❶、菴弭羅果❷、末杜迦果❸、跋達羅果❹、劫比他果❺、阿末羅果❻、鎮杜迦果❼、烏曇跋羅果❽、茂遮果❾、那利薊羅果❿、般橠娑果⓫，凡厥⓬此類，難以備載，見⓭珍人世者，略舉言焉。至於棗、栗、椑⓮、柿，印度無聞；梨、柰、桃、杏、蒲萄等果，迦溼彌羅國已來，往往間植；石榴、甘橘，諸國皆樹。墾田農務，稼穡耕耘，播植隨時，各從勞逸。土宜所出，稻、麥尤多。蔬菜則有薑、芥、瓜、瓠、葷陀菜⓯等，蔥、蒜雖少，噉⓰食亦希，家有食者，驅令出郭。

至於乳、酪、膏、酥、沙糖、石蜜⓱、芥子油、諸餅麨，常所膳也。魚、羊、麞、鹿，時薦肴胾⓲。牛、驢、象、馬、豕、犬、狐、狼、師子、猴、猨，凡此毛群，例無味啜，啜者鄙恥，眾所穢惡，屏居郭外，希跡人間⑲。

若其酒醴⑳之差，滋味流別：蒲萄、甘蔗，剎帝利飲也；麴糵醇醪㉑，吠奢等飲也；沙門、婆羅門飲蒲萄、甘蔗漿，非酒醴之謂也。雜姓卑族，無所流別。

然其資用之器，功質有殊；什物之具，隨時無闕。雖釜鑊㉒斯用，而炊甑莫知。多器坏土，少用赤銅。食以一器，眾味相調，手指斟酌，略無匕㉓箸，至於病患，乃用銅匙。

若其金、銀、鍮石㉔、白玉、火珠㉕，風土所產，彌復盈積；奇珍雜寶，異類殊名，出自海隅，易以求貿。然其貨用，交遷有無，金錢、銀錢、貝珠、小珠。

印度之境，疆界具舉，風壤之差，大略斯在，同條共貫，粗陳梗概，異政殊俗，據國而敘。

【注釋】❶菴沒羅果　即芒果。菴沒羅是梵文 āmra 的音譯。❷菴弭羅果　菴弭羅是梵文 āmla 的音譯。是豆科常綠喬木。其果可做清涼飲料。❸末杜迦果　末杜迦是梵文 madhūka 的音譯。樹名。花和種子是製酒和榨油的原料。❹跋達羅果　跋達羅是梵文 badara 的音譯。樹名。是酸棗樹的一種。❺劫比他果　劫比他是梵文 kapittha 的音譯。樹名。果實像蘋果，屬芸香科植物。❻阿末羅果　阿末羅是梵文 āmalaka 的音譯。樹名。其果味酸甜。我國古稱餘甘子。❼鎮杜迦果　鎮杜迦是梵文 tinduka 的音譯。樹名。屬柿科柿屬喬木或灌木。也譯作「柿木」。❽烏曇跋羅果　烏曇跋羅是梵文 udumbara 的音譯。樹名。屬桑科榕屬喬木。意為「靈瑞」、「瑞應」。❾茂遮果　茂遮是梵文 moca 的音譯。樹名。

屬辣木科辣木屬喬木。其根有辛辣味。種子可榨油。❿那利薊羅果　那利薊羅是梵文 nārikela 的音譯。樹名。即椰子樹。⓫般橠娑果　般橠娑是梵文 panasa 的音譯。樹名。又稱波羅蜜。果型巨大，可達二十公斤重。果肉可食。樹汁和葉可做藥用。木材可製染料。印度僧人多用來染法衣。⓬凡厥　所有的。厥，助詞。無意義。⓭見　被。⓮椑　果木名。柿的一種。⓯葷陀菜　葷陀是梵文 kanda 的音譯。為甜菜的變種。⓰噉　同「啖」。食。⓱石蜜　這裡指加牛乳熬煉成的硬糖塊。⓲胾　大塊肉。⓳希跡人間　在人群中很難見到(他們的)影子。⓴醴　飲品。㉑麴糵醇醪　米麥酒。㉒釜鑊　鍋。㉓匕　勺子。㉔鍮石　黃銅。㉕火珠　水晶石的一種。

【語　譯】自然條件和土壤既有區別，土地出產也就大不相同。花草果木種類繁多，名稱各異。有菴沒羅果、菴弭羅果、末杜迦果、跋達羅果、劫比他果、阿末羅果、鎮杜迦果、烏曇跋羅果、茂遮果、那利薊羅果、般橠娑果，所有這些種類，難以一一列舉，被世人所珍貴的大概列舉這些。至於棗、栗、椑、柿等果木，印度人都沒有聽說過；梨、柰、桃、杏、葡萄等果品，從迦溼彌羅國起，各處偶有種植；石榴、甘橘則是各國都種植的。

耕田務農，種穀、收穫、耕地、除草，按照時令播種，勞逸自己掌握。地上的出產，以稻、麥居多。蔬菜有薑、芥、瓜、瓠、葷陀菜等，蔥、蒜很少，吃的人也不多。家裡有誰吃蔥、蒜，就會被趕出城去。

至於乳、酪、膏、酥、沙糖、石蜜、芥子油、各種餅和乾糧是平常吃的。魚、羊、麞、鹿，有時也吃。牛、驢、象、馬、豬、狗、狐、狼、獅子、猴、猿，凡是這些長毛的，按例是不吃的。吃的人將受到眾人的鄙視，被認為是汙穢邪惡的，並被趕出城外，不許到人群中。

至於酒和飲品的飲用也是有差別的：葡萄汁、甘蔗汁是剎帝利的飲品；米麥做的酒是吠奢等級的飲品；沙門、婆羅門喝葡萄、甘蔗的汁液，這不算是酒。那些地位低下的族姓則沒有一定的飲品。

平時使用的器具，用途和質量各不相同；這些什物什麼時候都不會缺。他們雖然也用鍋，但不知道用甑做飯。器具多用土坯製成，很少用赤銅製品。食物盛在一個器具裡，各種味道互相調在一起。食物用手抓著吃，不用勺子或筷子，只有病人才用銅匙。

金、銀、黃銅、白玉、水晶石是本地的特產，藏量很大，奇珍異寶，種類和名稱各不相同，從海口輸出用來交換商品。但在貿易時，是用金錢、銀錢、貝珠和小珠作為通用貨幣流通於買賣雙方。

印度全境，它的疆界已經詳細說過，風俗地產的差別，大概也就是這樣。以上是將共同點貫穿在一起，講了這個國家的大致情況。至於不同的政教和風俗，下面根據國別一一敘述。

【說　明】本文概括介紹了印度的物產和居民的飲食習慣。印度土地遼闊，物產豐富，作者在這裡只列舉了幾種主要的果品、蔬菜和礦產，敘述較為簡略。與此相比，對當地人飲食習慣的敘述則比較詳細。當地人日常飲食有三個特點：一是對蔥、蒜的禁忌；二是對長毛類動物的禁忌；三是對烈性酒的禁忌。前兩種禁忌大致屬於民俗方面，按當地習俗，這些東西被認為是不潔淨的，因此吃的人會受到輕鄙。而後一種禁忌則是屬於宗教方面的。根據佛教戒律，信徒是不許飲酒的。印度是個佛教國家，高級種姓階級都是佛教徒，因而只能喝葡萄汁、甘蔗汁一類的飲品，而對於吠奢等低級種姓的限制則沒有那麼嚴格。文中也約略介紹了他們以手抓飯而食的奇特進餐方法。整篇文章敘述平實，繁簡得當，各部分之間銜接自然，渾然一體。

濫波國

【題　解】濫波，梵文 Lampāka 的對音，也寫作嵐婆、覽波，附屬於迦畢試國，今名 Laghmān，在喀布爾河北岸。我國典籍對這個地方的記載非常少，本文的介紹算是比較詳備的。

濫波國，周千餘里，北背雪山，三垂黑嶺。國大都城周十餘里。自數百年，王族絕嗣，豪傑力競，無大君長，近始附屬迦畢試國。宜粳稻，多甘蔗，林樹雖多，果實乃❶少。氣序漸溫，微霜無雪。國俗豐樂，人尚歌詠，志性怯弱，情懷詭詐，更相欺誚❷，未有推先，體貌卑小，動止輕躁。多衣白氎，所服鮮飾。伽藍十餘所，僧徒寡少，並多習學大乘法教。天祠數十，異道甚多。

從此東南行百餘里，踰大嶺，濟大河，至那揭羅曷國北印度境。

【注釋】❶乃　卻；可是。❷欺誚　欺騙；指責。誚，責備。

【語譯】濫波國方圓一千多里，北靠雪山，另外三面是黑嶺。這個國家的大都城方圓十幾里。幾百年來，王族後裔漸漸滅絕，豪傑們互相爭鬥，沒有能統領全境的大君長，最近才附屬於迦畢試國。此地宜種粳稻，甘蔗很多，雖然有很多林木，但結果實的卻很少。氣候漸漸溫暖，只降一點霜而沒有雪。國家富裕，民風歡快，人們都喜歡歌唱吟詠，生性怯懦，內心詭詐，互相欺騙詆毀，從不會先考慮別人的利益，體形面貌都很卑瑣，舉止輕浮急躁，多穿白棉布衣服，衣飾光鮮美麗。境內有寺院十幾所，僧徒很少，多學習大乘法教。外道神廟有幾十所，外道很多。

從這裡向東南走一百多里，越過大嶺，渡過大河，就到達那揭羅曷國。

【說明】本文概括介紹了濫波國的地理位置、物產、氣候、風土人情和宗教流傳情況。濫波國四面都是山嶺，基本上是盆地地形。人民自私自利，互相欺詐。這也許和境內外道流傳甚廣不無關係。國中外道種類繁多，神廟和信徒遠多於佛寺和佛教徒，這是這個國家和鄰國在宗教流傳方面最顯著的差別。

那揭羅曷國

【題解】那揭羅曷，梵文 Nagarahāra 的音譯。在今阿富汗的賈拉拉巴德(Jolālābād)，位於喀布爾河南岸。那揭羅曷國古代佛教一度非常盛行，國境內有許多佛教勝跡。但玄奘來到這裡時，佛教在這裡已經相當衰微了。

那揭羅曷國，東西六百餘里，南北二百五六十里。山周❶四境，懸隔危險。國大都城周二十餘里。無大君長，至今役屬迦畢試國。豐穀稼，多花果。氣序溫暑，風俗淳質，猛銳驍雄，輕財好學。崇敬佛法，少信異道。伽藍雖多，僧徒寡少，諸窣堵波荒蕪圮❷壞。天祠五所，異道百餘人。

城東二里有窣堵波，高三百餘尺，無憂王❸之所建也。編❹石特起，刻彫奇製，釋迦菩薩值然燈佛❺敷鹿皮衣布髮掩泥得受記❻處。時經劫壞，斯跡無泯❼，或有齋日，天雨眾花，群黎心競，式修供養。其西伽藍，少有僧徒。此南小窣堵波，是昔掩泥之地，無憂王避大路，遂僻建焉。

城內有大窣堵波故基。聞諸土俗曰：昔有佛齒，高廣嚴麗。今既無齒，唯餘故基。其側有窣堵波，高三十餘尺。彼俗相傳，不知源起，云從空下，峙基於此。既非人工，實為靈瑞❽。

城西南十餘里有窣堵波，是如來自中印度凌虛遊化，降跡於此，國人感慕，建此靈基。其東不遠有窣堵波，是釋迦菩薩昔值❾然燈佛，於此買花。

【注釋】❶周　環繞。❷圮　坍塌。❸無憂王　又譯作阿育王。古印度摩揭陀國孔雀王朝的著名國王。傳說他信仰佛教。❹編　排列。❺然燈佛　梵文Dipaṃkara-Buddha的意譯。傳說他生時身邊一切像燈光一樣明亮。然燈，也寫作「燃燈」。❻受記　宗教預言。❼泯　滅。❽靈瑞　神靈。❾值　遇。

【語譯】那揭羅曷國東西長六百多里，南北長二百五、六十里，四面環山，與外界隔絕，形勢險要。這個國家的大都城方圓二十多里。國內沒有大君長，到現在為止一直役屬於迦畢試國。糧食豐富，花果繁多，氣候溫熱，風俗淳樸。人民性格剛猛勇烈，輕視財物，喜歡學問。崇敬佛法，信仰外道的很少。寺院雖然多，但僧徒很少，許多佛塔荒蕪倒塌了。境內有五所外道神廟，外道一百多人。

城東二里處有座佛塔，高三百多尺，是無憂王建造的。佛塔由大石壘成，有許多神奇的雕刻。在這裡釋迦菩薩遇到燃燈佛，釋迦菩薩將鹿皮衣和頭髮鋪在地上掩蓋泥濘，燃燈佛因而預言他將成佛。後來佛塔雖為大劫所破壞，但這個佛跡卻沒有消失，在齋戒的日子裡，天上會撒下花雨，百姓心懷敬意，競相朝拜供養。在這個佛塔西面有一座寺院，僧徒很少。再往南有一座小塔，是當年掩蓋泥濘的地方，因而無憂王避開大路，將塔建在這偏僻的地方。

城中有一個大塔的遺址。聽當地人說，當年塔內有佛牙，高大壯麗，現在佛牙已經沒有了，只留下故基。在這座塔的旁邊還有一座塔，有三十多尺高。在民間流傳中不知道它的來歷，說它是從天上掉下來的，在這裡紮下了根基。它不是人工建造的，而是神僊的作品。

在城西南十多里的地方有座塔，當年如來從中印度凌空遊化，曾降在這裡，這個國家的人們對如來感念欽慕，就建造了這座靈塔。在這座塔東面不遠的地方又有一座塔，當年釋迦菩薩在這裡遇見燃燈佛，並買花供養他。

【說　明】本文概述了那揭羅曷國的國土、地貌、物產、風俗及宗教流傳等情況，並介紹了大都城內外的幾個佛教遺址。古代的那揭羅曷國佛教一度非常盛行，它的大都城更是佛教的中心。雖然後來佛教在這裡逐漸衰微，但國內佛教遺跡卻是相當多。在大都城附近以燃燈佛的遺跡最為著名，因而此城又被稱為燈光城。這裡介紹的大都城內外的幾個佛教遺跡幾乎都是和燃燈佛有關的。本文按從東到西的順序介紹了六個佛塔遺址，兩個為一組，敘述時繁簡結合，相得益彰。在對這幾個遺址的介紹中，著重講述的是燃燈佛對釋迦菩薩受記處。根據佛家典籍《瑞應經》記載，釋迦菩薩原來名叫儒童，常以蓮花供奉燃燈佛，燃燈佛對他說：你從此後要經歷九十一劫然後成佛，名為釋迦。釋迦菩薩拜倒在佛腳下，卻見地上溼了一塊，為了佛足不被弄髒，釋迦菩薩將自己的鹿皮衣脫下來蓋在那個地方，但鹿皮衣並不能把泥地完全蓋住，於是釋迦菩薩又將自己的頭髮解散，覆在泥地上，請燃燈佛走過去。這個故事一方面表現了燃燈佛的大智慧，一方面也反映出釋迦菩薩當年對佛的無上禮敬。因而為紀念這件事所修建的佛塔，無疑是有關佛跡的最著名的處所了。本文在敘述時，對這一遺址加以重點介紹，產生了以點帶面的作用，使文章結構鬆而不散。

小石嶺影窟

城西南二十餘里至小石嶺，有伽藍，高堂重閣，積石所成。庭宇寂寥，絕無僧侶。中有窣堵波，高二百餘尺，無憂王之所建也。

伽藍西南，深澗陗❶絕，瀑布飛流，縣崖壁立。東岸石壁有大洞穴，瞿波羅❷龍之所居也。門徑狹小，窟穴冥闇，崖石津滴，蹊徑餘流。昔有佛影，煥若真容，相好❸具足，儼然如在。近代已來，人不徧覩，縱有所見，髣髴❹而已。至誠祈請，有冥感者，乃暫明視，尚不能久。昔如來在世之時，此龍為牧牛之士，供王乳酪，進奉失宜，既獲譴責，心懷恚恨❺，即以金錢買花，供養受記窣堵波，願為惡龍，破國害王，即趣石壁，投身而死，遂居此窟，為大龍王，便欲出穴，成本惡願。適起此心，如來已鑒，愍❻此國人為龍所害，運神通力，自中印度至龍所。龍見如來，毒心遂止，受不殺戒，願護正法，因請如來常居此窟，諸聖弟子恒受我供。如來告曰：「吾將寂滅，為汝留影，遣五羅漢常受汝供。正法隱沒，其事無替。汝若毒心奮怒，當觀吾留影，以慈善故，毒心當止。此賢劫❼中當來世尊，亦悲愍汝，皆留影像。」影窟門外有二方石，其一石上有如來足蹈之跡，輪相❽微現，光明時燭。影窟左右多諸石室，皆是如來諸聖弟子入定之處。影窟西北隅有窣堵波，是如來經行之處。其側窣堵波有如來髮、爪。鄰此不遠有窣堵波，是如來顯暢真宗❾說蘊界處❿之所也。影窟西有大盤石，如來嘗於其上濯澣⓫袈裟，文影微現。

【注　釋】❶陗　通「峭」。陡峭。❷瞿波羅　梵文Gopāla的音譯。意譯為牧牛人。❸相好　佛教用語。意思是說佛陀生來不同凡俗，具有神異容貌，有三十二個顯著特徵與細微的特徵八十種好，合稱「相好」。❹髣髴　同「彷彿」。❺恚恨　怨恨。❻愍　憐憫。❼賢劫　梵文bhadrakalpa的意譯。又譯作颰劫簸。指出現一千個佛的過程。一般說來賢劫期要經歷兩億三千六百萬年。劫，指宇宙從構成到毀滅的整個時期。分大劫和小劫。❽輪相　指佛的足掌紋如千輻輪。❾真宗　即「真如法性」的宗教理論。真如，梵文Tathatā或Bhūtatathatā的意譯。一般解釋為絕對不變的永恒真理或本體。❿蘊界處　指五蘊、十八界、十二處。五蘊指色、受、想、行、識；十八界包括六根、六境、六識。六根指人身的六種感官：眼、耳、鼻、舌、身、意。六境是六根的對象，指色、聲、香、味、觸、法。六識即六種知覺：眼識、耳識、鼻識、舌識、身識和意識。十二處指六根和六境。五蘊、十二處、十八界合稱「三科」，是佛教的根本思想之一。認為人身是五蘊結合而成的，沒有恒常實在的自體。佛教教誡學徒從這三方面觀察人及其面對的世界，破「我執」之謬，立「無我」之理。⓫濯滌　洗滌。

【語　譯】從大都城向西南走二十多里就到達小石嶺。這裡有一座寺廟，殿堂高崇，樓閣重重，都是用石頭建成的。寺廟庭院寂靜，一個僧侶也沒有。裡面有一座塔，塔高二百多尺，是無憂王建造的。

寺院的西南有極為險峭的深澗，瀑布飛流直下，懸崖陡立如牆壁。在東岸的石壁上有一個大洞穴，是瞿波羅龍的住所。入口狹小，洞中幽暗，崖石上滴落的水珠一直流到下面的小路上。從前這裡有佛影像，像真像一樣光彩煥發，三十二相八十種好全部具備，儼然如佛的真身一般。到了近代，佛影像就不是人人都能看到的了。縱然能看見，看見的也只是個大致輪廓。至誠祈求，能夠感動神明的人，就能清晰地看見佛影，但時間也不長久。當年如來在世的時候，這條龍原是一個牧牛人，供給國王乳酪。因為進奉不合規定，受到國王的譴責，他心懷怨恨，就用金錢買了花，供養受記的塔，發願再生為惡龍，滅亡這個國家，殺害國王。於是將身體投向石壁而死，後來果然生為大龍王，住在這個石窟中。他正想出洞實現自己的惡願，剛剛動了這個念頭，如來就已經知道了。他憐憫將要被這龍禍害的這個國家的人民，於是運用神通力，從中印度來到龍的住所。龍一見到如來，惡毒的念頭立刻止住了，他接受了不殺生的戒律，願意衛護正法。於是請求如來常住這個洞窟中，並讓那些賢聖弟子也經常來接受供養。如來告訴他說：「我就要涅槃了，我把我的影子留給你，並派五個羅漢常受你的供養。哪怕正法隱沒了，這件事情也不會改變。你如果毒心發怒，就看我留下的影子，這樣由於慈善的緣故，你的毒心就會止息了。這個賢劫中未來的世尊，也都會憐憫你，留下影像。」影窟門外有兩塊方石，其中一塊石上有如來腳踩過的痕跡，隱隱現出腳掌紋，時常發出光輝。影窟的左右有很多石室，都是如來的聖賢弟子入定的地方。在影窟的西北角有一座塔，是如來散步的地方。旁邊塔中有如來的頭髮和指甲。鄰近這裡不遠有座塔，是如來闡揚真如法性說五蘊十八界十二處的地方。影窟的西面有一塊大盤石，如來曾在那上面洗袈裟，袈裟的影子隱隱可見。

【說　明】本文介紹了小石嶺佛影窟和影窟附近的幾處佛教遺址。重點介紹的是小石嶺佛影窟的來歷，為我們講述了瞿波羅龍棄惡從善的故事。傳說瞿波羅龍原是國王的牧牛人，因受國王責難憂憤而死，死後化做龍王想殺王害國以解心頭之恨。他這個念頭被如來知道了，如來憐憫該國人民，於是運用神通力趕去勸止龍王，龍王一見如來，被如來的大慈悲心所感動，接受了不殺生戒，決心棄惡從善衛護正法，如來在拯救了一國人民的同時也拯救了龍王。如果龍王在其惡念的引導下殘害生靈，他必將會墮入惡道，萬劫不復，得到極其險惡的果報。如來為使龍王永遠止息惡念，將自己的影子留在龍窟中，使瞿波羅龍得以善終。如來在文中所表現出來的博大悲憫的胸襟和對生靈的周到細緻的關愛，令人油然而生敬慕之情。

據載，小石嶺佛影窟位於現在的賈拉拉巴德南方絕壁的 Chahār-bāgh 村南面的黑色岩山間，洞口朝向西南，斜陽投入洞窟時，洞中崖壁上的水珠將這些光射到壁上，所以產生了影像。後來由於天文和地貌的變化，影像才慢慢變得模糊了。這應該說是比較合乎科學的解釋。因這個影像而產生了這個美麗的傳說，從一個側面反映了佛教在當地人心中的崇高地位。

本文結構嚴謹，條理清晰，繁簡得當，文字生動明確。

醯羅城

城東南三十餘里至醯羅城。周四五里，豎峻險固，花林池沼，光鮮澄鏡。城中居人，淳質正信，復有重閣，畫棟丹楹。第二閣中有七寶❶小窣堵波，置如來頂骨，骨周一尺二寸，髮孔分明，其色黃白，盛以寶函，置窣堵波中，欲知善惡相者，香末和泥，以印頂骨，隨其福感，其文煥然。又有七寶小窣堵波，以貯如來髑髏骨，狀若荷葉，色同頂骨，亦以寶函緘絡而置。又有七寶小窣堵波，貯如來眼睛，睛大如柰，光明清徹，曒❷映中外。又以七寶函緘封而置如來僧伽胝袈裟，細氎所作，其色黃赤，置寶函中，歲月既遠，微有損壞。如來錫杖白鐵作鐶，栴檀❸為笴❹，寶筒❺盛之。近有國王聞此諸物並是如來昔親服用，恃其威力，迫脅而歸；既至本國，置所居宮，曾未浹辰❻，求之已失，爰❼更尋訪，已還本處。斯五聖跡多有靈異，迦畢試王令五淨行❽給侍香花。觀禮之徒，相繼不絕。諸淨行等欲從虛寂，以為財用人之所重，權立科條❾，以止諠雜❿。其大略曰：諸欲見如來頂骨者，稅一金錢；若取印者，稅五金錢；自餘節級，以次科條。科條雖重，觀禮彌眾。

重閣西北有窣堵波，不甚高大，而多靈異，人以指觸，便即搖震，連基傾動，鈴鐸⑪和鳴。

從此東南山谷中行五百餘里，至健馱邏國舊曰乾陀衛，訛也。北印度境。

【注釋】❶七寶　佛教名詞。佛經中說法不一。《法華經》中以金、銀、琉璃、硨磲、碼碯、真珠、玫瑰為七寶；《無量壽經》以金、銀、琉璃、玻璃、珊瑚、瑪瑙、硨磲為七寶。《阿彌陀經》、《大智度論》以金、銀、琉璃、頗梨、車渠、赤珠、瑪瑙為七寶。《般若經》以金、銀、琉璃、硨磲、瑪瑙、琥珀、珊瑚為七寶。❷曒　明亮。❸栴檀　香木名。❹笴　杆。❺筒　盒子。❻浹辰　我國古代以干支記日。自子至亥一周十二日為浹辰。❼爰　於是。❽淨行　婆羅門。❾科條　條規。❿諠雜　喧鬧雜亂。諠，通「喧」。⑪鈴鐸　鈴鐺。

【語譯】從大都城往東南走三十多里就到達醯羅城，該城方圓四、五里，高峻險固，有花草林木和池沼，明朗美麗清澈如鏡。城中居民品性淳厚，信仰佛法。城中還有一座閣樓，有彩繪的梁和紅色的柱子。在第二層中有七寶小塔，塔裡放著如來的頂骨。骨周長一尺二寸，髮孔清晰，顏色黃白，盛在寶盒中，放在塔裡，有人如想知道吉凶，就用香末和泥來印頂骨。根據各人的福緣，印出的圖形非常清晰。還有一座七寶小塔，用來放置如來的髑髏骨，形狀像一片荷葉，顏色和頂骨相同，也是用寶盒裝著並封住。又有一座七寶小塔，貯存如來的眼睛，眼睛像柰果一樣大，光明清澈，內外相映。又用七寶盒緘封存放如來的僧伽胝袈裟，袈裟用細棉布製成，顏色黃紅，由於放在寶盒中時間太長，微微有些損壞。如來的錫杖是用錫作環，用檀香木作杆，放在寶盒中。近來有一個國王，聽說這些東西都是如來當年親身服用的，就逞著自己的威力，將這些東西抱走了，等到他回到他的國家，將這些東西放在自己的宮中，過了不到十二天，再找這些東西卻已經沒有了。於是尋找查訪，它們已經回到本處。這五件聖跡有很多靈異的地方，迦畢試國王派五個婆羅門用香花供奉它們。來觀禮的人，相繼不絕。這些婆羅門想保持安靜，認為人一向是重視財物的，就訂立了條規，想以此制止喧鬧雜亂的情況。大致是說：想要見如來頂骨的，交一個金錢；如果要取頂骨印的圖形，要交五個金錢；其餘的按等次規定相應的條規。條規規定的金額雖然很重，觀看禮拜的人反而更多了。

在這座樓的西北部有一座塔，不很高大，但非常靈異，人只要用手指一碰，塔便會搖動，連地基都傾動了，塔上的鈴鐺響成一片。

從這裡向東南山谷中走五百多里，就到達健馱邏國。

【說明】本文介紹了醯羅城的五處佛跡以及當地人對這些聖跡供奉膜拜的盛況。醯羅，來自梵文hadda，意思是「骨」，因該城的佛頂骨而得名，《慈恩傳》中乾脆將該城稱為「佛頂骨城」。醯羅城是當年印度境內的一處佛教勝地，我國高僧如法顯、慧超等都曾來此巡禮。五世紀中葉該城受到嚈噠人的嚴重破壞，逐漸淪為荒涼的地方。但從近代的考古發現中，仍可想像得到當年的繁榮。

健馱邏國

【題解】健馱邏，梵語Gandhāra的音譯，在我國一些文獻中，這個國家又被稱為「月氏國」、「小月氏」、「健陀羅」等，有的典籍中更把這個國家稱作「香遍國」、「香風國」等，這是該梵語名詞的意譯。據《華嚴經音義》中解釋說，「健馱」是「香」的意思，「羅」即「陀羅」，是「遍及」的意思。「健馱羅」的意思是說這個國家生有很多香花，因此也可稱該國為「香遍國」。健馱羅國位於庫納爾河和印度河之間的喀布爾河流域，包括旁遮普以北的白沙瓦和拉瓦爾品第地區。

健馱邏國，東西千餘里，南北八百餘里。東臨信度河。國大都城號布路沙布邏❶，周四十餘里。王族絕嗣，役屬迦畢試國。邑里空荒，居人稀少，宮城一隅有千餘戶。穀稼殷盛，花果繁茂，多甘蔗，出石蜜。氣序溫暑，略無霜雪。人性恇怯，好習典藝，多敬異道，少信正法。自古已來，印度之境作論諸師，則有那羅延天❷、無著❸菩薩、世親❹菩薩、法救❺、如意❻、脅尊者❼等本生處也。僧伽藍千餘所，摧殘荒廢，蕪漫蕭條，諸窣堵波頗多隤圮❽。天祠百數，異道雜居。

王城內東北有一故基，昔佛鉢之寶臺也。如來涅槃之後，鉢流此國，經數百年，式遵供養，流轉諸國，在波剌斯。

【注釋】❶布路沙布邏　梵語 Puruṣapura 的音譯。意譯為丈夫土、丈夫城。在現在的巴基斯坦喀布爾河南岸白沙瓦市西北。❷那羅延天　是古印度一位佛教學者的名字。「那羅延」是梵語 Nārāyaṇa 的音譯。「天」是梵語 deva 的意譯。❸無著　梵語 Asanga 的意譯。約四至五世紀時的印度佛教哲學家。是佛教瑜伽行派（有宗）理論體系的主要建立者。❹世親　梵語 Vasubandhu 的意譯。無著的弟弟。瑜伽行派的重要理論家。❺法救　梵語 Dharmatrāta 的意譯。他與世友、妙音、覺天一起號稱健馱邏小乘佛教有部的四大論師。❻如意　梵語 Manoratha 的意譯。是世親的老師。❼脅尊者　也寫作「脅比丘」。是小乘佛教有部的大師。「脅」是梵語 Pārśva 的意譯。❽隤圮　倒塌；毀壞。

【語譯】健馱邏國東西長一千多里，南北長八百多里。東面瀕臨信度河。國家的大都城叫布路沙布邏，方圓四十多里。這個國家王族已經絕嗣，役屬於迦畢試國。城鎮鄉村空寂荒涼，居民稀少，在宮城的一角有一千多戶人家。國內糧食富足，花果繁茂，多產甘蔗，出產石蜜。氣候溫熱，沒有一點霜雪。人民性情怯懦，喜歡學習經典藝文，多崇拜外道，少信佛法。自古以來，印度境內作論的大師如那羅延天、無著菩薩、世親菩薩、法救、如意、脅尊者等都生在這裡。境內有寺院一千多所，都殘破荒廢，破敗蕭條。佛塔也有不少倒塌的。境內有外道神廟一百多座，外道信徒雜居在一起。

在王城裡的東北方向有一個故基，是當年安放如來佛鉢的寶臺。如來涅槃以後，他的鉢傳入這個國家，幾百年來被人們虔誠供養。佛鉢流傳了很多國家，如今在波剌斯供養。

【說　明】本文敘述了健馱邏國的地理、物產、氣候、民風以及宗教流傳等情況，特別對王城內佛鉢寶臺作了介紹。文字流暢明確。

健馱邏國是亞洲古代史上有名的大國。西元前三世紀時，孔雀王朝的阿育王派佛教徒到這裡來傳播佛教，在這裡逐漸形成舉世聞名的健馱邏式的佛教藝術。西元前二世紀左右，該國成為貴霜王朝迦膩色迦王的統治中心，其大都城布路沙布邏就建於這個時期。西元四世紀時，這個國家的勢力開始逐漸衰落。到玄奘抵達這裡時，該國已役屬迦畢試國，而且「邑里空荒，居人稀少」，到處是一片荒涼破敗的景象。唯一能反映出它昔日輝煌的，就是境內數不勝數的佛教遺址了。以下講述的是其中最著名的幾個佛教勝跡。

迦膩色迦王窣堵波

城外東南八九里有卑鉢羅樹❶，高百餘尺，枝葉扶疏，蔭影蒙密。過去四佛❷已坐其下，今猶現有四佛坐像。賢劫之中，九百九十六佛皆當坐焉。冥祇警衛，靈鑒潛被。釋迦如來於此樹下南面而坐，告阿難曰：「我去世後當四百年，有王命世❸，號迦膩色迦，此南不遠起窣堵波，吾身所有骨、肉舍利，多集此中。」

卑鉢羅樹南有窣堵波，迦膩色迦王之所建也。迦膩色迦王以如來涅槃之後第四百年，君臨膺運❹，統贍部洲，不信罪福❺，輕毀佛法。田遊草澤，遇見白兔，王親奔逐，至此忽滅。見有牧牛小豎❻，於林樹間作小窣堵波，其高三尺。王曰：「汝何所為？」牧豎對曰：「昔釋迦佛聖智懸記❼，當有國王於此勝地建窣堵波，吾身舍利多聚其內。大王聖德宿殖❽，名符昔記，神功勝福，允屬斯辰，故我今者先相警發❾。」說此語已，忽然不現。王聞是說，喜慶增懷，自負其名，大聖先記，因發正信，深敬佛法，周小窣堵波，更建石窣堵波，欲以功力彌覆其上。隨其數量，恒出三尺，若是增高，踰四百尺，基址所峙，周一里半，層基五級，高一百五十尺，方乃得覆小窣堵波。王用喜慶，復於其上更起二十五層金銅相輪，即以如來舍利一斛而置其中，式修供養。營建才訖，見小窣堵波在大基東南隅下傍出其半。王心不平，便即擲棄，遂住窣堵波第二級下石基中半現，復於本處更出小窣堵波，王乃退而歎曰：「嗟夫！人事易迷，神功難掩，靈聖所持，憤怒何及！」慚懼既已，謝咎而歸。其二窣堵波今猶現在，有嬰疾病欲祈康愈者，塗香散花，至誠歸命，多蒙瘳差❿。

【注釋】❶卑鉢羅樹　即菩提樹。佛教視為「聖樹」。屬桑科榕樹喬木。「卑鉢羅」是梵文 pippala 的音譯。❷過去四佛　指賢劫中已出現的四佛：拘樓孫、拘那含、迦葉和釋迦牟尼。❸命世　出世。❹膺運　受天命。❺罪福　罪業和福報。❻豎　童僕。❼懸記　梵文vyakaraṇa的意譯。宗教預言。❽殖　通「植」。❾警發　提醒。❿瘳差　病癒。

【語譯】在大都城東南八、九里的地方有一棵卑鉢羅樹，高一百多尺，枝葉繁茂，濃蔭密布。過去四佛都曾在樹下坐過，現在還有這四佛的坐像。在一個賢劫中，九百九十六個佛都要坐在這裡。在冥冥中有神靈保護這裡，神祕的力量也隱藏其中。釋迦如來在這棵樹下向南而坐，對阿難說：「我去世後四百年時，有一位國王出世，名叫迦膩色迦，在南面不遠的地方建塔，我身上所有骨、肉的舍利多聚集在這裡。」

在這棵卑鉢羅樹的南面有一座塔，這是迦膩色迦王建造的。迦膩色迦在如來涅槃後的第四百年受天命做了王，統有贍部洲，他不相信罪業和福報的說法，輕視詆毀佛法。有一天，他到草澤打獵，遇見一隻白兔，迦膩色迦王親身追趕，兔子到了這裡忽然消失了。只見一個牧牛小童在林樹之間作小塔，有三尺高。迦膩色迦王問：「你做這個幹什麼？」牧童回答說：「當年釋迦佛以大智慧預言，將有一個國王在這個好地方建造佛塔，我身舍利多收藏在這裡。大王前世種有聖德，名字與預言中的相符，神功勝福馬上就要實現，因此我現在先提醒你一下。」說完這話，牧童忽然就不見了。迦膩色迦王聽了這番話，心裡非常高興，為自己的名字被大聖所預言而自豪，並由此萌發了純正的信仰，深深崇敬佛法，他圍著小塔又建了一座石塔，想用自己的功德力量蓋住小塔。隨著石塔的加高，小塔總是高出三尺，這樣一直到塔高超過四百尺。塔基方圓達一里半，塔基共有五層，高一百五十尺，這才把小塔蓋住。迦膩色迦王很高興，又在塔上建起二十五層金銅相輪，把一斛如來的舍利放置在裡面，虔誠供養。剛剛營建完畢，卻見小塔在大塔基的東南角下露出了一半，迦膩色迦王心裡不快，就把它拋到一邊，它卻又在塔的第二級下的石基中露出一半，在原來那個地方則又出現了一個小塔。迦膩色迦王頹然道：「唉！人事易迷，神靈的功蹟難以掩蓋，對於神靈護持的東西，憤怒也沒有用！」他又慚愧又懼怕，向神靈請罪後就走了。這兩個塔現在還在，有生了病想祈求康復的，在塔前塗香散花，虔誠祈求，多蒙神祐恢復健康。

【說明】本文主要分兩部分。第一部分介紹卑鉢羅樹的情況，第二部分講述迦膩色迦王建造大塔的經過。

兩部分之間有著內在的聯繫，第一部分在介紹這棵卑鉢羅樹時提到了釋迦佛在樹下的預言。第二部分寫迦膩色迦王修建佛塔正是佛預言的實現。本文在總體上宣揚了佛法的廣大無邊和其神祕的力量。迦膩色迦王為一代帝王，功名赫赫，躊躇滿志，卻不知他的一切早在四百年前就被釋迦佛所預言了。他大興土木，想以自己的功力蓋住神靈護持的三尺小塔，終歸失敗。以致這位大帝王感嘆「人事易迷，神功難掩，靈聖所持，憤怒何及」，他的感嘆正是本文的主旨所在。

還有一點需要說明的是文中提到的「九百九十六佛」這個概念。據大乘佛教認為，一時有許多佛出世，在無量世界中就同時有無量佛出世。這裡所說的「九百九十六」是一個虛數，用來形容佛的眾多。

本文結構獨特，兩部分可分可合，分則各有中心意思，合則渾然一體。描寫細緻，多處運用人物對話，使敘述更具真實感。

大窣堵波周近諸佛像

大窣堵波東面石階南鏤❶作二窣堵波，一高三尺，一高五尺，規模形狀如大窣堵波。又作兩軀佛像，一高四尺，一高六尺，擬菩提樹下加趺❷坐像，日光照燭，金色晃耀，陰影漸移，石文青紺❸。聞諸耆舊曰：數百年前，石基之隙有金色蟻，大者如指，小者如麥，同類相從，齧❹其石壁，文❺若彫鏤，廁❻以金沙，作為此像，今猶現在。

大窣堵波石階南面有畫佛像，高一丈六尺，自胸以上，分現兩身，從胸已下，合為一體。聞之耆舊曰：初，有貧士傭❼力自濟，得一金錢，願造佛像，至窣堵波所，謂畫工曰：「我今欲圖如來妙相，有一金錢，酬工尚少，宿心憂負，迫於貧乏。」時彼畫工鑒其至誠，無云價直❽，許為成功。復有一人，事同前跡，持一金錢，求畫佛像。畫工是時受二人錢，求妙丹青，共畫一像。二人同日俱來禮敬，畫工乃同指一像，示彼二人，而謂之曰：「此是汝所作之佛像也。」二人相視，若有所懷。畫工心知其疑也，謂二人曰：「何思慮之久乎？凡所受物，毫釐不虧。斯言不謬，像必神變。」言聲未靜，像現靈異，分身交影，光相昭著。二人悅服，心信歡喜。

大窣堵波西南百餘步有白石佛像，高一丈八尺，北面而立，多有靈相，數放光明。時有人見像出夜行，旋繞大窣堵波。近有群賊欲入行盜，像出迎賊，賊黨怖退，像歸本處，住立如故。群盜因此改過自新，遊行邑里，具告遠近。

大窣堵波左右，小窣堵波魚鱗百數。佛像莊嚴，務窮工思，殊香異音，時有聞聽，靈僊聖賢，或見旋繞。此窣堵波者，如來懸記，七燒七立，佛法方盡。土俗記曰：成壞❾已三。初至此國，適遭火災，當見營搆，尚未成功。

【注釋】❶鏤　雕刻。❷加趺　盤腿。❸青紺　深青透紅的顏色。❹齧　咬。❺文　紋理。❻廁　攙進；混和。❼傭　受雇為人勞動。❽直　通「值」。❾成壞　佛教認為一切事物都在生滅的變遷中，經歷「成」、「住」、「壞」、「空」四個時期。這裡用來說明塔從建到毀的過程。

【語　譯】大塔東面石階的南端雕有兩座塔，一座高三尺，一座高五尺，規模形狀同大塔一樣。又雕有兩尊佛像，一尊高四尺，一尊高六尺，雕的是佛在菩提樹下盤腿打坐像，陽光照耀下，金光閃耀，陰影慢慢移開，石紋呈深青透紅的顏色。聽老人們講：幾百年前，石基的縫隙裡有一種金色的螞蟻，大的像手指頭，小的像麥粒，同一類的聚在一起，啃咬石壁，咬出的紋理像雕刻一樣，攙進金沙就製成這兩尊佛像，如今還在那裡。

大塔石階的南面有佛的畫像，高一丈六尺，從胸部以上，分成兩個身軀，從胸部以下，合成一體。聽老人們說：從前，有一個窮人，靠給人幹活兒養活自己，一次他得到一個金錢，想用它來造一尊佛像，他來到大塔這裡，對畫工說：「我想畫如來的妙相，現在我只有一個金錢，作為畫像的酬金這是遠遠不夠的，但我長久以來一直懷著這一心願，只是我太貧窮了。」當時那個畫工看到他如此至誠，不再談論價錢，答應為他畫成。後來又有一個人，他的情形和前面那人一樣，拿著一個金錢，求畫工為他畫佛像。畫工同時接受這兩人的錢，找了一個丹青妙手，共同畫成一尊佛像。那兩個人於同一天都來拜佛，畫工就把同一尊佛像指給二人，對他們說：「這就是你們要求繪製的佛像。」二人對視，心裡有些疑慮。畫工心裡明白他們的疑慮，對他們說：「為什麼想這麼長時間？我對我接受的東西，一點也沒有虧欠。如果我的話說得不錯，這佛像一定會變化。」話音未落，佛像就顯現了靈異，身子分開，影子卻交匯在一起，光明輝耀。兩個人心悅誠服，堅定了信念，非常歡喜。

在大塔西南距大塔一百多步的地方有一尊白石佛像，高一丈八尺，向北而立，這佛像非常靈異，常常大放光明。經常有人看見佛像晚上出來繞著大塔轉圈。近來有一群盜賊想進塔中偷東西，這尊佛像出來迎候這群盜賊，賊人們嚇得跑掉了，佛像回到原來的地方，像原來一樣站著。這群盜賊從此改過自新，在城鄉走來走去，向大家講述這件事。

在大塔的左右，像魚鱗一樣排著一百多座小塔。佛像裝飾美麗，極盡工巧，特殊的香氣、神異的聲音，常常可以聞到和聽到，有時可以看見仙人或賢聖繞塔而行。這座塔，根據如來佛的預言，它燒毀七次再建成七次，佛法才會消失。當地人說：這塔已經經過三次成壞了。我初到這個國家的時候，這塔剛剛遭到火災，正在營建，還沒有建成。

【說　明】本文以前文所述的迦膩色迦王所建的大塔為中心，集中介紹了一些佛像和佛塔，以及這些佛跡的諸般靈異之處。其中對大塔石階南面和西南的兩尊佛像的描寫較為詳細，對南面佛畫像的敘述尤為生動。有關這個佛畫像的傳說是一個完整的宗教故事。兩個窮困的人出於對佛的忠誠信仰，委託畫工為他們畫佛像。畫工為他們的至誠所感動，約同另一個丹青好手精心繪製了這尊佛像，兩個窮人各自來禮敬自己的佛畫像，卻見只有一尊佛像，對這畫工不免心存疑慮，於是畫工請佛像證明自己的清白。佛像果然從胸部以上分為兩個，不僅消除了兩個人的懷疑，而且使他們對佛更加信誠。在這個故事中，佛像的靈異並非敘述的重點，這裡主要讚美了畫工的受人之託忠人之事的誠實品格，和兩個窮人在窮困潦倒中所擁有的堅定的信念。這是本段故事和文中其他敘述不同之處。

本文介紹了許多佛跡，但都圍繞著「大塔」這個中心，這使本文的結構既鬆散又緊湊，最後歸於大塔，使全文表現出它的整體性。

迦膩色迦王伽藍

大窣堵波西有故伽藍，迦膩色迦王之所建也。重閣累榭，層臺洞❶戶，旌召高僧，式❷昭景福❸。雖則圮毀，尚曰奇工。僧徒減少，並學小乘。自建伽藍，異人間出，諸作論師及證聖果，清風尚扇，至德無泯。

第三重閣有波栗溼縛❹唐言脅尊者室，久已傾頓，尚立旌表。初，尊者之為梵志師❺也，年垂八十，捨家染衣❻。城中少年便誚❼之曰：「愚夫朽老，一何淺智！夫出家者，有二業焉，一則習定，二乃誦經。而今衰耄❽無所進取，濫跡清流，徒知飽食。」時脅尊者聞諸譏議，因謝時人而自誓曰：「我若不通三藏❾理，不斷三界欲，得六神通❿，具八解脫⓫，終不以脅而至於席！」自爾之後，唯日不足，經行宴坐，住立思惟，晝則研習理教，夜乃靜慮凝神，緜⓬歷三歲，學通三藏，斷三界欲，得三明⓭智，時人敬仰，因號脅尊者焉。

脅尊者室東有故房，世親菩薩於此製《阿毘達磨俱舍論》⓮，人而敬之，封以記焉。

世親室南五十餘步，第二重閣，末笯曷剌他⓯唐言如意論師於此製《毘婆沙論》⓰。論師以佛涅槃之後一千年中利見⓱也。少好學，有才辯，聲問遐被，法俗歸心。時室羅伐悉底國毘訖羅摩阿迭多⓲王唐言超日威風遠洽，臣諸印度，日以五億金錢周給貧窶孤獨。主藏臣懼國用之匱⓳也，乃諷諫曰：「大王威被殊俗，澤及昆蟲，請增五億金錢，以賑四方匱乏。府庫既空，更稅有土，重斂不已，怨聲載揚，則君上有周給之恩，臣下被不恭之責。」王曰：「聚有餘，給不足，非苟為身侈靡國用。」遂加五億，惠諸貧乏。其後田遊，逐豕失蹤，有尋知跡者，賞一億金錢。如意論師一使人剃髮，輒賜一億金錢，其國史臣依即書記。王耻見高，心常怏怏⑳，欲眾辱如意論師。乃招集異學德業高深者百人，而下令曰：「欲收視聽，遊諸真境，異道紛雜，歸心靡措，今考優劣，專精遵奉。」洎㉑乎集論，重下令曰：「外道論師並英俊也，沙門法眾宜善宗義，勝則崇敬佛法，負則誅戮僧徒。」於是如意詰㉒諸外道，九十九人已退飛矣。下席一人，視之蔑如也，因而劇談㉓，語及火煙。王與外道咸諠言曰：「如意論師辭義有失！夫先煙而後及火，此事理之常也。」如意雖欲釋難，無聽覽者。耻見眾辱，齰㉔斷其舌，乃書誡門人世親曰：「黨援之眾，無競大義；群迷之中，無辯正論。」言畢而死。居未久，超日王失國，興王膺運，表式英賢。世親菩薩欲雪前耻，來白王曰：「大王以聖德君臨，為含識㉕主命，先師如意學窮玄奧，前王宿憾，眾挫高名，我承導誘，欲復先怨。」其王知如意哲人也，美世親雅操焉，乃召諸外道與如意論者，世親重述先旨，外道謝屈而退。

【注釋】❶洞　深。❷式　發語詞。❸景福　大福。❹波栗溼縛　梵語 Pārśva 的音譯。意譯為「脅」。❺梵志師　梵名 ācārya，漢譯「阿闍梨」。指向梵志教授《吠陀》的婆羅門教師。梵志，梵文 brahmacārin 的意譯。指未婚而從師學習《吠陀》的青年婆羅門。❻染衣　指穿上僧衣。❼誚　譏笑。❽耄　老。❾三藏　佛教經典的總稱。佛教經典分三部分：經藏、律藏和論藏。❿六神通　梵文寫作 sad adhijñāḥ。又作六通，指六種超人間而自由無礙之力，即㈠神境通；㈡天眼通；㈢天耳通；㈣他心通；㈤宿命通；㈥漏盡通。⓫八解脫　梵文寫作 aṣṭau vimokṣāḥ。謂依八種定力而捨卻對色與無色之貪欲，又作八背捨、八惟無、八惟務。即：㈠內有色想觀諸色解脫，為除內心之色想，於外諸色修不淨觀；㈡內無色想觀外色解脫，內心之色想雖無除盡，但因欲界貪欲難斷，故觀外不淨之相，令生厭惡以求斷除；㈢解淨脫身作證具足住，為試練善根成滿，棄捨前之不淨觀心，於外色境之淨相修觀，令煩惱不生，身證淨解脫具足安住；㈣超諸色想滅有對想不思惟種種想入無邊空空無邊處具足住解脫，盡滅有對之色想，修空無邊處之行相而成就之；㈤超一切空無邊處之無邊識無邊處具足住解脫，棄捨空無邊心，修識無邊之相而成就之；㈥超一切識無邊處入無所有處具足住解脫，棄捨識無邊心，修無所有之相而成就之；㈦超一切無所有處入非想非非想處具足住解脫，棄捨無所有心，無有明勝想，住非無想之相，並成就之；㈧超一切非想非非想處入想受滅身作證具足住解脫，厭捨受想等，入滅一切心，所法之滅盡定。⓬緜　連續。⓭三明　梵文 trividyā 的意譯。即六神通中的天眼通、宿命通和漏盡通的總稱。⓮阿毘達磨俱舍論　共三十卷。屬小乘論部。主要內容是以小乘佛教的「經部」學說來修訂「有部」理論，並廣泛批判小乘各部派的學說。是一部向大乘「有宗」過渡的名著。⓯末笯曷剌他　梵語 Manoratha 的音譯。意譯為「如意」。⓰毘婆沙論　是廣泛解說佛教經義的論著。是研究小乘佛教有部教理的重要著作。⓱利見　出世；誕生。⓲毘訖羅摩阿迭多　梵文 Vikramāditya 的音譯。意譯為「超日」。⓳匱　缺乏。⓴怏怏　不滿意；不服氣。㉑洎　到。㉒詰　責問；追問。㉓劇談　激烈辯論。㉔齰　用牙咬。㉕含識　佛教用語。指有思想意識者，即人。

【語　譯】大塔的西面有一座古老的寺院，這是迦膩色迦王建造的。寺院中有層層疊疊的樓閣臺榭和深邃的屋宇。迦膩色迦王廣請高僧，表彰他們的功德。這座廟宇現在雖然已經坍塌了，但仍可稱為奇工之作。這裡僧人很少，都學習小乘佛教。這座寺院自從建成以後，常常出現一些奇人，有些寫作經論，有些證得聖果，淳淨的風氣一直流傳到現在，高尚的德操也沒有消失。

在寺院的第三層樓上有波栗溼縛尊者的屋子，已經倒塌了很長時間，但表志仍在。從前，尊者是一個婆羅門教師，年近八十的時候，他出家穿上了僧衣。城裡的少年嘲笑他說：「傻瓜老頭子，智力多麼低下！出家人要做兩件事，一是坐禪習定，二是念經。如今你這麼衰老，無所進取，混跡在高尚的人中間，只知道吃飽飯罷了。」當脅尊者聽到這些譏諷的話時，他對那些人也是對自己發誓說：「我如果不能通曉三藏理論，斷三界欲，得六神通，具備八解脫的能力，我就絕不讓自己的胸膛碰到席子！」從這以後，為了把握時間，他無論散步、靜坐，都在思考，白天鑽研教理，夜裡靜慮凝神，這樣一直堅持了三年，他已學通三藏，斷三界欲，得三明智，得到世人的敬仰，因而叫他脅尊者。

脅尊者住室的東面有一處老屋，世親菩薩曾在這裡寫作《阿毘達磨俱舍論》，人們敬仰他，就把這屋子封上並作了標記。

在世親屋南五十多步遠的第二層樓上，是末筬曷剌他論師寫作《毘婆沙論》的地方。如意論師是在佛涅槃後一千年之中出生的。從小好學，多才善辯，名聲遠揚，僧俗人等都崇敬他。當時室羅伐悉底國的毘訖羅摩阿迭多王威震四方，統治著印度各國，每天將五億金錢布施給窮人、孤兒和老而無子者。他的財政大臣害怕國庫被用光，於是向國王諷諫說：「大王的威名及於異域，恩惠達於昆蟲，臣請王上再增加五億金錢以賑濟四方的窮人。國庫空了，再增加稅收，這樣聚斂不停，必將怨聲四起。王上有周給窮人的恩德，臣下卻要被罵作不恭了。」國王說：「我把多餘的錢積攢起來周濟那些缺錢的人，並不是為了自己的享受而亂花國家的錢。」於是又增加五億金錢施捨給窮人。後來有一次國王去打獵，他追逐的野豬失蹤了，有找到野豬的就得到一億金的賞錢。如意論師每次讓人給他剃髮，總是賞一億金錢，國家的史臣據實記錄下來。國王見別人高過自己，深以為恥，心裡常常不高興，便想當眾汙辱如意論師。於是他招集了德業高深的各派學者一百位，下令說：「我想要澄清視聽，到真境裡遨遊，但是各種學說紛繁複雜，不知該歸於哪一種。現在我想考察一下各派優劣，然後專心一意地遵奉。」到聚在一起討論的時候，他又下令說：「外道的論師都是些英俊之士，佛門的僧人應精通教義。如果你們勝了，我就崇敬佛法，失敗了我就要殺死僧徒。」於是如意向外道辯難，九十九個人都失敗了，只剩下一個人，如意論師對他很蔑視，在激烈的辯論中，如意談到了火與煙。這時國王和外道都大聲嚷道：「如意論師說錯了！先有煙而後有火，這是常理。」如意雖然想解釋，可是沒有人聽他的。如意恥於被眾人淩辱，他咬斷了自己的舌頭，寫信告誡他的門徒世親說：「在外道黨徒中，沒有辦法談論大義；在糊塗的人中間，沒有辦法申辯正論。」寫完就死了。不久，超日王亡國，新國王上應天運，表彰英賢。世親菩薩想洗雪老師所受的恥辱，來對國王說：「大王憑聖德君臨天下，為一切眾生作主，我的先師如意的學問深不可測，可是前王因對他宿有懷恨，當眾挫敗了他的高名，我承先師教導，很想替他報先前之仇。」這個國王知道如意是一個聖哲之人，又欣賞世親高雅的德操，就召來那些和如意論辯過的外道，世親將從前的論點重述了一遍，外道認輸退出。

【說　明】本文介紹了迦膩色迦王寺院的歷史、樣式以及與這座寺院有關的三位高僧的事跡。其中主要講述的是脅尊者和如意論師的故事。脅尊者是西元前二世紀左右的佛教小乘有部的大師，如意則是西元四至五世紀的佛教小乘有部大師，兩位大師雖然相隔幾個世紀，但本文著重介紹的卻是他們的一個共同之處：即同不理解的敵視的人們鬥爭。脅尊者因自己的勤勉努力以八十幾歲的高齡在三年時間內證得阿羅漢，成為有道高僧，取得了鬥爭的勝利。而如意論師雖學問淵博，卻沒能抵擋得住超日王和眾外道的圍攻，憤而斷舌自盡，後來他的學生世親終於為他雪恥，取得了最後的勝利。雖然這兩個故事闡述的都是鬥爭——勝利的主題，但還是有區別的。脅尊者要戰勝的主要是他自己天性中的蒙昧和身體的衰邁，一旦他學通三藏、得三明智，那些譏笑他的人便來敬仰他了，這說明佛教在當時受到普遍的尊敬。而如意的情形就不同了，他要對付的主要是人們對佛教的惡意進攻，外道們在國王的率領下向以如意為代表的佛教群起而攻之，如意雖才高善辯，卻也不慎「失辭」。他的自盡使人不禁有悲涼之感：佛教在印度確實是在逐漸衰落了。

全文以迦膩色迦王寺院為落點，以寺院中三位高僧的居處為線索展開敘述，條理清晰，結構緊湊。文字生動，有很強的感染力。

另外，文中用了許多佛教名詞，在「注釋」中已做了概括的解釋。但對「六神通」有必要在此做進一步的說明。佛教宣揚的「六神通」中的「如意通」，指的是身體變化往來自在如意的能力；「天眼通」指眼睛可以看見任何東西的能力；「天耳通」是指耳朵可以聽見任何聲音的能力；「他心通」指可以洞見眾生思想意識的能力；「宿命通」指知道自身及眾生前世生涯的能力；「漏盡通」指斷盡一切煩惱自在無礙的能力。佛家認為，在這六種神通中，前五種凡人經過修習禪定都可以獲得，魔鬼天神則自然具備。但「漏盡通」卻只有成阿羅漢或成佛的人才能獲得。佛教一般不鼓勵教徒修習和使用前五種神通，因為使用這五種神通非常容易使人迷戀塵世，妨礙他們獲得第六種神通。

布色羯邏伐底城

迦膩色迦王伽藍東北行五十餘里，渡大河，至布色羯邏伐底城，周十四五里。居人殷盛，閭閻洞連。城西門外有一天祠，天像威嚴，靈異相繼。城東有窣堵波，無憂王之所建也，即過去四佛說法之處。古先聖賢自中印度降神導物，斯地實多。即伐蘇蜜呾羅❶唐言世友。舊曰和須蜜多，訛也。論師於此製《眾事分阿毘達磨論》❷。

城北四五里有故伽藍，庭宇荒涼，僧徒寡少，然皆遵習小乘法教。即達磨呾邏多❸唐言法救。舊曰達磨多羅，訛也。論師於此製《雜阿毘達磨論》❹。伽藍側有窣堵波，高數百尺，無憂王之所建也。彫木文石，頗異人工。是釋迦佛昔為國王，修菩薩行，從眾生欲，惠施不倦，喪身若遺，於此國土千生為王，即斯勝地千生捨眼。

捨眼東不遠有二石窣堵波，各高百餘尺。右則梵王❺所立，左乃天帝❻所建，以妙珍寶而瑩飾之。如來寂滅，寶變為石，基雖傾陷，尚曰崇高。

梵、釋窣堵波西北行五十餘里，有窣堵波，是釋迦如來於此化鬼子母❼，令不害人，故此國俗祭以求嗣。

化鬼子母北行五十餘里，有窣堵波，是商莫迦❽菩薩恭行鞠養，侍盲父母，於此採果，遇王遊獵，毒矢誤中，至誠感靈，天帝注藥，德動明聖，尋即復穌。

【注　釋】❶伐蘇蜜呾羅　梵文 Vasumitra 的音譯。意譯為「世友」或「天友」。為佛教小乘說一切有部的大師。❷眾事分阿毘達磨論　世友著。是小乘說一切有部的七部論中的第三部。❸達磨呾邏多　梵語 Dharmatrāta 的音譯。意譯為法救。小乘佛教有部的著名論師。❹雜阿毘達磨論　法救作。是佛教小乘說一切有部重要論書之一。❺梵王　即「大梵天王」。佛教的護法神之一。❻天帝　即天帝釋。佛教的護法神。❼鬼子母　梵名 Hāritī。音譯為「訶利帝」、「可梨陀」等。意譯為「歡喜」。有暴惡、藥叉女神等異名。因為她是五百鬼子的母親，因此也被稱為鬼子母。她原是惡神，喜吃人間小孩。後在佛的感召下棄惡從善，成為關心民間疾苦、愛護兒童的慈愛之神。❽商莫迦　梵文 Śyāmaka 的音譯。

【語　譯】從迦膩色迦王寺院向東北走五十多里，渡過大河，就到達布色羯邏伐底城。這座城方圓十四、五里。人口密集，街巷交織。在城西門外有一個外道神廟，天神的塑像神色威嚴，經常顯靈。城東有一座塔，是無憂王建造的，這裡是過去四佛說法的地方。古代聖賢從中印度到這裡來教化眾生的實在很多。伐蘇蜜呾羅論師就是在這裡寫下了《眾事分阿毘達磨論》。

在城北四、五里的地方有一座舊寺院，庭院荒涼，僧人很少，但都遵奉研習小乘法教。達磨呾邏多論師就是在這裡寫下了《雜阿毘達磨論》。

在寺院的旁邊有一座塔，塔高幾百尺，是無憂王建造的，木雕石繪，簡直不像出自人工。當年釋迦牟尼身為國王，修菩薩行，為了滿足眾生的願望，不知疲倦地布施恩惠，將自己的身體像丟掉一件東西一樣捨棄。他在這個國家做了一千世國王，就在這個勝地一千世捨棄了自己的眼睛。

在釋迦佛捨眼塔東面不遠有兩座石塔，各高一百多尺。右邊的是梵王建造的，左面的是天帝建造的，兩塔都用許多奇妙的珍寶裝飾。如來涅槃以後，這些珍寶就變成了石頭。現在塔基雖然傾陷，但塔仍然很高。

從梵王、天帝建造的兩座塔向西北走五十多里，有一座塔，如來曾在這裡教化鬼子母，使她不再害人，因此這個國家有在這裡祭祀求子的習俗。

從化鬼子母塔向北走五十多里，有一座塔，商莫迦菩薩恭行孝道，侍奉眼盲的父母，在這裡採集野果，恰遇國王打獵，誤中毒箭，在他的至誠感動下，天帝為他塗藥，他的德行感動了神明，不久就復活了。

【說　明】本文介紹了布色羯邏伐底城附近的幾處佛教遺址。布色羯邏伐底是梵語 Puṣkalāvatī 的音譯，是健馱邏國的故都，位於該國大都城布路沙布邏的東部，因此這城附近佛教遺址多是孔雀王朝無憂王時建造的，比較古老。

文中對幾處佛教遺址的敘述都比較簡練，但每個遺跡中卻都包含有無盡的寓意，如釋迦捨眼塔，如來化鬼子母處、商莫迦菩薩誤中毒箭處等等，因後面將有詳盡的敘述，所以這裡只簡要記之。

本文以布色羯邏伐底城為中心展開記敘，條理清晰，文字簡潔生動。

跋虜沙城

商莫迦菩薩被害東南行二百餘里，至跋虜沙城。城北有窣堵波，是蘇達拏太子以父王大象施婆羅門，蒙譴被擯❶，顧謝❷國人，既出郭門，於此告別。其側伽藍，五十餘僧，並小乘學也。昔伊溼伐邏唐言自在論師於此製《阿毘達磨明燈論》。

跋虜沙城東門外有一伽藍，僧徒五十餘人，並大乘學也。有窣堵波，無憂王之所建立。昔蘇達拏太子擯在彈多落迦❸山舊曰檀特山，訛也，婆羅門乞其男女，於此鬻賣。

跋虜沙城東北二十餘里，至彈多落迦山。嶺上有窣堵波，無憂王所建，蘇達拏太子於此棲隱❹。其側不遠有窣堵波，太子於此以男女施婆羅門，婆羅門捶其男女，流血染地，今諸草木猶帶絳色。巖間石室，太子及妃習定之處。谷中林樹垂條若帷，並是太子昔所遊止。其側不遠有一石廬，即古僊❺人之所居也。

僊廬西北行百餘里，越一小山，至大山，山南有伽藍，僧徒尠少，並學大乘。其側窣堵波，無憂王之所建也，昔獨角僊人所居之處。僊人為婬女誘亂，退失神通，婬女乃駕其肩而還城邑。

跋虜沙城東北五十餘里，至崇山。山有青石大自在天婦像，毘摩天女也。聞諸土俗曰：此天像者，自然有也。靈異既多，祈禱亦眾，印度諸國求福請願，貴賤畢萃，遠近咸會，其有願見天神形者，至誠無貳，絕食七日，或有得見，求願多遂。山下有大自在天祠，塗灰外道式修祠祀。

【注　釋】❶擯　貶逐。❷謝　辭別。❸彈多落迦　梵文 Daṇḍaloka 的音譯。意譯為「刑罰處」。❹棲隱　隱居。❺僊　同「仙」。

【語　譯】從商莫迦菩薩被害處向東南走二百多里，就到達跋虜沙城。城北有一座塔，蘇達拏太子將父王的大象布施給婆羅門受到譴責並被貶逐外地，他出城以後，在這裡辭別國人。塔旁有一座寺院，寺中有五十多個僧人，都學習小乘法教，當年伊溼伐邏論師就是在這裡寫下了《阿毘達磨明燈論》。

在跋虜沙城東門外有一座寺院，院中有僧人五十多個，都研習大乘法教。還有一座塔，是無憂王建造的。當年蘇達拏太子被放逐到彈多落迦山，有婆羅門求得他的孩子，在這裡販賣。

跋虜沙城東北二十多里是彈多落迦山。山嶺上有一座塔，是無憂王建造的。蘇達拏太子曾在這裡隱居。這座塔旁邊不遠還有一座塔，太子在這裡將他的孩子施捨給婆羅門，婆羅門打他的孩子，流出的血浸染了土地，現在這裡的草木還帶著紅色。山巖之間有石室，是太子和太子妃坐禪的地方。山谷中林樹垂下的枝條好像帷幕，這些都是太子當年漫遊歇息的地方。在旁邊不遠的地方有一座石廬，這是古代僊人居住的地方。

從僊廬向西北走一百多里，翻過一座小山，就到達一座大山前。大山南面有一座寺院，僧人很少，都研習大乘法教。在這座寺院的旁邊有一座塔，是無憂王建造的，當年獨角僊人就住在這裡。僊人被婬女引誘迷亂，失掉了神通，婬女騎在他的肩上回到城裡。

從跋虜沙城向東北走五十多里，就到達一座高山。山上有青石的大自在天夫人的雕像，也就是毘摩天女。聽當地人說，這座毘摩天女像是自然形成的，靈異的現象很多，祈禱的人也多。印度境內各國求福請願的，不論貴賤遠近都來到這裡，那些想見毘摩天女神形的人，如果至誠專一，絕食七天，或許可以見到，所求的願望也多可以達到。山下有大自在天的神廟，塗灰外道在這裡虔敬祭拜。

【說明】本文介紹了跋虜沙城和彈多落迦山附近的佛教和印度教遺址。作者以蘇達拏王子的被貶流放為線索，將這些遺址串連在一處，概括介紹各個遺址的來歷和比較著名的事件，文字簡潔明確。

本文一個不同前文的地方是文中不僅介紹了佛教遺跡，也有對印度教遺跡的介紹，而且介紹較詳。這說明在這一地區印度教已經相當興盛，幾乎可以和佛教比肩。這一座毘摩天女像成為印度各國人們求福請願的對象，信徒雲集。相形之下，幾處佛跡不免顯得荒涼了。

烏鐸迦漢荼城及娑羅覩邏邑

毘摩天祠東南行百五十里，至烏鐸迦漢荼城，周二十餘里，南臨信度河。居人富樂，寶貨盈積，諸方珍異，多集於此。

烏鐸迦漢荼城西北行二十餘里，至娑羅覩邏邑，是製《聲明論》波你尼僊本生處也。遂古之初，文字繁廣，時經劫壞，世界空虛，長壽諸天，降靈導俗，由是之故，文籍生焉。自時厥後，其源泛濫，梵王、天帝作則❶隨時，異道諸僊各製文字，人相祖述，競習所傳，學者虛❷功，難用詳究。人壽百歲之時，有波你尼僊，生知博物，愍時澆薄，欲削浮偽，刪定繁猥，遊方問道，遇自在天，遂申述作之志。自在天曰：「盛矣哉！吾當祐汝。」僊人受教而退，於是研精覃思，捃摭❸群言，作為字書，備有千頌❹，頌三十二言，究極今古，總括文言。封以進上，王甚珍異，下令國中，普使傳習，有誦通利，賞千金錢。所以師資傳授，盛行當世。故此邑中諸婆羅門，碩學高才，博物強識。

娑羅覩邏邑中有窣堵波，羅漢化波你尼僊後進之處。如來去世，垂五百年，有大阿羅漢自迦溼彌羅國遊化至此，乃見梵志捶訓稚童。時阿羅漢謂梵志曰：「何苦此兒？」梵志曰：「令學《聲明》，業不時進。」阿羅漢逌爾❺而笑。老梵志曰：「夫沙門者，慈悲為情，愍傷物類。仁今所笑，願聞其說。」阿羅漢曰：「談不容易，恐致深疑。汝頗嘗聞波你尼僊製《聲明論》垂訓於世乎？」婆羅門曰：「此邑之子，後進仰德，像設猶存。」阿羅漢曰：「今汝此子，即是彼僊。由以強識，翫習世典，惟談異論，不究真理，神智唐捐❻，流轉未息，尚乘餘善，為汝愛子。然則世典文辭，徒疲功績，豈若如來聖教，福智冥滋？曩者❼南海之濱有一枯樹，五百蝙蝠於中穴居。有諸商侶止此樹下，時屬風寒，人皆飢凍，聚積樵蘇❽，蘊火其下，煙焰漸熾，枯樹遂然。時商侶中有一賈客，夜分已後，誦《阿毘達磨藏》。彼諸蝙蝠雖為火困，愛好法音，忍而不出，於此命終，隨業受生，俱得人身，捨家修學，乘聞法聲，聰明利智，並證聖果，為世福田。近迦膩色迦王與脅尊者招集五百賢聖，於迦溼彌羅國作《毘婆沙論》，斯並枯樹之中五百蝙蝠也。余雖不肖，是其一數。斯則優劣良異，飛伏懸殊。仁今愛子，可許出家，出家功德，言不能述。」時阿羅漢說此語已，示神通事，因忽不現。婆羅門深生敬信，歎羨久之，具告鄰里，遂放其子出家修學，因即回信，崇重三寶，鄉人從化，於今彌篤。

從烏鐸迦漢荼城北踰山涉川，行六百餘里，至烏仗那國。

【注釋】❶則　規範。❷虛　白白地。❸捃摭　搜集。❹頌　梵文 sloka 的意譯。是梵文、巴利文等古代印度語言中的一種詩律的名稱。❺逌爾　和顏悅色的樣子。❻唐捐　虛耗；廢棄。❼曩者　從前。❽樵蘇　乾柴。

【語譯】從毘摩神廟向東南走一百五十里，就到達烏鐸迦漢荼城，該城方圓二十多里，南面瀕臨信度河。居民富足快樂，到處是寶貴稀有之物。各方的珍異物品，多匯集在這裡。

從烏鐸迦漢荼城向西北走二十多里，就到達娑羅覩邏邑。這裡是寫作《聲明論》的波你尼僊的出生地。遠古的開始文字繁雜，後來經過劫的破壞，世界變得空虛，長壽的天神們降到凡間教化百姓，因為這個緣故，文籍就產生了。從那以後，這類東西越來越多，梵王、天帝根據時俗作出規範，各個教派的僊人自製文字，人們互相傳授效法，競相學習，學者們白白浪費功夫，卻難以探究明白。人壽一百年的時候，出現了波你尼僊，他生下來就見識廣博，憐憫時代的澆薄，想要削除淺浮虛偽，刪定繁瑣雜碎。他四處漫遊問道，遇見了大自在天，就向大自在天講到了寫作的想法。自在天說：「太好了！我會保祐你的。」波你尼僊受教回來以後便潛心思索，搜集各種字詞，寫作成書，共有一千頌，每頌有三十二言。

全書探究今古，總括文字和語言。他將書稿封呈國王，國王非常重視，命令國內百姓普遍學習，有能流利背誦的，賞一千金錢。國中老師傳授學生，這部書於是盛行當世。因此這個城中的婆羅門都很有學問才智，知識廣博，強於記憶。

在娑羅覩邏邑中有一座塔，是羅漢點化波你尼僊的地方。如來去世近五百年的時候，有一位大阿羅漢從迦溼彌羅國遊化到這裡，他看到一位婆羅門正用棍子責打一個幼童。阿羅漢問婆羅門：「為什麼折磨這個孩子？」婆羅門說：「讓他學習《聲明論》，但他的學業進步太慢。」阿羅漢溫和地笑了。老婆羅門說：「作僧人的應慈悲為懷，憐憫萬物，現在卻笑了，我想聽聽你的道理。」阿羅漢說：「這不太好說，我怕會讓你更加疑惑了。你聽說過波你尼僊寫作《聲明論》教育後世這回事嗎？」婆羅門說：「他是本城人，後人敬仰他的德行，給他塑的像還在呢。」阿羅漢說：「你現在的這個孩子，就是那位僊人。他強於記憶，遍習世俗典籍，只談異說，不去探索真理，將神思智慧浪費掉了。他在輪迴中流轉不停，憑藉一點剩餘的功德，生為你的愛子。但是世俗的典籍文辭，只是白白耗費功業，怎能趕得上如來聖教能帶來冥福和智慧？從前南海邊上有一棵枯樹，五百隻蝙蝠住在樹洞裡。有一群商人在樹下歇息。當時天氣寒冷又刮著風，人人又餓又冷，於是他們找了一些柴草堆在一處，在樹下點起了火。火焰越來越旺，枯樹被燒著了。這時商隊中有一個商人，午夜以後正在誦讀《阿毘達磨藏》。那些蝙蝠們雖然被大火圍困，但因喜歡聽誦佛經的聲音，就忍受火焚不出去逃命，結果都燒死在樹裡。後來根據功德轉世，這些蝙蝠都變成了人。他們出家修習，由於聽到過誦經的聲音，都聰明智慧，證得了聖果，成為世間的福田。近來迦膩色迦王和脅尊者招集五百聖賢之士在迦溼彌羅國作《毘婆沙論》，那就是枯樹中的五百隻蝙蝠。我雖不才，也是其中之一。從這裡可以看出優劣不同，高下懸殊。你的愛子請你讓他出家吧，出家的功德，用語言是說不盡的。」阿羅漢說完這些話，顯示神通忽然不見了。婆羅門對此心裡非常敬仰，讚嘆羨慕了很久，將這件事詳細講述給鄰居聽。於是聽任兒子出家修行，他從此改變了信仰，崇信佛教三寶，鄉鄰也被教化崇信正教，並且越來越虔誠，直到現在。

從烏鐸迦漢荼城向北，爬山涉水，走六百多里，就到達烏仗那國。

【說　明】本文主要介紹了娑羅覩邏邑中有關波你尼僊的傳說。波你尼，是梵文 Pāṇini 的音譯，也被譯作「波膩尼」。是約西元前四世紀末印度最傑出的梵文文法學家，他所著的《聲明論》，又名《八章書》，是古典梵文最權威的文法論著，被後來的梵文作家奉為經典，也是世界上最古的一部完整的文法書。本文的第一部分講述的是有關波你尼的印度教傳說，在傳說中，波你尼是一位僊人，他為了改變當時文字浮偽繁猥的情況，殫精竭慮，去粗存精，寫下了《聲明論》，為梵文文法的統一完美作出了傑出的貢獻。這個故事對波你尼持讚美的態度。而接下來的傳說中對他的態度則截然相反。在這個傳說中，波你尼雖天性穎悟，博聞強識，但因他只沈湎於世俗典籍之中不信正教，因此他在生死輪迴中所受的業報尚不及幾乎無知無識的蝙蝠，宣揚了只有佛教才能帶來福報和智慧的思想。

文章構思巧妙，先極力鋪排波你尼為梵文文法所做的貢獻，再將他所受的業報和五百隻蝙蝠相對比，在從容的敘述中，昭示了佛教和異道的「飛伏懸殊」，給人以鮮明的印象。語言流暢，描寫細緻，善於運用對話表現人物性格，以記人代記地是其寫作上突出特點。

卷三　八國

烏仗那國

【題解】烏仗那，梵文Udyāna的音譯，意思是花園。其舊址在現在的斯瓦特河上，該國物產豐富，人口眾多，可以和我國唐時的臨淄或咸陽相匹敵，我國唐代高僧很多到過該國。這裡佛教特別發達，佛教遺跡數不勝數。

烏仗那國，周五千餘里，山谷相屬，川澤連原。穀稼雖播，地利不滋❶。多蒲萄，少甘蔗，土產金、鐵，宜鬱金香，林樹蓊鬱，花果茂盛。寒暑和暢，風雨順序❷。人性怯懦❸，俗情譎詭。好學而不功，禁呪❹為藝業。多衣白氎，少有餘服。語言雖異，大同印度。文字禮儀，頗相參預❺。崇重佛法，敬信大乘。夾蘇婆伐窣堵河舊有一千四百伽藍，多已荒蕪。昔僧徒一萬八千，今漸減少。並學大乘，寂定為業，喜誦其文，未究深義，戒行清潔，特閑禁呪。律儀傳訓有五部焉：

一、法密部❻，二、化地部❼，三、飲光部❽，四、說一切有部，五、大眾部❾。天祠十有餘所，異道雜居。堅城四五，其王多治瞢揭釐城。城周十六七里，居人殷盛。

瞢揭釐城東四五里有大窣堵波，極多靈瑞，是佛在昔作忍辱僊，於此為羯利王唐言鬭諍。舊云哥利，訛也割截肢體。

【注釋】❶滋　肥沃。❷順序　調和。❸怯愞　怯懦。❹禁呪　梵文 dhāraṇī 的意譯。音譯為陀羅尼。是佛菩薩在禪定後所發出的祕密語言，有持善伏惡的功效。❺參預　摻雜。❻法密部　梵文 dharmaguptaka 的意譯。是小乘佛教部派之一。由上座部的說一切有部分裂出的化地部分化而成。❼化地部　梵文 mahīśāsaka 的意譯。是小乘佛教部派之一。由上座部的說一切有部演變而成。❽飲光部　梵文 Kāśyapīya 的意譯。小乘佛教部派之一，由上座部的說一切有部分出。❾大眾部　梵文 Mahāsaṃghika 的意譯。和上座部並列為早期佛教的兩大部派之一。約形成於西元前四世紀。

【語譯】烏仗那國方圓五千多里，山谷相連，河澤相接。雖然播種莊稼，但土地不肥沃。盛產葡萄，甘蔗很少，礦產有金、鐵，宜於種植鬱金香，林木蔥蘢，花果茂盛。氣候和暢，風調雨順。人民性情怯懦，風俗詭詐。喜愛學習但不專一，念咒是他們一項藝業。人們多穿白棉布製品，很少穿別的。語言和印度大同小異，文字禮儀同印度關係密切。該國崇拜佛法，信仰大乘法教。在蘇婆伐窣堵河兩岸原來有一千四百座寺院，現在大多已經荒蕪了。當年僧人多達一萬八千，現在也漸漸減少了。僧人都學習大乘法教，以坐禪為業，喜歡誦讀經文，並不探究其深義，行止嚴謹自清，特別擅長念咒。戒律規定古來相傳共有五部：一、法密部，二、化地部，三、飲光部，四、說一切有部，五、大眾部。神廟有十幾所，外道雜居在一起。國內有四、五座堅固的城池，國王多住在瞢揭釐城。這座城方圓十六、七里，人口眾多。

在瞢揭釐城東四、五里的地方有一座大塔，有很多靈異之處，當年佛是忍辱僊人的時候，在這裡被羯利王割截肢體。

【說　明】本文概括介紹了烏仗那國地理、物產、民風、語言文字以及宗教流行等情況。烏仗那國是個佛教勝地，在部派佛教鼎盛時期，國內的佛教寺院多達一千四百座，僧人近兩萬，境內佛跡更是不計其數，成為各國僧人西行求法的主要巡禮地區，文末所簡單提及的「忍辱僊遺跡」就包含了一個有名的佛教故事。這個故事載於《六度集經》卷五。故事大意是：從前佛生在南印度的一個婆羅門家裡，每日在城外宣講佛法，化度眾生。當時的國王羯利兇暴驕橫，一次他帶領隨從出城時，他的一個隨從離開他跑到佛那裡聽他說法，國王羯利惱羞成怒，於是下令割掉佛的耳朵，佛面對這樣的殘害，面不改色，國王命人再割去佛的鼻子和手，佛仍相好圓滿，毫無變化。這時突然沙石鋪天蓋地而來，聲勢浩大，國王對這自然界的奇觀敬畏異常，心有所悟，於是向佛懺悔，並皈依了佛教。故事表現了佛法的廣大無邊。由於這處遺址位於烏仗那國主要城市瞢揭釐城附近，因而在總述中簡要提及。以下則分幾個部分對該國境內最為著名的佛教遺址加以詳細介紹。

阿波邏羅龍泉

瞢揭釐城東北行二百五六十里，入大山，至阿波邏羅龍泉，即蘇婆伐窣堵河之源也。派流西南，春夏含凍，晨夕飛雪，雪霏五彩，光流四照。此龍者，迦葉波佛時生在人趣❶，名曰殑祇，深閑❷呪術，禁禦惡龍，不令暴雨，國人賴之，以稸❸餘糧。居人眾庶感恩懷德，家稅斗穀以饋遺❹焉。既積歲時，或有逋課❺。殑祇含怒，願為毒龍，暴行風雨，損傷苗稼。命終之後，為此地龍。泉流白水，損傷地利。釋迦如來大悲御世，愍此國人獨遭斯難，降神至此，欲化暴龍。執金剛神❻杵擊山崖，龍王震懼，乃出歸依，聞佛說法，心淨信悟，如來遂制勿損農稼。龍曰：「凡有所食，賴收人田，今蒙聖教，恐難濟給，願十二歲一收糧儲。」如來含覆，愍而許焉。故今十二年一遭白水之災。

阿波邏羅龍泉西南三十餘里，水北岸大磐石上，有如來足所履跡，隨人福力，量有短長，是如來伏此龍已，留跡而去。後人於上積石為室，遐邇相趨，花香供養。順流而下三十餘里，至如來濯衣石，袈裟之文煥焉如鏤。

【注釋】❶人趣　人界。趣，梵文 gati 的意譯。指靈魂在輪迴中的歸趣。❷閑　通曉。❸稸　積蓄。❹饋遺　奉送。❺逋課　逃避稅糧。❻執金剛神　又名金剛神或金剛力士。是手執金剛杵的護佛法的神祇。

【語　譯】從曹揭釐城向東北走二百五、六十里，進入大山後，就來到阿波邏羅龍泉，這也就是蘇婆伐窣堵河的源頭。河水流向西南，春夏也很寒冷，晨夕間飛流如雪，在日光照耀下五彩繽紛，光輝四流。這條阿波邏羅龍，曾在迦葉波佛時轉生為人，名叫殑祇，精通念咒之術，能夠禁止惡龍，使他不能下暴雨，這個國家的人依靠他得以積蓄餘糧。國中百姓對他感恩戴德，每家拿出一斗穀奉送給他。時間一長，有的人就逃避交糧，殑祇生氣了，發願再生為毒龍，用狂風暴雨損壞莊稼。他死了以後，生在此地為龍。從泉裡流出白水，損傷土質。釋迦如來以大慈悲心治理世界，他憐憫這個國家的人民獨自遭受的這種災難，施展神通降到這裡，想感化暴龍。執金剛神用杵擊打山崖，龍王震驚害怕，於是從泉中出來歸依了佛門，他聽佛說法後，心中澄淨體悟了正法，如來於是勸他不要損害莊稼。龍說：「我所吃的東西，都來自人們田裡的莊稼，今天蒙您教誨，但不損人田我恐怕就難以存活了，請允許我十二年收一次糧食作為儲備。」如來理解和憐憫他，於是就允許他了。因此現在這個地方十二年發一次白水災。

在阿波邏羅龍泉西南三十多里，河北岸的大磐石上，有如來腳踩的痕跡，隨著丈量的人福力的不同，有時長有時短，如來收伏了這條龍後留下這個印跡而去。後人在上面用石頭壘成屋子，遠近的人都來到這裡，用花和香供養。從這裡順流而下三十多里，就到如來洗衣服的那塊石頭那裡了，石上袈裟的紋理像雕刻的一樣鮮明。

【說　明】本文記述了有關阿波邏羅龍泉的傳說。阿波邏羅，是梵文 apalāla 的音譯，意思是「無稻草」、「無苗」。形成這種狀況的根本原因，就是這裡所說的「白水之災」。在這個神話傳說中，阿波邏羅龍由於前世被人所負，發誓再生為毒龍，興風作雨，報復這個地方的人，因此當他生為龍身以後，便使泉流白水，使這個地方莊稼受災。這當然是神話式的解釋。事實上是，古代的蘇婆伐窣堵河的上源山谷，在每年一定的雨季，山嶽土壤會被雨水溶化，於是白色的砂土混同河水順流而下，氾濫成災，給當地百姓帶來巨大不幸。這個宗教神話一方面反映了當時人們對這種自然災害的所知甚少，另一方面也是對佛教的一種宣傳，從中我們可以看到如來對萬物的悲憫和佛法對兇惡事物的震懾和感化的巨大力量。

另外需要說明的一點是文中所提到的「趣」的概念。趣的意思是指靈魂在輪迴中的歸屬和方向。關於靈魂的歸趣，雖然是佛教的思想，但卻是古代印度早就產生了的，佛教只是對此加以充實而已。這種思想認為，凡是一切有生命的東西，如果不能求得解脫，就將永遠在「六趣」中輪迴不停，生死相續。這「六趣」是由於業因的差別而分為六個等級：天、人、阿修羅、地獄、餓鬼和畜牲。在前面和這篇神話中，心懷怨憤的人總是發願生為惡龍施行報復，惡龍就屬六趣中最低一等的「畜牲」，既生為這種最低等的生命形式，又行兇暴，便只能墮入萬劫不復的深淵了。但它只要有一念向善，又可得到寬恕，佛法就是這樣的既嚴格又悲憫，以此吸引了無數百姓的信奉。

醯羅山等地

瞢揭釐城南四百餘里，至醯羅❶山，谷水西派。逆流東上，雜花異果，被澗緣崖，峰巖危險，谿谷盤紆❷，或聞諠語之聲，或聞音樂之響，方石如榻，宛若工成，連延相屬，接布崖谷。是如來在昔為聞半頌❸舊曰偈，梵文略也。或曰偈陀，梵音訛也。今從正者，宜云伽陀。伽陀者，唐言頌，頌三十二言之法，於此捨身命焉。

瞢揭釐城南二百餘里，大山側，至摩訶伐那❹唐言大林伽藍。是如來昔修菩薩行，號薩縛達多❺王唐言一切施，避敵棄國，潛行至此，遇貧婆羅門，方來乞匃❻，既失國位，無以為施，遂令羈縛，擒往敵王，冀以賞財，回為惠施。

摩訶伐那伽藍西北下山三四十里，至摩愉❼唐言豆伽藍。有窣堵波，高百餘尺。其側大方石上，有如來足蹈之跡。是佛昔蹈此石，放拘胝❽光明，照摩訶伐那伽藍，為諸人、天說本生事。其窣堵波基下有石，色帶黃白，常有津膩。是如來在昔修菩薩行，為聞正法，於此析骨書寫經典。

摩愉伽藍西六七十里，有窣堵波，無憂王之所建也。是如來昔修菩薩行，號尸毘迦❾王唐言與。舊曰尸毘王，略也，為求佛果，於此割身，從鷹代鴿。

代鴿西北二百餘里，入珊尼羅闍⑩川，至薩裒殺地⑪唐言蛇藥僧伽藍。有窣堵波，高八十餘尺。是如來昔為帝釋，時遭饑歲，疾疫流行，醫療無功，道殣⑫相屬，帝釋悲愍，思所救濟，乃變其形為大蟒身，僵屍川谷，空中徧告，聞者感慶，相率奔赴，隨割隨生，療飢療疾。其側不遠，有蘇摩⑬大窣堵波。是如來昔為帝釋，時世疾疫，愍諸含識，自變其身為蘇摩蛇，凡有噉食，莫不康豫⑭。珊尼羅闍川北石崖邊，有窣堵波。病者至求，多蒙除瘥⑮。如來在昔為孔雀王，與其群而至此，熱渴所逼，求水不獲，孔雀王以觜⑯啄崖，湧泉流注。今遂為池，飲沐愈疾。石上猶有孔雀趾跡。

瞢揭釐城西南行六七十里，大河東有窣堵波，高六十餘尺，上軍王⑰之所建也。昔如來之將寂滅，告諸大眾，我涅槃後，烏仗那國上軍王宜與舍利之分。及諸王將欲均量，上軍王後來，遂有輕鄙之議。是時天、人大眾重宣如來顧命⑱之言，乃預同分，持歸本國，式遵崇建。窣堵波側大河濱，有大石，狀如象。昔上軍王以大白象負舍利歸，至於此地，象忽噴⑲仆，因而自斃，遂變為石，即於其側起窣堵波。

瞢揭釐城西五十餘里，渡大河，至盧醯呾迦⑳唐言赤窣堵波，高五十餘尺，無憂王之所建也。昔如來修菩薩行，為大國王，號曰慈力㉑，於此刺身血以飼五藥叉舊曰夜叉，訛也。

瞢揭釐城東北三十餘里，至遏部多㉒唐言奇特石窣堵波，高四十餘尺。在昔如來為諸人、天說法開導，如來去後，從地踊出，黎庶㉓崇敬，香花不替。

石窣堵波西渡大河三四十里，至一精舍，中有阿嚩盧枳低溼伐羅㉔菩薩像唐言觀自在。合字連聲，梵語如上；分文散音，曰「阿嚩盧枳多」，譯曰「觀」，「伊溼伐羅」，譯曰「自在」。舊譯為光世音，或觀世音，或觀世自在，皆訛謬也。威靈潛被，神跡昭明，法侶相趨，供養無替。

【注　釋】❶醯羅　梵文 hiḍḍa 的音譯。意思是「骨」。❷盤紆　盤旋曲折。❸半頌　「頌」是梵文 gāthā 的意譯，音譯為「偈」。一頌三十二言。半頌即十六言。這裡的半頌是指「諸行無常，是生滅法。生滅滅已，寂滅為樂」的後半頌。❹摩訶伐那　梵文 mahāvana 的音譯。意思是「大森林」。❺薩縛達多　梵文 Sarvadatta 的音譯。意思是「一切施」。❻乞匄　乞討。❼摩愉　梵文 mayū 的音譯。意思是「光明」、「光線」。❽拘胝　梵文 Koṭi 的音譯。意思是百萬或億。❾尸毘迦　梵文 Śivika 的音譯。意思是「給與」。❿珊尼羅闍　梵文 Sanirāja 的音譯。sani 的意思是禮物、酬報；rāja 的意思是「王」。⓫薩裒殺地　梵文 Sarpauṣadhi 的音譯。意思是「蛇藥」。⓬殣　餓死。⓭蘇摩　梵文 Sūma 的音譯。意譯為水蛇。⓮豫　快樂。⓯瘥　疫病。⓰觜　嘴。⓱上軍王　梵文 Uttarasena 的意譯。很可能是臆造的人物。⓲顧命　臨終遺命。⓳嗔　發怒。⓴盧醯呾迦　梵文 rohitaka 的音譯。意譯為「赤」。㉑慈力　梵文 Maitribala 的意譯。㉒遏部多　梵文 adbhuta 的音譯。意譯為「奇特」。㉓黎庶　百姓。㉔阿嚩盧枳低溼伐羅　是梵文 Avalokiteśvara 的音譯。意譯為「觀自在」。舊譯將這個詞譯為「觀世音」或「觀音」是不準確的。

【語　譯】從瞢揭釐城向南走四百多里，就到達醯羅山，谷水西流。向東逆流而上，繁花異果鋪滿山澗和石崖。山峰上危巖險要，山谷曲折，有時能聽到諠鬧的說話聲，有時可以聽到音樂聲。方形的石頭像床榻一樣，好像是人工製成，一塊連著一塊，布滿了崖谷。當年如來為了聽到半頌佛法，在這裡將生命捨給羅剎。

在瞢揭釐城南二百多里的大山旁邊，有一座摩訶伐那寺。從前如來修菩薩行，名叫薩縛達多王，他為了躲避敵人，捨棄了國家，偷偷來到這裡，遇到一個貧窮的婆羅門向他乞討，他失掉了王位，沒有什麼可以施捨給這個婆羅門，於是就讓婆羅門將他綁上送到敵王那裡，希望他得到賞賜，算作是自己的布施。

從摩訶伐那寺院西北下山走三、四十里，就到達摩愉寺。寺中有塔，高一百多尺。在寺旁的方石上有如來腳踩過的遺跡。從前佛腳踩這塊石頭上，放出億萬道光芒，照亮了摩訶伐那寺，給那些人和神說本生故事。這座塔的塔基下面有一塊石頭，黃白顏色，常常是油膩膩的。從前如來修菩薩行，為了得聞正法，在這裡折下自己的骨頭來寫經典。

在摩愉寺西面六、七十里的地方，有一座塔，是無憂王建造的。從前如來修菩薩行，名叫尸毘迦王，為了成佛，在這裡切割自己的身軀，從鷹口中贖取鴿子。

在代鴿處往西北走二百多里，進入珊尼羅闍川，就到達薩裒殺地寺。寺中有座塔，高八十多尺。從前如來轉生為帝釋時，正遇到饑荒年歲，瘟疫流行，醫藥都不奏效，餓死的人一個接一個排在路上。帝釋憐憫人們，決心救濟他們，於是變做一條大蟒，僵屍躺在河谷中，他在空中發出聲音到處宣告，聽到的人又感激又興奮，成群結隊地往那裡跑，蟒身上的肉一邊割一邊又生長出來，既能充飢又能治病。在這塔旁邊不遠，有一座蘇摩大塔。從前如來轉生為帝釋時，瘟疫流行，他憐憫眾生，將自己變成蘇摩蛇，凡是吃過牠的肉的全都健康快樂。在珊尼羅闍川北邊的石崖旁，有一座塔，病人來禱告，很多都蒙神祐病癒了。從前如來轉生為孔雀王，和牠那一群孔雀一起來到這裡，又熱又渴，又找不到水，孔雀王便用尖嘴啄山崖，泉水從崖中湧出，現在已經變成了池子，不論飲用還是洗沐都能治病，石上現在還有孔雀的趾印。

從曹揭釐城向西南走六、七十里，在大河東邊有一座塔，高六十多尺，是上軍王建造的。從前如來要涅槃的時候，告訴眾人說：「我涅槃以後，應該給烏仗那國上軍王一份舍利。」等到國王們要平均分配舍利的時候，上軍王遲到，國王們於是對他表示輕鄙。這時天神和人們宣布了如來的臨終遺言，於是他得以同別人一樣分到舍利，他將舍利帶回本國，恭敬營建保存舍利的塔。在塔旁大河邊上，有一塊大石頭，形狀像一頭象。當年上軍王用大白象背著舍利回來，來到這個地方時，象忽然發怒倒地死去，變成了一塊石頭，於是就在石頭旁邊建起一座塔。

從曹揭釐城向西走五十多里，渡過大河，就到達盧醯呾迦塔，塔高五十多尺，是無憂王建造的。從前如來修菩薩行，轉生為大國王，名叫慈力，曾在這裡將身上刺出血來餵養五個藥叉。

從曹揭釐城向東北走三十多里，就到達遏部多石塔，塔高四十多尺。當年如來在這裡為世人和天神說法開導，如來離去以後，石塔從地裡踴出，百姓對這塔非常崇敬，香花供養不絕。

從石塔西面渡過大河，走三、四十里，就到達一座精舍，裡面有阿嚩盧枳低溼伐羅菩薩像。威靈在暗中發揮作用，神妙的奇蹟明白地顯現出來。僧人競相來到這裡，供養不絕。

【說　明】 本文介紹了醯羅山等九處佛教遺址。這九處佛教遺址基本上位於以曹揭釐城為中心，以曹揭釐城到醯羅山的距離為半徑的圓周之內，且多集中於這條軸線的西側。這幾處遺址多是佛塔，集中體現了釋迦如來對真理的孜孜追求，以及對一切生命形式無限悲憫慈愛的胸懷。每一處遺址都是有關釋迦如來的傳說：為了聽到半頌佛法，他以性命相許；為了書寫佛典，他拆下自己的骨頭作為書寫工具；他憐憫受到病疫折磨的人民，不惜化身為僵斃的靈蛇，使人民割食他身上的肉而康復；為解救鷹爪下的鴿子，他自割身軀去餵飽老鷹，……他對生靈的慈悲不僅表現在對他們的救護。當一個人向他伸手乞討時，這個身無分文、為避仇遠走他鄉的國王，竟要求將自己獻給敵人換取賞賜，作為他給這個乞者的布施。從這些故事中我們可以看出，釋迦如來的這種熱情和悲憫完全源於他的無私和無我，源於他對佛法的發自天性的熱愛和對眾生苦惱的無條件的同情。這正是他所以成佛的重要原因，也是佛教所一再提倡的主要品德。

藍勃盧山龍池

觀自在菩薩像西北百四五十里，至藍勃盧山。山嶺有龍池，周三十餘里，淥[1]波浩汗，清流皎鏡。昔毘盧擇迦王[2]前伐諸釋，四人拒軍者，宗親擯逐，各自分飛。其一釋種[3]既出國都，跋涉疲弊，中路而止。時有一鴈飛趣其前，既以馴狎，因即乘焉。其鴈飛翔，下此池側。釋種虛遊，遠適異國，迷不知路，假寐[4]樹陰。池龍少女遊覽水濱，忽見釋種，恐不得當也，變為人形，即而摩拊[5]。釋種驚寤，因即謝曰：「羈旅[6]羸人[7]，何見親附？」遂款[8]殷勤，凌逼野合。女曰：「父母有訓，祇奉無違。雖蒙惠顧，未承高命。」釋種曰：「山谷杳冥，爾家安在？」曰：「我此池之龍女也。敬聞聖族流離逃難，幸因遊覽，敢慰勞弊。命有燕私[9]，未聞來旨。況乎積禍，受此龍身，人畜殊途，非所聞也。」釋種曰：「一言見允，宿心斯畢。」龍女曰：「敬聞命矣，唯所去就。」釋種乃誓心曰：「凡我所有福德之力，令此龍女舉體成人。」福力所感，龍遂改形，既得人身，深自慶悅。乃謝釋種曰：「我積殃運，流轉惡趣[10]。幸蒙垂顧，福力所加，曠劫[11]弊身，一旦改變。欲報此德，縻[12]軀未謝。心願陪遊，事拘[13]物議。願白[14]父母，然後備禮。」

龍女還池，白父母曰：「今者遊覽，忽逢釋種，福力所感，變我為人，情存好合，敢陳事實。」龍王心欣人趣，情重聖族，遂從女請。乃出池而謝釋種曰：「不遺非類，降尊就卑，願臨我室，敢供灑掃[15]。」釋種受龍王之請，遂即其居。於是龍宮之中，親迎備禮，燕爾[16]樂會，肆極歡娛。釋種覩龍之形，心常畏惡，乃欲辭出。龍王止曰：「幸無遠舍，鄰此宅居，當令據疆土，稱大號，總有臣庶，祚[17]延長世。」釋種謝曰：「此言非冀。」龍王以寶劍置篋中，妙好白氎，而覆其上。謂釋種曰：「幸持此氎以獻國王，王必親受遠人之貢，可於此時害其王也。因據其國，不亦善乎？」釋種受龍指誨，便往行獻，烏仗那王躬舉其氎，釋種執其袂[18]而刺之。侍臣、衛兵諠亂階陛，釋種麾劍告曰：「我所仗劍，神龍見授，以誅後伏，以斬不臣。」咸懼神武，推尊大位。於是沿弊立政，表賢恤患。已而動[19]大眾，備法駕，即龍宮而報命，迎龍女以還都。龍女宿業未盡，餘報猶在，每至燕私，首出九龍之頭。釋種畏惡，莫知圖計，伺其寐也，利刃斷之。龍女驚寤曰：「斯非後嗣之利，非徒我命有少損傷，而汝子孫當苦頭痛。」故此國族常有斯患，雖不連綿，時一發動。釋種既沒，其子嗣位，是為嗢呾羅犀那王唐言上軍。

上軍王嗣位之後，其母喪明。如來伏阿波邏羅龍還也，從空下其宮中。上軍王適從遊獵，如來因為其母略說法要。遇聖聞法，遂得復明。如來問曰：「汝子，我之族也，今何所在？」母曰：「旦出畋遊，今將返駕。」如來與諸大眾尋欲發引。王母曰：「我唯福遇，生育聖族，如來悲愍，又親降臨，我子方還，願少留待。」世尊曰：「斯人者，我之族也。可聞教而信悟，非親誨以發心。我其行矣。還語之曰：『如來從此往拘尸城娑羅樹間，當入涅槃，宜取舍利，自為供養。』如來與諸大眾凌虛而去。上軍王方遊獵，遠見宮中光明赫奕⑳，疑有火災，罷獵而返。乃見其母復明，慶而問曰：「我去幾何，有斯祥感，能令慈母復明如昔？」母曰：「汝出之後，如來至此，聞佛說法，遂得復明。如來從此至拘尸城娑羅樹間，當入涅槃，召汝速來分取舍利。」時王聞已，悲號頓躄㉑，久而醒悟，命駕馳赴。至雙樹間，佛已涅槃。時諸國王輕其邊鄙，寶重舍利，不欲分與。是時天、人大眾重宣佛意，諸王聞已，遂先均授。

【注釋】❶淥　清澈。❷毘盧擇迦王　梵文寫作 Viḍūḍabha。是釋迦牟尼同時代人。繼其父鉢邏犀那恃多為憍薩羅國國王。❸釋種　「釋」是釋迦(Śākya)的簡稱。釋種即釋迦族人。❹假寐　小睡；作短暫的閉目休息。❺摩拊　撫摸。❻羈旅　寄居做客。❼羸人　瘦弱的人。❽款　招待。❾燕私　在寢室安息。這裡指野合。❿惡趣　指地獄、畜牲等。

⓫曠劫　指過去的極長時間。⓬糜　粉碎。⓭拘　受……限制。⓮白　稟告。⓯灑掃　這裡指操持家務。⓰燕爾　新婚。⓱祚　指君主的位置。⓲袂　衣袖。⓳動　發動。⓴赫奕　閃爍。㉑躄　仆倒。

【語　譯】從觀自在菩薩像向西北走四、五十里，就到達藍勃盧山。山嶺上有龍池，方圓三十多里，清波浩瀚，池水像鏡子一樣明澈。當年毘盧擇迦王征伐釋迦族，有四個人同他們的大軍抵抗，結果親屬都被放逐，各自分頭逃命。其中一個釋迦族人出了國都以後，跋涉得非常勞累，就在半路上停下來休息。這時有一隻大雁飛到他的面前，他看到這雁很馴善，就騎上雁背。那隻大雁飛了起來，降落在這個水池旁邊。這釋迦族人飛到這個遙遠的異國，一時找不到路，就在樹蔭下閉目養神。池中龍王的女兒在水濱遊玩，忽然看見釋迦族人，怕自己的龍形不雅，就變為人形，走上前去撫摩他。釋迦族人被驚醒了，問她說：「我是一個出門在外的可憐人，你為什麼對我這樣親近呢？」於是大獻殷勤，強迫龍女同他野合。龍女說：「如果有父母的訓示，我一定不會違抗。現在雖然蒙您看上了我，卻沒有得到父母的允許。」釋迦族人說：「山谷幽深，你的家在哪裡呢？」龍女回答說：「我是這池中龍王的女兒。聽聞聖族流離逃難，我出來遊玩有幸見到您，冒昧上前安慰您的勞累。您命我委身於您，因沒有父母之命我不能順從您。況且我由於做下許多禍事，生成龍身，人畜之間不同途，不能做那種事。」釋迦族人說：「請你答應我，滿足我的心願。」龍女說：「好吧，您叫我做什麼我就做什麼。」釋迦族發誓願說：「我願用我所有的福德的力量，把這龍女變成人形。」在他福力的感動下，龍女就變成了人。龍女得到人身，心裡非常歡悅。她向釋迦族人道謝說：「我積累的惡運使我在地獄和畜牲之間輪轉不息。今天有幸蒙您垂愛，將自己的福力加在我的身上，使我很久以來的醜陋身體一下子就改變了。您的恩德，我粉身碎骨也報答不完，我願意同您在一起，但怕閑言碎語。讓我先去稟明父母，然後成禮。」龍女回到池中，回稟父母說：「今天我出去遊玩，忽然遇到一個釋迦族人。他的福力感動了神，使我變成了人，我心裡想同他永不分離，現在特來告訴您們事情的原委。」龍王很高興女兒轉生為人，也很看重釋迦族，於是同意了女兒的請求。他走出龍池對釋迦族人說：「您不嫌棄我們這非人的族類，屈尊同我們這些卑下者結親，請您光臨我的寒舍，我將女兒送給您，為您做些粗活兒。」釋迦族人接受了龍王的邀請，來到他的府第。於是就在龍宮之中親迎備禮，享受新婚的快樂。釋迦族人看到龍的模樣，心裡總是又害怕又厭惡，就想告辭離開這裡。龍王挽留說：「請別遠離我們，就在附近住下吧。我會讓您據有疆土，稱王稱霸，統轄臣民，王運久長。」釋迦族人推辭說：「我不敢有這樣的奢望。」龍王將寶劍放在一個盒子裡，用上好的白棉布蓋在上面。對釋迦族人說：「請您拿著這塊棉布獻給國王，國王一定會親自接受遠方來人的供奉，您可在這個時候殺死國王。然後據有他的國家，這不是很好嗎？」釋迦族人接受了龍的指教，前去獻貢品，烏仗那國王親自去接白細布，釋迦族人趁機抓住他的袖子刺殺了他。侍臣和衛兵在朝堂上亂成一片，釋迦族人揮劍告訴他們說：「我拿的這把劍是神龍授與我的，我要用它誅滅那些遲遲不肯臣服的人。」人們畏懼他的神武，公推他做了國王。於是他針對原來的弊病立下新的政令，表彰聖賢、撫恤貧病者。不久出動大隊人馬，備了法駕，到龍宮去報告，並迎接龍女回到都城。龍女過去的業報還沒有完全消失，還有剩餘的果報，每到交合時，頭上就出現九個龍頭。釋迦族人見了又怕又厭，不知道該怎麼辦才好。趁她睡覺的時候，用鋒利的刀割斷了她的頭。龍女被驚醒了，說：「這對您的後代不利，不僅我的性命有所損傷，您的子孫也會為頭痛所苦。」因此這個國家的王族常有這種病，雖然不是經常不斷，但也時常發作。釋迦族人死了以後，他的兒子繼位，就是嗢呾羅犀那王。

上軍王繼位以後，他母親失明了。如來降伏阿波邏羅龍後回來，從空中降臨到他的宮中。上軍王剛好出去遊獵，如來就向他的母親簡要宣講佛法精要。她聽了聖法，眼睛就復明了。如來問她：「您的兒子是我的族人，他現在到哪裡去了？」王母說：「早晨出去打獵，馬上就要回來了。」過了一會兒，如來和眾人神要走。王母說：「我有福生育了聖族，如來悲憫，又親自降臨。我兒子就要回來了，請您稍等片刻。」如來世尊說：「這個人是我的同族，可以聽到法教而虔信覺悟，不用我親自教誨他。我就要走了。回來請告訴他：『如來從這裡去到拘尸城娑羅樹中間，就要涅槃，你應去取舍利，自己供養。』

如來和眾人神淩空而去。上軍王正在遊獵，遠遠望見宮中光明閃耀，疑心發生了火災，馬上停止打獵返回。卻見母親眼睛復明，欣喜地問：「我離開不久，有什麼祥瑞的事竟能讓母親的眼睛像原來一樣明亮？」王母說：「你出去以後，如來到了這裡，我聽佛說法，眼睛就復明了。如來從這裡到拘尸城的娑羅樹中間，就要涅槃。他召你速去分取舍利。」國王聽完這話，悲傷號啕，仆倒在地昏了過去，很久才蘇醒過來，命車駕馳往如來涅槃的地方。等到他到達雙樹間的時候，如來佛已經涅槃了。當時各國國王看不起邊遠鄙地的上軍王，以舍利為寶，不想分給他。這時天神和人眾重新宣布佛的意旨，國王們聽了以後，就將平均分好的舍利先授給他。

【說　明】本文記敘了有關上軍王家族的神話傳說。這個故事的背景是憍薩羅國國王毘盧擇迦對釋迦族的戰爭。西元前六世紀時，在印度北方雅利安人佔優勢的地區出現了十幾個君主世襲制國家，憍薩羅國是其中最強大的一個。與此同時，在雅利安人勢力薄弱的地區還有許多國家或部落，它們的首領通過定期選舉產生，西方學者將它們稱為「共和國」，其中最著名的就是釋迦族的劫比羅伐窣堵。但在當時北印度列國紛爭的局勢中，它是受欺侮的弱者，最後被憍薩羅國的毘盧擇迦所滅。我們這個故事的主人公「釋迦族人」就是在這場戰爭中逃亡的。

在這個大背景下展開的這個神話傳說實際上包括三個內容：一、釋迦流亡者和龍女的愛情故事；二、釋迦人在龍王幫助下奪取烏仗那國王位的經過；三、佛涅槃前對上軍王的看望。這三個小故事既可獨立成章又渾然一體，整個傳說寫得如行雲流水，舒展動人，引人入勝。作者對於環境的描寫、對話的運用、細節的把握和氣氛的烘托無不臻於爐火純青的地步，具有強烈的藝術感染力。如釋迦人和龍女之間的風光旖旎、春意盎然；釋迦人奪取王位的驚險氣氛；釋迦如來降臨王宮時的安詳平和、清涼光明，都使人有身臨其境之感。表現了作者高超的駕馭語言的能力。

有關上軍王這個人物，目前頗多疑問。因為沒有任何一部佛經提到過這個名字，而且，根據這個故事，上軍王參與了分取佛舍利，但是在佛經中關於佛滅後八國國王分取舍利的記載中也都沒有提到烏仗那國上軍王。因此，學者們認為，上軍王這個人物是烏仗那國的佛教信徒們為了抬高自己在佛教中的地位而臆造出來的，所以關於他的事跡實不足信。

達麗羅川

瞢揭釐城東北踰山越谷，逆上信度河，途路危險，山谷杳冥，或履緪❶索，或牽鐵鎖❷，棧道虛臨，飛梁危構，椽杙❸躡隥❹，行千餘里，至達麗羅川，即烏仗那國舊都也。多出黃金及鬱金香。達麗羅川中大伽藍側，有刻木慈氏❺菩薩像，金色晃煜❻，靈鑒潛通，高百餘尺，末田底迦❼舊曰末田地，訛略也阿羅漢之所造也。羅漢以神通力，攜引匠人升覩史多天❽舊曰兜率陀，又曰兜術陀，訛也，親觀妙相，三返之後，功乃畢焉。自有此像，法流東派。

從此東行，踰嶺越谷，逆上信度河，飛梁棧道，履危涉險，經五百餘里，至鉢露羅國。

【注　釋】❶緪　繩索。❷鎖　鎖鏈。❸椽杙　椽，圓木條。杙，小木樁。❹隥　同「磴」。石階。❺慈氏　梵文 Maitreya 的意譯。音譯為「彌勒」。❻煜　照耀。❼末田底迦　梵文 Madhyāntika 的音譯。意譯為「日中」或「水中」。❽覩史多天　是佛教傳說中的第四重天。覩史多，梵文 Tuṣita 的音譯。意譯為知足、喜樂。

【語　譯】從瞢揭釐城向東北走，翻山越谷，沿信度河逆流而上，路途危險，山谷幽深，有時走繩索橋，有時牽鐵鎖鏈，棧道懸在空中，橋梁高架，結構奇險，小心踩著木橛石磴向前行走，走一千多里，到達達麗羅川，這就是烏仗那國的舊都城。大量出產黃金和鬱金香。在達麗羅川裡的大寺院旁邊，有一座木頭雕刻的慈氏菩薩像，金色晃耀，冥冥中有神異的力量。高一百多尺，是末田底迦阿羅漢建造的。末田底迦阿羅漢運用神通力，帶領匠人昇到覩史多天，親眼觀看菩薩的妙相，往返三次以後，這個佛像才完成。自從有了這座佛像以後，佛法向東流傳更廣了。

從這裡向東走，越過山嶺和谷地，沿信度河逆流而上，經過飛橋棧道等許多危險地帶，走五百多里，到達鉢露羅國。

【說　明】達麗羅川是古代經過蔥嶺進入印度的非常險峻而又必經之處。我國西行僧人多要經過這裡。本文以簡潔的語言描述了這段路途的險要難行，路途之險，使我們在這裡讀這段文字也不禁要冷汗淋漓。當時西去的僧人是懷著怎樣的熱情和信仰才會產生那麼大的勇氣啊！由此也可以看出佛教的無窮魅力。

鉢露羅國

【題　解】鉢露羅，梵文寫作 Balūra 或 Balora。今名 Baltistan。也有的典籍譯為「鉢盧勒」、「勃律」等。位於信度河流域。因當地居民多為藏族，操藏語，因此號稱小西藏。

鉢露羅國，周四千餘里，在大雪山間，東西長，南北狹。多麥、豆，出金、銀，資金之利，國用富饒。時唯寒烈，人性獷暴，薄於仁義，無聞禮節。形貌麤弊❶，衣服毛褐。文字大同印度，言語異於諸國。伽藍數百所，僧徒數千人，學無專習，戒行多濫。

從此復還烏鐸迦漢荼城，南渡信度河，河廣三四里，西南流，澄清皎鏡，汩淴❷漂流，毒龍、惡獸窟穴其中，若持貴寶、奇花果種及佛舍利渡者，船多飄沒。渡河至呾叉始羅國。

【注釋】❶麤弊　粗鄙。❷汩淴　形容水流迅疾的樣子。

【語譯】鉢露羅國方圓四千多里，位於大雪山中，東西長，南北窄，多產麥、豆，出金、銀，由於出金子，國家很富裕。氣候寒冷，人民性情粗獷暴烈，薄仁寡義，不知禮節。形貌粗鄙，穿著粗毛製成的衣服。文字同印度基本相同，語言卻和別國不一樣。境內有寺院幾百所，僧徒數千人。他們不專習一定的理論，戒行很多。

從這裡往回走，走到烏鐸迦漢荼城，再向南渡過信度河，信度河有三、四里寬，河水流向西南，水清如鏡，水流迅疾，毒龍和惡獸在河中都有窟穴，那些帶著珍寶、奇花果種和佛舍利渡河的，他們的船多沈沒了。渡過河就到達呾叉始羅國。

【說　明】本文簡要介紹了鉢露羅國的概況以及信度河的風光。文字簡潔，敘事條理清晰。但對這個國家的整個記敘只是泛泛而論，缺少一種經過觀察的立體感。因而這個國家可能不是作者親身遊歷過的，這裡的有關記載只是出於傳聞。

呾叉始羅國

【題　解】呾叉始羅，梵文為Takṣaśilā。也被譯為「呾尸羅」、「竺刹尸羅」（截頭）等。曾是健馱邏國的首都。關於這個國名的意義有許多說法。據印度史詩《羅摩衍那》，說此城是羅摩的弟弟婆羅多建立的，並立他的兒子呾叉為王，因而得名；據《佛說月光菩薩經》說，月光王曾在這裡將自己的頭截下施捨給惡眼婆羅門，故名Takṣaśilā（截頭）。種種說法，不一而足。其遺址在今印度河與傑魯姆河之間，海拔一千七百英尺以上。

呾叉始羅國，周二千餘里。國大都城周十餘里。酋豪力競，王族絕嗣，往者役屬迦畢試國，近又附庸迦溼彌羅國。地稱沃壤，稼穡殷盛，泉流多，花果茂。氣序和暢，風俗輕勇，崇敬三寶。伽藍雖多，荒蕪已甚，僧徒寡少，並學大乘。

【語　譯】呾叉始羅國方圓兩千多里，國大都城方圓十幾里，豪傑競相稱雄，王族斷絕了後代。這個國家從前役屬於迦畢試國，最近又附屬於迦溼彌羅國。土壤肥沃，糧食充足，泉流廣布，花果茂盛。氣候和暢，風俗輕浮勇猛，崇信佛教三寶。寺院雖然很多，卻都非常荒蕪了。僧徒很少，都研習大乘法教。

【說　明】本文簡要介紹了呾叉始羅國的概況。作為健馱邏國的舊都，這裡的佛教一度是比較流行的。下面要介紹的就是幾個比較著名的佛教遺址。

醫羅鉢呾邏龍池

大城西北七十餘里有醫羅鉢呾邏❶龍王池，周百餘步。其水澄清，雜色蓮花同榮異彩。此龍者，即昔迦葉波佛時壞醫羅鉢呾邏樹苾芻也。故今彼土請雨祈晴，必與沙門共至池所，彈指慰問，隨願必果。

龍池東南行三十餘里，入兩山間，有窣堵波，無憂王之所建也，高百餘尺。是釋迦如來懸記，當來慈氏世尊出興之時，自然有四大寶藏❷，即斯勝地，當其一所。聞之土俗曰：或時地震，諸山皆動，周藏❸百步，無所傾搖。諸有愚夫，妄加發掘，地為震動，人皆蹎❹仆。傍有伽藍，圮損已甚，久絕僧徒。

城北十二三里有窣堵波，無憂王建也。或至齋日，時放光明，神花天樂，頗有見聞。聞諸土俗曰：近有婦人，身嬰❺惡癩，竊至窣堵波，責躬禮懺，見其庭宇有諸糞穢，掬除灑掃，塗香散花，更采青蓮，重布其地，惡疾除愈，形貌增妍，身出名香，青蓮同馥❻。斯勝地也，是如來在昔修菩薩行，為大國王，號戰達羅鉢剌婆❼唐言月光，志求菩提，斷頭惠施。若此之捨，凡歷千生。

捨頭窣堵波側有僧伽藍，庭宇荒涼，僧徒減少。昔經部❽拘摩羅邏多❾唐言童受論師於此製述諸論。

【注　釋】❶醫羅鉢呾邏　梵文Elāpattra的音譯。醫羅是一種帶臭味的樹。可以作藥用；鉢呾邏的意思是樹葉。❷四大寶藏　佛教中指的是乾陀衛國伊羅鉢龍王寶藏、蜜絺羅國斑稠龍王寶藏、須賴吒國賓伽羅龍王寶藏和婆棕國蠰佉龍王寶藏。本文所指的一處是伊羅鉢龍王寶藏。❸周藏　周圍。❹蹎　捽跌。❺嬰　纏繞。❻馥　芳香。❼戰達羅鉢剌婆　梵文Candraprabha的音譯。意思是月光。❽經部　即經量部。從小乘佛教說一切有部分化而來。只承認經律論三藏中的經藏為佛說。❾拘摩羅邏多　梵文Kumāralāta的音譯。意譯為「童受」。是經量部的論師。著作甚豐。

【語　譯】在大城西北七十多里的地方，有一座醫羅鉢呾邏龍王池，這座池子方圓一百多步，水很清澈，各種顏色的蓮花同時開放，異彩紛呈。這條龍就是從前迦葉波佛時損壞醫羅鉢呾邏樹的比丘。因此現在當地人求雨祈晴，一定要同一個僧人共同來到池邊彈指慰問，有求必應。

從龍池向東南走三十多里，進入兩山之間，這裡有一座塔，是無憂王建造的，塔高一百多尺。從前釋迦如來預言，未來的慈氏世尊出世時，自然有四大寶藏出現，這個勝地就是其中一處寶藏所在。聽當地人說：有時這裡發生地震，周圍群山全都動搖了，只有這塔周圍百步以內，毫不傾搖。有些愚蠢的人莽撞發掘時，大地震動，人都跌倒在地。塔旁有所寺院，倒塌損壞很厲害，早就沒有僧人了。

在城北十二、三里的地方有一座塔，是無憂王建造的，每到齋日，常常大放光明，時常能見到神花，聽到天樂。聽當地人說：最近有個婦人，惡癩纏身，她偷偷來到塔前，向塔禮拜懺悔。她看見庭院中有許多糞便和汙穢的東西，於是就著手清除灑掃，並塗香撒花，又採來青色蓮花，把地重新鋪好。不久她的惡病便痊癒了，外貌比以前更加妍麗，身上發出名香的香氣，同青蓮花一樣芳香。這一處勝地，從前如來在這裡修菩薩行，做大國王，名字叫戰達羅鉢剌婆，他為了求得菩提，將自己的頭割下來施捨給別人。這樣的施捨，他在一千次轉生時都做過。

在捨頭塔的旁邊有一座寺院，庭院荒涼，僧人很少，從前經量部拘摩羅邏多論師曾在這裡寫作經論。

【說　明】本段包括四處佛教遺址：醫羅鉢呾邏龍王池、四寶藏之一所在地、捨頭塔和拘摩羅邏多論師製述諸論的寺院。這四處遺址均位於大都城的西北和北部，其間沒有什麼聯繫，表現了佛法的神祕力量和釋迦樂善好施的品德。

關於醫羅鉢呾邏龍王的典故在《福蓋正行所集經》中有詳細記敘。其大意是：過去迦葉波佛時，有一個比丘摘毀醫羅樹的葉子，犯了戒條，被罰永為龍身。龍有七個頭，頭上生有醫羅樹，常流膿血，蟲類爭相吮食，令龍苦不堪言。當時佛在嚩拏城，憐憫龍的痛苦，於是教化它，說彌勒出世時它得免龍身。這個故事說明佛教戒律對僧人的要求還是相當嚴格的，對違規者的懲罰也很嚴厲。關於如來捨頭的故事則見於《佛說月光菩薩經》和《賢愚經》。說從前如來轉世為月光王，光榮富貴無比，樂善好施。有一個惡眼婆羅門前來要求月光王布施出自己的頭，月光王便將劍遞給惡眼婆羅門，讓他來截自己的頭，那婆羅門卻說：「王上應自己斷頭，讓我來割不算是你的布施。」月光王於是將頭髮繫在無憂樹上，用利劍割下自己的頭。這樣在他一千次轉世時他一千次施捨了他的頭，終於功德圓滿。本文主要敘述了這處遺址的靈異。

南山窣堵波

城外東南，南山之陰有窣堵波，高百餘尺，是無憂王太子拘浪拏為繼母❶所誣抉目之處，無憂王所建也。盲人祈請，多有復明。此太子正后❷生也，儀貌妍雅，慈仁夙著。正后終沒，繼室憍婬，縱其昏愚，私逼太子，太子濺泣引責，退身謝罪。繼母見違，彌增忿怒，候王閑隙，從容言曰：「夫呾叉始羅，國之要領❸，非親子弟，其可寄乎？今者，太子仁孝著聞，親賢之故，物議斯在。」王惑聞說，雅悅奸謀，即命太子，而誡之曰：「吾承餘緒❹，垂統繼業，唯恐失墜，忝負先王。呾叉始羅國之襟帶，吾今命爾作鎮彼國。國事殷重，人情詭雜，無妄去就，有虧基緒。凡有召命，驗吾齒印。印在吾口，其有謬乎？」於是太子銜命❺來鎮。歲月雖淹❻，繼室彌怒，詐發制書，紫泥封記，候王眠睡，竊齒為印，馳使而往，賜以責書。輔臣跪讀，相顧失圖。太子問曰：「何所悲乎？」曰：「大王有命，書責太子，抉❼去兩目，逐棄山谷，任其夫妻隨時生死。雖有此命，尚未可依。今宜重請，面縛待罪。」太子曰：「父而賜死，其敢辭乎？齒印為封，誠無謬矣。」命旃荼羅❽抉去其眼。眼既失明，乞貣❾自濟，流離展轉，至父都城。其妻告曰：「此是王城。嗟乎，飢寒良苦！昔為王子，今作乞人！願得聞知，重伸先責。」於是謀計，入王內廄❿，於夜後分，泣對清風，長嘯悲吟，箜篌⓫鼓和。王在高樓聞其雅唱，辭甚怨悲，怪而問曰：「箜篌歌聲，似是吾子，今以何故而來此乎？」即問內廄，誰為歌嘯？遂將盲人，而來對旨。王見太子，銜悲問曰：「誰害汝身，遭此禍釁⓬？愛子喪明，猶不覺知，凡百黎元，如何究察？天乎，天乎！何德之衰！」太子悲泣，謝而對曰：「誠以不孝，負責於天，某年月日，忽奉慈旨，無由致辭，不敢逃責。」其王心知繼室為不軌也，無所究察，便加刑辟。時菩提樹伽藍有瞿沙⓭唐言妙音大阿羅漢者，四辯無礙⓮，三明具足。王將盲子，陳告其事，惟願慈悲，令得復明。時彼羅漢受王請已，即於是日宣令國人：「吾於後日，欲說妙理，人持一器，來此聽法，以承泣淚也。」於是遠近相趨，士女雲集。是時阿羅漢說十二因緣⓯，凡厥聞法，莫不悲耿，以所持器，承其灑淚。說法既已，總收眾淚，置之金盤，而自誓曰：「凡吾所說，諸佛至理。理若不真，說有紕繆⓰，斯則已矣；如其不爾，願以眾淚，洗彼盲眼，眼得復明，明視如昔。」發是語訖，持淚洗眼，眼遂復明。王乃責彼輔臣，詰諸僚佐，或黜或放，或遷或死，諸豪世祿移居雪山東北沙磧之中。

從此東南越諸山谷，行七百餘里，至僧訶補羅國北印度境。

【注釋】❶繼母　即阿育王妃 Tiṣyarakṣitā，音譯為帝舍羅叉。意譯為光護。❷正后　即阿育王后 Padmavatī。音譯為鉢羅婆底。意譯為蓮華色。❸要領　關鍵地區。❹餘緒　前人留下的事業。❺銜命　領命。❻淹　遲緩。❼抉　挖。❽旃荼羅　梵文 caṇḍāla 的音譯。為印度最低賤的人。是首陀羅男子和婆羅門女子所生的混雜種姓。這裡指以屠宰為業的旃荼羅。❾乞貣　乞討。貣，通「貸」。❿廄　馬圈。⓫箜篌　古代樂器。外形像瑟，但比瑟小。⓬禍舋　禍殃。舋，也作「釁」。⓭瞿沙　梵文 Ghoṣa 的音譯。意譯為聲、妙音等等。⓮四辯無礙　即㈠法無礙，詮解教法無所滯礙；㈡義無礙，注解教法的義理無所滯礙；㈢辭無礙，對於各種語言通達無礙；㈣樂說無礙，能以前三種無礙對眾生說教，根據眾生不同的覺悟程度順應辯說，使他們信解無礙。⓯十二因緣　梵文 dvādaśanidāna 的意譯。又稱十二緣起。指佛教三世輪迴的十二個層次。⓰紕繆　錯誤。紕，布帛、絲縷等破壞散開。

【語　譯】在城外東南方向有一座南山。在南山的背陰處有一座塔，塔高一百多尺，是無憂王太子拘浪拏被繼母誣陷挖眼的地方。這塔是無憂王建造的。盲人到這裡祈禱請求，很多都復明了。這位太子是正后所生，儀容美麗文雅，天性仁慈，遠近聞名。正后死了以後，新后驕橫放蕩，她放縱自己昏愚的天性，逼迫太子同她交歡，太子哭著自責，遠遠退開向她請罪。繼母見他不肯順從，非常憤怒，趁國王空閑的時候，從容地向國王說：「呾叉始羅這個地方是國家的關鍵所在，怎能讓不是自己親生子弟的人駐守呢？現在，太子的仁孝人盡皆知。因為你不親近賢人，外面已經有很多議論了。」國王被她的話所迷惑，很贊同她的奸謀，於是召來太子，告誡他說：「我繼承前人遺業統治這個國家，唯恐失掉江山，對不起先王。呾叉始羅是國家的襟帶要害之地，現在我命令你去鎮守這個國家。國事重大，人心詭詐，你不要隨便跑來跑去，損害了國家的利益。凡是有詔命，你都要驗看上面我的齒印。齒印在我嘴裡，還會有錯嗎？」於是太子領命來鎮守呾叉始羅。歲月雖然慢慢流逝著，但他繼母的憤怒卻越來越強烈。她偽造了一封國王的制書，用紫泥封好，等國王睡覺的時候，偷偷在國王牙齒上取下印記，派人飛馬送了出去，把這封譴責的書信賜給太子。太子的輔臣跪地宣讀國王的制書，看了制書，面面相覷，沒了主意。太子問道：「為什麼悲傷呢？」輔臣說：「大王有命，這封書信責備太子，要挖掉您的兩隻眼睛，將您夫妻二人趕到山谷中去，隨便你們是死是活。大王雖有這個命令，現在還不能執行，現在應該請求國王重新考慮，您將自己捆上，當面聽從國王的責罰。」太子說：「父王賜我死，我怎敢逃避呢？齒印印在封泥上，確實是國王的命令無疑。」於是命令旃荼羅挖出自己的眼睛。眼睛失明以後，他以乞討為生，四處流浪輾轉，一天他來到了父王的都城。他的妻子告訴他說：「這就是王城。唉，我們飢寒交迫，多麼痛苦啊！從前的王子現在成了乞丐！願大王能夠聽到我們的悲訴，再談一談他從前給我們的責罰。」於是他們設計進入國王的內馬廄，到了下半夜，他們對著清風哭泣，長嘯悲吟，用箜篌伴奏。國王在高樓上聽到這歌聲，歌辭非常哀怨悲傷，國王覺得很奇怪，問道：「和著箜篌的歌聲好像是我兒子的。他現在為什麼會來這裡呢？」他馬上命人問內馬廄，誰在那裡歌嘯？人們於是將盲人帶到國王面前回話。國王見是太子，含悲問道：「是誰害你遭到這樣的禍殃？我的愛子失掉了眼睛，我卻不知道，對那些百姓的事我又如何能察知呢？天哪，天哪！我的德行竟已經壞到這種程度了！」太子悲傷地哭泣，對國王道歉說：「我實在是不孝，得罪了上天，有一天忽然奉到您的慈旨，我沒有辦法向您申訴，也不敢逃避責罰，於是就成了這種樣子。」國王心裡明白是繼室幹的壞事，沒有去追究察問就將她殺掉了。當時在菩提樹寺有一位瞿沙大阿羅漢，已具備四辯無礙和三明。國王帶著盲太子，將這件事向他陳述，請他發慈悲，使太子復明。羅漢接受了國王的請求，當天他向全國百姓宣布說：「我將在後天解說妙理，請你們每人拿一件器皿，到這裡聽法時用來接眼淚。」於是遠近百姓和士女都紛紛雲集到來。這一次阿羅漢為他們解說十二因緣，凡是聽他說法的人沒有一個不悲傷哭泣的，都用自己攜帶的器皿承接淚水。說法完畢，羅漢將眾人眼淚收集在一起，放在金盤裡面。自己發誓說：「我所說的一切都是佛法至理。這理如果不真，或我說的有錯誤，那就算了，倘若不然，我願以眾人的淚水洗他的盲眼，讓他的眼睛復明，能像從前一樣看東西。」他說完這一番話，就用淚水洗太子的眼睛，太子眼睛於是就復明了。國王於是責罰那些輔臣，質問官員們，將他們分別處以降級、放逐、遷官或處死的懲罰。很多豪門世族遷移到雪山東北的沙磧中去居住。

從這裡向東南走，越過重重山谷，走了七百多里，就到達僧訶補羅國。

【說　明】本文講述了有關拘浪拏王子的傳說。這是一個帶有喜劇結尾的悲劇故事。主人公拘浪拏太子被繼母陷害致盲，從王子淪為乞兒，受盡苦難，最後設計見到父王，真相大白，並在瞿沙羅漢的幫助下重見光明。整個故事寫得曲折細緻，委婉動人，塑造了幾個栩栩如生的藝術形象，其中拘浪拏太子的形象最為成功。構思嚴謹，注意運用細節推動故事情節的發展，注意首尾呼應，人物語言符合性格特徵，文字生動，具有強烈的感染力。

最後有關太子眼睛復明的情節無疑是對佛教的一種宣傳。文中提到「十二因緣」，這是佛教的基本教義之一，講述的是三世輪迴的基本理論。佛教認為，生命的一次輪迴包括十二個層次，因而叫「十二因緣」。這些層次包括：㈠無明，一種愚痴無知的狀態；㈡行，即由無明而產生的善與惡的行為；㈢識，現世託胎時的心識；㈣名色，在胎兒時的精神和物質狀態；㈤六處，即眼、耳、鼻、舌、身、意六根生長完備；㈥觸，即出胎後接觸事物，但還不能識別苦樂；㈦受，漸漸對事物有所識別而產生苦樂；㈧愛，指欲望的產生；㈨取，即對欲望的追求；㈩有，由貪愛等欲望引起種種善與惡的行為（業）；(十一)生，即根據現在的業在來世的生；(十二)老死。這十二支每兩支順序成為一對因果關係：無明緣行；行緣識；識緣名色；……而配合過去、現在、未來「三世」又可概括為兩重因果：無明、行為過去因，識、名色、六處、觸、受為現在果；愛、取、有為現在因，生、老死為未來果。佛教認為，任何有生命的個體，在沒有獲得解脫以前，都將按這個因果律在「三世」、「六趣」中生死流轉，永無終期。而佛教修習的最終目標，就在於擺脫十二因緣的束縛，跳出三世輪迴的範圍，達到「涅槃」。

僧訶補羅國

【題解】僧訶補羅，梵文 Siṃhapura 的音譯。該國舊址在薩爾特山脈以北，傑魯姆河北岸。境內佛教廟宇和塑像頗多，每年有眾多信徒從印度各地到該國大都城附近參拜沐浴，佛教在這裡曾盛極一時。

僧訶補羅國，周三千五六百里，西臨信度河。國大都城周十四五里，依山據嶺，堅峻險固。農務少功，地利多獲。氣序寒，人性猛，俗尚驍勇，又多譎詐。國無君長主位，役屬迦溼彌羅國。

城南不遠有窣堵波，無憂王之所建也。莊飾有虧❶，靈異相繼。傍有伽藍，空無僧侶。

城東南四五十里至石窣堵波，無憂王建也，高二百餘尺。池沼十數，映帶左右，彫石為岸，殊形異類，激水清流汩淴漂注，龍魚水族窟穴潛泳，四色蓮花彌漫清潭，百果具繁，同榮異色，林沼交映，誠可遊玩。傍有伽藍，久絕僧侶。窣堵波側不遠，有白衣外道本師❷悟所求理初說法處，今有封記，傍建天祠。其徒苦行❸，晝夜精勤，不遑❹寧息。本師所說之法，多竊佛經之義，隨類設法，擬則軌儀。大者為苾芻，小者稱沙彌。威儀律行頗同僧法，唯留少髮，加之露形，或有所服，白色為異，據斯流別，稍用區分。其天師像竊類如來，衣服為差，相好無異。

【注　釋】❶虧　缺損。❷白衣外道本師　指耆那教派的創立者大雄(Mahāvīra)。相傳他於西元前六至前五世紀出生在吠舍釐城外的孔達村。三十歲出家。十二年後悟道，創耆那教。「耆那」即大雄的稱號。原意為「勝利者」、「完成修行的人」。因此該教又稱「勝利者的宗教」。白衣外道是大雄逝世後約二百年從耆那教中分出的一個派別。❸苦行　梵文Tapas的意譯。是一種宗教修行方法。如實行自制、拒絕物質福利和感官上的享受、忍受環境的壓迫、千方百計的自我折磨等等。耆那教往往實行各種怪異的苦行。如一手長期高舉、單腳獨立、臥刺床等。佛教稱之為「苦行外道」。❹遑　閑暇。

【語　譯】僧訶補羅國方圓三千五、六百里，西臨信度河。這個國家的大都城方圓十四、五里，背靠山嶺，形勢險峻堅固。農業上，稍稍花點力氣，就可以收穫很多東西。氣候寒冷，居民性情猛烈，崇尚驍勇，又多詭詐。這個國家沒有君主，役屬於迦溼彌羅國。

在都城南面不遠有一座塔，是無憂王建立的。塔身的裝飾已經有所損壞，但仍不斷顯靈。塔旁有一所寺院，裡面空空蕩蕩，沒有一個僧人。

從都城往東南走四、五十里就到達一座石塔，這塔是無憂王建造的，塔高二百多尺。十幾個池沼在它左右照映，這些池沼的邊緣都是用雕刻的石頭砌成的，形狀各不相同，池水清澈激蕩，奔流有聲，龍、魚、水族生物在水底洞窟內居住、潛泳，四種顏色的蓮花布滿清潭，百果繁茂，雜花叢生，樹林和池潭交相掩映，實在是遊玩的好去處。在塔旁有一所寺院，裡面久已沒有僧人了。在塔旁邊不遠，是白衣外道本師悟得真理初次說法的地方，現在還有標記，旁邊建有神廟。他的信徒日夜勤勉地苦行，無暇休息。這位本師所說的法教，多是從佛經教義中剽竊去的，隨著不同的對象設定法教，擬定教規。大的叫苾芻，小的叫沙彌。行動規範法服穿著和佛教大致相同，只是留一點頭髮，再加上裸體，有的也穿衣服，白色是其特點，根據他們的派別，我在這裡大致這樣區分。他們的天師像偷偷模仿如來像，只是穿著的衣服不同，三十二相八十種好則沒有分別。

【說　明】本文簡要介紹了僧訶補羅國的概況及大都城附近的景色和遺址。其中對石塔附近景色的描寫既簡潔又細緻，文字優美，讀來琅琅上口，富有韻致。

本文寫作重點在對白衣外道的介紹，並認為這種教派的教義等多是對佛教的模仿。對這一點需加以說明。白衣教是一世紀時從耆那教中分裂出的一個宗教派別，其本師是大雄。大雄創立的耆那教興起於西元前六至前五世紀，其基本教義是業報輪迴、靈魂解脫、非暴力和苦行主義等，其教義確有許多和佛教相似的地方，但不能因此說耆那教剽竊佛教教義。因為大雄和佛陀是同時代人，他們差不多是在同時創立並傳布其教義的，因而「剽竊」云云只能作為是佛教徒的一種宣揚。另外，大雄的傳教活動僅限於中印度一帶，北印度的僧訶補羅國國都附近怎麼會有他悟道說法的遺址呢？恐怕本文所說只是傳聞而已。

大石門

從此復還呾叉始羅國北界，渡信度河，東南行二百餘里，度大石門，昔摩訶薩埵王子於此投身飼餓烏菟❶。其南百四五十步有石窣堵波，摩訶薩埵愍餓獸之無力也，行至此地，乾竹自刺，以血啗❷之，於是乎獸乃噉❸焉。其中地土，洎❹諸草木，微帶絳色，猶血染也。人履其地，若負芒刺，無云疑信，莫不悲愴。捨身北有石窣堵波，高二百餘尺，無憂王之所建也。彫刻奇製，時燭神光。小窣堵波及諸石龕動以百數，周此塋❺域，其有疾病，旋繞多愈。石窣堵波東有伽藍，僧徒百餘人，並學大乘教。

從此東行五十餘里，至孤山，中有伽藍，僧徒二百餘人，並學大乘法教。花果繁茂，泉池澄鏡。傍有窣堵波，高二百餘尺，是如來在昔於此化惡藥叉，令不食肉。

從此東南山行五百餘里，至烏剌尸國北印度境。

【注　釋】❶烏䖘　虎。❷啗　給……吃。❸噉　吃。❹洎　到；以及。❺塋　墓地。

【語　譯】從這裡又回到呾叉始羅國北部邊界，渡過信度河，向東南走二百多里，經過大石門，從前摩訶薩埵王子就是在這裡以自己的身體餵餓虎。在大石門南邊四五十步有一座石塔，摩訶薩埵可憐餓得有氣無力的野獸，走到這裡用乾竹子刺自己，用自己的血餵牠，於是獸就吃了他。這裡的土地以及草木，都微帶絳紅色，像血染的一樣。人們踏上這片土地，就像背上扎有芒刺，無論信不信這個故事，沒有不悲傷的。在王子捨身處的北邊有座石塔，塔高二百多尺，是無憂王建造的，雕刻精奇，常常發射出神光。在墓地周圍有數以百計的小塔和石龕，有病的人圍著塔轉幾圈，大多可以痊癒。在石塔的東邊有一座寺院，寺中有僧人一百多人，都學習大乘法教。

從這裡向東南走五十多里，就到達孤山，山中有寺院，寺中有僧徒二百多人，都學習大乘法教。這裡花果繁茂，泉水清澈如鏡。旁邊有一座塔，塔高二百多尺，從前如來曾在這裡教化惡藥叉，讓牠不再吃肉。

從這裡向東南，在山裡走五百多里，就到達烏剌尸國。

【說　明】本文記敘了呾叉始羅國北界的幾處佛教遺址。文字簡潔，敘事清晰。有關摩訶薩埵王子投身飼餓虎處是敘述的重點。文中著力渲染了這處遺址的悲愴的氛圍，使人們對這位心懷大悲憫、具有獻身精神的王子滿懷崇敬。

烏剌尸國

【題　解】烏剌尸，梵文 Uraśā 的音譯。位於現在的哈查拉一帶。唐時該國是迦溼彌羅國的五個屬國之一。

烏剌尸國，周二千餘里，山阜❶連接，田疇隘狹。國大都城周七八里。無大君長，役屬迦溼彌羅國。宜稼穡，少花果。氣序溫和，微有霜雪。俗無禮義，人性剛猛，多行詭詐，不信佛法。

大城西南四五里有窣堵波，高二百餘尺，無憂王所建也。傍有伽藍，僧徒寡少，並皆習學大乘法教。

從此東南，登山履險，度鐵橋，行千餘里，至迦溼彌羅國。舊曰罽賓，訛也。北印度境。

【注　釋】❶阜　土山。

【語　譯】烏剌尸國方圓兩千多里，山陵相連，平原狹窄。這個國家的大都城方圓七、八里。沒有君主，役屬於迦溼彌羅國。土地宜於種糧食，花果較少。氣候溫和，稍微有一點霜雪。風俗中不講禮義，人性剛猛，詭詐多端，不信佛法。

在大都城西南四、五里有座塔，塔高二百多尺，是無憂王建造的。塔旁有所寺院，僧人很少，都研習大乘法教。

從這裡向東南走，爬山越險，過鐵橋，走一千多里，就到達迦溼彌羅國。

迦溼彌羅國

【題　解】迦溼彌羅，梵文 Kāśmīra 的音譯。在我國漢、魏、南北朝的典籍中均譯為「罽賓」。迦溼彌羅國的領域自古包括兩部分，一是印度河與巴哈特河合流處以下，二是合流處上游南半部地區。七世紀時的迦溼彌羅國相當強大，它的領域除喀什米爾以外，還兼有印度河與契納布河間的山岳地帶，並統治著五個屬國：呾叉始羅國、僧訶補羅國、烏剌尸國、半笯蹉國和曷羅闍補羅國。近代測量，該國舊址大致呈橢圓形，中部是平原，面積約一千八、九百平方英里。

迦溼彌羅國，周七千餘里。四境負山，山極陗峻，雖有門徑，而復隘狹，自古鄰敵無能攻伐。國大都城西臨大河，南北十二三里，東西四五里。宜稼穡，多花果，出龍種馬及鬱金香、火珠❶、藥草。氣序寒勁，多雪少風。服毛褐，衣白氈。土俗輕僄❷，人性怯懦。國為龍護，遂雄❸鄰境。容貌妍❹美，情性詭詐。好學多聞，邪正兼信。伽藍百餘所，僧徒五千餘人。有四窣堵波，並無憂王建也，各有如來舍利升餘。

【注釋】❶火珠　珠名。能聚陽光照射易燃物，使之生熱燃燒。❷僄　輕捷。❸雄　稱雄。❹妍　美好。

【語譯】迦溼彌羅國方圓七千多里。四境全是山，山勢非常險峻。雖然有小徑可通，但非常狹窄，自古以來，相鄰敵國沒有一個能攻伐這個國家。這個國家的大都城西臨大河，南北長十二、三里，東西長四、五里。土地宜於種植莊稼，花果很多，出產龍種馬和鬱金香、火珠、草藥。氣候嚴寒，多雪少風。人們穿著毛麻和棉製品。風俗輕浮，人性怯懦。國家因為有龍守護，所以稱雄鄰國。人民容貌俊美，性情詭詐，喜愛學習，見聞頗廣，邪教和正教他們都信仰。境內有寺院一百多所，僧徒五千多人。有四座塔，都是無憂王建造的，每座塔各有一升多如來的舍利。

【說　明】本文概括介紹了迦溼彌羅國的地理、出產、民俗和宗教等方面的情況。語言樸實生動。迦溼彌羅國位於南亞次大陸西北，群山環繞，地勢險要，在軍事上極為重要。此外，在印度哲學、宗教以及文學發展史上，迦溼彌羅國也佔有重要地位，古代迦溼彌羅國的佛教徒以虔誠、博學、善辯名聞四方。佛教史上有名的佛教第四次結集就是在這裡舉行的，所以佛教文獻中提到迦溼彌羅國時，經常大加讚美。迦溼彌羅國也是南亞次大陸上最早和我國建立友好關係的國家之一，早在漢武帝時兩國就有使節往來，與我國的貿易往返也相當多。

以下分六個部分介紹該國開國傳說及國內著名的遺址。

龍池傳說

《國志》曰：國地本龍池也。昔佛世尊自烏仗那國降惡神已，欲還中國❶，乘空當此國上，告阿難曰：「我涅槃之後，有末田底迦阿羅漢，當於此地建國安人，弘揚佛法。」如來寂滅之後第五十年，阿難弟子末田底迦羅漢者，得六神通，具八解脫，聞佛懸記，心自慶悅，便來至此，於大山嶺，宴❷坐林中，現大神變。龍見深信，請資所欲。阿羅漢曰：「願於池內，惠以容膝。」龍王於是縮水奉施，羅漢神通廣身，龍王縱力縮水，池空水盡，龍飜❸請地。阿羅漢於此西北為留一池，周百餘里；自餘枝屬，別居小池。龍王曰：「池地總施，願恒受供。」末田底迦曰：「我今不久無餘涅槃❹，雖欲受請，其可得乎？」龍王重請：「五百羅漢常受我供，乃至法盡，法盡之後，還取此國以為居池。」末田底迦從其所請。時阿羅漢既得其地，運大神通力，立五百伽藍。於諸異國買鬻賤人，以充役使，以供僧眾。末田底迦入寂滅後，彼諸賤人自立君長，鄰境諸國鄙其賤種，莫與交親，謂之訖利多❺唐言買得。今時泉水已多流濫。

【注釋】❶中國　這裡指北印度中部地區。❷宴　安閑。❸翻　反過來。❹無餘涅槃　與「有餘涅槃」相對。用以指「生死」因果都盡，不再輪迴於世間三界。❺訖利多　梵文 Krita 的音譯。意思是「被買的」、「買來的」。

【語譯】《國志》上說：這個國家的廣大國土，本來是一個龍池。從前佛世尊在烏仗那國降伏了惡神以後，想回到中印度去，當他飛到這個國家的上空時，他告訴阿難說：「我涅槃以後，有一位末田底迦阿羅漢，將在這裡建國安民，弘揚佛法。」如來涅槃以後的第五十個年頭，阿難的弟子末田底迦羅漢，證得六神通具備八解脫，他聽說佛的預言，心裡非常喜悅，於是來到這裡，在大山嶺山的林中安閑地坐著，顯露大神變。龍看到以後加深了信仰，請求羅漢告訴它自己的願望。阿羅漢說：「希望你能在這池中給我一塊容膝之地。」龍王於是把池水收縮，奉獻給羅漢一塊乾地。羅漢運用神通使身軀變大，龍王施全力縮水，最後池空水盡，龍反而要向羅漢請求容身之地。阿羅漢在此地西北給它留了一個池潭，方圓一百多里，剩下的龍王的下屬住在另外的小池潭裡。龍王說：「我把池潭這塊地方全都施捨給您了，願您能永遠受我的供養。」末田底迦說：「我不久就要進入無餘涅槃，雖然想接受你的供養，怎麼能辦得到呢？」龍王又請求說：「請讓我能常供養五百羅漢，直到正法消失。正法消失以後，我將收回這個國家重新作為我居住的池潭。」末田底迦答應了它的請求。此時阿羅漢既然得到這塊土地，就施展大神通力，建立了五百座寺院，又從別的國家買來低賤的人充作打雜的，供僧人們使喚。末田底迦涅槃以後，那些賤人自己擁立了君主，鄰境各國鄙視這低賤的種族，沒有人同他們交往親善，都把他們叫做「訖利多」。現在泉水已經多處氾濫了。

【說　明】本文記敘了一個有關迦溼彌羅國來歷的神話傳說。這個神話表現了末田底迦羅漢的廣大神通，塑造了一個忘我奉供正法的龍王形象。文章開頭先設下伏筆——佛世尊的預言，然後按這條線索發展情節，龍王向羅漢布施龍池的情節寫得最為引人入勝，最後關於池水氾濫的閑閑一筆，暗喻了佛法的衰落。整個故事結構完整，脈絡清晰，文字生動明快。

文章開篇便提到《國志》，這《國志》到底是一部什麼樣的書現在還不知道。迦溼彌羅國被認為是古代印度各國中唯一具有史學傳統的國家。《國志》也許便是這方面的著作。另外，文中所提到的「訖利多」這個種族的歷史，在別的文獻中都沒有記載，根據本文和下文所述我們可以知道這個種族曾在迦溼彌羅國獲統治地位，並且與佛教為敵。因此本文關於這個種族來歷的說法很顯然是佛教徒的一面之詞，不足為信。

五百羅漢僧傳說

摩揭陀國無憂王以如來涅槃之後第一百年，命世君臨，威被殊俗。深信三寶，愛育四生❶。時有五百羅漢僧、五百凡夫僧❷，王所敬仰，供養無差。有凡夫僧摩訶提婆❸唐言大天，闊達多智，幽❹求名實，潭思作論，理違聖教，凡有聞知，群從異議。無憂王不識凡、聖，因情所好，黨援所親，召集僧徒赴殑伽河❺，欲沈深流，總從誅戮。時諸羅漢既逼命難，咸運神通，凌虛履空，來至此國，山棲谷隱。時無憂王聞而悔懼，躬來謝過，請還本國。彼諸羅漢確不從命。無憂王為羅漢建五百僧伽藍，總以此國持施眾僧。

【注釋】❶四生　梵文 Caturyoni 的意譯。指眾生的四種形態：㈠卵生：從卵殼而生，有雀、烏鴉等；㈡胎生：從母胎而生，如人及畜生以及兩足蟲；㈢溼生：從溼氣而生，「所謂腐肉中蟲、廁中蟲」；㈣化生：無所依託，借業力而出現的，如天神、鬼等。❷凡夫僧　指未證聖果的僧人。❸摩訶提婆　梵文 Mahādeva 的音譯。意譯為大天。❹幽　深。❺殑伽河　恒河。殑伽，梵文 Gaṅgā 的音譯。意為「由天堂而來」。

【語　譯】摩揭陀國無憂王在如來涅槃後的第一百年登上王位，威德達到異國。他深深信奉三寶，愛育四生。當時有五百羅漢僧和五百凡夫僧，國王敬仰他們，對他們的供奉沒有差別。有一個叫摩訶提婆的凡夫僧，博學多才，深入探求名和實，經過深思熟慮寫了一部論著，論理違背了聖教，他所認識的人都信從這異端邪說。無憂王不能分辨凡、聖，只是出於愛好，支持他親善的一方。他召集僧徒來到恒河岸邊，想把他們沈到河水裡去一齊殺掉。這時候羅漢們面臨生死關頭，都施展神通，凌空飛起，來到這個國家，在山谷中隱居。當時無憂王聽說這件事以後又悔又怕，親自來請罪，請他們回到他的國家去。那些羅漢堅決不答應。於是無憂王為羅漢建造了五百座寺院，把這個國家全部施捨給眾僧人。

【說　明】本文講述了五百羅漢僧的傳說。表現了釋迦佛涅槃後佛教內部派別的分裂和鬥爭情況，描寫生動，語言流暢。關於釋迦佛涅槃的時間，長期以來眾說紛紜，但大體可分為兩類：一種認為阿育王即位是在如來涅槃後二百一十八年（阿育王即位於西元前二七三年）；一種認為阿育王即位在如來涅槃後一百年。前者是錫蘭南傳佛教的說法，後者則是印度本土流傳的說法，玄奘顯然是贊同後一種說法的。

迦溼彌羅結集

健馱邏國迦膩色迦王，以如來涅槃之後第四百年❶，應期撫運，王風遠被，殊俗內附。機務餘暇，每習佛經，日請一僧入宮說法，而諸異議部執不同。王用❷深疑，無以去惑。時脅尊者曰：「如來去世，歲月逾邈❸，弟子部執，師資異論，各據聞見，共為矛楯。」時王聞已，甚用感傷，悲歎良久。謂尊者曰：「猥❹以餘福，聿❺遵前緒，去聖雖遠，猶為有幸，敢忘庸鄙，紹隆❻法教，隨其部執，具釋三藏。」脅尊者曰：「大王宿殖善本，多資福祐，留情佛法，是所願也。」王乃宣令遠近，召集聖哲。於是四方輻湊，萬里星馳，英賢畢萃，叡聖咸集。七日之中，四事供養。既欲法議，恐其諠雜。王乃具懷白諸僧曰：「證聖果者住，具結縛者❼還。」如是尚眾。又重宣令：「無學人住，有學人還❽。」猶復繁多。又更下令：「具三明、備六通者住，自餘各還。」然尚繁多。又更下令：「其有內窮三藏、外達五明者住，自餘各還。」於是得四百九十九人。王欲於本國，苦其暑溼。又欲就王舍城大迦葉波結集石室，脅尊者等議曰：「不可。彼多外道，異論糾紛，酬對不暇，何功作論？眾會之心，屬意此國。此國四周山固，藥叉守衛，土地膏腴，物產豐盛，賢聖之所集往，靈僊之所遊止。眾議斯在，僉[9]曰允諧。」

其王是時與諸羅漢自彼而至，建立伽藍，結集三藏，欲作毘婆沙論[10]。是時尊者世友，戶外納衣[11]。諸阿羅漢謂世友曰：「結使未除，諍議乖謬[12]，爾宜遠跡，勿居此也。」世友曰：「諸賢於法無疑，代佛施化，方集大義，欲製正論。我雖不敏，粗達微言，三藏玄文、五明至理，頗亦沈研，得其趣矣。」諸羅漢曰：「言不可以若是。汝宜屏居，疾證無學，已而會此，時未晚也。」世友曰：「我顧無學，其猶洟[13]唾，志求佛果，不趨小徑，擲此縷丸，未墜於地，必當證得無學聖果。」時諸羅漢重訶[14]之曰：「增上慢[15]人，斯之謂也。無學果者，諸佛所讚，宜可速證，以決眾疑。」於是世友即擲縷丸，空中諸天接縷丸而請曰：「方證佛果，次補慈氏，三界特尊，四生攸[16]賴，如何於此欲證小果？」時諸羅漢見是事已，謝咎推德，請為上座，凡有疑議，咸取決焉。是五百賢聖，先造十萬頌《鄔波第鑠論》[17]舊曰優波提舍論，訛也，釋《素呾纜藏》[18]舊曰修多羅藏，訛也。次造十萬頌《毘奈耶毘婆沙論》，釋《毘奈耶藏》[19]舊曰毘那耶藏，訛也。後造十萬頌《阿毘達磨毘婆沙論》，釋《阿毘達磨藏》[20]曰阿毘曇藏，略也。凡三十萬頌，九百六十萬言，備釋三藏，懸諸千古，莫不窮其枝葉，究其淺深，大義重明，微言再顯，廣宣流布，後進賴焉。迦膩色迦王遂以赤銅為鍱[21]，鏤寫論文，石函緘封，建窣堵波，藏於其中。命藥叉神周衛其國，不令異學持此論出，欲求習學，就中受業。於是功既成畢，還軍本都。出此國西門之外，東面而跪，復以此國總施僧徒。

【注釋】❶第四百年　第四個一百年。❷用　介詞。因而。❸逾邈　過去很長時間。逾，超過。邈，悠遠。❹猥　謙詞。相當於「在下」、「我」。❺聿　句首語氣詞。無實際意義。❻紹隆　興盛。紹，繼續。❼具結縛者　指具有煩惱的人。結縛，佛教認為煩惱如同牢獄束縛著人。因此叫做「縛」或「結縛」。❽無學人住二句　小乘佛教以證得「聖果」為最高目標。分四個階段即「四果」，這四果是須陀洹果、斯陀含果、阿那含果和阿羅漢果。證得前三果的稱為有學。意思是還有需要修習的東西；證得第四果，稱為無學。❾僉　都；全部。❿毘婆沙論　解說佛經經義的論著。⓫納衣　又稱糞掃衣。是拾取人們拋棄的破布縫綴成的法衣。⓬乖謬　荒謬。乖，違背常理的。⓭洟　「涕」的異體字。⓮訶　訶責；責備。⓯增上慢　自負傲慢。⓰攸　放在動詞前組成名詞性詞組，相當於「所」。⓱鄔波第鑠論　鄔波第鑠乃梵文 upadeśa 的音譯。意譯為「論議」。⓲素呾纜藏　梵文寫作 sūtra-piṭaka。sūtra 意譯為「經」。是佛說經典的總集。⓳毘奈耶藏　梵文寫作 vinaya-piṭaka。vinaya 意譯為「律」。是佛制戒律的總集，對佛僧的行為規範。⓴阿毘達磨藏　梵文寫作 abhidharma-piṭaka。abhidharma 意譯為「論」或「對法」。《阿毘達磨藏》是解釋經義的論著總集。㉑鍱　薄銅片。

【語譯】健馱羅國的迦膩色迦王在如來涅槃後的第四個一百年，順應天運登上王位，他的威名遠播，不同風俗的邦國紛紛前來歸附，迦膩色迦王在處理國事的餘暇，常常誦習佛經。他每天請一名僧人入宮說法，但因部派不同，學說也不一樣。國王對此非常疑惑，但又沒有解除疑惑的辦法。當時脅尊者說：「如來去世已經很長一段時間了，佛門弟子各執部派，論師則根據自己的見聞異論紛紜，互相矛盾。」當時國王聽了這話，非常感傷，悲嘆了很久。他對脅尊者說：「我憑著前世剩餘的福德，繼承前人的遺業。離聖人的時代雖然很久遠了，還算是幸運的。我斗膽將自己的平庸鄙薄放在一邊，想將如來法教發揚光大。請不同的部派共同解釋三藏。」脅尊者說：「大王長期行善，已經有很多福祐，難得又對佛法情有獨鍾，這正是我的願望。」迦膩色迦王於是將旨意發布到各地，召集高僧。於是他們從四面八方集合在一起，不遠萬里，如飛而至，英俊賢才、叡智聖哲薈萃在一起。七天當中，用四事供養他們。既然要討論法要，這麼多人難免會有諠雜。國王於是恭敬地向僧人們說：「請已經證得聖果的留下，煩惱還未除盡的就請回去吧。」這樣留下的還很多。國王又宣布說：「已經證得四果的留下，只證得前三果的就請回吧。」留下的人還是很多。國王再一次下令：「具有三明，具備六神通的留下，其餘的就各自回去吧。」但留下的仍然很多。國王再下令說：「內能通達三藏，外能達到五明的留下，其餘的就請各自回去吧。」這樣留下四百九十九人。迦膩色迦王苦於這裡又熱又溼，想在本國集會，又想到王舍城大迦葉波結集的石室中去，脅尊者等計議說：「不行。那裡外道很多，各種理論紛繁複雜，同他們論辯還來不及，哪裡有時間作論？大家的心裡中意這個國家。這個國家四面高山險固，又有藥叉守衛。土地肥沃，物產豐盛，是聖賢雲集、靈僊流連的好地方。大家的意見都說願意在這裡。」國王於是和眾羅漢從那邊來到這裡，建立寺院，結集三藏，想要制作毘婆沙論。這時尊者世友穿著納衣站在門外。眾阿羅漢對世友說：「假如煩惱尚未除盡，議論便荒謬，你最好離遠一點，別留在這裡。」世友說：「各位賢者對於法教無所疑滯，代佛施行教化，正要結集大義，製作正論。我雖然愚魯，但也粗通一些義理，對三藏中深奧的文辭以及五明至理頗有研習，而且得到了其中的精要。」眾羅漢說：「話不能這樣說。你應退在一旁，趕快證得四果，到那時再來這裡也不算晚。」世友說：「我看證得四果，就像唾口水一樣容易。我立志求佛果，不走小徑。我來擲這個絲團，在它墜地之前，我定能證得四果。」當時眾羅漢嚴厲責備他說：「你就是這樣自負傲慢。你若證得四果，眾佛都會誇讚你。你要趕快證得，打消大家的疑惑。」於是世友就將絲團拋出，空中天神們接住絲團說：「你要證得佛果然後接替慈氏菩薩，為三界尊崇，被眾生所仰賴，怎麼卻要在這裡證這小果呢？」當時眾羅漢見了這景象，都紛紛告罪，推選有德的世友上座，凡是有疑義的地方都請他裁決。這五百賢聖，先寫成十萬頌的《鄔波第鑠論》來闡釋《素呾纜藏》，又寫成十萬頌的《毘奈耶毘婆沙論》闡釋《毘奈耶藏》，最後寫成十萬頌的《阿毘達磨毘婆沙論》來闡釋《阿毘達磨藏》。共三十萬頌，九百六十萬言，將三藏完全闡釋清楚，成為千古典範。對其中的枝節問題或深或淺的地方全都徹底探究，使大義重新呈現，微妙的言辭無不盡顯，並將其廣泛傳布出去，成為後人研習法教的依賴。迦膩色迦王於是用紅銅鑄成薄片，將論文刻在上面，用石匣封好，建造一座塔，把論文珍藏在裡面。命令藥叉神守衛在這個國家周圍，不讓外道將這論文拿走，誰想學習，就在裡面接受教育。大功告成以後，迦膩色迦王率軍返回本國都城。他出了這個國家的西門，面向東方跪下，把這個國家全部布施給僧徒。

【說　明】本文記敘了佛去世後第四百年僧徒的一次大會集。按史籍記載，這是佛教史上第四次比較大的結集。第一次結集是在王舍城，時間是在如來涅槃後第一年，第二次結集在吠舍釐，時間在如來涅槃後第一百年；第三次結集在華氏城，時間是阿育王統治時期。相傳第一次結集是由如來弟子迦葉召集的，人數是五百比丘，他們共同憶誦確定佛教經典，結集為「三藏」。第二次結集的原因是，古印度東部跋耆族苾芻提出十條戒律新主張，以耶舍為首的長老苾芻為此召集七百苾芻，審定律藏，宣布這十條戒律新主張為非法。小乘佛教因此分裂為上座部和大眾部。第三次結集以目犍連子帝須為上座，有一千苾芻參加，誦出「法藏」（即對《阿含經》重新會誦整理），使古佛經最後定型。本文所敘第四次結集的背景是佛教部派分峙，各執一說，令人無所適從。因此，迦膩色迦王同脅尊者商議舉行這次結集，以世友尊者為上座，對「三藏」做統一完整全面的闡釋。結束了對佛典的論說混亂不堪、互相矛盾的局面。

本文詳細記敘了這次結集的背景、結集時的盛大場面和這次結集對佛門的重大貢獻，成功塑造了世友尊者的形象。他的戲劇性的出場和與眾羅漢的從容對答，將一個磊落不羈、恃才傲物的性格鮮明人物形象活靈活現地展示在我們面前。作為大乘佛教的信奉者，作者對拘泥於證四果的小乘佛教僧眾有一種不自覺的居高臨下的態度，本文中間部分正表現了這一點。全文結構完整，敘事有條有理，以世友這個人物形象總領全篇，使情節緊湊有致。文字生動，善於營造氣氛。

雪山下王傳說

迦膩色迦王既死之後，訖利多種復自稱王，斥逐僧徒，毀壞佛法。覩貨邏國呬摩呾羅❶唐言雪山下王，其先釋種也。以如來涅槃之後第六百年，光有疆土，嗣膺王業，樹心佛地，流情法海。聞訖利多毀滅佛法，招集國中敢勇之士，得三千人，詐為商旅，多賫❷寶貨，挾隱軍器，來入此國，此國之君特加賓禮。商旅之中，又更選募，得五百人，猛烈多謀，各袖利刃，俱持重寶，躬賫所奉，持以獻上。時雪山下王去其帽，即其座，訖利多王驚懾無措，遂斬其首，令群下曰：「我是覩貨邏國雪山下王也。怒此賤種公行虐政，故於今者誅其有罪。凡百眾庶，非爾之辜❸。」然其國輔宰臣，遷於異域。既平此國，召集僧徒，式建伽藍，安堵如故。復於此國西門之外，東面而跪，持施眾僧。其訖利多種屢以僧徒覆宗滅祀，世積其怨，嫉惡佛法。歲月既遠，復自稱王。故今此國不甚崇信，外道天祠，特留意焉。

【注釋】❶呬摩呾羅　梵文Himatala的音譯。意譯為「雪山下」。❷賫　攜帶。❸辜　罪過。

【語譯】迦膩色迦王死了以後，訖利多人又自稱為王，他們斥逐僧徒，毀壞佛法。覩貨邏國的呬摩呾羅王，祖先是釋迦族人。他在如來涅槃後的第六個一百年，據有疆土，繼位為王。他嚮往佛地，鍾情正法。聽說訖利多人毀滅佛法，他便在國中召集了三千名勇士，化裝成商隊，帶著很多寶貨，其中暗藏兵刃，來到這個國家，該國國君對他們特別禮遇。他在商隊中又精選出五百人，這些人個個有勇有謀，暗藏利刃，都攜帶重寶恭敬地去獻給國王。這時雪山下王脫掉帽子坐下，訖利多王驚惶失措，雪山下王於是命人將他斬首，號令他的臣子們說：「我是覩貨羅國雪山下王。惱恨這個賤種公然施行暴政，因此在今天殺死這個罪人。你們這些民眾沒有罪過。」但還是將這個國家的輔宰重臣遷到別的國家去了。平定了這個國家以後，雪山下王又召集僧人，修建寺院，同以前一樣和睦安詳。然後他在這個國家的西門外，面向東方跪下，將這一切布施給眾僧人。那訖利多種族由於屢次因為僧人的緣故敗家亡國，世代積怨，仇恨佛法。時間一長，又自立為王。因此這個國家對佛法不很崇信，對外道神廟卻很親近。

【說　明】有關訖利多種族的來歷，作者在前文已有涉及。這個種族對佛法的仇恨程度恐怕是任何種族都無法相比的。本文主要記敘了雪山下王對訖利多人的討伐，表現了虔誠的佛教徒和佛法的敵對者的鬥爭，鬥爭以佛法的勝利而告一段落。故事寫得短小精悍，情節曲折，場面緊張激烈。結尾與開頭相互呼應，並寓示著正邪鬥爭的無止境。

佛牙伽藍

新城東南十餘里，故城北，大山陽，有僧伽藍，僧徒三百餘人。其窣堵波中有佛牙，長可寸半，其色黃白，或至齋日，時放光明。昔訖利多種之滅佛法也，僧徒解散，各隨利居。有一沙門，遊諸印度，觀禮聖跡，伸❶其至誠。後聞本國平定，即事歸途，遇諸群象，橫行草澤，奔馳震吼。沙門見已，升樹以避。是時群象相趨奔赴，競吸池水，浸漬樹根，互共排掘，樹遂蹎仆。既得沙門，負載而行，至大林中，有病象瘡痛而臥，引此僧手至所苦處，乃枯竹所刺也。沙門於是拔竹傅❷藥，裂其裳，裹其足。別有大象，持金函授與病象，象既得已，轉授沙門，沙門開函，乃佛牙也。諸象圍繞，僧出無由。明日齋時，各持異果，以為中饌。食已，載僧出林，數百里外，方乃下之，各跪拜而去。沙門至國西界，渡一駛河，濟乎中流，船將覆沒。同舟之人互相謂曰：「今此船覆，禍是沙門，沙門必有如來舍利，諸龍利之。」船主檢驗，果得佛牙。時沙門舉佛牙俯謂龍曰：「吾今寄汝，不久來取。」遂不渡河，回船而去，顧河歎曰：「吾無禁術，龍畜所欺！」重往印度學禁龍法。三歲之後，復還本國，至河之濱，方設壇場，其龍於是捧佛牙函以授沙門。沙門持歸，於此伽藍，而修供養。

伽藍南十四五里，有小伽藍，中有觀自在菩薩立像。其有斷食誓死為期願見菩薩者，即從像中出妙色身。

小伽藍東南三十餘里，至大山，有故伽藍，形製宏壯，蕪漫❸良甚，今惟一隅起小重閣。僧徒三十餘人，並學大乘法教。昔僧伽跋陀羅❹唐言眾賢論師於此製《順正理論》。伽藍左右諸窣堵波，大阿羅漢舍利並在。野獸、山猨❺采花供養，歲時無替，如承指命。然此山中多諸靈跡，或石壁橫分，峰留馬跡。凡厥此類，其狀譎詭，皆是羅漢、沙彌，群從遊戲，手指摩畫，乘馬往來。遺跡若斯，難以詳述。

【注釋】❶伸 說明；陳述。❷傅 同「敷」。❸蕪漫 荒蕪。❹僧伽跋陀羅 是梵文 Saṅghabhadra 的音譯。意譯為眾賢或僧賢。小乘佛教說一切有部論師。著有《阿毘達磨順正理論》。❺猨 同「猿」。

【語譯】在新城東南十多里，舊城北邊，大山南面，有座寺院，寺中有僧徒三百多人。寺院塔中藏有佛牙，長有半寸，顏色黃白，每到齋日，常常放出光芒。當年訖利多族毀滅佛法，僧徒被解散，各自居住謀生。有一個沙門漫遊印度各地，禮拜聖跡，表明他至誠的心意。後來聽說祖國已經平定，馬上踏上歸途。路上他遇見一群大象在草澤之中橫衝直撞，吼聲震天。沙門見了這情景，忙爬到樹上躲避。這時群象一同跑過來，競相吸取池水浸泡樹根，又共同推挖大樹，這樹終於倒下了。群象捉到沙門，背著他來到一片大樹林中，有一頭病象因生瘡痛苦地躺在那裡，象將這個僧人的手引到牠疼痛的地方，原來是被枯竹刺中了。沙門於是將枯竹拔出來，在傷口上敷了藥，撕破自己的衣裳將象腳裹上。另外一頭大象拿了一只金盒遞給病象，病象拿到後轉送給沙門。沙門打開盒子，裡面是一只佛牙。群象圍繞著他，這僧人沒辦法離開。第二天齋食的時候，每頭象都拿著珍異的果子供他吃中餐。吃完以後，群象把沙門載出樹林，一直走到幾百里外才放下他，跪拜後離去。沙門到達國家西界，渡一條水流湍急的河流。船到中流，忽然要傾覆了。同船的人互相說：「今天這船翻了，惹禍的是沙門，沙門一定帶有如來舍利，河中的龍要搶奪。」船主檢查了一下，果然查出了佛牙。這時沙門舉起佛牙低頭對龍說：「我現在將佛牙寄存在你這裡，不久就來取回。」於是他不再渡河，回船上岸，他望著河水嘆道：「我不會禁術，被龍這畜生欺負！」於是他重回印度去學習禁龍法。三年以後，他又回祖國，來到這條河邊，正要設作法的壇場，那條龍就捧著裝佛牙的盒子遞給沙門。沙門拿著金盒回國，在這裡建造寺院，供養佛牙。

在這所寺院南面十四、五里，有一座小寺院，寺中有觀自在菩薩的立像。對那些為求一見菩薩而誓死絕食的人，菩薩會從像中現出妙色身。

從小寺院向東南走三十多里，到達一座大山，這裡有一所舊寺院，規模宏偉壯麗，但已非常荒蕪了。現在只在一個角落有座小閣樓。寺中有僧徒三十多人，都研習大乘法教。從前僧伽跋陀羅論師在這裡寫出了《順正理論》。在寺院左右的那些塔裡，有大阿羅漢的舍利。野獸、山猿採花供養，從不間斷，好像接受了什麼指令一樣。這山中有許多靈跡，或者石壁橫著裂開，或者峰上留有馬跡。這些東西，形狀詭奇，都是羅漢、沙彌大家一起遊戲時，用手指摩畫、騎馬往來造成的。像這樣的遺跡，難以一一列舉。

【說　明】本文介紹了佛牙寺院以及這座寺院南面的兩處佛教遺址。佛牙寺院是介紹的重點。這一部分以一個神奇的傳說講述了佛牙舍利不同尋常的來歷。也為這所寺院罩上了一層神祕色彩。大象作為一種溫順、平和的動物，一直為印度人民所喜愛，這個傳說更賦予牠以靈性以及與佛家的密切關係。文中象以佛牙報恩和龍的搶奪舍利的情節，表現出佛是一切生靈敬仰的對象這個主題。對佛牙舍利南面幾處佛教遺址的介紹則比較簡略，主要介紹其種種靈異之處。

北山崖間小伽藍

佛牙伽藍東十餘里，北山崖間，有小伽藍，是昔索建地羅❶大論師於此作《眾事分毘婆沙論》。小伽藍中有石窣堵波，高五十餘尺，是阿羅漢遺身舍利也。先有羅漢，形量偉大，凡所飲食，與象同等。時人譏曰：「徒知飽食，安識是非？」羅漢將入寂滅也，告諸人曰：「吾今不久當取無餘❷，欲說自身所證妙法。」眾人聞之，更相譏笑，咸來集會，共觀得失。時阿羅漢告諸人曰：「吾今為汝說本因緣❸。此身之前，報受象身，在東印度，居王內廄。是時此國有一沙門，遠遊印度，尋訪聖教諸經典論。時王持我，施與沙門，載負佛經，而至於此。是後不久，尋即命終。乘其載經福力所致，遂得為人，復鍾❹餘慶，早服染衣❺，勤求出離，不遑寧居，得六神通，斷三界欲。然其所食，餘習尚然，每自節身，三分食一。」雖有此說，人猶未信。即昇虛空，入火光定❻，身出煙焰，而入寂滅，餘骸墜下，起窣堵波。

王城西北行二百餘里，至商林伽藍，布剌拏❼論師於此作《釋毘婆沙論》。

城西行百四五十里，大河北，接山南，至大眾部伽藍，僧徒百餘人。昔佛地羅❽唐言覺取論師於此作大眾部《集真論》。

從此西南，踰山涉險，行七百餘里，至半笯蹉國。北印度境。

【注　釋】❶索建地羅　梵文Skandhila的音譯。意譯為悟入。索建地羅論師是小乘佛教說一切有部的學者。眾賢的老師。著有《眾事分毘婆沙論》。❷無餘　無餘涅槃。❸因緣　是佛教重要理論之一。說明事物賴以存在的各種因果關係。其中主要條件叫做「因」；輔助條件叫做「緣」。❹鍾　積聚。❺染衣　僧衣。因為僧衣是用木蘭等顏色染成的，因此也稱為染衣。❻火光定　佛教修習的第四禪定，即自焚。❼布剌拏　梵文Pūrṇa的音譯。意譯為圓滿。❽佛地羅　梵文Bodhila的音譯。意譯為覺取。

【語　譯】在佛牙寺院東面十幾里，北山崖間，有座小寺院，當年索建地羅大論師曾在這裡寫作《眾事分毘婆沙論》。小寺院中有座石塔，高五十多尺，是阿羅漢的遺身舍利。從前有一位羅漢，體形偉岸，食量同象一樣大。當時的人譏笑他說：「只知道吃飽，怎能辨別是非？」羅漢就要涅槃了，他告訴人們說：「我不久就要進入無餘涅槃，想對你們講講我證得的妙法。」眾人聽了，對他譏笑得更厲害了。大家都聚集到這裡，想看看結果。這時阿羅漢告訴人們說：「我現在為你們說說本人的因緣。我在現在這個身軀以前，由於業報得到象的身體，住在東印度，國王的內象廄裡。當時這個國家有一個僧人要去印度遠遊，尋訪聖教經論。當時國王把我施捨給僧人，為他背負佛經，來到了這裡。後來不久我就死去了。由於載負佛經的福力，我轉生為人，又積聚起餘下的福德，很早就出家成為僧人。我努力探求以出離輪迴，沒有一刻悠閑，終於得到六神通，斷了三界欲。但我的食量仍像原來一樣，我常常節制自己，只吃三分之一飽。」他雖然這麼說了，人們還是不相信。於是他就昇上虛空，入火光定，身上冒出煙焰，進入涅槃。身體的餘骸墜落下來，建起這座塔。

從王城向西北走二百多里，就到達商林寺，布剌拏論師曾在這裡寫下《釋毘婆沙論》。

從王城向西走一百四、五十里，到大河北岸，在大山南面有一座大眾部寺院，寺中有僧徒一百多人。當年佛地羅論師曾在這裡寫作大眾部《集真論》。

從這裡向西南走，翻山涉險，走七百多里，就到達半笯蹉國。

【說　明】本文記敘了三位佛教論師寫作處以及一位象形羅漢的舍利塔。對象形羅漢的介紹最為詳細，宣揚了佛家的「因緣」和「果報」的說法。在佛家看來，世界萬物無一不是因緣和合而成，有因必有果，有果必有因。任何果都必須至少有兩個因——「因」和「緣」才能產生。譬如糧食的產生，必須要有種子，這種子就是因，但光有種子還不夠，還要有陽光、水分和農夫的耕種等外部條件，這些就是「緣」。任何單獨的因，如果沒有緣的輔助作用，就永遠不能產生果。整個世界的事物就是互為因果關係的一個整體。象形羅漢以自己的故事向眾人講述的就是這個道理。他前生為象，是過去的因緣造成的，今生為人，是由於象背負佛經這個福報造成的。而最後他所以能出離六道輪迴，進入涅槃，是所有這些因緣和合造成的結果。這個故事要告訴人們，一切眾生都可證得聖果，進入涅槃，只要勤勉努力，多行善事，積累福報。

半笯蹉國

【題　解】半笯蹉，梵文 Parṇotsa 的音譯。位於北印度境內。相當於現在的斯利那加西南的布恩契地區。

半笯蹉國，周二千餘里。山川多，疇隴狹，穀稼時播，花果繁茂，多甘蔗，無蒲萄。菴沒羅果、烏談跋羅、茂遮等果家植成林，珍其味也。氣序溫暑，風俗勇烈。裳服所製，多衣氎布。人性質直，淳信三寶。伽藍五所，並多荒圮。無大君長，役屬迦溼彌羅國。城北伽藍少有僧徒。伽藍北有石窣堵波，實多靈異。

從此東南行四百餘里，至曷邏闍補羅國。

【語　譯】半笯蹉國方圓兩千多里。境內多山多河，平原狹小，穀稼應時播種，花果繁茂，盛產甘蔗，沒有葡萄。菴沒羅果、烏談跋羅、茂遮等果子，家家種植成林，因為喜愛它們的味道。氣候溫熱，風俗勇猛熱烈。衣服多用棉布製成。人性質樸正直，敬信佛教。境內有五所寺院，都已經荒廢倒塌了。國家沒有君主，役屬於迦溼彌羅國。城北的寺院有很少的僧徒。在寺院北邊有座石塔，靈異很多。

從這裡向東南走四百多里，就到達曷邏闍補羅國。

曷邏闍補羅國

【題解】曷邏闍補羅，梵文寫作 Rājapura，其舊址在現在的 Rajaori。玄奘巡禮時該國隸屬於迦溼彌羅國，十一、二世紀時獨立。

曷邏闍補羅國，周四千餘里。國大都城周十餘里。極險固，多山阜，川原隘狹，地利不豐。土宜氣序同半笯蹉國。風俗猛烈，人性驍勇。國無君長，役屬迦溼彌羅國。伽藍十所，僧徒寡少。天祠一所，外道甚多。自濫波國至於此土，形貌麤弊，情性獷暴，語言庸鄙，禮義輕薄，非印度之正境，乃邊裔之曲俗。

從此東南，下山，渡水，行七百餘里，至磔迦國。

【語譯】曷邏闍補羅國方圓四千多里。這個國家的大都城方圓十多里。非常險要堅固，山陵很多，平原狹窄，土地貧瘠。土地生產、氣候和半笯蹉國相同。風俗勇猛剛烈，人性驍勇。國家沒有君主，役屬於迦溼彌羅國。境內有十所寺院，僧人很少。外道神廟一所，信徒很多。從濫波國到這裡，人民形貌粗鄙，性情粗暴，語言鄙陋，寡禮薄義，不是印度的本土，是邊遠落後地區。

從這裡向東南走，下了山，渡過河，走七百多里，就到達磔迦國。

卷四十五國

磔迦國

【題解】磔迦，梵文Takka的音譯。指東起毘播奢河，西到印度河，北起喜馬拉雅山，南到木爾坦以下五河合流處為止的整個旁遮普平原。在西元五至六世紀，磔迦既是國名，也是城名。

磔迦國，周萬餘里，東據毘播奢河，西臨信度河。國大都城周二十餘里。宜粳稻，多宿麥，出金、銀、鍮石、銅、鐵。時候暑熱，土多風飆。風俗暴惡，言辭鄙褻。衣服鮮白，所謂憍奢耶衣、朝霞衣❶等。少信佛法，多事天神。伽藍十所，天祠數百。此國已往，多有福舍❷，以贍貧匱❸，或施藥，或施食，口腹之資，行旅無累。

【注釋】❶朝霞衣　指極薄的棉布製成的衣服。❷福舍　梵文puṇyaśālā的意譯。音譯為「奔穰舍羅」。原為說教場所，兼管慈善事業。❸匱　缺乏。

【語　譯】磔迦國方圓一萬多里，東面與毘播奢河相接，西面瀕臨信度河。這個國家的大都城方圓二十多里。這裡適宜種植晚稻，冬小麥產量很高。出產金、銀、黃銅、銅、鐵。氣候炎熱，常有風暴。民風強暴兇惡，語言粗鄙下流。居民多穿鮮明的白色衣服，稱作憍奢耶衣、朝霞衣等。國中信奉佛法的人很少，人們多信奉外道天神。境內有十座寺院，外道神廟幾百所。過去這個國家有很多慈善場所，用來贍養貧困的人，有的施捨藥品，有的施捨食物。並為旅人提供飲食，方便他們的旅行。

【說　明】本文概括介紹了磔迦國的地理位置、氣候、出產、民風和宗教等方面的情況，並簡單回顧這個國家從前的一些慈善場所。據資料記載，玄奘到這個國家巡禮時曾遇到了賊匪的襲擊，不僅他的衣物全被洗劫一空，還險些遭到殺害。他在本文末尾的悠然回顧，大概也是對「今不如昔」的小小感嘆吧。

大族王與幼日王

大城西南十四五里，至奢羯羅❶故城。垣堵雖壞，基址尚固，周二十餘里。其中更築小城，周六七里。居人富饒，即此國之故都也。數百年前，有王號摩醯邏矩羅❷唐言大族，都治此城，王諸印度。有才智，性勇烈，鄰境諸國莫不臣伏。機務餘閑，欲習佛法，令於僧中推一俊德。時諸僧徒莫敢應命：少欲無為，不求聞達；博學高明，有懼威嚴。是時王家舊僮，染衣已久，辭論清雅，言談贍❸敏，眾共推舉，而以應命。王曰：「我敬佛法，遠訪名僧，眾推此隸與我談論。常謂僧中賢明肩比，以今知之，夫何敬哉？」於是宣令五印度國，繼是❹佛法，並皆毀滅，僧徒斥逐，無復孑❺遺。

摩揭陀國婆羅阿迭多❻（唐言幼日）王崇敬佛法，愛育黎元，以大族王淫刑虐政，自守疆場，不供職貢。時大族王治兵將討。幼日王知其聲問，告諸臣曰：「今聞寇至，不忍鬪其兵也。幸諸僚庶赦而不罪，賜此微軀潛行草澤。」言畢出宮，依緣山野。國中感恩慕從者數萬餘人，棲竄海島。大族王以兵付弟，浮海往伐。幼日王守其阨險，輕騎誘戰，金鼓一震，奇兵四起，生擒大族，反接引現。大族王自愧失道，以衣蒙面。幼日王踞師子床，群官周衛，乃命侍臣告大族曰：「汝露其面，吾欲有辭。」大族對曰：「臣主易位，怨敵相視，既非交好，何用面談？」再三告示，終不從命。於是宣令數其罪曰：「三寶福田，四生攸賴。苟任豺狼，傾毀勝業。福不祐汝，見擒於我。罪無可赦，宜從刑辟❼。」時幼日王母博聞強識，善達占相。聞殺大族也，疾告幼日王曰：「我嘗聞大族奇姿多智，欲一見之。」幼日王命引大族至母宮中。幼日母曰：「嗚呼，大族幸勿恥也！世間無常，榮辱更事，吾猶汝母，汝若吾子，宜去蒙衣，一言面對。」大族曰：「昔為敵國之君，今為俘囚之虜，隳❽廢王業，亡滅宗祀，上愧先靈，下慚黎庶，誠恥面目。俯仰天地，不能自喪，故此蒙衣。」王母曰：「興廢隨時，存亡有運。以心齊物，則得喪俱忘；以物齊心，則毀譽更起。宜信業報，與時推移，去蒙對語，或存軀命。」大族謝曰：「苟以不才，嗣膺王業，刑政失道，國祚亡滅，雖在縲紲❾之中，尚貪旦夕之命。敢承大造，面謝厚恩。」於是去蒙衣，出其面。王母曰：「子其自愛，當終爾壽。」已而告幼日王曰：「先典有訓，宥❿過好生。今大族王積惡雖久，餘福未盡。若殺此人，十二年中菜色相視。然有中興之氣，終非大國之王，當據北方，有小國土。」幼日王承慈母之命，愍失國之君，娉以稚女，待以殊禮，總其遺兵，更加衛從，來出海島。

【注　釋】❶奢羯羅　梵文 Śākala 的音譯。是古代摩陀羅國的首都。西元六世紀上葉成為嚈噠王摩醯邏矩羅的首都。❷摩醯邏矩羅　梵文 Mahirakula 的對譯。mahira 的意思是太陽，kula 的意思是「族」。大約在西元五一五年，摩醯邏矩羅繼位成為印度白匈奴帝國國王。❸贍　通「澹」。澹泊雅致。❹繼是　從今以後。❺子　獨自。❻婆羅阿迭多　梵文 Bālāditya 的音譯。意譯為「幼日」。西元六世紀初繼位的印度笈多王朝君主。❼刑辟　砍頭。❽隳　毀壞。❾縲紲　囚禁。❿宥　原諒。

【語　譯】從大都城往西南走十四、五里，就到達奢羯羅舊城，城牆雖有損壞，但基址還很堅固，這城方圓有二十多里。城中又築有小城，方圓六、七里。城中居民生活富足。這座城就是磔迦國的舊都。幾百年前，有一個叫摩醯邏矩羅的國王建都在這裡，統治著印度各國。這位國王頗有才智，性情勇烈，鄰國紛紛向他臣服。他在處理國事的閑暇，想學習佛法，於是命令在僧人中推選出一位才德出眾的向他傳授佛法，當時僧人們沒有一個敢去應命。因為他們中的一些人清心寡欲，不求名利；另一些雖博學高才，卻懼怕國王的威嚴。這時，國王有一個老僕人，出家已經很久了。他言談澹雅，反應敏捷，大家一致推舉他向國王應命。國王說：「我崇敬佛法，到處尋訪有名望的高僧。你們竟推舉這個奴隸來同我談論佛法。常說僧徒中賢才明士比比皆是，現在看來，佛法有什麼可崇敬的呢？」於是在五印度國發布命令，從此以後消滅佛法，將僧徒驅逐出境，一個不留。

摩揭陀國婆羅阿迭多王崇敬佛法，愛育百姓，因為大族王濫施刑罰，實行暴政，於是守住自己的疆界，不再向他進貢稱臣。這時大族王整頓軍隊準備討伐幼日王。幼日王知道大族王要來聲討他，就對臣子們說：「現在聽說敵人要來了，我不忍心讓我的百姓同他的士兵相鬥。請各位大臣和百姓都能寬恕我，容我躲到荒僻的地方去吧。」說完這番話他就離開王宮，隱居到山野去了。國中感恩和慕名追隨他的有幾萬人，他們同他一起逃到一個海島上。大族王將軍隊交給他的弟弟，渡海去討伐幼日王。幼日王守在險要的關隘，派輕騎引誘大族王前來交戰，金鼓一聲震響，奇兵四起，活捉了大族王。他被反綁雙手帶到幼日王面前。大族王自愧失敗，用衣服蒙住了自己的臉。幼日王高坐師子床上，群臣守衛在周圍。他命令侍臣告訴大族王說：「你露出臉來，我有話說。」大族王回答說：「君臣交換了位置，現在是仇敵相見，既然不是要交好，何必面談？」幼日王再三告訴他露出臉來，他到底也沒有聽從。於是幼日王宣布命令，列舉他的罪狀說：「三寶福田是眾生的依賴。假如任你像豺狼一樣兇暴，很快就會毀掉祖上的業績。上天不再保祐你了，所以你被我所擒。你的罪行無可赦免，應該砍頭。」那時，幼日王的母親博聞強識，擅長占卜相面。她聽說要殺大族王，趕忙告訴幼日王說：「聽說大族王形貌奇偉智力超群，我想見他一面。」幼日王於是命人將大族王帶到母親宮中。幼日王的母親說：「唉，大族王你不要覺得恥辱！世間事物變化無常，榮辱總是交替出現。我就像你的母親，你就像我的兒子，拿掉蒙在臉上的衣服，面對面地同我說話吧。」大族王說：「當年我是你們敵國的君主，現在是你們的俘虜。我毀壞了先王的基業和社稷，上愧對祖先亡靈，下對不起百姓，實在沒臉見人。我仰觀蒼天俯對大地，恨不能自盡，因此以衣蒙面。」幼日王的母親說：「國家的興盛和滅亡隨著時代發生變化，是存是亡自有命運。如果心裡能將世間萬物同等看待，得失也就都忘了；如果讓事物左右你的心，那麼榮辱便產生了。你應相信業報隨著時間的推移會發生變化。如果你去掉蒙面之物同我當面交談，也許可以保住性命。」大族王致謝說：「我實在沒有什麼才智，繼承先王的帝業，卻將國家治理得不成樣子，以致亡國滅族。雖然已被囚禁，還是貪戀旦夕之間的活命。承蒙您的教誨使我重獲新生，我要當面感謝您的厚恩。」於是他拿掉蒙臉的衣服，露出面孔。幼日王的母親說：「你自己保重，我會讓你得享天年。」然後她告訴幼日王說：「祖宗的法典中有訓命，要善於寬恕珍視生命。現在大族王雖然作惡已久，但他的福報還沒有盡。如果殺了這個人，十二年之內災禍不斷，人人面帶菜色。大族王雖然有中興國家的氣度，到底也不能再做大國的國王了。他會在北方，據有一小塊國土。」幼日王遵從母親的意見，憐憫這個失去國家的君主，將自己的小女兒許配給他，以優厚的禮節待他。把他的殘餘軍隊集中在一起，又為他增加了一些衛士，讓他們離開了海島。

【說　明】本文記敘了奢羯羅城遺址和曾在這裡建都的大族王與笈多王朝幼日王的戰爭。全篇以這個都城遺址為引線，以信佛和滅佛為聚焦點，講述了印度歷史上一次著名的戰爭。幼日王是西元六世紀印度笈多王朝晚期的一個皇帝，當時，笈多王朝由於內部不和，已經分崩瓦解，許多地方首領紛紛自立為王，戰亂不止，與此同時，印度白匈奴帝國卻不斷強大，大族王的統治已擴大到印度西部和北部的廣大地區。在這些因素的共同作用下，笈多帝國的力量已大大削弱，帝國的權力已只限於其統治中心摩揭陀和鄰近地區，並一度向大族王統治的白匈奴帝國稱臣納貢。本文所記敘的兩王的戰爭就是在這種背景下展開的。無疑，幼日王的勝利不僅使笈多帝國免遭白匈奴人的繼續掠奪，也在一定程度上穩定了帝國的統治，因此幼日王的這一事跡一直被傳誦到兩個世紀以後。

但文中所說的戰爭發生年代卻被多數學者否定了。一般認為大族王入侵印度僅在玄奘之前數十年，而不是文中所說的「數百年」，另外，學者們還認為，文中有關大族王反對佛教的原因以及這次戰爭的經過，恐怕也是出於佛教徒為了宣傳佛教教義而杜撰出來的，當然這也只是一種看法。

大族王與迦溼彌羅

大族王弟還國自立，大族失位，藏竄山野，北投迦溼彌羅國。迦溼彌羅王深加禮命，愍以失國，封以土邑。歲月既淹，率其邑人，矯❶殺迦溼彌羅王而自尊立。乘其戰勝之威，西討健馱邏國，潛兵伏甲，遂殺其王，國族大臣，誅鋤殄❷滅。毀窣堵波，廢僧伽藍，凡一千六百所。兵殺之外，餘有九億❸人，皆欲誅戮，無遺噍類❹。時諸輔佐咸進諫曰：「大王威懾強敵，兵不交鋒，誅其首惡，黎庶何咎？願以微躬代所應死。」王曰：「汝信佛法，崇重冥福，擬成佛果，廣說本生，欲傳我惡於未來世乎？汝宜復位，勿有再辭。」於是以三億上族，臨信度河岸殺之；三億中族，下沈信度河流殺之；三億下族，分賜兵士。於是持其亡國之貨，振旅而歸。曾未改歲，尋即殂落❺。殂落之時，雲霧冥晦，大地震動，暴風奮發。時證果人愍而歎曰：「枉殺無辜，毀滅佛法，墮無間獄❻，流轉未已。」

【注　釋】❶矯　原指假借命令。這裡引申為欺騙。❷殄　滅絕。❸億　數詞。古代的億有兩種算法。一種指十萬；一種指萬萬。這裡指前一種。❹噍類　能吃東西的動物。一般指活人。噍，吃東西。❺殂落　死亡。❻無間獄　無間地獄。在地獄的最底層。無間，梵文 avici 的意譯。音譯為「阿鼻旨」、「阿鼻」。指所受痛苦沒有間斷的時候。

【語　譯】大族王的弟弟回到本國自立為王，大族失去王位，在山野中躲藏逃竄，後來跑到北方投奔了迦溼彌羅國。迦溼彌羅王對他禮敬有加，憐憫他失去國家，封給他土地城邑。時間長了，他竟率領封邑的人們以欺騙手段殺死了迦溼彌羅王，自立為王。並乘勝西進討伐健馱邏國，他伏下甲士，殺害了健馱邏王，將國中王族大臣殺得乾乾淨淨。毀壞佛塔、寺院一千六百所。除了戰死的人，國中還剩九十萬人。大族想把他們全部殺掉，不留一個活人。當時輔佐他的大臣都向他進諫說：「大王威名震懾強敵，軍隊還沒有交戰，就誅殺了作惡的首領。這些百姓有什麼過錯呢？我們願以自己卑微的生命替他們去死。」大族王說：「你們信奉佛法，崇重冥冥中的福報，想成就佛果，到處宣揚本生，是想把我的惡業傳到來世嗎？你們趕快回到自己的位置上去，不要再說了。」於是將三十萬上等人在信度河邊殺死，將三十萬中等人沈到信度河中淹死，三十萬下等人分別賜給士兵做奴隸。於是帶著健馱羅國的寶貨，凱旋而歸。竟然不到一年，大族王就死了。他死的時候，雲霧昏暗，大地震動，狂風大作。當時證佛果的人憐憫地嘆息說：「大族王濫殺無辜，毀滅佛法，墮入無間地獄了，並在輪迴中流轉不息。」

【說　明】本文記敘了大族王在迦溼彌羅國的惡行以及所得到的果報。看來大族王並沒有在和幼日王的戰爭中吸取教訓，接受幼日王母親的教誨，而是繼續無惡不作，極盡背叛、兇暴，濫殺無辜，毀壞佛法，終於惡貫滿盈，得到惡報，墮入地獄最底層，忍受無盡的痛苦，永無止息。大族王實是惡有惡報的一個典型。這個故事從反面勸誡人們，要多行善事，崇信佛法。實際上也是對佛教的一種宣傳。

故城僧伽藍

奢羯羅故城中有一伽藍，僧徒百餘人，並學小乘法。世親菩薩昔於此中製《勝義諦論》。其側窣堵波，高二百餘尺，過去四佛於此說法。又有四佛經行遺跡之所。

伽藍西北五六里，有窣堵波，高二百餘尺，無憂王之所建也，是過去四佛說法之處。

新都城東北十餘里，至石窣堵波，高二百餘尺，無憂王之所建也，是如來往北方行化中路止處。《印度記》曰：窣堵波中有多舍利，或有齋日，時放光明。

從此東行五百餘里，至至那僕底國。

【語譯】在奢羯羅舊城中有一座寺院，寺中有一百多位僧人，都學習小乘法教。從前世親菩薩曾在這裡寫作《勝義諦論》。在寺院旁邊有座塔，塔高二百多尺，過去四佛曾在這裡說法。還有四佛散步場所的遺跡。在這座寺院西北五、六里有座塔，塔高二百多尺，是無憂王建造的，是過去四佛說法的地方。

從新都城向東北走十幾里，到達一座石塔，塔高二百多尺，是無憂王建造的，是如來往北方傳教途中停留的地方。《印度記》中說：塔中有許多佛舍利，到齋戒的日子，常常大放光明。

從這裡向東走五百多里，到達至那僕底國。

【說明】本文簡要介紹了奢羯羅故城中和新都城附近的幾處佛教遺址。關於文中所提到的《印度記》，目前還不知道這是一部什麼樣的書，對作者和年代也一無所知。

至那僕底國

【題解】「至那僕底」中的「至那」，是梵文 Cīna 的音譯，意譯為中國，至那僕底，梵文寫作 Cīnabhukti，意思是「中國領地」。傳說中這裡是一個從中國送來當人質的王子在冬季居住的地方，因此得名至那僕底。其舊址的確切地點現在尚在探討中。

至那僕底國，周二千餘里。國大都城周十四五里。稼穡滋茂，果木稀疏。編戶❶安業，國用豐贍。氣序溫暑，風俗怯弱。學綜真俗❷，信兼邪正。伽藍十所，天祠八所。

昔迦膩色迦王之御宇也，聲振鄰國，威被殊俗，河西蕃維畏威送質。迦膩色迦王既得質子，賞遇隆厚，三時易館，四兵警衛。此國則質子冬所居也，故曰至那僕底（唐言漢封）。質子所居，因為國號。此境已往，洎諸印度，土無梨、桃，質子所植，因謂桃曰至那你❸（唐言漢持來），梨曰至那羅闍弗呾邏❹（唐言漢王子）。故此國人深敬東土，更相指語：「是我先王本國人也。」

大城東南行五百餘里，至荅秣蘇伐那僧伽藍❺（唐言闇林），僧徒三百餘人，學說一切有部，眾儀肅穆，德行清高，小乘之學特為博究。賢劫千佛皆於此地集天、人眾，說深妙法。釋迦如來涅槃之後第三百年中，有迦多衍那❻（舊曰迦旃延，訛也）論師者，於此製《發智論》焉。闍林伽藍中有窣堵波，高二百餘尺，無憂王之所建也。其側則有過去四佛座及經行遺跡之處。小窣堵波、諸大石室，鱗次❼相望，不詳其數，並是劫初已來證果聖人，於此寂滅，羌❽難備舉，齒骨猶在。繞山伽藍周二十里，佛舍利窣堵波數百千所，連隅接影。

從此東北行百四五十里，至闍爛達羅國。北印度境。

【注釋】❶編戶　編入戶籍的平民。❷真俗　即真諦和俗諦。合稱「二諦」。原為古印度婆羅門教用語。為佛教所沿用。一般將世俗的認識活動和對對象的理解稱為俗諦；將佛教智慧及其對對象的理解稱為真諦。❸至那你　梵文 Cīnanī 的音譯。意譯為「中國傳來的」。❹至那羅闍弗呾邏　梵文 Cīnarājaputra 的音譯。意譯為「中國王子」。❺荅秣蘇伐那僧伽藍　梵文寫作 Tamasāvanasaṅghārāma。意譯為闇林寺。❻迦多衍那　梵文 Kātyāyana 的音譯。約西元前後在西北印度宣揚佛教的論師。著有《發智論》二十卷。是說一切有部的名著。❼鱗次　像魚鱗一樣依次排列。❽羌　語氣詞。用於句首。

【語譯】至那僕底國方圓兩千多里，這個國家的大都城方圓十四、五里。莊稼滋長茂盛，果樹稀疏。編入戶籍的平民安居樂業，國家府庫充實富足。氣候溫熱，風俗懦弱。真諦、俗諦全都學習，佛教和外道他們都信奉。境內有寺院十所，外道神廟八座。

從前迦膩色迦王統治時期，他的聲威震懾鄰國，盛名遠達異邦。我國河西一個蕃王畏懼他的威勢，將一個王子送到他那裡做人質以示忠誠。迦膩色迦王得到王子為人質後，對他的禮遇又隆重又優厚，按季節變化為他調換住處，並派四種士兵為他守衛。這個國家是質子冬天居住的地方，因此叫做至那僕底。因為這裡是質子居住的地方，所以以此為國名。從前這裡和印度各地一樣，沒有梨、桃，質子來了以後開始種植，因此他們將桃稱作「至那你」，將梨稱作「至那羅闍弗呾邏」。所以這個國家的人民非常敬重中國，指著我說：「這是我們先王的本國人啊。」

從大都城往東南走五百多里，到達荅秣蘇伐那寺。寺中有僧徒三百多人，學習小乘佛教說一切有部，僧人們儀表肅穆，品德清高，對小乘理論有深入的研究。在我們這個賢劫中，一千個佛都在這裡集合天神和眾人，為他們講說妙法。在釋迦如來涅槃之後第三百年中，有一位迦多衍那論師在這裡寫作《發智論》。在闍林寺中有一座塔，塔高二百多尺，是無憂王建造的。塔旁有過去四佛的座位和散步場所的遺跡。

小塔和大石窟像魚鱗一樣排得密密麻麻，望過去不知道有多少，都是很久以來為紀念在這裡去世的證果聖人而修建的，這些聖人難以一一列舉，他們的齒骨還在。在這座寺院周圍群山環繞連綿二十多里。供奉佛舍利的塔有千百座，這些塔一座挨著一座，它們的影子連成一片。

從這裡向東北走一百四、五十里，到達闍爛達羅國。

【說　明】本文概括介紹了至那僕底國的情況、國名由來以及國中幾處著名的佛教遺址。關於迦膩色迦王的中國人質王子的情況，我們在本書卷一迦畢試國「質子伽藍」中已有所說明，這裡不再多說了。

「荅秣蘇伐那」既是一個寺名，也是一個地名，這一地區以闍林寺為中心，佛教遺址鱗次櫛比，是古代印度有名的佛教勝地，從文中的介紹可以想見當年這裡的輝煌。全文條理清晰，敘事簡繁得當，語言具有很強的表現力。

闍爛達羅國

【題　解】闍爛達羅，梵文寫作 Jalaṃdhara，也被譯成闍蘭達、左欄陀羅。因為這裡曾是戴迪亞族王闍爛達羅的國都，因此得名。這一地區相當於現在阿姆利則東南的朱隆杜爾一帶。

闍爛達羅國，東西千餘里，南北八百餘里。國大都城周十二三里。宜穀稼，多粳稻，林樹扶疏，花果茂盛。氣序溫暑，風俗剛烈，容貌鄙陋，家室富饒。伽藍五十餘所，僧徒二千餘人，大小二乘，專門習學。天祠三所，外道五百餘人，並塗灰之侶也。此國先王崇敬外道，其後遇羅漢，聞法信悟。故中印度王[1]體其淳信，五印度國三寶之事，一以總監。泯彼此，忘愛惡，督察僧徒，妙窮淑慝❷。故道德著聞者，竭誠敬仰；戒行虧犯者，深加責罰。聖跡之所，並皆旌建，或窣堵波，或僧伽藍，印度境內，無不周徧。

從此東北，踰峻嶺，越洞谷，經危途，涉險路，行七百餘里，至屈露多國北印度境。

【注　釋】❶中印度王　即戒日王。❷淑慝　善惡。淑，善良。慝，邪惡。

【語　譯】闍爛達羅國東西長一千多里，南北長八百多里。該國大都城方圓十二、三里。土地適於種植莊稼，盛產晚稻，林樹疏疏落落，花果繁茂。氣候溫熱，風俗剛猛勇烈，居民容貌鄙俗醜陋，生活富裕。境內有寺院五十多所，僧徒兩千多人，大小二乘都有專門學習。外道神廟有三座，外道信徒五百多人，都屬於塗灰外道。這個國家的先王崇敬外道，後來遇到羅漢，聽他講說佛法，轉而信佛悟道。中印度王知道了他對佛的真誠崇信，將五印度有關三寶的事情全都交給他管理。他打破人們彼此之間的隔膜，將個人愛憎置之度外，督促考察僧徒，盡力發掘，哪怕最微小的善惡。對道德高尚、名望卓著的竭誠敬仰，對違反戒行的嚴厲責罰。凡是有聖人遺跡的地方，都建有紀念性建築，有的地方是塔，有的地方是寺，遍及印度境內。

從這裡向東北走，翻過高山，越過深谷，經過危險的路途，走七百多里，到達屈露多國。

【說　明】本文簡要介紹了闍爛達羅國的概況，主要介紹了佛教在這個國度的興盛及其原因。玄奘巡禮時曾在這裡停留了四個月，在那伽羅馱那寺 (Nagaradhanavihāra) 跟從旃達羅伐摩 (Candravarman) 學習《眾事分毘婆沙》。據本文的記敘，該國對遍布印度各地的佛教遺跡的建立做出了不可低估的貢獻。

屈露多等三國

【題解】「屈露多等三國」包括屈露多國、洛護羅國和秣羅娑國。屈露多，梵文 Kulūta 的音譯，其舊址大約在現在的比阿斯河流域上游的康拉縣。洛護羅國，一般認為是指我國西藏的洛域 (Lho-yul)，但有一部分學者不贊同這種意見。秣羅娑國的對音和位置尚無確定說法。

屈露多國，周三千餘里，山周四境。國大都城周十四五里。土地沃壤，穀稼時播，花果茂盛，卉木滋榮。既鄰雪山，遂多珍藥，出金、銀、赤銅及火珠、鍮石。氣序漸寒，霜雪微降。人貌麤弊，既癭❶且尰❷，性剛猛，尚氣勇。伽藍二十餘所，僧徒千餘人，多學大乘，少習諸部。天祠十五，異道雜居。依巖據嶺，石室相距❸，或羅漢所居，或僊人所止。國中有窣堵波，無憂王之所建也。在昔如來曾至此國，說法度人，遺跡斯記。

從此北路千八九百里，道路危險，踰山越谷，至洛護羅國。

此北二千餘里，經途艱阻，寒風飛雪，至秣羅娑國（亦謂三波訶國）。

自屈露多國南行七百餘里，越大山，濟大河，至設多圖盧國（北印度境）。

【注釋】❶癭 指脖頸上囊狀的贅生物。❷尰 大脖子。❸岠 通「距」。距離。

【語譯】屈露多國方圓三千多里，四面環山。這個國家的大都城方圓十四、五里。土地肥沃，莊稼應時播種，花果茂盛，草木繁榮。因為靠近雪山，所以多出珍貴藥材，還出產金、銀、紅銅及火珠、黃銅。氣候變得寒冷，略微有些霜雪。居民形貌粗俗醜陋，脖子腫大且多長頸瘤。性情剛猛，崇尚勇力。境內有寺院二十多所，僧徒一千多人。多研習大乘法教，少數學習部派佛教。外道神廟有十五所，各種外道雜居在一起。在依山靠嶺的地方，有許多石屋相隔，有的是羅漢住的地方，有的供仙人歇息。國中有座塔，是無憂王建造的。從前如來曾到這個國家講說法教超度俗人，這個遺跡就是記載這件事。

從這裡向北走一千八、九百里，道路危險，翻山越谷，到達洛護羅國。

從這裡向北走兩千多里，路途艱險難行，頂風冒雪，到達秣羅娑國。

從屈露多國往南走七百多里，越過高山，渡過大河，到達設多圖盧國。

【說明】本文簡要介紹了屈露多等三個國家的概況。其中對屈露多國的敘述比較詳盡，國土、地理形勢、民風、出產、佛教遺跡等方面都有所涉及。而對洛護羅國和秣羅娑國只是一筆帶過。因為這兩個國家都不是他親身去過的，有關路途的危險艱難等等，也只是根據傳聞寫下來的。

設多圖盧國

【題解】設多圖盧，梵文 Śatadru 的音譯，意思是「百川匯流」。也就是薩特累季 (Sutlej) 河的古名。這是一個以河流命名的國家。

設多圖盧國，周二千餘里，西臨大河。國大都城周十七八里。穀稼殷盛，果實繁茂，多金、銀，出珠珍。服用鮮素，裳衣綺靡❶。氣序暑熱，風俗淳和，人性善順，上下有序。敦❷信佛法，誠心質敬。王城內外，伽藍十所，庭宇荒涼，僧徒尠少。城東南三四里，有窣堵波，高二百餘尺，無憂王之所建也。傍有過去四佛座及經行遺跡之所。

復從此西南行八百餘里，至波理夜呾羅國。中印度境。

【注　釋】❶綺靡　華麗；浮豔。❷敦　淳真。

【語　譯】設多圖盧國方圓兩千多里，西面瀕臨大河。這個國家的大都城方圓十七、八里。糧食豐盛，果實繁茂，出產金、銀和珍珠。人們的飲食用品新鮮簡樸，衣著華麗。氣候炎熱，風俗淳樸溫和，人民性情善良和順，上上下下很有規矩。真誠信奉佛法，誠心崇敬。王城內外，共有寺院十所，寺中庭院已很荒涼，僧徒很少。在都城東南三、四里有一座塔，塔高二百多尺，是無憂王建造的。塔旁有過去四佛坐過和散步地方的遺址。

再從這裡向西南走八百多里，到達波理夜呾羅國。

波理夜呾羅國

【題　解】波理夜呾羅，梵文寫作 Pāriyātra，即古代摩嗟的首都拜拉特 (Bairāṭ)（摩嗟是摩嗟陀的簡稱，也譯作摩竭提摩伽陀，中印度古國）。這個地方在印度古代傳說中頗負盛名。此地出土文物很多，最著名的是兩個阿育王石刻詔敕。孔雀王朝時的其他遺物也很多，從中可以想見它當時的繁榮。

波理夜呾羅國，周三千餘里。國大都城周十四五里。宜穀稼，豐宿麥，有異稻，種六十日而收穫焉。多牛羊，少花果。氣序暑熱，風俗剛猛。不尚學藝，信奉外道。王吠奢種也，性勇烈，多武略。伽藍八所，傾毀已甚，僧徒寡少，習學小乘。天祠十餘所，異道千餘人。

從此東行五百餘里，至秣兔羅國（中印度境）。

【語　譯】波理夜呾羅國方圓三千多里。國都方圓十四、五里。這裡適宜農作物生長，盛產冬小麥，有一種特別的稻子，播種後六十天就可以收穫。牛羊很多，花果較少。氣候炎熱，風俗剛烈勇猛。人們不重視技藝的學習，信奉外道天神。國王是吠奢種姓人，性情勇猛剛烈，戰爭謀略豐富。境內有寺院八所，都倒塌毀壞得很厲害，僧徒很少，都學習小乘法教。外道神廟有十幾所，異教徒一千多人。

從這裡向東走五百多里，到達秣兔羅國。

【說　明】本文簡要介紹了波理夜呾羅國的概況。這一地區的「風俗剛猛」遠近聞名。印度著名法典《摩奴法論》中稱：拜拉塔人上陣，無不以一當十，所向披靡。

另外一個需要說明的是該國國王的種姓。在前面的「印度總述」中我們得知，按印度的種姓制度，只有剎帝利才可以做國王。因此，這個國王的吠奢種姓不免讓人感到些微的疑惑。其實，實際情形要比規定寬鬆得多。在玄奘訪問印度時，雖然大多數地方的統治者屬剎帝利種姓，但是其餘三種姓稱王的也有不少，本書後面還將有涉及。

秣兔羅國

【題解】秣兔羅，梵文 Mathurā 的音譯，也被譯為摩偷羅、摩度羅，意譯為蜜善、孔雀。秣兔羅是印度古代十六大國之一蘇羅森那（梵文寫作 Sūrasena）的首都，相傳是羅摩的弟弟設睹盧祇那 (Śatrughna) 建立的，是古代印度與西方通商路上的重要地帶，因此東西方典籍對這一地區都有提及。據印度史書記載，在笈多王朝以前，先後有七個那迦國王統治此地。笈多王朝興起以後，這一地區的重要性日漸顯現，並在印度宗教史上佔有特殊地位。

秣兔羅國，周五千餘里。國大都城周二十餘里。土地膏腴，稼穡是務。菴沒羅果家植成林。雖同一名，而有兩種：小者生青熟黃，大者始終青色。出細班❶氎及黃金，氣序暑熱，風俗善順，好修冥福，崇德尚學。伽藍二十餘所，僧徒二千餘人，大小二乘，兼功習學。天祠五所，異道雜居。有三窣堵波，並無憂王所建也。過去四佛遺跡甚多。釋迦如來諸聖弟子遺身窣堵波，謂舍利子❷（舊曰舍梨子，又曰舍利弗，訛略也）、沒特伽羅子❸（舊曰目乾連，訛略也）、布剌拏梅呾麗衍尼弗呾羅❹（唐言滿慈子。舊曰彌多羅尼子，訛略也）、優波釐❺、阿難陀❻、羅怙羅❼（舊曰羅睺羅，又曰羅雲，皆訛略也）、曼殊室利❽（唐言妙吉祥。舊曰濡首；又曰文殊師利，或言曼殊尸利，譯曰妙德，訛也）諸菩薩窣堵波等。每歲三長❾及月六齋❿，僧徒相競，率其同好，齎持供具，多營奇玩，隨其所宗，而致像設。阿毘達磨⓫眾供養舍利子；習定之徒供養沒特伽羅子；誦持經者供養滿慈子；學毘柰耶⓬眾供養優波釐；諸苾芻尼⓭供養阿難；未受具戒⓮者供養羅怙羅；其學大乘者供養諸菩薩。是日也，諸窣堵波競修供養，珠幡布列，寶蓋駢⓯羅，香煙若雲，花散如雨，蔽虧日月，震蕩谿谷，國王、大臣，修善為務。

城東行五六里，至一山伽藍，疏崖為室，因谷為門，尊者鄔波毱多⓰唐言近護之所建也。其中則有如來指爪窣堵波。伽藍北巖間，有石室，高二十餘尺，廣三十餘尺，四寸細籌⓱填積其內。尊者近護說法化導⓲，夫妻俱證羅漢果者，乃下一籌；異室別族，雖證不記。

石室東南二十四五里，至大涸池，傍有窣堵波。在昔如來行經此處，時有獼猴，持蜜奉佛，佛令水和，普徧大眾，獼猴喜躍，墮坑而死，乘茲福力，得生人中。池北不遠，大林中有過去四佛經行遺跡。其側有舍利子、沒特伽羅子等千二百五十大阿羅漢習定之處，並建窣堵波，以記遺跡。如來在世，屢遊此國，說法之所，並有封樹⓳。

從此東北行五百餘里，至薩他泥溼伐羅國中印度境。

【注　釋】❶班　通「斑」。❷舍利子　梵文寫作Śāriputra。「舍利」是Śāri的音譯，「子」是putra的意譯。音譯為舍利弗多羅、舍利弗等。意譯為「鶖鷺子」。是釋迦牟尼十大弟子之一。號稱智慧第一。❸沒特伽羅子　梵文寫作Maudgalaputra。音譯作目犍連。意譯為「采菽氏」。釋迦牟尼十大弟子之一。號稱神通第一。❹布剌拏梅呾麗衍尼弗呾羅　梵文Pūrṇamaitrāyaṇīputra的音譯。意譯為「滿慈子」。是釋迦牟尼十大弟子之一。號稱說法第一。❺優波釐　梵文Upāli的音譯。意譯為「近取」或「近執」。是釋迦牟尼十大弟子之一。號稱持律第一。❻阿難陀　梵文Ānanda的音譯。意譯為「歡喜」。為釋迦牟尼十大弟子之一。號稱多聞第一。❼羅怙羅　梵文Rāhula的音譯。意譯為「覆障」。釋迦牟尼十大弟子之一。號稱密行第一。❽曼殊室利　梵文Mañjuśrī的音譯。略稱「文殊」。意譯為「妙吉祥」、「妙德」等。他與普賢為一對隨侍在釋迦牟尼左右。是佛教菩薩們的首座。他是虛構的智慧之神，屬於大乘佛教。❾三長　又名三齋月。指每年一月、六月、九月的長齋。❿月六齋　指每月的八、十四、十五、二十三、二十九、三十這六天持齋。⓫阿毘達磨　梵文abhidharma的音譯。佛教三藏中的論藏。⓬毘柰耶　梵文vinaya的音譯。意譯為「律」。⓭苾芻尼　梵文bhikṣuṇī的音譯。即尼姑。⓮具戒　即具足戒。佛教徒必須通過一定的儀式，接受師父授與的戒條。具足戒就是圓滿完成的戒。共二百五十種戒條。未受具戒者，一般指出家僅受十戒的沙彌。⓯駢　並列；對偶。⓰鄔波毱多　是梵文Upagupta的音譯。意譯為「近護」、「近密」。約生於西元前三世紀左右。佛教信徒。⓱細籌　用竹、木、象牙等製成的小棍或小片。一種計數工具。⓲化導　教化導引。⓳封樹　聚土植樹。

【語　譯】秣兔羅國方圓五千多里。國都方圓二十多里。土地肥沃，人們都從事農業生產。家家都種植菴沒羅果，果樹茂密成林。這裡的菴沒羅果雖然名字相同，卻有兩個品種：小的一種生的時候是青色成熟以後變黃，大的一種始終是青色的。這裡還出產細花布和黃金。氣候炎熱，風俗善良和順，喜歡修冥福，尊崇德行和學識。境內有寺院二十多所，僧徒兩千多人，對大、小二乘都有所研習。外道神廟有五所，外道們雜居在一起。有三座塔，都是無憂王建造的。過去四佛的遺跡很多。釋迦如來弟子們的遺骨都留在這些塔裡，他們是舍利子、沒特伽羅子、布剌拏梅呾麗衍尼弗呾羅、優波釐、阿難陀、羅怙羅和曼殊室利等菩薩。每年三長和月六齋的日子裡，僧徒們爭先恐後帶領好友拿著供具和許多奇珍異物來到這裡，按照他們的宗派設像供養。論藏的信徒供養舍利子；打坐修習的供養沒特伽羅子；誦讀信奉經藏的供養滿慈子；學習律藏的供養優波釐；尼姑們供養阿難；還未受具足戒的供養羅怙羅；學習大乘的供養各位菩薩。到了這一天，各塔被競相供養祭祀，鑲著珍珠的旗幡排列整齊，綴滿珠寶的傘蓋對對相向，香煙如祥雲繚繞，鮮花像雨點一樣撒落，遮蔽了日月，祈禱聲震蕩山谷，國王大臣全都大做善事。

從都城向東走五、六里，來到一座山中寺院。寺院開鑿山崖做成居室，利用山谷口做寺門，這寺是尊者鄔波毱多建造的。寺中有供奉如來指甲的塔。在這座寺院北面的山巖間，有一間石室，高二十多尺，寬三十多尺，裡面堆滿了四寸長的細籌。尊者近護在這裡講說佛法教化眾生，如果夫妻都證得羅漢果，就往石室中放進一塊細籌。如果兩人家族種姓不一樣，即使都證得羅漢果也不計算在內。

從這間石室往東南走二十四、五里，到達一個乾涸的大池潭，池旁有座塔。從前如來經過這裡，當時有隻獼猴，將蜜奉給如來佛，佛讓人用水和蜜，分送給眾人，獼猴高興蹦跳，掉在池中死了。牠藉著這個福報，轉生為人。在池北不遠一片大樹林中有從前四佛經過的遺跡。在樹林旁邊是舍利子、沒特伽羅子等一千二百五十位大阿羅漢修行靜坐的遺跡，為他們都建了塔作為標誌。如來在世的時候，多次遊歷這個國家，在如來說法的地方都聚土植樹作為標誌。

從這裡向東北走五百多里，到達薩他泥溼伐羅國。

【說　明】本文簡要介紹了秣兔羅國的概況以及國內著名的佛教遺跡。從西元前六世紀起，佛教在這個國家盛行了幾個世紀，許多佛教史上的著名人物都曾在這裡講經、說法、習定，化導眾生，並在這裡留下自己的舍利。因此這裡才有每年三長及月六齋的盛大場面。如佛陀的弟子摩訶迦多衍那就曾在這裡說法並評論種姓制度，尊者鄔波毱多也在這裡度數千人成為佛弟子。類似的佛教事跡數不勝數。然而這個國度不只是佛教勝地，這裡還是傳說中的黑天 (Krsna) 誕生的地方，婆羅門教的前身薄伽梵派 (Bhagavatism) 就在這裡形成。另外，耆那教的勢力在這裡也相當強大，該教的兩位聖者都在這裡取得了圓滿成就，教主大雄也曾在這裡說法布道。因此，秣兔羅不僅在印度佛教史而且也在印度宗教史上佔有特殊地位。

但在玄奘巡禮到這裡的時候，佛教在國中的地位已遠遠領先於其他宗教派別。如果和法顯訪問時的「有二十僧伽藍，可有三千僧」相比，佛教則顯出了逐漸衰微的跡象。

薩他泥溼伐羅國

【題解】薩他泥溼伐羅，梵文 Sthāneśvara 的音譯。這是由 sthāna（國土）和 iśvara（自在）兩個詞組成。為印度著名的古都之一。這個國家的確切位置現在還不能肯定。

薩他泥溼伐羅國，周七千餘里。國大都城周二十餘里。土地沃壤，稼穡滋盛。氣序溫暑，風俗澆薄，家室富饒，競為奢侈。深閑幻術，高尚異能。多逐利，少務農，諸方奇貨多聚其國。伽藍三所，僧徒七百餘人，並皆習學小乘法教。天祠百餘所，異道甚多。

大城四周二百里內，彼土之人謂為福地。聞諸耆舊曰：昔五印度國二王分治，境壤相侵，干戈不息。兩主合謀，欲決兵戰，以定雌雄，以寧氓俗❶。黎庶胥❷怨，莫從君命。王以為眾庶者，難與慮始也，神可動物，權可立功。時有梵志，素知高才，密齎束帛，命入後庭，造作法書，藏諸巖穴。歲月既久，樹皆合拱。王於朝坐，告諸臣曰：「吾以不德，忝居大位，天帝垂照，夢賜靈書，今在某山，藏於某嶺。」於是下令營求，得書山林之下。群官稱慶，眾庶悅豫，宣示遠近，咸使聞知。其大略曰：「夫生死無涯，流轉無極，含靈淪溺❸，莫由自濟，我以奇謀，令離諸苦。今此王城周二百里，古先帝世福利之地。歲月極遠，銘記湮滅，生靈不悟，遂沈苦海。溺而不救，夫何謂歟？汝諸含識，臨敵兵死，得生人中，多殺無辜，受天福樂，順孫孝子，扶侍親老，經遊此地，獲福無窮。功少福多，如何失利？一喪人身，三途❹冥漠。是故含生，各務修業！」於是人習兵戰，視死如歸。王遂下令，招募勇烈，兩國合戰，積屍如莽❺。迄於今時，遺骸遍野，時既古昔，人骸偉大。國俗相傳，謂之福地。

城西北四五里，有窣堵波，高二百餘尺，無憂王之所建也。磚皆黃赤色，甚光淨，中有如來舍利一升，光明時照，神跡多端。

城南行百餘里，至俱昏荼❻僧伽藍。重閣連甍❼，層臺間峙。僧徒清肅，威儀閑雅。

從此東北行四百餘里，至窣祿勤那國（中印度境）。

【注釋】❶氓俗　百姓。❷胥　全；都。❸淪溺　沈沒。溺，淹沒。❹三途　指靈魂歸依的三個方向。這裡指地獄、餓鬼、畜生三途。❺莽　草木叢生。❻俱昏荼　梵文寫作 Gominda 或 Gokaṇtha。說法不一。❼甍　屋脊。

【語　譯】薩他泥溼伐羅國方圓七千多里。它的國都方圓二十多里。土地肥沃，莊稼茂盛。氣候溫熱，風俗刻薄寡情，家家生活富裕，比富鬥闊。人們精於幻術，崇尚奇異的技能。做生意的多，務農的少，各地珍奇的東西多聚集在這裡。境內有寺院三所，僧徒七百多人，都學習小乘法教。外道神廟有一百多所，異教徒很多。

大都城四周二百里以內的地區被當地人稱為福地。聽老人們說：從前，五印度國由兩位國王分別治理，兩個國王在領地的邊界互相侵佔，打個不停。兩個國王於是在一起謀劃，要大戰一場以決勝負，安定民心。但百姓對打仗都很怨恨，沒人聽從君王號令。國王認為不能和百姓商議事業的開創問題，只有神靈可以打動他們，權力可以使人建立功業。當時有一位婆羅門，國王一向知道他很有才能，於是祕密送給他許多布帛，命他進入後庭製作法書，然後將法書藏在山洞裡。很長時間過去了，小樹已經長得兩人合抱那麼粗了。國王坐在朝堂上，對群臣說：「我德行這麼差，卻高居王位，心裡非常慚愧。幸而蒙天帝垂愛，在我夢中賜給我靈書。這書現在某山，藏在某嶺上。」於是下令尋找，在山林中找到了這冊書。百官歡呼慶賀，民眾歡欣鼓舞，他們互相宣告，遠遠近近的人都知道了這件事。靈書大意是說：「生死無邊，輪迴也是沒有盡頭的，眾生淹沒其中，不能憑自己的力量到達彼岸。我有辦法讓你們脫離苦難。現在這個王城方圓二百里之內是古代先帝以來的世代福地，因為年代非常久遠，所以銘記都沒有了。生靈不能醒悟，於是沈入了苦海。淹沒在苦海中而得不到救助，怎麼辦呢？你們這些生靈，面對敵人拼死一戰，就可以轉生為人，多多殺戮無辜的人，將會得到上天所賜的幸福歡樂，孝順子孫，侍奉老人，經過這裡會獲得無窮福報。要做的很少而得到的福報很多，為什麼失掉這個機會？人一旦死去，就要在地獄、餓鬼和畜生這三條幽暗的路上流轉了。因此眾生必須努力去做！」於是這個國家人人學習戰鬥，視死如歸。國王就下令，招募勇士。兩國交戰，屍首堆積得像叢生的草木。直到今天，這裡仍然遺骨遍地。因為戰爭發生在遠古時候，這些骨骸很大。民間相傳，把這裡叫做「福地」。

在都城西北四、五里有一座塔，塔高二百多尺，是無憂王建造的。磚都是紅黃色，非常光亮潔淨，塔中有一升如來舍利，時常放射光明，靈異的事很多。

向都城南邊走一百多里，到達俱昏荼寺。這座寺院重重樓閣屋脊相連，層層亭臺遙遙相對，寺中僧徒清明整肅，儀態閑雅。

從這裡向東北走四百多里，到達窣祿勤那國。

【說　明】本文概括介紹了薩他泥溼伐羅國的國土、氣候、物產、民風和宗教信仰等方面的情況，對國內兩處比較著名的塔、寺也有簡潔的描述。本文著重敘述的是有關福地的傳說。福地也被稱為俱盧之野，位於塔內莎爾以南，也就是印度史詩《摩訶婆羅多》描繪的俱盧與班度兩族大戰的古戰場。作者所記的這個傳說與史詩中對這次戰爭的描繪非常相似，因此這個傳說應該是比較接近歷史的真實的。

作者在文中先以一句話介紹福地的位置，然後依次介紹戰爭發生的背景，發動者和戰爭的準備情況以及戰爭的結果。文中對戰爭的場面幾乎沒有涉及，而對戰爭準備的描寫則用了大量的筆墨。從中我們看到了國王的狡詐、人民的善良輕信，以及對安定美好生活的嚮往。統治者正是利用了這種輕信和嚮往達到他們卑劣的目的。福地上的累累白骨正是千百年來屈死冤魂的執拗的傾訴。作者的這種安排反映出他的傾向性：對人民的同情和對統治者的抨擊。這種傾向性並不是表現在敘述語言上，而是反映在結構的安排上。這表現出作者高明的寫作技巧。

窣祿勤那國

【題　解】窣祿勤那這個國名被學者們還原為Srughna，這個國家位於恒河岸邊，但具體方位現在還無法確定。

窣祿勤那國，周六千餘里，東臨殑伽河，北背大山，閻牟那河❶中境而流。國大都城周二十餘里，東臨閻牟那河，荒蕪雖甚，基址尚固。土地所產，風氣所宜，同薩他泥溼伐羅國。人性淳質，宗信外道。貴藝學，尚福慧。伽藍五所，僧徒千餘人，多學小乘，少習餘部，商搉❷微言，清論玄奧，異方俊彥，尋論稽❸疑。天祠百所，異道甚多。

大城東南閻牟那河西，大伽藍東門外，有窣堵波，無憂王之所建也。如來在昔，曾於此處說法度人。其側又一窣堵波，中有如來髮、爪也。舍利子、沒特伽羅諸阿羅漢髮、爪窣堵波，周其左右，數十餘所。如來寂滅之後，此國為諸外道所詿誤❹焉，信受邪法，捐廢正見。今有五伽藍者，乃異國論師與諸外道及婆羅門論議勝處，因此建焉。

閻牟那河東行八百餘里，至殑伽河河源，廣三四里，東南流入海處廣十餘里。水色滄浪，波濤浩汗，靈怪雖多，不為物害，其味甘美，細沙隨流。彼俗書記，謂之福水❺，罪咎雖積，沐浴便除；輕命自沈，生天受福；死而投骸，不墮惡趣；揚波激流，亡魂獲濟。時執師子國❻提婆❼菩薩深達實相，得諸法性，愍諸愚夫，來此導誘。當是時也，士女咸會，少長畢萃，於河之濱，揚波激流。提婆菩薩和光❽汲引，俯首反激，狀異衆人。有外道曰：「吾子何其異乎？」提婆菩薩曰：「吾父母親宗在執師子國，恐苦飢渴，冀斯遠濟。」諸外道曰：「吾子謬矣！曾不再思，妄行此事。家國綿邈，山川遼敻，激揚此水，給濟彼飢，其猶卻行以求前及，非所聞也。」提婆菩薩曰：「幽途罪累，尚蒙此水；山川雖阻，如何不濟？」時諸外道知難謝屈，捨邪見，受正法，改過自新，願奉教誨。

渡河東岸至秣底補羅國中印度境。

【注　釋】❶閻牟那河　閻牟那是梵文 Yamunā 的音譯。現名 Jumnā。是印度五大河之一。是恒河西部的第一個大支流。發源於喜馬拉雅山的卡梅特峰下。❷商搉　商討。❸稽　考證；考核。❹詿誤　牽累使受害。❺福水　是梵文 punyodaka 的意譯。印度習俗以恒河為福德之水。❻執師子國　是梵文 Siṃhala 的意譯。即僧伽羅國。❼提婆　梵文 Deva 的音譯。意譯為天。為西元三世紀印度佛教哲學家。宣揚大乘佛教教義。❽和光　才華內蘊，不露鋒芒。

【語　譯】窣祿勤那國方圓六千多里，東面瀕臨恒河，北面依靠大山，閻牟那河從國中穿流而過。這個國家的大都城方圓二十多里，東臨閻牟那河，雖然已經很荒涼了，但基址仍很堅固。土地出產和氣候特點和薩他泥溼伐羅國相同。人民性情淳樸，崇信外道，重視技藝，相信福慧。境內有寺院五所，僧徒一千多人，大多學習小乘法教，少數學習其他部派。他們商討佛法精微的言辭，論述佛法玄奧的理論。別的地方的優秀人才都到這裡探尋真理、解決疑難。外道神廟有一百多所，外道很多。

在大都城東南閻牟那河西岸的一座大寺東門外有一座塔，是無憂王建造的。從前如來曾在這裡說法超度眾生。在這座塔旁邊還有一座塔，塔中供奉有如來的頭髮和指甲。供有舍利子、沒特伽羅等羅漢頭髮、指甲的塔環繞在周圍，共有幾十座。如來涅槃之後，這個國家人民受了外道的蒙蔽，信仰邪教，拋棄了正確信仰。現在有五所寺院，是別國論師同外道和婆羅門們論辯取勝的地方，因此建造寺院作為紀念。

從閻牟那河向東走八百多里，到達恒河河源，這裡河寬三、四里，在東南入海的地方寬十多里。河水青蒼，波濤浩瀚，河中雖然有很多靈怪，但不為害。河水味道甜美，細沙隨流沈浮，當地民間記載中將這條河稱為福水，即使是罪孽深重的人，經過河水沐浴就可以除去罪孽。輕生在這裡投河自盡的可以昇天享福，人死後將遺骸投到河中，靈魂就不會墮入惡趣。掀揚水波激盪水流，可以使亡魂獲得解救。當時執師子國的提婆菩薩通曉實相，具備各種法性，他憐憫愚昧的人們，來到這裡導引他們。那時男女老少全都聚集在河邊掀揚水波激盪水流。提婆菩薩將才華內斂，與眾人一起激起水流，但他低頭逆水拍激，樣子和別人不同。有個外道問：「先生為什麼和別人不同呢？」提婆菩薩說：「我的父母宗族在執師子國，我怕他們受飢渴，希望這水流到遠方他們那裡救濟他們。」外道們說：「先生錯了！你怎麼不好好想想，卻做這種傻事。你的家國那樣遼遠，山川重重阻隔，你激揚這河水以圖解救他們的飢渴，這就彷彿向後退以求趕上前面的人一樣，沒聽說有這種事。」提婆菩薩說：「在陰間的累累罪惡尚且能蒙受這河水而除去，我的家國即使有山川阻隔，又有什麼不能接濟的呢？」聽了這話，外道們都知難認輸，拋棄邪說，接受正法，改過自新，願意接受提婆菩薩教誨。

渡過閻牟那河東岸到達秣底補羅國。

【說　明】本文簡要介紹了窣祿勤那國的概況和供有如來及羅漢們頭髮指甲的塔，為我們講述了提婆菩薩在恒河上引導外道的故事。恒河在印度各教派的心目中都是一條「聖河」，佛教將恒河視為「福水」，認為它聖名永存，供眾人共享；外道們更認為恒河水可以滌除罪惡，無論什麼人，只要死後將屍骨投入恒河，就可以逃脫惡趣，得到解脫。在佛教看來，這是很荒謬的思想。佛家認為天道有常，報應不爽，世界是由因果鏈組成的，你種下什麼因就會收穫什麼果，作了惡業就得到惡報，墮入惡趣，這不是在恒河中沐浴就能改變的。提婆作為一位有道高僧，對恒河岸邊競相激水的蒙昧的人們心懷悲憫，便想點化他們。但他並不是空洞地宣揚佛教教義，而是先以荒謬的行為引出外道的否定意見，再用自己的行為比附外道的理論，使他們看到自己的理論的荒謬。這種「以己之矛攻己之盾」的論辯方式在這裡顯示出了它的力量。這段描寫使一位高僧的形象栩栩如生地出現在我們面前：溫和、寬厚而又機敏雄辯。無怪乎外道們終於心悅誠服了。全文結構完整，情節清晰，文字流暢，具有很強的文學色彩。

秣底補羅國

【題　解】秣底補羅，梵文寫作Matipura，位於印度中部，具體位置仍未能確定。

秣底補羅國，周六千餘里。國大都城周二十餘里。宜穀、麥，多花果。氣序和暢，風俗淳質。崇尚學藝，深閑呪術。信邪正者，其徒相半。王，戍陀羅種也，不信佛法，敬事天神。伽藍十餘所，僧徒八百餘人，多學小乘教說一切有部。天祠五十餘所，異道雜居。

【語　譯】秣底補羅國方圓六千多里，國都方圓二十多里。土質適宜種植穀、麥，花果很多。氣候溫和，風俗淳樸。人們對技藝很看重，精通咒術。信仰佛教和外道的各佔一半。這個國家的國王屬於戍陀羅種姓，不信佛法，供奉外道天神。境內有寺院十幾所，僧徒八百多人，多數學習小乘佛教說一切有部。外道神廟有五十多所，外道們雜居一處。

【說　明】本文簡要介紹了秣底補羅國的概況。戍陀羅在印度種姓制度中屬於最低賤的一個種姓，但是卻能在這樣一個大國做國王，這無疑說明印度王國中央集權制度的逐漸瓦解和種姓制度的衰落。其實早在西元前後的印度法典《摩奴法論》中就有規定：婆羅門不得在戍陀羅為王的國家裡居住。這說明類似的情況很早以前就已經存在了。

下面分三部分介紹該國境內著名的宗教遺址。

德光伽藍

大城南四五里，至小伽藍，僧徒五十餘人。昔瞿拏鉢刺婆❶唐言德光論師於此作《辯真》等論，凡百餘部。論師少而英傑，長而弘敏，博物強識，碩學多聞。本習大乘，未窮玄奧，因覽《毘婆沙論》，退業而學小乘，作數十部論，破大乘綱紀，成小乘執著。又製俗書數十餘部，非斥先進所作典論。覃思佛經，十數不決，研精雖久，疑情未除。時有提婆犀那❷唐言天軍羅漢，往來覩史多天❸，德光願見慈氏，決疑請益，天軍以神通力，接上天宮。既見慈氏，長揖不禮。天軍謂曰：「慈氏菩薩次紹佛位，何乃自高，敢不致敬？方欲受業，如何不屈？」德光對曰：「尊者此言，誠為指誨。然我具戒苾芻❹，出家弟子，慈氏菩薩受天福樂，非出家之侶，而欲作禮，恐非所宜。」菩薩知其我慢❺心固，非聞法器❻，往來三返，不得決疑。更請天軍，重欲覲禮。天軍惡其我慢，蔑而不對。德光既不遂心，便起恚恨，即趣山林，修發通定❼，我慢未除，不證道果。

【注　釋】❶瞿拏鉢刺婆　梵文Gunaprabha的音譯。意譯為德光。六世紀時鉢伐多國人。精通律學。著有《辯真論》等論著一百多部。❷提婆犀那　梵文Devasena的音譯。意譯為天軍。❸覩史多天　在佛教傳說中為欲界的「天處」。從下面數起為第四重。其內院是彌勒菩薩的淨土。覩史多，梵文Tusita的音譯。意譯為知足、喜樂。❹苾芻　即比丘，本西域草名，梵語以喻出家的佛弟子。為受具足戒者的通稱。❺我慢　自大傲慢。❻法器　指能接受佛法的人。❼修發通定　指修習發願能獲得神通的禪定。

【語　譯】從大都城向南走四、五里，到達一處小寺院，寺中有僧徒五十多人。從前瞿拏鉢刺婆論師曾在這裡寫作《辯真》等論著，共一百多部。論師年少時才華出眾，年長以後聰慧機敏，博學多才，見聞廣博。他原本研習大乘法教，還沒有認識到大乘的深遠奧妙，就閱讀《毘婆沙論》，改學小乘法教，並寫了幾十部論著，攻擊大乘理論，成為小乘的堅定信仰者。他還寫了幾十部通俗的書，駁斥先聖賢們的經典論著。他深入探討佛經，反覆讀了幾十遍還不能領悟，雖然鑽研了很長時間，但疑惑並沒有解除。當時有一位提婆犀那羅漢，經常往來於覩史多天，德光想求見慈氏菩薩以解決疑難並向他請教。天軍羅漢運用神通的力量將他接上天宮。他見到慈氏菩薩只作了長長一揖並不行禮。天軍羅漢對他說：「慈氏菩薩將繼承佛位，你怎麼這麼自高自大，敢不向他致敬？你要向他請教，為什麼不謙遜一些？」德光回答說：「先生這些話確實是對我的教誨。但是我是受了具足戒的苾芻，出家弟子，慈氏菩薩只是得到上天的福祐，並不是出家僧侶，要我向他行禮，恐怕不合適。」慈氏菩薩知道他自大傲慢頑固不化，不是能接受佛法的人。因此德光在覩史多天往返三次，也沒有解決疑難。他再次請求天軍羅漢，想重新覲見慈氏菩薩向他致禮。天軍羅漢討厭他自大傲慢，輕蔑地不理睬他。德光的願望沒有實現，便起了怨恨之心。於是他跑進山林裡，修習禪定想獲得神通。但因傲慢自大的毛病沒有改正，沒能證得道果。

【說明】本文介紹了德光寺以及有關德光的傳說。德光本來對大乘佛法已有心得，但他不求甚解，又自恃才高，狂妄自負，對前人經典不屑一顧，終於離正道越來越遠，陷入矛盾混亂之中，並因了這傲慢自負的毛病而失去了求得慈氏菩薩點化的機會，最後一事無成。這個故事實際是勸諫佛教徒要虛心求教，胸懷寬闊，千萬不可狹隘固執，傲慢自大，這樣性格的人將永遠不能達到一種圓滿的境界。其實對我們平常人來說，又何嘗不是這樣呢？

本文以記人代記地，結構完整，情節起伏有致，文字生動。

大伽藍

德光伽藍北三四里，有大伽藍，僧徒二百餘人，並學小乘法教，是眾賢論師壽終之處。論師，迦溼彌羅國人也，聰敏博達，幼傳雅譽，特深研究說一切有部《毘婆沙論》。時有世親菩薩，一心玄道，求解言外，破毘婆沙師所執，作《阿毘達磨俱舍論》❶，辭義善巧，理致精高。眾賢循覽，遂有心焉。於是沈研鑽極，十有二歲，作《俱舍雹論》二萬五千頌，凡八十萬言矣。所謂言深致遠，窮幽洞微。告門人曰：「以我逸才，持我正論，逐斥世親，挫其鋒銳，無令老叟獨擅先名。」於是學徒四三俊彥，持所作論，推訪世親。世親是時在磔迦國奢羯羅城，遠傳聲問，眾賢當至。世親聞已，即治行裝。門人懷疑，前進諫曰：「大師德高先哲，名擅當時，遠邇學徒莫不推謝。今聞眾賢，一何惶遽❷？必有所下，我曹❸

厚顏。」世親曰：「吾今遠遊，非避此子。顧此國中，無復鑒達。眾賢後進也，詭辯若流，我衰耄❹矣，莫能持論，欲以一言頹其異執，引至中印度，對諸髦彥❺，察乎真偽，詳乎得失。」尋即命侶，負笈遠遊。眾賢論師當後一日至此伽藍，忽覺氣衰，於是裁書謝世親曰：「如來寂滅，弟子部執，傳其宗學，各擅專門，黨同道，疾異部。愚以寡昧，猥承傳習，覽所製《阿毘達磨俱舍論》，破毘婆沙師大義，輒不量力，沈究彌年，作為此論，扶正宗學。智小謀大，死其將至。菩薩宣暢微言，抑揚至理，不毀所執，得存遺文，斯為幸矣，死何悔哉！」於是歷選門人有辭辯者而告之曰：「吾誠後學，輕凌先達，命也如何？當從斯沒！汝持是書及所製論，謝彼菩薩，代我悔過。」授辭適畢，奄爾云亡。門人奉書至世親所而致詞曰：「我師眾賢已捨壽命。遺言致書，責躬謝咎。不墜其名，非所敢望。」世親菩薩覽書閱論，沈吟久之，謂門人曰：「眾賢論師聰敏後進，理雖不足，辭乃有餘。我今欲破眾賢之論，若指諸掌。顧以垂終之託，重其知難之辭，苟緣大義，存其宿志，況乎此論，發明我宗！」遂為改題為《順正理論》。門人諫曰：「眾賢未沒，大師遠跡，既得其論，又為改題，凡厥學徒，何顏受愧？」世親菩薩欲除眾疑，而說頌曰：「如師子王，避豕遠逝，二力勝負，智者應知。」眾賢死已，焚屍收骨，於伽藍西北二百餘步菴沒羅林中，起窣堵波，今猶現在。

菴沒羅林側有窣堵波，毘末羅蜜多羅❻唐言無垢友論師之遺身。論師，迦溼彌羅國人也，於說一切有部而出家焉。博綜眾經，研究異論，遊五印度國，學三藏玄文，名立業成，將歸本國。途次眾賢論師窣堵波也，撫而歎曰：「惟論師雅量清高，抑揚大義，方欲挫異部，立本宗業也，如何降年不永！我無垢友猥承末學，異時慕義，曠代懷德。世親雖沒，宗學尚傳，我盡所知，當製諸論，令贍部洲❼諸學人等絕大乘稱，滅世親名，斯為不朽，用盡宿心。」說是語已，心發狂亂，五舌❽重出，熱血流涌。知命必終，裁書悔曰：「夫大乘教者，佛法之中究竟說也。名味泯絕，理致幽玄。輕以愚昧，駁斥先進，業報皎然，滅身宜矣。敢告學人，厥鑒斯在，各慎爾志，無得懷疑。」大地為震，命遂終焉。當其死處，地陷為阬❾。同侶焚屍，收骸旌建。時有羅漢見而歎曰：「惜哉！苦哉！今此論師，任情執見，毀惡大乘，墮無間獄。」

【注釋】❶阿毘達磨俱舍論　梵文寫作 Abhidharmakośaśāstra。約西元四至五世紀世親著。它主要用小乘佛教的「經部」學說來修訂「有部」的理論。是一部向大乘有宗過渡的著作。❷惶遽　驚慌害怕。❸我曹　我們。曹，輩；們。❹耄　年老。❺髦彥　年輕才俊之士。髦，古代稱幼兒垂在前額的短頭髮。引申為年輕人。❻毘末羅蜜多羅　梵文

Vimalamitra 的音譯。意譯為無垢友。❼贍部洲　佛教所說四大部洲之一。❽五舌　大乘中以佛、法、慧、天、肉為五舌。❾阬　通「坑」。

【語　譯】在德光寺以北三、四里有一座大寺院，寺中有僧徒二百多人，都學習小乘法教，這裡是眾賢論師去世的地方。眾賢論師是迦溼彌羅國人，聰敏博學，幼年時就名聲遠揚，他對說一切有部《毘婆沙論》有特別深入的研究。當時有位世親菩薩，一心追求深奧的道理，探索平淡言辭中包涵的深意，他批駁毘婆沙師的理論，寫成《阿毘達磨俱舍論》，這部論著寫得辭義俱佳，立意高深。眾賢論師看了以後，於是決心從事這方面的研究。他刻苦鑽研，經過十二年的努力，寫成二萬五千頌、八十萬言的《俱舍雹論》。這部論著寫得語言深刻、意義高遠，極盡精微玄奧。他對弟子說：「憑我傑出的才能和正確的見解，一定能駁倒世親，挫去他的鋒銳。不能讓這老頭獨佔鰲頭。」於是他的三、四個才華出眾的學生，拿著他的論著去拜訪世親菩薩。當時世親菩薩在磔迦國的奢羯羅城，聽說眾賢論師要來了，世親菩薩馬上整理行裝。他的學生對此很不理解，上前進諫說：「大師的才德超過先賢，揚名於世，遠近學者沒有不推崇您的。為什麼一聽說眾賢要來會這麼驚慌？如果真有需要屈尊的地方，可以由我們厚著臉皮對付他。」世親菩薩說：「我現在要出去遠遊，不是為了躲避這個人。我看在這個國家沒有可以助我一臂之力的人。眾賢是個年輕人，善於詭辯，而我已年老力衰了，不能自持所見。我想用一句話挫敗他的異說，再將他引到中印度去，讓那些有才能的年輕人去考察真偽，詳論得失。」不久世親菩薩就讓他的同伴背上箱子一道出去遠遊了。眾賢論師在他們走後的第一天來到這座寺院，到達這裡以後，他一下子感到氣力衰竭，於是寫信向世親菩薩告罪說：「如來涅槃以後，佛家弟子分成宗派，各派傳習自己的理論，偏袒同道，排斥其他部派。我雖然孤陋寡聞愚昧無知，卻蒙先輩傳授，我拜讀了您寫的《阿毘達磨俱舍論》，書中批駁了毘婆沙師的理論。我不自量力，鑽研多年，寫下這部論著，並想將其扶為正宗。然而我的智慧不足以擔當這樣的大計，我馬上就要死了。菩薩宣揚精微的言論，探究高深的道理，如果您能不毀棄我的理論，讓這遺文得以留存，這是我最大的幸運，我死也瞑目了啊！」於是他一個一個從門徒中選出能言善辯的，對他們說：「我實在是個晚輩，卻輕慢先輩賢達，命運如何呢？現在就要死了！你們拿著這封書信和我的論著去向世親菩薩謝罪，替我表示悔過吧。」他剛說完這番話就逝世了。他的門人捧著書信來到世親菩薩這裡致辭說：「我們的老師眾賢已經去世。他留下遺言將這封書信奉給您，自責謝罪。能使他不致身敗名裂，這對我們來說是莫大的恩賜。」世親菩薩看了書信和論著，沈吟了好一會，對門徒們說：「眾賢論師是個聰敏的後輩，他的道理雖有不足的地方，但言辭還是很好的。我現在要推翻他的論點易如反掌。但念及他臨終的託付和知難悔過的言辭，我姑且遵循大義，成全他的宿願。何況這部論著也是闡明我們部派的理論呢！」於是將論著題目改為《順正理論》。他的門人勸他說：「眾賢活著的時候，大師遠遠地避開他，得到他的論著後，又為他改換題目，我們這些門人還有什麼面子呢？」世親菩薩為了解除眾人的疑慮，就說了一首頌：「如同師子王遠遠避開一頭豬，二者力量對比有智慧的人應該知道。」眾賢死了以後，他的門徒將他的屍體火化，在寺院西北二百多步的菴沒羅林中建起一座塔，將遺骨存在塔中，現在還保存著。

在菴沒羅林旁邊有一座塔，裡面存放著毘末羅蜜多羅論師的遺骨。毘末羅蜜多羅論師是迦溼彌羅國人，在說一切有部出家。他博覽群經，研究各部理論，遊歷五印度國，學習三藏這些深奧著作，成名立業以後準備回本國去。回國途中他經過眾賢論師的塔，撫摸塔身感嘆說：「論師雅量清高，弘揚大義，正要挫敗異部樹立本宗正業，誰知竟然不得長壽！我無垢友雖學識淺薄，並與大師所處時代不同，但我永遠仰慕大師的高義和德操。世親雖然去世了，但他的學說流傳了下來，我將盡我所知撰寫論著，讓贍部洲所有學者滅絕大乘這個名稱和世親的名字，這是不朽的事業，我一定努力完成這個夙願。」說完這番話，他突然心思大亂，五舌重出，熱血流湧。他知道自己必死無疑，寫信悔過說：「大乘法教是佛法中最深奧的理論。這個學說泯絕了事物的外部情狀，理義奧妙深遠。我愚昧輕率地駁斥先輩的理論，現在得到業報，該當就死。我要告訴各位學人，以我為戒，慎重考慮各自的志向，不要再對大乘法教有所懷疑了。」這時大地震動，他就死了。在他死去的地方，地面陷成大坑。他的同伴焚化了他的屍體，將遺骨收在建造的塔裡。當時一位羅漢看見這情景，嘆息說：「可惜！真苦啊！這位論師，任性固執，毀惡大乘，墮入了無間地獄。」

【說　明】本文旨在弘揚大乘法教。作者是通過生動的人物形象和故事情節來表現這個主題思想，這種寫作技巧的運用不僅使高深的道理變得簡單明瞭，而且還具有普遍意義。它提醒人們，尤其是年輕後輩，不要狂妄自大，驕傲氣盛；相反的，要對真理深懷敬畏，對大師傾心仰服。作者將這些道理包涵在兩個主要人物的故事中加以體現：一個是眾賢論師，一個是無垢友。兩位學者的學識都稱得上淵博，道行也非同一般。這使他們自命不凡，動了狂妄的念頭，最後受到了懲罰。作者對他們二人造詣的肯定，為的卻是襯托出另一位高人：世親菩薩。有趣的是，世親菩薩雖然知道自己完全有把握戰勝眾賢，卻避免與他正面衝突，正當他的門徒為之不理解時，眾賢已經自認失敗並請求世親寬恕。按說世親可以進一步懲罰眾賢，結果卻令人感到意外：他不僅寬容了眾賢，而且還為他的著作改正題目，使其流傳。至此，世親菩薩那種虛懷若谷，成人之美的形象，已是光彩照人了。作者又以一首偈語，使他的思想和形象得到進一步昇華。在對無垢友的描寫中，作者不僅沒有讓他和大乘重要人物接觸，而且連大乘教的一般門徒也沒出現，無垢友只是在憑弔眾賢時說了一番對世親不恭的話，便發狂而死，墮入無間地獄。無垢友可謂眾賢第二。作者這樣敘述，不僅顯得世親的法力高深莫測，無所不至，而且使故事情節曲折神祕，引人入勝。表現出作者對大乘法教和世親菩薩的由衷景仰和對小乘學者的理解與同情。故事生動，結構完整，表現出作者寫人敘事的高超技巧。

摩裕羅城

國西北境殑伽河東岸有摩裕羅城，周二十餘里。居人殷盛，清流交帶，出鍮石、水精❶、寶器。去城不遠，臨殑伽河，有大天祠，甚多靈異。其中有池，編石為岸，引殑伽水為浦❷，五印度人謂之殑伽河門，生福滅罪之所。常有遠方數百千人，集此澡濯。樂善諸王建立福舍，備珍羞❸，儲醫藥，惠施鰥寡，周給孤獨。

從此北行三百餘里，至婆羅吸摩補羅國北印度境。

【注釋】❶水精　即水晶。❷浦　小河流入江海的入口處。❸羞　通「饈」。美味。

【語譯】在秣底補羅國西北邊境恒河東岸，有一座摩裕羅城，這座城方圓二十多里，居民稠密，清澈水流在城中交織如帶，出產黃銅、水晶和寶器。離城不遠，在恒河岸邊，有一座外道神廟，靈異之處很多。神廟中有個池潭，以石頭砌成池岸，通過水渠引入恒河水，五印度人將這個池潭稱為恒河門，是生福滅罪的地方。常常有成百上千的人從遠方聚集到這裡沐浴。樂善好施的國王們在這裡建起慈善所，準備美味食品，儲備藥品，施捨給鰥夫、寡婦、孤兒和老來無依的人。

從這裡向北走三百多里，到達婆羅吸摩補羅國。

【說　明】本文主要介紹了摩裕羅城的外道神廟。這座城鎮是秣底補羅國外道比較集中的地方。有關恒河在印度人心目中的崇高地位，在窣祿勤那國「提婆誘化」一節已有說明，這裡就不再重複了。

婆羅吸摩補羅等二國

【題解】這一節介紹的是婆羅吸摩補羅國和蘇伐剌拏瞿呾羅國。婆羅吸摩補羅，梵文寫作Brahmapura，包括現在的迦爾瓦爾和古冒恩地區。蘇伐剌拏瞿呾羅，梵文寫作Suvarṇa-gotra，前一個詞意譯為黃金，後一個詞有氏族、家族等含義。一般認為該國是古代西藏西北地區一個小國。

婆羅吸摩補羅國，周四千餘里，山周四境。國大都城周二十餘里。居人殷盛，家室富饒。土地沃壤，稼穡時播，出鍮石、水精。氣序微寒，風俗剛猛。少學藝，多逐利。人性獷烈，邪正雜信。伽藍五所，僧徒寡少。天祠十餘所，異道雜居。

此國境北大雪山中，有蘇伐剌拏瞿呾羅國（唐言金氏），出上黃金，故以名焉。東西長，南北狹，即東女國也。世以女為王，因以女稱國。夫亦為王，不知政事，丈夫唯征伐、田種而已。土宜宿麥，多畜羊、馬。氣候寒烈，人性躁暴。東接土蕃國，北接于闐國，西接三波訶國。

從秣底補羅國東南行四百餘里，至瞿毗霜那國（中印度境）。

【語譯】婆羅吸摩補羅國方圓四千多里，四境環山。國都方圓二十多里。人口稠密，家家生活富裕。土地肥沃，莊稼應時播種，出產黃銅、水晶。氣候稍稍有些寒冷，風俗剛猛。學習技藝的人很少，多忙於賺錢。人們性情粗獷熱烈，正教邪道都信仰。境內有寺院五所，僧人很少。外道神廟有十幾所，異教徒雜居在一起。

在這個國家北部的大雪山中，有一個叫做蘇伐剌拏瞿呾羅的國家，出產上等黃金，因此以「金氏」命名。東西長，南北窄，也就是東女國。這個國家世代以女子為國王，因此以「女」為國名。女王的丈夫也是王，但不理政事，只管打仗、種田而已。土質適宜種植冬小麥，多養羊、馬。氣候嚴寒，人們性情暴躁。該國東接土蕃國，北接于闐國，西接三波訶國。

從秣底補羅國向東南走四百多里，到達瞿毘霜那國。

【說　明】本文簡要介紹了婆羅吸摩補羅國和蘇伐剌拏瞿呾羅國的概況，文字簡潔精練。這兩個國家都不是玄奘親身遊歷的，這些介紹文字只是根據傳聞寫下，因此介紹起來比較籠統。文中所記東女國應該是一個尚處於母系氏族制度時期的小國，這是它和別國最大的差異。

瞿毘霜那國

【題　解】「瞿毘霜那」的梵文至今尚無定論。其原址當在現在的卡昔浦爾以東的烏賈因村附近，包括東起拉姆·恒伽，西至加格拉，南到巴雷利的廣大地區。

瞿毘霜那國，周二千餘里。國大都城周十四五里。崇峻險固，居人殷盛，花林池沼，往往相間。氣序土宜同秣底補羅國。風俗淳質，勤學好福。多信外道，求現在樂。伽藍二所，僧眾百餘人，並皆習學小乘法教。天祠三十餘所，異道雜居。

大城側故伽藍中，有窣堵波，無憂王之所建也，高二百餘尺。如來在昔，於此一月說諸法要，傍有過去四佛座及經行遺跡之處。其側則有如來髮、爪二窣堵波，各高一丈餘。

自此東南行四百餘里，至堊醯掣呾羅國。中印度境。

【語譯】瞿昆霜那國方圓兩千多里，這個國家的大都城方圓十四、五里。高峻險固，人口稠密，花草樹木和池沼到處都是。氣候土質和秣底補羅國相同。風俗淳樸，人們勤於學習，求積福德，多信仰外道，追求眼前的快樂。境內有兩所寺院，僧人有一百多人，都學習小乘法教。外道神廟有三十多所，外道們混居一處。

在大都城旁邊的舊寺院中有一座塔，是無憂王建造的，塔高二百多尺。從前如來曾在這裡用一個月的時間宣講佛法精要。塔旁有過去四佛坐過及散步地方的遺跡。旁邊有兩座供奉如來頭髮和指甲的塔，各高一丈多。

從這裡向東南走四百多里，到達堊醯掣呾羅國。

堊醯掣呾羅國

【題　解】堊醯掣呾羅，梵文Ahicchattra的音譯，意譯為「蛇蓋」。其遺址在現在的羅希爾甘德東部的阿希查特拉。此地原為古代的北潘查拉國首都所在地。

堊醯掣呾羅國，周三千餘里。國大都城周十七八里，依據險固。宜穀、麥，多林泉。氣序和暢，風俗淳質。翫道篤學，多才博識。伽藍十餘所，僧徒千餘人，習學小乘正量部❶法。天祠九所，異道三百餘人，事自在天，塗灰之侶也。

城外龍池側有窣堵波，無憂王之所建也，是如來在昔為龍王，七日於此說法。其側有四小窣堵波，是過去四佛座及經行遺跡之所。

自此南行二百六七十里，渡殑伽河，西南至毘羅刪拏國。中印度境。

【注　釋】❶正量部　梵文Sammitiya的意譯。小乘佛教部派之一。佛逝後三百年從說一切有部中分出犢子部。正量部又是從犢子部分出的四個部派之一。它把一切事物分為過去、現在、未來、無為、不可說這「五藏」。承認有生死輪迴的主體。

【語　譯】堊醯掣呾羅國方圓三千多里，這個國家的大都城方圓十七、八里，依靠險要地勢建立，非常堅固。適宜種植穀、麥，山林和泉流很多。氣候溫和，風俗質樸。人們孜孜學習理義，多才博識。境內有寺院十幾座，僧人一千多位，學習小乘正量部的法輪。外道神廟有九所，異教徒三百多人，侍奉自在天，都是塗灰教徒。

在都城外龍池旁邊有一座塔，是無憂王建造的，從前如來在這裡為龍王講了七天的佛法。在這座塔旁有四座小塔，是過去四佛坐過和散步地方的遺跡。

從這裡向南走二百六、七十里，渡過恒河，往西南走，到達毘羅刪拏國。

毘羅刪拏國

【題　解】毘羅刪拏國位於中印度境內，有關該國的梵文和具體位置現在還沒有確定的說法。

毘羅刪拏國，周二千餘里。國大都城周十餘里。氣序土宜，同堊醯掣呾羅國。風俗猛暴，人知學藝。崇信外道，少敬佛法。伽藍二所，僧徒三百人，並皆習學大乘法教。天祠五所，異道雜居。

大城中故伽藍內，有窣堵波，基雖傾圮，尚百餘尺，無憂王之所建也，如來在昔於此七日說《蘊界處❶經》之所。其側則有過去四佛座及經行遺跡斯在。

從此東南行二百餘里，至劫比他國。舊謂僧迦舍國。中印度境。

【注　釋】❶蘊界處　釋迦佛將宇宙現象分為五蘊、十二處、十八界，略稱為蘊界處。

【語　譯】毘羅刪拏國方圓兩千多里。這個國家的大都城方圓十幾里。氣候土壤情況和堊醯掣呾羅國相同。風俗暴躁剛猛，人們懂得學習技藝，多數人崇信外道，少數敬信佛法。境內有寺院兩座，僧徒三百人，都學習大乘法教。外道神廟有五所，外道們混雜一處。

在大都城舊寺院裡，有一座塔，塔基雖然倒塌，還有一百多尺高，是無憂王建造的。從前如來在這裡宣講了七天《蘊界處經》。在這座塔旁有過去四佛坐過及散步地方的遺跡。

從這裡向東南走二百多里，到達劫比他國。

劫比他國

【題　解】劫比他，梵文 Kapitha 的音譯。具體方位還有待進一步確定。在印度神話中，這裡是梵天、帝釋和佛陀從三十三天下降塵世的地方，因此這個國家也被稱為僧迦舍 (Saṃkāśya)、泥嚩韈多 (Devāvatāra) 等，意思是「天下處」。

劫比他國，周二千餘里。國大都城周二十餘里。氣序土宜，同毘羅刪拏國。風俗淳和，人多學藝。伽藍四所，僧徒千餘人，並學小乘正量部法。天祠十所，異道雜居，同共遵事大自在天。

城東二十餘里有大伽藍，經製輪奐❶，工窮剞劂❷，聖形尊像，務極莊嚴。僧徒數百人，學正量部法。數萬淨人❸，宅居其側。

伽藍大垣內有三寶階❹，南北列，東面下，是如來自三十三天❺降還也。昔如來起自勝林❻，上升天宮❼，居善法堂❽，為母說法，過三月已，將欲下降。天帝釋❾乃縱神力，建立寶階，中階黃金，左水精，右白銀。如來起善法堂，從諸天眾，履中階而下；大梵王❿執白拂，履銀階而右侍；天帝釋持寶蓋，蹈水精階而左侍；天眾凌虛，散花讚德。數百年前，猶有階級，逮至今時，陷沒已盡。諸國君王悲慨不遇，壘以磚石，飾以珍寶，於其故基，擬昔寶階，其高七十餘尺，上起精舍。精舍中有石佛像，而左右之階有釋、梵之像，形擬厥初，猶為下勢。傍有石柱，高七十餘尺，無憂王所建也。色紺光潤，質堅密理，上作師子，蹲踞向階，彫鏤奇形，周其方面，隨人罪福，影現柱中。

寶階側不遠有窣堵波，是過去四佛座及經行遺跡之所。其側窣堵波，如來在昔於此澡浴。其側精舍，是如來入定之處。精舍側有大石，基長五十步，高七尺，是如來經行之處。足所履跡皆有蓮花之文。基左右各有小窣堵波，帝釋、梵王之所建也。

釋、梵窣堵波前，是蓮花色⓫苾芻尼欲先見佛化作轉輪王處。如來自天宮還贍部州也，時蘇部底⓬（唐言善現。舊曰須扶提，或曰須菩提，譯曰善吉也，皆訛也。）宴坐石室，竊自思曰：「今佛還降，人、天導從，如我今者，何所宜行？嘗聞佛說，知諸法空⑬，體諸法性⑭，是則以慧眼觀法身⑮也。」時蓮花色苾芻尼欲初見佛，化為轉輪王，七寶導從，四兵警衛，至世尊所，復苾芻尼。如來告曰：「汝非初見。夫善現者，觀諸法空，是見法身。」

聖跡垣內，靈異相繼。其大窣堵波東南有一池，龍恒護聖跡。既有冥衛，難以輕犯，歲久自壞，人莫能毀。

從此東南行，減二百里，至羯若鞠闍國。唐言曲女城國。中印度境也。

【注　釋】❶輪奐　高大華美；高大眾多。❷剞劂　雕刻。❸淨人　為僧徒服務的俗人。❹三寶階　傳說佛自天下降時，帝釋建造的三道寶階。❺三十三天　即印度神話傳說中的天堂。又稱忉利天。中央為帝釋所居，稱為帝釋天。四方有四峰。各峰有八天。合稱三十三天。❻勝林　梵文 Jetavana 的意譯。又稱為祇洹、逝多林。是逝多太子的園林。❼天宮　梵文 Devapura 的意譯。音譯為提婆補羅或泥嚩補羅。❽善法堂　傳說中天帝釋的講堂。❾天帝釋　印度神話中天庭的最高統治者。梵文 Indra 的意譯。音譯為因陀羅。❿大梵王　印度神話傳說中的創世大神梵天。他號稱大梵天王，名叫尸棄，是娑婆世界的主宰。⓫蓮花色　梵文 Utpala 的意譯。音譯為優鉢羅。⓬蘇部底　梵文 Subhūti 的音譯。又譯為須菩提。意譯為善現、善吉或空生。釋迦牟尼十大弟子之一。號稱解空第一。⓭法空　佛教認為色心等法都是因緣和合所幻生的，實際並無實體。因此叫法空。⓮法性　佛教所指事物內在的本質。又稱為實相真如。⓯法身　小乘佛教認為道德品質是佛的法身，形體只是其生身。大乘佛教認為絕對真理是佛的法身。佛另外還有報身和應身。

【語　譯】劫比他國方圓兩千多里，這個國家的大都城方圓二十多里。氣候、土壤條件和毘羅刪拏國相同。風俗淳樸溫和，人們多學習技藝。境內有寺院四座，僧徒一千多人，都學習小乘佛教正部量法。外道神廟有十所，異教徒們雜居在一處，共同信奉大自在天。

在都城東面二十多里有一所大寺院，建造得高大華美，雕刻非常精巧。佛的尊像裝飾得極為莊嚴。寺中有僧徒幾百人，學習正量部法論。幾萬名淨人在寺院旁邊居住。

寺院大牆裡有三寶階，南北方向排列，向東面下，是如來佛從三十三天降還人間的地方。從前如來從勝林出發，昇上天宮，住在善法堂為他母親講說佛法，三個月後，準備降還人間。天帝釋於是運用神通力，建造寶階。中階是用黃金鑄成的，左階是水晶的，右階是白銀的。如來從善法堂起身，率領眾天神，踩著中階下降。大梵王手執白拂，腳踏銀階在右邊侍立；天帝釋舉著寶蓋，腳踏水晶階在左邊侍立，天神們淩空散花，讚美如來功德。幾百年前，這些寶階還在，現在卻已全部陷沒了。各國君王為自己不能見到寶階遺憾悲嘆，他們在寶階的故基上，用磚石壘砌，用珍寶裝飾，摹擬成當年寶階模樣。高達七十多尺，階上建起精舍。精舍中有石佛像，左右寶階上有帝釋和梵天的像，形態模仿當年，還是向下走的姿勢。在寶階旁邊有一個石柱，七十多尺高，是無憂王建造的，顏色呈青色，表面光潤，紋理堅實細密。柱子上端雕著一隻獅子，蹲踞在那裡面向寶階，柱子周圍雕刻著奇異的圖形，根據人們福罪的不同，柱中現出不同影像。

在寶階旁邊不遠有一座塔，是過去四佛坐過和散步地方的遺跡。在這座塔旁還有一座塔，從前如來曾在這裡沐浴。塔旁的精舍，是如來入定的地方。在精舍的旁邊有一塊大石，基長五十步，高七尺，是如來散步的地方。在他腳踩過的地方都有蓮花紋。在石基左右各有一座小塔，是帝釋和梵天建造的。

在帝釋和梵天塔的前面，是蓮花色苾芻尼為了先見佛化作轉輪王的地方。當如來從天宮回贍部洲的時候，蘇部底正安閑地坐在石室裡，他暗自思索道：「現在佛降還人間，眾人、天神前呼後擁，像我現在這樣應該做什麼呢？我曾經聽佛說，要知道色心等法皆空，體察佛的真諦，就要以慧眼看到佛的法身。」當時蓮花色苾芻尼想第一個見佛，就化為轉輪王，七種寶物前後跟從，四種兵左右警衛。來到世尊的住所就回復了苾芻尼的本來面目。如來告訴她說：「你不是第一個見我的。善現看到了諸法皆空，這才是見到佛的法身。」

在這些聖跡所在的牆內，靈異的事接連不斷。在大塔東南有一個池潭，龍王一直在池中守護著聖跡。由於有冥冥中的衛護，無法輕易冒犯這片聖跡，聖跡的毀壞出於歲月的侵蝕，並不是人力的破壞。

從這裡向東南走不到二百里，到達羯若鞠闍國。

【說　明】 本文介紹了大都城東一座寺院內的佛教遺跡，其中最著名的是三寶階和蓮花色苾芻尼見佛的地方。作者採用環環相遞的結構方式，彷佛一個高明的導遊引領著我們從一個佛跡走向另一個佛跡，並娓娓講述著這些靜立的遺跡後面隱藏著的神奇傳說。在對三寶階的介紹中，為我們展現出如來佛從天宮降還人間的盛大場面，表現出天神和人眾對如來佛的無限敬仰和崇信，整段文字充滿了一種令人肅然起敬的宗教氣氛。而對蓮花色苾芻尼見佛這個故事的講述則輕鬆得多。蓮花色苾芻尼和蘇部底都想見佛，蓮花色苾芻尼費心地經過一番變化，等到她如願以償見到佛的時候，佛卻告訴她：你不是第一個見到我的人。佛所說的第一個見到他的人竟是安坐石室之中的蘇部底。這個故事在看似輕鬆的敘述中蘊含了深刻的佛法，那就是說，只要體會到一切法都是因緣和合的幻生物並了解事物內在的本質，也就是看到了佛的法身，亦即佛的精神。而蓮花色苾芻尼對佛法沒有深入的了解，她費盡心機看到的只是佛的生身——外形而已。嚴格說她並沒有真的見到了佛。

這篇文章便是以這兩處佛跡為重點帶領我們對這一片佛跡進行了一番遊覽，使我們從中既感受到宗教的神祕力量，又對佛法有了進一步的了解。文章寫得自然流暢，圓轉如意，表現了作者高超的寫作水準。

卷五　六國

羯若鞠闍國

【題解】羯若鞠闍，梵文寫作Kanyākubja，在我國典籍中也被譯為「葛那及」、「迦那鳩闍」、「犍拏究撥闍」等。因為Kanyā的意思是少女，Kubja的意思是彎曲，因此也被意譯為曲女、妙童女等。該城位於恒河和卡里河的合流處，是印度有名的古都。在我國和印度古籍中有很多關於這座城市的記載。

羯若鞠闍國，周四千餘里。國大都城西臨殑伽河，其長二十餘里，廣四五里。城隍❶堅峻，臺閣相望，花林池沼，光鮮澄鏡。異方奇貨，多聚於此。居人豐樂，家室富饒。花果具繁，稼穡時播。氣序和洽❷，風俗淳質。容貌妍雅，服飾鮮綺。篤學遊藝，談論清遠。邪正二道，信者相半。伽藍百餘所，僧徒萬餘人，大小二乘，兼功習學。天祠二百餘所，異道數千餘人。

【注釋】❶城隍　城濠。隍，沒有水的濠溝。❷洽　和諧。

【語　譯】羯若鞠闍國方圓四千多里。這個國家的大都城西面瀕臨恒河，長二十多里，寬四、五里。城濠堅固險峻，城內樓臺遙遙相對，花草樹林明豔，池潭清澈如鏡。各地的奇珍異寶多匯聚在這裡。居民生活快樂，家境富裕。花卉水果品種繁多，莊稼應時播種。氣候溫和，風俗淳樸。人們容貌美麗優雅，服飾鮮豔華麗。喜歡學習遊藝，談吐清雅，見解深遠。信奉佛教和外道的人各佔一半。境內有寺院一百多所，僧徒一萬多人，大乘和小乘都學習。外道神廟有二百多所，外道有幾千人。

【說　明】本文簡要介紹了羯若鞠闍的概況。從中可以看出該地的繁華和興盛。玄奘到曲女城巡禮時，曲女城作為戒日王的首都正處於極盛時代，佛教在這裡也是備受尊崇的。但到了宋代以後，雖然這座城市依然繁榮，但佛教卻已衰微了，當時的高僧繼業曾寫道：「塔廟甚多，而無僧尼。」此後幾個世紀，戰亂頻繁，這座城市也日趨殘破衰敗，再也找不到玄奘本文所寫的繁華了。

曲女城

羯若鞠闍國人長壽時，其舊王城號拘蘇磨補羅❶（唐言花宮），王號梵授，福智宿資，文武允備，威懾贍部，聲震鄰國，具足千子，智勇弘毅，復有百女，儀貌妍雅。

時有僊人居殑伽河側，棲神入定，經數萬歲，形如枯木，遊禽棲集，遺尼拘律❷果於僊人肩上，暑往寒來，垂蔭合拱。多歷年所，從定而起，欲去其樹，恐覆鳥巢，時人美其德，號大樹僊人。僊人寓目河濱，遊觀林薄❸，見王諸女相從嬉戲，欲界愛起，染著心生，便詣花宮，欲事禮請。王聞僊至，躬迎慰曰：「大僊棲情物外，何能輕舉？」僊人曰：「我棲林藪❹，彌積歲時，出定❺遊覽，見王諸女，染愛心生，自遠來請。」王聞其辭，計無所出，謂僊人曰：「今還所止，請俟嘉辰。」僊人聞命，遂還林藪。王乃歷問諸女，無肯應娉。王懼僊威，憂愁毀悴。其幼稚女候王事隙，從容問曰：「父王千子具足，萬國慕化，何故憂愁，如有所懼？」王曰：「大樹僊人幸顧求婚，而汝曹輩莫肯從命。僊有威力，能作災祥，儻不遂心，必起瞋怒，毀國滅祀，辱及先王。深惟此禍，誠有所懼。」稚女謝曰：「遺此深憂，我曹罪也。願以微軀，得延國祚。」王聞喜悅，命駕送歸。既至僊廬，謝僊人曰：「大僊俯方外❻之情，垂世間之顧，敢奉稚女，以供灑掃。」僊人見而不悅，乃謂王曰：「輕吾老叟，配此不妍。」王曰：「歷問諸女，無肯從命。唯此幼稚，願充給使。」僊人懷怒，便惡呪曰：「九十九女，一時腰曲，形既毀弊，畢世無婚。」王使往驗，果已背傴❼。從是之後，更名曲女城焉。

【注　釋】❶拘蘇磨補羅　梵文 Kusumapura 的音譯。意譯為華城或花宮。❷尼拘律　梵文 nyagrodha 的音譯。樹名。類似榕樹。❸林薄　草木叢雜的地方。❹林藪　山林水澤之間。借指隱居的地方。❺出定　脫離禪定。❻方外　世俗之外。❼傴　背彎曲；駝背。

【語　譯】在羯若鞠闍國人長壽的時候，這個國家的舊王城叫拘蘇磨補羅，國王名叫梵授。受前世福報，智慧超群，文武兼備，威震贍部洲，聲名震懾鄰國。他有一千個兒子，全都智勇雙全，剛強果斷，還有一百個女兒，個個儀態嫻雅容貌美麗。當時有個僊人住在恒河邊，他在這裡凝神入禪已經幾萬年了，外形變得像一段枯木，於是飛鳥們都在他身上歇息，在他肩上丟下許多尼拘律果。寒來暑往，僊人身上綠蔭垂掛，長成兩臂合抱那麼粗的大樹。又過去了很多年，僊人起身脫離禪定。他想砍去這樹，又恐怕會毀了樹上的鳥巢。當時的人推崇僊人的美德，稱他大樹僊人。一天，僊人瀏覽河濱和林叢的景色時，看見國王的女兒們追逐嬉戲，心中生起愛欲。於是他造訪花宮，想向國王提出聘娶王女的請求。國王聽說僊人來到，親自迎接慰問道：「大僊生活在世俗之外，今天怎麼有雅興駕臨寒舍？」僊人說：「我隱居在林中草澤已經很多年了，近來出定遊覽，見到大王的女兒們，心生愛慕，因此特意遠來求婚。」國王聽了他的話，一時不知該怎麼辦，就對僊人說：「請大僊先回去等候吉日完婚罷。」僊人聽了他的話，就回到他隱居的地方去了。國王一個個問女兒們，沒有一個願意嫁給僊人。國王畏懼僊人的威力，非常憂愁，面容日見憔悴。一天，他的小女兒趁國王處理國事的空隙，從容問道：「父王有一千個兒子，那麼多國家君王都羨慕您，為什麼這麼憂愁？好像害怕什麼似的？」國王說：「承蒙大樹僊人前來求婚，可是你們沒有一個願意嫁給他。僊人神通廣大，能興災降福。如果他不能如願，必然會瞋怪發怒，到那時國破家亡，先王受辱。我深怕招來這種災禍，因此非常害怕。」小女兒道歉說：「讓您這樣深深憂慮，這是我們的罪過。我願以自己微賤的身體，使國家社稷得以延續。」國王聽了這話非常高興，馬上命令駕車送女兒出嫁。到了僊人的住所，國王對僊人說：「感謝大僊屈尊垂青世間的俗情，我冒昧將幼女奉獻給您，供您驅使。」僊人見了幼女很不高興，對國王說：「你太看不起我老頭子了，將這麼個醜丫頭許配給我。」國王說：「我那些女兒我都問遍了，沒有一個願意從命。只有這個小女兒願意聽您的使喚。」僊人非常憤怒，便發了惡咒說：「讓那九十九個女子，立刻腰彎背曲，外形毀壞，一輩子不能嫁人。」國王聽了馬上派人去查看，他的那些女兒果然已經腰彎背駝。從那以後，這個王城就改名為曲女城了。

【說　明】本文記敘了有關曲女城這個名稱的神話傳說，以生動的筆墨塑造了幾個神態各異的人物形象：經過幾萬年的禪定，卻為愛欲破壞了道行的僊人；寧肯國破家亡也不願逼迫女兒做自己不願做的事的慈愛父親；深明大義、富於自我犧牲精神的小女兒。國王那九十九個變成「曲女」的女兒雖然沒有在文中正面出現，但她們那種不畏強暴、獨立不羈的性格卻已躍然紙上。這個傳說實際上正讚美了她們這種品格。僊人是本文著重塑造的形象，在他身上體現了愛欲的強大力量。僊人已經禪定幾萬年了，且已形如枯木，身上長出大樹，這樣行動起來定然十分不便，但他為了不毀壞樹上的鳥巢竟然就讓樹長在那裡，這等悲憫的胸懷無疑表明他的修行已達到相當高的境界，但自從國王的女兒們引發了他的愛欲之火，他立即變成了一個再世俗不過的人，甚至為國王女兒的相貌不美大動肝火，為她們的不肯順從發下惡咒。至此，這位僊人已經將幾萬年修得的道行全部毀掉了。愛欲在這裡代表的是一種毀滅的力量，它毀掉了別人的青春美貌，也毀掉了僊人自己。這個故事對世人也具有勸誡的意義。

戒日王

今王，本吠奢種也，字曷利沙伐彈那❶唐言喜增，君臨有土，二世三王。父字波羅羯羅伐彈那❷唐言作光增，兄字曷邏闍伐彈那❸唐言王增。王增以長嗣位，以德治政。時東印度羯羅拏蘇伐剌那唐言金耳國設賞迦❹唐言月王，每謂臣曰：「鄰有賢主，國之禍也。」於是誘請，會而害之。人既失君，國亦荒亂。時大臣婆尼❺唐言辯了職望隆重，謂僚庶曰：「國之大計，定於今日。先王之子，亡君之弟，仁慈天性，孝敬因心，親賢允屬，欲以襲位。於事何如？各言爾志。」眾咸仰德，嘗無異謀。於是輔臣執事咸勸進曰：「王子垂聽：先王積功累德，光有國祚。嗣及王增，謂終壽考；輔佐無良，棄身讎手，為國大恥，下臣罪也。物議時謠❻，允歸明德。光臨土宇，克復親讎，雪國之恥，光父之業，功孰大焉？幸無辭矣！」王子曰：「國嗣之重，今古為難，君人之位，興立宜審。我誠寡德，父兄遐棄，推襲大位，其能濟乎？物議為宜，敢忘虛薄？今者殑伽河岸，有觀自在菩薩像，既多靈鑒，願往請辭。」即至菩薩像前，斷食祈請。菩薩感其誠心，現形問曰：「爾何所求，若此勤懇？」王子曰：「我惟積禍，慈父云亡；重茲酷罰，仁兄見害。自顧寡德，國人推尊，令襲大位，光父之業。愚昧無知，敢稀❼聖旨！」菩薩告曰：「汝於先身，在此林中為練若❽苾芻，而精勤不懈。承茲福力，為此王子。金耳國王既毀佛法，爾紹❾王位，宜重興隆，慈悲為志，傷愍居懷，不久當王五印度境。欲延國祚，當從我誨，冥加景福，鄰無強敵。勿昇師子之座，勿稱大王之號。」於是受教而退，即襲王位，自稱曰王子，號尸羅阿迭多❿唐言戒日。於是命諸臣曰：「兄讎未報，鄰國不賓，終無右手進食⓫之期。凡爾庶僚，同心勠力⓬。」遂總率國兵，講習戰士。象軍五千，馬軍二萬，步軍五萬，自西徂⓭東，征伐不臣。象不解鞍，人不釋甲，於六年中，臣五印度。既廣其地，更增甲兵，象軍六萬，馬軍十萬。垂三十年，兵戈不起，政教和平，務修節儉，營福樹善，忘寢與食。令五印度不得噉肉，若斷生命，有誅無赦。於殑伽河側建立數千窣堵波，各高百餘尺。於五印度城邑、鄉聚⓮、達巷⓯、交衢⓰，建立精廬，儲飲食，止醫藥，施諸羈貧，周給不殆⓱。聖跡之所，並建伽藍。五歲一設無遮大會，傾竭府庫，惠施群有，惟留兵器，不充檀捨⓲。歲一集會諸國沙門，於三七日中，以四事供養，莊嚴法座，廣飾義筵，令相摧論，校其優劣，褒貶淑慝，黜陟幽明。若戒行貞固，道德純邃，推昇師子之座，王親受法；戒雖清淨，學無稽古，但加敬禮，示有尊崇；律儀無紀，穢德已彰，驅出國境，不願聞見。鄰國小王、輔佐大臣，殖福無怠，求善忘勞，即攜手同座，謂之善友；其異於此，面不對辭，事有聞議，通使往復。而巡方省俗，不常其居，隨所至止，結廬而舍。唯雨三月，多雨不行。每於行宮日修珍饌，飯諸異學，僧眾一千，婆羅門五百。每以一日分作三時，一時理務治政，二時營福修善，孜孜不倦，竭日不足矣。

【注　釋】❶曷利沙伐彈那　梵文 Harṣavardhana 的音譯。意譯為喜增。❷波羅羯羅伐彈那　梵文 Prabhākaravardhana 的音譯。意譯為光增。薩他泥溼伐羅國 (Sthāneśvara) 布溼波普蒂 (Puṣpabhūti) 王朝的國王。大約西元五八〇年左右開始執政。卒於西元六〇六年。❸曷邏闍伐彈那　梵文 Rājyavardhana 的音譯。意譯為王增。❹設賞迦　梵文寫作 Śaśāṅka，意思是「月」。❺婆尼　梵文寫作Bhaṇḍi。他是波羅羯羅伐彈那王的養子。也是薩他泥溼伐羅國的大臣。❻物議時謠　眾人的議論和流行的歌謠。❼稀　通「希」。❽練若　梵文Araṇya的略稱。又譯作阿蘭若或蘭若。原意為森林。意譯為寂靜處或空閑處。後來泛指一般的寺院。❾紹　繼承。❿尸羅阿迭多　梵文Śīlāditya的音譯。意譯為戒日。⓫右手進食　古代印度習俗以右為尊。⓬同心勠力　齊心合力。勠力，並力。⓭徂　往。⓮鄉聚　鄉村。⓯達巷　小巷。⓰交衢　街道。⓱殆　通「怠」。懶惰。⓲檀捨　梵文寫作dāna。意思是施捨。

【語　譯】羯若鞠闍國現在的國王是吠奢種姓人，名字叫曷利沙伐彈那，他們家族已經有兩代三個人做這個國家的國王。他的父親名叫波羅羯羅伐彈那，他的哥哥名叫曷邏闍伐彈那。王增以長子身分繼承王位，以文德治理國家。當時東印度羯羅拏蘇伐剌那國的設賞迦王常常對他的臣子說：「鄰國有位賢明的君主，他對我國來說可是個禍害啊。」於是他誘請王增，在會面的時候殺害了他。羯若鞠闍國的百姓失去了君主，國家陷於混亂。當時有位大臣婆尼，職高望重，他對其他大臣說：「國家大事要在今天決定。先王的次子，亡君的弟弟，天性仁慈，孝敬長輩，親近賢能，我建議由他繼承王位。各位以為如何？請談談你們的看法。」大家都很敬仰喜增的德行，對他沒有異議。於是大臣們都去勸喜增繼承王位，他們說：「請王子聽下臣的陳述：先王積累功德，使國家富強，社稷光大。王增繼位以後，原以為他會長壽善終，卻由於下臣們輔佐不利，以致命喪仇人之手，成為國家的奇恥大辱。這都是下臣們的罪過。現在眾人的議論和時下流行的歌謠，都說王子應繼承王位。如果您能統治國家，報殺兄之仇，雪國家大恥，光大先王的事業，還有什麼功德比這更大？懇請您不要推辭。」王子說：「繼承王位的重任，從古到今都是很難擔當的。興立君主更應慎重。我實在是德行缺欠，父兄不幸去世，大家推舉我承襲王位，我哪裡有能力擔當呢？大家認為我是合適人選，我卻怎敢忘記自己的淺薄？現在在恒河岸邊有一尊觀自在菩薩像，非常靈驗，我想去占卜一次。」於是他來到菩薩像前，絕食祈禱。菩薩被他的誠心感動了，現出妙相問他：「你這樣勤懇祈禱，想求什麼呢？」王子說：「我積禍太多，以致慈父去世，現在又加上殘酷的打擊，仁兄被害。我自覺缺乏德行，國人推尊我，讓我繼承王位，以光大先王的事業。我是愚昧無知的人，因此前來請求菩薩指點啊！」菩薩告訴他說：「你的前世是住在這個山林中的比丘，勤懇修行毫不懈怠。憑藉這個福報，你轉生為這個國家的王子。這個金耳國的國王破壞佛法，你繼承王位後應注重佛法的興隆。立志慈悲，以同情憐憫為懷，這樣你過不了多久就可統治五印度全境。你要想保住王位，就要聽從我的教誨，神明就會在冥冥中賜福給你，使你無敵於天下。但是你不要登王位，不要號稱大王。」王子接受菩薩的教誨，回來後就繼承了王位，自稱為王子，號尸羅阿迭多。於是他命令大臣們說：「我兄長的大仇未報，鄰國還沒有降服，我不能享受國王的尊貴待遇。希望你們能和我同心協力。」於是他親自統率國家軍隊，訓練士兵。當時，他們有象軍五千，馬軍二萬，步軍五萬。他率領這些軍隊從西向東討伐那些不肯臣服的國家。經過六年象不解鞍，人不卸甲的征戰，終於征服了五印度國。在擴大國土的同時也補充了軍隊，象軍增加到六萬，馬軍增加到十萬。以後連續三十年，天下太平，政局穩定。戒日王提倡節儉，行善修福，廢寢忘食。他下令在五印度國不許吃肉，誰要殺害生命，格殺無論。他在恒河邊建起幾千座塔，都有一百多尺高，並在五印度的城鎮、鄉村、巷陌、街道上建立精舍，在裡面儲存了飲食和醫藥，施捨給旅人和窮人，廣泛施捨毫不懈怠。在有佛門遺跡的地方都建造了寺院。五年設一次無遮大會。將府庫中所有的財物布施給眾人。只將武器留下，不拿出去施捨。每年還召集一次各國僧人的聚會，在逢三和七這兩天中，對他們四事供養，並將法座裝飾起來，準備許多筵席，讓僧人們互相商討辯論。比較他們的優劣，褒獎善良，貶抑邪惡，將光明正大的提昇，將昏暗不明的罷黜。如果恪守戒律信仰堅定，品德純正對佛法有深刻的見解，這樣的僧人就被推舉坐在師子座上，戒日王親自聽他講授佛法；對於雖然恪守戒行但學識淺薄的僧人，也以禮相待，表示尊敬；對於那些不遵守戒律，道德敗壞臭名昭著的教徒，就把他們驅逐出境，永遠不許回來。對於鄰國小王、輔佐大臣，只要他們能不懈地造福於民，不知疲倦地行善事，戒日王就和他們手拉手坐在一起，稱他們為好朋友。對於不能行善造福的人，戒日王拒不會見他們，有事需要商議，只通過使者往來辦理。戒日王還經常到民間巡視，察看民情，他沒有固定的住所，走到哪裡就在哪裡搭起茅屋居住。一年中只有雨季的三個月，因為雨水很多而不出去巡行。這時他常常在行宮中擺下山珍海味，請各教派的人吃飯，請來的僧侶有一千人，婆羅門也有五百。他常把一天時間分作三部分：三分之一處理國務，三分之二造福行善。他孜孜不倦地工作，常覺得時間不夠用。

【說　明】本文主要記敘了戒日王即位經過和他的功績。史學家認為這是現存有關戒日王最早也是最詳細的史料。作者先從他的家族入手，以明白曉暢的文字介紹了戒日王統治國家的時代背景和繼位經過，通過群臣一再請求他繼位和他一再的婉言相拒，表現出他的德高望重和謙和沖淡的性格，這些和在下文對他的介紹中顯示出的勇敢智慧、悲憫寬厚、愛民如子……等等，構成了一個完美的戒日王形象，令人悠然神往。戒日王在觀自在菩薩像前祈禱有靈以至菩薩現身這一情節，明顯具有神話色彩。但這一情節卻是本文不可缺少的支點，具有承上啟下的作用。承上，為眾臣和百姓的期待作了交代；啟下，又為他以後的戰無不勝，最終統治五印度國提供了依據。雖然我們知道這個小情節的出現也許是出於對佛教的宣傳，但仍然會對佛法的神通充滿敬畏。文章的後半部分主要列舉戒日王的施政方針，當然這些方針的制定是基於菩薩的教誨，但戒日王在這些政績中所表現出的寬仁慈愛和雄才大略卻已無愧於英明君王的稱號。玄奘在文中雖然並無溢美之詞，但他對戒日王的敬慕和讚嘆之情已躍然紙上了，這正是作者寫作技巧上的高超之處。

關於戒日王即位問題，一些學者認為本文的敘述有些混亂。與玄奘同時代的印度梵文作家波那跋吒(Bāṇabhaṭṭa)曾寫一部《戒日王傳》，根據這部書的記載，戒日王的父親波羅羯羅伐彈那王是薩他泥溼伐羅國的國王，因此戒日王繼承的應是薩他泥溼伐羅國，而不是羯若鞠闍國的王位。而當時羯若鞠闍國的國王哥羅訶伐刺曼(Grahavarman)被害以後，其王位是被他的弟弟繼承的。那麼戒日王是在什麼時候通過什麼方式將羯若鞠闍國置於他的統治之下，並定都曲女城，現在還沒有定論。

玄奘與戒日王

初，受拘摩羅王❶請，自摩揭陀國往迦摩縷波國❷，時戒日王巡方在羯朱嗢祇邏國❸，命拘摩羅王曰：「宜與那爛陀遠客沙門❹速來赴會。」於是遂與拘摩羅王往會見焉。戒日王勞苦已曰：「自何國來？將何所欲？」對曰：「從大唐國來，請求佛法。」王曰：「大唐國在何方？經途所亘，去斯遠近？」對曰：「當此東北數萬餘里，印度所謂摩訶至那國❺是也。」王曰：「嘗聞摩訶至那國有秦王天子❻，少而靈鑒，長而神武，昔先代喪亂，率土分崩，兵戈競起，群生荼毒❼，而秦王天子早懷遠略，興大慈悲，拯濟含識，平定海內，風教遐被，德澤遠洽，殊方異域，慕化稱臣，氓庶❽荷其亭育❾，咸歌〈秦王破陣樂〉。聞其雅頌，於茲久矣。盛德之譽，誠有之乎？大唐國者，豈此是耶？」對曰：「然。至那者，前王之國號；大唐者，我君之國稱。昔未襲位，謂之秦王；今已承統，稱曰天子。前代運終，群生無主，兵戈亂起，殘害生靈。秦王天縱含弘❿，心發慈愍，威風鼓扇，群凶殄滅，八方靜謐，萬國朝貢，愛育四生，敬崇三寶，薄賦斂，省刑罰，而國用有餘，氓俗無宄⓫，風猷⓬大化，難以備舉。」戒日王曰：「盛矣哉！彼土群生，福感聖主。」

【注　釋】❶拘摩羅王　拘摩羅是梵文 Kumāra 的音譯。意譯為童子。是與戒日王同時代的東印度迦摩縷波國國王。❷迦摩縷波國　梵文 Kāmarūpa 的音譯。東印度的一個大古國。❸羯朱嗢祇邏國　梵文寫作 Kajangala。印度東部古國。❹沙門　梵文寫作 śramaṇa。即佛教徒。我國又稱和尚。❺摩訶至那國　摩訶至那是梵文 Mahācīna 的對音。「摩訶」的意思是「大」，「至那」也寫作「脂那」、「支那」等。是古代印度人對中國的稱呼。❻秦王天子　即唐太宗李世民。❼荼毒　毒害；殘害。❽氓庶　百姓。氓，外來的百姓。❾亭育　養育。❿含弘　抱負遠大。弘，大。⓫宄　犯法作亂的人。⓬猷　道術；方法。

【語　譯】當年，我受拘摩羅王的邀請，從摩揭陀國前往迦摩縷波國。當時戒日王正在羯朱嗢祇邏國巡視，他命令拘摩羅王說：「你應當和在那爛陀寺學習的遠來的和尚趕快到我這裡來參加大會。」於是我就同拘摩羅王一起去會見戒日王。戒日王向我道了辛苦後問道：「你從哪個國家來？想做些什麼？」我回答說：「我從大唐國來，到這裡來求法取經。」戒日王問：「大唐國在哪裡？途中經過哪些地方？離這裡有多遠？」我回答說：「大唐國在貴國東北方，離這裡有幾萬里，也就是印度所說的摩訶至那國。」戒日王說：「曾聽說摩訶至那國有一位秦王天子，少年時就聰慧靈敏，長大後神武異常。當年，前王朝天下大亂，國家分崩離析，戰禍頻繁，百姓慘遭毒害。秦王天子早就胸懷大略，他以大慈悲力，拯救民眾，平定海內，教化達於遠方，美德恩澤遍於天下。四方國家仰慕他的功德，紛紛稱臣，百姓感激他的養育之恩，都在演唱《秦王破陣樂》。我很久以前就聽到對他的讚頌了。他的品德真的如人們盛讚的那樣嗎？所謂的大唐國，就是這裡嗎？」我回答說：「是的。至那，是過去王朝的國號；大唐，是我們現在君王的國號。從前我們國君還沒有繼承王位的時候，被封為秦王，現在已經做了國君，被稱為天子了。前朝國運已盡，眾生失去君主，因此戰亂紛起，殘害生靈。秦王天資英武，胸懷大志，他發慈悲心，威風震懾四海，消滅了兇惡的敵人，使八方安寧，萬國朝貢。他愛護撫育一切生命，崇敬三寶，減少稅賦，省用刑罰，因而國家財用有餘，百姓遵紀守法。佛的教化形成風氣。這些成績難以一一列舉。」戒日王讚嘆說：「真偉大啊！你們國家的百姓這樣幸福，應該感謝這位聖主。」

【說明】本文記敘了玄奘和戒日王的一次會面。文章以對話的形式，對唐太宗的文德武功加以熱情的讚美。語言優美流暢。戒日王先向玄奘講述了他所聽到的有關唐王的傳聞，對唐王的美德和英才既感佩又有些懷疑：「真是這樣的嗎？」這個疑慮自然而然地引出了玄奘的進一步說明。玄奘的一番話可以看作是前面一段頌揚的具體化和形象化。使戒日王對安定繁榮的大唐無限嚮往。據《新唐書》卷二二一記載，貞觀十五年，戒日王自稱為摩迦陀王，派使者到長安上書朝貢。這一段記載無疑是這篇文字的一個很好的注腳。

本文以對話為主要形式，既避免了一般平鋪直敘的讚美文字的呆板，又能加強讚頌的分量，更能給人留下深刻的印象。

曲女城之會

時戒日王將還曲女城設法會也，從數十萬眾，在殑伽河南岸，拘摩羅王從數萬之眾，居北岸，分河中流，水陸並進。二王導引，四兵嚴衛，或泛舟，或乘象，擊鼓鳴螺，拊絃奏管。經九十日，至曲女城，在殑伽河西大花林中。是時諸國二十餘王，先奉告命，各與其國髦俊沙門及婆羅門、群官、兵士，來集大會。王先於河西建大伽藍；伽藍東起寶臺，高百餘尺，中有金佛像，量等王身；臺南起寶壇，為浴佛像之處；從此東北十四五里，別築行宮。是時，仲春月❶也。從初一日，以珍味饌諸沙門、婆羅門，至二十一日，自行宮屬伽藍，夾道為閣，窮諸瑩飾，樂人不移，雅聲遞奏。王於行宮出一金像，虛中隱起，高餘三尺，載以大象，張以寶幰❷。戒日王為帝釋之服，執寶蓋以左侍，拘摩羅王作梵王之儀，執白拂而右侍，各五百象軍，被鎧周衛，佛像前後各百大象，樂人以乘，鼓奏音樂。戒日王以真珠雜寶及金銀諸花，隨步四散，供養三寶。先就寶壇香水浴像，王躬負荷，送上西臺，以諸珍寶、憍奢耶衣數十百千，而為供養。是時唯有沙門二十餘人預從，諸國王為侍衛。饌食已訖，集諸異學，商搉微言，抑揚至理。日將曛暮❸，回駕行宮。如是日送金像，導從如初，以至散日，其大臺忽然火起，伽藍門樓煙焰方熾。王曰：「罄捨國珍，奉為先王，建此伽藍，式昭勝業，寡德無祐，有斯災異，咎徵若此，何用生為！」乃焚香禮請而自誓曰：「幸以宿善，王諸印度，願我福力，禳❹滅火災，若無所感，從此喪命！」尋即奮身，跳履門閫❺，若有撲滅，火盡煙消。諸王覩異，重增祗懼。已而顏色不動，辭語如故，問諸王曰：「忽此災變，焚燼成功，心之所懷，意將何謂？」諸王俯伏悲泣，對曰：「成功勝跡，冀傳來葉，一旦灰燼，何可為懷？況諸外道，快心相賀！」王曰：「以此觀之，如來所說誠也。外道異學守執常見，惟我大師無常是誨。然我檀捨已周，心願諧遂，屬斯變滅，重知如來誠諦之說，斯為大善，無可深悲。」於是從諸王東上大窣堵波，登臨觀覽。方下階陛，忽有異人持刃逆王，王時窘迫，卻行進級，俯執此人，以付群官。是時群官惶遽，不知進救。諸王咸請誅戮此人，戒日王殊無忿色，止令不殺。王親問曰：「我何負汝，為此暴惡？」對曰：「大王德澤無私，中外荷福。然我狂愚，不謀大計，受諸外道一言之惑，輒為刺客，首圖逆害。」王曰：「外道何故興此惡心？」對曰：「大王集諸國，傾府庫，供養沙門，鎔鑄佛像，而諸外道自遠召集，不蒙省問，心誠愧恥。乃令狂愚，敢行凶詐。」於是究問外道徒屬。有五百婆羅門，並諸高才，應命召集，嫉諸沙門蒙王禮重，乃射火箭，焚燒寶臺，冀因救火，眾人潰亂，欲以此時殺害大王，既無緣隙，遂雇此人，趨隘行刺。是時諸王、大臣請誅外道，王乃罰其首惡，餘黨不罪，遷五百婆羅門出印度之境。於是乃還都也。

【注釋】❶仲春月　二月。❷幰　車前的帷幔。❸曛暮　黃昏。❹禳　古代祈求鬼神驅除災疫的祭祀。❺閫　門檻。

【語譯】當時戒日王要返回曲女城召開法會，有幾十萬人跟隨著他，駐在恒河南岸，有幾萬人跟隨拘摩羅王駐在恒河北岸，兩路人眾以河中流為界，水陸並進。兩位國王走在隊伍前列，四兵種嚴密護衛，有的乘船，有的乘象，敲鼓鳴螺，撥動弦琴，吹奏管樂。經過九十天的跋涉，到達曲女城。隊伍都駐在恒河西岸的大花林中。其時，已有二十多個早就得到戒日王命令的國王，各自率同他們國家年輕傑出的僧人和婆羅門、官員、兵士等前來參加大會。戒日王事先已在恒河西岸建造了一座大寺院，在寺院東面建起寶臺，寶臺高一百多尺，臺正中供奉著金佛像，大小同戒日王一樣，在這座寶臺南面建了一個寶壇，是為佛像沐浴的地方。從這裡向東北方向十四、五里的地方，另外建築了行宮。這時，正是二月。從二月初一開始，就用佳肴招待僧人和婆羅門們，一直到二十一日。從行宮到寺院，道路兩旁都是樓閣，用無數珍寶裝飾著。奏樂人一動不動地不停演奏著高雅的音樂。戒日王從行宮中請出一尊金佛像，以薄紗覆蓋，若隱若現，高三尺多，用大象載著，綴滿寶物的帷幔垂掛在佛像四周。戒日王身穿帝釋的服飾，手執寶蓋在左邊侍立，拘摩羅王打扮成梵王的模樣，手執白拂塵在右面侍立，兩邊各有五百名象兵，身披鎧甲在周圍護衛，佛像前後各有五百頭大象，樂師們坐在象背上演奏音樂。戒日王一邊走一邊將真珠、寶物、金銀和鮮花四下散發，供養三寶。他們先來到寶壇用香水給佛像沐浴，戒日王親自背負佛像送上西面的寶臺，用許多珍寶和成百上千的憍奢耶衣供養佛像。當時只有二十多個僧人跟隨著戒日王，各國國王則作為侍衛。吃完飯後，各種學派的人們會集在一起，商榷微妙的言辭，探討深刻的道理。快黃昏的時候，戒日王起駕回行宮。就這樣他們每天護送金佛像，前導和隨從都和開始時一樣，一直到法會結束。法會結束的那一天，寶臺忽然起火，寺院門樓煙塵滾滾，火舌翻捲。戒日王說：「我拿出國家所有的珍寶，供奉先王，建造這座寺院，想以此宣揚他的豐功偉業。但我的德行不夠，又沒有得到神靈的保佑，以致發生這樣的災難。既然我的罪孽這樣深重，我還活著做什麼！」於是他焚香行禮並發誓說：「我僥倖憑著以前的善業，統治印度全境，我願以我的福力，祈請熄滅這火災，如果我不能感動神靈，就馬上結束自己的生命！」接著他奮力一跳，腳踩在門檻上，好像被撲滅的一樣，火和煙都消失了。國王們看到這種奇異的現象，對戒日王更加敬畏。戒日王卻神色不變，言語和原來一樣。他問國王們：「如果這場突然的災變，真的把這裡全都燒成灰燼，你們心裡怎麼想？」國王們都俯伏在地，哭泣著說：「我們建成這樣一個勝跡，希望佛法可以藉此流傳後世，一旦它化為灰燼，心裡還有什麼可想的呢？況且這樣一來，外道們就要拍手慶賀了！」戒日王說：「這樣看來，如來所講的法教太對了。外道異學固守著習慣性的見解不求變化，唯有如來大師教誨我們世事無常。我施捨已經很周到，願望也都達到了，這場災變以及它的消失，使我更加懂得如來學說的真諦。這是一件大好事，你們不要過於悲傷。」於是他帶領各國國王登上東邊的大塔觀賞四周景色。他剛走下臺階，忽然有一個外道持刀向戒日王迎面刺來，戒日王當時情況非常危急。他向後退了幾級臺階，然後探身抓住了刺客，將他交給官員們。當時百官都驚慌失措，忘了上前救護戒日王。各國國王都要求處死刺客，戒日王卻沒有一點生氣的樣子，下令不得殺他。戒日王親自問他說：「我有什麼對不起你的地方，你這樣暴惡地對待我？」刺客回答說：「大王恩德遍及世人，毫無私心，普天下都承受著您的福澤。然而我狂妄愚昧，不顧大局，受了外道們隻字片語的煽動，就當了刺客，做下這傷天害理的勾當。」戒日王說：「外道們為什麼會起這樣的惡念？」刺客回答說：「大王召集各國，傾府庫所有，供養僧人，鑄造佛像，而外道們遠道應召而來，卻無人過問，心裡既慚愧又覺得羞恥，於是讓我這個狂妄愚昧之徒前來行兇。」於是追查外道參與這項陰謀的成員。原來有五百名婆羅門和一些很有才華的人，他們奉命前來參加法會，嫉妒佛教徒受到戒日王的隆重禮遇，於是發射火箭，焚燒寶臺，希望在眾人救火的時候，趁亂刺殺戒日王。因為沒有可乘之機，便又雇用了這個人冒險行刺。當時各國國王和大臣們都請求殺死這些外道，戒日王卻只懲罰了他們的罪魁禍首，對其餘黨不予追究，只把那五百個婆羅門逐出印度國境。於是戒日王返回都城。

【說　明】本文以傳神的筆墨生動地記敘了曲女城法會的盛況。塑造了一個崇信佛法、仁慈寬厚的戒日王的形象。全文結構宏大嚴謹，情節起伏跌宕，文字簡練，表現出作者傑出的寫作技巧。

全文可分為三部分。第一部分著重描寫曲女城法會的盛大場面，敘述得面面俱到，有條不紊，從法會的準備到會場的布置，以及法會進行的儀式，全都有細緻生動的描寫，使人有身臨其境之感。第二部分講述了寶臺火起和撲滅的經過。通過這個突然的災變，我們看到了戒日王對佛法的虔誠崇信，以及佛法的神祕力量。第三部分記敘了一個外道行刺戒日王的事件，反映出當時外道們對佛教徒和戒日王的嫉恨。戒日王面對刺客並沒有暴跳如雷，而是先反躬自省是否有對不起刺客的地方。這個細節和後來他對外道的從輕發落表現出戒日王的仁慈和寬厚。

這三部分雖然各有中心，但又是不可分割的一個整體。第一部分為第二部分埋下了伏筆，第二部分失火的懸疑又由第三部分得到了解釋。三部分層層相扣，形成全文結構嚴謹而不呆板的特色。

殑伽河伽藍

城西北窣堵波，無憂王之所建也。如來在昔，於此七日說諸妙法。其側則有過去四佛座及經行遺跡之所。復有如來髮、爪小窣堵波。

說法窣堵波南，臨殑伽河有三伽藍，同垣異門，佛像嚴麗，僧徒肅穆，役使淨人數千餘戶。精舍寶函中有佛牙，長餘寸半，殊光異色，朝變夕改。遠近相趨，士庶咸集，式修瞻仰，日百千眾。監守者繁其諠雜，權立重稅，宣告遠近：欲見佛牙，輸大金錢。然而瞻禮之徒，實繁其侶，金錢之稅，悅以心競。每於齋日，出置高座，數百千眾，燒香散花，花雖盈積，牙函不沒。

伽藍前左、右各有精舍，高百餘尺，石基磚室，其中佛像，眾寶莊飾，或鑄金、銀，或鎔鍮石。二精舍前各有小伽藍。

伽藍東南不遠，有大精舍，石基磚室，高二百餘尺，中作如來立像，高三十餘尺，鑄以鍮石，飾諸妙寶。精舍四周石壁之上，彫畫如來修菩薩行所經事跡，備盡鐫鏤。

石精舍南不遠，有日天❶祠，祠南不遠，有大自在天祠，並瑩青石，俱窮彫刻，規模度量同佛精舍，各有千戶充其灑掃，鼓樂絃歌不捨晝夜。

大城東南六七里，殑伽河南，有窣堵波，高二百餘尺，無憂王之所建也，在昔如來於此六月說身無常❷、苦、空、不淨。其側則有過去四佛座及經行遺跡之所。又有如來髮、爪小窣堵波，人有染疾，至誠旋繞，必得痊愈，蒙其福利。

【注釋】❶日天　梵文Sūrya。意譯為日天子，音譯為蘇利耶、素利也等。也就是太陽神。❷無常　梵文anitya的意譯。佛教認為世間一切事物都處在一個不斷變化的過程中，流轉不停，因而稱為無常。

【語譯】曲女城西北方向的塔，是無憂王建造的。從前如來在這裡用七天時間講說各種神妙的法教。在這塔的旁邊有過去四佛坐過和散步場所的遺跡。還有存放如來頭髮和指甲的小塔。

在如來說法的那座塔的南面，恒河邊上有三座寺院，在一道圍牆內但寺門不同，寺中佛像裝飾得端莊美麗，僧徒嚴肅靜穆，供僧人驅使的淨人有幾千戶。在精舍裡的一個寶盒中裝有佛牙，長約半寸，發出奇異的光澤，一早一晚變化多端。遠近的百姓和士人都跑來聚集在這裡，崇敬地瞻仰它，每天都有成百上千的人來朝拜。守護的人厭煩眾人的喧鬧噪雜，便設立重稅，他們向遠近的人們宣告說：要想瞻仰佛牙，需交納大量金錢。但是前來瞻仰禮拜的人也非常討厭這些僧人，他們認為設立金錢重稅，是出於僧人們對於金錢的貪欲。每逢齋戒的日子，供放佛牙的寶盒都被請到很高的佛座上，成百上千的人，燒香散花，鮮花雖然堆得滿滿的，但寶盒不會被淹沒。

在寺院前面，左、右各有一間精舍，高一百多尺，是石基的磚室，精舍中的佛像，用許多珍寶裝飾，有的用金、銀鑄成，有的用黃銅鑄成，兩座精舍前各有一所小寺院。

在寺院東南不遠，有一處大精舍，是石基的磚室，高二百多尺，精舍中有如來的立像，高三十多尺，用黃銅鑄成，上面裝飾著許多奇妙的珍寶。在這精舍四周的石壁上，雕畫著如來修菩薩行時的事跡，雕刻得非常細緻。

在石精舍南面不遠，有日天神廟，在神廟南面不遠，有大自在天神廟，都裝飾著精美的青石的雕刻，規模大小和佛精舍裡的一樣，兩座神廟各有一千戶俗人為它們灑掃，鼓樂弦歌，晝夜不停。

在大都城東南六、七里，恒河南岸，有一座塔，塔高二百多尺，是無憂王建造的。從前，如來曾在這裡用六個月的時間講說無常、苦、空、不淨等佛教理論。在這塔旁邊有過去四佛坐過和散步場所的遺跡。又有供奉如來頭髮和指甲的小塔。得病的人非常虔誠地圍塔轉圈，就一定能痊癒，蒙受它的福利。

【說明】本文介紹曲女城附近的宗教遺跡。主要是佛教遺跡，對外道的太陽神廟和大自在天神廟也有簡潔的介紹。對佛教遺跡的介紹可分為兩部分，即按其方位大致分為曲女城西北方向和東南方向兩處。其中西北方向的遺跡較多。對這一區域的佛教遺跡的介紹是以同一堵牆但不同門的三寺院為中心的，因而使這一部分的敘述看似隨意散亂，實際卻有跡可循，本文整個結構方式也體現出這一特點。

納縛提婆矩羅城

大城東南行百餘里，至納縛提婆矩羅城，據殑伽河東岸，周二十餘里。花林清池，互相影照。

納縛提婆矩羅城西北，殑伽河東，有一天祠，重閣層臺，奇工異製。

城東五里有三伽藍，同垣異門，僧徒五百餘人，並學小乘說一切有部。伽藍前二百餘步，有窣堵波，無憂王之所建也，基雖傾陷，尚高百餘尺，是如來昔於此處七日說法。中有舍利，時放光明。其側則有過去四佛座及經行遺跡之所。

伽藍北三四里，臨殑伽河岸，有窣堵波，高二百餘尺，無憂王之所建也。昔如來在此七日說法，時有五百餓鬼來至佛所，聞法解悟，捨鬼生天。說法窣堵波側有過去四佛座及經行遺跡之所。其側復有如來髮、爪窣堵波。

自此東南行六百餘里，渡殑伽河，南至阿踰陀國（中印度境）。

【語譯】從大城向東南走一百多里，到達納縛提婆矩羅城。這座城池位於恒河東岸，方圓二十多里，城中花林清池，互相映照。

在納縛提婆矩羅城西北，恒河東面，有一座外道神廟，重重樓閣層層臺榭，結構巧妙工藝奇絕。

在大城東面五里處有三座寺院，同一院牆但不同門，寺中共有僧徒五百多人，都學習小乘說一切有部。寺院前面二百多步有一座塔，是無憂王建造的，塔基雖然已經傾斜塌陷，但仍有一百多尺高，當年如來曾在這裡說法七日。塔中供有如來舍利，常常發出光明。在塔旁則有過去四佛座位和散步場所的遺跡。

在寺院北邊三、四里，瀕臨恒河，有一座塔，塔高二百多尺，是無憂王建造的。當年如來曾在這裡說法七日，當時有五百個餓鬼來到佛說法的地方聆聽佛法悟道解脫，於是就擺脫鬼身昇天了。在如來說法塔旁邊有過去四佛坐過和散步場所的遺跡。旁邊又有供奉如來頭髮和指甲的塔。

從這裡向東南走六百多里，渡過恒河，向南走就到達阿踰陀國。

【說　明】本文簡要介紹了納縛提婆矩羅城附近的宗教遺跡，主要是佛教勝地。關於納縛提婆矩羅這個地方（納縛提婆矩羅，是梵文 Navadevakula 的音譯，意譯為新天寺），一般認為這裡就是我國東晉高僧法顯所曾提到的呵梨村。呵梨，梵文寫作 Hari，是遍入天（即毘濕奴，婆羅門教和印度教的三大神之一）的別名，呵梨村就是供奉遍入天的新寺院所在之處。文中所記的那座「重閣層臺，奇工異製」的神廟大概就是這「新寺院」了。

但作者在這裡提及這處地方，卻並不是為了它是遍入天的新寺院所在地，而是因為這裡是佛曾說法、經行之處，並在這裡以精妙的佛法將五百餓鬼度化昇天。作者的敘述雖然簡略，言語間卻給人留下無限廣闊的想像空間，如來的悲憫安詳的形象也躍然紙上。

阿踰陀國

【題　解】阿踰陀，梵文 Ayudhā 的音譯。阿踰陀城是憍薩羅國的故都，這裡繁榮富庶，人民安居樂業。城中到處是高大的樓閣，精巧的臺榭，寬廣的街道和花林清池。印度史詩《摩訶婆羅多》稱這座城市為「吉相城」，將其稱為是人間的樂土。在印度宗教史上，阿踰陀也佔有不可忽視的地位。它是印度教的七大聖地之一，佛教、耆那教歷史上的一些重要人物和事件也和這裡關係密切。佛教大師無著、世親就曾在這裡講經說法，弘揚大乘佛教教義。但有關阿踰陀的確切方位，現在還沒有一致的說法。

阿踰陀國，周五千餘里。國大都城周二十餘里。穀稼豐盛，花果繁茂。氣序和暢，風俗善順，好營福，勤學藝。伽藍百有餘所，僧徒三千人，大乘、小乘，兼功習學。天祠十所，異道寡少。

大城中有故伽藍，是伐蘇畔度❶唐言世親。舊曰婆藪盤豆，譯曰天親，訛謬也菩薩數十年中於此製作大小乘諸異論。其側故基，是世親菩薩為諸國王、四方俊彥、沙門、婆羅門等講義說法堂也。

城北四五里，臨殑伽河岸，大伽藍中，有窣堵波，高二百餘尺，無憂王之所建也，是如來為天、人眾，於此三月說諸妙法。其側窣堵波，過去四佛座及經行遺跡之所。

伽藍西四五里，有如來髮、爪窣堵波。髮、爪窣堵波北，伽藍餘址，昔經部室利邏多❷唐言勝受。論師於此製造經部《毘婆沙論》。

【注　釋】❶伐蘇畔度　梵文 Vasubandhu 的音譯。意譯為世親或天親。❷室利邏多　梵文 Śrīrāta 的音譯。意譯為吉祥受得或勝受。是佛教大乘經部理論的代表學者。著有《毘婆沙論》。

【語　譯】阿踰陀國方圓五千多里，這個國家的大都城方圓二十多里。國內糧食豐富，花果繁茂。氣候溫和，風俗善良柔順，百姓喜歡修福，勤於學習技藝。境內有寺院一百多所，僧徒三千多人，對大乘、小乘都用功學習。外道神廟有十所，異教徒很少。

在大都城中有座古老寺院，伐蘇畔度菩薩曾在這裡用了幾十年的時間寫作有關大乘、小乘的各種法論。在這座寺旁有一片舊址，這是當年世親菩薩為各國國王、四方英才、僧人、婆羅門等講說佛法義理的殿堂。

在都城北面四、五里，臨近恒河岸邊的一座大寺院中，有一座塔，塔高二百多尺，是無憂王建造的，如來曾在這裡為天神和人眾講說各種妙法達三個月之久。在這塔旁的一座塔，有過去四佛安坐和散步場所的遺跡。

在寺院西面四、五里，有供奉如來頭髮和指甲的塔。在這座塔的北邊，是一座寺院的遺址，從前經部的室利邏多論師曾在這裡寫下了經部理論著作《毘婆沙論》。

無著與世親

城西南五六里大菴沒羅林中，有故伽藍，是阿僧伽❶唐言無著菩薩請益❷導凡之處。無著菩薩夜昇天宮，於慈氏菩薩所受《瑜伽師地論》❸、《莊嚴大乘經論》❹、《中邊分別論》❺等，晝為大眾講宣妙理。菴沒羅林西北百餘步，有如來髮、爪窣堵波。其側故基，是世親菩薩從覩史多天下見無著菩薩處。無著菩薩，健馱邏國人也，佛去世後一千年中，誕靈利見，承風悟道，從彌沙塞部❻出家修學，頃之回信大乘。其弟世親菩薩於說一切有部出家受業，博聞強識，達學研機。無著弟子佛陀僧訶❼唐言師子覺者，密行❽莫測，高才有聞。二三賢哲每相謂曰：「凡修行業，願覲慈氏，若先捨壽，得遂宿心，當相報語，以知所至。」其後師子覺先捨壽命，三年不報。世親菩薩尋亦捨壽，時經六月，亦無報命。時諸異學咸皆譏誚，以為世親菩薩及師子覺流轉惡趣，遂無靈鑒。其後無著菩薩於夜初分，方為門人教授定法，燈光忽翳❾，空中大明，有一天僊乘虛下降，即進階庭敬禮無著。無著曰：「爾來何暮？今至何謂？」對曰：「從此捨壽命，往覩史多天慈氏內眾蓮花中生，蓮花才開，慈氏讚曰：『善來廣慧，善來廣慧。』旋繞才周，即來報命。」無著菩薩曰：「師子覺者，今何所在？」曰：「我旋繞時，見師子覺在外眾❿中，耽著欲樂，無暇相顧，詎能來報？」無著菩薩曰：「斯事已矣。慈氏何相？演說何法？」曰：「慈氏相好，言莫能宣。演說妙法，義不異此，然菩薩妙音清暢和雅，聞者忘倦，受者無厭。」

無著講堂故基西北四十餘里，至故伽藍，北臨殑伽河，中有塼窣堵波，高百餘尺，世親菩薩初發大乘心處。世親菩薩自北印度至於此也，時無著菩薩命其門人，今往迎候，至此伽藍，遇而會見。無著弟子止戶牖外，夜分之後，誦《十地經》，世親聞已，感悟追悔。甚深妙法，昔所未聞，誹謗之愆⓫，源發於舌，舌為罪本，今宜除斷。即執銛⓬刀，將自斷舌。乃見無著住立告曰：「夫大乘教者，至真之理也，諸佛所讚，眾聖攸宗。吾欲誨汝，爾今自悟。悟其時矣，何善如之？

諸佛聖教，斷舌非悔。昔以舌毀大乘，今以舌讚大乘，補過自新，猶為善矣，杜口絕言，其利安在？」作是語已，忽不復見。世親承命，遂不斷舌。日詣無著，諮受大乘。於是研精潭思，製大乘論，凡百餘部，並盛宣行。

從此東行三百餘里，渡殑伽河，北至阿耶穆佉國。中印度境。

【注　釋】❶阿僧伽　梵文 Asaṅga 的音譯。意譯為「無著」。❷請益　請教。❸瑜伽師地論　梵文寫作 Yogācāryabhūmiśātra。無著所作。是闡發大乘佛教瑜伽行派理論的重要著作。❹莊嚴大乘經論　梵文寫作 Mahāyānasūtrālaṃkāra。無著撰。相傳為彌勒所說的五部大論之一。❺中邊分別論　梵文寫作 Madyāntavibhāgaśāstra。相傳是彌勒所講的五論之一。❻彌沙塞部　梵文寫作 Mahīśāsaka。意譯為化地、正地等。是小乘佛教上座部部派之一。❼佛陀僧訶　梵文 Buddhasiṃha 的音譯。意譯為師子覺。是無著的門徒。❽密行　指持戒祕密行。❾翳　遮蔽。❿外眾　即俗眾。⓫愆　過失。⓬銛　鋒利；快。

【語　譯】在都城西南五、六里的大菴沒羅林中，有一座舊寺院，是阿僧伽菩薩學習導引凡俗的地方。那時無著菩薩夜晚昇上天宮，在慈氏菩薩那裡學習《瑜伽師地論》、《莊嚴大乘經論》、《中邊分別論》等，白天為俗眾講解佛家精妙的道理。在菴沒羅林西北一百多步的地方，有供奉如來頭髮和指甲的塔。在塔旁有座故基，是世親菩薩從覩史多天下來會見無著菩薩的地方。無著菩薩是健馱邏國人，在佛去世後一千年中出生，他承受前輩遺風悟得正道，在彌沙塞部出家修習，不久改信大乘。他的弟弟世親菩薩在說一切有部出家受教，見聞廣博，記憶力強，對所學知識能夠透徹理解，並掌握要點。無著的弟子佛陀僧訶，行跡神祕莫測，但出眾的才華遠近聞名。這兩三位賢哲常議論說：「凡是修習正法的人，都渴望覲見慈氏菩薩。如果誰先去世，得償心願，一定要報告別人，使別人知道他的去處。」後來師子覺先死了，三年也沒有通報消息。不久世親菩薩也死了，六個月的時間過去，也沒有通報消息。當時其他教派的信徒們都譏誚他們，認為世親菩薩和師子覺都在惡趣中流轉，因此他們的話才沒有應驗。後來有一天傍晚，無著菩薩正在向門徒講授定法，燈光忽然被遮蔽，空中大放光明，一位天仙淩空下降，隨即走進庭中向無著菩薩施禮。無著問：「你為什麼來得這麼晚？現在你有什麼要說的？」天仙回答說：「我在這裡死了以後，就前往覩史多天慈氏菩薩的蓮花中轉生，蓮花剛剛開放，慈氏菩薩讚美說：『好啊，廣慧。好啊，廣慧。』我繞著蓮花轉了一圈，就來通報了。」無著菩薩問：「師子覺現在哪裡？」天仙回答說：「我繞著蓮花轉圈時，看見師子覺正在俗眾中尋歡作樂，他連看我一眼的時間都沒有，哪裡還能來通報呢？」無著菩薩說：「這件事就這樣吧。慈氏菩薩什麼樣？講說什麼法教？」天仙說：「慈氏菩薩美好的相貌用語言無法描述。他演說的妙法精義和你說的一樣。但菩薩聲音清婉流暢柔和優雅，使聽法受教的人不知疲倦。」

從無著講堂舊址向西北走四十多里，到達一座舊寺院，這座寺院北臨恒河，寺中有座磚塔，塔高一百多尺，是世親菩薩開始心儀大乘法教的地方。當年世親菩薩從北印度來到這裡，無著菩薩派門徒去迎接他，一同到這個寺院同無著菩薩會面。夜半以後，無著弟子站在世親窗外誦讀《十地經》，世親聽了以後馬上覺悟，並對以往的所作所為追悔不已。他想，這樣深奧的妙法，我從未聽說過，但我的舌頭卻對這妙法犯下誹謗的罪過。既然舌頭是產生這罪惡的根源，我現在就應該將它除斷。於是他拿了一把快刀就要割自己的舌頭。正在這時他看見無著菩薩站在他的面前對他說：「大乘法教是佛教最高的真理，被諸佛盛讚，為賢聖們奉為正宗。我本想教誨你，你現在自己覺悟了。你能夠及時覺悟，這不是再好不過了嗎？對諸佛聖教來說，斷舌並不是悔過的表現。你從前用舌頭詆毀大乘，現在用舌頭讚美大乘，這樣彌補過失，改正錯誤是件好事啊，閉口不言又有什麼益處呢？」說完這些話，無著菩薩就不見了。世親菩薩接受了教誨，便沒有斷舌。天亮以後他去拜見無著菩薩，請教大乘學說。從此世親菩薩深入鑽研思考，寫下了一百多部有關大乘的論著，全都廣為流行。

從這裡向東走三百多里，渡過恒河，向北到達阿耶穆佉國。

【說　明】本文介紹了都城附近四處佛教遺跡，其中三處都是和無著、世親菩薩有關，無著和世親的事跡前面也有所涉及，但都是一些片段，這裡的記敘相對說來則比較詳細了。無著和世親都是佛教的著名人物。他們都是北印度富婁沙富羅國人，並且是兄弟。兄長無著開始在小乘佛教說一切有部出家，由於對其教義不能深入領悟，苦惱之中竟想自殺。後來改學小乘空觀，還是不能滿意。傳說他最後跟從彌勒菩薩學習大乘空觀，研習《瑜伽師地論》等，對大乘法教「一見傾心」，對其中精妙的深義全部能夠領悟，並開始向俗眾宣講大乘法教，本文記述的第一處佛教勝跡就是無著菩薩將他從彌勒菩薩那裡學來的大乘法教向俗眾宣講的講堂。

接著，作者以無著講堂為支點介紹了另外三處佛跡。在有關如來髮爪塔旁舊址和恒河邊舊寺中磚塔的傳說中，世親菩薩比無著菩薩所佔比重更大一些。世親是無著菩薩的弟弟，先在小乘說一切有部出家，博學多聞，遍通典籍，尤精說一切有部論書《阿毘達磨大毘婆沙論》，為眾人宣講，每日把所講內容用一偈概括寫出，共作六百多偈，又造釋文，其中吸收經量部思想，編成《阿毘達磨俱舍論》，受到阿踰闍國王室的皈依和禮遇。據說他遍通小乘十八部教義，卻不信大乘，並攻擊大乘，說大乘佛教不是佛教真義。這樣一個小乘佛教的堅定信奉者後來終於改信大乘。恒河邊寺院中的磚塔講述的就是有關世親皈依大乘的傳說。這個故事寫得曲折婉轉，故事開始我們看到的只是尋常的兄弟會面，從無著弟子誦讀《十地經》開始，故事情節逐漸展開：世親聽了這玄奧的教義，對從前自己的狂妄深自愧悔，竟要斷舌謝罪，關鍵時刻無著菩薩及時出現制止了他，並對他加以點撥，使世親最後心悅誠服。整個故事寫得一波三折，頗富戲劇性，表現了大乘法教的巨大力量，使人對大乘佛教不由生出無限敬意。

有關世親菩薩覲見慈氏菩薩的傳說則更具神祕色彩。這個傳說涉及佛教宣傳的投胎轉生和蓮花這個意象。佛教一般以蓮花象徵西方彌勒淨土，認為它以蓮花為往生的依託，念佛往生彌勒淨土的人，都在蓮花內出生，因此又被稱為蓮胎。這個意象和世親描述的慈氏菩薩使這個傳說充滿優美而縹緲的意蘊。

阿耶穆佉國

【題　解】有關阿耶穆佉國國名的梵文寫法和確切方位都無定論，只能大體上推定這個國家在阿拉哈巴德西北。

阿耶穆佉國，周二千四五百里。國大都城臨殑伽河，周二十餘里。其氣序土宜，同阿踰陀國，人淳俗質，勤學好福。伽藍五所，僧徒千餘人，習學小乘正量部法。天祠十餘所，異道雜居。

城東南不遠，臨殑伽河岸，有窣堵波，無憂王之所建也，高二百餘尺，是如來昔於此處三月說法。其側則有過去四佛座及經行遺跡之所。復有如來髮、爪青石窣堵波。其側伽藍，僧徒二百餘人，佛像莊飾，威嚴如在，臺閣宏麗，奇製鬱起，是昔佛陀馱娑❶（唐言覺使）論師於此製說一切有部《大毗婆沙論》。

從此東南行七百餘里，渡殑伽河南、閻牟那河北，至鉢邏耶伽國（中印度境）。

【注　釋】❶佛陀馱娑　梵文 Buddhadāsa 的音譯。意譯為覺使或佛使。

【語　譯】阿耶穆佉國方圓二千四、五百里。這個國家的大都城瀕臨恒河，方圓二十多里。該國的氣候、土地出產和阿踰陀國相同。人性淳厚風俗質樸，勤於學習，好修冥福。境內有寺院五座，僧徒有一千多人，都學習小乘正量部法教。外道神廟有十幾所，異教徒雜居一處。

在都城東南不遠，恒河岸邊有一座塔，是無憂王建造的，塔高二百多尺，從前如來曾在這裡說法三月。在塔旁有過去四佛的座位和散步場所的遺跡。還有一座供奉如來頭髮和指甲的青石塔。塔旁的寺院有僧徒二百多人，寺內佛像裝飾得莊嚴威武，栩栩如生，臺閣宏偉壯麗，結構奇巧，層層疊疊，當年佛陀馱娑論師在這裡寫下了說一切有部的《大毘婆沙論》。

從這裡向東南走七百多里，渡過恒河向南，閻牟那河北面，就到達鉢邏耶伽國。

【說　明】本文簡要介紹了阿耶穆佉國的概況以及都城附近的佛教遺跡。據《慈恩傳》記載，玄奘在到達該國途中還有一段驚險的故事。當時玄奘在阿踰陀國巡禮後，同八十多人一起乘船順恒河東下前往阿耶穆佉國，船行了一百多里後，突然從河岸林蔭深處駛出十幾艘賊船，這批強盜是信奉難近母的印度教徒，他們不僅把全船旅客財物洗劫一空，還將玄奘抓去，準備殺了祭神。就在他們要對玄奘施以毒手的時候，天色突變，黑風大作，飛沙走石，帆折船沈，強盜們驚恐萬狀，玄奘因此倖免於難。這個驚險的故事也說明在西元六世紀，殺人祭神的野蠻風俗仍存在於印度。

鉢邏耶伽國

【題　解】鉢邏耶伽，梵文 Prayāga 的音譯，鉢邏耶伽城位於恒河、閻牟那河的匯合處，是著名的宗教浴場。古代印度人認為在兩河匯流處沐浴會增加一個人的功德，因而鉢邏耶伽被印度人稱為世界上最神聖的地方。鉢邏耶伽就是現在的阿拉哈巴德。

鉢邏耶伽國，周五千餘里。國大都城據兩河交，周二十餘里。稼穡滋盛，果木扶疏。氣序和暢，風俗善順。好學藝，信外道。伽藍兩所，僧徒寡少，並皆習學小乘法教。天祠數百，異道實多。

大城西南瞻博迦❶花林中，有窣堵波，無憂王之所建也，基雖傾陷，尚百餘尺，在昔如來於此處降伏外道。其側則有髮、爪窣堵波，經行遺跡。

髮、爪窣堵波側，有故伽藍，是提婆❷唐言天菩薩作《廣百論》❸挫小乘、伏外道處。初，提婆菩薩自南印度至此伽藍，城中有外道婆羅門，高論有聞，辯才無礙，循名責實，反質窮辭。雅知提婆博究玄奧，欲挫其鋒，乃循名問曰：「汝為何名？」提婆曰：「名天。」外道曰：「天是誰？」提婆曰：「我。」外道曰：「我是誰？」提婆曰：「狗。」外道曰：「狗是誰？」提婆曰：「汝。」外道曰：「汝是誰？」提婆曰：「天。」外道曰：「天是誰？」提婆曰：「我。」外道曰：「我是誰？」提婆曰：「狗。」外道曰：「狗是誰？」提婆曰：「汝。」外道曰：「汝是誰？」提婆曰：「天。」如是循環，外道方悟。自時厥後，深敬風猷❹。

【注釋】❶瞻博迦　梵文 campaka 的音譯。意譯為金色花。花色黃。芳香。❷提婆　梵文 Deva 的音譯。意譯為「天」。是古印度大乘佛教中觀學派創始人之一。❸廣百論　梵文寫作 Śataśāstra vaipulya。提婆著。是大乘佛教中觀宗的重要論著。❹風猷　品格、道義。

【語　譯】鉢邏耶伽國方圓五千多里。這個國家的大都城位於兩河的交匯處，方圓二十多里。這裡莊稼生長茂盛，果木繁多，氣候溫和，令人舒暢，風俗善良溫順。居民喜歡學習技藝，崇信外道。境內有兩座寺院，僧徒很少，都學習小乘法教。外道神廟有幾百所，異教徒很多。

在大都城西南瞻博迦花林中有一座塔，是無憂王建造的，塔基雖已傾斜塌陷，仍有一百多尺高，從前如來曾在這裡降伏外道。塔旁有供奉如來頭髮和指甲的塔和佛散步場所的遺跡。

在供奉佛頭髮、指甲的塔旁邊有座舊寺院，是提婆菩薩寫作《廣百論》挫敗小乘、降伏外道的地方。當初，提婆菩薩從南印度來到這座寺院裡，城中有個外道婆羅門，他善於高談闊論，名聲很大。他論辯起來滔滔不絕，根據名稱探求實質，常將對方質問得啞口無言。他知道提婆菩薩學識淵博深不可測，想要挫去提婆的鋒芒，於是從名字開始向提婆問道：「你叫什麼名字？」提婆說：「我叫天。」外道問：「天是誰？」提婆說：「是我。」外道問：「我是誰？」提婆說：「是狗。」外道問：「狗是誰？」提婆說：「是你。」外道問：「你是誰？」提婆說：「是天。」外道問：「天是誰？」提婆說：「是我。」外道問：「我是誰？」提婆說：「是狗。」外道問：「狗是誰？」提婆說：「是你。」外道問：「你是誰？」提婆說：「是天。」這樣循環不已，外道終於覺悟。從這以後，這位婆羅門對提婆的道義非常敬仰。

【說　明】本文簡要介紹了鉢邏耶伽國的概況以及都城附近幾處佛教遺跡。其中比較詳細地講述了提婆菩薩降伏外道婆羅門的故事。這是個看起來很有趣的故事，但其中宣揚了大乘佛教中觀學說的精義。中觀學派認為，世間一切現象，都是由各種因緣條件生成，並沒有固有自性；人們所認識的實在事物，都是些約定俗成的假施設，自性則是空無所有的。也就是說，世界萬有及一切差別，都是人們用語言概念安置上去的，其本身並沒有自己固有的性質。基於這樣的思想，提婆對外道婆羅門的挑釁從容對答，圓轉如意，使這位以「循名責實」聞名遠近的辯論專家無隙可乘，並終於覺悟。這個故事也表現了佛教因人施教的「方便」的說法度人風格。

城中天祠

城中有天祠，瑩飾輪煥，靈異多端。依其典籍，此處是眾生植福之勝地也，能於此祠捐捨一錢，功踰他所惠施千金，復能輕生，祠中斷命，受天福樂，悠永無窮。天祠堂前有一大樹，枝葉扶疏，陰影蒙密，有食人鬼依而棲宅，故其左右多有遺骸。若人至此祠中，無不輕捨身命，既怵❶邪說，又為神誘，自古迄今，習謬無替❷。近有婆羅門，族姓子❸也，闊達❹多智，明敏高才，來至祠中，謂眾人曰：「夫曲俗鄙志，難以導誘，吾方同事，然後攝化。」亦既登臨，俯謂友曰：「吾有死矣。昔謂詭妄，今驗真實，天僊伎樂依空接引，當從勝境捐此鄙形。」尋欲投身，自取殞絕❺，親友諫❻諭，其志不移。遂布衣服，遍周樹下，及其自投，得全驅❼命。久而醒曰：「惟見空中諸天召命，斯乃邪神所引，非得天樂也。」

【注釋】❶怵　恐懼。❷無替　不絕。替，衰敗。❸族姓子　梵文 Kulaputra 的意譯。指出身於高貴家族的男子。❹闊達　豁達不拘小節。❺殞絕　死。❻諫　規勸。多用於下對上。❼驅　通「軀」。

【語譯】在都城中有座外道神廟，裝飾得光彩奪目，高大華美，廟中有很多靈異的事情發生。傳說這裡是眾生修福德的好地方，在這裡施捨一錢的功德超過在別的地方施捨千金，如果能不惜性命在神廟中死去，就可以永遠享受上天賜予的福樂。在神廟堂前有一棵大樹，枝葉繁茂，蔭影濃密，有個吃人的鬼在樹上居住，因此大樹周圍有很多遺骸。人們來到這個神廟中，沒有不輕生而死的，人們既害怕那些荒誕的傳說，又被神魔引誘，從古到今，這種荒謬的習俗一直延續下來。近來有一個出身高貴的婆羅門男子，生性豁達，足智多謀，很有才幹。他來到神廟中對眾人說：「對於積習陋俗，很難用語言導誘，我只有做同樣的事，然後誘導度化他們。」他也爬上大樹，然後俯身對親友說：「我要死了。從前認為傳聞是騙人的，現在知道那是真實的。天仙隨著舞樂在空中迎接我，我要在這美妙的地方捨棄我這鄙陋的身軀。」說完就要縱身跳下自殺，親友們都勸阻他，他的決心不變。親友們於是在大樹周圍鋪滿衣服，使他在跳下來後得以保全性命。過了很長時間，這個婆羅門男子甦醒過來，他說：「我只聽見空中天神們在召喚，這是邪神在引誘我，並沒有得到天的福樂。」

【說　明】本文介紹了都城中一座有名的外道神廟及其有關傳說，塑造了一位闊達多智、捨己為人的婆羅門形象，對外道的輕賤生命進行諷諭。在這個故事中，這個高大華美、吸引了無數信奉者的神廟，實際上成了食人鬼的勝地，所謂「祠中斷命，受天福樂」云云，不過是邪神的引誘。而人們因襲守舊，又由於蒙昧不化，白白在這裡斷送了性命，成為食人鬼的佳肴。婆羅門男子是一個勇敢機智的形象，他知道積習陋俗的難以化導，便採取以毒攻毒的辦法，自尋短見，破除邪說，使人們不再上當。有關他自殺的情節雖然簡短，但寫得非常生動，人物塑造得活靈活現，表現出作者極高的寫作技巧。

大施場

大城東，兩河交，廣十餘里，土地爽塏❶，細沙彌漫。自古至今，諸王、豪族凡有捨施，莫不至此，周給不計，號大施場。今戒日王者，聿❷修前緒，篤❸述惠施，五年積財，一旦傾捨，於其施場，多聚珍貨。初第一日置大佛像，眾寶莊嚴，即持上妙奇珍，而以奉施；次常住僧；次現前眾；次高才碩學，博物多能；次外道學徒，隱淪肥遁❹；次鰥寡孤獨，貧窮乞人。備極珍玩，窮諸上饌，如是節級，莫不周施。府庫既傾，服玩都盡，髻中明珠，身諸瓔珞，次第施與，初無所悔。既捨施已，稱曰：「樂哉！凡吾所有，已入金剛堅固藏矣。」從此之後，諸國君王各獻珍服。嘗不踰旬，府庫充牣❺。

大施場東合流口，日數百人自溺而死。彼俗以為願求生天，當於此處絕粒自沈，沐浴中流，罪垢消滅。是以異國遠方，相趨萃❻止，七日斷食，然後絕命。至於山猨、野鹿，群遊水濱，或濯流而返，或絕食而死。當戒日王之大施也，有一獮猴，居河之濱，獨在樹下屏跡絕食，經數日後自餓而死。故諸外道修苦行者，於河中立高柱，日將旦也，便即昇之，一手一足執柱端，躡傍杙❼，一手一足虛懸外伸，臨空不屈，延頸張目，視日右轉，逮乎曛暮，方乃下焉。若此者，其徒數十，冀斯勤苦，出離生死，或數十年未嘗懈息。

從此西南入大林中，惡獸、野象群暴行旅，非多徒黨，難以經涉。行五百餘里，至憍賞彌國舊曰拘睒彌國，訛也。中印度境。

【注　釋】❶爽塏　地勢高燥。❷聿　助詞。用在句首。無義。❸篤　忠實。❹隱淪肥遁　隱士。❺充牣　充實。牣，充滿。❻萃　聚集。❼杙　小木樁。

【語　譯】在大都城東面恒河與閻牟那河交匯的地方有個十幾里寬的地帶，這裡地勢高，土質乾燥，細沙彌漫。從古到今，各國凡是要布施的國王和豪門貴族，沒有不到這裡來的，他們周給的財物不計其數，因此這裡叫做大施場。現在的戒日王繼承前人功業，忠實按照施捨的先例，五年一次將積蓄的資財全部施捨出去，他將許多珍貴的寶物堆積在這個施場。施捨開始的第一天，他請出大佛像，用許多珍寶裝飾，並將奇珍異寶供奉在佛像前；其次向常住大施場的僧侶施捨；再次是面前的眾人；更次是才華出眾、博學多能的學者；接著是外道學徒和隱士；最後是鰥夫、寡婦、孤兒、無人贍養的老人以及貧窮的乞丐。珍奇寶物、美味佳肴應有盡有，按照上面的順序，每個人都被施捨到了。府庫已經空了，所有的服飾玩物也都施捨盡了，戒日王又將髮髻間的明珠和身上的瓔珞一一布施出去，沒有一點後悔的意思。施捨完了他高興地說：「真快樂啊！我所有的東西都已存入金剛般堅固的寶藏中了。」從此以後，各國君王紛紛向戒日王進獻珍寶服玩，不到十天，戒日王的府庫就又充實起來了。

在大施場東面兩河交匯的地方，每天都有幾百人投水而死。那裡的習俗以為如果要想昇天，就要在這裡絕食自沉，在河的中流沐浴，洗去罪惡。因此遠方異國的人們相繼聚集到這裡，絕食七天，然後投水自盡。就連山猿、野鹿也成群來到河邊，有的洗沐以後就回去了，有的就在這裡絕食而死。正當戒日王進行大施捨的時候，有一隻獼猴獨自在河邊樹下隱居絕食，過了沒幾天就餓死了。還有一些修苦行的外道，在河中豎起一根高柱子，天快亮的時候就爬到柱子上，一隻手抓住柱子頂端，一隻腳踩在柱子旁的小木樁上，另外一隻手和一隻腳懸空在外直直地伸著，挺著脖子瞪著眼睛，看著太陽向右轉動，等到黃昏的時候才從柱子上下來。這樣的苦行者有幾十個，他們希望通過這樣的苦行脫離生死輪迴，有的人這樣苦行了幾十年，從不懈怠。

從這裡向西南走就進入大森林中，惡獸、野象成群地襲擊行人，如果不是很多人結伴而行，很難通過這個地方。走五百多里，就到達憍賞彌國。

【說　明】從大都城向東有兩處著名的宗教場所，一處是河岸上的大施場，一處是恒河和閻牟那河匯合處，這裡是苦行者修行和外道信徒自溺的地方。本文以大都城為起點，按照東行的先後順序對這兩處宗教場所分別進行介紹。

首先介紹的是大施場。作者以簡練傳神的筆墨描繪了戒日王五年一次大布施的盛大場面。先簡要介紹大施場的地理位置和名稱由來，接下來便對戒日王的大施捨著力渲染。但這種渲染並不是漫無邊際的，而是循序漸進的層層展開，如同在讀者面前徐徐展開一幅大製作的畫卷，這幅畫卷的中心人物就是戒日王。而戒日王的形象已通過他罄其所有的布施和豁達的話語鮮明地站在我們的面前了。

同大施場熱烈祥和的氣氛相比，兩河交界處的景象則多少充滿了詭異。成百上千的人在這裡或投河自盡或日日苦修以求得洗刷罪惡，脫離生死輪迴，他們的做法在大乘信徒看來無異於緣木求魚，但作者對他們的行為沒有任何褒貶，只是將他們的行為忠實記錄下來，表現出作者對所有生命行為的尊重和寬容。

憍賞彌國

【題　解】憍賞彌，梵文寫作 Kauśāmbī，是印度古代十六大國之一，也是古代北印度最有名的城市之一。無論在婆羅門教或佛教的典籍中，憍賞彌都十分著名。但其具體方位至今尚無定論。

憍賞彌國，周六千餘里。國大都城周三十餘里。土稱沃壤，地利豐植，粳稻多，甘蔗茂。氣序暑熱，風俗剛猛。好學典藝，崇樹福善。伽藍十餘所，傾頓❶荒蕪，僧徒三百餘人，學小乘教。天祠五十餘所，外道實多。

城內故宮中有大精舍，高六十餘尺，有刻檀佛像，上懸石蓋，鄔陀衍那❷唐言出愛。舊云優填王，訛也。王之所作也。靈相間起，神光時照。諸國君王恃力欲舉，雖多人眾，莫能轉移，遂圖供養，俱言得真，語其源跡，即此像也。初，如來成正覺已，上昇天宮，為母說法，三月不還，其王思慕，願圖形像，乃請尊者沒特伽羅子，以神通力，接工人上天宮，親觀妙相，彫刻旃檀。如來自天宮還也，刻檀之像起迎世尊，世尊慰曰：「教化勞耶？開導末世，實此為冀。」精舍東百餘步，有過去四佛座及經行遺跡之所。其側不遠，有如來井及浴室，井猶充汲，室已頹毀。

【注釋】❶傾頓　倒塌。頓，委地。❷鄔陀衍那　梵文 Udayana 的對音。意譯為出愛、出光等等。

【語譯】憍賞彌國方圓六千多里。這個國家的大都城方圓三十多里。這裡土地肥沃，宜於種植莊稼。多種粳稻，甘蔗茂盛。氣候炎熱，風俗剛猛。居民喜歡學習典籍技藝，注重積德行善。境內有十幾座寺院，都已倒塌荒蕪了，僧徒共有三百多人，都學習小乘法教。外道神廟有五十多所，外道信徒很多。

城內故宮中有座大精舍，高六十多尺，裡面有檀木雕刻的佛像，佛像上懸掛著石蓋，是鄔陀衍那王製作的。佛像不斷顯靈，神光映照。各國國王都想用力把這佛像舉起來，他們雖然人數眾多，卻不能將佛像移動分毫，於是只好供養佛像圖形，都說自己的畫像是佛的真面貌。說到畫像的原形，就是這座佛像。從前，如來成佛以後，昇到天宮為母親說法，三個月沒有回來。鄔陀衍那王對如來非常思念敬慕，就想把如來的形像畫下來，於是他請求沒特伽羅子尊者運用神通力把畫匠接上天宮，親眼看到如來的神妙容貌，然後雕刻了這尊檀木佛像。如來從天宮回到人間，檀木雕像起身迎接世尊，世尊安慰說：「教化世人很辛苦吧？開導末世，這正是我們希望做的。」在精舍東一百多步，有過去四佛座位及散步場所的遺跡。在這遺跡旁邊不遠，有如來用過的水井和浴室，水井還能打水，浴室卻已經倒塌了。

【說　明】本文簡要介紹了憍賞彌國的概況以及都城內故宮中幾處佛教遺跡。其中重點介紹了精舍中的檀木佛像。文中記述了有關這個雕像來歷及神異的傳說，故事結尾處是整個故事的點睛之筆，世尊對雕像的安慰之辭表現出他普渡眾生的寬闊胸懷，令人對如來生出無限敬意。

文中提到的鄔陀衍那王，他是西元前六世紀北印度十幾個君主世襲制國家之一跋蹉國（梵文寫作Vatsa）的國王。當時跋蹉國的首都就是憍賞彌城。鄔陀衍那王是古代印度有名的國王，他的名字屢屢見於佛教典籍和印度古典梵文文學作品中。

具史羅、世親、無著及諸遺跡

城內東南隅，有故宅餘址，是具史羅❶（舊云瞿師羅，訛也）長者故宅也。中有佛精舍及髮、爪窣堵波。復有故基，如來浴室也。

城東南不遠，有故伽藍，具史羅長者舊園也。中有窣堵波，無憂王之所建立，高二百餘尺，如來於此數年說法。其側則有過去四佛座及經行遺跡之所。復有如來髮、爪窣堵波。伽藍東南重閣上有故磚室，世親菩薩嘗住此中作《唯識論》❷，破斥小乘，難諸外道。伽藍東菴沒羅林中有故基，是無著菩薩於此作《顯揚聖教論》❸。

城西南八九里，毒龍石窟。昔者如來伏此毒龍，於中留影，雖則傳記，今無所見。其側有窣堵波，無憂王之所建也，高二百餘尺，傍有如來經行遺跡及髮、爪窣堵波，病苦之徒，求願多愈。

釋迦法盡，此國最後，故上自君王，下及眾庶，入此國境，自然感傷，莫不飲泣，悲歎而歸。

【注釋】❶具史羅　梵文 Ghoṣila 的音譯。佛教信徒。他將所有園林獻給僧眾作寺院，稱為具史羅園。❷唯識論　梵文 Vijñaptimātratāsiddhi 的意譯。主張萬法唯識，以第八識為根本。又名《唯識二十頌》。❸顯揚聖教論　闡明第八識緣起、概括瑜伽行宗法義的論書。是大乘法相宗所依據的十論之一。

【語譯】在都城內的東南角，有座舊居的遺址，這裡是具史羅長者的故居。故居中有佛精舍和供奉如來頭髮和指甲的塔，還有一處遺址，是如來的浴室。

在都城東南不遠有座舊寺院，原來是具史羅長者的舊園林。寺中有座塔，是無憂王建造的，塔高二百多尺，如來曾在這裡說法好幾年。塔旁有過去四佛座位和散步場所的遺跡。還有供奉如來頭髮和指甲的塔。在寺院東南的樓閣上有間舊磚室，世親菩薩曾住在這裡寫下了《唯識論》，批駁小乘學說，指責外道們。在寺院東面的菴沒羅林中有一處遺址，無著菩薩曾在這裡寫下了《顯揚聖教論》。

在都城西南八、九里有一個毒龍的石窟。從前如來降伏了這條毒龍，在石窟中留下了影像，雖然書傳中都記載了這件事，但現在已經看不見了。石窟旁有座塔，是無憂王建造的，塔高二百多尺，旁邊有如來散步遺跡和供有如來頭髮、指甲的塔，有病的人到這裡祈求多能痊癒。

釋迦法教是在這個國家最後壞滅的。所以從君王到百姓，一進到這個國家，感傷之情便油然而生，沒有不哭泣的，全都悲嘆而歸。

【說　明】本文按方位分三部分介紹了都城內外的佛教遺跡。一部分是都城內具史羅長者故居左近的佛跡。一部分是都城東南方向的佛教勝跡，這一部分以具史羅長者奉獻的寺院為中心。一部分集中於都城西南方向，對這部分佛跡的介紹以毒龍石窟為中心。雖然這三部分各有中心，但它們又有一個大的中心，就是大都城，結尾一段使全文結成一個整體。

迦奢布羅城

龍窟東北大林中，行七百餘里，渡殑伽河，北至迦奢布羅❶城，周十餘里，居人富樂。城傍有故伽藍，惟餘基址，是昔護法❷菩薩伏外道處。此國先王怵於邪說，欲毀佛法，崇敬外道。外道眾中召一論師，聰敏高才明達幽微者，作偽邪書千頌，凡三萬二千言，非毀佛法，扶正本宗。於是召集僧眾，令相推論。外道有勝，當毀佛法；眾僧無負❸，斷舌以謝。是時僧徒懼有退負，集而議曰：「慧日已沈，法橋將毀，王黨外道，其可敵乎？事勢若斯，計將安出？」眾咸默然，無竪議者。護法菩薩年在幼稚，辯慧多聞，風範弘遠，在大眾中揚言讚曰：「愚雖不敏，請陳其略。誠宜以我疾應王命。高論得勝，斯靈祐也；徵❹議墮負，乃稚齒❺也。然則進退有辭，法、僧無咎。」僉❻曰允諧❼，如其籌策。尋應王命，即昇論席。外道乃提頓綱網❽，抑揚辭義，誦其所執，待彼異論。護法菩薩納其言而笑曰：「吾得勝矣！將覆逆而誦耶？為亂辭而誦耶？」外道憮然❾而謂曰：「子無自高也。能領語盡，此則為勝，順受其文，後釋其義。」護法乃隨其聲調，述其文義，辭理不謬，氣韻無差。於是外道聞已，欲自斷舌。護法曰：「斷舌非謝，改執是悔。」即為說法，心信意悟，王捨邪道，遵崇正法。

護法伏外道側，有窣堵波，無憂王所建也，基雖傾陷，尚高二百餘尺，是如來昔於此處六月說法。傍有經行之跡及髮、爪窣堵波。

自此北行百七八十里，至鞞索　山格反　迦國　中印度境。

【注　釋】❶迦奢布羅　梵文Kāśapura的音譯。❷護法　梵文Dharmapāla的意譯。音譯為達磨波羅。❸負　失敗。❹徵　證明；驗證。❺稚齒　年幼。❻僉　全；都。❼允諧　同意。❽提頓綱網　比喻把問題簡明扼要地提示出來。綱，網上的總繩。❾憮然　失望的樣子。

【語　譯】在龍窟東北部的大森林中走七百多里，再渡過恒河，向北到達迦奢布羅城。該城方圓十幾里，居民富足安樂。在城旁有座古老的寺院，現在只剩下基址了，這裡是從前護法菩薩降伏外道的地方。這國家先前的國王出於對邪說的畏懼，想要毀壞佛法，崇信外道。他從眾外道中挑選了一位聰敏有才，能深刻理解玄妙至理的論師，讓他寫了一部荒謬的書，共有一千頌，三萬二千字，詆毀佛法，立本派為正宗。國王於是把僧徒召集起來，讓雙方辯論。如果外道勝了，就毀棄佛法；如果僧徒勝了，就要割斷外道們的舌頭謝罪。當時僧人們都害怕論辯失敗，聚集在一起商議說：「智慧的太陽已經沈落，佛法這橋梁也要被毀掉了，國王和外道結成聯盟，我們怎能抵擋得了呢？在這樣的形勢下我們該怎麼辦呢？」眾人都沈默不語，沒有人提出意見。當時護法菩薩還很年幼，但聰慧博學善辯，神采遠大。他在眾人中大聲說：「我雖愚魯，但請讓我講出我的辦法。應該趕快讓我去國王那裡應命。如果我們得勝，是佛祖的保祐；如果我辯論失敗，也可以說是年幼無知。這樣勝敗就都有說法。佛法和僧人都沒有什麼閃失。」大家都同意按他的辦法行事。於是他馬上應國王的命令去同外道論辯。外道便將主要論點抑揚頓挫地誦讀出來，然後等待對方提出不同看法。護法菩薩聽完外道的論述後笑著說：「我勝了！你們讓我倒著背誦呢？還是打亂順序隨便背誦呢？」外道失望地說：「你不要太自高自大了。能夠領悟話中的含義就是勝了。你先按順序複述這段文字，然後解釋它的涵義。」護法菩薩就仿照他的聲調複述了這段文字的涵義，辭理沒有錯誤，韻味意境也一點不差。外道聽了以後，就要割下自己的舌頭。護法菩薩說：「割斷舌頭，並不是真心謝罪的表現，能夠改正你遵循的法規才是真正悔悟。」於是就為他解說佛法，使他覺悟並崇信佛法。國王也捨棄了外道邪說，轉而遵崇正法。

在護法菩薩降伏外道那座寺院旁邊有一座塔，是無憂王建造的，塔基雖已傾塌下陷，仍有二百多尺高，從前如來曾在這裡說法六個月。旁邊有佛散步的遺跡和供奉佛頭髮和指甲的塔。

從這裡向北走一百七、八十里，到達鞞索迦國。

【說　明】本文主要介紹護法菩薩降伏外道的遺址。護法是西元六世紀人，印度古代著名的佛教哲學理論家，大乘佛教瑜伽行宗的著名人物。他與陳那、法稱、戒賢、師子日、安惠、德惠、惠護、德光、勝光一起號稱十大論師。他曾主持著名的那爛陀寺，其弟子戒賢就是玄奘的老師。本書卷九、卷一〇對他還有詳細介紹。這裡講述的只是他幼年時的故事。這個故事表現了他過人的聰慧和見識，為他後來的成就埋下了伏筆。文字生動，注意運用對話以刻劃人物。對人物神態的描寫，如外道的「憮然」、護法的笑等等也很精當。

鞞索迦國

【題　解】鞞索迦，可能是梵文 Viṣaka 的音譯。有關這個國家的地理位置尚無定論。

鞞索迦國，周四千餘里。國大都城周十六里。穀稼殷盛，花果具繁。氣序和暢，風俗淳質。好學不倦。求福不回❶。伽藍二十餘所，僧徒三千餘人，並學小乘正量部法。天祠五十餘所，外道甚多。

城南道左，有大伽藍。昔提婆設摩❷阿羅漢於此造《識身論》，說無我人❸；瞿波❹阿羅漢作《聖教要實論》，說有我人。因此法執，遂深諍論。又是護法菩薩於此七日中摧伏小乘一百論師。伽藍側有窣堵波，高二百餘尺，無憂王所建也，如來昔日，六年於此說法導化。說法側有奇樹，高六七尺，春秋遞代，常無增減。是如來昔嘗淨齒，棄其遺枝，因植根柢，繁茂至今。諸邪見人及外道眾競來殘伐，尋生如故。其側不遠，有過去四佛座及經行遺跡之所。復有如來髮、爪窣堵波。

靈基連隅，林沼交映。

從此東北行五百餘里，至室羅伐悉底國舊曰舍衛國，訛也。中印度境。

【注　釋】❶回　掉轉。❷提婆設摩　梵文 Devaśarman 的音譯。意譯為天寂或賢寂。是小乘佛教說一切有部論師。❸無我人　梵文 anātman 的意譯。也譯作非我。❹瞿波　梵文 Gopa 的音譯。是釋迦牟尼的妻子。後隨摩訶波闍波提（梵文寫作 Mahāprajāpoti）。

【語　譯】鞞索迦國方圓四千多里，這個國家的大都城方圓十六里。這裡糧食豐足，花果繁多，氣候溫和，風俗淳樸。居民好學不倦，堅定不移地修德求福。境內有寺院二十多座，僧徒三千多人，都學習小乘正量部法教。外道神廟有五十多所，信徒很多。

在城南道路左側有座大寺院。從前提婆設摩阿羅漢在這裡寫下了《識身論》，主張無我，瞿波阿羅漢撰寫了《聖教要實論》，主張有我。他們各執己見，爭論得很激烈。這裡又是護法菩薩在七天中挫敗一百個小乘教論師的地方。在這座寺院旁邊有一座塔，塔高二百多尺，是無憂王建造的，從前如來在這裡說法六年導化眾生。在如來說法處旁有一棵奇樹，高六、七尺，多少年過去了，這樹沒有絲毫變化。從前如來曾在這裡剔牙淨齒，將用過的樹枝扔在地上，就生根長成這棵樹，現在仍很繁茂。很多持有異端邪說的人和外道爭相來砍伐這棵樹，但砍過後很快又長成原來的樣子。在樹旁不遠，有過去四佛座位及散步場所的遺跡。還有供奉如來頭髮和指甲的塔。聖跡一個連著一個，林木和池潭互相掩映。

從這裡向東北走五百多里，到達室羅伐悉底國。

【說　明】本文簡要介紹了鞞索迦國的概況以及都城附近幾處佛教遺跡及傳說。文中提到小乘佛教著名人物提婆設摩和瞿波關於「無我人」和「有我人」的激烈論爭，在這裡有必要對這兩個概念加以說明。所謂無我，也作非我，意思是說世界一切事物都沒有獨立的實在自體，人身不外是色（形質）、受（感覺）、想（觀念）、行（行動）、識（意識）五蘊集合而成的，實際上並無一個自我的實體；一切法也都是由種種因緣和合而成，不斷變化，無永恒堅實的自體。人法二無我是大乘佛教的主張，小乘則只講人無我。所謂有我人，是說五蘊和合成的我身具有六根（眼、耳、鼻、舌、身、意）的身相，但這個我身只不過是六根的集合，是假象，雖然有我，但我仍是虛妄的。如果凡夫以為五蘊就是我，由此產生關於「我」的觀念，並由此引生煩惱、造種種的業，那就大錯特錯了。無我人和有我人從現象上雖然是對立的，但其本質卻是一致的。因此，這兩位小乘著名人物的爭論也是由於固執了「法」有實性，因此被一些表面現象所迷惑，不能到達事物的本質。

卷六 四國

室羅伐悉底國

【題解】室羅伐悉底，梵文 Śrāvasti 的對音，過去也譯為舍衛、室羅伐、舍婆提等等。這裡原是古印度十六大國之一的憍薩羅國的都城。關於「室羅伐悉底」這一稱謂的來源和含義有不同說法。或以為這裡本是賢者舍衛陀的住處，由宗教活動場所發展成為城市；或以為它有「一切有」的意思，即人類生活所需一切這裡無所不有；或以為它與室羅伐悉底塔有關係。此外，還有許多傳說故事提到它。在佛教典故中，這裡也是很有名的地方。佛陀在此度過了二十五年，進行了許多重要的宗教活動。在耆那教中，這裡被稱為「明月城」，兩位耆那教師尊生主 (Sambhavanātha) 和月光主 (Candraprabhānātha) 就誕生在這裡。劫比羅 (Kapila) 聖者曾來此求學問道，克敵王 (Jitaśatm) 之子跋陀羅 (Bhadra) 遊方時在此出家為僧。這裡在古代也盛行婆羅門教，還是研習《吠陀》等經典的重要地方。

室羅伐悉底國，周六千餘里。都城荒頹，疆場無紀。宮城故基周二十餘里，雖多荒圮[1]，尚有居人。穀稼豐，氣序和。風俗淳質，篤學好福。伽藍數百，圮壞良多，僧徒寡少，學正量部❷。天祠百所，外道甚多。此則如來在世之時，鉢邏犀那恃多❸王唐言勝軍。舊曰波斯匿，訛略也所治國都也。故宮城內有故基，勝軍王殿餘址也。

次東不遠，有一故基，上建小窣堵波，昔勝軍王為如來所建大法堂也。法堂側不遠，故基上有窣堵波，是佛姨母鉢邏闍鉢底❹唐言生主。舊云波闍波提，訛也苾芻尼精舍，勝軍王之所建立。次東窣堵波，是蘇達多❺唐言善施。舊曰須達，訛也故宅也。

善施長者宅側有大窣堵波，是鴦窶利摩羅❻唐言指鬘。舊曰央掘摩羅，訛也捨邪之處。鴦窶利摩羅者，室羅伐悉底之凶人也。作害生靈，為暴城國，殺人取指，冠首為鬘❼。將欲害母，以充指數。世尊悲愍，方行導化。遙見世尊，竊自喜曰：「我今生天必矣。先師有教，遺言在茲，害佛殺母，當生梵天。」謂其母曰：「老今且止，先當害彼大沙門。」尋即仗劍往逆世尊。如來於是徐行而退，凶人指鬘疾驅不逮❽。世尊謂曰：「何守鄙志，捨善本，激惡源？」時指鬘聞誨，悟所行非，因即歸命，求入法中，精勤不怠，證羅漢果。

【注釋】❶荒圮　荒涼毀壞。❷正量部　梵文 Sammitiya 的意譯。音譯為三彌底。是小乘佛教部派之一。❸鉢邏犀那恃多　梵文 Prasenajit 的對音。意譯為勝軍。西元前六世紀憍薩羅國國王。是釋迦牟尼時代重要人物之一。❹鉢邏闍鉢底　梵文 Prajāpatī 的音譯。也譯作摩訶波闍波提。意譯為大愛道。是釋迦牟尼的姨母。她將釋迦牟尼撫育成人。因此被尊稱為生主。是佛教最早的苾芻尼。❺蘇達多　梵文 Sudatta 的音譯。意譯為善施、善授等等。因他經常向貧窮孤獨者施捨。又被稱為「給孤獨」。❻鴦窶利摩羅　梵文 Aṅgulimala 的音譯。意譯為指鬘。❼鬘　纓絡。❽逮　抓住。

【語　譯】室羅伐悉底國方圓六千多里，它的都城已經破敗荒涼，邊界也長久失修。都城裡的宮城故基，方圓二十多里。這裡雖然大部分荒涼毀壞，但還有人居住。這個國度常年氣候調和，五穀豐登，人民性格真率，風俗質樸，他們篤志好學爭做善事。境內有寺院幾百座，大部分已經壞舊坍塌。僧徒很少，學的是小乘正量部法教。外道神廟有一百多所，外道信徒很多。這裡是如來在世時，鉢邏犀那恃多王統治時的國都。在故宮城內有座故基，這便是勝軍王殿的遺址了。

向東不遠有一處故基，上面建有一座小塔，這是從前勝軍王為如來建造的大法堂所在地。在大法堂旁邊不遠的故基上有座塔，這裡曾是佛的姨母鉢邏闍鉢底苾芻尼的精舍，是勝軍王建造的。再東面的那座塔便是蘇達多的故居了。

在善施長者故居旁邊有座大塔，這裡是鴦窶利摩羅捨邪皈佛的地方。鴦窶利摩羅是室羅伐悉底國的惡人，他殘害生靈，為惡行暴，他把無辜者殺掉，取下他們的指骨做成頭上帽子的纓絡，他還想殺死自己的母親，將她的指骨拿來充數。這時世尊悲憫人們的不幸和指鬘的狂惑，便前來開導教化指鬘。指鬘遠遠望見世尊，暗自高興，心想：「我今天一定可以轉生天上了。已故的老師曾教導我說：如果能殺佛害母，就可轉生梵天。」於是他對母親說：「我今天暫且饒過你這老人家，先殺了那個大和尚再說。」說完便手持利劍衝向世尊。如來見狀慢慢後退，惡人指鬘飛奔追趕，可就是追不上。世尊對他說：「你為什麼要這樣懷抱鄙劣的追求，迷失善良的本性，放縱為惡的欲念？」指鬘聽了世尊的教化當即悔悟，並要求皈依佛教，追隨如來學習佛法。由於他心志精誠，勤奮不倦，終於證得羅漢果。

【說　明】本文簡要介紹了室羅伐悉底國的概況和都城內幾處佛教遺跡。

根據一些記載和研究可以知道，室羅伐悉底國位於阿契羅伐替 (Aciravati) 河畔，有通往王舍城和西南方的三條重要商路在這裡會合，這裡曾是北印度的商業中心之一，商賈雲集，貨物豐富，市場繁榮，人口眾多，高峰時約達六萬戶。同時這裡也是達官貴人聚居的地方，王侯將相宅第相連，冠蓋相望，從而使這裡的經濟、文化甚為發達，但後來不知為什麼衰微了。不過它在佛教徒心目中仍有很重要的地位，這裡的祇洹精舍等聖跡，仍是佛教徒朝拜的中心。五世紀時，高僧法顯到過這裡，那時城裡僅有二百餘戶，以祇洹精舍為中心仍有十八座佛教寺院，當玄奘到達這裡時，卻已是滿目毀敗，一片荒涼了。

在對都城中幾處佛教遺跡的介紹中，重點介紹了指鬘捨邪塔及其傳說。傳說指鬘是憍薩羅國勝軍王宰相的兒子，名叫無惱(Ahimsaka)，他的父母將他交給某婆羅門進行教育，而婆羅門之妻卻趁丈夫不在家時誘使無惱與她淫亂，被無惱拒絕並曉以大義。她惱羞成怒，在丈夫面前誣告無惱欲行不軌。婆羅門懾於無惱父親的權勢不敢公開報復，便行陰謀：他教給無惱「生天」祕法，唆使他如能殺一千人，用他們的手指骨作鬘，死後便能轉生天上，如能殺死生身之母或如來便可生梵天上。這個故事便是在這個背景下展開的，作者選取了指鬘捨邪的最關鍵一幕來記敘。所謂關鍵，是因為鴦窶利摩羅要不害佛殺母為惡到極致，就要醒悟悔過，重新做人。地獄與天堂僅在一步之間，因而這一環節最是扣人心弦，具有決定性意義，於此可見作者剪裁取材之精。在記述中，作者先是對指鬘的暴惡作充分描寫，隨後對世尊的教化作精當的概述，三言兩語便奏功效。充分的描寫，顯示出指鬘罪惡深重，迷惑已極；概括提點，則顯示出世尊化人有道，法力廣大。世尊的三句話，一句點「志」，一句點「本」，一句點「源」，可謂直達根本，一針見血。於此可見作者記言闡義之妙。文中對指鬘的語言與行為的描述，生動活現，表現出作者寫人傳神之靈。

逝多林給孤獨園

城南五六里，有逝多[1]林唐言勝林。舊曰祇陀，訛也。，是給孤獨園。勝軍王大臣善施為佛建精舍，昔為伽藍，今已荒廢。東門左右各建石柱，高七十餘尺，左柱鏤輪相於其端，右柱刻牛形於其上，並無憂王之所建也。室宇傾圮，唯餘故基，獨一磚室巋然❷獨存，中有佛像。昔者如來昇三十三天，為母說法之後，勝軍王聞出愛王刻檀像佛，乃造此像。善施長者仁而聰敏，積而能散，拯乏濟貧，哀孤恤老，時美其德，號給孤獨焉。聞佛功德，深生尊敬，願建精舍，請佛降臨。世尊命舍利子隨瞻揆❸焉，唯太子逝多園地爽塏。尋詣太子，具以情告。太子戲言：「金遍乃賣。」善施聞之，心豁如❹也，即出藏金，隨言布地。有少未滿，太子請留，曰：「佛誠良田，宜植善種。」即於空地，建立精舍。世尊即之，告阿難曰：「園地善施所買，林樹逝多所施，二人同心，式崇功業。自今已去，應謂此地為逝多林給孤獨園❺。」

【注　釋】❶逝多　梵文 jeta 的音譯。意思是勝者。❷巋然　高大獨立的樣子。❸瞻揆　考察。揆，推測揣度。❹豁如　形容開闊通達的樣子。❺逝多林給孤獨園　梵文寫作 Jelavanānāthapiṇḍikārāma。也譯作「祇園精舍」、「祇洹精舍」。

【語　譯】在大都城南面五、六里的地方是逝多林，也就是給孤獨園。這裡是勝軍王的大臣善施為佛建造的精舍，從前是座寺院，現在已經荒廢了。在精舍東門的左右兩側各建有一根石柱，高七十多尺，在左柱上雕刻著輪相，右柱上刻有牛形，這兩個石柱都是無憂王建立的。房屋都已倒塌頹壞，只剩下故基，不過有一間磚室還完好無損地獨立在那裡，室中有座佛像。從前如來昇到三十三天上為母親說法之後，勝軍王聽說出愛王雕刻了一尊檀木佛像，他便也造了這尊佛像。善施長者仁慈而聰慧，他既能聚積財富，也能慷慨解囊救濟孤獨老弱和貧困的人，當時的人們為了讚揚他的美德，就稱他「給孤獨」。善施聽說了佛的功德以後，深受感動，無限崇敬，發願要建造一座精舍，請佛降臨居住。於是世尊便叫舍利子隨同善施考察選址，結果覺得只有太子逝多的園林地高氣爽最為適宜。於是善施便去拜訪太子向他說明情況。太子開玩笑地說：「只要你付給我的金子能把園林的地面鋪滿，我就把它賣給你。」善施聽了這話毫不躊躇，馬上取出存下的金子按照太子的意思鋪在園林地面上。地面眼看就要全部鋪滿了，只剩一小塊空地。太子趕緊止住他，說：「佛確是美好的『田地』啊，我也應該植些善種才是。」於是就在這塊空地上建了座精舍。世尊到了這裡，對阿難說：「這裡的園地是善施買獻的，林樹是逝多布施的。他們二人同心同德建立了這分功業。從今以後，應把這裡稱為逝多林給孤獨園。」

【說　明】本文記人、記地、記事，但重點還是落在「功業」上，或者說作者是以功業為著眼點展開記人、記地的，因而顯得極有條理。寺院石柱、雕刻是無憂王建造的；磚室佛像是勝軍王建造的；林樹是逝多太子捐獻的，而園地乃是善施長者購來施給世尊的。這樣記述，不僅條理清楚，而且歸功明確，以示建立功業的人理應得到人們的褒揚和紀念。當然，作者想要表彰的是善施長者，他的事跡生動感人。而對那些擁有大量財富的人也許更具啟發性：「積而能散」、「式崇功業」才能使財富獲得意義和價值。

如來洗病苾芻處

給孤獨園東北有窣堵波，是如來洗病苾芻❶處。昔如來之在世也，有病苾芻，含苦獨處。世尊見而問曰：「汝何所苦？汝何獨居？」曰：「我性疏懶❷，不耐看病，故今嬰疾❸，無人瞻視。」如來是時愍而告曰：「善男子，我今看汝。」

以手拊摩，病苦皆愈。扶出戶外，更易敷蓐❹，親為盥洗，改著新衣。佛語苾芻：「當自勤勵。」聞誨感恩，心悅身豫❺。

【注　釋】❶苾芻　出家後受過具足戒的佛教男僧人。❷嬾　通「懶」。❸嬰疾　得病。嬰，觸；遭受。❹蓐　通「褥」。❺豫　安適。

【語　譯】在給孤獨園東北有座塔，這裡是如來為患病的苾芻除病的地方。從前如來在世的時候，有一個苾芻孤獨地忍受著病痛的折磨。世尊看見了他就問：「你為什麼這麼痛苦？你為什麼獨自一人住在這裡？」苾芻回答說：「我生性疏懶，又不耐煩去看病，所以現在疾病纏身，也沒有人來看顧我。」如來聽了他的話，對他非常憐憫，於是告訴他說：「好男子，現在我來看顧你了。」如來用手撫摩苾芻，他的病就痊癒了。如來將他扶到室外，為他更換了被褥，又親自為他洗沐，換上新衣服。佛對這苾芻說：「以後你要勤奮自勵。」苾芻聆聽了佛的教誨感激不盡，身心安適喜悅。

【說　明】這一處佛跡使我們看到了一幅動人的圖畫：如來慈愛耐心地照顧一個病苦孤獨的苾芻。雖然這個苾芻的病苦孤獨完全是由於他本身的疏懶所致，可以說是咎由自取，但世尊並沒有責備他，而是對他的病苦大為悲憫，並親自照顧他，為他解除病痛的折磨，最後還溫和地提出希望。如來為這病苾芻「洗」去的不僅是他身體的病痛，還有他心靈上的疾病。由此可看出如來廣大的慈悲心和他的化導藝術。

舍利子與沒特伽羅子試神通處及諸佛跡

給孤獨園西北有小窣堵波，是沒特伽羅子❶運神通力舉舍利子衣帶不動之處。

昔佛在無熱惱池❷，人、天咸集，唯舍利子不時從會。佛命沒特伽羅往召來集。

沒特伽羅承命而往，舍利子方補護法衣，沒特伽羅曰：「世尊今在無熱惱池，命我召爾。」舍利子曰：「且止，須我補竟，與子偕行。」沒特伽羅曰：「若不速行，欲運神力，舉爾石室至大會所。」舍利子乃解衣帶置地，曰：「若舉此帶，我身或動。」時沒特伽羅運大神通，舉帶不動，地為之震。因以神足還詣佛所，見舍利子已在會坐。沒特伽羅俛❸而歎曰：「乃今以知神通之力不如智慧之力矣。」

舉帶窣堵波側不遠，有井。如來在世，汲充佛用。其側有窣堵波，無憂王之所建也，中有如來舍利。經行之跡、說法之處，並樹旌表，建窣堵波。冥祇警衛，靈瑞間起，或鼓天樂，或聞神香，景福之祥，難以備敘。

【注釋】❶沒特伽羅子　與下文的舍利子是如來十大弟子中的兩位。舍利子號稱「智慧第一」；沒特伽羅子號稱「神通第一」。❷無熱惱池　梵文寫作 Anavatapta。也譯作阿耨達池。❸俛　同「俯」。

【語譯】在給孤獨園西北有座小塔，沒特伽羅子曾在這裡運起神通力舉不動舍利子的衣帶。從前佛在無熱惱池的時候，天神和人眾都聚集在這裡，只有舍利子沒有按時到會。佛讓沒特伽羅子去叫他。沒特伽羅子領命前去找舍利子，見舍利子正在補他的法衣。沒特伽羅子說：「世尊現在無熱惱池，命我來找你去。」舍利子說：「先等一會兒，我補完法衣就和你一齊去。」沒特伽羅子說：「你要不趕快走，我就運起神力把你的石室舉到大會場去。」舍利子聽了他的話後解下衣帶放在地上，說：「你要是能把這衣帶舉起來，我就動身。」於是沒特伽羅子運起大神通想要舉起衣帶，但衣帶紋絲不動，大地倒是震動起來了。沒特伽羅子只好運神足回到佛那裡，卻見舍利子已經在會場上就座了。沒特伽羅子嘆服地說：「我現在知道神通的力量不如智慧的力量了。」

在舉帶塔旁邊不遠有一口井，如來在世的時候，人們在這井中取水供佛飲用。井旁有座塔，是無憂王建造的，塔中供奉著如來的舍利。在佛散步和說法的地方都豎有標記，建有塔。這些地方都有神靈暗中警衛，靈異的事情常常發生：有時能聽到天上的鼓樂聲，有時可以聞到神異的香味，吉祥的徵兆，難以一一述說。

【說　明】本文主要講述了舍利子和沒特伽羅子比試神通的傳說。沒特伽羅子在如來的十大弟子中號稱「神通第一」，他運起神通力竟能使大地震動，可見他的巨大力量。但是他的大神通力卻不能舉起號稱「智慧第一」的舍利子的一根輕飄飄的衣帶，這個傳說體現了佛教對智慧的推崇。

文中生動地刻劃了如來這兩位弟子的形象。舍利子的鎮定從容、沒特伽羅子的自負和單純的性格特點，在寥寥數語中便已鮮明地凸現出來了，使人不由要嘆服作者的寫作技巧。

伽藍附近傳說

伽藍後不遠，是外道梵志殺婬女❶以謗佛處。如來十力❷無畏❸，一切種智❹，人、天宗仰，聖賢遵奉。時諸外道共相議曰：「宜行詭詐，眾中謗辱。」乃誘雇婬女，詐為聽法，眾所知已，密而殺之，埋屍樹側，稱怨告王。王命求訪，於逝多園得其屍焉。是時外道高聲唱言：「喬答摩❺大沙門常稱戒忍，今私❻此女，殺而滅口。既婬既殺，何戒何忍？」諸天空中隨聲唱曰：「外道凶人為此謗耳。」

伽藍東百餘步，有大深坑，是提婆達多❼欲以毒藥害佛，生身陷入地獄處。

提婆達多唐言天授，斛飯王❽之子也。精勤十二年，已誦持八萬法藏。後為利故，求學神通，親近惡友，共相議曰：「我相❾三十，減佛未幾；大眾圍遶❿，何異如來？」思惟是已，即事破僧⓫。舍利子、沒特伽羅子奉佛指告，承佛威神，說法誨喻，僧復和合⓬。提婆達多惡心不捨，以惡毒藥置指爪中，欲因作禮，以傷害佛。方行此謀，自遠而來，至於此也，地遂坼⓭焉，生陷地獄。其南復有大阬，瞿伽梨⓮苾芻毀謗如來，生身陷入地獄。瞿伽梨陷阬⓯南八百餘步，有大深阬，是戰遮⓰婆羅門女毀謗如來，生身陷入地獄之處。佛為人、天說諸法要，有外道弟子，遙見世尊，大眾恭敬，便自念曰：「要於今日辱喬答摩，敗其善譽，當令我師獨擅芳聲。」乃懷繫木盂，至給孤獨園，於大眾中揚聲唱曰：「此說法人與我私通，腹中之子乃釋種也。」邪見者莫不信然，貞固者知為訕謗。時天帝釋欲除疑故，化為白鼠，齧⓱斷盂系，系斷之聲震動大眾，凡諸見聞增深喜悅。眾中一人起持木盂，示彼女曰：「是汝兒耶？」是時也，地自開坼，全身墜陷，入無間獄，具受其殃。凡此三阬，洞無涯底，秋夏霖雨，溝池泛溢，而此深阬，嘗無水止。

伽藍東六七十步，有一精舍，高六十餘尺，中有佛像，東面而坐。如來在昔，於此與諸外道論議。次東有天祠，量等精舍。日日流光，天祠之影不蔽精舍；日將落照，精舍之陰遂覆天祠。

影覆精舍東三四里，有窣堵波，是尊者舍利子與外道議論處。初，善施長者買逝多太子園，欲為如來建立精舍，時尊者舍利子隨長者而瞻揆，外道六師⑱求角神力，舍利子隨事攝化，應物降伏。

其側精舍前建窣堵波，如來於此摧諸外道，又受毘舍佉母⑲請。

【注釋】❶婬女　妓女。❷十力　指佛據有的十種力：堅深牢固力、不捨一切眾生力、具足大悲力、大精進力、禪定力、具足智慧力、不厭生死力、無生法忍力、得解脫力和具足無礙智力。❸無畏　梵文 Vaiśāradya 的意譯。也稱為四無畏。包括正等覺無所畏（對已修證佛位的自信）、漏永盡無畏（對已斷絕一切煩惱的自信）、說障法無畏（對已說明障礙修道的「愚闇法」的自信）、說出道無畏（對已超離苦難而達到解脫的自信）。❹一切種智　佛教所謂三智（一切智、道種智和一切種智）之一。它圓明通達，能以一種之智知曉一切諸佛的道法和一切眾生的種種因緣。是佛的智慧。❺喬答摩　梵文 Gautama 的音譯。也寫作瞿曇。指釋迦牟尼。❻私　發生不正當的男女關係。❼提婆達多　梵文 Devadatta 的音譯。意譯為天授。是斛飯王的兒子。釋迦牟尼的堂兄。❽斛飯王　梵文 Dronodana 的意譯。淨飯王的弟弟。❾相　佛教認為大人物都有自己特殊的「相」。凡具有三十二大人相的在家為輪王，出家則成佛。❿遶　同「繞」。⓫破僧　即破和合僧。是佛教內部以所謂「邪方便」使一味的聞法眾乖離，作破壞僧眾團結的事。⓬和合　梵文 sangha 的意譯。即有組織的佛教教團。⓭坼　裂。⓮瞿伽梨　梵文寫作 Kokālika。也譯作高迦離迦、孤迦梨迦等。相傳是提婆達多的弟子。⓯阬　同「坑」。⓰戰遮　梵文 Ciñcā 的音譯。也譯作栴闍、栴遮等。⓱齧　咬。⓲外道六師　佛教對在中印度勢力較大的六個學派的統稱。包括㈠富蘭那迦葉（富蘭那師）：否定人倫道德；㈡末伽梨拘舍梨子（末伽梨師）：是宿命論者；㈢刪闍耶毘羅胝子（刪闍夜師）：不可知主義、懷疑論；㈣阿耆多翅舍欽婆羅（阿耆多翅舍師）：古代印度樸素唯物論順世外道前身，主張苦行；㈤迦鳩馱迦旃延（迦鳩馱師）：無因論的感覺論者；㈥尼乾陀若提子

（尼犍陀師）：耆那教的開山祖。以上六種外道各有十五種流派。加上六師，共是九十六種外道。⑲毗舍佉母　梵文寫作 Viśākhā。是室羅伐悉底城彌伽羅長者的母親。

【語譯】在寺院後面不遠，是外道婆羅門殺害妓女以誹謗佛的地方。如來具有十力和四無畏，知曉所有佛法和一切眾生的因緣，受到人眾和天神的仰慕，以及聖賢的遵奉。這時外道們商議說：「我們要用一個巧妙的辦法使他當眾受辱。」於是他們便去誘雇了一個妓女，叫她假裝去聽如來說法，大家都知道這件事以後，外道們祕密地殺了她，將屍體埋在樹旁，然後到國王那裡喊冤。國王命令調查這件事，結果在逝多園找到了妓女的屍體。這時外道們大聲叫道：「喬答摩大和尚常說什麼戒忍，現在卻和這女子私通又殺人滅口，既姦且殺，這是什麼戒、什麼忍？」他們話音剛落，天神們立即在空中喊道：「這是外道惡人對如來的毀謗啊。」

從寺院往東一百多步有個大深坑。這是提婆達多想用毒藥害佛活活陷入地獄的地方。提婆達多是斛飯王的兒子，勤奮學習了十二年，已經可以記誦八萬法藏。後來因為急功近利，求學神通，親近結交了邪惡的人，並和他們議論說：「我已具有三十相，和具有三十二相的佛差不了多少，並且也有大眾擁護，和如來有什麼不同？」他有了這個想法以後，便開始從事破壞僧眾團結的活動。舍利子、沒特伽羅子遵奉佛的指示，依靠佛的神威向僧徒們說法勸諭，分裂的僧徒於是又和好如初了。提婆達多惡心不改，他將劇毒藥物藏在指甲中，想在行禮的時候傷害佛。他為了實施這個毒計從遠方趕來，當他走到這裡的時候，地面忽然裂開了，提婆達多便活活陷入地獄中。在這南面還有一個大坑，這裡是瞿伽梨苾芻毀謗如來，活生生陷入地獄的地方。在瞿伽梨陷坑南面八百多步，有一個大深坑，這是戰遮婆羅門女子毀謗如來，活活陷入地獄的地方。當年佛為人眾、天神說法，有一個外道弟子遠遠望見世尊受到大眾的尊敬，暗想：「我一定要在今天汙辱喬答摩，敗壞他的名譽，使我的師父能獨享美名。」於是她便在懷裡繫了一個木盂來到給孤獨園，在人群中大聲說道：「這個說法的人曾經和我私通，我腹中的孩子就是這釋族人的。」聽了她的話，心懷偏見的人都信以為真，正直的人卻知道這是誹謗。這時天帝釋為了消除眾人的疑惑，就變成一隻白鼠，咬斷了繫木盂的繩子，繩子斷裂的聲音震動大眾，木盂掉落地上，當時在場的人都很高興。人群中一個人過來拿起木盂問這女子：「這就是你的孩子嗎？」這時，地面自動裂開，這女子全身墜到地裡，陷入無間地獄，受到應得的懲罰。這三個坑深不可測，秋夏二季陰雨連綿，溝池裡的水都滿得溢出來了，但這些深坑卻一點水都沒有存下。

在寺院東面六、七十步有一座精舍，高六十多尺，裡面有一尊佛像，向東而坐。從前，如來曾在這裡和外道們辯論。再向東有一所外道神廟，同精舍大小一樣。白天日光流轉，神廟的影子不能遮蔽精舍；太陽快落山的時候，精舍的影子卻把神廟覆蓋起來了。

在影覆精舍東面三、四里有一座塔，這裡是尊者舍利子和外道辯論的地方。當年，善施長者買下逝多太子園想為如來建造精舍，當時尊者舍利子同長者一起到這裡考察，外道六師要求和舍利子比試神力，舍利子於是趁機對他們進行教化，並降伏了他們。

塔旁精舍前建有一座塔，如來曾在這裡降伏外道們，並在這裡接受了毘舍佉母的邀請。

【說　明】本文集中介紹了逝多園中外道等對佛進行攻擊和誹謗的幾處遺跡及傳說。其中外道們對佛主要是施以誹謗以圖敗壞佛的聲譽，而佛教團體內部的破僧者卻是要害佛性命。這些傳說反映了當時佛教和各種教派之間以及佛教內部鬥爭的激烈，但最後對佛施毒計者無一不遭到失敗並受到嚴厲懲罰，表現了佛法的正大和佛法是人天間唯一正法的主題。文末寫到的影覆精舍也隱喻了佛法的不可戰勝。在釋迦牟尼創立佛教的時候，異說繁多，在中印度有較大勢力的就有六個學派九十六種學說，它們互相之間爭論不休，盡力貶低別派以抬高自己。佛教能在這些紛繁的教派中脫穎而出，得到越來越多人的信奉，並成為世界三大宗教之一，確實是有它的思想基礎的。其中這些層出不窮的佛教傳說，對佛教的傳播也產生不可低估的作用。

毘盧擇迦王傳說

受請窣堵波南，是毘盧擇迦王舊曰毘流離王，訛也興甲兵誅釋種，至此見佛歸兵之處。

毘盧擇迦王嗣位之後，追怨前辱，興甲兵，動大眾，部署已畢，申命方行。時有苾芻聞以白佛，世尊於是坐枯樹下。毘盧擇迦王遙見世尊，下乘禮敬，退立言曰：「茂樹扶疏，何故不坐？枯株朽櫱❶，而乃遊止？」世尊告曰：「宗族者，枝葉也。枝葉將危，庇廕何在？」王曰：「世尊為宗親耳！可以回駕。」於是覩聖感懷，還軍返國。

還軍之側，有窣堵波，是釋女被戮處。毘盧擇迦王誅釋克勝，簡❷五百女，充實宮闈。釋女憤恚❸，怨言不遜，詈其王家人之子也。王聞發怒，命令誅戮。執法者奉王教，刖❹其手足，投諸阬穽。時諸釋女含苦稱佛，世尊聖鑒，照其苦毒，告命苾芻，攝衣而往，為諸釋女說微妙法，所謂羈纏五欲❺，流轉三途❻，恩愛別離，生死長遠。時諸釋女聞佛指誨，遠塵離垢，得法眼淨❼，同時命終，俱生天上。時天帝釋化作婆羅門，收骸火葬，後人記焉。

誅釋窣堵波側不遠，有大涸池，是毘盧擇迦王陷身入地獄處。世尊觀釋女已，還給孤獨園，告諸苾芻，今毘盧擇迦王卻後七日，為火所燒。王聞佛記，甚懷惶懼。至第七日，安樂無危，王用歡慶，命諸宮女往至池側，娛遊樂飲。猶懼火起，鼓棹清流，隨波泛濫。熾焰飆❽發，焚輕舟，墜王身，入無間獄，備受諸苦。

【注　釋】❶朽蘖　枯朽的樹枝。蘖，樹枝。❷簡　選擇。❸恚　怨恨。❹刖　砍掉腳的酷刑。❺五欲　指色、聲、香、味、觸五欲境。是人生欲念煩惱所起的根本。❻三途　指地獄、餓鬼、畜生。又指刀、火、血。❼法眼淨　以智慧見「真諦」。❽飆　暴風。

【語　譯】在佛接受毘舍佉母邀請塔南面，是毘盧擇迦王興兵討伐釋族遇佛回兵的地方。毘盧擇迦王繼位以後，想起從前在釋族人那裡受辱的事情怨氣難平，於是大興甲兵準備討伐釋族。他部署已畢，便號令大軍出發了。當時有個苾芻聽說了這件事就趕快去稟告佛，世尊於是坐在一棵枯樹下等待大軍到來。毘盧擇迦王遠遠望見世尊，趕緊下馬施禮，然後恭敬地退立一旁問道：「您為什麼不坐到枝繁葉茂的大樹下，卻在這枯朽的樹下休息呢？」世尊回答說：「宗族就好比是樹的枝和葉。枝葉遭難，還有什麼庇蔭呢？」毘盧擇迦王說：「世尊是為宗親說情吧！我們回兵吧。」由於遇到聖人，毘盧擇迦王心懷感激，就率軍回國了。

在毘盧擇迦王回兵處旁邊有一座塔，這裡是釋族女子被殺戮的地方。毘盧擇迦王討伐釋族人獲勝後，挑選了五百名女子準備帶回去充當宮女。釋女們憤恨之下，口出惡言，罵毘盧擇迦王是奴僕的兒子，毘盧擇迦王聽聞大怒，下令殺死這些女子。行刑的人奉了國王的命令，砍下她們的手腳，然後將她們扔到坑阱中。這時釋女們忍受著痛苦大聲念佛，世尊聖明的眼睛看到她們正在受苦，便命一位苾芻快速前往，為釋女們講說微妙的佛法，也就是不能解脫五欲就要在三途中流轉、恩愛別離、生死長遠的道理。釋女們聽了佛的教誨，於是脫離塵俗，獲得法眼淨，同時死去，都轉生天上。這時天帝釋變成婆羅門，將她們的遺骸收拾起來火葬，後人修建了這座塔作為表記。

在誅釋塔旁邊不遠有一個乾涸的大池，這裡是毘盧擇迦王身陷地獄的地方。世尊以聖眼看了釋女們的遭遇後回到給孤獨園，告訴苾芻們，毘盧擇迦王將在以後七天中被火燒死。毘盧擇迦王聽了佛的預言，心裡非常害怕。但到了第七天，毘盧擇迦王仍然平安無事，他很高興，就帶著宮女們到水池旁飲酒作樂。這時他仍然害怕會起火，就在大池清流中划起船來，隨波漂蕩。突然狂風大作，吹起猛烈的火焰，焚毀了小船，毘盧擇迦王從船上墮落，一直墮到無間地獄，受盡了所有的痛苦。

【說　明】本文講述了有關毘盧擇迦王的傳說。主要是他發動對釋族人的侵略戰爭和他的死。文中提到他發動這場戰爭的原因是「追怨前辱」。所謂「前辱」是指當他的父王勝軍王向釋族求婚時，釋族人將一個奴僕的女兒嫁給他。並且毘盧擇迦王幼年時也因母后是奴僕的女兒而受到釋族人的辱罵。不管這些傳說有多少杜撰的成分，它說明這兩個民族間的衝突已經由來已久，因此戰爭也就不可避免了。本文第一段寫的是佛為制止戰爭所作的努力。他這樣做不僅是為了保護釋族，也是為了挽救毘盧擇迦王。毘盧擇迦王雖然受了佛的感化，但殺心未息，最後還是發動了對釋族人的戰爭。作者在這裡並沒有去描繪戰爭浩大的場面，只是選取了一個片段——五百釋女被誅。在這個片段中，毘盧擇迦王的暴烈殘忍的性格表露無遺，由此也可以想見在這場戰爭中他所造下的罪孽該有多麼深重，這也為他的死埋下了伏筆。第三部分便寫了他的死。按照佛家因果報應的思想，他的死實在是罪有應得的。在這個有關毘盧擇迦王的傳說中，雖然對釋族人不無偏袒，但基本上還是表明了佛家對戰爭、對血腥的強烈的反對態度。

得眼林

伽藍西北三四里，至得眼林❶。有如來經行之跡，諸聖習定之所，並樹封記，建窣堵波。昔此國群盜五百，橫行邑里，跋扈❷城國。勝軍王捕獲已，抉❸去其眼，棄於深林。群盜苦逼，求哀稱佛。是時如來在逝多精舍，聞悲聲，起慈心，清風和暢，吹雪山藥，滿其眼已，尋得復明，而見世尊在其前住，發菩提心❹，歡喜頂禮❺，投杖而去，因植根焉。

【注　釋】❶得眼林　梵文 Āptanetravana 的意譯。❷跋扈　專橫暴戾，欺上壓下。❸抉　挖出；剜出。❹菩提心　尋求正覺的心意。菩提，梵文 bodhi 的音譯。意譯為道或覺悟。❺頂禮　佛教徒的最高禮敬。跪地以頭承尊者的腳。

【語　譯】從寺院向西北走三、四里，到達得眼林。這裡有如來散步和聖賢們修習入定的遺跡，這些地方都豎有標記，修建了塔。從前這個國家有一群強盜共五百人，他們橫行鄉里，跋扈城國。勝軍王抓住他們以後，剜去他們的眼睛，將他們放逐在深林中。強盜們在走投無路的情況下，哀聲求佛。當時如來正在逝多精舍，聽到他們的悲號，發了慈悲心，便鼓起和暢的清風，將雪山神藥吹滿他們的眼睛，他們的眼睛很快就復明了。他們看見面前的世尊，便都萌發了菩提心，歡喜地向佛頂禮膜拜，然後扔掉手杖離去了。這些手杖於是在這裡生根，長成了這片樹林。

【說　明】本文介紹了有關得眼林的傳說。在這個故事中我們看到兩種對待惡人的態度。一種是勝軍王的以惡懲惡，這種做法雖然使惡人不能再做壞事，卻不能從他們的意識中去除惡念。因此這種懲惡是不徹底的。一種是如來的以善化惡，即以廣大的慈悲心使惡人產生向善的思想，從而化除惡念，使靈魂得到拯救。這才是真正的懲惡。作者在這裡運用反襯的手法，用勝軍王的「懲惡」襯托出如來教化勸善的高明之處，讚美了如來的慈悲和神力。

故城

大城西北六十餘里，有故城，是賢劫中人壽二萬歲時，迦葉波佛本生城也。城南有窣堵波，成正覺❶已初見父處。城北有窣堵波，有迦葉波佛全身舍利。並無憂王所建也。

從此東南行五百餘里，至劫比羅伐窣堵國舊曰迦毘羅衛國，訛也。中印度境。

【注　釋】❶成正覺　成佛。

【語　譯】在大都城西北六十多里有座舊城，這裡是賢劫中人的壽命有兩萬歲時迦葉波佛的出生地。在城南有座塔，是迦葉波佛成佛後第一次見他父親的地方。在城北有座塔，塔中供奉著迦葉波佛全身舍利。這兩座塔都是無憂王建造的。

從這裡向東南走五百多里，到達劫比羅伐窣堵國。

【說　明】本文簡要介紹了迦葉波佛誕生地的兩處遺址。迦葉波佛傳說是過去七佛的第六佛，是釋迦牟尼的前世之師，曾預言釋迦必定成佛。迦葉波佛的塑像往往騎一頭獅子。

劫比羅伐窣堵國

【題　解】劫比羅伐窣堵，梵文 Kapilavastu 的音譯，意譯為蒼城、黃赤城、赤澤國、妙德城等。傳說是釋迦族英雄喬答摩建立的。西元六世紀前後，釋迦族人口日益興旺，繁衍於印度北境與尼泊爾南境一帶，約百萬人口分居十座城池，其中佛陀的故鄉劫比羅城是十座城市中最大的一座。因為這裡是佛陀的故鄉，因此許多佛典對此城都有記載。但關於這座城的確切方位，現在尚無一個準確的答案。

劫比羅伐窣堵國，周四千餘里。空城十數，荒蕪已甚。王城頹圮，周量不詳。其內宮城周十四五里，壘磚而成，基址峻固。空荒久遠，人里稀曠。無大君長，城各立主。土地良沃，稼穡時播。氣序無愆❶，風俗和暢。伽藍故基千有餘所，而宮城之側有一伽藍，僧徒三十餘人，習學小乘正量部教。天祠兩所，異道雜居。

【注釋】❶愆 錯過；延誤。

【語譯】劫比羅伐窣堵國方圓四千多里，境內有空城十幾座，都非常荒蕪了。王城已經倒塌，四周長度不詳。都城內的宮城方圓十四、五里，是用磚壘成的，基址堅固。這裡也已荒蕪很長時間了，人煙稀少。國內沒有大君長，每城各立首領。境內土地肥沃，莊稼應時播種，氣候適宜，風俗和暢。境內有一千多座寺院的遺址，現存的寺院只有宮城旁邊的一座了，寺中有僧徒三十多人，都學習小乘正量部法教。另有外道神廟兩所，各種外道雜居一處。

【說明】本文簡要介紹了劫比羅伐窣堵國的概況，給人的印象是滿目荒涼。但在遍地的遺址中仍可以想見其當年的繁華和富庶，以及佛教在這裡的強大勢力。據典籍記載，西元前六世紀前後，這裡確是一個殷富的城市，到處是園林、街衢和市場，並有許多拱門和高塔，城周被美麗而高峻的臺地所環繞。但在以後幾個世紀中，該國卻急劇衰落了，到玄奘以後八、九十年慧超來此巡禮時，這裡連百姓和僧人也沒有了，完全成了一片廢墟。

淨飯王宮城

宮城內有故基，淨飯王❶正殿也。上建精舍，中作王像。其側不遠有故基，摩訶摩耶❷唐言大術夫人寢殿也。上建精舍，中作夫人之像。其側精舍，是釋迦菩薩降神母胎處，中作菩薩降神之像。上座部菩薩以嗢呾羅頞沙荼月❸三十日夜降神母胎，當此五月十五日；諸部則以此月二十三日夜降母胎，當此五月八日。

菩薩降神東北，有窣堵波，阿私多僊❹相太子處。菩薩誕靈之日，嘉祥輻湊。時淨飯王召諸相師而告之曰：「此子生也，善惡何若？宜悉乃心，明言以對。」曰：「依先聖之記，考吉祥之應，在家作轉輪聖王，捨家當成等正覺。」是時阿私多僊自遠而至，叩門請見。王甚慶悅，躬迎禮敬，請就寶座，曰：「不意大僊今日降顧。」僊曰：「我在天宮安居宴坐，忽見諸天群從蹈舞，我時問言：『何悅豫之甚也？』曰：『大僊當知，贍部洲中釋種淨飯王第一夫人，今產太子，當證三菩提❺，圓明一切智。』我聞是語，故來瞻仰。所悲朽耄，不遭聖化。」

城南門有窣堵波，是太子與諸釋角力擲象之處。太子伎藝多能，獨拔倫匹❻。淨飯大王懷慶將返，僕夫馭象，方欲出城，提婆達多素負強力，自外而入，問馭者曰：「嚴駕此象，其誰欲乘？」曰：「太子將還，故往奉馭。」提婆達多發憤引象，批其顙❼，蹴其臆❽，僵仆塞路，杜絕行途，無能轉移，人眾填塞。難陀後至，而問之曰：「誰死此象？」曰：「提婆達多。」即曳❾之僻路。太子至，又問曰：「誰為不善，害此象耶？」曰：「提婆達多害以杜❿門，難陀引之開徑。」太子乃舉象高擲，越度城塹，其象墮地，為大深阬，土俗相傳為象墮阬也。其側精舍中作太子像。其側又有精舍，太子妃寢宮也，中作耶輸陀羅⓫，並有羅怙羅像。宮側精舍作受業之像，太子學堂故基也。

【注　釋】❶淨飯王　梵文 Śuddhodana 的意譯。也就是劫比羅伐窣堵國王。❷摩訶摩耶　梵文 Mahāmāyā 的音譯。意譯為「大術」。māyā，意思是「術；不可思議的力量」。❸嗢呾羅頞沙荼月　四月十五日至五月十五日。❹阿私多僊　阿私多，梵文 Asita 的音譯。意譯為不白、無比等。傳說他是具有五神通、出入三十三天的大仙。❺三菩提　梵文 Sambodhi 的音譯。意譯為正等覺或等正覺。意思是具有最高智慧，覺悟而成正道。❻倫匹　倫，同等。匹，匹敵。❼顙　額；腦門。❽蹴其臆　用腳踢牠的胸部。蹴，踢。臆，胸部。❾曳　拖。❿杜　阻塞。⓫耶輸陀羅　梵文 yaśodharā 的音譯。意譯為名聞、華色等。是釋迦牟尼當太子時的正妃，羅怙羅的生母。

【語　譯】在宮城內有一處遺址，這裡原是淨飯王的正殿。遺址上建有一座精舍，裡面有淨飯王像。在這處遺址旁邊不遠又有一個遺址，這裡原是摩訶摩耶夫人的寢殿。遺址上建有一座精舍，裡面有摩訶摩耶夫人像。在這座精舍旁邊有一座精舍，這裡是釋迦菩薩降生母胎的地方，精舍中有菩薩降生像。上座部認為菩薩是在嗢呾羅頞沙荼月三十日夜裡降生母胎的，也就是現在的五月十五日；其他部派則認為菩薩是這個月的二十三日夜裡降生母胎，相當於現在的五月八日。

在菩薩降生處東北有一座塔，是阿私多僊相太子的地方。菩薩降生的那一天，有許多吉祥的徵兆。當時淨飯王召來相師們對他們說：「這孩子的出生到底是善是惡？你們要細心推想，然後坦白地告訴我。」相師們說：「根據先聖的預言和吉祥的徵兆來看，這個孩子將來在家要作轉輪聖王，出家則能成佛。」這時阿私多僊從遠方來到宮門外，要見淨飯王。淨飯王聽說阿私多僊來了，非常高興，親自出門去迎接他，恭敬地請他坐在寶座上，寒暄道：「不知大僊今日降臨，有失遠迎。」阿私多僊說：「我本在天宮安居靜坐，忽然看見天神們一群群跳起舞來，我當時就問：『你們為什麼高興成這樣？』他們回答說：『大僊應該知道，贍部洲中釋族淨飯王的第一夫人今天生了太子，他將來要證得三菩提，圓明一切智。』我聽了這話，因此前來瞻仰太子。遺憾的是我已經老了，將來看不到他成聖了。」

在城南門有一座塔，這裡是太子和釋人們比試力氣投擲大象的地方。太子多才多藝，沒人能比得上他。一天淨飯大王要從外面回來了，奴僕們趕著大象正要出城迎接。提婆達多一向自負力氣大，他從外面進來，問趕象的奴僕：「這頭象裝飾得這麼華麗，是給誰乘坐的？」奴僕回答說：「太子要回來了，奴才奉命趕這頭象去迎接。」提婆達多聽了這話大發脾氣。他把象拉過去拳打腳踢，象頭、胸受傷倒地死了。象屍堵塞了道路，斷絕了交通，沒人能搬得動大象的屍體，人們都被堵在這裡越聚越多。後來阿難過來問：「是誰打死了這頭象？」人們說：「是提婆達多。」於是阿難把象拖到旁邊偏僻的路段使人們能夠通行。太子到了，看到象屍，也問：「是誰這麼兇狠，殺害了這頭大象？」人們說：「是提婆達多把象打死堵塞了城門，阿難將牠拖開疏通了道路。」太子聽了，將象高高舉起擲了出去，死象越過城壕落在城外地上，砸出一個大深坑，當地人口耳相傳，把這裡稱為象墮坑。在象墮坑旁邊的精舍中有太子像。這精舍的旁邊還有一座精舍，這裡原是太子妃的寢宮，精舍中有耶輸陀羅和羅怙羅像。在宮旁的精舍中有太子學習像，這裡是太子學堂的遺址。

【說　明】本文介紹了淨飯王宮城內外的遺址，主要講述了釋迦牟尼誕生和釋迦太子擲象的傳說。前一個傳說通過相師們的預言和大仙阿私多難得地下凡，渲染出釋迦太子降生時人天共慶的歡樂氣氛。這個傳說以及下面有關釋迦太子的神奇的傳說，無疑為塑造釋迦佛的高大形象和宣揚佛法產生很大的輔助作用。後一個傳說表現了釋迦太子的神力和慈悲，在敘述中，作者巧妙地運用了對比和襯托的手法：以提婆達多的暴惡對比釋迦太子的善良；以阿難的「曳」象襯托出釋迦太子「擲」象的神力。這兩種寫作手法的運用實收到事半功倍的效果。

太子踰城處

城東南隅有一精舍，中作太子乘白馬凌虛之像，是踰城處也。

城四門外各有精舍，中作老、病、死人、沙門之像，是太子遊觀，覩相增懷，深厭塵俗，於此感悟，命僕回駕。

【語　譯】在都城東南角有一座精舍，裡面有釋迦太子乘白馬騰空而起的塑像，太子就是從這裡越城而去。

在都城四個城門外各有一座精舍，裡面分別是老人、病人、死人和和尚像，太子出外遊玩，看見這四種人，深有感觸，由此厭倦塵俗，大徹大悟，於是命僕人獨自回宮，自己絕塵而去。

【說　明】本文介紹了釋迦太子越城離去的地方。這種離去不是一般的外出，而是斷絕塵緣，一去不返。都城四門外精舍中的塑像便是使他離去的原因，這四種人其實代表了兩種生活：一種是塵俗生活，老、病、死人代表了這種充滿煩惱和痛苦的生活；另一種是脫離塵俗寧靜喜樂的生活，和尚則是這種生活的代表。兩種生活的對比，使釋迦太子厭倦了塵俗。但他的出家並不僅是出於對塵俗生活的厭倦，也是由於對人們痛苦的憐憫，他的出家更主要的原因是為眾生尋找一條解脫痛苦的有效途徑，這和他成佛後「普渡眾生」的宏願是一致的。

二故城

城南行五十餘里，至故城，有窣堵波，是賢劫中人壽六萬歲時，迦羅迦村馱佛❶本生城也。城南不遠有窣堵波，成正覺已見父之處。城東南窣堵波，有彼如來遺身舍利，前建石柱，高三十餘尺，上刻師子之像，傍記寂滅之事，無憂王建焉。迦羅迦村馱佛城東北行三十餘里，至故大城，中有窣堵波，是賢劫中人壽四萬歲時，迦諾迦牟尼佛❷本生城也。東北不遠有窣堵波，成正覺已度父之處。次北有窣堵波，有彼如來遺身舍利，前建石柱，高二十餘尺，上刻師子之像，傍記寂滅之事，無憂王之所建也。

【注釋】❶迦羅迦村馱佛　佛教傳說的過去四佛之一。迦羅迦村馱，梵文 Krakucchanda 的音譯。舊譯為拘留孫。意譯為欽持、成就美妙、所應斷已斷等。❷迦諾迦牟尼佛　梵文寫作 Kanakamunibuddha。舊譯拘那含牟尼佛。佛教傳說中過去四佛之一。

【語譯】從都城向南走五十多里，到達一座故城，城中有座塔，賢劫中人壽六萬歲時，迦羅迦村馱佛就誕生在這座城中。城南不遠有座塔，是迦羅迦村馱佛成佛後會見父親的地方。在城東南有座塔，裡面供奉著迦羅迦村馱佛的遺身舍利，塔前建有石柱，高三十多尺，柱上雕刻有獅子像，旁邊記載著迦羅迦村馱佛涅槃的事，這是無憂王建造的。從迦羅迦村馱佛城向東北走三十多里，到達一座故大城，城中有座塔，當賢劫中人壽四萬歲時，迦諾迦牟尼佛就誕生在這座城中。在這座城東北不遠的地方有一座塔，這裡是迦諾迦牟尼佛成佛後度化他父親的地方。從這裡再向北不遠有座塔，塔中供奉有迦諾迦牟尼佛的遺身舍利。塔前建有石柱，高二十多尺，柱上刻有獅子像，旁邊記載著迦諾迦牟尼佛涅槃的事，塔和柱都是無憂王建造的。

【說　明】本文簡要介紹了兩座故城中的遺址。這兩座故城是傳說中的過去四佛中的兩佛的出生地，因而成為佛教徒的朝拜地。佛教將宇宙從構成到毀滅的整個時期稱為一劫，一個賢劫就是指出現一千個佛的時程。據說我們的時代就是賢劫，已有四個佛歷劫出現，每個佛歷劫有一佛，因而共有「過去四佛」，即迦羅迦村馱佛、迦諾迦牟尼佛、迦葉佛和釋迦牟尼佛。

太子坐樹陰處

城東北四十餘里，有窣堵波，是太子坐樹陰，觀耕田，於此習定，而得離欲。淨飯王見太子坐樹陰，入寂定，日光迴照，樹影不移，心知靈聖，更深珍敬。

【語　譯】在王城東北四十多里的地方有一座塔，釋迦太子曾坐在這裡的樹蔭底下看人耕田，並在這裡入定，從世間的欲念中解脫出來。淨飯王見太子坐在樹蔭中入定，隨著太陽的運轉，日光照射的角度不斷變化，但那棵樹的樹影卻絲毫不動，淨飯王心裡知道這是靈聖的表現，對太子更加珍愛敬重。

【說　明】本文介紹了太子入定的地方。我們知道太陽照耀下的物體都會有影子，而且這影子會隨著太陽的移動發生變化，或長或短，或東或西，這是很普通的常識。而這裡記載太子入定處的樹影卻並不隨日光而移動變化，表現了釋迦太子非凡的定力和自然界對他的禮敬。

釋種誅死處

大城西北，有數百千窣堵波，釋種誅死處也。毘盧擇迦王既克諸釋，虜其族類，得九千九百九十萬❶人，並從殺戮，積尸如莽，流血成池，天警人心，收骸瘞葬❷。

誅釋西南，有四小窣堵波，四釋種拒軍處。初，勝軍王嗣位也，求婚釋種。釋種鄙其非類，謬以家人之女，重禮娉焉。勝軍王立為正后，其產子男，是為毘盧擇迦王。毘盧擇迦欲就舅氏請益受業，至此城南，見新講堂，即中憩駕。諸釋聞之，逐而罵曰：「卑賤婢子，敢居此室！此室諸釋建也，擬佛居焉。」毘盧擇迦嗣位之後，追復先辱，便興甲兵，至此屯軍。釋種四人躬耕畎畝❸，便即抗拒，兵寇退散，已而入城。族人以為承輪王之祚胤，為法王❹之宗子，敢行凶暴，安忍殺害，汙辱宗門，絕親遠放。四人被逐，北趣雪山，一為烏仗那國王，一為梵衍那國王，一為呬摩呾羅國王，一為商彌國王，奕世❺傳業，苗裔不絕。

【注釋】❶九千九百九十萬　極言多。並非實指。❷瘞葬　埋葬。瘞，掩埋。❸畎畝　田間；田地。畎，田間小溝。❹法王　指釋迦牟尼。❺奕世　盛世。

【語　譯】在大城西北，有幾百幾千座塔，這裡是釋族人被誅殺的地方。當年毘盧擇迦王打敗釋族後，抓了成千上萬的俘虜，在這裡把他們全都殺死了。屍體堆積如山，血流成河，上天為了警戒世人，將骸骨收殮埋藏了。

在誅殺釋族人處的西南方，有四座小塔，這裡是四個釋族人抗拒敵軍的地方。當初，勝軍王繼位以後，向釋族求婚，釋族人鄙視他的族姓，便以一個奴僕的女兒冒充王族許配給勝軍王，勝軍王以重禮聘娶了這女子，並將她立為正后，她後來生下一個男孩，就是毘盧擇迦王。毘盧擇迦王年紀稍長，就想到舅氏這邊來接受教育，當他走到王城南門時，看見一座新建的講堂，就走進去休息。這事被釋族人知道了，他們跑過來把他轟出了講堂，一邊轟他一邊還大罵：「下賤奴才的孽種，竟敢進這房子裡！這房子是我們釋族人為佛建造的。」毘盧擇迦王只得含恨而去。毘盧擇迦王繼承了王位以後，憶起早年受到的侮辱仍然心意難平，於是他大舉興兵來討伐釋族，大軍就駐紮在這裡。當時有四個釋族人正在田間勞作，見敵人大軍壓境，便奮起抵抗。後來敵寇退兵，釋族人重新回到都城。族人們認為釋族是輪王的後代，法王的宗子，這四個人竟敢行兇殺人，玷汙了宗族的名聲，應該將他們逐出釋族族譜，遠遠地流放。於是這四個人便被放逐到北邊的雪山一帶，一個成為烏仗那國王，一個做了梵衍那國王，一個成為呬摩呾羅國王，一個成為商彌國王，都世代相傳，子孫不絕。

【說　明】本文介紹了釋族和憍薩羅國戰爭的遺址，並介紹了釋族人在勝軍王時對該國的侮辱。從中可以看出，這場戰爭實際上是兩個民族之間矛盾發展的必然結果。文中，作者還講述了四個釋族人的故事。在這個故事中，作者的態度有些矛盾。從宗教的觀點看，他們傷害生命是不對的，因此對他們的處罰是有道理的；但從世俗的觀點看，他們不顧性命保衛國家，這種行為應該得到讚頌。作品結尾處寫到這四人分別做了四國國王，是不是對他們行為的一種體諒呢？

尼拘律樹林

城南三四里尼拘律樹❶林，有窣堵波，無憂王建也。釋迦如來成正覺已，還國見父王，為說法處。淨飯王知如來降魔軍已，遊行化導，情懷渴仰，思得禮敬。乃命使請如來曰：「昔期成佛，當還本生。斯言在耳，時來降趾。」使至佛所，具宣王意。如來告曰：「卻後七日，當還本生。」使臣還以白王，淨飯王乃告命臣庶，灑掃衢路，儲積香花，與諸群臣四十里外佇駕奉迎。是時如來與大眾俱，八金剛周衛，四天王前導，帝釋與欲界天❷侍左，梵王與色界天❸侍右，諸苾芻僧列在其後，唯佛在眾，如月映星，威神動三界，光明踰七曜❹，步虛空，至生國。王與從臣禮敬已畢，俱共還國，止尼拘盧陀僧伽藍。其側不遠有窣堵波，是如來於大樹下，東面而坐，受姨母金縷袈裟。次此窣堵波，是如來於此度八王子及五百釋種處。

【注　釋】❶尼拘律樹　梵文寫作 nyagrodha。狀似榕樹。❷欲界天　欲界之神。欲界，梵文 kāmadhātu 的意譯。佛教指具有淫欲和食欲的有情世界。❸色界天　指色界諸神。色界，佛教指有形質的世界。共有四禪十八天。❹七曜　指日、月、五星（水、火、木、土、金五星）照曜天下。

【語　譯】在城南三、四里的尼拘律樹林中，有一座塔，是無憂王建造的。釋迦如來成正覺後曾回母國會見父王，並在這裡為他說法。淨飯王知道如來降伏魔軍後，便四處遊方，忙於化導眾生，他非常思念如來，希望能當面向如來獻上自己的禮敬。於是他就派了一位使者去請如來並向如來說：「當年您曾許願說成佛以後將回出生地。這話一直回響在我耳邊，望能早日降臨敝國。」使者到了佛那裡傳達了國王的意旨。如來告訴他說：「請回稟國王，我將在七天後回我的出生地去。」使臣回國稟告了國王，淨飯王便宣令臣民灑掃街道，儲積香花，然後他和群臣一起到城外四十里處佇立等候。不久如來率人天大眾出現了。八位金剛在四周衛護，四天王在前面領路，帝釋和欲界天侍從在如來的左邊，梵王和色界天侍從在如來的右邊，苾芻僧列隊跟隨在後面。佛在大眾當中，像月亮映照群星一樣，他的威神震動了三界，他的光明蓋過了日月星辰。佛凌空而行，來到他的出生國。國王和群臣向佛敬禮後，他們一同回到城中，如來就在尼拘盧陀寺中居住。在這座寺院旁邊不遠有一座塔，如來曾在這裡的一棵大樹下向東而坐，接受姨母獻給他的金縷袈裟。這塔旁還有一座塔，這裡是如來度化八王子和五百釋族人的地方。

【說明】本文介紹了都城外幾處遺址。這些遺址紀念釋迦如來成佛後回到出生國所做的事情。文中著重渲染了釋迦如來回國時的盛大場面。如來的莊嚴寶相、天神大眾對如來的敬仰遵奉，在作者概括虛化的描寫中凸顯出來，使人有歷歷在目之感。簡潔的敘述中帶有濃重的感情色彩，表現出了一個佛教徒對如來無限景仰的心情。

自在天祠及箭泉

城東門內路左，有窣堵波，昔一切義成太子❶於此習諸伎藝。門外有自在天祠，祠中有石天像，危然起勢，是太子在襁褓中所入祠也。淨飯王自臘伐尼園迎太子還也，途次天祠，王曰：「此天祠多靈鑒，諸釋童稚求祐必效，宜將太子至彼修敬。」是時傅母❷抱而入祠，其石天像起迎太子，太子已出，天像復坐。

城南門外路左，有窣堵波，是太子與諸釋角藝，射鐵鼓。從此東南三十餘里，有小窣堵波，其側有泉，泉流澄鏡，是太子與諸釋引強校能❸，弦矢既分，穿鼓過表，至地沒羽，因涌清流，時俗相傳，謂之箭泉。人有疾病，飲沐多愈。遠方之人持泥以歸，隨其所苦，漬❹以塗額，靈神冥衛，多蒙痊愈。

【注　釋】❶一切義成太子　梵文 Sarvārthasiddha 的意譯。是釋迦牟尼青少年時代的美稱。音譯作悉達多。❷傅母　保姆。❸校能　比賽本領。❹漬　和。

【語　譯】在都城東門內路的左側有一座塔，從前一切義成太子曾在這裡學習各種技藝。城門外有一所供奉自在天的神廟，廟中有石雕天神像，姿勢像是要站起來的樣子，這是太子還在襁褓中時進過的神廟。淨飯王從臘伐尼園將太子接回去，中途經過這座神廟，國王說：「這座神廟很靈驗，許多釋族孩子求天神保佑都很見效，讓太子到天神面前致敬求他保佑。」於是保姆將太子抱進神廟，石雕的天神像見了太子忙起身相迎，太子出廟以後，這天神像才又坐下。

在都城南門外道路左側有一座塔，太子曾在這裡和釋族人們射鐵鼓比試武藝。從這裡向東南走三十多里，有一座小塔，塔旁有一股泉水，泉水清澈如鏡。太子曾在這裡和釋族人們比試射箭的本領，太子一箭射出，利箭穿透鐵鼓插入地裡，一股清泉隨即湧出。以後世俗相傳，便將這裡稱為箭泉。有病的人飲了這裡的泉水或在泉中洗沐以後多能痊癒。遠方的人把這裡的泥土帶回去，不論什麼地方疼痛，只要將土和成泥塗在前額上，由於有神靈保佑，多能痊癒。

臘伐尼林

箭泉東北行八九十里，至臘伐尼林，有釋種浴池，澄清皎鏡，雜花彌漫。其北二十四五步，有無憂❶花樹，今已枯悴❷，菩薩誕靈之處。菩薩以吠舍佉月後半八日，當此三月八日；上座部則曰以吠舍佉月後半十五日，當此三月十五日。次東窣堵波，無憂王所建，二龍浴太子處也。菩薩生已，不扶而行，於四方各七步，而自言曰：「天上、天下，惟我獨尊。今茲而往，生分已盡。」隨足所蹈，出大蓮花。二龍踊出，住虛空中，而各吐水，一冷一煖，以浴太子。浴太子窣堵波東，有二清泉，傍建二窣堵波，是二龍從地踊出之處。菩薩生已，支屬宗親莫不奔馳，求水盥浴。夫人之前，二泉涌出，一冷一煖，遂以浴洗。其南窣堵波，是天帝釋捧接菩薩處。菩薩初出胎也，天帝釋以妙天衣，跪接菩薩。次有四窣堵波，是四天王抱持菩薩處也。菩薩從右脇生已，四天王以金色氎衣，捧菩薩，置金几上。至母前曰：「夫人誕斯福子，誠可歡慶。諸天尚喜，況世人乎？」

四天王捧太子窣堵波側不遠，有大石柱，上作馬像，無憂王之所建也。後為惡龍霹靂，其柱中折仆地。傍有小河，東南流，土俗號曰油河。是摩耶夫人產孕已，天化此池，光潤澄淨，欲令夫人取以沐浴，除去風塵。今變為水，其流尚膩。

從此東行曠野荒林中二百餘里，至藍摩國中印度境。

【注釋】❶無憂　梵文 aśoka 的意譯。音譯為阿叔迦。❷枯悴　枯萎。

【語譯】從箭泉向東北走八、九十里，到達臘伐尼林。林中有釋族人的浴池，池水清澈，皎潔如鏡，各種鮮花鋪滿大地。在這浴池以北二十四、五步的地方有一棵無憂花樹，現在已經枯萎了。這裡就是菩薩誕生的地方。菩薩誕生的日期是在吠舍佉月後半八日，相當於現在的三月八日，上座部則認為是在吠舍佉月的後半十五日，也就是現在的三月十五日。無憂花樹的東邊有一座塔，是無憂王建造的，這裡是兩條龍為太子洗浴的地方。菩薩一生下來便能自己行走，他向東、南、西、北四個方向各走了七步，並自言自語說：「天上天下，惟我獨尊。從今以後，不再轉生。」在他的腳踏過的地方，都長出了大蓮花。這時有兩條龍躍起在空中一齊向下噴水，一龍噴冷水，一龍噴熱水，為太子洗浴。在浴太子塔東有兩處清泉，旁邊建有兩座塔，這裡是兩條龍從地底躍出的地方。菩薩生下來後，親屬們全都飛跑而來，求水洗浴。這時在摩訶摩耶夫人面前湧出兩股泉水，一冷一暖，於是便用這泉水洗浴。從這裡向南有一座塔，這裡是天帝釋捧接菩薩的地方。菩薩剛出母胎時，天帝釋在這裡用神妙天衣跪著接住了菩薩。再有四座塔，是四天王抱菩薩的地方。菩薩從母親的右脇生下來後，四天王用金色氎衣捧住菩薩放在黃金的桌案上。然後來到摩訶摩耶面前說：「夫人生下這樣一位貴子，真是應該高興。連天神們都高興得不得了，何況世人呢？」

在四天王捧太子塔旁不遠，有一個大石柱，石柱上刻有馬的圖形，這石柱是無憂王建立的。後來石柱遭到惡龍霹靂的襲擊，從中間折斷倒地。石柱旁有一條小河，東南流向，當地人稱為油河。當年摩耶夫人生育以後，天神變化出這個池潭，想讓摩耶夫人用池水洗去風塵，池水光潤澄淨。現在池潭已變成小河，但水流仍很黏稠。

從這裡向東走，在曠野荒林中走二百多里，就到達藍摩國。

【說　明】本文主要講述釋迦菩薩誕生時的神異的傳說。出於宣傳的需要，歷史上許多著名人物的誕生都伴隨著神奇的傳說，釋迦牟尼也不例外。在這裡，作者以一枝生花妙筆，將釋迦菩薩的誕生渲染得瑰奇神妙，滿紙生輝，令人久久難忘。雖然這裡介紹的只是一處處遺址，但在每處遺址後面都跟著一個個美妙的傳說，於是「死」的遺址也就因故事而生動起來，從而成為一篇生動的宣傳佛教的好教材。

至於為什麼釋迦太子會生在臘伐尼林的一棵樹下，這涉及到印度當時的習俗，那就是女子須回娘家分娩生育。傳說摩訶摩耶回娘家分娩途中路過臘伐尼林，摩耶夫人在林中見一大樹，也就是無憂花樹，樹上花色香鮮，極為美麗。摩耶夫人舉手想要摘花，這時菩薩漸漸由她的右脇生了出來。關於佛的誕生日一直是眾說紛紜。除文中提到的兩個日期，還有二月八日說、四月七日說等。我國和日本的佛教都以農曆四月八日為佛誕日，或把這一天稱為「浴佛節」。

藍摩國

【題　解】藍摩，梵文 Rāma 的音譯。意思是村社、聚落。也被譯作羅摩伽、藍莫等。從前這裡是柯里亞（梵文寫作 Koliya）族的居留地，佛陀時代柯里亞族人和釋迦族人曾因共同使用羅希尼（梵文寫作 Rohinī）河水灌溉土地而長期存在糾紛。很多佛典記載了佛陀調解兩族糾紛的經過。關於藍摩國的確切方位現在尚無定論。

藍摩國，空荒歲久，疆埸❶無紀❷，城邑丘墟，居人稀曠。故城東南有磚窣堵波，高減百尺。昔者如來入寂滅已，此國先王分得舍利，持歸本國，式遵崇建，靈異間起，神光時燭。

窣堵波側有一清池，龍每出遊，變形蛇服，右旋宛轉，繞窣堵波，野象群行，採花以散，冥力警察，初無間替。昔無憂王之分建窣堵波也，七國所建，咸已開發，至於此國，方欲興工，而此池龍恐見陵奪❸，乃變作婆羅門，前叩象曰：「大王情流佛法，廣樹福田，敢請紆❹駕，降臨我室。」王曰：「爾家安在？為近遠乎？」婆羅門曰：「我，此池之龍王也。承大王欲建勝福，敢來請謁。」王受其請，遂入龍宮。坐久之，龍進曰：「我惟惡業，受此龍身，供養舍利，冀消罪咎，願王躬往，觀而禮敬。」無憂王見已，霍然謂曰：「凡諸供養之具，非人間所有也。」龍曰：「若然者，願無廢毀。」無憂王自度力非其儔❺，遂不開發。出池之所，今有封記。

【注釋】❶疆場　邊界。場，邊境。❷紀　基址。❸陵奪　侵奪。陵，通「淩」。侵犯。❹紆　彎曲。❺儔　伴侶。

【語譯】藍摩國已經荒蕪多年，邊界的基址都找不到了，城邑也已變成廢墟，人煙稀少。在故城東南有一座磚塔，塔高近百尺。當年如來涅槃以後，這個國家的先王將分得的舍利帶回本國，修建了這座塔供奉舍利，塔中常有靈異的現象出現，神光時時照耀。

在這座塔旁有一個清池，經常有龍從池中游出，變成蛇形，繞塔向右旋轉而行。還有成群的野象採來香花散放在塔前。冥冥中有神祕的力量守衛著這裡，從不間斷。從前無憂王分得舍利後準備建塔供養，其他七個國家都已開始興建，這個國家也要動工了。當時這池中的龍王害怕無憂王會侵奪了他的住所，於是變成一個婆羅門，攔住無憂王的座象請求說：「大王鍾情佛法，廣樹福田，定得善果。我斗膽請大王屈尊降臨我的住處。」無憂王問：「你家在哪裡？遠不遠？」婆羅門說：「我是這池中的龍王，因為大王要在這裡建塔修福，所以冒昧前來請駕。」無憂王接受了它的邀請，於是來到龍宮裡。坐了一會兒，龍王說道：「我由於前世的惡業轉生為龍這種醜惡的畜類，現在我一直在供養佛舍利，希望能因此消除我的罪過。我想請大王去觀看我供養的舍利並施以禮敬。」無憂王看了龍的供養，感嘆說：「這裡供養的用具，都不是人間所能有的。」龍說：「那麼就請不要毀壞它吧。」無憂王知道自己的能力還比不上龍王，就放棄了在這裡動工建塔的念頭。無憂王走出清池的地方現在還有標記。

【說　明】本文講述了無憂王訪龍宮的傳說，塑造了一個機智善變的龍王形象。當龍王聽說無憂王要在清池一帶建塔，馬上想到自己的住所將有被毀壞的危險，於是他施巧計開始對無憂王的勸說工作。龍王形象的塑造便在它一步一步實施說服計劃中完成了。它的計劃分三步進行：化為婆羅門叩見無憂王，請他訪問龍宮；在龍宮中講述自己的遭遇，引起無憂王的同情；帶領無憂王看它對佛舍利的供養，使無憂王自愧不如，並由此對龍王有所忌憚，不敢用強。這三個情節層次分明，轉換自然，看似隨意道來，實際卻是作者的精心鋪排。

沙彌伽藍

窣堵波側不遠，有一伽藍，僧眾尠❶矣，清肅皎然，而以沙彌總任眾務。遠方僧至，禮遇彌隆，必留三日，供養四事❷。聞諸耆舊曰：昔有苾芻，同志相召，自遠而至，禮窣堵波，見諸群象，相趨往來，或以牙芟草❸，或以鼻灑水，各持異花，共為供養。時眾見已，悲歎感懷。有一苾芻，便捨具戒❹，願留供養，與眾辭曰：「我惟多福，濫跡僧中，歲月亟淹，行業無紀。此窣堵波有佛舍利，聖德冥通，群象踐灑，遺身此地，甘與同群，得畢餘齡，誠為幸矣。」眾告之曰：「斯盛事也。吾等垢重，智不謀此。隨時自愛，無虧勝業。」亦既離群，重申誠願，歡然獨居，有終焉之志。於是葺茅❺為宇，引流成池，採掇時花，灑掃瑩飾。綿歷歲序，心事無怠。鄰國諸王聞而雅尚，競捨財寶，共建伽藍，因而勸請，屈知僧務。自爾相踵，不泯元功❻，而以沙彌總知僧事。

【注　釋】❶尠　少。❷四事　衣被、飲食、床席、醫藥。❸芟草　割草。❹具戒　即具足戒。指佛教苾芻和苾芻尼戒律。出家人依戒法規定受持此戒即取得正式僧尼資格。❺葺茅　用茅草覆蓋房頂。❻元功　大功績。

【語　譯】在佛舍利塔旁邊不遠有一座寺院，寺中僧人很少，清雅幽靜，儀規嚴明，由沙彌主持寺中事務。遠方僧人來到這裡都受到隆重的接待，一般都要留宿三日，四事供養。聽老人們說：從前有一群志同道合的苾芻從遠方來到這裡禮敬佛舍利塔。他們看見成群的大象往來奔走，有的用牙割草，有的用鼻灑水，並拿著各種各樣的鮮花一起供養在塔前。當時眾人看到這情景都深有感觸，悲嘆不已。其中一個苾芻便捨棄了接受具足戒成為正式僧人的機會，願意留下來供養佛舍利。他對眾人辭別，說：「我很有福氣，能夠出家成為一名僧人，但我資質愚鈍，因此這麼多年過去了還毫無成就。這塔中供有佛舍利，由於聖德的感召，連大象也來這裡除草灑水，我願意留在這裡同象一起供奉佛舍利，能夠這樣度過我的餘生是我最大的幸運。」大家對他說：「這是一件大好事。我們俗念太重，竟沒想到要這樣做。你自己保重，別辜負了這美好的事情。」於是他離開了眾人，在佛舍利塔前再一次表明自己真誠的心願，然後高高興興地獨自住下來，決心一輩子也不離開這裡。他用茅草蓋了房舍，引來河水積成池潭。他採摘應時鮮花裝飾舍利塔，並把這裡打掃得乾乾淨淨，多年如一日，從無懈怠。鄰近的國王聽說了他的事跡對他非常尊崇，於是競相施捨財寶，共同建造了這座寺院，並請他屈就負責寺中僧務，為了紀念他的功績，從那以後，一代一代的僧人都以沙彌的名義主持該寺僧務。

【說　明】本文介紹了佛舍利塔旁的沙彌寺以及這個寺院的由來。故事的主人公沙彌是一個滿懷至誠一心向佛的感人形象。沙彌本是一個就要受具足戒的苾芻，當他看到佛舍利塔周圍一片荒蕪，只有野象採花供養時，心有感悟，於是放棄了和伙伴們一起修行的機會，甘願以佛門中最低級的沙彌的身分留在佛舍利塔旁，灑掃供奉，以度餘生。他的心中一無雜念，只有對佛純淨的敬愛。雖然他的身分比他的伙伴們低得很多，但他的道行實際上已遠遠超出了他們。這就是這個故事的主題。

太子解衣剃髮處

沙彌伽藍東，大林中行百餘里，至大窣堵波，無憂王之所建也。是太子踰城至此，解寶衣，去瓔珞，命僕還處。太子夜半踰城，遲明至此，既允❶宿心，乃形❷言曰：「是我出籠樊❸，去羈鎖，最後釋駕❹之處也。」於天冠中解末尼寶❺，命僕夫曰：「汝持此寶，還白父王，今茲遠遁，非苟違離，欲斷無常，絕諸有漏❻。」闡鐸迦❼舊曰車匿，訛也曰：「詎有何心，空駕而返？」太子善言慰諭，感悟而還。

回駕窣堵波東，有贍部樹❽，枝葉雖凋，枯株尚在。其傍復有小窣堵波，太子以餘寶衣易鹿皮衣處。太子既斷髮易裳，雖去瓔珞，尚有天衣。曰：「斯服太侈，如何改易？」時淨居天❾化作獵人，服鹿皮衣，持弓負羽。太子舉其衣而謂曰：「欲相貿易❿，願見允從。」獵人曰：「善。」太子解其上服，授與獵人。獵人得已，還復天身，持所得衣，凌虛而去。

太子易衣側不遠，有窣堵波，無憂王之所建也，是太子剃髮處。太子從闡鐸迦取刀，自斷其髮，天帝釋接上天宮，以為供養。時淨居天子化作剃髮人，執持銛刀，徐步而至。太子謂曰：「能剃髮乎？幸為我淨之。」化人受命，遂為剃髮。踰城出家時亦不定，或云菩薩年十九，或曰二十九，以吠舍佉月後半八日踰城出家，當此三月八日，或云以吠舍佉月後半十五日，當此三月十五日。

【注釋】❶允　完成；達成。❷形　顯露；表現。❸籠樊　即樊籠。比喻不自由的境地。❹釋駕　止息；歸宿。❺末尼寶　梵文 maṇi 的音譯，意思是真珠、寶石。❻有漏　佛教以煩惱為漏。凡有煩惱的事物稱為有漏。❼闡鐸迦　梵文 Chandaka 的音譯。是釋迦牟尼出家時侍從的僕人。❽贍部樹　落葉喬木。葉對生，端尖，四、五月開小花，再結果，果味酸甜。贍部，梵文 jambu 的音譯。❾淨居天　梵文 Śuddhāvāsa 的意譯。指斷絕欲界各種誘惑，在五淨居天所住的天人。❿貿易　以物換物。

【語譯】從沙彌寺向東，在森林中走一百多里，來到一座大塔前，這塔是無憂王建造的。當年太子翻越城牆來到這裡，並在這裡脫去華服，除下瓔珞，然後打發僕從回城。太子在半夜的時候越牆出城，天快亮的時候到達這裡。他終於得償心願，高興地說：「這就是我出樊籠，去羈鎖，最後的歸宿了。」他從帽子上解下末尼寶，對僕人說：「你拿著這件寶物回去稟告父王，說我從今要遠行了。這不是普通的離別，我要從此斷絕塵緣，根除煩惱。」闡鐸迦說：「您是什麼意思？讓我一個人回去嗎？」太子於是對他好言安慰勸諭了一番，僕人感悟而回。

在回駕塔的東面有一棵贍部樹，枝葉雖然已經凋零了，但枯幹還在。樹旁又有一座小塔，這是太子用寶衣換鹿皮衣的地方。太子剪了頭髮換了衣裳以後，雖然瓔珞已被去掉，身上還剩下一件寶衣。他說：「這件衣服太華麗了，怎麼才能換換呢？」這時淨居天變成獵人，穿著鹿皮衣，帶著弓箭走了過來。太子舉著寶衣對他說：「我想和你換換衣服，希望你能同意。」獵人說：「好吧。」太子便脫下上衣交給獵人，獵人得到寶衣，便恢復了天神的原形，拿著換得的衣服騰空飛去。

離太子換衣服的地方不遠，有一座塔，是無憂王建造的。這裡是太子剃髮的地方。太子從闡鐸迦那裡拿過刀來自己割斷了頭髮，天帝釋便將斷髮接上天宮供養。這時淨居天子變成剃髮人，手持利刀，緩步走來。太子見了他問：「你能剃髮嗎？請替我將頭髮剃乾淨吧。」淨居天子變化的剃髮人於是遵照他的指令為他剃了頭髮。

太子越城出家的時間也不能確定，有的說是菩薩十九歲那一年，有的說是菩薩二十九歲那一年，他是在吠舍佉月後半八日越城出家的，即現在的三月八日，也有一種說法認為是在吠舍佉月後半十五日，相當於現在的三月十五日。

【說　明】本文細緻地描寫了釋迦太子出家經過。三處塔代表了這個過程的三個場面：向過去以及塵俗告別；以華服換來粗糙的鹿皮衣；剃髮。這三個場面雖各有側重，卻都表現出一個主題：即釋迦太子對脫離塵俗的喜悅和一心出家的堅決態度。淨居天子的反覆變化及時出現，表現了天神們對釋迦太子出家的歡迎和尊敬的態度，也使本文成為一則充滿神奇色彩的宗教傳說。

灰炭窣堵波

太子剃髮窣堵波東南，曠野中行百八九十里，至尼拘盧陀林，有窣堵波，高三十餘尺。昔如來寂滅，舍利已分，諸婆羅門無所得獲，於涅疊般那❶（唐言焚燒。舊云闍維，訛也）地收餘灰炭，持至本國，建此靈基，而修供養。自茲已降，奇跡相仍，疾病之人祈請多愈。灰炭窣堵波側，故伽藍中，有過去四佛座及經行遺跡之所。故伽藍左右，數百窣堵波。其一大者，無憂王所建也，崇基雖陷，高餘百尺。

自此東北，大林中行，其路艱險，經途危阻，山牛、野象，群盜、獵師，伺求行旅，為害不絕。出此林已，至拘尸那揭羅國（中印度境）。

【注　釋】❶涅疊般那　梵文 nistapana 的對音。意為焚燒。

【語　譯】從太子剃髮塔向東南走，在曠野中走一百八、九十里，就到達尼拘盧陀林。林中有一座塔，高三十多尺，從前如來涅槃後，舍利被分完了，婆羅門們一無所獲，便將如來焚身處殘餘的灰炭收集起來帶回本國，並建起這個聖塔供養。從此這裡不斷出現奇蹟，有病的人到這裡祈禱多能痊癒。在灰炭塔旁邊的舊寺中，有過去四佛座位及散步場所的遺跡。在舊寺院四周有幾百座塔，其中最大的一座是無憂王建造的。高大的塔基雖然已經塌陷，但塔仍然有一百多尺高。

從這裡向東北走是一片森林，林中路途艱險，危難重重，山牛、野象、群盜、獵獅都在伺機獵取行人，為害不絕。走出這片森林，就到達拘尸那揭羅國。

拘尸那揭羅國

【題　解】拘尸那揭羅，梵文寫作Kuśinagara，過去也譯作拘尸那伽羅、拘尸那、拘夷等。意譯為上茅城、香茅城、茅堂城、角城。由於拘尸那揭羅是末羅 (Malla) 人的住地，因此這裡也被叫做「力士生地」，Malla就是力士的意思。佛陀在從吠舍離去王舍城的途中不幸染病，就是在拘尸那揭羅城的娑羅雙樹下入涅槃的。因此，這裡被佛教徒們視為聖地，也是我國去印度的高僧必然巡禮的地方。這樣一個佛教聖地，其地理位置卻一直不能確定。現在被廣泛接受的一種說法認為，其遺址是在印度廓拉克浦爾以東三十五英里處。

拘尸那揭羅國，城郭頹毀，邑里蕭條。故城甎基周十餘里。居人稀曠，閭巷荒蕪。城內東北隅，有窣堵波，無憂王所建，准陀❶（舊曰純陀，訛也）之故宅也。宅中有井，將營獻供，方乃鑿焉。歲月雖淹，水猶清美。

【注　釋】❶准陀　梵文Cunda的音譯。意譯為妙義。曾在拘尸那揭羅國奉佛。

【語　譯】拘尸那揭羅國城牆已經坍塌毀壞，居民區也是一派蕭條。故城的磚基方圓十幾里，人口稀少，街巷荒蕪。城內東北角有座塔，是無憂王建造的，這裡是准陀故居的遺址。宅院中有一口井，這是為了供奉佛開鑿的。雖然經歷了漫長的歲月，井水仍然清洌甜美。

【說　明】本文介紹了拘尸那揭羅城的概況以及城東南角的一處遺址。拘尸那揭羅城在作者眼中已是一片荒涼。但這座大城在佛陀時代卻是非常繁華的，那時這個國家的政體是先進的共和制，末羅人的一切政教大事都是在他們的議會大廳裡討論解決的，他們的勢力強盛，又都篤信佛教，對佛教徒供養特厚。因此，它的蕭條荒蕪想必會使作者非常的感慨。

娑羅林

城西北三四里，渡阿恃多伐底河❶唐言無勝，此世共稱耳。舊云阿利羅跋提河，訛也。典言謂之尸賴拏伐底河，譯曰有金河，西岸不遠，至娑羅❷林。其樹類槲❸，而皮青白，葉甚光潤，四樹特高，如來寂滅之所也。其大甎精舍中作如來涅槃之像，北首而臥。傍有窣堵波，無憂王所建，基雖傾陷，尚高二百餘尺。前建石柱，以記如來寂滅之事，雖有文記，不書日月。聞諸先記曰：佛以生年八十，吠舍佉月後半十五日入般涅槃，當此三月十五日也。說一切有部則佛以迦剌底迦月後半八日入般涅槃，當此九月八日也。自佛涅槃，諸部異議，或云千二百餘年，或云千三百餘年，或云千五百餘年，或云已過九百，未滿千年。

【注　釋】❶阿恃多伐底河　即現在的小甘達克河，是薩羅踰河的一大支流。阿恃多伐底，梵文 Ajitavatī 的音譯，意譯為金河。❷娑羅　梵文 śāla 的音譯。槲樹類。❸槲　落葉喬木。葉大型，互生，花黃褐色，果實球形。

【語　譯】從都城向西北走三、四里，渡過阿恃多伐底河，離河西岸不遠有一片娑羅林。這種樹與槲樹相仿，只是皮呈青白色，樹葉很光潤。林中有四棵樹特別高，這裡就是如來涅槃的地方。這裡有一座磚砌的大精舍，裡面有如來涅槃像，頭向北方躺在那裡。精舍旁有一座塔，是無憂王建造的，塔基雖然已經傾陷，但塔仍有二百多尺高，塔前建有石柱，上面記載著如來涅槃的事跡。雖然有文字記載，但沒有署日期。根據過去的記載，佛在他八十歲那年，於吠舍佉月後半十五日入涅槃，也就是現在的三月十五日。說一切有部則認為佛是在迦剌底迦月的後半八日入涅槃的，也就是現在的九月八日。至於佛涅槃的年代，各派說法不一，有的說是在距今一千二百多年，有的說是一千三百多年，有的說是一千五百多年，有的說是在九百到一千年之間。

【說　明】本文介紹了如來涅槃處的環境和那裡的幾處紀念性建築物，並對佛涅槃的時間提供了幾種說法。關於佛滅年代，歷來是眾說紛紜。現在南傳佛教（指斯里蘭卡、緬甸、泰國等國的佛教）一般都以西元前五四四年為佛滅年。近代學者根據無憂王石刻上提到的幾個外國國王的年代，考訂出無憂王即位時間，再根據佛典中「無憂王在佛滅四年後即位」的記載，推算出佛滅年代為西元前四九五～前四八八年。這個年代和高僧僧伽跋陀羅所記的佛滅於西元前四八六年的說法非常接近。因此，現在普遍認為佛滅於西元前四八六年左右。

雉王本生故事和救生鹿本生故事

精舍側不遠，有窣堵波，是如來修菩薩行時，為群雉王救火之處。昔於此地有大茂林，毛群羽族❶巢居穴處。驚風四起，猛焰飆逸❷。時有一雉，有懷傷愍，鼓濯清流，飛空奮灑。時天帝釋俯而告曰：「汝何守愚，唐❸勞羽翮❹？大火方起，焚燎林野，豈汝微軀所能撲滅？」雉曰：「說者為誰？」曰：「我天帝釋耳。」

雉曰：「今天帝釋有大福力，無欲不遂，救災拯難若指諸掌，反詰無功，其咎安在？猛火方熾，無得多言！」尋復奮飛，往趣流水。天帝遂以掬❺水泛灑其林，火滅煙消，生類全命，故今謂之救火窣堵波也。

雉救火側不遠，有窣堵波，是如來修菩薩行時，為鹿救生之處。乃往古昔，此有大林，火炎中野，飛走窮窘，前有駛流之阨，後困猛火之難，莫不沈溺，喪棄身命。其鹿惻隱，身據橫流，穿皮斷骨，自強拯溺。蹇❻兔後至，忍疲苦而濟之。筋力既竭，溺水而死。諸天收骸，起窣堵波。

【注釋】❶毛群羽族　指鳥類。❷飆逸　暴起。❸唐　空。❹翮　羽毛中間的硬管。泛指翅膀。❺掬　捧。❻蹇　腿跛；行動遲緩。

【語譯】在精舍旁邊不遠有一座塔，是如來修菩薩行轉生為雉王時救火的地方。從前這裡有一大片茂密的樹林，鳥類在其中築巢而居。有一天，忽然狂風四起，林中烈焰沖天。當時有一隻雉鳥，眼看鳥巢被毀，鳥類不斷死傷，心生悲憫，牠到河裡將羽毛浸溼，然後飛到樹林上空奮力把水灑下來。這時天帝釋俯身對牠說：「你怎麼這麼傻呢，在這裡白費力氣？大火熊熊，焚燒林野，豈是你這小東西能撲滅的？」雉問：「說話的是誰？」天帝釋回答：「我是天帝釋。」雉說：「天帝釋法力廣大，沒有不能實現的願望，救災拯難易如反掌。現在你不但不來相救，反而譏笑我勞而無功，你不覺得慚愧嗎？現在大火燒得正猛，我沒功夫和你多說！」說完又急忙飛向河水。雉的話使天帝釋心有所感，於是天帝釋用手捧水遍灑樹林，頓時火滅煙消，生靈得以保全性命，所以現在把這塔稱為救火塔。

在雉王救火塔旁邊不遠有一座塔，這是如來修菩薩行轉生為鹿時救助動物的地方。在很久很久以前，這裡的一片大林中燃起了大火，飛禽走獸陷入了絕境，前有急流阻住去路，後有烈火進逼而來，動物們被逼無奈只得奮力過河，結果都被淹死了。這時一隻鹿心懷惻隱，跳進急流中幫助動物們過河。迅急的水流打得牠皮開肉綻，筋斷骨折，但牠仍然勉力支持，救助落水者。一隻跛腿的兔子最後來到河邊，鹿忍受著疲憊和痛苦將牠渡過河去，這時牠已經筋疲力竭，倒在水中淹死了。天神們將牠的屍骨收起來，建起這座塔作為紀念。

【說明】本文講述了如來轉生為雉鳥和鹿時的兩個故事。在這兩個故事中，動物世界面臨著同一種災難：大火。在這同一種災難面前，雉和鹿也都做了同一件事：放棄逃生的機會，奮不顧身地救助危難中的生命。鹿為了相救小動物獻出了自己的生命，雉王奮力奔波於燃燒的森林和河水之間取水滅火，若沒有天帝釋的出手恐怕牠也會力竭而死了。這時的雉和鹿心中完全沒有「我」的概念，只有廣大的悲憫和對生命的慈愛。雉王的努力對於森林大火來說只是杯水車薪，但牠灑向大火的每一滴水都凝聚了牠的全部生命熱情。與雉王相對照的形象是天帝釋，雖然他神通廣大，滅火在他只是舉手之勞，但他不僅不伸出援救之手，反而對雉王大加譏諷，受到雉王毫不留情的抨擊，最後體認到自己的錯誤，幫助雉王撲滅了大火。天帝釋這個形象的塑造雖然是為了反襯雉王的無私和悲憫，但對世人也具有警戒作用：當你有能力幫助別人時，卻對別人的危難袖手旁觀，和雉王相比，你不覺得慚愧嗎？這是兩個具有寓言性質的故事，令人回味無窮。

蘇跋陀羅窣堵波

鹿拯溺西不遠，有窣堵波，是蘇跋陀羅❶唐言善賢。舊曰須跋陀羅，訛也入寂滅之處。善賢者，本梵志師也。年百二十，耆舊多智。聞佛寂滅，至雙樹間，問阿難曰：「佛世尊將寂滅，我懷疑滯，願欲請問。」阿難曰：「佛將涅槃，幸無擾也。」曰：「吾聞佛世難遇，正法難聞，我有深疑，恐無所請。」善賢遂入，先問佛言：「有諸別眾，自稱為師，各有異法，垂訓導俗，喬答摩，舊曰瞿曇，訛略也。能盡知耶？」佛言：「吾悉深究。」仍為演說。善賢聞已，心淨信解，求入法中，受具足戒。如來告曰：「汝豈能耶？外道異學修梵行者，當試四歲，觀其行，察其性，威儀寂靜，辭語誠實，則可於我法中淨修梵行。在人行耳，斯何難哉！」善賢曰：「世尊悲愍，含濟無私，四歲試學，三業方順。」佛言：「我先已說，在人行耳！」於是善賢出家，即受具戒，勤勵修習，身心勇猛。已而於法無疑，自身作證，夜分未久，果證羅漢，諸漏已盡，梵行已立。不忍見佛入大涅槃，即於眾中入火界定❷，現神通事，而先寂滅。是為如來最後弟子，乃先滅度，即昔後渡蹇兔是也。

【注　釋】❶蘇跋陀羅　梵文 Subhadra 的音譯。意譯為善賢、快賢。❷火界定　自焚。

【語　譯】在鹿救難塔西面不遠有一座塔，這裡是蘇跋陀羅涅槃的地方。善賢原是婆羅門教師，已經有一百二十歲了，是當地極有學問的長者。他聽說佛要涅槃了，便來到佛所在的兩樹間，對阿難說：「聽說佛世尊要入涅槃了，我有些疑難問題要請教他。」阿難說：「佛就要涅槃了，請您不要去打擾他吧。」善賢說：「有道是佛世難遇，正法難聞，我現在有很大的難題，恐怕以後沒人能夠解答。」於是阿難就讓他進去了。善賢見了佛就問：「各種學問都有自己的師承和訓導俗眾的方法。這些，你都知道嗎？」

佛說：「我對各個學派都有深入的研究。」於是為他一一講說。善賢聽了心悅誠服，便要求入法門中受具足戒。如來說：「你哪裡可以呢？一般外道異學要修習梵行，都要考驗四年，觀察他的行為，考察他的品性，只有威儀寂靜，辭語誠實的人，才可在我法門中修習梵行。不過事在人為，這也沒什麼難的啊！」善賢說：「世尊悲天憫人，無私濟度眾生。看來我要經過四年試學才能進入梵門了。」佛說：「我先已說過，事在人為啊！」於是善賢當時便出家受具足戒，他勤勉地修習，進步很快，不久就對法堅信不疑，並努力以自身作證，剛剛過了半夜，就證得羅漢果。一切煩惱盡都除去，完成了梵行。他不忍見佛入大涅槃，便在眾人中入火界定自焚了，他現出神通先佛進入涅槃。他是如來的最後一個弟子，卻先涅槃。他就是從前鹿最後度濟的跛腿兔子。

【說　明】蘇跋陀羅是如來的最後一名弟子，本文講述了蘇跋陀羅拜師經過以及他成道涅槃的故事。將入涅槃的佛該是多麼衰弱，但是為了度化蘇跋陀羅，佛仍然勉力為他解答疑難，使他終於證得羅漢果進入一個安詳寧和的世界。佛從覺悟以後便開始普渡眾生的事業，為了這個目標，他萬里跋涉，勞苦奔波，在生命的最後一刻仍然在認真地履行這個諾言。傳說中的佛入涅槃是由於天魔的懇請，現實中釋迦牟尼佛的去世該是由於為度化眾生耗盡了心血吧！佛度化眾生的觀點在本文也有明確地提及，那就是事在人為，佛對蘇跋陀羅的度化就是最好的注解。

作者以細膩的筆觸將蘇跋陀羅和佛的這一次會面具體地展現在我們面前，節奏平緩，描寫細緻。結尾處對他們前世的追溯既是佛家思想的反映，也使全文籠罩了一層神祕色彩。

執金剛躄地處

善賢寂滅側，有窣堵波，是執金剛❶躄❷地之處。大悲世尊隨機利見，化功已畢，入寂滅樂，於雙樹間北首而臥。執金剛神密跡力士見佛滅度，悲慟唱言：「如來捨我入大涅槃，無歸依，無覆護，毒箭深入，愁火熾盛！」捨金剛杵，悶絕躄地。久而又起，悲哀戀慕，互相謂曰：「生死大海，誰作舟檝？無明長夜，誰為燈炬？」

【注釋】❶執金剛　梵文 Vajra-pāṇi 的意譯。即金剛力士。是傳說中執金剛杵守護佛法的天神。❷躄　撲倒。

【語譯】在善賢涅槃處旁邊有一座塔，這是執金剛悲痛倒地的地方。大悲世尊隨機施教，度化眾生。教化完畢，便進入涅槃的安樂之中，在雙樹間頭向北而臥。執金剛神密跡力士見佛入涅槃，悲慟地哭喊道：「如來丟下我們進入大涅槃，我們從此無依無靠，無人保護了。我們此刻的痛苦就像有人將毒箭射入我們的身體，哀愁的烈火要將我們燒成灰燼了！」金剛力士丟掉金剛杵，氣絕倒地。過了許久他們蘇醒過來，悲哀失落，互相說道：「在生死的大海中，還有誰作我們過渡的舟楫？漫漫長夜，誰作我們照明的明燈？」

【說　明】本文描述了一群為佛的涅槃悲痛欲絕的金剛力士，作者以具有強烈感情色彩的語言，將他們對佛的崇敬和佛涅槃後他們孤苦無助的心情淋漓盡致地表達了出來。文字簡潔，表現力強，如「捨」金剛杵和悶絕「躄」地，這精練的兩個字便刻劃出金剛力士們的喪魂失魄。至於他們悲慟的哭喊，彷彿就響在我們的耳邊，令人不禁黯然神傷。

釋迦寂滅諸神異傳說

金剛躄地側，有窣堵波，是如來寂滅已七日供養之處。如來之將寂滅也，光明普照，人、天畢會，莫不悲感，更相謂曰：「大覺世尊今將寂滅，眾生福盡，世間無依。」如來右脇臥師子床，告諸大眾，勿謂如來畢竟寂滅，法身常住，離諸變易，當棄懈怠，早求解脫。諸苾芻等歔欷❶悲慟。時阿泥律陀❷（舊曰阿那律，訛也）告諸苾芻：「止，止，勿悲！諸天譏怪。」時末羅❸眾供養已訖❹，欲舉金棺，詣涅疊般那所。時阿泥律陀告言：「且止！諸天欲留七日供養。」於是天眾持妙天花，遊虛空，讚聖德，各竭誠心，共興供養。

停棺側有窣堵波，是摩訶摩耶夫人哭佛之處。如來寂滅，棺殮已畢，時阿泥律陀上昇天宮，告摩耶夫人曰：「大聖法王今已寂滅。」摩耶聞已，悲哽悶絕，與諸天眾至雙樹間，見僧伽胝、鉢及錫杖，拊❺之號慟，絕而復聲曰：「人、天福盡，世間眼滅！今此諸物空無有主。」如來聖力，金棺自開，放光明，合掌坐，慰問慈母：「遠來下降！諸行法爾，願勿深悲。」阿難銜哀而請佛曰：「後世問我，將何以對？」曰：「佛已涅槃，慈母摩耶自天宮降，至雙樹間，如來為諸不孝眾生，從金棺起，合掌說法。」

城北渡河三百餘步，有窣堵波，是如來焚身之處。地今黃黑，土雜灰炭，至誠求請，或得舍利。如來寂滅，人、天悲感，七寶為棺，千氎纏身，設香花，建幡蓋，末羅之眾奉輿發引，前後導從，北渡金河，盛滿香油，積多香木，縱火以焚，二氎不燒，一極襯身，一最覆外。為諸眾生分散舍利，惟有髮、爪儼然無損。

焚身側有窣堵波，如來為大迦葉波現雙足處。如來金棺已下，香木已積，火燒不然❻，眾咸驚駭。阿泥律陀言：「待迦葉波耳。」時大迦葉波與五百弟子自山林來，至拘尸城，問阿難曰：「世尊之身，可得見耶？」阿難曰：「千氎纏絡，重棺周殮，香木已積，即事焚燒。」是時佛於棺內為出雙足，輪相❼之上，見有異色。問阿難曰：「何以有此？」曰：「佛初涅槃，人、天悲慟，眾淚迸染，致斯異色。」迦葉波作禮，旋繞興讚，香木自然，大火熾盛。故如來寂滅，三從棺出：初出臂，問阿難治路❽；次起坐，為母說法；後現雙足，示大迦葉波。

【注　釋】❶歔欷　哽咽。❷阿泥律陀　梵文 Aniruddha 的音譯。又譯為阿那律、阿覺樓陀。意譯為無滅、不滅。是釋迦牟尼十大弟子之一。號稱「天眼第一」。❸末羅　梵文 Malla 的對音。種族名兼國名。意譯為力士、壯士。❹訖　完結。❺拊　撫摸。❻然　通「燃」。❼輪相　傳說佛足蹠有千輻輪相（一種特別圖案）。❽治路　亦稱淨治路，指修法時於道場召請本尊聖眾，先清淨宮中道路，為除諸障礙而誦真言。

【語　譯】在金剛壁地處旁邊有一座塔，這裡是如來涅槃後被供養七日的地方。如來要入涅槃的時候，光明普照，天神和人眾都聚集在這裡，大家都非常悲傷，議論說：「大覺世尊今天入了涅槃，眾生從此福盡，世間將沒有依靠了。」如來向右側臥在師子床上，告訴大眾說，不要以為如來終究是涅槃了，如來的真身是永恒常在的，不受任何變易的影響，你們一定不要懈怠，以求早日得到解脫。苾芻們都哽咽悲慟不已。這時阿泥㨖陀對苾芻們說：「停，停，不要這樣悲慟啊！天神們要怪罪了。」這時末羅族人已經供養完畢，正要把金棺抬到火化場去，阿泥㨖陀對他們說：「暫且停止！天神們要將金棺留下供養七天。」於是天神們手持神妙天花，往來空中讚頌聖德，個個竭盡誠心，共同供養。

在停棺處旁邊有一座塔，這是摩訶摩耶夫人哭佛的地方。如來涅槃後，棺殮已畢，這時阿泥㨖陀昇到天宮中告訴摩耶夫人說：「大聖法王現在已經涅槃了。」摩耶夫人聽了這話，悲哽悶絕，她和天神們一起來到雙樹間，見了佛的僧伽胝衣、鉢和錫杖等遺物，撫摩著痛哭，停止哭泣後又說道：「人眾和天神的福分都已盡了，世間的神眼也已殞滅！今後這些東西沒有主人了。」這時如來顯示神力，金棺自動開啟，放射光明，如來合掌而坐，向慈母慰問說：「勞您從遠天下降這裡，一切事物都有自己的規律，請您不要過於悲傷。」阿難含悲問佛：「後世的人問我這件事，我該怎麼說呢？」如來回答：「你就說，佛涅槃後，他的慈母摩耶從天宮降到雙樹間，如來為不孝的眾生，從金棺中坐起，合掌為母親說法。」

從城北渡河後再走三百多步，有一座塔，這裡是如來焚身的地方。現在土地還呈黃黑色，土中仍夾雜著灰炭，如果至誠祈請，也許還能得到舍利。如來入涅槃後，天神人眾非常悲傷，以七種寶物裝飾棺木，用千層棉布纏裹如來法身，設香花，建幡蓋，末羅族抬著棺輿前呼後擁向北渡過金河。在棺木上灑滿香油，又堆積很多香木，然後放火焚燒。在焚燒過程中，有兩層棉布絲毫無損，一層是緊貼法身的，一層是最外面的。眾人分發舍利時發現，如來的頭髮和指甲也完好無損。

在如來焚身塔旁有一座塔，這裡是如來為大迦葉波現出雙足的地方。如來的金棺已經安放好，香木也已堆起，但卻點不著火，大眾都很驚異。阿泥㨖陀說：「這是在等候迦葉波啊。」這時大迦葉波和五百弟子從山林中來到拘尸城，大迦葉波問阿難：「我可以看看世尊的法身嗎？」阿難說：「世尊的法身已被千層棉布包裹，重棺周殮。而且香木已經堆好，馬上就要焚燒，你恐怕是看不到了。」這時佛從棺內為大迦葉波現出雙足，輪相上呈現出奇異的顏色。大迦葉波見了，向阿難問道：「為什麼會有這樣奇異的顏色呢？」阿難說：「佛剛涅槃的時候，天神人眾痛哭不已，他們的眼淚飛濺如雨，使輪相染上這種奇異的顏色。」迦葉波向世尊行禮，然後繞著金棺祈頌，於是香木自己燃燒起來，火勢猛烈。因此如來涅槃後三次從棺中現出法身：第一次伸出手臂問阿難治路；第二次坐起來為母親說法；最後一次現出雙足給大迦葉波看。

【說　明】本文介紹金河兩岸四處遺址，集中講述了釋迦如來入涅槃時的種種神異的傳說。這些傳說彷彿一支無形的巨筆，勾勒出如來從寂滅到焚身的整個過程，點染出如來涅槃人、天同悼的悲愴氣氛。因此，本文應該說是神異傳說和真實記錄的混和體。文中有關神異的描寫，既是佛教徒對釋迦如來的神化，也表現出他們對如來法教的理解。文中記敘如來寂滅前後的兩次說法，明確闡釋了佛家的觀點。如來勸慰母親說「諸行法爾」，他對大眾說：「……法身常住，離諸變易，當棄懈怠，早求解脫。」這幾句話闡明了佛教最基本的中心理論。所謂「諸行法爾」，是說一切物質事物都是因緣和合的產物，靠各種條件的組合而成立、顯現，因此，當條件消失、改變時，它也就同時消失了，人的身體便是這樣。因此，如來對母親說：「願勿深悲。」而他對大眾的說法則是上面這句話的延續。他告訴人們，這裡消失的不過是他虛妄的外形而已，而他的法身——佛的真精神卻是永在的，超然一切變易之上。因此，文中所描寫的種種神異現象不過是這種理論的注解，將深刻的哲理寓於生動的傳說，這是本文寫作上最顯著的特點。

八王分舍利傳說

現足側有窣堵波，無憂王所建也，是八王分舍利處。前建石柱，刻記其事。

佛入涅槃後，涅疊般那已，諸八國王備四兵至，遣直性婆羅門❶謂拘尸力士曰：「天、人導師此國寂滅，故自遠來，請分舍利。」力士曰：「如來降尊，即斯下土，滅世間明導，喪眾生慈父。如來舍利自當供養，徒疲道路，終無得獲。」時諸大王遜辭以求，既不相允，重謂之曰：「禮請不從，兵威非遠。」直性婆羅門揚言曰：「念哉！大悲世尊忍修福善，彌歷曠劫，想所具聞，今欲相凌，此非宜也。今舍利在此，當均八分，各得供養，何至興兵？」諸力士依其言，即時均量，欲作八分。帝釋謂諸王曰：「天當有分，勿恃力競。」阿那婆答多龍王、文鄰龍王、醫那鉢呾羅龍王復作是議：「無遺我曹❷。若以力者，眾非敵矣。」直性婆羅門曰：「勿諠諍❸也，宜共分之。」即作三分，一諸天，二龍眾，三留人間，八國重分。天、龍、人王莫不悲感。

【注　釋】❶直性婆羅門　指皈依佛教的婆羅門。直性，梵文寫作 Droṇa。音譯為突路奈，意譯為斛。❷曹　們；輩。❸諠諍　爭吵。

【語　譯】在如來現足塔旁有一座塔，是無憂王建造的。這裡是八國國王分佛舍利的地方。塔前建有石柱，柱上刻記著這件事。佛入涅槃後，焚身已畢，八國國王各率四種兵來到這個國家，他們派直性婆羅門對拘尸力士說：「因為天神和人眾的導師在這個國家入涅槃，所以我們遠道而來，請分給我們一份舍利。」力士說：「如來降臨敝國，這是我們的福分。如來涅槃使世界沒有了導師，眾生喪失了慈父。如來既然在敝國入涅槃，他的舍利自當由我們供養，你們白白跑這一趟，什麼也不會得到的。」這時各國國王都向拘尸力士好言相求，後來見他們堅決不同意，便又說：「既然以禮相請行不通，那就用武力解決吧。」直性婆羅門高聲說：「想想吧！大悲世尊忍修福善，經歷了久遠的歲月，這些想必你們都知道。現在你們卻要以武力爭奪如來舍利，這太不應該了。舍利就在這裡，應當將舍利平均分為八份，這樣各國就都得供養了，何至於興兵呢？」拘尸力士們同意他的意見，於是馬上按他所說，準備將舍利平均分成八份。這時帝釋對八個國王說：「天神也應當得一份，大家都不要自恃武力。」阿那婆答多龍王、文鄰龍王、醫那鉢呾羅龍王也說：「不要忘了我們。如果要動武的話，你們大家都不是對手。」直性婆羅門說：「不要吵了，大家一起分吧。」於是將舍利先分成三份：一份給天神，一份給龍王，一份留在人間，留在人間的一份又平均分給八個國家。天神、龍王、國王分得舍利，全都悲感交集。

【說明】 本文記敘了如來寂滅後，人、天大眾分舍利的傳說。這個故事並不很長，卻寫得情節豐富，高潮迭起。整個故事建構在兩次衝突的形成和解決上：第一次是八國和拘尸力士的衝突；第二次是人眾和天、龍的衝突。這兩個衝突此起彼伏，使整個故事充滿了緊張氣氛。故事中的直性婆羅門既是組織全文，貫穿兩個主要情節的「眼」，也是作者著重塑造的一個生動的人物形象。他勸說國王們時的語重心長和對待天、龍時的忍耐寬厚，都是令人難忘的。這是一個正直無私、心地良善的形象，作者在「婆羅門」前冠以「直性」可能就是對他的品德的讚美吧。

傳說直性婆羅門為八王分舍利，他自己卻被擯棄在外。於是他偷偷在分舍利的瓶中塗上蜜，這樣瓶的內壁便黏住了一些舍利，他將瓶子帶回國去起塔供養。在佛教史上，直性婆羅門所起的瓶塔和八王供奉的舍利塔以及畢鉢羅村人所起的灰塔，合稱為十塔。

大邑聚

分舍利窣堵波西南行二百餘里，至大邑聚❶，有婆羅門，豪右❷巨富，確乎不雜，學究五明❸，敬崇三寶。接其居側，建立僧坊，窮諸資用，備盡珍飾，或有眾僧往來中路，殷懃請留，罄心供養，或止一宿，乃至七日。其後設賞迦王毀壞佛法，眾僧絕侶，歲月驟淹，而婆羅門每懷愨惻。經行之次，見一沙門，厖眉❹皓髮，杖錫而來。婆羅門馳往迎逆，問所從至，請入僧坊，備諸供養，旦以淳乳，煮粥進焉。沙門受已，才一嚌❺齒，便即置鉢，沈吟長息。婆羅門侍食，跪而問曰：「大德惠利隨緣，幸見臨顧，為夕不安耶？為粥不味乎？」沙門愍然告曰：「吾悲眾生福祐漸薄，斯言且置，食已方說。」沙門食訖，攝衣即去。婆羅門曰：「向許有說，今何無言？」沙門告曰：「吾非忘也。談不容易，事或致疑。必欲得聞，今當略說。吾向所歎，非薄汝粥。自數百年，不嘗此味。昔如來在世，我時預從，在王舍城竹林精舍，俯清流而滌器，或以澡漱，或以盥沐。嗟乎！今之純乳，不及古之淡水，此乃人、天福減使之然也。」婆羅門曰：「然則大德乃親見佛耶？」沙門曰：「然。汝豈不聞佛子羅怙羅者，我身是也。為護正法，未入寂滅。」說是語已，忽然不見。婆羅門遂以所宿之房，塗香灑掃，像設肅然，其敬如在。

復大林中行五百餘里，至婆羅痆女黠反斯國舊曰婆羅柰國，訛也。中印度境。

【注　釋】❶邑聚　城鎮。❷豪右　豪強大族。❸五明　梵文寫作 pañca vidyā-sthānāni。指五種學藝，為古印度之學術分類法。即㈠聲明，語言、文典之學；㈡工巧明，工藝、技術算曆之學；㈢醫方明，醫學、藥學、咒法之學；㈣因明，論理學；㈤內明，專心思索五乘因果妙理之學，或表明自家宗旨之學。此泛指各種學術技藝。❹厖眉　長眉。❺嚌　嚐。

【語　譯】從分舍利塔向西南走二百多里，到達一座大城鎮，鎮中有一位婆羅門，他出身豪門，家資巨萬。但他和一般的富豪卻大不相同。他研究五明學問，崇敬佛法三寶，他在自己住宅旁邊建立了一座僧坊，裡面用品完備，裝飾得富麗堂皇，如果有僧人往來經過這裡，都會受到慇懃挽留和悉心的招待。有的僧人便在這裡住一晚，有的甚至住上七天。後來設賞迦王毀壞佛法，往來的僧眾就沒有了。轉眼間很多年過去了，婆羅門常常會帶著懇切悲傷的心情想起那些僧人們。有一天他散步的時候，看見一位長眉白髮的和尚，手拿錫杖走了過來。婆羅門急忙上前迎接，詢問他的來處和去處，並將和尚請進僧坊，用各種物品供養他，早晨用最好的牛奶煮成粥給他吃。和尚接過這早餐，才嚐了一口，就放下飯鉢沈吟嘆息。在一旁侍奉他進食的婆羅門見他這樣就跪下問道：「高僧慈悲，隨緣來到敝處。現在您沈吟嘆息，是晚上休息得不好嗎？還是這粥味道不好？」和尚悲憫地對他說：「我是悲傷眾生的福祐越來越薄了。先不說了，等吃完飯再說。」和尚吃完早餐，提起衣襟就走。婆羅門說：「剛才您說有話要講，現在為什麼又不說了？」和尚告訴他說：「我不是忘了說，而是不容易說清楚，也許倒要讓人疑慮了。既然你一定要聽，我現在就簡要地說一說。我剛才嘆息，不是說你的粥不好。我已經有幾百年沒有嚐過這種味道了。從前如來在世的時候，我經常跟隨在他左右，在王舍城竹林精舍那裡，我在清澈的流水中或者洗滌器物，或者洗漱，或者沐浴。唉！現在最好的牛奶，還比不上古代的淡水，這是人眾和天神的福分越來越薄的徵兆啊。」婆羅門說：「這麼說高僧親眼見到佛了？」和尚說：「是啊。你聽說過佛的兒子羅怙羅吧？我就是。為了維護正法我一直沒有入涅槃。」說完這番話，和尚忽然不見了。於是婆羅門將他住過的房子塗香灑掃，恭敬地設立了和尚像，像他在時一樣崇敬地供奉他。

再在大林中走五百多里，到達婆羅痆斯國。

【說　明】本文講述了婆羅門見羅怙羅的故事，通過羅怙羅的嘆息，說明由於世人的墮落，毀棄佛法，使自己的福分越來越薄，連自然界的賜予也越來越貧乏了，現世最好的牛乳甚至比不上佛在世時山間的清水甘美。這個故事實際上在勸誡世人，不要一味沈溺於世俗的欲望之中，忘了正道，這樣下去，後果不堪設想。全文結構完整，線索明晰。婆羅門對佛法真誠的禮敬引出羅怙羅的現身；婆羅門向羅怙羅進獻的早餐引出羅怙羅悲憫的感嘆和回憶。雖然全文沒有一句提到要人們敬信佛法，但這層深意卻是貫穿始終的，並能讓讀者清楚地感受到這一點，表現了作者說理表意的高超技巧。

卷七 五國

婆羅痆斯國

【題解】婆羅痆斯，梵文寫作 Bārāṇasī。也被譯作波羅那斯、波羅痆斯等。婆羅痆斯國也就是古代印度的迦尸國。迦尸，梵文 Kāśī 的音譯。通常將迦尸國作國名，婆羅痆斯作首都名，因此婆羅痆斯也被稱為迦尸城。是古代印度十六大國之一。其位置在今阿拉哈巴德下游八十英里處，恒河左岸。現在的名字叫瓦臘納西。

婆羅痆斯國，周四千餘里。國大都城西臨殑伽河，長十八九里，廣五六里。閭閻櫛比❶，居人殷盛，家積巨萬，室盈奇貨。人性溫恭，俗重強學，多信外道，少敬佛法。氣序和，穀稼盛，果木扶疏，茂草靃靡❷。伽藍三十餘所，僧徒三千餘人，並學小乘正量部法。天祠百餘所，外道萬餘人，並多宗事大自在天，或斷髮，或椎髻❸，露形無服，塗身以灰，精勤苦行，求出生死。

大城中天祠二十所，層臺祠宇，彫石文木，茂林相蔭，清流交帶，鍮石天像量減百尺，威嚴肅然，懍懍❹如在。

大城東北婆羅痆河西有窣堵波，無憂王之所建也，高百餘尺。前建石柱，碧鮮若鏡，光潤凝流，其中常現如來影像。

【注釋】❶櫛比　像梳齒那樣密密排列。❷靃靡　茂草隨風飄拂的樣子。靃，霍的本字。❸椎髻　像椎子一樣的髮髻。❹懍懍　嚴肅可敬畏的樣子。懍，通「凜」。

【語譯】婆羅痆斯國方圓四千多里。這個國家的大都城西臨恒河，長十八、九里，寬五、六里。街巷民居密布，百姓富足，家財巨萬，屋中堆滿了珍奇的東西。人們性情溫順謙恭，重視學習技藝，大多信奉外道，少數人敬信佛法。該國氣候溫和，穀稼茂盛，果木繁密，綠草遍野。境內有寺院三十多座，僧徒三千多人，都學習小乘正量部法教。外道神廟有一百多所，外道有一萬多人，大多信奉大自在天，有的斷髮，有的將髮髻梳成椎形，都赤身露體不穿衣服，將灰塗在身上，他們勤勤懇懇地刻苦修行，以求跳出生死輪迴。

在大都城中有外道神廟二十所，都建有層層樓臺，祠宇高大，一石一木都被精心雕畫，茂密的樹林互相掩映，清澈的流水縱橫交錯，黃銅鑄成的天神像有近百尺高，莊嚴肅穆，威風凜凜，非常逼真。

在大都城東北婆羅痆河西岸有一座塔，是無憂王建造的，塔高一百多尺，塔前建有石柱，像鏡子一樣光潔細潤，石柱中常常現出如來的影像。

【說明】本文介紹了婆羅痆斯國的概況和都城內外的宗教遺跡。婆羅痆斯位於水陸交通中心，因此工商業繁榮、人口眾多。這裡在印度宗教史上也有重要地位，佛陀一生中很大一部分時間是在這裡度過的，他第一次說法也是在這裡，以後又多次在這裡宣講他的教義，耆那教的創始者大雄及其弟子的許多事跡也發生在這裡。另外，這裡還是印度教的神聖中心，大自在天派和遍入天派為了爭奪婆羅痆斯，進行了多次激烈的鬥爭。我國高僧如法顯等都曾到過這裡。境內宗教勝跡可以說數不勝數，以下分五部分介紹幾處最著名的遺跡。

鹿野伽藍

婆羅痆河東北行十餘里，至鹿野伽藍，區界八分，連垣周堵，層軒重閣，麗窮規矩❶。僧徒一千五百人，並學小乘正量部法。大垣中有精舍，高二百餘尺，上以黃金隱起❷作菴沒羅果，石為基陛，甎作層龕，龕帀❸四周，節級百數，皆有隱起黃金佛像。精舍之中有鍮石佛像，量等如來身，作轉法輪❹勢。

精舍西南有石窣堵波，無憂王建也。基雖傾陷，尚餘百尺。前建石柱，高七十餘尺，石含玉潤，鑒照映徹，殷懃祈請，影見眾像，善惡之相，時有見者。是如來成正覺❺已初轉法輪處也。其側不遠窣堵波，是阿若憍陳如❻等見菩薩捨苦行，遂不侍衛，來至於此，而自習定。其傍窣堵波，是五百獨覺❼同入涅槃處。又三窣堵波，過去三佛座及經行遺跡之所。

三佛經行側有窣堵波，是梅呾麗耶❽唐言慈，即姓也。舊曰彌勒，訛略也。菩薩受成佛記處。昔者如來在王舍城鷲峰山告諸苾芻：「當來之世，此贍部洲土地平正，人壽八萬歲，有婆羅門子慈氏者，身真金色，光明照朗，當捨家，成正覺，廣為眾生三會❾說法。其濟度者，皆我遺法植福眾生也。其於三寶深敬一心，在家、出家，持戒、犯戒，皆蒙化導，證果解脫。三會說法之中，度我遺法之徒，然後乃化同緣善友。」是時慈氏菩薩聞佛此說，從座起，白佛言：「願我作彼慈氏世尊。」如來告曰：「如汝所言，當證此果。如上所說，皆汝教化之儀也。」

慈氏菩薩受記西有窣堵波，是釋迦菩薩受記之處。賢劫中人壽二萬歲，迦葉波佛出現於世，轉妙法輪，開化含識，授護明❿菩薩記曰：「是菩薩於當來世眾生壽命百歲之時，當得成佛，號釋迦牟尼。」

釋迦菩薩受記南不遠，有過去四佛經行遺跡，長五十餘步，高可七尺，以青石積成，上作如來經行之像，像形傑異，威嚴肅然，肉髻之上特出髮⓫，靈相無隱，神鑒有徵。

於其垣內，聖跡實多，諸精舍、窣堵波數百餘所，略舉二三，難用詳述。

【注釋】❶規矩　一定的標準。❷隱起　浮起。這裡指浮雕。❸帀　周。❹轉法輪　比喻講說佛教教義。輪，梵文 cakra 的意譯。指一種形狀像車輪一樣的武器。這裡比喻佛所說的法。❺成正覺　即成佛。正覺，佛教徒將洞明真諦達到大徹大悟的境地稱為正覺。❻阿若憍陳如　梵文寫作 Ājñātakauṇḍinna。「阿若」的意思是智慧淵博，因此稱呼悟道有成的人。「憍陳如」是釋迦牟尼修行時的五名侍從之一，也是釋迦牟尼的第一批弟子之一。❼獨覺　梵文 pratyekabuddha 的意譯。音譯為辟支佛。指獨自修行而悟道者。❽梅呾麗耶　梵文寫作 Maitreya。即彌勒或慈氏菩薩。❾三會　指彌勒在龍華園中龍華樹下成道後三度說法，度盡上、中、下三根眾生。因此稱為三會。❿護明　梵文 Prabhāpāla 的意譯。是釋迦牟尼的前身，迦葉波佛的弟子。⓫髾髮　頭髮梢。

【語　譯】從婆羅痆河向東北走十幾里，到達鹿野寺，寺院分為八部分，圍牆環繞，牆內高樓重閣排列有序，極盡華麗。寺中有僧徒一千五百人，都學習小乘正量部法教。大牆中有座精舍，高二百多尺，上有黃金的菴沒羅果浮雕。舍基和臺階是石頭砌成的，層龕是磚製的，層龕圍在基陛四周有一百多級，都有黃金的佛像浮雕。在精舍中有黃銅佛像，像如來真身一樣大小，作轉法輪的姿勢。

在精舍西南有座石塔，是無憂王建造的，塔基雖然塌陷了，仍有一百多尺高。塔前建有石柱，高七十多尺，石頭質地像玉一樣溫潤，像鏡子一樣映照清晰。如果虔誠勤勉地祈請，就可以看見眾生的影像，善和惡的相貌時常有人看到。這是如來成佛後第一次說法的地方。在它旁邊不遠有塔，當年阿若憍陳如等見菩薩放棄苦行，便不再侍衛他，而來到這裡，自己修行。在阿若憍陳如等塔的旁邊有座塔，是五百位獨覺佛一同進入涅槃的地方。還有三座塔，是過去三佛安坐和散步場所的遺跡。

在三佛散步場所的旁邊有一座塔，這裡是梅呾麗耶菩薩得到成佛預言的地方。從前如來在王舍城的鷲峰山上告訴苾芻們說：「未來的那一世，整個贍部洲土地平正，人人可以有八萬歲的壽命，那時將有一位婆羅門的兒子慈氏，身體呈真金色，光芒照耀。他將出家成佛，為廣大眾生三度說法。他所濟度的，都是受我的遺法植福的眾生。那些對三寶一心敬奉的人，無論是在家、出家，持戒、犯戒，都可以得到化導，證得正果，得到解脫。在三度說法時，要先濟度信奉我遺法的信徒，然後化導有緣的善友。」當時慈氏菩薩聽佛這樣說，從座位上站了起來，禀告佛說：「願我能作那位慈氏世尊。」如來告訴他說：「如果像你說的這樣，你一定能證得正果。那麼我上面說的這些，都是你教化的標準。」

在慈氏菩薩接受預言塔的西面有座塔，是釋迦菩薩得到預言的地方。在賢劫中人的壽命有兩萬歲時，迦葉波佛出現在世上，他講說妙法，開導教化眾生。他對護明菩薩預言說：「這個菩薩在眾生有百歲壽命的來世將會成佛，號釋迦牟尼。」

在釋迦菩薩受預言處南面不遠，有過去四佛散步遺跡，長五十多步，高有七尺，以青石壘成，上面有如來散步的雕像，相貌奇偉，威嚴肅穆，肉髻上長出頭髮梢，其靈異的妙相盡皆顯露，並顯示出神奇的徵兆。

在寺院圍牆裡，聖跡非常多，精舍和塔有數百所，這裡只略舉二三，難以詳盡地一一道來。

【說明】 本文介紹了鹿野寺的概況以及寺牆內幾處著名的佛教勝跡。鹿野，梵文 Mṛgadāva 的意譯。也被譯作鹿野苑、僊人鹿野等。鹿野寺是鹿野苑中的一寺，該寺在阿育王時代已經相當有名，與佛誕生處藍毘尼園、佛成道處菩提伽耶、佛涅槃處拘尸那揭羅共稱為佛教四大聖地。如來在這裡拜受成佛預言，並在這裡於成佛後首次說法度化眾生。本文簡潔地記敘了發生這兩個重大事件的遺址。有關釋迦佛對未來佛慈氏的預言則寫得較為詳細。作者在鹿野寺牆內繁多的佛教遺跡中重點介紹這幾處，以釋迦佛為中心，涉及賢劫中人壽兩萬歲的迦葉波佛和未來世人壽八萬歲時的彌勒佛，作者的述說像一條絲線將整個佛教史隱隱串連在一處，使人不禁要感嘆佛的世界廣闊無涯和佛法的無邊神力。

有關鹿野寺的來源下文有詳細介紹。這座宏大的寺院十三世紀時被侵入的伊斯蘭教徒摧毀，但從近代的考古發現中仍可以看到它當年「層軒重閣，麗窮規矩」的影子。

三龍池

伽藍垣西有一清池，周二百餘步，如來嘗中盥浴。次西大池，周一百八十步，如來嘗中滌器。次北有池，周百五十步，如來嘗中浣衣。凡此三池，並有龍止。

其水既深，其味又甘，澄淨皎潔，常無增減。有人慢心，濯此池者，金毘羅❶獸多為之害；若深恭敬，汲用無懼。浣衣池側大方石上，有如來袈裟之跡，其文明徹，煥如彫鏤，諸淨信者每來供養。外道凶人輕蹈此石，池中龍王便興風雨。

池側不遠有窣堵波，是如來修菩薩行時，為六牙象王，獵人利其牙也，詐服袈裟，彎弧伺捕，象王為敬袈裟，遂捩❷牙而授焉。

捩牙側不遠有窣堵波，是如來修菩薩行時，愍世無禮，示為鳥身，與彼獮猴、白象，於此相問，誰先見是尼拘律樹❸，各言事跡，遂編長幼，化漸遠近，人知上下，導俗歸依。

其側不遠，大林中有窣堵波，是如來昔與提婆達多俱為鹿王斷事之處。昔於此處大林之中，有兩群鹿，各五百餘。時此國王畋遊原澤，菩薩鹿王前請王曰：「大王校獵中原，縱燎飛矢，凡我徒屬，命盡茲晨，不日腐臭，無所充膳。願欲次差，日輸一鹿。王有割鮮之膳，我延旦夕之命。」王善其言，回駕而返。兩群之鹿，更次輸命。提婆群中有懷孕鹿，次當就死，白其王曰：「身雖應死，子未次也。」鹿王怒曰：「誰不寶命！」雌鹿歎曰：「吾王不仁，死無日矣。」乃告急菩薩鹿王。鹿王曰：「悲哉慈母之心，恩及未形之子！吾今代汝。」遂至王門。

道路之人傳聲唱曰：「彼大鹿王今來入邑。」都人士庶莫不馳觀。王之聞也，以為不誠，門者白至，王乃信然。曰：「鹿王何遽來耶？」鹿曰：「有雌鹿當死，胎子未產，心不能忍，敢以身代。」王聞歎曰：「我人身，鹿也。爾鹿身，人也。」於是悉放諸鹿，不復輸命，即以其林為諸鹿藪❹，因而謂之施鹿林焉。鹿野之號，自此而興。

【注　釋】❶金毘羅　梵文 kumbhira 的音譯。鱷魚。❷捩　扭轉。❸尼拘律樹　尼拘律，梵文寫作 nyagrodha，意譯為無為、多根。又稱尼拘陀樹、尼拘屢陀樹等，形狀類似榕樹。❹藪　指人或東西聚集的地方。

【語　譯】在鹿野寺牆外西面有一片清池，方圓二百多步，如來曾在池中沐浴。再往西還有一個大池，方圓一百八十步，如來曾在池中洗滌器皿。再往北又有一個池潭，方圓一百五十步，如來曾在這池中洗衣。這三個池潭中都有龍居住。池水很深，味道甘美，清澈皎潔，而且池水不增不減，總是那麼多。有些人驕橫傲慢，當他們在這池中洗滌時，便會有鱷魚出來為害；那些心懷恭敬的人，來池中取水則不用害怕。在洗衣池旁邊的大方石上，有如來袈裟的印跡，衣紋清晰得像雕刻的一樣，許多虔誠的信奉者經常來這裡供養。外道惡人如果輕視地踐踏這塊石頭，池中龍王就會興起風雨。

在三池旁邊不遠有座塔，當年如來修菩薩行時，變作六牙象王，獵人為了獲取牠的牙，便穿上袈裟偽裝，張弓等待機會捕捉牠，象王由於崇敬袈裟，就自己將牙拔下來送給獵人。

在拔牙塔旁邊不遠有一座塔，當年如來修菩薩行時，憐憫世人無禮，化為鳥身，和那些獮猴、白象在這裡相約：誰先看見尼拘律樹，誰先講自己的事跡。大家依次講述自己的事跡，就編出長幼順序。這樣教化遠近人們知道上下尊卑，引導人們歸依佛法。

在這座塔旁邊不遠的大林中有一座塔，這是從前如來和提婆達多一起為鹿王斷事的地方。從前在這片大林中有兩群鹿，各有五百多頭，當時這個國家的國王正在田野草澤中打獵，菩薩鹿王向國王請求說：「大王在中原行獵，長箭紛飛，我的徒屬都要在頃刻間喪命了，過不了幾天我們的屍體就會腐爛變臭，不能吃了。現在我們願意按次序每天向大王送一頭鹿，這樣大王每天都可以吃到新鮮的鹿肉，我們也可以延長幾天壽命。」國王認為牠說得很對，就起駕回去了。兩群鹿按順序每天有一頭送命。在提婆鹿群中有一頭懷孕的母鹿，這次該牠送死。牠向鹿王稟告說：「我雖然該死，但我的孩子不該死啊。」鹿王怒道：「誰不珍惜自己的性命！」母鹿嘆道：「我王不是個仁慈之君，我們馬上就要一同死了。」於是去向菩薩鹿王求救。鹿王說：「可悲呀！慈母之心竟對未成形的孩子都這樣牽掛！現在讓我來代替你去死吧。」於是牠來到國王的宮門前。一路上人們都高聲傳唱著：「大鹿王今天進城來了。」全城的人都跑來觀看，國王聽說這件事，一開始不信，等到門人進來稟告，他才信了。國王問：「鹿王為什麼突然跑來了？」鹿王說：「有一頭母鹿今天該來送死，但牠腹中的孩子還沒有生下來，我不忍心讓她送死，願以我自己代替牠。」國王聽了嘆道：「我雖是人身，但和鹿一樣；你雖然是鹿，卻和人一樣。」於是他將鹿全都放走，不再讓牠們來送命，又將這片樹林作為鹿的棲息地，因而這裡被稱為施鹿林。鹿野的名稱，就是這樣得來的。

【說　明】本文介紹了三龍池的釋迦佛遺跡以及釋迦佛身為六牙象王和鳥、鹿王時的傳說。其中有關鹿王的傳說是本文敘述的重點，這個傳說也是對鹿野苑這一地名的解說。作者在這個故事中為我們塑造了一位悲憫、智慧的菩薩鹿王形象。牠為了挽救懷孕的母鹿，不惜以身替牠去死，而牠所以這樣做，不僅出於牠的悲憫的胸懷，也出於牠對母愛的理解和讚許。這使菩薩的形象不僅更加豐滿，而且更加可親。至於另外兩個主要形象：耽於遊樂濫殺生靈的國王和粗暴不仁的提婆鹿王，他們的缺乏愛心更反襯出菩薩鹿王的慈愛。作者以生動的筆墨和高明的寫作技巧將這個神話傳說敘述得文情並茂，引人入勝。

憍陳如等五人傳說

伽藍西南二三里，有窣堵波，高三百餘尺，基址廣峙，瑩飾奇珍，既無層龕，便置覆鉢，雖建表柱，而無輪鐸❶。其側有小窣堵波，是阿若憍陳如等五人棄制❷迎佛處也。初，薩婆曷剌他悉陀唐言一切義成。舊曰悉達多，訛略也太子踰城之後，棲山隱谷，忘身殉法。淨飯王乃命家族❸三人、舅氏❹二人曰：「我子一切義成捨家修學，孤遊山澤，獨處林藪，故命爾曹隨知所止。內則叔父、伯舅，外則既君且臣，凡厥動靜，宜知進止。」五人銜命，相望營衛，因即勤求，欲期出離。每相謂曰：「夫修道者，苦證耶？樂證耶？」二人曰：「安樂為道。」三人曰：「勤苦為道。」二三交爭，未有以明。於是太子思惟至理，為伏苦行外道，節麻米以支身❺。彼二人者見而言曰：「太子所行非真實法。夫道也者，樂以證之，今乃勤苦，非吾徒也。」捨而遠遁，思惟果證。太子六年苦行，未證菩提，欲驗苦行非真，受乳糜而證果。斯三人者聞而歎曰：「功垂成矣，今其退矣。六年苦行，一日捐功！」於是相從求訪二人，既相見已，匡坐❻高談，更相議曰：「昔見太子一切義成，出王宮，就荒谷，去珍服，披鹿皮，精勤勵志，貞節苦心，求深妙法，期無上果，今乃受牧女乳糜，敗道虧志，吾知之矣，無能為也。」彼二人曰：「君何見之晚歟？此猖蹶❼人耳。夫處乎深宮，安乎尊勝，不能靜志，遠跡山林，棄轉輪王位，為鄙賤人行，何可念哉？言增忉怛❽耳！」菩薩浴尼連河，坐菩提樹，成等正覺，號天人師，寂然宴默，惟察應度，曰：「彼鬱頭藍子❾者，證非想定❿，堪受妙法。」空中諸天尋聲報曰：「鬱頭藍子命終已來，經今七日。」如來歎惜：「斯何不遇！垂聞妙法，遽從變化！」重更觀察，營求世界，有阿藍迦藍⓫，得無所有處定⓬，可授至理。諸天又曰：「終已五日。」如來再歎，愍其薄祐。又更諦觀，誰應受教，唯施鹿林中有五人者，可先誘導。如來爾時起菩提樹，趣鹿野園，威儀寂靜，神光晃曜，毫⓭含玉彩，身真金色，安詳前進，導彼五人。斯五人遙見如來，互相謂曰：「一切義成，彼來者是。歲月遽淹，聖果不證，心期已退，故尋吾徒。宜各默然，勿起迎禮。」如來漸近，威神動物，五人忘制，拜迎問訊，侍從如儀。如來漸誘，示之妙理，雨安居畢，方獲果證。

【注釋】❶輪鐸　塔簷所懸的鈴。❷制　約束。❸家族　父系親屬。❹舅氏　母系親屬。❺支身　維持生命。❻匡坐　安坐。❼猖蹶　這裡指失敗。蹶，通「獗」。❽忉怛　憂愁的樣子。❾鬱頭藍子　梵文寫作 Udrarāmaputra。鬱頭藍是 udrarāma 的音譯；子是 putra 的意譯。❿非想定　即「非想非非想處」的禪定。非想非非想處，是無色界的第四天，三界的最高頂。不是一般思維可以了解的境界。它指這一層天的定心已進入至極靜妙、清靜無為的狀態。⓫阿藍迦藍　梵文 Ārāḍakālāma 的音譯。是釋迦牟尼出家後最初問道的外道僊人。⓬無所有處定　指修習無所有處的禪定。無所有處是無色四處的第三處。無所有，是「空」的別名。⓭毫　即毫相。是如來三十二相中的白毫相。

【語　譯】在鹿野寺西南二、三里，有一座塔，塔高三百多尺，塔基高大寬廣，裝飾著許多珍奇的寶物，塔身既沒有層龕，就只建了覆鉢狀的那一部分，雖然建有表柱，但沒有鐸鈴。在這座塔旁有座小塔，是阿若憍陳如等五人放棄成見迎接釋迦佛的地方。從前，薩婆曷剌他悉陀太子越過城牆以後，隱居在山谷中，忘我求法。淨飯王於是命令家族中三人、舅族中二人說：「我的兒子一切義成離家修道，孤身一人在山澤間漫遊，在樹林中靜坐，我命令你們去跟隨他。你們在家裡是叔父、伯舅，在外則要君臣相稱，有什麼情況要相機行事。」五人領命，便跟隨太子互相照顧護衛，同時他們也勤奮修習，尋求出離生死的途徑。他們經常互相討論說：「修道的人，是應在苦行中證果？還是在安樂中證果？」舅族二人說：「應在安樂中修道。」家族三人說：「應在勤苦中修道。」兩方爭持不下，不知誰對誰錯。這時太子思索至理，為了折服苦行外道，節省麻和米的攝入，僅僅能維持生命。舅族那兩個人見了太子的情形就說：「太子這樣修道不是正途。正道是在安樂中證得的，現在他這麼勤苦，不是我們一路人。」於是遠遠離開了太子，去思索證果的方法。太子苦行了六年，也沒有證得菩提，他想驗證苦行的錯誤，就接受了牧女的牛奶，終於證得聖果。家族三人聽說這件事嘆道：「太子苦修馬上就要成功，他卻倒退了，六年的苦行毀於一旦！」於是他們三人去走訪另兩個人，五人相見已畢，安坐談論，三人評論說：「當年見一切義成太子離開王宮，身處荒谷，脫下華服穿上鹿皮，勤懇堅定，以期求得深妙正法，獲無上聖果，現在卻接受牧女的牛奶，敗壞道行，降低了心志，我們知道這事，卻已無能為力了。」那兩個人說道：「你們怎麼知道得這麼晚呢？這不過是個沒用的人罷了。他身處深宮，養尊處優，尚不能靜心安坐，卻遠遠跑到山林中來，放棄了轉輪王的王位，像下賤的人一樣生活，他有什麼可令人懷念的？說起來徒然讓人為他悲哀！」菩薩在尼連河沐浴後，坐在菩提樹下，得道成佛，號稱天人師，他默默思索、觀察，看誰可以被超度。他說：「那位鬱頭藍子，已證得非想定，可以接受妙法。」空中天神們馬上報告說：「鬱頭藍子已經死去七天了。」如來惋惜地嘆道：「真不巧啊！本來可以接受妙法教化，卻突然逝去！」他重新觀察，在世上尋找，他發現一個叫阿藍迦藍的，已經證得無所有處定，可以傳授至理。天神們又說：「他死了已經五天了。」如來又一次嘆息了，憐憫他的福薄。如來繼續觀察，看誰可以受教，只有施鹿林中的五個人可以先接受誘導了。那時如來從菩提樹下起身，往鹿野園走去，如來威嚴而安詳，神光閃耀，白毫相蘊含美玉一樣的光彩，身體呈真金色，他安詳地走上前去化導那五個人。那五個人遠遠望見如來，互相說道：「那來人就是一切義成太子。經過這麼長時間他沒有證得聖果，他修道無望，因此又來找我們來了。我們誰都不要說話，也不要起立行禮迎接他。」如來漸漸走近，他的神威足以感動萬物。五人忘了他們之間的約定，拜迎如來，像從前一樣侍衛在他周圍。如來對他們慢慢誘導教化，向他們講解妙理，在雨安居結束的時候，他們才證得聖果。

【說　明】本文講述了阿若憍陳如五人和釋迦佛的一段故事。全文以五人侍衛釋迦太子——離開釋迦佛——重新回到釋迦佛身邊為主線，從一個側面介紹了釋迦佛成佛過程，塑造了五個固執己見、嘮嘮叨叨卻又心地淳善的侍從形象。本文以大量的篇幅記敘他們之間的不斷爭論，可以說這是一篇以對話為主的故事。對話的大量運用，產生一種逼真的效果，使人有身臨其境之感。通過他們的對話，我們可以知道，這五個人雖都勤於修道，但由於墨守成規，不求變化，因此他們的修習幾乎毫無進展，而他們對於釋迦佛的證得聖果的變通做法又持一種譏刺攻擊的態度，並因此而離開釋迦佛。在他們身上可以看到一部分人的影子：囿於成見，對新事物總抱有懷疑和敵視的態度。但這五人也有他們的可愛之處：能夠在事實面前認識到自己的淺薄無知，虛心學習，不然他們恐怕永遠也無法證得聖果了。文中對釋迦佛雖著墨不多，但他安詳莊嚴地去度化五個曾捨棄他的人，這個場面是讓人久久不能忘懷的。

施鹿林東涸池

施鹿林東行二三里，至窣堵波，傍有涸池，周八十餘步，一名救命，又謂烈士。聞諸土俗曰：數百年前，有一隱士，於此池側結廬屏跡，博習伎術，究極神理，能使瓦礫為寶，人畜易形，但未能馭風雲，陪僊駕❶。閱圖考古，更求僊術。其方曰：「夫神僊者，長生之術也。將欲求學，先定其志，築建壇場，周一丈餘，命一烈士，信勇昭著，執長刀，立壇隅，屏息絕言，自昏達旦，求僊者中壇而坐，手按長刀，口誦神呪，收視反聽，遲明登僊，所執銛刀❷變為寶劍，凌虛履空，王諸僊侶，執劍指麾，所欲皆從，無衰無老，不病不死。」是人既得僊方，行訪烈士，營求曠歲，未諧心願。後於城中遇見一人，悲號逐路。隱士覩其相，心甚慶悅，即而慰問：「何至怨傷？」曰：「我以貧窶，傭力❸自濟。其主見知，特深信用，期滿五歲，當酬重賞。於是忍勤苦，忘艱辛。五年將周，一旦違失，既蒙笞辱，又無所得。以此為心，悲悼誰恤？」隱士命與同遊，來至草廬，以術力故，化具肴饌，已而令入池浴，服以新衣，又以五百金錢遺之，曰：「盡當來求，幸無外也。」自時厥後，數加重賂，潛行陰德，感激其心。烈士屢求效命，以報知己。隱士曰：「我求烈士，彌歷歲時，幸而會遇，奇貌應圖，非有他故，願一夕不聲耳。」烈士曰：「死尚不辭，豈徒屏息？」於是設壇場，受僊法，依方行事，坐待日曛，曛暮之後，各司其務，隱士誦神呪，烈士按銛刀。殆將曉矣，忽發聲叫。是時空中火下，煙焰雲蒸，隱士疾引此人，入池避難。已而問曰：「誡子無聲，何以驚叫？」烈士曰：「受命後，至夜分，昏然若夢，變異更起，見昔事主躬來慰謝。感荷厚恩，忍不報語；彼人震怒，遂見殺害。受中陰❹身，顧屍歎惜，猶願歷世不言，以報厚德。遂見託生南印度大婆羅門家，乃至受胎出胎，備經苦戹❺，荷恩荷德，嘗不出聲。洎乎受業、冠、婚、喪親、生子，每念前恩，忍而不語，宗親戚屬咸見怪異。年過六十有五，我妻謂曰：『汝可言矣！若不語者，當殺汝子。』我時惟念，已隔生世，自顧衰老，唯此稚子，因止其妻，令無殺害，遂發此聲耳。」隱士曰：「我之過也！此魔嬈耳。」烈士感恩，悲事不成，憤恚而死。免火災難，故曰救命；感恩而死，又謂烈士池。

【注　釋】❶僊駕　僊人的車駕。❷銛刀　快刀。銛，鋒利。❸傭力　雇工。傭，雇用。❹中陰　佛教謂輪迴中死後生前的過渡狀態。❺戹　通「厄」。

【語　譯】從施鹿林向東走二、三里，到達一座塔，塔旁有一個乾枯的池潭，方圓有八十多步，名叫救命池，又叫烈士池。聽當地人說：幾百年前，有一位隱士，在這座池旁搭起草廬隱居，他廣泛學習各種法術，探究神理，能將瓦礫變成珍寶，使人和畜牲互換外形，但還不能駕馭風雲，陪伴僊駕。他參考古代的圖籍，進一步探求成僊的方法。這僊方上說：「神僊是有長生法術的人。要想學會這種法術，要先堅定意志，築起一座壇場，方圓一丈左右，命一位烈士，一位非常勇敢守信的烈士，手拿長刀，站在壇場一角，不能發出一點聲音，從黃昏站到拂曉。求僊的人在壇中坐好，手按長刀，口誦神咒，神光內斂，天明之前就可以成僊，手中的快刀變為寶劍。他將凌空飛昇，號令諸仙，手執寶劍發號施令，一切願望都可以實現，而且無衰無老，不病不死。」這個人得到僊方以後，便四處尋訪烈士，他找了一年時間也沒能如願。後來有一天他在城中遇見一個人，一邊悲泣一邊趕路。隱士觀察他的相貌，心裡非常高興，就上前慰問他說：「你為什麼這樣悲傷呢？」那人說：「我因為貧窮，靠做雇工維持生活，主人能理解我，對我非常信任重用，說好五年期滿將給我重賞，我於是勤苦工作，不怕艱辛。五年期限就要到了，我卻突然犯了過失，不但被主人鞭打蒙受屈辱，而且什麼報酬也沒得到。因此我心裡非常悲傷，但誰能體恤我的苦衷呢？」隱士便叫他和自己一起來到草廬，用法術變出佳肴給他吃，然後又讓他到池中沐浴，給他換上新衣服，又送給他五百金錢，並對他說：「用完以後可以再來取，請別見外。」從那以後，隱士多次給他重金，暗中對他施以恩惠以感動他。烈士多次請求為隱士效命，以報答他的知遇之恩。隱士說：「我求訪烈士已經有一年多了，終於有幸遇見了您，您奇特的相貌和圖畫上完全一樣。我沒有別的要求，只希望您一個晚上不發出聲音。」烈士說：「您讓我去死我都不會拒絕，不出聲又算得了什麼？」於是隱士設立壇場，作成僊法術，按那張僊方行事，等待黃昏到來。黃昏以後，二人各自做自己的事，隱士誦神咒，烈士按長刀。快到拂曉的時候，烈士忽然叫了一聲，這時空中掉下火球，煙火像雲霞一樣蒸騰。隱士忙拉著這人跳入池中避難。事後，隱士問烈士：「我告訴您不要出聲，您為什麼要驚叫呢？」烈士說：「我接受了您的命令以後，到了半夜，昏昏沈沈好像做夢一樣，發生了很多奇怪的事情，我看見我當年的主人親自來向我道歉慰問，我想到您對我的厚恩，忍住不答理他；那人大怒，竟把我殺死了。

我處於生死之間的中陰，看著自己的屍體嘆息，仍發誓以後歷世都不說話，以報答您的厚恩大德。後來我託生在南印度一個大婆羅門家裡，經過受胎降生，受盡苦痛，但想到您的恩德我都沒有出聲。後來經歷了讀書、成年、結婚、喪親、生子，每每想到您的恩德，我都忍著不說話，宗族親戚們見了都覺得我這個人很奇怪。在我年過六十五歲的時候，我的妻子對我說：『你該說話了！你如果再不說話，我就殺了你兒子。』我當時想，那件事情已經隔了一個生世了，應該已經結束，我已經老了，膝下只有這一個幼子，為了阻止我妻子殺害他，因此就發出聲音了。」隱士說：「這是我的過錯！這是妖魔在作怪。」烈士感激隱士的恩德，又為事情沒能成功悲傷，便憤憤而死了。由於這池免除了一場火災，因此被稱為救命池；又由於烈士在這裡感恩而死，因此也被稱為烈士池。

【說　明】本文講述了有關烈士池的傳說，為我們塑造了一位既使人敬慕又令人悲傷的烈士形象。在這個故事中，隱士求僊雖然是整個故事的主線，但他並不是本文著重刻劃的形象，在這裡，他只是一個象徵：恩德。烈士必須以自己的忠信報答這分恩德。而烈士也竭盡全力去這樣做了。為了信守諾言，他不惜捨棄自己的生命，在他被「魔怪」迷惑所處的狀態中，他實際上已兩世為人。在時間之流的激盪中，不論經歷了多少苦痛，他始終恪守了自己的諾言，以報答隱士的知遇之恩。但在他的暮年，在愛子生死繫於一髮的緊急關頭，強烈的愛欲終於使他違背了自己的諾言。他雖然因此挽救了愛子的性命，但也使他一心要報答的人因此失去了達成願望的機會，他本人也成為「不忠不信」之徒，最後愧悔而死。但假如他信守了諾言，卻眼睜睜看著愛子慘死，他心中的慘痛也會使他痛不欲生。這是一個象徵意義很強的傳說故事，這裡烈士的遭遇和佛家所宣揚的世俗世界苦海無邊的理論不謀而合，佛家認為人的欲望使人產生煩惱，這種種煩惱正是「苦」的根源，斷滅種種煩惱是解脫苦痛的唯一方法，也是修佛者所要達到的目的。烈士的故事從反面驗證了佛家理論的正確，也許這正是作者錄下這個傳說的原因吧。

三獸窣堵波

烈士池西有三獸窣堵波，是如來修菩薩行時燒身之處。劫初時，於此林野，有狐、兔、猨，異類相悅。時天帝釋欲驗修菩薩行者，降靈應化為一老夫，謂三獸曰：「二三子善安隱乎？無驚懼耶？」曰：「涉豐草，遊茂林，異類同歡，既安且樂。」老夫曰：「聞二三子情厚意密，忘其老弊，故此遠尋。今正飢乏，何以饋食？」曰：「幸少留此，我躬馳訪。」於是同心虛己，分路營求。狐沿水濱，銜一鮮鯉，猨於林樹，采異花果，俱來至止，同進老夫。惟兔空還，遊躍左右。老夫謂曰：「以吾觀之，爾曹未和。猨、狐同志，各能役心，惟兔空還，獨無相饋。以此言之，誠可知也。」兔聞譏議，謂狐、猨曰：「多聚樵蘇❶，方有所作。」狐、猨競馳，銜草曳木，既已蘊崇，猛焰將熾。兔曰：「仁者：我身卑劣，所求難遂，敢以微躬，充此一餐。」辭畢入火，尋即致死。是時老夫復帝釋身，除燼收骸，傷歎良久，謂狐、猨曰：「一何至此！吾感其心，不泯其跡，寄之月輪，傳乎後世。」故彼咸言，月中之兔，自斯而有。後人於此建窣堵波。

從此順殑伽河流，東行三百餘里，至戰主國中印度境。

【注　釋】❶樵蘇　柴禾。

【語　譯】在烈士池西面有一座三獸塔，這是如來修菩薩行時以火焚身的地方。在劫初的時候，這片林野中，狐、兔和猿三種不同的獸類和睦相處。當時天帝釋想考驗修菩薩行的三獸，便降臨凡間變成一位老者，他對三獸說：「你們過得好嗎？沒有什麼驚懼的事吧？」三獸說：「我們在豐美的草地和茂密的林木中漫遊，雖然不屬同類，但同歡共樂，覺得很平安。」老者說：「聽說你們之間情意深厚，因此我不顧自己年邁遠道來找你們。現在我很餓，你們拿什麼給我吃呢？」三獸說：「請您稍等片刻，我們馬上去找。」於是牠們同心協力分頭去找食物。狐狸沿著水邊，叼到一條鮮鯉魚，猿在樹林裡採摘了奇花異果，都帶回來送給老者。只有兔子空著手回來，在牠們旁邊跳來跳去。老者對牠們說：「依我看，你們還不算和睦。猿、狐志同道合，都能盡心完成任務，只有兔子空跑一趟，沒有東西帶給我。這樣看可以知道你們之間並不一致。」兔子聽了他這譏諷的話，對狐、猿說：「你們多收集些柴火，我有用處。」狐、猿爭著去叼草拽木，將柴火堆得很高，火慢慢燒得越來越大了。兔子說：「仁慈的人：我的身體這樣卑劣，沒能完成您的要求，我願以我卑微的身體做您的一頓美餐。」說完跳入火中，馬上就死了。這時老者現出帝釋的本來面目，從餘燼中收拾起兔子的遺骸，悲傷地感嘆了很長時間，對狐、猿說：「事情竟會變成這種樣子！我已被牠的心志感動了。為了使牠的事跡不致埋沒，我要將牠安放到月亮上去，以便傳給後世知道。」因此人們都說，月中的兔子就是從那時開始有的。後人便在這裡建了這座塔。

從這裡順著恒河東行三百多里，到達戰主國。

【說　明】本文講述了三獸塔的傳說。讚美了性情剛烈、以身布施的兔子。所謂月宮兔影，是世界上許多國家廣泛流傳的神話故事，我國也有月宮中玉兔搗藥的神話傳說，只是和這個傳說相比，少了許多宗教色彩。這個故事雖然短小，但寫得情節曲折，懸疑迭起，給人一波三折之感。

戰主國

【題　解】戰主，梵文 Garjanapati 的意譯。其舊址在恒河北岸，位於現在的瓦臘納西以東五十英里的地方。

戰主國，周二千餘里。都城臨殑伽河，周十餘里。居人豐樂，邑里相鄰。土地膏腴，稼穡時播。氣序和暢，風俗淳質，人性獷烈，邪正兼信。伽藍十餘所，僧徒減千人，並皆遵習小乘教法。天祠二十，異道雜居。

大城西北伽藍中窣堵波，無憂王之所建也。《印度記》曰：「此中有如來舍利一升，昔者世尊嘗於此處，七日之中，為天、人眾顯說妙法。其側則有過去三佛座及經行遺跡之處。鄰此復有慈氏菩薩像，形量雖小，威神凝然，靈鑒潛通，奇跡間起。」

【語　譯】戰主國方圓兩千多里，都城瀕臨恒河，方圓十幾里。居民生活富裕安樂，城中鄰里相連。土地肥沃，莊稼應時播種。氣候溫和，風俗淳樸，人們性情粗獷暴烈，正教和邪教都信仰。境內有寺院十幾所，僧徒不到一千人，都遵奉研習小乘法教。外道神廟有二十所，各種外道雜居一處。

在大都城西北寺院中有一座塔，是無憂王建造的。《印度記》上說：「這塔中有一升如來舍利，從前如來世尊曾在這裡用七天時間為天神和人眾解說妙法。在塔旁有過去三佛安坐和散步地方的遺跡。不遠處又有慈氏菩薩像，形體雖小，但威神莊嚴，冥冥中有神靈相通，常常有奇蹟發生。」

【說　明】本文簡要介紹了戰主國的概況和都城附近佛教遺跡。關於《印度記》這部書現在已經失傳，它可能是古代印度的一部書，也可能是有關古代印度的傳說，無法定論。

阿避陀羯剌拏僧伽藍

大城東行二百餘里，至阿避陀羯剌拏❶僧伽藍唐言不穿耳。周垣不廣，彫飾甚工，花池交影，臺閣連甍，僧徒肅穆，眾儀庠序❷。聞諸耆舊曰：昔大雪山北覩貨邏國有樂學沙門，二三同志禮誦餘閑，每相謂曰：「妙理幽玄，非言談所究；聖跡昭著，可足趾相尋。宜詢莫逆，親觀聖跡。」於是二三交友，杖錫同遊。既至印度，寓諸伽藍，輕其邊鄙，莫之見舍。外迫風露，內累口腹，顏色憔悴，形容枯槁。時此國王出遊近郊，見諸客僧，怪而問曰：「何方乞士？何所因來？耳既不穿，衣又垢弊。」沙門對曰：「我，覩貨邏國人也。恭承遺教，高蹈俗塵，率其同好，觀禮聖跡。慨以薄福，眾所同棄，印度沙門，莫顧羈旅，欲還本土，巡禮未周。雖迫勤苦，心遂後已。」王聞其說，用增悲感，即斯勝地，建立伽藍，白氎題書，為之制曰：「我惟尊居世上，貴極人中，斯皆三寶之靈祐也。既為人王，受佛付囑，凡厥染衣❸，吾當惠濟。建此伽藍，式招羈旅。自今已來，諸穿耳僧，我此伽藍不得止舍。」因其事跡，故以名焉。

【注　釋】❶阿避陀羯剌拏　梵文Aviddhakarṇa的音譯。意譯為不穿耳。❷庠序　舉動安詳肅穆。❸染衣　出家人。

【語　譯】從大城向東走二百多里，到達阿避陀羯剌拏寺。寺牆內面積不大，但寺中雕刻裝飾非常精美，花木和池潭交相掩映，亭臺樓閣連綿相接，寺中僧人莊嚴肅穆，舉止安詳。我聽年長者說：從前在大雪山以北的覩貨邏國有鑽研音樂的和尚，其中兩三個志趣相投的，常在禮佛誦經之餘議論：「佛理高深，不是言談所能探究明白的；但聖跡卻清清楚楚擺在那裡，可以尋訪得到。我們應該會同幾個好朋友，親身去瞻仰聖跡。」於是這兩三個人結成好朋友，一同杖錫出遊了。他們來到印度，想寄居在寺院裡，但寺中僧人因為他們來自邊遠鄙陋之地而看不起他們，沒有一座寺院願意讓他們居住。他們只好在外露宿，由於飢寒交迫，個個顏色憔悴，形容枯槁。這時恰好這個國家的國王到近郊出遊，看見這些外地的僧人，奇怪地問：「你們是哪裡來的乞丐？為什麼來到這裡？你們既不穿耳，衣服又這麼骯髒破爛。」和尚回答說：「我們是覩貨邏國人，恭謹地繼承佛的遺教，出家修行，幾個志趣相投的人相約出來瞻仰聖跡。但由於我們福薄，受到貴國眾人的輕視，印度的和尚都不願收留我們暫住，我們想回祖國去，但又沒有瞻仰完聖跡。雖然為勤苦勞累所迫，但我們仍然要完成心願以後再回去。」國王聽了他們的話，非常感動和難過。於是他在這裡建了一座寺院，並在白棉布上寫下規定：「我能夠居於人世上最尊貴的地位，都是出於三寶的護祐。我作為一個國君，要接受佛的教導，凡是出家人，我都應該接濟。我建造這座寺院是用來接待來往旅行的僧侶。從今以後，凡是穿耳僧都不許在這個寺院留宿。」由於有這個事情，因此該寺被稱為不穿耳寺。

【說　明】本文介紹了有關不穿耳寺的傳說。按照印度習俗，人們都穿耳戴金屬耳環，毫無例外，而中亞的覩貨邏國則沒有這種習俗，因而不穿耳的僧人們在印度就相當惹眼，以致寺院和國王都是一眼就發現他們與當地人的差別。用這個名稱稱呼這個寺院，叫出了該寺的異域風情。

這個故事中有三組人物：覩貨邏國僧人、印度沙門和國王。其中覩貨邏國堅忍刻苦的僧人們是作者極力讚美的對象，刻劃得相當感人。而印度沙門和國王實際上是兩類對比的形象：印度沙門代表了自大傲慢、囿於世俗偏見的一類修行者；國王則代表著心懷感激和悲憫、正信的佛教徒。雖然在形式上前者是佛門弟子，後者是俗世凡人，但在精神領域，這位國王比那些沙門更能接近佛的真精神。這也許正是本文真正想要告訴我們的內容。

摩訶娑羅邑

阿避陀羯剌拏伽藍東南行百餘里，南渡殑伽河，至摩訶娑羅❶邑，並婆羅門種，不遵佛法。然見沙門，先訪學業，知其強識，方深禮敬。

殑伽河北，有那羅延❷天祠。重閣層臺，奐其麗飾。諸天之像鐫石而成，工極人謀，靈應難究。

那羅延天祠東行三十餘里，有窣堵波，無憂王之所建也，大半陷地。前建石柱，高餘二丈，上作師子之像，刻記伏鬼之事。昔於此處，有曠野鬼，恃大威力，噉人血肉，作害生靈，肆極妖祟。如來愍諸眾生不得其死，以神通力誘化諸鬼，導以歸依之敬，齊以不殺之戒。諸鬼承教，奉以周旋。於是舉石請佛安坐，願聞正法，克念護持。自茲厥後，無信之徒競共推移鬼置石座，動以萬數，莫之能轉。

茂林清池，周其左右，人至其側，無不心懼。

伏鬼側不遠，有數伽藍，雖多傾毀，尚有僧徒，並皆遵習大乘教法。

從此東南行百餘里，至一窣堵波，基已傾陷，餘高數丈。昔者如來寂滅之後，八國大王分舍利也，量舍利婆羅門蜜塗瓶內，分授諸王，而婆羅門持瓶以歸，既得所黏舍利，遂建窣堵波，拜瓶置內，因以名焉。後無憂王開取舍利瓶，改建大窣堵波，或至齋日，時燭光明。

從此東北渡殑伽河，行百四五里，至吠舍釐國舊曰毘舍離國，訛也。中印度境。

【注　釋】❶摩訶娑羅　梵文寫作 Mahāsāla。意思是大宅主、大家居者。❷那羅延　梵文 Nārāyana 的音譯。是婆羅門教三神之一遍入天的別名。

【語　譯】從阿避陀羯剌拏寺向東南走一百多里，向南渡過恒河，到達摩訶娑羅邑，這裡的居民都是婆羅門種，不信佛法。看見和尚，先考究他的學識，知道他有學問後，才恭敬地致意。

在恒河北岸，有那羅延神廟。廟內樓閣重重、亭臺層層，都裝飾得非常華麗。廟內還有石雕的天神像，刻工極為精巧，常有莫測的靈異現象發生。

從那羅延神廟向東走三十多里，有一座塔，是無憂王建造的，大部分塔身已經陷到地裡。塔前建有石柱，高兩丈多，柱上有獅子像，並刻記著伏鬼的故事。從前在這裡有一群曠野鬼，仗著威力強大，吃人血肉，殘害生靈，肆無忌憚地興妖作怪。如來憐憫眾生不得善終，就運用神通力誘化群鬼，引發他們歸依佛法的敬心，以不殺生的戒條約束他們，群鬼得到如來教誨，對佛誠心奉敬。於是搬來石頭請佛坐好，願聽正法並悉心護持。從此以後，不信佛法的人爭相前來推移這鬼為佛安置的石座，動不動就達上萬人，都不能將它轉動一下。茂密的樹林和清澈的池潭圍繞在石座四周，人們來到這裡沒有不心生敬畏的。

在伏鬼塔旁邊不遠，有幾座寺院，雖然塌陷得很厲害，寺院中還有僧人，他們都遵奉研習大乘法教。

從這裡向東南走一百多里，到達一座塔，塔基已經傾陷，只剩下幾丈高了。從前如來涅槃以後，八國國王分取舍利，量舍利的婆羅門在瓶裡塗上蜜，用這瓶量舍利分給國王們，最後婆羅門將瓶子帶回來，便得到瓶中黏著的舍利，於是建了這座塔，將舍利瓶安放在塔裡，並以舍利瓶命名這座塔。後來無憂王開塔取出舍利瓶，並將這塔改建成大塔，每到齋日的時候，這塔經常是光明照耀。

從這裡向東北渡過恒河，走一百四、五里，到達吠舍釐國。

【說　明】本文介紹了摩訶娑羅邑的情況以及恒河附近幾處佛教勝跡。其中主要講述如來以神通力誘化群鬼和一個聰明的婆羅門取得佛舍利的故事。本文結構較為鬆散，佛跡主要集中於恒河以北，敘述順序是從東向東南方向的推進，開頭部分則集中介紹這一地區的婆羅門教以及神廟。整個介紹先簡後繁，對比鮮明。

吠舍釐國

【題　解】吠舍釐，梵文 Vaiśālī 的音譯。在我國的一些典籍中也被譯為毘舍離、維耶離、維耶等，或意譯為廣博、莊嚴。吠舍釐是古代梨車毘（梵文寫作 Licchavi）部族的國名和首府名。該部族是西元前六世紀左右東印度的一個強大部族，他們曾和另外八個大部族組成弗栗恃聯邦，是當時十六大國之一。吠舍釐城就是由於該國地域廣大而得名。

吠舍釐國，周五千餘里。土地沃壤，花果茂盛，菴沒羅果、茂遮果既多且貴。氣序和暢，風俗淳質，好福重學，邪正雜信。伽藍數百，多已圮壞，存者三五，僧徒稀少。天祠數十，異道雜居，露形之徒，實繁其黨。吠舍釐城已甚傾頹，其故基址周六七十里，宮城周四五里，少有居人。

宮城西北五六里，至一伽藍，僧徒寡少，習學小乘正量部法。傍有窣堵波，是昔如來說《毘摩羅詰❶經》，長者子寶積❷等獻寶蓋❸處。其東有窣堵波，舍利子等於此證無學之果❹。

舍利子證果東南有窣堵波，是吠舍釐王之所建也。佛涅槃後，此國先王分得舍利，式修崇建。《印度記》曰：此中舊有如來舍利一斛❺，無憂王開取九斗，惟留一斗。後有國王復欲開取，方事興工，尋即地震，遂不敢開。其西北有窣堵波，無憂王之所建也。傍有石柱，高五六十尺，上作師子之像。石柱南有池，是群獼猴為佛穿也，在昔如來曾住於此。池西不遠有窣堵波，諸獼猴持如來鉢上樹取蜜之處；池南不遠有窣堵波，是諸獼猴奉佛蜜處；池西北隅猶有獼猴形像。

伽藍東北三四里有窣堵波，是毘摩羅詰唐言無垢稱。舊曰淨名，然淨則無垢，名則是稱，義雖取同，名乃有異。舊曰維摩詰，訛略也。故宅基址，多有靈異。去此不遠有一神舍，其狀疊磚，傳云積石，即無垢稱長者現疾說法之處。去此不遠有窣堵波，長者子寶積故宅也。去此不遠有窣堵波，是菴沒羅女❻故宅，佛姨母等諸苾芻尼於此證入涅槃。

【注　釋】❶毘摩羅詰　梵文寫作 Vimalakīrti。又譯作維摩詰。意譯為「無垢稱」或「淨名」。❷長者子寶積　即毘摩羅詰的兒子。寶積，梵文寫作 Ratnākāra。又譯作寶性、寶事。❸寶蓋　傘。❹無學之果　即阿羅漢果。指到達學道圓滿，不用修學之境界。❺斛　舊量器。方形、口小、底大。容量本為十斗，後來改為五斗。❻菴沒羅女　梵文寫作 Amrapālī。菴沒羅是 Amra 的音譯；pālī 的意思是「女保護者」。據說她是吠舍釐城的妓女，後皈依佛教，為比丘尼。

【語　譯】吠舍釐國方圓五千多里，土地肥沃，花果茂盛，菴沒羅果、茂遮果多產而名貴。氣候和暢、風俗質樸，好修福德，重視學習，正教、邪教都信奉。境內有寺院幾百座，大多已經倒塌毀壞，保存較好的只有三、五所，僧徒很少。外道神廟有幾十所，外道們雜居一處，其中露形外道最多。吠舍釐城已經非常破敗了，它的故基址方圓有六、七十里，宮城方圓四、五里，居民很少。

在宮城西北五、六里有一座寺院，寺中僧人很少，都學習小乘正量部法教。寺旁有一座塔，這是從前如來講說《毘摩羅詰經》，維摩詰長者的兒子寶積獻傘的地方。在這座塔的東面有一座塔，舍利子等在這裡證得無學果。

在舍利子證果塔東南有一座塔，是吠舍釐王建造的。佛涅槃以後，這個國家的先王分得舍利，虔誠恭敬地修建了這座塔。《印度記》說：塔中原有一斛如來舍利，無憂王開塔取出九斗，只留下一斗。後來有國王又想開塔取舍利，正要開工時，發生了地震，於是人們就不敢開塔取舍利了。在這座塔西北有一座塔，是無憂王建造的。塔旁有根石柱，高有五、六十尺，柱上雕有獅子像。在石柱南面有一片池潭，這是一群獼猴為佛開鑿的，過去如來曾住在這裡。在池西不遠有一座塔，是獼猴們拿著如來的缽上樹取蜜的地方；在池南不遠有一座塔，是獼猴們將蜜獻給佛的地方，在池的西北角還有獼猴形像。

在寺院東北三、四里有一座塔，這裡是毘摩羅詰舊居的基址所在地，有很多靈異的事發生。離這裡不遠有一所神舍，其外形像壘砌的磚，傳說這是積石，是無垢稱長者託病說法的地方。離這裡不遠有座塔，是長者的兒子寶積的舊居。離這裡不遠有座塔，是菴沒羅女的故居所在地，佛的姨母等苾芻尼在這裡證得涅槃。

菴沒羅女園

伽藍北三四里有窣堵波，是如來將往拘尸那國入般涅槃，人與非人隨從世尊，至此佇立。次西北不遠有窣堵波，是佛於此最後觀吠舍釐城。其南不遠有精舍，前建窣堵波，是菴沒羅女園，持以施佛。

菴沒羅女園側有窣堵波，是如來告涅槃處。佛昔在此告阿難曰：「其得四神足❶者，能住壽一劫。如來今者，當壽幾何？」如是再三，阿難不對，天魔❷迷惑故也。阿難從坐而起，林中宴默。時魔來請佛曰：「如來在世教化已久，蒙濟流轉，數如塵沙，寂滅之樂今其時矣。」世尊以少土置爪上，而告魔曰：「地土多耶？爪土多耶？」對曰：「地土多也。」佛言：「所度者如爪上土，未度者如大地土。卻後三月，吾當涅槃。」魔聞歡喜而退。阿難林中忽感異夢，來白佛言：「我在林間，夢見大樹，枝葉茂盛，蔭影蒙密，驚風忽起，摧散無餘。將非世尊欲入寂滅？我心懷懼，故來請問。」佛告阿難：「吾先告汝，汝為魔蔽，不時請留。魔王勸我早入涅槃，已許之期，斯夢是也。」

【注釋】❶四神足 指由於四種禪定而獲得的神通。神足，梵文 ṛddhipāda 的意譯。也稱如意足。❷天魔 指第六天的魔王。名叫波旬。

【語譯】在寺院北邊三、四里有一座塔，如來將去拘尸那國入涅槃時，人和非人跟隨著世尊曾來到這裡佇立。從這裡再向西北不遠有一座塔，佛曾在這裡最後一次觀看吠舍釐城。在這座塔南面不遠有座精舍，精舍前建有一座塔，這是菴沒羅女園，菴沒羅女將這裡施捨給佛。

在菴沒羅女園旁邊有一座塔，這是如來告涅槃的地方。從前佛在這裡向阿難說：「能得四神足者壽命可以有一劫那麼長。那麼現在如來的壽命應該是多少？」如來這樣問了幾次，阿難也沒有回答，因為他當時受了天魔的迷惑。後來阿難從座位上站起來，到林中靜坐。這時魔王來請佛，說：「如來在世上施行教化已經很長時間了，輪迴中受你濟度的人像塵沙一樣多。現在該是享受寂滅的快樂的時候了。」世尊用指甲挑起一點土，問魔鬼：「地上的土多？還是指甲上的土多？」魔鬼回答說：「地上的土多。」佛說：「我濟度過的人就像指甲上的土，而沒濟度的人就像大地上的土。三個月後，我便入涅槃。」魔鬼聽了高興地退了下去。阿難在林中忽然做了一個奇怪的夢，來告訴佛說：「我在林中夢見一株大樹，枝葉繁茂，樹蔭濃密，忽然驚風大作，將大樹摧散得無影無蹤。莫非是世尊要入涅槃了？我心裡很害怕，因此來請教世尊。」佛告訴阿難說：「我先前已經告訴你了，但你當時被魔鬼蒙蔽住了，沒有及時請我留在世間。魔鬼勸我早入涅槃，我已經向他許下日期，你夢見的就是啊。」

【說明】本文記敘了菴沒羅女園附近的幾處佛跡。這些都是佛涅槃前最後的日子裡經過的地方。文中主要講述了天魔勸佛入涅槃的傳說。涅槃本是佛教全部修習所要達到的最高理想，一旦證得涅槃，便成為具「常樂我淨」四德的永生常樂的佛身的萬能的神，因而佛教徒無不把證得涅槃作為畢生修習的目標和方向。但如來為了實踐自己「普渡眾生」的宏願，寧願在塵世輾轉奔波教化世人，這是多麼仁慈偉大的胸懷。然而佛家認為任何事物都有自己的規律，因此當天魔勸佛入涅槃時，如來雖然很想留下但並不勉強要住世，只是感嘆自己度化的世人太少了。如來在這裡是一個悲憫、安詳、智慧的形象。本文主要是以對話來塑造形象的。

千佛本生故事

告涅槃期側不遠有窣堵波，千子見父母處也。昔有僊人，隱居巖谷，仲春之月，鼓濯清流，麀鹿❶隨飲，感生女子，姿貌過人，惟腳似鹿，僊人見已，收而養焉。其後命令求火，至餘僊廬，足所履地，跡有蓮花。彼僊見已，深以奇之，令其繞廬，方乃得火。鹿女依命，得火而還。時梵豫王畋遊見花，尋跡以求，悅其奇怪，同載而返。相師占言，當生千子。餘婦聞之，莫不圖計。日月既滿，生一蓮花，花有千葉，葉坐一子。餘婦誣罔❷，咸稱不祥，投殑伽河，隨波泛濫。烏耆延王下流遊觀，見黃雲蓋乘波而來，取以開視，乃有千子，乳養成立，有大力焉。恃有千子，拓境四方，兵威乘勝，將次此國。時梵豫王聞之，甚懷震懼，兵力不敵，計無所出。是時鹿女心知其子，乃謂王曰：「今寇戎臨境，上下離心，賤妾愚衷，能敗強敵。」王未之信也，憂懼良深。鹿女乃昇城樓，以待寇至。千子將兵，圍城已帀，鹿女告曰：「莫為逆事！我是汝母，汝是我子。」千子謂曰：「何言之謬？」鹿女手按兩乳，流注千歧，天性所感，咸入其口。於是解甲歸宗，釋兵返族，兩國交歡，百姓安樂。

千子歸宗側不遠有窣堵波，是如來經行舊跡，指告眾曰：「昔吾於此歸宗見親。欲知千子，即賢劫中千佛是也。」

述本生東有故基，上建窣堵波，光明時燭，祈請或遂，是如來說《普門陀羅尼》等經重閣講堂❸餘址也。講堂側不遠有窣堵波，中有阿難半身舍利。去此不遠有數百窣堵波，欲定其數，未有克知，是千獨覺入寂滅處。

吠舍釐城內外周隍❹，聖跡繁多，難以具舉，形勝故墟，魚鱗間峙，歲月驟改，炎涼亟移，林既摧殘，池亦枯涸，朽株餘跡，其詳驗焉。

大城西北行五六十里，至大窣堵波，栗呫（昌葉反）婆子❺（舊曰離車子，訛也）別如來處。如來自吠舍釐城趣拘尸那國，諸栗呫婆子聞佛將入寂滅，相從號送，世尊既見哀慕，非言可諭，即以神力化作大河，崖岸深絕，波流迅急，諸栗呫婆悲慟以止，如來留鉢，為作追念。

【注　釋】❶麀鹿　雌鹿。❷誣罔　捏造事實，欺騙他人。❸重閣講堂　亦名大林精舍、重閣精舍、高樓臺觀等，在一自然大林中，內有供佛之堂，狀如雁子，設備完足，據說佛曾於此說法。❹周隍　周圍。隍，沒有水的城濠。❺栗呫婆子　即栗呫毘族人。栗呫婆，梵文原名 Liechavi，對音為栗呫毘。

【語　譯】在如來告知天魔將入涅槃時間處旁邊不遠有一座塔，這是千子拜見父母的地方。從前有位僊人，隱居在山谷中，仲春二月的時候，他在河中洗浴，有一隻雌鹿隨即來河中飲水，受孕生了一個女子，美貌過人，只是腳長得像鹿足一樣，僊人看見她，就將她收養在身邊。後來有一天，僊人命她到別的僊人住的地方去求火，她的腳踩過的地方現出蓮花的印跡。那些僊人見了深以為奇，要她繞僊廬走一圈才給她火。鹿女照他們說的做了，得到火種回去了。這時梵豫王在外遊獵，發現了蓮花印跡，他循著花跡一路找過去見到了鹿女，梵豫王很喜歡她奇特的樣子，就將她帶回宮中。相師預言，她將生一千個兒子。梵豫王別的妃子聽了相師的預言，都想設法搗亂。經過十月懷胎，鹿女生下一朵蓮花，花有一千片花瓣，每片花瓣上坐著一個孩子。妃子們都誣陷說這是不祥之物，國王就命人將它投入恒河，任它隨波而去。烏耆延王在恒河下游遊覽，看見有黃雲蓋乘波而來，便撈上來打開看，裡面有一千個孩子。烏耆延王將千子撫養成人，個個力大無窮。烏耆延王依靠這千子，不斷向四方拓展領土，大軍乘著戰無不勝的威勢馬上就要進攻梵豫王的國家。梵豫王聽到這個消息，非常震驚恐懼，自己的軍隊不是人家的對手，他不知怎麼辦才好。這時鹿女心裡知道這千子就是她的兒子，就對國王說：「現在外敵大軍壓境，朝中上下離心離德，賤妾有個愚笨的主意。能打敗強敵。」國王不相信她能有什麼退敵良策，心裡更加憂慮害怕。鹿女於是登上城樓等待敵兵到來。千子率領大軍將王城團團圍住，鹿女對他們說：「你們不要做大逆不道的事！我是你們的母親，你們是我的孩子。」千子們說：「怎麼說話如此荒謬？」於是鹿女手握兩乳，乳汁分成千條射出，由於天性的感召，這千條乳汁都流入千子的口中。於是千子放下武器認祖歸宗。從此兩國交好，百姓安樂。

千子歸宗塔旁不遠有一座塔，這裡曾是如來散步的地方。如來在這裡指著千子歸宗處告訴眾人說：

「從前我就在這裡歸宗拜見親人。要知道，千子就是賢劫中的千佛。」

在佛向眾人講述本生處的東面有一個故基，上面建有一座塔，常常光明照耀，祈禱請求的人常常也能如願。這裡是如來講說《普門陀羅尼》等經的重閣講堂的遺址。在講堂旁邊不遠有一座塔，塔中有阿難的半身舍利。離這裡不遠有幾百座塔，沒有人知道具體有多少座，這裡是一千位獨覺涅槃的地方。

在吠舍釐城內外四周，聖跡繁多，難以一一列舉，有名的勝地故墟像魚鱗一樣排列緊密，相對峙立，歲月變幻，寒暑交替，這裡的林木已經摧折殘缺，池潭也已乾涸了，只有朽株遺跡是其明顯的標記。

從大城向西北走五、六十里，到達一座大塔，這是栗呫婆子同如來告別的地方。如來從吠舍釐城去往拘尸那國，栗呫婆子們聽說佛將要涅槃，便跟隨著他一面哭一面為他送行，世尊見了他們這哀傷依戀的樣子，知道用語言是無法勸慰的，於是運用神力變出一條大河，河岸高峻，水流迅急，栗呫婆子們只好悲慟地停了下來，如來將鉢留給他們作為紀念。

【說　明】本文介紹了吠舍釐城附近的幾處最著名的佛教勝跡以及較遠處的栗呫婆子辭別如來處。重點為我們講述了千佛本生故事和栗呫婆子們辭別如來的情景。這兩個故事有一個共同的特點，都是寫情。前者寫的是人倫之情，表現了這種人倫之情的化干戈為玉帛的巨大力量和母子之間天然的聯繫及深情厚愛。後者寫的是一種宗教感情：即佛教徒們對如來的依戀崇敬，這種感情雖然不是出於血緣上的聯繫，但其神聖性並不亞於人倫之情，甚至超過了人倫之情。這也許就是作者將這兩個故事排列一處的深意吧。

文中對吠舍釐城內外佛跡有一個總述，雖然簡短，但寥寥數語間已寫出當年的盛況和現在的荒涼。這是一段感傷的文字，這種感傷的情緒在這一段落中散發著，淡淡地籠罩著全文，並與結尾處佛的離去和眾人的悲慟相照應，形成本文寫作上比較獨特的風韻。

吠舍釐結集

吠舍釐城西北減二百里，有故城，荒蕪歲久，居人曠少。中有窣堵波，是佛在昔為諸菩薩、人、天大眾引說本生修菩薩行，曾於此城為轉輪王，號曰摩訶提婆❶唐言大天，有七寶❷應，王四天下，覩衰變之相，體無常之理，實懷高蹈，忘情大位，捨國出家，染衣修學。

城東南行十四五里，至大窣堵波，是七百賢聖重結集處。佛涅槃後百一十年，吠舍釐城有諸苾芻，遠離佛法，謬行戒律。時長老耶舍陀❸住憍薩羅國❹，長老三菩伽❺住秣兔羅國，長老氂波多❻住韓若國，長老沙羅住吠舍釐國，長老富闍蘇彌羅❼住婆羅梨弗國❽，諸大羅漢心得自在，持三藏，得三明，有大名稱，眾所知識，皆是尊者阿難弟子。時耶舍陀遣使告諸賢聖，皆可集吠舍釐城。猶少一人，未滿七百。是時富闍蘇彌羅以天眼見諸大賢聖集議法事，運神足至法會。時三菩伽於大眾中右袒長跪，揚言曰：「眾無譁！欽哉，念哉！昔大聖法王善權❾寂滅，歲月雖淹，言教尚在。吠舍釐城懈怠苾芻謬於戒律，有十事出，違十力教。今諸賢者深明持犯，俱承大德阿難指誨，念報佛恩，重宣聖旨。」時諸大聖莫不悲感，即召集諸苾芻，依毘奈耶訶責制止，削除謬法，宣明聖教。

【注　釋】❶摩訶提婆　梵文 Mahādeva 的音譯。意譯為大天。❷七寶　指君王的七種寶：輪寶、象寶、馬寶、珠寶、女寶、居士寶、主兵臣寶。❸耶舍陀　梵文寫作 Yaśoda。出身於婆羅門，後皈依佛教。❹憍薩羅國　這裡指南憍薩羅國。❺三菩伽　是梵文 Sambhoga 的音譯。也就是卷一的商諾迦縛娑。❻釐波多　梵文寫作 Revata。又譯為梨婆多、隸跋多等。是拘尸那揭羅國波婆城長老。❼富闍蘇彌羅　梵文寫作 Kubjaśobhita。意譯為曲安。❽婆羅梨弗國　梵文寫作 Pāṭaliputra。即華氏城。❾善權　多方巧說，引導人們領悟教旨。

【語　譯】在吠舍釐城西北不到二百里有一座舊城，已經荒蕪很多年了，人口稀少。城中有一座塔，從前佛為菩薩們、人、天神大眾引說本生故事修菩薩行時，曾在這個城裡做轉輪王，名叫摩訶提婆，具有七寶的應兆，將統治天下。但他目睹了事物的衰變，體會到無常的道理，於是胸懷高志，不願做國王，捨國出家，穿上僧衣修習佛法。

從都城向東南走十四、五里，到達一座大塔，這裡是七百賢聖重新結集的地方。佛涅槃後一百一十年，吠舍釐城的一些苾芻，遠離佛法，實行錯誤的戒律。當時耶舍陀長老住在憍薩羅國，三菩伽長老住在秣兔羅國，釐波多長老住在韓若國，沙羅長老住在吠舍釐國，富闍蘇彌羅長老住在婆羅梨弗國，這些大羅漢心得自在，通曉三藏，具有三明智慧，有很高的聲望，被人們所熟知，都是尊者阿難的弟子。當時耶舍陀派遣使者通告各位賢聖都到吠舍釐城集會。集會的還差一人，不滿七百。這時富闍蘇彌羅運用天眼看見大賢聖們正在集會商議法事，就運神足來到法會上。這時三菩伽在大眾中袒著右臂長跪，他大聲說：「大家不要喧嘩！請虔誠地想想吧！從前大聖法王不厭其煩地向眾生講說法教，引導他們領悟教義，雖然他已經涅槃很長時間了，但他的言教還留存世上。但現在吠舍釐城懶惰大膽的苾芻竟造出荒謬的戒律，提出十件事，違背了十力法教。現在各位賢者都認為這是違犯正法的，我們遵照大德阿難的教誨，為報答佛的恩德，重新宣布佛的旨意。」當時大聖們都百感交集，於是立刻召集苾芻們，根據戒律譴責和制止他們，廢除他們錯誤的戒律，闡明正教。

【說　明】本文記敘了吠舍釐城的一次結集，對吠舍釐城西北部故城也有簡要介紹。

文中詳細記述了這次結集的時間、背景、原因和過程、結果，結構完整。這次結集就是佛教史上的第二次結集。文中對結集的原因說得比較簡略，這裡再作一些補充：文中所謂「吠舍釐城有諸苾芻」，是指古印度跋者族苾芻。他們提出十條戒律新主張，即「十事」。這「十事」是：㈠角鹽淨：食鹽可貯蓄在角器中，供日後食用；㈡二指淨：日影偏過正午二指後，還可以進食；㈢他聚落淨：飯後到其他聚落還可以進食；㈣住處淨：在一個地方居住的苾芻，可分別舉行每半月一次的誦戒律儀式；㈤贊同淨：僧團中一部分苾芻可先作出決定，然後徵求其他人同意；㈥所習淨：按慣例行事，不算違律；㈦不攪亂淨：允許喝未攪動的牛乳；㈧飲闍樓疑淨：可以喝未發酵的棕櫚酒；㈨無緣座具淨：可隨意用大小坐具；㈩金銀淨：苾芻可以接受金銀財物。這十條新規定與原來的「十戒」是嚴重對立的。如「十戒」中規定苾芻不得飲酒、不得坐廣坐大床、不得蓄金銀財物等等。於是保守的長老苾芻以耶舍陀、三菩伽等為首在吠舍釐召集七百苾芻審定律藏，宣布「十事」非法。但跋者族苾芻並不理睬長老們的裁定，依然我行我素，終於導致了小乘佛教的分裂：認為這「十事」非法的耶舍陀一派組成上座部；堅持實行這「十事」的跋者族苾芻組成了大眾部。此後這兩部繼續分裂，最後形成小乘十八部（或二十部）。

濕吠多補羅僧伽藍

七百賢聖結集南行八九十里，至濕吠多補羅僧伽藍❶，層臺輪奐，重閣翬飛❷，僧眾清肅，並學大乘。其傍則有過去四佛座及經行遺跡之處。其側窣堵波，無憂王之所建也。如來在昔南趣摩揭陀國，北顧吠舍釐城，中途止息遺跡之處。

溼吠多補羅僧伽藍東南行三十餘里，殑伽河南北岸各有一窣堵波，是尊者阿難陀分身與二國處。阿難陀者，如來之從父弟也，多聞總持，博物強識，佛去世後，繼大迦葉任持正法，導進學人。在摩揭陀國，於林中經行，見一沙彌諷誦佛經，章句錯謬，文字紛亂。阿難聞已，感慕增懷，徐詣其所，提撕❸指授。沙彌笑曰：「大德耄矣，所言謬矣！我師高明，春秋❹鼎盛，親承示誨，誠無所誤。」阿難默然，退而歎曰：「我年雖邁，為諸眾生，欲久住世，任持正法。然眾生垢重，難以誨語，久留無利，可速滅度。」於是去摩揭陀國，趣吠舍釐城，渡殑伽河，泛舟中流。時摩揭陀王聞阿難去，情深戀德，即嚴❺戎駕，疾馳追請，數百千眾營軍南岸。吠舍釐王聞阿難來，悲喜盈心，亦治軍旅，奔馳迎候，數百千眾屯集北岸。兩軍相對，旌旗翳日。阿難恐鬬其兵，更相殺害，從舟中起，上昇虛空，示現神變，即入寂滅，化火焚骸，骸又中析，一墮南岸，一墮北岸。於是二王各得一分，舉軍號慟，俱還本國，起窣堵波，而修供養。

從此東北行五百餘里，至弗栗恃國北人謂三伐恃國。北印度境。。

【注釋】❶溼吠多補羅僧伽藍　梵文 Śvetapurasaṅghārāma 的音譯。意譯為白城寺。❷翬飛　比喻宮殿壯觀華麗。❸提撕　提醒、振作。❹春秋　指年紀。❺嚴　整肅。

【語　譯】從七百聖賢結集處向南走八、九十里，到達溼吠多補羅寺，該寺層層臺閣高大華美，重重樓閣壯觀華麗，寺中僧人清雅整肅，都學習大乘法教。這座寺院旁邊有過去四佛座和散步場所的遺跡。遺跡旁邊的塔是無憂王建造的。這裡是如來從前南去摩揭陀國，北到吠舍釐城途中休息地方的遺跡。

從溼吠多補羅寺向東南走三十多里，在恒河南北兩岸各有一座塔，這是尊者阿難陀將身體分給兩個國家的地方。阿難陀是如來的堂弟，博學多才，能整體把握事物並透徹理解，佛去世後，阿難繼大迦葉主持正法，教導世人。有一次他在摩揭陀國的林中散步，見一個沙彌在念誦佛經，章句錯誤百出，文字混亂不堪。阿難聽了以後，深有感觸，他慢慢來到沙彌面前，向他傳授正法。沙彌笑著說：「大和尚年老，說的不對啊！我的老師學問高明，而且年富力強，我得他的親傳，我誦讀的佛經絕不會錯。」阿難沈默地走開了，他嘆息說：「我已經年邁，為了眾生我才在世上主持正法這麼長時間。但是眾生太過蒙昧，很難教誨，我留在世間也沒什麼用處，可以很快入涅槃了。」於是他離開摩揭陀國，渡恒河去吠舍釐城，在船到中流的時候，摩揭陀國王聽說阿難離去，眷戀他的恩德，立即率兵馬來追趕阿難請他回去，數十萬大軍集合在恒河南岸。吠舍釐王聽說阿難要來，心中悲喜無限，也整頓軍隊趕來迎候，數十萬人屯集在恒河北岸。兩軍相對，旌旗蔽日。阿難恐怕他們發生戰爭，互相殘殺，便從船中起來，上昇到空中，顯示神異變化後馬上進入涅槃，骸骨被火焚化，又從中分成兩半，一半落在恒河南岸，一半落在恒河北岸。於是兩個國王各得一半骸骨，全軍號啕痛哭，回歸本國以後都建塔將骸骨供養起來。

從這裡向東北走五百多里，到達弗栗恃國。

【說　明】本文介紹了溼吠多補羅寺的概況以及阿難涅槃分身的傳說。有關阿難的這個傳說表現了兩個意思：一個是如來去世後佛法的逐漸衰微，所謂「眾生垢重，難以誨語」，世人的頑冥不化使尊者阿難浩然長嘆，一籌莫展，終於決心早入涅槃了。這傳說表達的另一個意思，就是對阿難仁德和神通的讚嘆。而傳說中渲染的摩揭陀國和吠舍釐國國王人眾對阿難的崇敬和愛重，也反映出人們對正法的虔敬之情，說明佛法仍具有強大的生命力。

弗栗恃國

【題解】弗栗恃，梵文寫作Vṛji，也譯作跋祇、毘梨祇等。弗栗恃國是由八個部族組成的聯邦，這個國家建立得相當早，為印度古代十六大國之一，後被摩揭陀國征服。弗栗恃國位於甘達克河和巴格馬提河之間的狹長地帶，大體相當於現在的印度達爾般迦縣北部地區。

弗栗恃國，周四千餘里，東西長，南北狹。土地膏腴，花果茂盛。氣序微寒，人性躁急。多敬外道，少信佛法。伽藍十餘所，僧徒減千人，大小二乘，兼功通學。天祠數十，外道寔眾。國大都城號占戍拏，多已頹毀。故宮城中尚有三千餘家，若村若邑也。大河東北有伽藍，僧徒寡少，學業清高。

從此西行，依河之濱，有窣堵波，高餘三丈，南帶長流，大悲世尊❶度漁人處也。越❷在佛世，五百漁人結儔附黨❸，漁捕水族，於此河流得一大魚，有十八頭，頭各兩眼。諸漁人方欲害之，如來在吠舍釐國，天眼見，興悲心，乘其時而化導，因其機而啟悟，告諸大眾：「弗栗恃國有大魚，我欲導之，以悟諸漁人，爾宜知時。」於是大眾圍繞，神足凌虛，至於河濱，如常敷❹座。遂告諸漁人：

「爾勿殺魚。」以神通力，開方便❺門，威被大魚，令知宿命，能作人語，貫解人情。爾時如來知而故問：「汝在前身，曾作何罪，流轉惡趣，受此弊身？」魚曰：「昔承福慶，生自豪族，大婆羅門劫比他❻者，我身是也。恃其族姓，凌蔑人倫，恃其博物，鄙賤經法，以輕慢心毀讟❼諸佛，以醜惡語詈❽辱眾僧，引類形比，謂若駝、驢、象、馬，諸醜形對。由此惡業，受此弊身。尚資宿善，生遭佛世，目覩聖化，親承聖教。」因而懺謝，悔先作業。如來隨機攝化，如應開導。魚既聞法，於是命終。承茲福力，上生天宮，於是自觀其身，何緣生此，既知宿命，念報佛恩，與諸天眾，肩隨戾止，前禮既畢，右繞退立，以天寶香花，持用供養。世尊指告漁人，為說妙法，俱即感悟，輸誠禮懺，裂網焚舟，歸真受法。既服染衣，又聞至教，皆出塵垢，俱證聖果。

度漁人東北行百餘里，故城西有窣堵波，無憂王所建，高百餘尺，是佛在昔於此六月說法度諸天、人。此北百四五十步有小窣堵波，如來昔於此處為諸苾芻制戒❾。次西不遠有如來髮、爪窣堵波。如來昔於此處，近遠邑人相趨輻湊，焚香散花，燈炬不絕。

從此西北千四五百里，踰山入谷，至尼波羅國中印度境。

【注　釋】❶大悲世尊　指釋迦牟尼。因為他有廣大的慈悲心，因而被稱為大悲。❷越　超過。❸結儔附黨　結伴。儔，伴侶。黨，由私人利害關係結成的集團。❹敷　鋪開；擺開。❺方便　梵文 upāyā 的意譯。指如來對不同眾生說法時隨機應變的手段。方，方法。又指方正之理。便，便穩。又指巧妙的言辭。❻劫比他　梵文 **Kapitha** 的音譯。婆羅門族姓。❼讟　怨言。❽詈　罵。❾制戒　制定戒律。

【語　譯】弗栗恃國方圓四千多里，東西長，南北窄，土地肥沃，花果茂盛。氣候微寒，人們性情急躁，多信奉外道，少數敬信佛法。境內有十幾座寺院，僧徒不到一千人，大小二乘都研習。外道神廟有數十所，外道信徒很多。這個國家的大都城叫占戍拏，已經頹敗毀壞得很厲害了，在原來的宮城中還有三千多戶人家，規模只像個村鎮。在大河東北有座寺院，寺中僧人很少，學業清雅高明。

從這裡向西走，在河邊有一座塔，塔高三丈多，塔的南邊長河如帶，這裡是大悲世尊度化漁人的地方。過去佛在世的時候，有五百個漁人結伴在一起捕魚，一次他們在這河中捕獲一條大魚，有十八個頭，每個頭上有兩隻眼睛。漁人們正要殺死牠，如來在吠舍釐國通過天眼看見了，他心生悲憫，想利用這個機會化導大魚啟悟漁人。他告訴大眾說：「在弗栗恃國有一頭大魚，我要化導牠以啟悟漁人，現在正是時候。」於是大眾圍繞著世尊，運神足凌空來到河邊，像平常一樣為如來鋪設了座位。世尊告訴漁人們說：「你們不要殺這魚。」於是運用神通力，開方便門，威力施於大魚，使牠知道前生的宿業，並能說人話，解人情。這時如來明知故問：「你在前世犯了什麼罪行，以致在惡趣中流轉，變成這種低賤的東西？」大魚說：「從前我憑藉福報，生在豪門望族，大婆羅門劫比他就是我的族姓。我恃仗著高貴的族姓，欺淩蔑視別人，又自以為見多識廣，看不起經法，以輕慢之心毀瀆諸佛，以醜惡的言辭辱罵眾僧，抓住他們形體上的特點，將他們比成駱駝、驢、象、馬等醜類，因為這些惡業我變成這種下賤的東西。但我過去的善行使我尚能生在佛世，親眼目睹大聖化導，親身承受聖教。」於是牠為前世的惡業懺悔謝罪。如來根據魚的情況對牠教化引導，魚聆聽了佛法就死去了，並藉著這種福力上生到天宮，牠反觀自身：我為什麼會轉生在這裡，牠明白這是宿命的結果。為了報答佛的恩德，便跟隨天神大眾來到如來這裡，行禮以後右繞退立一旁，手持天寶香花，作為供養。世尊指告漁人，為他們解說妙法，漁人們都感悟了至理，虔誠地向佛禮敬懺悔，撕網焚船，歸依佛法。他們穿上了僧衣，又聆聽了至理，因此都得以脫離塵俗，證得聖果。

從度化漁人處向東北走一百多里，在老城的西面有一座塔，是無憂王建造的，塔高一百多尺，從前佛在這裡說法六個月度化天神和人眾。從這裡向北一百四、五十步，有座小塔，從前如來曾在這裡為苾芻們制定戒律。再往西不遠有供奉如來頭髮和指甲的塔，從前如來在這裡的時候，遠近各地的人都競相趕來聚集在這裡焚香散花，燈燭長明。

從這裡向西北一千四、五百里，翻山入谷，到達尼波羅國。

【說　明】本文簡要介紹了弗栗恃國的概況以及國中幾處著名的佛教勝跡。其中著重講述了如來化度漁人的傳說故事。這個故事通過一頭大魚的命運，宣揚了佛家因果報應的思想和佛教「三寶」的神聖不可侵犯。這種塑造出的如來形象睿智從容，神通廣大，他對眾生的化度方式靈活多變，並不僅限於說法。在這個故事中，他運用神通力，使大魚明瞭自己的宿業和果報，又通過大魚的自述和命運導化了漁人，使魚和漁人都歸依了正法，得以出離塵俗，證得聖果。這裡他度化的手段是非常巧妙的。如來的這種靈活隨機、收效顯著的度化手段可以歸結為一個詞語，這就是文中提到的「方便門」。這個詞形象地體現了佛的博大胸懷和導引眾生出離苦海的極大熱誠，這也正是釋迦佛被稱為大悲的原因吧。

尼波羅國

【題　解】尼波羅，梵文 Nepāla 的音譯，也譯作泥婆羅、尼八剌等，唐時該國臣屬於吐蕃。其舊址在今尼泊爾國加德滿都谷地。

尼波羅國，周四千餘里，在雪山中。國大都城周二十餘里。山川連屬，宜穀稼，多花果，出赤銅、犛牛❶、命命鳥❷。貨用赤銅錢。氣序寒冽，風俗險詖❸，人性剛獷，信義輕薄，無學藝，有工巧，形貌醜弊，邪正兼信。伽藍、天祠接堵連隅。僧徒二千餘人，大小二乘，兼功綜習。外道異學，其數不詳。王，剎帝利栗呫婆種也。志學清高，純信佛法。近代有王，號鴦輸伐摩❹唐言光冑，碩學聰叡，自製《聲明論》，重學敬德，遐邇著聞。都城東南有小水池，以人火投之，水即焰起，更投餘物，亦變為火。

從此復還吠舍釐國，南渡殑伽河，至摩揭陀國舊曰摩伽陀，又曰摩竭提，皆訛也。中印度境。

【注　釋】❶犛牛　哺乳動物，偶蹄類。毛色黑而長，有「高原之舟」的稱呼。❷命命鳥　梵文 jīvajīvaka 的意譯。音譯為耆婆耆婆迦。據說這是一種一身兩頭的鳥。❸詖　不正。❹鴦輸伐摩　梵文 Aṃśuvarmā 的對音。意譯為光冑。

【語　譯】尼波羅國方圓四千多里，在雪山中。這個國家的大都城方圓二十多里。境內山川連綿，宜種穀稼，多產花果，出赤銅、犛牛、命命鳥。通用貨幣是赤銅錢。氣候寒冷，風俗險惡邪僻，人性剛猛粗獷，不重信義，不學技藝而有工巧。人民形貌醜陋，邪教、正教都崇信。境內佛寺和外道神廟相鄰相接。佛教徒有兩千多人，大小二乘他們都研習。外道數目不詳。該國國王是剎帝利栗呫婆族人。志學清高，篤信佛法。這個國家近代有位叫鴦輸伐摩的國王，博學叡智，曾寫作有《聲明論》，他敬重博學德高之人，遠近聞名。在都城東南有個小水池，人們將火投在裡面，水便起火燃燒，再投別的東西，也起火。

從這裡再回到吠舍釐國，向南渡過恒河，就到達摩揭陀國。

卷八 一國

摩揭陀國（上）

【題解】摩揭陀，梵文寫作Magadha，又譯為摩竭、摩訶陀、摩伽陀、墨竭提等，意譯為無害、不惡處、致甘露處、善勝、天羅等，是印度古代十六大國之一。其領域大致相當於現在印度比哈爾邦的巴特那(Patna)和加雅(Gayā)一帶。歷史上的摩揭陀國有兩個空前強盛時期，一是西元前四世紀到西元前一八五年的孔雀王朝，在著名的阿育王（無憂王）統治時期，摩揭陀國的領域北抵喜馬拉雅山麓，南達科弗里河畔，東起阿薩姆，西北到興都庫什山；國都華氏城是當時印度的政治經濟和文化中心，北印度各地客商雲集這裡，一派繁華昌盛景象。摩揭陀國歷史上另一繁榮時期是笈多王朝統治時期，約在西元後四世紀初到六世紀末。西元四世紀末到五世紀初旃陀羅笈多二世統治時期可以說是笈多王朝的黃金時代，也是印度古代文化的復興時期，梵文文學、藝術、哲學以及經濟都很繁榮。唐朝時摩揭陀國曾和我國建立友好關係。西元六四一年，戒日王自稱摩揭陀王派使者帶國書到我國。六四八年，唐太宗又派王玄策等出使摩揭陀國。我國製蔗糖的方法，相傳就是由摩揭陀國傳進來的。

摩揭陀國，周五千餘里。城少居人，邑多編戶。地沃壤，滋稼穡，有異稻種，其粒麤大，香味殊越，光色特甚，彼俗謂之供大人米❶。土地墊溼，邑居高原，孟夏❷之後，仲秋❸之前，平居流水，可以泛舟。風俗淳質，氣序溫暑。崇重志學，尊敬佛法。伽藍五十餘所，僧徒萬有餘人，並多宗習大乘法教。天祠數十，異道寔多。

【注釋】❶供大人米　這種米因只供應國王及豪門大族食用，故稱。❷孟夏　夏季的第一個月。❸仲秋　秋季的第二個月。

【語譯】摩揭陀國方圓五千多里。城中居民較少，村邑中編入戶籍的居民卻很多。這裡土地肥沃，莊稼茂盛，出產一種奇特的稻米，米粒粗大，香味和色澤都特別好，當地人稱為「供大人米」。地勢低溼，村鎮都坐落在高原，從初夏到中秋，原來的平地多被洪水淹沒，可以在水上划船。這裡風俗淳樸，氣候溫熱，百姓注重學業，尊敬佛法。境內有寺院五十多座，僧徒一萬多人，大多信奉學習大乘法教。外道神廟有幾十所，外道信徒很多。

【說明】本文簡要概括了摩揭陀國的一般情況。大家可能已經注意到，作者用了兩卷的篇幅來介紹這個國家裡的佛教勝跡，這是因為釋迦牟尼一生的大部分時間都是在摩揭陀國度過，因此佛陀的聖跡實在是數不勝數。在佛涅槃以後，佛教徒曾四次結集，其中有兩次都是在摩揭陀國進行的：第一次是在王舍城，第二次在華氏城。由此也可以看出摩揭陀國在佛教徒心目中的崇高地位。

波吒釐子城

殑伽河南有故城，周七十餘里，荒蕪雖久，基址尚在。昔者，人壽無量歲時，號拘蘇摩補羅❶城唐言香花宮城，王宮多花，故以名焉。逮乎人壽數千歲，更名波吒釐子❷城舊曰巴連弗邑，訛也。初，有婆羅門，高才博學，門人數千，傳以授業。諸學徒相從遊觀，有一書生徘徊悵望。同儔❸謂曰：「夫何憂乎？」曰：「盛色方剛，羇遊履影，歲月已積，藝業無成。顧此為言，憂心彌劇。」於是學徒戲言之曰：「今將為子求娉婚親。」乃假立二人為男父母，二人為女父母，遂坐波吒釐樹❹，謂女壻樹也，採時果，酌清流，陳婚姻之緒，請好合之期。時假女父攀花枝以授書生曰：「斯嘉偶也，幸無辭焉。」書生之心欣然自得，日暮言歸，懷戀而止。學徒曰：「前言戲耳！幸可同歸。林中猛獸恐相殘害。」書生遂留，往來樹側。景夕❺之後，異光燭野，管弦清雅，帷帳陳列。俄見老翁策杖來慰，復有一嫗攜引少女，並賓從盈路，袨服❻奏樂。翁乃指少女曰：「此君之弱室❼也。」酣歌樂讌，經七日焉。學徒疑為獸害，往而求之，乃見獨坐樹陰，若對上客，告與同歸，辭不從命。後自入城，拜謁親故，說其始末，聞者驚駭，與諸友人同往林中，咸見花樹是一大第，僮僕役使馳驅往來，而彼老翁從容接對，陳饌奏樂，賓主禮備。諸友還城，具告遠近。期歲之後，生一子男。謂其妻曰：「吾今欲歸，未忍離阻；適復留止，棲寄飄露。」其妻既聞，具以白父。翁謂書生曰：「人生行樂，詎必故鄉？今將築室，宜無異志。」於是役使靈徒，功成不日。香花舊城，遷都此邑，由彼子故，神為築城，自爾之後，因名波吒釐子城焉。

【注釋】❶拘蘇摩補羅　梵文寫作Kusumapura。意譯為「香花宮」。❷波吒釐子　梵文寫作Pāṭaliputra。也譯為波羅利弗多羅、巴陵弗、巴鄰、波羅黎等。意譯為華氏城。❸同儔　同伴。儔，伴侶。❹波吒釐樹　波吒釐，梵文寫作pāṭali，意譯為重葉樹、青桐，類似楸樹、紫葳之喬木，春季開紫花，有香氣。❺景夕　天黑。❻袨服　盛服。❼弱室　妻子。

【語譯】在恒河南岸有座舊城，方圓七十多里，雖然早已荒蕪，但基址還在。從前，在人的壽命無限長的時候，這裡叫做拘蘇摩補羅城。因為王宮裡有許多香花，因此這樣稱呼它。到了人的壽命有幾千歲的時候，這座城市改名為波吒釐子城。從前，有一個婆羅門，他學識淵博，收了幾千名學生，向他們傳授學業。一天，他的學生們一起出外遊玩，其中一個書生卻在那裡徘徊，顯得很惆悵的樣子。他的同伴就問他：「你為什麼這麼憂鬱呢？」他說：「我正當盛年，卻還孤身在外，求學已經多年，仍然一事無成。一想到這些，我的心情就很沈重。」於是學徒們便開玩笑地說：「我們現在就來為你成親。」他們便假定兩個人為男方父母，兩個人為女方父母，一同坐在波吒釐樹下，這種樹就是所謂女壻樹。他們採來時鮮果品，盛來清澈的泉水，四人便商量婚姻大事以及結婚的良辰吉日。這時，扮演女方父親的折了一枝花枝送給書生，對他說：「這是你的賢妻，請別嫌棄她。」書生心裡欣喜無限。到黃昏該回去的時候，書生戀戀不捨，不願離去。學徒們都說：「剛才是在開玩笑呢！我們還是一同回去吧，你一個人留下，恐怕林中的猛獸會來傷害你的。」書生執意留了下來，在那棵樹旁走來走去。天黑以後，忽然有神奇的光彩將原野照得通亮，清雅的管弦之聲漸漸響起，他的面前出現了一排排的帳篷。不一會兒，一位老翁拄著拐杖來向他問候，又有一位老婦人領著一位少女走來，她們身後的隨從擠滿了小路，都身穿盛裝，奏著音樂。這時老翁指著那少女對書生說：「這就是你的妻子。」於是大擺酒宴，盡情地歡慶了七天。

學徒們見他一直沒有回去，恐怕他被猛獸所害，就去找他。到了前幾天遊玩的地方，卻見他獨自一人坐在樹蔭底下，好像正陪著什麼貴客。他們便讓書生同他們一起回去，書生又一次拒絕了。後來書生進城去拜訪親友，就把這件事的經過說了出來，聽的人無不驚駭。於是他就領著友人一同來到林中，大家看見花樹已成為一座大府第，許多僕人正在那裡來往忙碌，而那位老翁從容不迫地接待客人，擺開宴席，奏起音樂，盡賓主之禮。書生的朋友們回到城裡，這件事就被傳開了。一年以後，書生有了一個兒子。有一天，書生對妻子說：「我現在想回去，但不忍心離開你們；若是留在這裡，這種風吹雨打、飄泊無定的生活又實在讓人受不了。」他的妻子聽了，就把這番話稟告了父親。老翁對書生說：「人生行樂，難道非得在故鄉嗎？我現在就來給你們建造住宅，你就不要想別的了。」於是老翁役使精靈，不到一天時間就把房子蓋成了。後來，原來的香花宮城也遷到這裡，看在那位書生的面子上，神靈們幫著修築了新城。從那以後，這座城就叫波吒釐子城了。

【說　明】本文介紹了有關波吒釐子城的傳說，帶有強烈的神話色彩。波吒釐子城原是恒河岸邊的一個村莊，名叫波吒釐村。它位於王舍城通往吠舍釐等地的交通要道上，中印度的主要河流如恒河、甘達克河、宋河都在它附近匯合，地理位置非常重要。佛陀在世時，童龍王朝開始在這裡修築城堡，這是波吒釐子城建城的開端，約在西元前四五〇年，此城完全建成。此後，童龍王朝、難陀王朝和孔雀王朝都曾在這裡建都，波吒釐子城成為一座規模宏大、繁華富饒的大都會。本文講述的是有關這個城市名稱的由來的傳說。

這個傳說將這座城市和一位書生的美好姻緣聯繫在一起了。而這段姻緣，卻是從一個遊戲開始的：同伴們為了讓書生解除煩惱，便「指樹為婚」，卻不料遊戲竟成了「真實」——書生不僅得到了賢慧的妻子，而且還有了一個兒子，他們幸福地生活在一起，最後連香花宮城都搬遷過來了，這是一個帶有荒誕色彩的靈異故事。故事本身是不可信的，但故事所反映出的現實和所蘊涵的道理則是耐人尋味的，從現實一面說，原來的拘蘇摩補羅城，就是一座「香花宮城」，因而一定發生過不少「香花」和「美女」的動人故事，本文所講述的書生奇緣，可能正是以那些故事為淵源傳演而成的，並不完全是憑空虛構。從涵義方面來說，這個傳說實際上告訴人們，只要精誠所至，空虛也會變成真實。書生的苦悶，其實不過是成熟男子的正常要求，只是他較一般人更為「痴迷」罷了。正是這種精誠感動了同伴，並進而感動了神靈，於是一連串的奇遇發生了。正是在這「真」與「幻」之間，流露出作者對書生的同情和肯定，顯示出某種可貴的東西。因此，我們不必把這個故事視為真實，但它所包含的道理卻是具有啟示意義的。

故宮北石柱

王故宮北有石柱，高數十尺，是無憂王作地獄處。釋迦如來涅槃之後第一百年，有阿輸迦❶唐言無憂。舊曰阿育，訛也王者，頻毘娑羅❷唐言影堅。舊曰頻婆娑羅，訛也王之曾孫也，自王舍城遷都波吒釐，重築外郭，周於故城。年代浸遠，唯餘故基。伽藍、天祠及窣堵波，餘址數百，存者二三。唯故宮北，臨殑伽河，小城中有千餘家。初，無憂王嗣位之後，舉措苛暴❸，乃立地獄，作害生靈。周垣峻峙，隅樓特起，猛焰洪鑪，銛鋒利刃，備諸苦具，擬像幽塗，招募凶人，立為獄主。初以國中犯法罪人，不校❹輕重，總入塗炭。後以行經獄次，擒以誅戮，至者皆死，遂滅口焉。時有沙門，初入法眾❺，巡里乞食，遇至獄門，獄吏凶人擒欲殘害。沙門惶怖，請得禮懺。俄見一人，縛來入獄，斬截手足，磔❻裂形骸，俯仰之間，肢體糜散。沙門見已，深增悲悼，成無常觀，證無學果。獄卒曰：「可以死矣。」沙門既證聖果，心夷❼生死，雖入鑊湯，若在清池，有大蓮花而為之座。獄主驚駭，馳使白王，王遂躬觀，深讚靈祐。獄主曰：「大王當死。」王曰：「云何？」對曰：「王先垂命，令監刑獄，凡至獄垣皆從殺害，不云王入而獨免死。」王曰：「法已一定，理無再變。我先垂令，豈除汝身？汝久濫生，我之咎也。」即命獄卒，投之洪鑪。獄主既死，王乃得出，於是頹牆堙壍❽，廢獄寬刑。

【注　釋】❶阿輸迦　梵文寫作Aśoka。意譯為無憂。是西元前三世紀時摩揭陀國孔雀王朝的第三世國王，佛教的大保護者。❷頻毘娑羅　梵文Bimbisāra的對音。又譯作瓶沙、萍沙。意譯為影堅、影勝。是西元前六世紀前半期的摩揭陀國王。❸苛暴　苛刻殘暴。❹校　比較。❺入法眾　指出家。❻磔　古時分裂肢體的酷刑。❼夷　平。❽堙壍　墊平深溝。堙，堵塞。壍，同「塹」。深溝。

【語　譯】原來的王宮北面有一根石柱，高幾十尺，是無憂王設立地獄的地方。釋迦如來涅槃後的第一百年，有一位叫阿輸迦的國王，他是頻毘娑羅王的曾孫，把都城從王舍城遷到波吒釐，並在舊城周圍又築了一道外城牆。由於年代久遠，現在只剩下遺址了。寺院、外道神廟和塔的遺址有幾百處，保存完好的寥寥無幾。只在故宮北面恒河岸邊的小城裡有一千多戶人家。當初，無憂王繼承王位以後，為政苛刻殘暴，並且設立了地獄，殘害人民。這地獄周圍高牆聳立，角樓對峙，地獄中猛焰洪鑪、鋒刀利刃，各種刑具無不齊備，如同陰間，又招募兇殘的惡人，立為獄主。一開始，是將國中觸犯法律的人，不論罪行輕重，一律投入地獄進行折磨。後來，凡是路過地獄的人，也要被擒住殺害，到過地獄的人無一生還，於是地獄的情況就沒人能洩露出去了。一次，有位剛出家的和尚，在乞討食物的路上，無意中來到地獄門前，兇殘的獄卒便抓住他要殺害他。這個和尚很害怕，就請求讓他先做禮懺。不久他看見一個人被綁到地獄中來，先是被斬斷手腳，然後身體被撕裂，片刻之間就粉身碎骨了。和尚見了這情景，心裡非常悲傷，並因此懂得了一切無常的道理，證得無學果。獄卒對他說：「你該去死了。」沙門由於已經證得聖果，心中對生死毫不介懷，雖然被扔進一大鍋開水中，卻感到是在清池裡，水中還長出一朵大蓮花來給他坐。這情景讓獄主非常驚駭，忙命人飛馬去稟告國王。無憂王於是親自前來觀看，對神靈的護佑讚嘆不已。這時獄主說：「大王當死。」無憂王問：「怎麼講？」獄主回答說：「大王先前有命令，我們便是按您的命令管理刑獄。凡是來到地獄圍牆附近的都要殺死。命令上並沒有說國王進到地獄中就可以免去一死。」國王說：「法律一經確定，按理不能再改變。我先前下達這個命令，難道把你除外了嗎？你多活了這麼長的時間，這是我的過錯。」於是命令獄卒將獄主投到洪鑪中。獄主死了以後，無憂王才得以走出地獄。經過這件事，無憂王便下令推倒圍牆，填平深溝，廢除地獄，放寬刑罰。

【說　明】無憂王地獄實是一座人間地獄。其間不論罪行輕重一律施以毒刑，連路過的無辜者都不放過的做法，真是到了暗無天日、滅絕人性的地步！但就在這樣的人間地獄中，在這種險惡的環境裡，真理之花卻在萌芽、生長，並終於開放。而一旦獲得了真理，人的靈魂和肉體便無所畏懼，最後並消滅了地獄。那位沙門便是一個象徵，他在生死關頭，悟解了人世無常的道理，證得「無學果」，從而「心夷生死」，身坐蓮花。那位獄主，卻由於頑固堅持地獄的規則而送命，可謂「作法自斃」。而無憂王也從這一生一死之中有所省悟，於是拆除了地獄，並放寬了刑罰。這個故事透露出古代印度黑暗的社會狀況和佛教產生的現實背景，同時也告訴人們：地獄和真理，其實相距並不遙遠，當善良的人們在承受苦難的時候，他們也許正在接近真理。真理既是在反抗邪惡中誕生，也是為消滅邪惡而存在的。

無憂王建舍利塔

地獄南不遠有窣堵波，基址傾陷，惟餘覆鉢之勢，寶為廁❶飾，石作欄檻，即八萬四千❷之一也。無憂王以人功建於宮中，中有如來舍利一升，靈鑒間起，神光時燭。無憂王廢獄之後，遇近護❸大阿羅漢，方便善誘，隨機導化。王謂羅漢曰：「幸以宿福，位據人尊，慨茲障累❹，不遭佛化。今者如來遺身舍利，欲重修建諸窣堵波。」羅漢曰：「大王以福德力，役使百靈，以弘誓心，匡護三寶，是所願也，今其時矣。」因為廣說獻土之因❺，如來懸記興建之功。無憂王聞已慶悅，召集鬼神而令之曰：「法王導利，含靈有慶，我資宿善，尊極人中。如來遺身重修供養，今爾鬼神勠力同心❻！境極贍部，戶滿拘胝❼，以佛舍利起窣堵波。心發於我，功成於汝。勝福之利，非欲獨有。宜各營搆，待後告命。」鬼神受旨，在所興功，功既成已，咸來請命。無憂王既開八國所建諸窣堵波，分其舍利，付鬼神已，謂羅漢曰：「我心所欲，諸處同時藏下舍利。心雖此冀，事未從欲。」羅漢白王：「命神鬼至所期日，日有隱蔽，其狀如手，此時也，宜下舍利。」王承此旨，宣告鬼神。逮乎期日，無憂王觀候光景，日正中時，羅漢以神通力，伸手蔽日，營建之所咸皆瞻仰，同於此時功績咸畢。

【注　釋】❶廁　通「側」。❷八萬四千　古印度表示事物眾多的常用數目。有時略稱為八萬。❸近護　梵文 Upagupta 的意譯。音譯為鄔波毱多。❹障累　罪孽所致。障，業障。指前世所作種種惡果致為今生的障礙。❺獻土之因　獻土的因緣。傳說無憂王小時曾以一把沙土施捨給佛，因了這個果報，他後來做了國王。❻戮力同心　同心協力，團結一致。❼拘胝　梵文 koṭi 的音譯。即億。

【語　譯】在地獄南面不遠有座塔，塔基已經傾陷，只剩下覆鉢狀的塔身了。塔身四面裝飾著珍寶，欄杆是石頭製成的，這就是那八萬四千塔中的一座。無憂王以人力建在他的宮中，塔中供奉著一升如來舍利，常常有靈異的現象出現，神光照耀。無憂王廢除了地獄以後，遇到了近護大阿羅漢。近護以方便法門對他諄諄誘導，根據他的機緣施以教化。無憂王對羅漢說：「我有幸靠前世的福業做了國王，可惜由於我的罪孽，以致未能受到佛的教化。現在我打算重建佛塔，供奉如來的遺身舍利。」羅漢說：「大王可以憑您的福德力役使眾神靈，以實現光大佛法的宏偉誓願，現在正是您實現這個願望的時候。」於是近護就向無憂王講述了他獻土的因緣，以及如來對興建佛塔的預言。無憂王聽了歡喜無限，他召集鬼神下令說：「法王引導人們修功德，這是眾生的福分，我就是依靠從前的善行當上國王的。現在我要重新建塔供養如來遺身，你們務必要同心協力！在整個贍部洲，千千萬萬有人煙的地方，都要建起供奉佛舍利的寶塔。這個誓願是我發的，但實現這個誓願卻要靠你們。我並不想獨佔這個大功德。你們分頭去修建吧，建成再來待命。」鬼神領命，便回自己所在的地方動工修建。功成以後，又都來向無憂王請命。無憂王便打開八國所建造的塔，將其中的舍利分給鬼神，分完以後，無憂王對羅漢說：「我真希望能在各處同時把舍利藏進塔中。雖然有這種願望，但知道這是不可能的。」羅漢對無憂王說：「大王可以命令鬼神們，到了約定的那一天，看見太陽被一個手狀的影子遮住，這時就一同把舍利藏進塔中。」無憂王便將羅漢的這個指示向鬼神們宣告了。到了約定的那一天，無憂王觀察天空等待羅漢所說的情形發生。到了正午的時候，羅漢運用神通力，伸手遮住了太陽，凡是建塔的地方都看到了這個景象，鬼神們便同時把舍利藏進塔中，於是大功告成。

【說　明】本文介紹了無憂王建造八萬四千舍利塔的故事。建造舍利塔是無憂王皈依佛教後的一大功德。在整個印度都布滿了他興建的塔柱，這從這部書中就可以看到。這裡所講述的故事帶有一定的傳說色彩，但也說明，這項巨大的工程從發願到完成都不是件容易的事情，也不全是他一個人的功勞。無憂王廢除了地獄，這算是他對罪惡的告別，而使他深深懺悔罪過並嚮往佛法的，乃是由於近護大阿羅漢的因勢利導和循循善誘。這是無憂王皈依佛法的關鍵環節。這也告訴人們，無憂王大修如來舍利塔，既是為了獻佛，也是為了贖罪。至於具體工作，則是由鬼神們來完成的。而最後使得所有舍利同時放進寶塔的，也是近護大阿羅漢。因此，這項工程實際是由羅漢引導，無憂王指揮，眾鬼神執行，最後又在羅漢的幫助下才大功告成的，並不是無憂王一個人的功勞。

如來足跡石

窣堵波側不遠，精舍中有大石，如來所履，雙跡猶存，其長尺有八寸，廣餘六寸矣。兩跡俱有輪相，十指皆帶花文❶，魚形暎❷起，光明時照。昔者如來將取寂滅，北趣❸拘尸那城，南顧摩揭陀國，蹈此石上，告阿難曰：「吾今最後留此足跡，將入寂滅，顧摩揭陀也。百歲之後，有無憂王命世君臨，建都此地，匡護三寶，役使百神。」及無憂王之嗣位也，遷都築邑，掩固跡石，既近宮城，恒親供養。後諸國王競欲舉歸，石雖不大，眾莫能轉。近者設賞迦王毀壞佛法，遂即石所，欲滅聖跡，鑿已還平，文彩如故，於是捐棄❹殑伽河流，尋復本處。其側窣堵波，即過去四佛座及經行遺跡之所。

佛跡精舍側不遠，有大石柱，高三十餘尺，書記殘缺，其大略曰：「無憂王信根貞固，三以贍部洲施佛、法、僧，三以諸珍寶重自酬贖。」其辭云云，大略斯在。

【注　釋】❶文　通「紋」。❷暎　同「映」。❸趣　趨向。❹捐棄　拋棄。

【語　譯】在塔旁不遠的精舍中有一塊大石，這大石是如來踩過的，他雙腳的印跡還在，每個腳印有一尺八寸長、六寸多寬。兩隻足跡上都有輪相，十隻足趾全帶著花紋。足印上常有魚形顯現，光明照耀。從前，將要涅槃的如來在去北面的拘尸那城的時候，曾站在這塊大石上回顧南面的摩揭陀國，他告訴阿難說：「我現在要在這裡留下我的足跡，這是我入涅槃前最後一次回顧摩揭陀國了。一百年以後，無憂王將統治這個國家，並在這裡建都，匡護三寶，役使百神。」無憂王繼位以後，他就在這裡修築城邑，把都城遷到這裡，並且為這塊石頭修建了精舍，由於這石頭就在宮城附近，所以無憂王一直親自供養。後來各國國王都爭相想把這塊石頭抬回自己的國家，石頭雖然不大，但沒有一個人能轉動它。近年來，設賞迦王毀壞佛法，他來到這座供奉石頭的精舍，想要消滅聖跡，但這石頭被鑿過以後馬上又恢復和原來一樣平滑，花紋和色彩都沒有一點變化，這些毀壞佛法的人又將大石拋進恒河裡，但它馬上又回到原來的位置。這座精舍旁邊有座塔，是過去四佛打坐和散步地方的遺址。

在供奉如來足跡石精舍旁邊不遠，有一根大石柱，高三十多尺，上面的文字已經殘缺不全了，大意是說：「無憂王信仰堅定，三次將贍部洲施捨給佛、法、僧三寶，又三次用各種珍奇的寶物重新把贍部洲贖回去。」如此等等，大意就是這樣。

【說　明】本文記敘了有關如來足跡石的故事和無憂王大石柱對無憂王的表彰。其中前者是這一部分記敘的重點，旨在宣揚佛教，證明如來法力的存在。先是介紹足跡石的神奇景象，包括足跡的具體尺寸、花紋和神異之處。這種非常具體的交代，為的是證明這石頭的真實可信。其次是介紹足跡石的來歷：如來涅槃前的情形以及他對阿難所說的話，話中的預言以及後來的實現等等，這些也是為了印證此石絕非憑空所造。接著描述足跡石的驚人法力：沒人能轉動它以及聖跡不滅、自己復歸原位等等，這些都是在證明，如來的法力不僅無所不在，而且不可抗拒。這樣經過一層層的說明，大約就不會再有人對這塊大石和佛法表示懷疑了。故事雖然不長，但層次分明，條理清晰，可謂言簡意賅，妙於說理。

摩醯因陀羅故事

故宮北有大石室，外若崇山，內廣數丈，是無憂王為出家弟役使神鬼之所建也。初，無憂王有同母弟，名摩醯因陀羅❶唐言大帝，生自貴族，服僭❷王制，奢侈縱暴，眾庶懷怨。國輔老臣進諫王曰：「驕弟作威，亦已太甚。夫政平則國治，人和則主安，古之明訓，由來久矣。願存國典，收付執法。」無憂王泣謂弟曰：「吾承基緒，覆燾❸生靈，況爾同胞，豈忘惠愛？不先匡導，已陷刑法。上懼先靈，下迫眾議。」摩醯因陀羅稽首謝曰：「不自謹行，敢干國憲❹，願賜再生，更寬七日。」於是置諸幽室，嚴加守衛，珍羞❺上饌，進奉無虧。守者唱曰：「已過一日，餘有六日。」至第六日已，既深憂懼，更勵身心，便獲果證，昇虛空，示神跡，尋出塵俗，遠棲巖谷。無憂王躬往謂曰：「昔拘國制，欲致嚴刑，豈意清昇，取證聖果。既無滯累，可以還國。」弟曰：「昔羈愛網，心馳聲色，今出危城，志悅山谷。願棄人間，長從丘壑。」王曰：「欲靜心慮，豈必幽巖？吾從爾志，當為崇樹。」遂名命鬼神而告之曰：「吾於後日廣備珍羞，爾曹相率來集我會，各持大石，自為床座。」諸神受命，至期畢萃。眾會既已，王告神曰：「石座縱橫，宜自積聚。因功不勞，疊為虛室。」諸神受命，不日而成。無憂王躬往迎請，止此山廬。

【注　釋】❶摩醯因陀羅　梵文 Mahendra 的對音。❷僭　超越本分。古時指地位在下的冒用地位在上的名義或禮儀、器物。❸覆燾　保護。燾，通「幬」。覆蓋。❹國憲　國法。憲，法令。❺羞　通「饈」。

【語　譯】在故宮北面有間大石室，外表像一座高山，裡面有好幾丈寬，這是無憂王役使神鬼為他出家的弟弟建造的。當年，無憂王有個同母弟弟，名叫摩醯因陀羅，他出身高貴，經常僭越身分穿戴國王的服飾，生活奢侈，為非作歹，百姓對他心懷怨恨。這時國中宰相和老臣紛紛向國王進諫說：「您那位放肆的弟弟作威作福，也太過分了。一個國家只有政治公平才能長治久安，只有百姓擁護，君主的地位才能穩固，這是自古以來祖先的明訓。願國王能維護國法，對他依法處置。」無憂王哭著對弟弟說：「我繼承祖先的基業，以保護眾生為己任，你是我的弟弟，我豈能不照顧和愛護你？只是我還沒來得及匡正和引導你，你就已經觸犯了法律。現在，我上愧對祖先，下又受不了眾人的壓力。」摩醯因陀羅向無憂王叩頭請罪說：「是我自己行為不檢點，觸犯了國法。只請您再寬延七天，給我一次再生的機會。」無憂王答應了他的請求，於是就把他安置在一間幽暗的屋子裡，對他嚴加守衛，但同時供應他最好的食物，按時送上，從未虧缺。一個看守喊道：「已經過去一天，還剩六天。」這樣就過了六天。到第六天過完的時候，摩醯因陀羅非常憂懼，於是發憤修煉身心，終於證得聖果，他昇上高空，顯示神通，然後馬上脫離塵世，遠遠地幽居在山谷中。無憂王知道這件事後親自去請他回國，無憂王說：「從前為維護國法，要對你施以嚴刑。沒想到你會得道昇空，證得聖果。既然你已經心無掛礙，脫離紅塵，那就可以回國去了。」他弟弟說：「從前我受愛欲的束縛，醉心於聲色享樂，現在我已出離那塵俗的危城，只喜歡這清幽的山谷。請讓我遠離塵間，永遠和這些山川在一起吧！」無憂王說：「要想心中清靜，難道一定要在深山裡嗎？不過我尊重你的意願，等我為你修建一個住所後再請你回去。」於是他召來鬼神們對他們說：「我將在後天舉行盛大的宴會，你們可以都來參加，來的時候請你們各自帶一塊大石頭作為自己的座位。」鬼神們領命，到了約定的那一天全都來了。宴會結束以後，無憂王對鬼神們說：「這些石座放得亂七八糟，你們最好把這些石頭堆好。我想勞你們的駕用這些石頭疊成一間屋子，我就不另外再費力氣了。」鬼神們接受了命令，不到一天功夫就把石室建好了。無憂王便親自去迎請他的弟弟，在這間大石室中住了下來。

【說　明】本文介紹了摩醯因陀羅大石室的來歷。這座大石室是無憂王為他的弟弟摩醯因陀羅建造的。但他為什麼要建這石室，或者說作為王弟的摩醯因陀羅為什麼需要石室？這是問題的關鍵，也是這個故事的主要線索。所以作者在開始用一句話交代了石室的來歷以後，便轉入了原因的敘述。原來，王弟摩醯因陀羅因放縱無度，作惡多端引起了百姓的怨憤，觸犯了國家的法律，無憂王在大臣們的要求下，決定大義滅親，將弟弟交付刑罰。這是第一層。眼見王弟已無出路，事情忽然又有了變化：摩醯因陀羅不僅承認了罪過，而且請求寬延七天，讓他懺悔過去，重新做人。在經歷了充滿恐懼、憂傷、悔恨和希望的六天以後，他在第七天證得了羅漢果，超脫塵世，置身絕俗的山谷之中。這是第二層。得道以後的王弟，已經深深愛上了清幽的山谷，儘管無憂王熱誠邀請，都被他堅決推辭了，不願再進入充滿誘惑和危險的塵世。於是，無憂王為了成全他的志行，便役使鬼神為他建造了這間石室。這是第三層。至此，建造石室的原因便交代清楚了，石室的來歷也在其中。這種以敘事代釋名的寫法，實在是一舉兩得，表現了作者高超的寫作技巧。另外，犯有大罪的王弟在七天之內得道證果的事例，不但說明他的天資優秀，也告訴人們一個道理：只要痛悔前非，堅心向善，不僅可以贖免罪過，而且可以獲得新生。在這個故事裡，無憂王是作者著力刻劃的形象，他對國法的嚴守，對民眾的愛護，對先祖的敬從，以及對弟弟既嚴厲懲罰又深情愛惜等等，這些複雜的內心活動的描寫，使他的形象豐滿生動，給人以深刻的印象。

無憂王諸營造遺跡

故宮北，地獄南，有大石槽，是無憂王匠役神功，作為此器，飯僧之時，以儲食也。

故宮西南有小石山，周巖谷間，數十石室，無憂王為近護等諸阿羅漢役使鬼神之所建立。傍有故臺，餘基積石，池沼漣漪❶，清瀾澄鑒，鄰國遠人謂之聖水，若有飲濯，罪垢消滅。

山西南有五窣堵波，崇基已陷，餘址尚高，遠而望之，鬱若山阜，面各數百步，後人於上重更修建小窣堵波。《印度記》曰：昔無憂王建八萬四千窣堵波已，尚餘五升舍利，故別崇建五窣堵波，製奇諸處，靈異間起，以表如來五分法身❷。薄信之徒竊相評議，云是昔者難陀王建此五藏，以儲七寶❸。其後有王，不甚淳信，聞先疑議，肆❹其貪求，興動軍師，躬臨發掘，地震山傾，雲昏日翳，窣堵波中大聲雷震，士卒僵仆，象馬驚奔。自茲已降，無敢覬覦。或曰，眾議雖多，未為確論；循古所記，信得其實。

故城東南有屈屈吒阿濫摩❺唐言雞園僧伽藍，無憂王之所建也。無憂王初信佛法也，式遵崇建，修植善種，召集千僧，凡、聖兩眾，四事供養❻，什物周給。頹毀已久，基址尚存。

【注　釋】❶漣漪　細小的波紋。❷五分法身　佛教認為五種功德成就了佛身。即戒身、定身、慧身、解脫身和解脫知見身。即從抑制肉體的、精神的欲望逐漸達到所謂「解悟」的境地。❸七寶　梵文寫作 Sapta ratāni。即七種珍寶。一種解釋是指世間七種珍貴之寶玉，所指也不一。如《大智度論》說是：金、銀、瑠璃、頗梨、車渠、赤珠、瑪瑙七物；另一種解釋是指轉輪聖王所擁有之七種寶，即：輪寶、象寶、馬寶、珠寶、女寶、居士寶和主兵臣寶。❹肆　放縱。❺屈屈吒阿濫摩　梵文寫作 Kukuṭārāma。意譯為雞園。❻四事供養　謂供給資養佛、僧等日常生活所需之四事，如衣服、飲食、湯藥、房舍等。

【語　譯】在故宮以北，地獄的南面，有一個大石槽，這是無憂王利用鬼神的力量製成的器皿，在向僧人們施捨飯食時用來盛裝食物。

在故宮西南有一座小石山，在山谷中有幾十間石室，是無憂王役使鬼神為近護等阿羅漢們建造的。

山旁原來有座高臺，現在只剩下一堆石頭了。還有一個池潭，池水清澈，一會兒蕩起波紋，一會兒又清澄如鏡，遠方鄰國的人將這池潭中的水稱為聖水，認為若是喝了這水或用這池水沐浴就可以消除罪惡。

在小石山西南有五座塔，高大的塔基都已經傾陷了，但剩下的部分仍然很高，遠遠望過去，好像一片起伏的山丘，這些塔的每一面都有幾百步寬，後人又在這些塔基上重新修建了小塔。《印度記》上說：從前無憂王建成八萬四千座塔以後，還剩五升舍利，於是另外又建了五座高塔，這五座塔建造得比其他的塔更加奇特，常出現靈異的現象，都是彰明如來五分法身的。一些不信佛法的人私下裡議論說，這五座塔是從前難陀王建造的五座寶庫，用以儲藏七寶。後來有個國王，對佛法半信半疑，他聽說了先前那些猜測議論後，貪心大發，親自率領大軍前來發掘。正當他們就要動手的時候，突然地動山搖，大雪刮得天昏地暗，塔中雷聲大震，士卒們僵臥在地，象馬驚慌奔逃。從那以後，再沒有人敢打它們的主意了。有人說：這件事雖然流傳很廣，但不一定是真實的。現在根據古代史料的記載，可以相信這是事實。

在舊城東南方向有座屈屈吒阿濫摩寺，這座寺院是無憂王建造的。無憂王剛開始信奉佛法，就恭敬地營建了這座寺院，以修善積德。他為這座寺院召集了一千名僧人，包括凡夫僧和聖僧兩部分，無憂王對他們以四事供養，還施捨一切日常用品。這座寺院早已倒塌，現在只剩下基址了。

【說　明】這裡主要介紹了幾個無憂王時期建築物的遺跡。以樸實簡潔的敘述來證明佛的法力神聖廣大，以及無憂王對佛教的熱心與虔誠。大石槽是為了向和尚們施捨食物而用的；小石山石室是為近護等羅漢所造；山旁聖水池，可以為人消病除罪；屈屈吒阿濫摩寺是無憂王初信佛法時的功德……其中介紹的重點是五座塔，作者引據《印度記》的記載，既說明了這五座塔的來歷，又駁斥了那些懷疑佛法者的胡說八道。這種用文獻材料以證其實的方法，不僅節省筆墨，而且令人信服，收到了事半功倍的效果。

阿摩落迦塔

伽藍側有大窣堵波，名阿摩落迦❶。阿摩落迦者，印度藥果之名也。無憂王遘疾❷彌留，知命不濟，欲捨珍寶，崇樹福田。權臣執政，誡勿從欲。其後因食，留阿摩落果，玩之半爛，握果長息，問諸臣曰：「贍部洲主今是何人？」諸臣對曰：「惟獨大王。」王曰：「不然。我今非主。惟此半果，而得自在。嗟乎！世間富貴，危甚風燭。位據區宇，名高稱謂，臨終匱乏，見逼❸強臣，天下非己，半果斯在！」乃命侍臣而告之曰：「持此半果，詣彼雞園，施諸眾僧，作如是說：『昔一贍部洲主，今半阿摩落王，稽首大德僧前，願受最後之施。凡諸所有，皆已喪失，惟斯半果，得少自在。哀愍貧乏，增長福種。』僧中上座❹作如是言：「無憂大王宿期弘濟，瘧疾在躬，姦臣擅命，積寶非己，半果為施。承王來命，普施眾僧。」即召典事，羹中總煮。收其果核，起窣堵波。既荷厚恩，遂旌顧命❺。

【注　釋】❶阿摩落迦　梵文 āmalaka 的音譯。亦譯作菴摩勒、阿摩勒。印度的一種藥用植物。即阿末羅果。❷遘疾　患病。遘，遇上。❸見逼　被逼迫。❹上座　又稱長老、上臘、首座、尚座、住位等。指法臘高而居上位之僧尼。❺顧命　遺言。

【語　譯】在雞園寺旁有座大塔，名叫阿摩落迦。阿摩落迦，是印度一種藥用果實的名字。無憂王身染重病，他在彌留之際知道自己的性命不保，就想施捨珍寶，為來世修福。但這時國家大權已落入有勢力的大臣手中，他們根本不聽從國王的號令。後來無憂王利用吃藥的機會，留下了一枚阿摩落果，他每天把玩這枚果子，直到果子有一半都爛掉了。他拿著剩下的半個果子長聲嘆息問大臣們：「現在誰是贍部洲的主宰？」大臣們回答說：「只有大王您是。」無憂王說：「不對。我現在已經不是什麼主宰了。只有這半個果子，我還能做得了它的主。唉！世間的榮華富貴，比風中的燭火更加容易消亡。我的地位一度據有整個疆土，我的名分也高過一切稱謂，然而臨終時卻窮困潦倒，被強臣淩辱。天下已不是我的了，我擁有的只是這半枚果子！」於是他召來侍臣對他說：「你拿著這半枚果子去那雞園寺，把它施捨給僧人們，你這樣說：『從前整個贍部洲的主宰，如今半個阿摩落的大王，謹向高僧叩頭為禮，請接受我最後的布施。我所有的東西現在都已經喪失，只有這半個果子，我還稍稍做得了主。請憐憫我的貧窮，但願這微薄的施捨能增長我的福德。』」當這半枚果子被拿到雞園寺中後，寺中僧人的上座這樣說道：「無憂大王一直期望能普濟眾生，現在他身患瘧疾，姦臣篡權，他所積聚的寶物全部喪失了，只能用這半個果子施捨。我一定按大王的命令，將它施捨給所有的僧人。」他馬上叫來典事，讓他將這半個果子放在湯羹裡煮。然後建了一座塔，把果核收藏在塔中。在蒙受無憂王的大恩以後，就用這座塔來紀念他的遺命。

【說　明】本文介紹了阿摩落迦塔的由來。由於用果子（藥物）為塔命名的情況是比較特別的，所以這個塔名本身就很能引起人們的注意了。說到其中的因緣，這座塔就更加特別了。一般的塔都是世人為紀念佛教事跡和人物而建造的，而這座塔卻是僧人們為世俗中人建造的。無憂王為佛教建造了數以萬計的塔，佛者卻也為他建造了一座。這些特別，正是這座塔引人注目之處，也是這個故事令人感動的地方。無憂王出於對佛的堅定的信奉和敬仰，一生施捨，在所不惜，連生命最後時刻的半個果子也奉獻出來了。從這裡我們不僅能夠讀出他的用心虔誠，而且也可以看到他的處境艱難。因而這半個果子的意義是無法估量的。所以雞園寺的上座將它分給所有的和尚共享。留下的果核以及為它建造的塔，實際是在表彰這種不惜一切徹底敬佛的精神。從這個意義上說，無憂王實在可以永垂不朽，進入佛境了。

建犍椎聲窣堵波

阿摩落伽窣堵波西北，故伽藍中有窣堵波，謂建犍椎聲❶。初，此城內伽藍百數，僧徒肅穆，學業清高，外道學人銷聲緘口❷。其後僧徒相次殂落❸，而諸後進莫繼前修。外道師資傳訓成藝，於是命儔召侶，千計萬數，來集僧坊，揚言唱曰：「大擊犍椎，招集學人！」群愚同止，謬有扣擊。遂以白王，請校優劣。外道諸師高才達學，僧徒雖眾，辭論庸淺。外道曰：「我論勝。自今已後，諸僧伽藍不得擊犍椎以集眾也。」王允其請，依先論制，僧徒受恥，忍詬而退，十二年間不擊犍椎。時南印度那伽閼剌樹那❹菩薩（唐言龍猛。舊譯曰龍樹，非也）幼傳雅譽，長擅高名，捨離欲愛，出家修學，深究妙理，位登初地❺。有大弟子提婆者，智慧明敏，機神警悟，白其師曰：「波吒釐城諸學人等辭屈外道，不擊犍椎，日月驟移，十二年矣。敢欲摧邪見山，然正法炬。」龍猛曰：「波吒釐城外道博學，爾非其儔，吾今行矣。」提婆曰：「欲摧腐草，詎必傾山？敢承指誨，黜諸異學。大師立外道義，而我隨文破析，詳其優劣，然後圖行。」龍猛乃扶立外義，提婆隨破其理，七日之後，龍猛失宗，已而歎曰：「謬辭易失，邪義難扶，爾其行矣，摧彼畢矣！」

提婆菩薩夙❻擅高名，波吒釐城外道聞之也，即相召集，馳白王曰：「大王昔紆聽覽，制諸沙門不擊揵椎。願垂告命，令諸門候，鄰境異僧勿使入城，恐相黨援，輕改先制。」王允其言，嚴加伺候。提婆既至，不得入城。聞其制令，便易衣服，疊僧伽胝，置草束中，褰裳❼疾驅，負戴而入。既至城中，棄草披衣，至此伽藍，欲求止息。知人既寡，莫有相舍，遂宿揵椎臺上。於晨朝時，便大振擊。眾聞伺察，乃昨客遊苾芻。諸伽藍傳聲響應，王聞究問，莫得其先，至此伽藍，咸推提婆。提婆曰：「夫揵椎者，擊以集眾。有而不用，懸之何為？」王人報曰：「先時僧眾論議墮負，制之不擊，已十二年。」提婆曰：「有是乎？吾於今日，重聲法鼓❽。」使報王曰：「有異沙門欲雪前恥。」王乃召集學人，而定制曰：「論失本宗，殺身以謝。」於是外道競陳旗鼓，諠談異義，各曜辭鋒。提婆菩薩既昇論座，聽其先說，隨義折破，曾不浹辰❾，摧諸異道。國王大臣莫不慶悅，建此靈基，以旌至德。

【注釋】❶建揵椎聲　塔名。意指擊揵椎以召集僧眾參加法會。揵椎，梵文ghaṇṭā的音譯。即鐘、磬之類。❷緘口　閉口不說話。緘，封；閉。❸殂落　去世。殂，死亡。❹那伽閼剌樹那　梵文Nāgārjuna的音譯。也譯作那伽夷離淳那、那伽曷樹那等。意譯為龍樹、龍勝、龍猛。古印度大乘佛教的著名學者，中觀學派的創始人。約西元三世紀人。著作很多。❺初地　佛教以菩薩乘五十二位中十地的第一為初地。十地，指佛教修行過程中的十個階位。包括歡喜地、離垢地、發光地、焰勝地、難勝地、現前地、遠行地、不動地、善慧地和法雲地。❻夙　早。❼褰裳　把衣服提起來。❽法鼓　比喻佛的教法。❾浹辰　十二天。

【語　譯】在阿摩落迦塔西北的一座舊寺中有一座塔，名叫建犍椎聲。當初，這座城中有上百座寺院，寺中僧人肅穆端莊，學業清高，外道學人在他們面前總是啞口無言。後來僧人們相繼去世，而後輩僧人沒有一個能繼承前人的學業。這時外道老師卻教出了一批有本領的學生，於是他們互相招呼，成千上萬的外道一起匯集到僧坊門前，高聲叫道：「用力敲擊犍椎，把你們的學者都召來！」那些愚蠢的僧人一同走出來，荒謬地敲響了犍椎。外道們便去稟告國王，請求比個高低。外道論師們才智高超學識淵博，僧徒雖然人數眾多，但學識平庸論點淺薄。外道說：「我們勝利了。從今以後，所有的寺院都不得敲擊犍椎召集僧眾。」國王根據先前的制度，同意了他們的請求，僧徒們受到羞辱，忍氣吞聲地走了，十二年內再也沒敲擊過犍椎。那時南印度有位那伽閼剌樹那菩薩，他很小的時候就已經博得美好的聲譽，長大以後名氣更大，他拋棄一切欲望，出家修習佛法，深入研究精妙佛理，達到初地的境界。他有個大弟子叫提婆，智慧敏捷，具有很強的悟性。他稟告老師說：「波吒釐城的學者們在論辯中輸給外道，從此不擊犍椎，一晃已經十二年了。我斗膽想去推倒那邪見之山，點燃正法的火炬。」龍猛說：「波吒釐城外道學識淵博，你不是他們的對手，還是我去吧。」提婆說：「要摧折幾株腐草，哪裡用得著傾倒整座山峰的力量？請讓我領受您的指教，去將那些外道打倒。大師您替外道立論，而我來依理分析批駁，考察他們的優劣，然後再研究去波吒釐城的事。」龍猛於是替外道立論，提婆根據他的理論加以批駁，七天以後，龍猛便不能自圓其說了。龍猛嘆息說：「錯誤的文辭容易被駁倒，邪惡的義理難以立足，你去吧，一定可以打敗他們！」提婆菩薩早就享有很高的聲譽，波吒釐城外道聽說他要來論辯，急忙互相召集，跑去對國王說：「大王從前光臨論辯會場，制定和尚們不許擊犍椎的命令。現在希望大王能傳令門官，不許別國的僧人入城，以免他們串通一氣，一舉篡改先前的制度。」國王答允了他們的請求，命各城門嚴加防範。提婆到了這裡以後進不了城，他聽說了國王的命令，便換了衣服，將僧伽胝衣疊好藏在草束中，然後提起衣服下襬，頂著草束，快步走過城門。進城以後，他扔掉草束，披上僧伽胝衣，來到這座寺院，想在這裡休息。由於沒有認識的人，沒有人肯留他住宿，他便在揵椎臺上過了一夜。天剛亮，他便使勁敲擊揵椎。和尚們聞聲前來察看，見是昨天那個外來的苾芻。這時各個寺院都敲響了揵椎互相呼應，國王聽見揵椎聲，派人探問究竟，沒有人知道是誰帶的頭。使者來到這座寺院時，大家都推到提婆身上。提婆說：「揵椎就是供敲擊召集僧眾的，有了卻不用，掛在那裡幹什麼？」國王的使臣回答說：「從前僧人們辯論失敗，國王下令不許敲擊揵椎，到現在已有十二年了。」提婆說：「是這樣嗎？那我就在今天重新把法鼓敲響。」使臣報告國王說：「有一個外國和尚想要洗刷從前的恥辱。」國王於是召集學者們，規定：「在辯論中不能自圓其說者，必須以死謝罪。」於是外道大張旗鼓地排開陣勢，爭相發表各種義理，各逞口才。提婆菩薩登上論座以後，先聽他們論說，然後針對其義理加以駁斥，不到十二天功夫，就把外道們一一擊敗。國王大臣無不歡欣鼓舞，於是建立這座塔，以表彰他的大德。

【說　明】本文介紹了建揵椎聲塔的來歷，記敘了這座塔和提婆的關係。在這些表面的情節後面包含著更重要的人物和意義：因為提婆是龍猛的學生，而龍猛又是著名的大乘佛教中觀學派的創始人，大乘佛學又是對小乘佛學的突破和超越，因此，這裡「揵椎」聲的滅絕和重響，實際上象徵了佛教一度衰落後又獲得振興的歷史變化，而提婆正是重新敲響振興鐘聲的前臺人物。在他的身後，就是那位更加博大精深的龍猛菩薩。所以，在這個故事中，揵椎聲無疑是一種標誌，標誌著佛教的歷史變遷；塔則是一種象徵，象徵著大乘佛學的興起和矗立不敗。二者同時也是對龍猛和提婆的紀念與頌揚。這就是為「聲」而建塔的深刻涵義。這個故事，也向我們透露出佛教史方面的內容：先前的和尚們，雖然也有嚴肅的態度和很高的修養，可惜後繼無人，終於遭到外道的圍攻和俗權的禁絕。這反映了先前佛教衰落的主要原因：人才的低劣和學說的淺薄。而外道之所以能夠獲勝，也正是因為有一批本領高強、學識淵博的學生。這說明，要想戰勝外道，振興佛學，就必須厚植自己的學說，培養優秀的人才。這就為龍猛和提婆的出場作了有力的鋪墊。龍猛顯然是更加高深的佛學的代表，而提婆作為他的學生，則是更加優秀的人才的代表。雖然如此，為了戰勝外道，龍猛和提婆仍然作了充分的準備，在相信可以獲勝的前提下，提婆才踏上征途。這反映出當時的外道勢力很強大，佛法和外道之間的鬥爭十分艱鉅危險，並為下一步提婆的一系列言行及最後獲勝埋下伏筆。當然，提婆的勝利也就是龍猛的勝利，是「新」的佛學的勝利！在這裡，「舊佛學」的衰微、外道的猖狂同「新佛學」的高妙、龍猛師徒的博學從容形成了鮮明對比，使得人物形象在互相補充中凸顯出來，表現了作者塑造人物手法的高明。其中作者對龍猛一派學說的熱情肯定的態度，也是十分鮮明的。

馬鳴與婆羅門

建擊犍椎窣堵波北有故基，昔鬼辯婆羅門所居處也。初，此城中有婆羅門，葺宇荒藪，不交世路，祠鬼求福，魍魎❶相依，高論劇談，雅辭響應，人或激難，垂帷以對，舊學高才，無出其右，士庶翕然❷，仰之猶聖。有阿溼縛窶沙❸（唐言馬鳴）菩薩者，智周萬物，道播三乘❹，每謂人曰：「此婆羅門學不師受，藝無稽古，屏居幽寂，獨擅高名，將非神鬼相依，妖魅所附，何能若是者乎？夫辯資鬼授，言不對人，辭說一聞，莫能再述，吾今往彼，觀其舉措。」遂即其廬，而謂之曰：「仰欽盛德，為日已久。幸願褰帷，敢伸宿志。」而婆羅門居然簡傲，垂帷以對，終不面談。馬鳴心知鬼魅，情甚自負，辭畢而退，謂諸人曰：「吾已知之，摧彼必矣。」尋往白王：「唯願垂許，與彼居士較論劇談。」王聞駭曰：「斯何人哉！若不證三明❺，具六通❻，何能與彼論乎？」命駕躬臨，詳鑒辯論。是時馬鳴論三藏❼微言，述五明大義，妙辯縱橫，高論清遠，而婆羅門既述辭已，馬鳴重曰：「失吾旨矣，宜重述之。」時婆羅門默然杜口，馬鳴叱曰：「何不釋難？所事鬼魅宜速授辭！」疾褰其帷，視占其怪。婆羅門惶遽而曰：「止！止！」馬鳴退而言曰：「此子今晨聲聞失墜，虛名非久，斯之謂也。」王曰：「非夫盛德，誰鑒左道？知人之哲，絕後光前，國有常典，宜旌茂實。」

【注　釋】❶魍魎　傳說中的鬼怪。❷翕然　形容言論、行為一致。❸阿溼縛窶沙　梵文 Aśvaghoṣa 的音譯。意譯為馬鳴或功勝。是古代印度著名的佛教哲學理論家、詩人，著作頗多。其中《佛所行讚》以史詩形式傳讚釋迦牟尼一生，是梵文文學中的名著。❹三乘　佛教指引導教化眾生達到解脫的三種方法、途徑或教說。一般稱聲聞、緣覺和菩薩為三乘。❺三明　佛和阿羅漢所擁有的三種神通。包括宿命明、天眼明、漏盡明。❻六通　指佛、菩薩、阿羅漢通過修持禪定獲得的六種神祕靈力。❼三藏　又作法三藏。一般是指經藏、律藏、論藏，係印度佛教聖典之三種分類。也指聲聞藏、緣覺藏和菩薩藏，是針對相應三乘人所說之教法。

【語　譯】在建擊犍椎塔北面有個遺址，從前鬼辯婆羅門就住在這裡。當年，這個城中有位婆羅門，他在荒野中搭起草屋，不和世人交往，他通過祭祀鬼神修功德，在鬼怪的幫助下可以高談闊論，見解高明，文辭清雅。有人向他提出問題的時候，他總是放下帷幕，隔著帷幕回答，其才學超過所有的高才宿儒，整個城中無論士庶都像對聖人一樣敬仰他。有一個名叫阿溼縛窶沙的菩薩，他通曉萬物的道理，廣泛宣傳佛法。他常常對人說：「這個婆羅門沒有老師向他傳授學問，也沒有前輩教授給他本領，隱居在荒僻之地，卻有很高的名望，若不是有神鬼相助，妖怪附體，他怎麼能做到這樣？凡靠鬼神幫助辯論的人，說話的時候不能面對著別人，而且話說過一遍就不能再重複說出來。我現在就去拜訪他，看他有什麼手段。」於是馬鳴菩薩來到婆羅門的草屋，對他說：「我很久以來一直非常欽仰您的大德，希望您能撩開帷幕，讓我向您談談我的志向。」然而那婆羅門傲慢地坐在那裡，垂著帷幕和馬鳴交談，始終沒有露出他的面目。馬鳴心裡明白其中必定有鬼魅作怪，神情中也很自負。他和婆羅門交談完畢，退出來後對人們說：「我已經了解他了，我一定能將他打敗。」他馬上去對國王說：「請您垂恩允許我和那位居士辯論。」國王一聽非常驚訝：「這是什麼人物呢！他若不是證得三明，具備六神通，怎敢和那婆羅門辯論？」國王於是命令準備車駕，親臨論辯現場來仔細考察他們的論辯。論辯開始後，馬鳴論說三藏精妙的言辭，闡述五明弘大的義理，他的論說大開大闔，縱橫無礙，高妙的論理玄遠精深。等到婆羅門講完他的理論後，馬鳴又說：「您誤會我的意思了。請您再講一遍。」這時婆羅門啞口無言，馬鳴厲聲喝道：「為什麼不回答問題？受他祭祀的鬼怪為何不趕快把詞語教給他！」他飛快地撩起帷幕去看婆羅門的鬼怪。婆羅門驚慌地說：「住手！住手！」馬鳴退出來以後說：「這個人今天早晨開始便名聲掃地了。這就是說，虛名是不能長久的。」國王說：「要不是盛德的您，誰能識破邪道？您識別真偽的智慧空前絕後，按照國家的傳統制度，一定要表彰您的大功績。」

【說　明】馬鳴是佛教史上頗具傳奇色彩的人物。他原是婆羅門外道，後受脅尊者的教化，改信了佛教，於是成為「博通眾經，明達內外」的著名學者。同時，馬鳴還善於論辯，長於文辭，是一位有名的文學家。所以人們把破除鬼辯婆羅門的榮譽推給他，不是沒有原因的。這個婆羅門借助鬼神的幫助迷惑世人，其特長正是善於論辯，言辭華麗，因此，馬鳴正是他的「剋星」。儘管如此，馬鳴仍不敢大意，他先是用自己的知識作出推斷，認為這個婆羅門必有妖怪暗助，是可以揭穿的；然後親自前往偵察一番，通過切實感受更加證實自己的推斷；最後邀請國王當眾辯論，親手揭破鬼怪的偽裝。可見馬鳴的勝利並不只是憑藉辯論和文辭，還做了大量的其他方面的準備。這裡面也包含了一個道理：要想取得理論上的勝利，僅靠理論是不夠的，還必須有知識和經驗的支持。

鞮羅釋迦伽藍

城西南隅二百餘里，有伽藍餘址。其傍有窣堵波，神光時燭，靈瑞間發，近遠眾庶莫不祈請，是過去四佛座及經行遺跡之所。

故伽藍西南行百餘里，至鞮羅釋迦❶伽藍，庭宇四院，觀閣三層，崇臺累仞❷，重門洞啟，頻毘娑羅王末孫之所建也。旌召高才，廣延俊德，異域學人，遠方髦彥，同類相趨，肩隨戾止。僧徒千數，並學大乘。中門當塗，有三精舍，上置輪相，鈴鐸虛懸，下建層基，軒檻周列，戶牖棟梁，壖垣❸階陛，金銅隱起，廁間莊嚴。中精舍佛立像高三丈，左多羅菩薩❹像，右觀自在菩薩像。凡斯三像，鍮石鑄成，威神肅然，冥鑒遠矣。精舍中各有舍利一升，靈光或照，奇瑞間起。

鞮羅釋迦伽藍西南九十餘里，至大山，雲石幽蔚，靈僊攸舍，毒蛇、暴龍窟穴其藪，猛獸、鷙鳥棲伏其林。山頂有大磐石，上建窣堵波，其高十餘尺，是佛入定處也。昔者如來降神止此，坐斯磐石，入滅❺盡定❻，時經宿焉。諸天靈聖供養如來，鼓天樂，雨天花。如來出定，諸天感慕，以寶金銀起窣堵波。去聖逾邈❼，寶變為石。自古迄今，人未有至。遙望高山，乃見異類，長蛇、猛獸群從右旋，天仙靈聖肩隨讚禮。

山東崗有窣堵波，在昔如來佇觀摩揭陀國所履之處也。

【注釋】❶鞮羅釋迦　梵文寫作Telāḍhaka。也譯作羝羅茶。❷仞　古時八尺為一仞。❸壖垣　牆外的短牆。❹多羅菩薩　即多羅觀自在。是觀自在菩薩的化身。多羅，梵文Tārā的音譯。意譯為眼、眼瞳。❺入滅　即入寂滅的略稱，或譯作入涅槃。有二義：㈠寂滅世間之煩惱執著，入無漏解脫；㈡入無餘涅槃境界，亦即漏盡者捨肉身而歿。一般多採用後者之義，故高僧聖者之死亦稱入滅。❻盡定　此處似指「盡苦」，謂戒、定、慧、解脫等諸梵行皆圓滿而得滅盡諸苦，義同「涅槃」。❼逾邈　非常久遠。邈，遙遠。

【語譯】在都城西南方向二百多里的地方，有一座寺院的遺址。寺旁有座塔，常有神光燭照，間或有靈異的徵兆出現。遠近百姓無不到這裡祈請福報。這裡是過去四佛打坐和散步場所的遺址。

從寺院遺址向西南走一百多里，到達鞮羅釋迦寺，庭院分四進，觀閣有三層，高臺高達幾十尺，重門洞開，這座寺院是頻毘娑羅王的末代孫子建造的。他大規模召攬才智傑出之士，異國學者、遠方俊傑，出於共同的志向爭先恐後來到這裡。寺中僧徒數以千計，都學習大乘法教。正對著中門的路上有三座精舍，房頂上放置著輪相，懸掛著鈴鐸，下面建著層層臺基，四周設有欄杆，門窗棟梁和短牆臺階上裝飾著金、銅的浮雕置身其間異常莊嚴。中間的一座精舍中有一尊高達三丈的佛的立像，左邊精舍中是多羅菩薩像，右邊精舍中是觀自在菩薩像。這三尊像都是黃銅鑄成的，神情威嚴令人肅然起敬，冥冥中有很深的玄機。三座精舍中各有一升舍利，常有靈光照耀，神奇的徵兆不時興起。

從鞮羅釋迦寺向西南走九十多里，到達一座大山，山中雲霧彌漫，山石聳立，是神僊居住的地方，大澤中有毒蛇、暴龍的窟穴，林中有猛獸和兇鳥棲伏。山頂有塊大磐石，石上建有一座塔，塔高十幾尺，是佛入定的地方。從前如來降臨在這裡，坐在這塊磐石上，入滅盡定，用了整整一個晚上。那時天神和靈聖都來供養如來，天樂悠揚，天花如雨。如來出定以後，天神們出於對他的敬慕，用珍寶和金銀建起了這座塔。由於離聖世越來越遠，珍寶都變成了石頭。從古到今，沒有人到過這裡。遠遠地眺望高山，只看見長蛇猛獸一群群地繞著塔右旋為禮，天仙和靈聖摩肩接踵讚美和禮拜。

東面山岡上有座塔，從前如來曾站在這裡長久地凝望摩揭陀國。

【說　明】這裡主要介紹了三處佛教遺跡，這三處遺跡的中心是鞮羅釋迦寺，距它一百多里的東北方向是一座寺院的遺址；距它九十多里的西南方向是大山。但在敘述順序上仍然從最東北的寺院說起。鞮羅釋迦寺是本文介紹的重點，因此描寫很細緻、具體，用的是「實寫」的手法，目的是在狀物中顯示佛法的神奇靈異。對「故伽藍」和大山的介紹雖然都很簡潔，但寫法仍有不同：對「故伽藍」的介紹重在說明這裡是過去四佛活動場所的遺址，以證明佛的法力仍在，這裡用的是「略寫」手法。而對於「大山」的描寫，則是採用「虛寫」。在雲霧、石林、大澤、森林之上，突出了大磐石和佛塔，由此引出如來入定、出定時的美妙景象。但從古到今從未有人到過這裡，只能遠望而已，因此也無法具體描繪。至於東岡上的一座塔則是一筆帶過。三處遺跡用了三種方法，顯示了作者靈活的敘事才能，但主題卻集中於一點：宣揚神靈的存在，顯示作者信仰的堅定。這個主題如同一根金線將三處（四處）遺跡貫穿在一起，使全文散而不亂，井然有序。

德慧伽藍

山西北三十餘里，山阿有伽藍，負嶺崇基，疏崖峙閣。僧徒五十餘人，並習大乘法教。瞿那末底唐言德慧菩薩❶伏外道之處。初，此山中有外道摩沓婆❷者，祖僧佉❸之法而習道焉，學窮內外，言極空有，名高前烈❹，德重當時，君王珍敬，謂之國寶，臣庶宗仰，咸曰家師，鄰國學人承風仰德，儔之先進，誠博達也，食邑二城，環居封建❺。時南印度德慧菩薩幼而敏達，早擅清徽❻，學通三藏，理窮四諦。聞摩沓婆論極幽微，有懷挫銳，命一門人裁書❼謂曰：「敬問摩沓婆善安樂也。宜忘勞弊，精習舊學，三年之後，摧汝嘉聲。」如是第二、第三年中，每發使報。及將發跡，重裁書曰：「年期已極，學業何如？吾今至矣，汝宜知之。」摩沓婆甚懷惶懼，誡諸門人及以邑戶，自今之後，不得居止沙門異道，遞相宣告，勿有犯違。時德慧菩薩杖錫而來，至摩沓婆邑，邑人守約，莫有相舍，諸婆羅門更詈之曰：「斷髮殊服，何異人乎？宜時速去，勿此止也！」德慧菩薩欲摧異道，冀宿其邑，因以慈心，卑辭謝曰：「爾曹世諦❽之淨行，我又勝義諦❾之淨行，淨行既同，何為見拒？」婆羅門因不與言，但事驅逐。逐出邑外，入大林中。林中猛獸群行為暴，有淨信者[10]恐為獸害，乃束蘊[11]持杖，謂菩薩曰：「南印度有德慧菩薩者，遠傳聲聞，欲來論義，故此邑主懼墜嘉聲，重垂嚴制，勿止沙門。恐為物害，故來相援。行矣自安，勿有他慮。」德慧曰：「良告淨信：德慧者，我是也。」淨信聞已，更深恭敬，謂德慧曰：「誠如所告，宜可速行。」即出深林，止息空澤。淨信縱火持弓，周旋左右，夜分已盡，謂德慧曰：「可以行矣，恐人知聞，來相圖害。」德慧謝曰：「不敢忘德。」於是遂行。至王宮，謂門者曰：「今有沙門，自遠而至，願王垂許，與摩沓婆論。」王聞驚曰：「此妄人耳。」即命使臣往摩沓婆所，宣王旨曰：「有異沙門來求談論，今已瑩灑論場，宣告遠近，佇望來儀，願垂降趾。」摩沓婆問王使曰：「豈非南印度德慧論師乎？」曰：「然。」摩沓婆聞，心甚不悅，事難辭免，遂至論場。國王、大臣、士、庶、豪族咸皆集會，欲聽高談。德慧先立宗義，洎[12]乎景落[13]，摩沓婆辭以年衰，智昏捷對，請歸靜思，方酬來難。每事言歸，及日昇座，竟無異論。至第六日，歐[14]血而死。其將終也，顧命妻曰：「爾有高才，無忘所恥！」摩沓婆死，匿不發喪，更服鮮綺，來至論會。眾咸諠譁，更相謂曰：「摩沓婆自負才高，恥對德慧，故遣婦來，優劣明矣。」德慧菩薩謂其妻曰：「能制汝者，我已制之。」摩沓婆妻知難而退。王曰：「何言之密，彼便默然？」德慧曰：「惜哉，摩沓婆死矣！其妻欲來與我論耳。」王曰：「何以知之？願垂指告。」德慧曰：「其妻之來也，面有死喪之色，言含哀怨之聲，以故知之，摩沓婆死矣。能制汝者，謂其夫也。」王命使往觀，果如所議。王乃謝曰：「佛法玄妙，英賢繼軌，無為守道，含識霑化，依先國典，褒德有常。」德慧曰：「苟以愚昧，體道居貞，存止足，論齊物，將弘汲引，先摧傲慢，方便攝化，今其時矣。唯願大王以摩沓婆邑戶子孫千代常充僧伽藍人，則垂誡來葉，流美無窮。唯彼淨信見匡護者福延於世，食用同僧，以勸清信，以褒厚德。」於是建此伽藍，式旌勝跡。初，摩沓婆論敗之後，十數淨行逃難鄰國，告諸外道恥辱之事，招募英俊，來雪前恥。王既珍敬德慧，躬往請曰：「今諸外道不自量力，結黨連群，敢聲論鼓，惟願大師摧諸異道。」德慧曰：「宜集論者。」於是外道學人欣然相慰：「我曹今日，勝其必矣。」時諸外道闡揚義理，德慧菩薩曰：「今諸外道逃難遠遊，如王先制，皆是賤人，我今如何與彼對論？」德慧有負座豎⑮，素聞餘論，頗閑⑯微旨，侍立於側，聽諸高談。德慧拊其座而言曰：「床，汝可論。」眾咸驚駭，異其所命。時負座豎便即發難，深義泉涌，清辯響應。三復之後，外道失宗，重挫其銳，再折其翮。自伏論已來，為伽藍邑戶。

【注釋】❶瞿那末底菩薩　約五至六世紀的南印度人。佛教瑜伽行宗的著名學者。唯識十大論師之一。瞿那末底，梵文 Guṇamati 的音譯。也譯作窶拏末底、求那摩底。意譯為德慧。❷摩沓婆　梵文 Mādhava 的音譯。是僧佉派的博學婆羅門。❸僧佉　梵文 Saṃkhya 的音譯。又譯作僧企野。意譯為數術。又名數論或制數論。是婆羅門正宗六論之一。❹前烈　前輩。❺封建　君主把土地分給同姓諸侯和功臣的一種政治制度。❻清徽　美名。❼裁書　指寫信。❽世諦　指世俗之間的事理。諦，梵文 satya 的意譯。❾勝義諦　即真諦。和「世諦」相對。❿淨信者　指信仰佛教的人。⓫束蘊　火把。蘊，通「縕」。可以綁成一束燃火。⓬洎　到。⓭景落　日落。⓮歐　同「嘔」。吐。⓯豎　指僮僕。⓰閑　熟習。

【語譯】在大山西北三十多里的山坡上有座寺院，這座寺院背靠山嶺，基石高大，峙立的樓閣建在開鑿平整的山崖上。寺中有僧徒五十多人，都學習大乘法教。這裡是瞿那末底菩薩降伏外道的地方。當初，這山中有個叫摩沓婆的外道，信奉僧佉的法教並根據其學說修習，他精通各種學問，明瞭空和有的道理，名高前輩，德重當時，君王非常敬重他，稱他為國寶，官吏和百姓仰慕他，都將他看作是家師，鄰國學者接觸他的學問後都敬仰他的大德，把他看成長輩，他也確實學識淵博，國王把兩座城市分給他作為他的封地。當時南印度有位德慧菩薩，他從小就聰明敏捷，享有美名，通曉三藏，對苦、集、滅、道四諦有深入的研究。他聽說摩沓婆學問深奧，便決心要挫敗他。於是他派了一個門人給摩沓婆送去一封信，信中說：「謹向摩沓婆問安。請你努力將學過的東西溫習好，三年之後我就要來毀掉你的美名了。」第二年、第三年，每年都給摩沓婆送去這樣一封信。到準備出發的時候，德慧又寫了一封信，信上說：「三年期限已經滿了，你的學業怎麼樣了？我現在就去了，謹向你通報一聲。」摩沓婆接到這封書信非常驚慌，他命令所有的門徒和邑戶，從今以後，不得收留沙門異道住在家裡，大家須互相轉告，不得違命。這時德慧菩薩拄著錫杖來到摩沓婆的封地，封地的人遵守約定，沒有一個人收留他，那些婆羅門甚至還罵他：「光禿禿的腦袋，稀奇古怪的衣服，你是什麼怪人？快些走開，不許待在這裡！」德慧菩薩為了降伏外道，希望能住到封地裡，於是懷著慈悲心客客氣氣地請求說：「你們是世俗真理的信奉者，我是佛教真理的信奉者，既然同是為信仰修行的人，你們為什麼要拒絕我呢？」婆羅門也不搭話，只是一個勁兒地趕他走。德慧菩薩被趕出封地後，走進一片大森林中。這林中有成群的猛獸為害生靈，有一位信奉佛教的人怕德慧菩薩受到猛獸的傷害，就拿著火把和棍棒來找德慧菩薩。他對菩薩說：「南印度有位德慧菩薩，名聲遠播，他要到這裡來論辯，這個封地的主人害怕辯論失敗名聲掃地，因此嚴令封地的人不許收留沙門。我怕您被野獸傷害，所以來幫您。現在您放心走吧，什麼也不用怕了。」德慧說：「不瞞您說，我就是德慧。」這個淨信人聽了，對德慧更加恭敬，他對德慧說：「真是這樣的話，您還是快點走吧。」於是他們從深林中走出來，在一處空無人跡的沼澤中休息。淨信人點燃火把，拿著弓箭守護德慧身邊。黑夜過去了，淨信人對德慧說：「您可以走了，我怕別人知道了會來謀害您。」德慧感謝他說：「我將永遠牢記您的恩德。」於是他離開那裡來到王宮，他對門衛說：「請回稟大王，有位遠方的沙門來到貴國，希望大王恩准他同摩沓婆論辯。」國王一聽通報驚訝地說：「這是個狂人吧。」於是他命令使臣到摩沓婆那裡宣旨：「有外國沙門前來要求論辯，現在已打掃論場，將這個消息宣告遠近，大家都盼著您的到來，希望您能光臨論場。」摩沓婆問國王的使者：「難道是南印度的德慧論師嗎？」使者回答說：「是的。」摩沓婆聽了，悶悶不樂，但也不好推辭，於是就來到論場。國王、大臣、士大夫、平民和豪門大族全都來到會場，想聽聽精彩的論辯。德慧首先提出論題加以論證，到黃昏的時候，摩沓婆藉口年事已高，衰退的智慧使他不能馬上對德慧加以反駁，請求回去好好思索，然後再來答覆問題。後來每次德慧提出問題，他都說要回去思索，到第二天早晨昇座開始論辯的時候，摩沓婆竟然什麼反駁的意見都提不出來了。這樣論辯到第六天，摩沓婆便吐血而死。臨終時他對妻子說：「你很有才能，不要忘記這奇恥大辱！」摩沓婆死了以後，他的妻子祕不發喪，而且穿起鮮豔的服飾，來到論場。眾人議論紛紛，都說：「摩沓婆自負才高，恥於同德慧論辯，因此叫他的妻子來，現在勝負已經很明顯了。」

德慧菩薩對摩沓婆的妻子說：「能夠制住你的那個人我已經把他制服了。」摩沓婆的妻子知道難以取勝便退出了會場。國王問德慧：「您說了什麼祕密的話，她就默然退出了。」德慧說：「可惜啊！摩沓婆已經死了！他妻子來同我論辯不過是要替丈夫報仇罷了。」國王問：「您怎麼知道的？請您指教。」德慧說：「他妻子來的時候，面帶死喪之色，說話時聲音充滿哀怨之意，所以我知道摩沓婆死了。『能制住你的那個人』，指的就是她的丈夫。」國王命使者去打聽，事情果然像德慧說的一樣。國王於是感嘆說：「佛法真是玄妙，聖賢不斷出現，圓轉如意地守護佛道，使眾生受到教化，按國家慣例，我要褒獎有德之士。」德慧說：「我雖愚昧，但是行佛道守戒行，知止知足，主張萬物平等，當我要濟度他人的時候，先摧伏其傲慢之心，然後以方便的法門加以導化，現在就是這種時候。我只希望大王讓摩沓婆封地的邑戶子子孫孫世代充當寺院的淨人，以給後世留下一個教訓，永遠流傳。只有那個保護過我的淨信人，讓他世代享福，飲食住用和僧人一樣，以勸勉人們虔誠向佛，並以此報答他的大德。」於是建造了這座寺院，表彰德慧菩薩的功績。當年摩沓婆辯論失敗以後，有十幾個婆羅門逃到鄰國，他們將這件恥辱的事情告訴外道們，並且招募有才華的人，前來洗刷先前的恥辱。國王這時非常尊敬德慧菩薩，他聽到這個消息後，親自去請德慧。他對德慧說：「現在外道們不自量力，成群結夥要來辯論，希望大師去摧伏那些外道。」德慧說：「請把要論辯的人召集起來吧。」外道們都高興地互相鼓勵說：「我們今天一定會得勝。」論辯開始後，外道先闡述了論題並加以論證，這時德慧菩薩說：「這些外道都是逃難流亡的，按國王先前的規定，都是賤民，現在我怎麼能和他們辯論？」德慧菩薩有個替他背負座床的僮僕，平常聆聽德慧的一些言論，對其中精微的旨趣頗為熟習，這時他正侍立在一旁，聽著高妙的談論。德慧拍了拍他的座床，說道：「床，你來辯論吧。」眾人都很驚訝，對他的命令感到不可思議。於是那負責背負座床的僮僕便開始發問詰難，深奧的義理如泉水般湧出，清晰的辯辭像回響一樣應對快捷。三個回合以後，外道便不能自圓其說了。他們再次遭到慘敗。自辯論失敗以來，他們一直充當著這寺院的長工。

【說明】本文記敘了德慧菩薩降伏外道的驚心動魄的故事，表現出德慧成為一代著名論師的鮮明個性和卓越才識，也反映了印度佛教在與外道的競爭中求發展的不尋常歷程。本文把記敘的重心放在德慧與摩沓婆的論辯上，但作者並沒有馬上就寫論辯，而是先寫摩沓婆的學識淵博、勢力強大和春風得意：他不僅精通內外之學，而且善於論辯說理；他不僅受到世人的敬仰，而且得到國王的尊重。此外，他的名聲還傳到鄰國，並享有兩座城邦的封邑，作者也承認他具有良好的學風和德行。所有這些都在暗示：摩沓婆是一個實力強大的外道，一個很難擊敗的論敵。但正因為世人受惑太深，因而他又是一個必須予以破除的外道，這就為出場作了有力的「反面」鋪墊。接著轉入「正面」鋪墊：德慧率先向摩沓婆發出挑戰，他這種挑戰方式反映了德慧的風格：光明正大，平等競爭，同時也顯示出他的充分自信，當然這也可能是德慧的一種「技巧」，不斷給對方造成心理壓力。因此可以說在面對面論辯之前，「鬥法」就已經開始了，而且摩沓婆已先輸一籌——他接到德慧來信時的恐慌便是證明。這一番正面鋪墊也可以說是他們鬥法的第一個回合，德慧略佔上風。真正的論辯開始了，德慧始終呈主動出擊的姿態：是他要求國王舉行論辯的，論辯中也是他首先提出論題加以論證的。但是這種主動恰恰是把自己置於被動的位置上，因為後發言的人往往可以作更充分全面的準備，尋找對方的弱點，予以擊破。可是就在這種情況下，摩沓婆仍然不能立即應對，到了第六天竟嘔血而死。至此，德慧已取得了論辯的勝利。但摩沓婆雖死，他的繼承者還在，尤其是他的外道勢力和影響還在，所以德慧的使命還沒完結。當他一語擊潰摩沓婆之妻後，受到國王的信仰，並把摩沓婆的邑戶收歸寺院後，才算大功告成。這個德慧降伏外道的故事到此本可結束，但還有些餘波：那些逃到鄰國的婆羅門回來「雪恥」了，但德慧只派一個小僮僕就把他們打發了，僮僕的勝利更加證明德慧學識的高超。整體看來，圍繞著「論辯」，作者用了五個主要環節：摩沓婆的強大，德慧的挑戰，實際的論辯，摩沓婆妻的失敗，殘餘外道的失敗。每個環節詳略不同、角度不同，但都是在襯托和描寫德慧，因此使德慧的形象顯得生動而豐滿。當然，摩沓婆及其妻、僮僕、國王等形象，雖詳略不同，也都各具特點。特別是通過德慧之口寫出了摩沓婆之妻失去親人後憂傷的神情，著墨不多，卻令人難以忘懷。這些都顯示出作者出色的敘事、寫人的才華。

戒賢伽藍

德慧伽藍西南二十餘里，至孤山，有伽藍，尸羅跋陀羅❶唐言戒賢。論師論義得勝，捨邑建焉。竦一危峰，如窣堵波，置佛舍利。論師，三摩呾吒國之王族，婆羅門之種也。少好學，有風操❷，遊諸印度，詢求明哲❸。至此國那爛陀僧伽藍，遇護法菩薩，聞法信悟，請服染衣❹，諮以究竟之致，問以解脫之路，既窮至理，亦究微言，名擅當時，聲高異域。南印度有外道，探賾❺素隱，窮幽洞微，聞護法高名，起我慢深嫉，不阻山川，擊鼓求論，曰：「我，南印度之人也。承王國內有大論師，我雖不敏，願與詳議。」王曰：「有之，誠如議也。」乃命使臣請護法曰：「南印度有外道，不遠千里，來求較論，惟願降跡，赴集論場。」護法聞已，攝衣將往。門人戒賢者，後進之翹楚❻也，前進請曰：「何遽行乎？」護法曰：「自慧日潛暉，傳燈❼寂照，外道蟻聚，異學蜂飛，故我今者，將摧彼論。」戒賢曰：「恭聞餘論，敢摧異道。」護法知其俊也，因而允焉。是時戒賢年甫三十，眾輕其少，恐難獨任。護法知眾心之不平，乃解之曰：「有貴高明，無云齒歲。以今觀之，破彼必矣。」逮乎集論之日，遠近相趨，少長咸萃。外道弘闡大猷❽，盡其幽致；戒賢循理責實，深極幽玄。外道辭窮，蒙恥而退。王用酬德，封此邑城。論師辭曰：「染衣之士，事資知足，清淨自守，何以邑為？」王曰：「法王晦跡，智舟淪湑❾，不有旌別，無勵後學。為弘正法，願垂哀納。」論師辭不獲已，受此邑焉，便建伽藍，窮諸規矩，捨其邑戶，式修供養。

【注　釋】❶尸羅跋陀羅　梵文 Śīlabhadra 的音譯。意譯為戒賢。是戒日王時代大乘佛教有宗的權威學者。❷風操　品德高尚。風，風範。操，操守。❸明哲　指明達有才學的人士。哲，聰明有才學。❹染衣　指僧服，此處指著僧衣出家。❺賾　深奧玄妙。❻翹楚　比喻傑出的人才。❼傳燈　傳法。燈，佛教用以比喻佛法能破眾生昏暗。❽猷　道理。❾淪湑　沈淪。湑，清。

【語　譯】從德慧寺院向西南走二十多里，到達一座孤山，山中有座寺院，是尸羅跋陀羅論師論辯得勝後，捨出封邑建造的。寺旁聳立著一塊陡峭的山巖，像一座塔似的，裡面供奉有佛的舍利。尸羅跋陀羅論師是三摩呾吒國的王族，屬於婆羅門種姓。他自幼好學，品德高尚，漫遊印度各地，求訪才智傑出之士。他來到這個國家的那爛陀寺，遇到護法菩薩，聽到佛法開始覺悟，於是請求出家，探求到達真理的方法，請教實現解脫的途徑。護法菩薩既對深奧的道理能夠充分把握，又透徹了解精妙的學說，因此名重一時，在外國也享有很高的聲譽。當時南印度有個外道，他探索深奧隱晦的問題，精通幽微的事理，他聽到護法的名望很高，便產生了強烈的嫉妒心，不顧山川阻隔來到摩揭陀國，敲響論鼓要求與護法論辯。他說：「我是南印度人，聽說貴國有位大論師，我雖愚笨，還是希望能和他商討一些問題。」國王說：「我國確實有位像你所說的大論師。」於是國王命使臣去請護法說：「南印度有個外道，不遠千里來到這裡請求論辯，望您能光臨論場。」護法聽了，整理好衣著就要出發。他的學生戒賢是後學中的傑出人才，這時他上前向護法問道：「您為什麼走得這樣匆忙？」護法說：「自從智慧的太陽隱沒了光輝，佛法之燈清冷地照耀，外道異學蟻聚蜂飛，聒噪一時，因此我現在就要去駁倒他們的異論。」戒賢說：「學生平時也聆聽過您的片言隻語，現在斗膽請求讓我去駁倒外道。」護法知道他才華出眾，便同意了。這時戒賢年僅三十歲，大家都因他年輕而輕視他，怕他難以獨自承擔這個重任。護法知道眾人心裡的擔憂，便解釋說：「看一個人要看他的才智而不是年齡，現在我看他一定能擊敗對手。」到了論辯的那一天，遠近老少人等都爭先恐後地來到論場。論辯開始後，外道闡揚高明的理論，論述非常細緻；戒賢按照正理分析他的實質，講述非常深刻。外道最後理屈辭窮，羞愧地退場。國王為了答謝戒賢的恩德，把這座城邑封給他。戒賢論師推辭說：「出家人知足少欲，清淨自守，我要封邑有什麼用呢？」國王說：「法王去世後，智慧的航船沈沒了，如果不對您進行表彰，就無以激勵後輩鑽研佛法。為了弘揚正法，懇請您收下這個封邑。」論師見推辭不掉，就接受了這個封邑，在封邑上建造寺院，按所有的規矩，用邑戶供養這座寺院。

【說　明】本文介紹了戒賢寺院的由來。這座寺院是戒賢論師將降伏外道所得的賞賜捐獻出來修建的，因而它既是對戒賢品德和智慧的紀念和表彰，也是戒賢對佛的貢獻和供養。在這個故事中，作者將護法和戒賢緊密地聯在一起。他先寫戒賢早年的勤奮好學，品德高尚，後遇到護法，從此覺悟，獻身正法，得到護法的教導後，他的德業無疑更加精進。這時師徒二人已是結為一體，榮辱與共了。外道向護法發難，實際上也就是向戒賢發難。所以，在護法準備迎敵時，戒賢便不能保持沈默了。他主動請求出戰，既是為了老師，也是為了自己。那麼戒賢的勝負不但是對自己的考驗，也是對護法的測試。由於有了這樣的關係，作者便不正面直接地交代戒賢如何如何，而是通過護法之口，打消大家的懷疑和顧慮，使他們信任戒賢。這種間接的「側筆」無疑收到更好的效果。論辯之後的賞賜只是整個故事的「插曲」，但因此更加突出了戒賢高尚的德行和對佛法的堅定信仰，同時也是對教導出這樣學生的護法的側面讚揚。因此，這個故事雖然寫的是戒賢寺院，從另一個角度看，它也可以算是護法、戒賢師徒的一個「合傳」。

伽耶城

戒賢伽藍西南行四五十里，渡尼連禪河❶，至伽耶城❷，甚險固，少居人，唯婆羅門有千餘家，大僊人之祚胤❸也，王所不臣，眾咸宗敬。

城北三十餘里，有清泉，印度相傳謂之聖水，凡有飲濯，罪垢消除。

城西南五六里至伽耶山❹，溪谷杳冥，峰巖危險，印度國俗稱曰靈山，自昔君王馭宇承統，化洽遠人，德隆前代，莫不登封而告成功。山頂上有石窣堵波，高百餘尺，無憂王之所建也，靈鑒潛被，神光時燭，昔如來於此演說《寶雲》等經。

伽耶山東南有窣堵波，迦葉波本生邑也。其南有二窣堵波，則伽耶迦葉波、捺地迦葉波❺（舊曰那提迦葉，訛也。諸迦葉例無波字，略也）。洎事火❻之處。

【注釋】❶尼連禪河　梵文寫作 Nairañjanā。現名帕爾古河 (Phalgu)。❷伽耶城　梵文寫作 Gayā。今譯為加雅。❸祚胤　後裔。❹伽耶山　梵文寫作 Gayāśira。山形如象頭，又稱為象頭山。❺伽耶迦葉波捺地迦葉波　指三迦葉波 (Kāśyapa) 的兄弟。他們原為事火外道，後率一千人改信佛教。❻事火　古印度外道之一事火外道的法事。此外道認為火乃諸天之口，故投穀物、酥油等供物入於火中供養之，諸天得食便能降福祉於人。

【語　譯】從戒賢寺院向西南走四、五十里，渡過尼連禪河，到達伽耶城。這個城池非常險固，居民很少，只有一千多家婆羅門，都是大僊人的後裔，國王不把他們當作臣民看待，眾人也都很敬仰他們。

城北三十多里的地方有個清泉，印度人相傳這是聖水，凡是喝了這泉水或用它洗滌的人，他們的罪惡就會消除。

從伽耶城向西南走五、六里到達伽耶山，山中溪谷幽深，峰巖險峻，印度各國習慣稱此山為靈山，自古以來君王登上王位，教化達於遠域，恩德超過前代，無不登上這座山祭祀，宣告成功。山頂上有座石塔，高一百餘尺，是無憂王建造的，冥冥中有靈異存在，常有神光照耀。從前如來曾在這裡演說《寶雲》等經。

伽耶山東南有座塔，是迦葉波出生的地方。這座塔的南面有兩座塔，伽耶迦葉波、捺地迦葉波曾在這裡事火。

【說　明】本文主要介紹了伽耶城和伽耶山，並順便介紹了三座塔。對伽耶城的介紹突出兩個方面：一是這裡只有一千多戶婆羅門，都是大僊人的後裔，因而這是一座特殊的城市；二是城北有清泉，稱為「聖水」，因而這又是一座神奇的城市。對伽耶山的介紹著重它的「靈」：一是它為人間君王築壇祭天接通神靈的場所；二是這裡有無憂王建造的塔，這塔時時放出神光，是顯示靈異的地方；三是如來曾在這裡演說《寶雲經》，是保存靈跡的地方。最後寫三座塔，除了因為它們是迦葉波的出生地和事火遺址外，還有過渡到下文的作用，可見作者不是隨意記述。

前正覺山

伽耶迦葉波事火東，渡大河，至鉢羅笈菩提❶山，唐言前正覺山。如來將證正覺，先登此山，故云前正覺也。如來勤求六歲，未成正覺，後捨苦行，示受乳糜，行自東北，遊目此山，有懷幽寂，欲證正覺❷。自東北岡登以至頂，地既震動，山又傾搖。山神惶懼，告菩薩曰：「此山者，非成正覺之福地也。若止於此，入金剛定❸，地當震陷，山亦傾覆。」菩薩下自西南，止半崖中，背巖面澗，有大石室，菩薩即之，加趺坐焉，地又震動，山復傾搖。時淨居天❹空中唱曰：「此非如來成正覺處。自此西南十四五里，去苦行處不遠，有畢鉢羅樹❺，下有金剛座，去來諸佛咸於此座而成正覺，願當就彼。」菩薩方起，室中龍曰：「斯室清勝，可以證聖，唯願慈悲，勿有遺棄。」菩薩既知非取證所，為遂龍意，留影而去（影在昔日，賢愚咸覩；洎於今時，或有得見也）。諸天前導，往菩提樹❻。逮乎無憂王之興也，菩薩登山上下之跡，皆樹旌表，建窣堵波，度量雖殊，靈應莫異，或花雨空中，或光照幽谷，每歲罷❼安居日，異方法俗登彼供養，信宿乃還。

【注　釋】❶鉢羅笈菩提　梵文 Prāgbodhi 的音譯。意譯為「前正覺」。❷正覺　佛教徒以洞明真理達到大徹大悟的境界為正覺。即成佛。❸金剛定　又作金剛三昧。指堅如金剛、一切無礙、通達一切諸法的精神狀態。❹淨居天　指已斷絕欲界的誘惑在五淨居天居住的天人。❺畢鉢羅樹　梵文寫作 pippala。❻菩提樹　即畢鉢羅樹。因釋迦牟尼在這種樹下成道，因此名菩提樹。意譯為道樹、覺樹等。❼罷　解除。

【語　譯】從伽耶迦葉波事火遺址向東渡過大河，到達鉢羅笈菩提山。如來勤勉修行了六年，孜孜以求，但仍未能成正覺。後來他放棄苦行，接受了牧女奉獻的奶粥，從東北方向而來，看到這座山，很喜歡它的幽靜，便想在這裡證正覺。他從山的東北坡登到山頂，這時大地震動，而且山也搖晃起來了。山神非常驚慌，對菩薩說：「這山不是成正覺的福地，如果在這裡入金剛定，地會震得陷下去，山也會翻過來。」菩薩便從西南面下山，在半山腰停了下來，背靠山巖、面對深澗有一個大石窟，菩薩走了進去，盤腿打坐，這時大地又開始震動，山也搖搖欲墜。淨居天的神人們在空中喊道：「這裡不是如來成正覺的地方，從這裡向西南走十四、五里，離你修苦行的地方不遠，有一棵畢鉢羅樹，樹下有金剛座，過去未來諸佛都在這個座上證得正覺，你還是去那裡吧。」菩薩剛要站起來，石窟中的龍對他說：「這個石窟是個清淨的好地方，可以證得聖果，請您發慈悲，不要遺棄我們。」菩薩知道這裡不是成正覺的地方，為了不讓龍失望，於是為它留下身影就離去了。天神們在前邊引導，菩薩往菩提樹去。到了無憂王興國的時候，他在菩薩上山下山經過的地方都樹立了表記，建了塔，這些塔雖然大小不同，但其靈異之處卻沒有差別，或是空中落花如雨，或是神光照耀幽谷。每年安居日結束後，各地的僧人和俗人都上山朝拜供養，並在那裡過一夜才回去。

【說　明】本文記述了如來佛即將成道時所經歷的地方之一以及有關傳說。在寫法上主要是以如來行進的路線為線索，以尋找成佛的合適地點為目標，並將二者結合起來予以記述。如來從「東北」方向走來，一邊走一邊觀察，尋找成道的理想所在。他到「山頂」，地動山搖，山神告訴他這裡不合適，他便從「西南」下山。在「半山」一個洞窟中停下，剛一打坐，又是地動山搖，淨居天告訴他這裡也不合適，並指引他到菩提樹下的金剛座上去成佛，於是如來為龍留下身影後前往目的地。這樣由東北↓山頂↓西南↓半山↓菩提樹，便構成一條清晰線索，由尋找↓不合適↓不合適↓目的地，顯示出一個明白的尋找過程。伴隨這個線索和過程的一系列奇異現象，則烘托出如來成道是一樁驚天動地的大事，因而也具有非常重要的意義。後來這裡出現的神奇景象，則是他佛法廣大的顯示和證明，因此引來人們的無限信仰。

菩提樹垣

前正覺山西南行十四五里，至菩提樹。周垣疊磚，崇峻險固。東西長，南北狹，周五百餘步。奇樹名花，連陰接影；細莎❶異草，彌漫緣❷被。正門東闢，對尼連禪河，南門接大花池，西阨險固，北門通大伽藍。壖❸垣內地聖跡相鄰，或窣堵波，或復精舍，並贍部洲諸國君王、大臣、豪族欽承遺教，建以記焉。

【注　釋】❶莎　莎草。多年生草本植物。莖直立，三稜形。葉線形。塊莖叫香附子，供藥用。❷緣　邊。❸壖　宮廟內牆以外、外牆以內的空地。

【語　譯】從前正覺山向西南走十四、五里，就到達菩提樹所在地。磚壘的圍牆高峻險固。牆圍起來的部分東西長，南北窄，方圓五百多步。奇樹名花，連蔭接影，細莎等奇異的草木布滿了大地。正門向東開，面對尼連禪河，南門和大花池相連，西面地勢險固，北門通往大寺院。圍牆內聖跡比比皆是，或是塔，或是精舍，都是贍部洲各國的君王、大臣、豪族出於對佛教的信奉而建造的。

【說　明】這裡介紹的是菩提樹的「外圍」景象，彷彿是為菩提樹的出現而描繪的一幅美妙的「背景」：先寫圍牆，然後寫圍牆裡的名樹奇花異草；然後寫正門、南門、西邊（無門）和北門；然後寫圍牆內的聖跡。非常細緻，有條不紊，顯示出作者觀察的仔細和態度的虔誠。這不僅為菩提樹的出現提供了背景，而且也創造出一種神聖奇妙的氛圍。下面開始介紹牆內重要遺跡。

金剛座

菩提樹垣正中，有金剛座。昔賢劫初成，與大地俱起，據三千大千世界❶之中，下極金輪❷，上侵地際，金剛❸所成，周百餘步，賢劫千佛坐之而入金剛定，故曰金剛座焉。證聖道所，亦曰道場。大地震動，獨無傾搖。是故如來將證正覺也，歷此四隅，地皆傾動，後至此處，安靜不傾。自入末劫❹，正法浸微，沙土彌覆，無復得見。佛涅槃後，諸國君王傳聞佛說金剛座量，遂以兩軀觀自在菩薩像，南北標界，東面而坐。聞諸耆舊曰：「此菩薩像身沒不見，佛法當盡。」今南隅菩薩沒過胸臆❺矣。

【注釋】❶三千大千世界　佛教以須彌山為中心，鐵圍山為外部，是一小世界。一千小世界合起來就是小千世界。一千小千世界合起來就是中千世界。一千中千世界合起來就是大千世界。總稱三千大千世界。借指廣大無邊的世界。❷金輪　古代印度人以為無窮大的世界的最底層叫「風輪」，位於虛空之上。風輪上有「水輪」，水輪上又有由金剛形成的「金輪」。金輪上有九山八海，總稱為地輪。❸金剛　梵文vajra的意譯。最硬的金屬。❹末劫　劫，原為古印度婆羅門教極大時限之時間單位，佛教沿用之，視之為不可計量之長大年月，其分類及階段劃分極複雜。末劫期為劫之臨終階段。❺胸臆　胸部。

【語譯】菩提樹圍牆內正中是金剛座。從前賢劫剛剛開始的時候，金剛座和大地同時出現，位於三千大千世界的中心，下到金輪，上達地面，都是金剛構成的，方圓一百多步。賢劫中有一千個佛都是坐在這裡入金剛定，因此這裡被稱為金剛座。又因為這裡是證道成佛的場所，所以也叫做道場。大地震動時，只有這裡沒有一點動靜。如來將要證正覺的時候，走遍了四周，每當他打坐的時候，大地便開始震動，後來他來到這裡，才安然無事。自從進入末劫以來，佛法日益衰微，金剛座漸漸被沙土覆蓋，再也看不見了。佛涅槃以後，各國君王根據傳說的金剛座的大小，以兩尊向東而坐的觀自在菩薩像標明金剛座的南界和北界。聽老人們說：「一旦這兩尊菩薩像被沙土埋沒，佛法就滅亡了。」現在南面的菩薩像已被沙土沒過胸部了。

【說明】金剛座是位於菩提樹圍牆裡正中心的重要聖跡。佛教典籍中多以金剛作比喻，如金剛定、金剛座、金剛經等。一是以金剛的堅實喻佛法能破萬物；二是喻萬物不能對佛有絲毫損壞。本文詳細介紹了金剛座的歷史、位置、大小和神奇之處——這些都是如來在世以前的情況。自從進入末劫以來，佛法日趨衰微，金剛座也漸被沙土所埋，不得一見了。「現在」的金剛座只是後人根據傳說確定的遺址而已。可見，金剛座是和佛法同命運的。所以作者又借老人們的話和南面一尊觀自在菩薩像的現狀，來暗示佛法仍在日益衰微下去。從中我們可以感到作者的慨嘆和無奈。

菩提樹及其事跡

金剛座上菩提樹者，即畢鉢羅之樹也。昔佛在世，高數百尺，屢經殘伐，猶高四五丈，佛坐其下成等正覺，因而謂之菩提樹焉。莖幹黃白，枝葉青翠，冬夏不凋，光鮮無變。每至如來涅槃之日，葉皆凋落，頃之復故。是日也，諸國君王，異方法俗，數千萬眾，不召而集，香水香乳，以溉以洗，於是奏音樂，列香花，燈炬繼日，競修供養。如來寂滅之後，無憂王之初嗣位也，信受邪道❶，毀佛遺跡，興發兵徒，躬臨翦伐，根莖枝葉，分寸斬截，次西數十步而積聚焉，令事火婆羅門燒以祠天，煙焰未靜，忽生兩樹，猛火之中，茂葉含翠，因而謂之灰菩提樹。無憂王覩異悔過，以香乳溉餘根，洎乎將旦，樹生如本。王見靈怪，重深欣慶，躬修供養，樂以忘歸。王妃素信外道，密遣使人，夜分之後，重伐其樹。無憂王旦將禮敬，惟見蘖株，深增悲慨，至誠祈請，香乳溉灌，不日還生，王深敬異，疊石周垣，其高十餘尺，今猶見在。近設賞迦王者，信受外道，毀嫉佛法，壞僧伽藍，伐菩提樹，掘至泉水，不盡根柢，乃縱火焚燒，以甘蔗汁沃之，欲其燋爛，絕滅遺萌。數月後，摩揭陀國補剌拏伐摩❷唐言滿胄王，無憂王之末孫也，聞而歎曰：「慧日已隱，惟餘佛樹，今復摧殘，生靈何覩？」舉身投地，哀感動物，以數千牛搆乳而溉，經夜樹生，其高丈餘。恐後翦伐，周峙石垣，高二丈四尺，故今菩提樹隱於石壁，上出二丈餘。

菩提樹東有精舍，高百六七十尺，下基面廣二十餘步，疊以青磚，塗以石灰，層龕皆有金像，四壁鏤作奇製，或連珠形，或天僊像，上置金銅阿摩落迦果亦謂寶瓶，又稱寶臺。東面接為重閣，簷宇特起三層，榱❸柱棟梁，戶扉寮牖，金銀彫鏤以飾之，珠玉廁錯以填之，奧室邃宇，洞戶三重。外門左右各有龕室，左則觀自在菩薩像，右則慈氏菩薩像，白銀鑄成，高十餘尺。精舍故地，無憂王先建小精舍，後有婆羅門更廣建焉。初，有婆羅門，不信佛法，事大自在天，傳聞天神在雪山中，遂與其弟往求願焉。天曰：「凡諸願求，有福方果。非汝所祈，非我能遂。」婆羅門曰：「修何福可以遂心？」天曰：「欲植善種，求勝福田，菩提樹者，證佛果處也，宜時速返，往菩提樹，建大精舍，穿大水池，興諸供養，所願當遂。」婆羅門受天命，發大信心，相率而返，兄建精舍，弟鑿水池，於是廣修供養，勤求心願，後皆果遂，為王大臣，凡得祿賞，皆入檀捨。精舍既成，招募工人，欲圖如來初成佛像。曠以歲月，無人應召。久之，有婆羅門來告眾曰：「我善圖寫如來妙相。」眾曰：「今將造像，夫何所須？」曰：「香泥耳。宜置精舍之中，并一燈照我，入已，堅閉其戶，六月後乃可開門。」時諸僧眾皆如其命。尚餘四日，未滿六月，眾咸駭異，開以觀之。見精舍內佛像儼然，結加趺坐❹，右足居上，左手斂，右手垂，東面而坐，肅然如在，座高四尺二寸，廣丈二尺五寸，像高丈一尺五寸，兩膝相去八尺八寸，兩肩六尺二寸，相好具足，慈顏若真，惟右乳上塗瑩未周。既不見人，方驗神鑒，眾咸悲歎，殷勤請知。有一沙門，宿心淳質，乃感夢見往婆羅門而告曰：「我是慈氏菩薩，恐工人之思不測聖容，故我躬來圖寫佛像。垂右手者，昔如來之將證佛果，天魔來嬈❺，地神告至，其一先出，助佛降魔，如來告曰：『汝勿憂怖，吾以忍力，降彼必矣。』魔王曰：『誰為明證？』如來乃垂手指地，言：『此有證。』是時第二地神❻踊出作證，故今像手倣昔下垂。」眾知靈鑒，莫不悲感。於是乳上未周，填廁眾寶，珠纓寶冠，奇珍交飾。

設賞迦王伐菩提樹已，欲毀此像，既覩慈顏，心不安忍，回駕將返，命宰臣曰：「宜除此佛像，置大自在天形。」宰臣受旨，懼而歎曰：「毀佛像則歷劫招殃，違王命乃喪身滅族，進退若此，何所宜行？」乃召信心以為役使，遂於像前橫壘磚壁，心慚冥闇，又置明燈，磚壁之前畫自在天。功成報命，王聞心懼，舉身生皰❼，肌膚攫裂，居未久之，便喪沒矣。宰臣馳返，毀除障壁，時經多日，燈猶不滅。像今尚在，神功不虧。既處奧室，燈炬相繼，欲覩慈顏，莫由審察，必於晨朝持大明鏡，引光內照，乃覩靈相，夫有見者，自增悲感。

【注釋】❶衺道　邪道。衺，同「邪」。❷補剌拏伐摩　梵文Pūrṇavarmā的對音。意譯為「滿胄」。❸榱　屋椽。❹結加趺坐　即將足背放在腿上的端坐姿勢。凡交結左右足背放在左右腿上的稱「全加坐」，也就是結加趺坐。將左右一足放在左右一腿上的坐法稱為「半加坐」。❺嬈　通「撓」。❻地神　地下的神。別名堅牢。❼皰　皮膚上長出像水泡似的小疙瘩。

【語譯】金剛座上的菩提樹，就是畢鉢羅樹。從前佛在世的時候，樹高幾百尺，經過多次砍伐，還有四、五丈高，因為佛坐在它下面覺悟成佛，因此這樹被稱為菩提樹。樹幹呈黃白色，枝葉青翠，冬夏都不凋落，顏色光澤沒有一點變化。每到如來涅槃的那一天，樹葉全都凋落，片刻之後又恢復如初。這一天，各國的君王、四面八方的僧人和俗眾，成千上萬的人自發地聚集到這裡，用香水香乳清洗灌溉這棵樹。並且奏音樂、獻香花、點燃燈炬，夜以繼日地競相供養。如來涅槃以後，無憂王剛繼承王位的時候，信奉邪教，毀壞佛跡，他親自率領軍隊來砍伐這棵樹，把樹的根、莖、枝、葉砍得粉碎，堆到西邊幾十步遠的地方，命令事火婆羅門燒了祭祀天神。煙火還沒有滅，在一片灰燼中忽然長出兩棵樹，在熊熊的火焰中，茂密的樹葉蒼翠欲滴，這兩棵樹因此被稱為灰菩提樹。無憂王目睹了這奇異的景象，痛悔前非，於是用香乳灌溉餘下的殘根，到天快亮的時候，樹又長成原來的樣子。無憂王見了這種神奇的景象，又欣慰又高興，他親自供養這棵菩提樹，樂此不疲，連回去的事都忘了。無憂王的王妃一直信奉外道，她祕密派人在夜裡又把樹砍掉了。早晨，無憂王前來向樹致以禮敬的時候，他看見的只是個樹樁了。無憂王心裡非常難過，於是他虔誠祈請，用香乳灌溉這樹樁，不到一天，這樹就又活了。國王對此非常驚異，深懷敬意，為了防止別人的破壞，他便命人在菩提樹周圍用石頭壘起一道牆，牆高十幾尺，現在還立在那裡。近代的設賞迦王信奉外道，毀壞佛法，破壞寺院，砍伐菩提樹，他命人一直挖到地下水層，仍然不能掘盡菩提樹的根鬚，於是他下令縱火焚燒，再用甘蔗汁澆灌，想將它燒焦泡爛，滅絕遺芽。幾個月以後，摩揭陀國補剌拏伐摩王，也就是無憂王的末代孫子，他聽到這個消息以後感嘆說：「智慧的太陽已經隱沒了，只剩下這棵佛樹，現在這樹又遭到摧殘，生靈還能看見什麼呢？」他仆倒在地上，傷心的樣子能感動萬物。他用幾千頭牛的奶水去灌溉這棵樹，一夜過後樹又長到一丈多高了。補剌拏伐摩王恐怕以後再有人來砍伐這棵樹，就在樹的四周築起一道兩丈四尺高的石牆。所以現在菩提樹隱蔽在石壁後面，在石壁上露出兩丈多高。

菩提樹東邊有間精舍，高一百六、七十尺，下面基座每一面都有二十多步寬，用青磚壘成，上面塗著石灰，每層神龕裡都有金像，四壁的雕刻造型奇特，有的是連珠圖案，有的是天仙像，精舍頂上安放著一個金光閃閃的銅製阿摩落迦果。精舍東面連著樓閣，飛簷三層，椽柱棟梁和門扇窗戶都以金銀雕刻裝飾，鑲嵌著珠玉，深邃的屋宇有三進。外門左右各有一個龕室，左邊供奉的是觀自在菩薩像，右邊供奉的是慈氏菩薩像，都用白銀鑄成，高十幾尺。在精舍這塊地方，無憂王先建造了一座小精舍，後來有位婆羅門又將它擴建成現在的規模。當初，有個婆羅門，他不信佛法，供奉的是大自在天，他聽說天神在雪山裡，就和他的弟弟一同去求願。天神說：「無論什麼願望，有功德才能實現。不是你所能求到的，也不是我能給你的。」婆羅門問：「修什麼樣的功德可以實現心願？」天神說：「菩提樹，是證佛果的地方，你若想種植善根，求得好的福報，就應立即回去，在菩提樹那裡修建大精舍，開鑿一座大水池，進行各種形式的供養，這樣你的心願就可以實現了。」婆羅門接受了天神的命令，內心萌發了堅定的信仰，他們一同來到菩提樹下，哥哥負責修建精舍，弟弟負責開鑿水池，然後周到地進行供養，勤求心願，後來都實現了自己的願望，做了國王的大臣，把所得的俸祿和賞賜全部用來施捨。精舍建成以後，他們便招募工匠想造一尊如來剛成佛時的像。經過了許多年月，一直沒有人應召。很久以後，有個婆羅門來到這裡對眾人說：「我擅長畫如來的妙相。」人們問他：「你造像需要些什麼材料？」他說：「有香泥就可以了。你們把泥放在精舍裡，再準備一盞燈為我照明。我進入精舍後，你們就把門關好，六個月後才可開門。」當時僧人們便按他的吩咐做了。還剩四天就滿六個月了，這時大家都覺得很奇怪，就開了門看他。卻見精舍裡已經有了一尊佛像，結加趺坐，右足在上面，左手提起，右手下垂，向東而坐，栩栩如生，座高四尺二寸，寬一丈二尺五寸，像高一丈一尺五寸，兩膝相距八尺八寸，兩肩寬六尺二寸，三十二相八十種好全都具備，慈祥的容顏非常逼真，只有右乳上還沒有塗飾好。精舍中一個人影都沒有，眾人這才知道是神明顯靈了，大家感嘆不已，都急切地想知道個究竟。有一位沙門，心地淳樸，他夢見那位婆羅門告訴他說：「我是慈氏菩薩，我怕工匠想像不出佛的聖容，因此親自來畫佛像。右手下垂，是因為如來從前將要成佛的時候，天魔前來阻撓，地神們向如來報告天魔的到來，其中一個地神先跳出來助佛降魔，如來告訴他說：『你不必害怕，我以忍力，一定可以降伏他。』魔王說：『誰來作證？』如來垂手指地說：『這裡有證人。』這時第二個地神就跳出來作證。所以現在這尊佛像的手仿照那時的樣子下垂。」眾人知道了神明顯靈的原委，無不感動。於是在佛像乳上未完工的地方鑲嵌了各種珍寶，並給佛像戴上珠纓的寶冠，用奇珍異寶交相裝飾。設賞迦王砍伐了菩提樹後，想毀壞這尊佛像，但目睹了佛的容顏，心裡非常不安，便準備回駕返宮，這時他命令宰相說：「要把這座佛像除掉，安放一尊大自在天像。」宰相領受王旨，不安地嘆道：「毀壞佛像會令我永世遭殃，但違抗國王的命令又會使我喪身滅族。如此進退兩難的地步，我該怎麼辦呢？」於是他召集信佛的人，讓他們在佛像前橫著壘了一道磚牆，他對佛像周圍的陰暗感到很慚愧，便在佛像前放了一盞明燈。然後就在磚牆的正面畫了大自在天像。完成這項工作以後，他去向國王報命，國王聽了心裡感到非常害怕，他全身長出膿包，皮開肉綻，不久就死了。設賞迦王死了以後，宰相飛快地回到精舍，拆除了障壁，雖然過了很多日子，但燈燭仍然沒有熄滅。這尊佛像現在還在，神奇的工藝沒有一點損傷的痕跡。因為佛像在深邃幽暗的房屋中，所以燈火不絕，但是想看清那慈祥的容顏，還是不能夠，必須在早晨的時候拿一面大鏡子，把光線反射到精舍中，才能一睹佛的靈相。看見的人，自然更增傷感。

【說　明】如果說金剛座是菩提樹圍牆內的中心的話，那麼菩提樹就是「中心的中心」了。作者在這裡以細膩的筆墨對這個「核心」進行了詳盡的介紹，作者以變遷的眼光記述了菩提樹的過去和現在。從樹的高度看，這棵菩提樹過去高達數百尺，現在只餘四、五丈；從歷史看，佛涅槃後，它先後經歷了無憂王的砍伐、焚燒，王妃的暗中破壞和設賞迦王的毀滅，但每次它都頑強地重新活了過來。為了防止後人的毀壞，無憂王和補剌拏伐摩王都為它建起了圍牆。於是，在二丈四尺高的圍牆上面伸出兩丈多高的枝幹，這就是菩提樹現在的「形象」。菩提樹的命運變遷向人們證明，它是一株神奇的樹，具有廣大的法力和無限的生命，故雖幾經毀壞，仍能復生。但它的復生有賴於人們的虔誠信仰和供奉。這正是真理的象徵。

接著，作者又介紹了菩提樹東的一所精舍。在這裡，除了描寫精舍非凡的氣勢、裝飾和陳設以外，作者著重介紹了兩件神異之事：一是婆羅門求願受天神指點後，來到這裡修大精舍，虔誠供養的事。二是慈氏菩薩顯靈造畫如來佛像的事。前者說明菩提樹是獲得佛果的地方，只要精誠供養修福，便能實現自己的願望。後者則顯示了如來降伏魔王的法力。為了證明如來的法力，作者先講述了沙門夢中慈氏菩薩對如來右手下垂的解釋，來說明如來有降魔的法力；然後又通過設賞迦王毀佛像終於受到懲罰而死的「事實」進一步加以證實。兩件神異之事從正反兩方面告訴人們，佛的法力是無所不在的，只有精勤向佛，虔誠修福，斷絕惡念，排除魔障，才能如願以償，修成正果。而如來佛作為法力的象徵，正可和菩提樹象徵的真理互相補充、互相配合。由此可見作者深刻的寓意。

如來成道時日

如來以印度吠舍佉月後半八日成等正覺，當此三月八日也。上座部則吠舍佉月後半十五日成等正覺，當此三月十五日也。是時如來年三十矣。或曰年三十五矣。

【語　譯】如來在印度吠舍佉月後半月的第八日成佛，相當於這裡的三月八日。上座部則認為是在吠舍佉月後半月的第十五日成佛的，相當於這裡的三月十五日。這時，如來三十歲了。也有人認為如來當時是三十五歲。

【說　明】關於如來成道的時間和他當時的年齡有很多種說法，這裡介紹的是兩種最具代表性的。我國一般以三月八日為如來成佛日。

如來成道及諸奉佛遺跡

菩提樹北有佛經行之處。如來成正覺已，不起於座，七日寂定。其起也，至菩提樹北，七日經行，東西往來，行十餘步，異花隨跡，十有八文❶。後人於此壘磚為基，高餘三尺。聞之土俗曰：此聖跡基表人命之修短也，先發誠願，後乃度量，隨壽修短，數有增減。

經行基北，道左，磐石上，大精舍中，有佛像，舉目上望。昔者，如來於此七日觀菩提樹，目不暫捨。為報樹恩，故此瞻望。

菩提樹西不遠，大精舍中，有鍮石佛像，飾以奇珍，東面而立。前有青石，奇文異彩，是昔如來初成正覺，梵王起七寶堂，帝釋建七寶座，佛於其上七日思惟❷，放異光明，照菩提樹。去聖悠遠，寶變為石。

菩提樹南不遠，有窣堵波，高百餘尺，無憂王之所建也。菩薩既濯尼連河，將趣菩提樹，竊自惟念何以為座，尋自發明當須淨草❸。天帝釋化其身為刈❹草人，荷而逐路。菩薩謂曰：「所荷之草頗能惠耶？」化人聞命，恭以草奉，菩薩受已，執而前進。

受草東北不遠，有窣堵波，是菩薩將證佛果，青雀、群鹿呈祥之處。印度休徵❺，斯為嘉應，故淨居天隨順世間，群從飛繞，效靈顯聖。

菩提樹東，大路左右，各一窣堵波，是魔王嬈❻菩薩處也。菩薩將證佛果，魔王勸受輪王，策說不行，殷憂而返。魔王之女請往誘焉，菩薩威神，衰變治❼容，扶羸策杖，相攜而退。

菩提樹西北，精舍中，有迦葉波佛像，既稱靈聖，時放光明。聞諸先記曰：若人至誠，旋繞七周，在所生處，得宿命智❽。

迦葉波佛精舍西北二磚室，各有地神之像。昔者如來將成正覺，一報魔至，一為佛證。後人念功，圖形旌德。

菩提樹垣西北不遠，有窣堵波，謂鬱金香，高四十餘尺，漕矩吒國商主之所建也。昔漕矩吒國有大商主，宗事天神，祠求福利，輕蔑佛法，不信因果。其後將諸商侶，貿遷有無，汎舟南海，遭風失路，波濤飄浪，時經三歲，資糧罄竭，糊口不充。同舟之人朝不謀夕，戮力同志念所事天，心慮已勞，冥功不濟。俄見大山，崇崖峻嶺，兩日聯暉，重明照朗。時諸商侶更相慰曰：「我曹有福，遇此大山，宜於中止，得自安樂。」商主曰：「非山也，乃摩竭魚❾耳。崇崖峻嶺，鬚鬣也；兩日聯暉，眼光也。」言聲未靜，舟帆飄湊。於是商主告諸侶曰：「我聞觀自在菩薩於諸危厄能施安樂，宜各志誠，稱其名字。」遂即同聲，歸命稱念。崇山既隱，兩日亦沒。俄見沙門，威儀庠序❿，杖錫凌虛，而來拯溺，不踰時而至本國矣。因即信心貞固，求福不回，建窣堵波，式修供養，以鬱金香泥而周塗上下。既發信心，率其同志，躬禮聖跡，觀菩提樹。未暇言歸，已淹晦朔⓫。商侶同遊，更相謂曰：「山川悠間，鄉國遼遠，昔所建立窣堵波者，我曹在此，誰其灑掃？」言訖，旋繞至此，忽見有窣堵波，駭其由致，即前瞻察，乃本國所建窣堵波也。故今印度因以鬱金為名。

菩提樹垣東南隅，尼拘律樹側，窣堵波傍有精舍，中作佛坐像。昔如來初證佛果，大梵天王於此勸請轉妙法輪。

菩提樹垣內，四隅皆有一大窣堵波。在昔如來受吉祥草已，趣菩提樹，先歷四隅，大地震動，至金剛座，方得安靜。

樹垣之內，聖跡鱗次，差⓬難遍舉。

【注釋】❶文　通「紋」。花紋。❷思惟　沈思；思索。❸淨草　梵文 kuśa 的意譯。音譯為拘舍、孤沙、固沙等。作為祭祀之用。❹刈　割。❺休徵　吉兆。❻嬈　通「撓」。❼治　形容女子豔麗的容貌。❽宿命智　即明白了知我及眾生一生乃至百千萬億生之相狀的智慧。❾摩竭魚　傳說中的大魚。摩竭，梵文 makara 的音譯。❿庠序　舉動安詳肅穆。⓫晦朔　一個月。晦，農曆每月的末一天。朔，農曆初一。⓬差　次第。

【語　譯】菩提樹北是如來佛散步的地方。如來成佛以後，沒有從金剛座上起身，而是入定七天。他起身後便到菩提樹北，在這裡散步七天，他在東西之間十幾步的距離內往來行走，隨著他的足跡，留下了十八處奇異的花紋。後人在這裡用磚壘成一道牆基，高三尺多。聽當地人說：這個聖跡能顯示出人壽命的長短，先發一個誠願，然後去量，它的數目隨發願者壽命的長短而增減。

在佛散步牆基的北面，路左磐石上的大精舍中有尊佛像，舉目向上望。從前如來在這裡觀看菩提樹，七天裡目不轉睛。為了報答菩提樹的恩惠，所以他會這樣仰望它。

在菩提樹西面不遠的大精舍中有一尊黃銅佛像，佛像以奇珍異寶裝飾，向東而立。像前有一塊青石，紋路和色彩都很奇特。從前如來剛剛成佛的時候，梵王為他建起七寶堂，帝釋為他建造了七寶座，佛坐在七寶座上思索了七天，身上發出奇異的光彩，映照著菩提樹。隨著聖世的日益悠遠，珍寶變成了石頭。

菩提樹南面不遠有座塔，高一百多尺，是無憂王建造的。菩薩在尼連河中沐浴以後，想前往菩提樹，心中暗想：用什麼做座位呢？不久他選擇了淨草。這時天帝釋化身為刈草人，擔著草趕路。菩薩對他說：「能把你擔的草給我一些嗎？」那天帝釋化成的人聽了，恭敬地把草奉給他。菩薩拿了草就繼續向前走了。

在菩薩接受淨草處東北不遠有座塔，是菩薩將要成佛的時候，青雀、群鹿呈祥的地方。在印度的吉兆中，這是最好的了。所以淨居天按人世間的習俗，使青雀成群地繞著菩薩飛，來顯示出他的靈聖。

菩提樹東面，大路左右各有一座塔，這裡是魔王阻撓菩薩成佛的地方。菩薩將要成佛的時候，魔王勸他做轉輪王，但用盡各種辦法勸說都沒有效果，很失望地回去了。魔王的女兒請命去引誘菩薩，菩薩的威神使她們豔麗的容顏變得衰老。最後她們拖著衰弱的身體，拄著拐杖，互相攙扶著離開了。

在菩提樹西北的精舍中，有一尊迦葉波佛像，以靈聖聞名，經常放射光明。據史料記載：如果誰能虔誠地圍著這尊佛像旋繞七周，就能在他出生的地方獲得宿命智。

迦葉波佛精舍西北有兩座磚室，裡面各有一尊地神像。從前如來將要成佛的時候，他們一個向菩薩報告魔王的到來，一個為菩薩作證。後人感念他們的功德，塑了這兩尊像來表彰他們。

菩提樹牆西北不遠有座塔，名叫鬱金香，高四十多尺，是漕矩吒國的商主建造的。從前漕矩吒國有個大商主，信奉外道天神，祭祀天神以求福報，輕蔑佛法，不信因果報應。後來他帶領商人們去做生意，當他們的船航行到南海的時候遇到了風暴，他們迷失了方向，在大海上到處漂蕩。三年過去了，他們儲備的糧食已經吃光，再也沒有能夠糊口的東西了，船上的人朝不保夕。於是他們齊心協力誦念他們信奉的天神的名字，他們念誦得精疲力盡，仍然得不到神的救助。不久，他們看見一座大山，崇崖峻嶺，兩個光芒相聯的太陽同時照耀著。這時，商人們欣慰地互相議論說：「我們還是有福的，遇見了這座大山，現在我們可以住到這山裡，享受安寧快樂的生活。」商主說：「這不是山，而是一條摩竭魚啊。高峻的崖嶺是牠的鬚鬣，光芒相聯的兩個太陽，那是牠的眼中的光芒。」他的話音未落，船已向魚靠過去了。這時商主對同伴們說：「我聽說觀自在菩薩能為危難中的人帶來安樂，讓我們來誠心誠意地念誦他的名字吧。」於是他們同聲念誦觀自在菩薩的名字，表示對他的信仰。隨著他們的念誦，高山和兩個太陽都消失了。過了片刻，他們看見一個威儀安詳的沙門，拄著錫杖淩空而來，將他們從危難中拯救出來，不一會兒他們就回到本國了。商人們由此萌發了堅定的信仰，義無反顧地修功德，他們建了一座塔，恭敬地供養，並用鬱金香泥塗滿塔身。商主產生信仰以後，便帶著幾個志同道合的商人親自去禮拜聖跡，並來到這裡瞻仰菩提樹。還沒顧得上說回去，一個月的時間已經過去了。商人們一邊走一邊議論說：「山河阻隔，鄉國遼遠，如今我們都在這裡，誰來灑掃我們先前建的那座塔呢？」說完，他們禮拜到這裡，忽然看見了一座塔，他們對這座塔的突然出現大吃一驚，便上前瞻仰，發現這就是他們在本國建的那座塔。所以現在印度把這座塔叫做鬱金。

在菩提樹牆的東南角，尼拘律樹旁有座塔，塔旁有間精舍，裡面有一尊佛的坐像。從前如來剛剛成佛，大梵天王在這裡請佛講說妙法。

菩提樹牆內，四個角落都有一座大塔。從前如來接受了吉祥草以後，在前往菩提樹前，走遍了這四個角落，每到一個地方，大地震動，到了金剛座以後，才得安靜。

菩提樹牆裡面，聖跡鱗次櫛比，難以一一列舉。

【說明】本文介紹了和如來成道和奉佛有關的各種遺跡。在寫作手法上有個明顯的特點，即以如來成道處菩提樹為中心，向四周作放射狀的記述，並通過記述來證明如來法力的廣大和靈驗。作者先介紹菩提樹北離菩提樹最近的散步遺址，突出的是如來足跡的神奇；然後繼續向北，這裡的佛像表現的是如來仰望菩提樹的情景；然後是菩提樹西，這裡是如來成道後使用過的七寶堂和七寶座；然後是菩提樹南，這裡有兩座塔，分別是如來接受淨草和淨居天為如來成佛呈現祥瑞的地方；然後是菩提樹東，夾著大路有兩座塔，是魔王及其女兒企圖阻撓如來成佛的地方。菩提樹西北，是迦葉波佛像和精舍；它的西北有兩間磚室，紀念著兩位曾為如來成佛服務過的地神；菩提樹牆西北，是那些因皈依佛教而獲救助的漕矩吒國商人建造的鬱金香塔；圍牆東南有一座精舍，這是如來成道後為大梵天王轉妙法輪的地方。最後，菩提樹圍牆內四周還有四座塔，也是如來到過的地方。很顯然，作者從距菩提樹最近處寫起，先是圍牆內，由北→西→南→東→西北，記述一周；然後是圍牆外，由西北→東南，大抵也是一周，只是選了兩處重點；然後又回到圍牆四角，其實也是一周。這樣，就等於說圍繞著菩提樹描寫了三周，由內及外至中，將許多有關傳說、記載串連起來。內容雖多，條理卻十分清晰，並且都突出了歌頌如來和佛教的主題。這樣的記述，給人的感覺，彷彿菩提樹就像一輪太陽，高懸於天的中心，向四面八方放射著燦爛的光芒。這樣更顯出如來的光明、高大和神聖。

菩提樹垣附近

菩提樹垣外，西南窣堵波，奉乳糜二牧女故宅。其側窣堵波，牧女於此煮糜。

次此窣堵波，如來受糜處也。

【語譯】菩提樹牆外，西南方向有座塔，是向如來奉獻奶粥的兩個牧女的故居所在地。旁邊有座塔，牧女曾在這裡煮粥。這塔旁邊還有座塔，是如來接受奶粥的地方。

【說明】作者從這裡開始介紹菩提樹牆外的遺跡。如來接受牧女乳粥的故事廣泛流傳，這是他放棄苦行，決心另覓解脫途徑的開始，也為他恢復了體力，為他能在菩提樹下成佛打下了基礎。相傳我國每年吃「臘八粥」的傳統就是從這個故事中演變而來的。

南門外遺跡

菩提樹垣南門外有大池，周七百餘步，清瀾澄鏡，龍魚潛宅，婆羅門兄弟承大自在天命之所鑿也。次南一池，在昔如來初成正覺，方欲浣❶濯，天帝釋為佛化成。池西有大石，佛浣衣已，方欲曝曬，天帝釋自大雪山持來也。其側窣堵波，如來於此納故衣。次南林中窣堵波，如來受貧老母施故衣處。

帝釋化池東林中，有目支鄰陀❷龍王池，其水清黑，其味甘美。西岸有小精舍，中作佛像。昔如來初成正覺，於此宴坐，七日入定。時此龍王警衛如來，即以其身繞佛七帀，化出多頭，俯垂為蓋。故池東岸有其室焉。

目支鄰陀龍池東，林中精舍有佛羸❸瘦之像。其側有經行之所，長七十餘步，南北各有畢鉢羅樹。故今土俗，諸有嬰疾，香油塗像，多蒙除差❹。是菩薩修苦行處。如來為伏外道，又受魔請，於是苦行六年，日食一麻一麥，形容憔悴，膚體羸瘠，經行往來，攀樹後起。

菩薩苦行畢鉢羅樹側有窣堵波，是阿若憍陳如等五人住處。初，太子之捨家也，彷徨山澤，棲息林泉，時淨飯王乃命五人隨瞻侍焉。太子既修苦行，憍陳如等亦即勤求。

憍陳如等住處東南有窣堵波，菩薩入尼連禪那河沐浴之處。河側不遠，菩薩於此受食乳糜。其側窣堵波，二長者獻麨❺蜜處。佛在樹下結加趺坐，寂然宴❻默，受解脫❼樂，過七日後，方從定起。時二商主行次林外，而彼林神告商主曰：「釋種太子今在此中，初證佛果，心凝寂定，四十九日未有所食，隨有奉上，獲大善利。」時二商主各持行資麨蜜奉上，世尊納受。

長者獻麨側有窣堵波，四天王奉鉢處。商主既獻麨蜜，世尊思以何器受之。時四天王從四方來，各持金鉢，而以奉上。世尊默然，而不納受，以為出家不宜此器。四天王捨金鉢，奉銀鉢，乃至頗胝❽、瑠璃、馬瑙❾、車渠❿、真珠等鉢，世尊如是皆不為受。四天王各還宮，奉持石鉢，紺青映徹，重以進獻。世尊斷彼此故，而總受之，次第重壘，按為一鉢，故其外則有四際焉。

四天王獻鉢側不遠，有窣堵波，如來為母說法處也。如來既成正覺，稱天人師⓫，其母摩耶自天宮降於此處，世尊隨機示教利喜。其側涸池岸有窣堵波，在昔如來現諸神變化有緣處。

現神變側有窣堵波，如來度優婁頻螺迦葉波三兄弟及千門人處。如來方垂善導，隨應降伏，時優婁頻螺迦葉波五百門人請受佛教，迦葉波曰：「吾亦與爾俱返迷途。」於是相從來至佛所。如來告曰：「棄鹿皮衣，捨祭火具。」時諸梵志恭承聖教，以其服用投尼連河。捺地迦葉波見諸祭器隨流漂泛，與其門人候兄動靜，既見改轍，亦隨染衣。伽耶迦葉波與二百門人聞其兄之捨法也，亦至佛所，願修梵行。

度迦葉波兄弟西北窣堵波，是如來伏迦葉波所事火龍處。如來將化其人，先伏所宗，乃止梵志火龍之室。夜分已後，龍吐煙焰，佛既入定，亦起火光，其室洞然，猛燄炎熾。諸梵志師恐火害佛，莫不奔赴，悲號愍惜，優婁頻螺迦葉波謂其徒曰：「以今觀之，未必火也，當是沙門伏火龍耳。」如來乃以火龍盛置鉢中，清旦持示外道門人。其側窣堵波，五百獨覺同入涅槃處也。

目支鄰陀龍池南窣堵波，迦葉波救如來溺水處也。迦葉兄弟時推神通，遠近仰德，黎庶歸心。世尊方導迷徒，大權攝化，興布密雲，降注暴雨，周佛所居，令獨無水。迦葉是時見此雲雨，謂門人曰：「沙門住處將不漂溺？」泛舟來救，乃見世尊履水如地，蹈河中流，水分沙見⓬。迦葉見已，心伏而退。

【注釋】❶浣　洗。❷目支鄰陀　梵文寫作 Mucilinda。也譯作文驎、目真、目真鄰等。傳說中一種七頭巨龍的名字。❸羸　衰弱。❹差　通「瘥」。病除。❺麨　炒麵。❻宴　靜默。❼解脫　梵文 mokṣa 的意譯。音譯為「木叉」。指解除惑業的繫縛，脫離三界的苦果。❽頗胝　梵文寫作 sphaṭika。又譯作頗梨、玻璃等。實為水晶。❾馬腦　通「瑪瑙」。礦物。可做貴重的裝飾品。❿車渠　梵文寫作 musāragalva。又譯作牟沙羅揭婆、牟沙洛等。是瑪瑙一類的寶石。⓫天人師　梵文 Śāstādevamanuṣyāṇām 的意譯。意思是天神和人的導師。是如來的十種稱號之一。⓬見　通「現」。

【語譯】菩提樹牆南門外有個大水池，方圓七百多步，微波蕩漾，清澈如鏡，有魚和龍在水底潛居，這是婆羅門兄弟秉承大自在天的旨意開鑿的。再向南還有一個水池，從前如來剛剛成佛，正要沐浴洗衣的時候，天帝釋為佛化成的。水池西面有塊大石，佛洗完衣服以後正要曝曬，天帝釋就從大雪山為如來搬來了這塊大石。大石旁有座塔，是如來縫補舊衣服的地方，再向南的樹林中有座塔，是如來接受貧苦的老婦人施捨舊衣服的地方。

在帝釋變化出的水池東面有片樹林，林中有目支鄰陀龍王池，池水清幽，味道甜美。龍池西岸有所小精舍，裡面有一尊佛像。從前如來剛剛成佛的時候，曾在這裡靜坐，入定七天。當時這位龍王守衛在如來身邊，用它的身體在如來身上繞了七周，又變化出許多頭，垂下來作如來的冠蓋。水池的東岸有它的住所。

目支鄰陀龍王池東面樹林中有間精舍，精舍裡有一尊佛瘦弱的塑像。精舍旁是如來散步的地方，長七十多步，南北各有一棵畢鉢羅樹。按當地習俗，有病的人用香油塗在像上，多可病癒。這裡是菩薩修苦行的地方。如來為了降伏外道，又接受了天魔的請求，在這裡苦行六年，每天只吃一粒芝麻和一粒麥子，形態容貌憔悴，皮包骨頭，往來散步，扶著樹才能站起身來。

在菩薩修苦行的那棵畢鉢羅樹旁邊有座塔，是阿若憍陳如等五人的住處。當初，太子離家以後，在山澤林泉間漫遊棲息，這時淨飯王就命令五個人跟著服侍他。太子修苦行後，憍陳如等人也跟著勤奮修行。

憍陳如等人住處的東南有座塔，是菩薩進尼連禪河沐浴的地方。河邊不遠，是菩薩接受牧女奶粥的地方。旁邊有座塔，是兩個長者向菩薩獻炒麵和蜜的地方。佛在樹下結加趺坐，靜默入定，享受解脫之樂，過了七天，才出定起身。這時有兩位商主經過林外，那片林中的林神告訴商主們：「釋族的太子現在這座林中，剛剛證得佛果，他一心入定，已經有四十九天沒有吃過東西了，你們有什麼吃的可以奉獻給他，你們會由此而得到很大的好處。」於是兩個商主都把自己路上要吃的炒麵和蜜奉獻給如來，世尊接受了。

在長者獻炒麵處旁邊有座塔，這裡是四天王向如來獻鉢的地方。商主獻了炒麵和蜜以後，世尊就考慮用什麼容器裝這些東西。這時四天王從四方趕來，各自拿了一個金鉢奉獻給如來。世尊沈默著，沒有接受，他認為出家人用這種東西不太合適。四天王便丟掉金鉢，獻上銀鉢，以至於水晶、瑠璃、瑪瑙、車渠、真珠等製成的鉢，如來同樣都不接受。四天王各自回到宮中，拿來了石鉢，顏色深青帶紅而透明，重新獻上。世尊為了不厚此薄彼，便將四個石鉢都收下了，將它們依次重疊，壓成一個鉢，所以這個鉢的外沿有四條邊。

在四天王獻鉢處旁邊不遠有座塔，是如來為母親說法的地方。如來成佛以後，號稱天人師，他的母親摩耶夫人從天宮下降到這裡，世尊按她的機緣進行導化，向她顯示利益使她喜樂。旁邊一個乾涸的水池岸邊有座塔，從前如來曾在這裡顯示種種神異變化度化有緣的眾生。

在如來顯示神異變化處旁邊有座塔，是如來度化優婁頻螺迦葉波三兄弟及一千門徒的地方。如來根據眾生不同的情況施以教導，進行降伏，這時優婁頻螺迦葉波的五百位門徒請求去接受佛的教導，迦葉波說：「我也和你們一起從迷途上返回吧。」於是他們一起來到佛所在的地方。如來對他們說：「你們要拋棄鹿皮衣，扔掉祭火的器具。」於是那些婆羅門恭敬地遵從如來的教導，將他們的衣服和用具扔進尼連禪河中。捺地迦葉波看見那些隨波漂浮的祭器，就和他的門人一起去探聽他哥哥的動靜，見哥哥已經改邪歸正，他便也跟著出家了。伽耶迦葉波和二百個門人聽說他的哥哥都拋棄了原來的邪教，也來到佛那裡，請求修習佛法。

在如來度化迦葉波兄弟處西北有座塔，是如來降伏迦葉波兄弟祭祀火龍的地方。如來在度化他們以前，決定先降伏他們信奉的對象，於是住進了婆羅門所祭祀的火龍的洞窟。天黑以後，那龍吞吐火焰，煙霧騰騰，已經入定的如來佛也放出火光，整個洞窟充滿了猛烈的火焰，燒得滿洞通紅。那些婆羅門恐怕大火燒傷了佛，無不飛奔而來，看到這情景，都不禁大放悲聲。優婁頻螺迦葉波對他的門徒說：「現在看來，未必是起火了，應是沙門在降伏火龍。」天亮的時候，如來將火龍盛在鉢中，拿給外道門徒看。它旁邊的塔，是五百獨覺一同入涅槃的地方。

在目支鄰陀龍王池南面有座塔，是迦葉波佛搭救洪水中的如來的地方。當時迦葉波兄弟的神通受到廣泛推崇，遠近的人們都非常仰慕他們的德行，對他們心悅誠服。世尊那時正致力於引導迷途中的人們，濟度眾生，於是他興布密雲，降下暴雨，但佛自己居住地方的周圍卻一點水也沒有。這時迦葉看見這雲雨，對門徒們說：「沙門住的地方豈不是將被淹沒嗎？」於是他們划著船來救如來，卻見世尊踩在水上就像踏在地上一樣平穩，他走到河的中流，河水自動分開，露出沙土。迦葉看見這情景，就心服地退開了。

【說　明】前文曾說到菩提樹牆有三個門，從本文開始便分別記述這三個門外的遺跡，本文記敘了南門外遺跡。值得注意的是，這些遺跡所包含的故事，大多發生在如來成佛以後，而且多是與人或神有聯繫的故事。作者先記水池，還有池西的石頭，這裡有如來沐浴、洗衣、曬衣、補衣和接受老婦人施捨的故事；在樹林裡，有目支鄰陀龍王池，不過作者的寫作重點是東岸的龍王住所和西岸的小精舍，這裡有龍王警衛如來的故事；東面樹林裡還有一所精舍，不過作者更注意的是畢鉢羅樹，它們是菩薩在此修苦行的見證，旁邊的塔是跟隨太子修苦行的五個人的住處；稍往東南，還有一座塔，但作者更注意的是尼連禪河，當年菩薩不僅在河中沐浴，而且在河邊接受了奶粥和麨蜜，旁邊的塔記載了四天王獻鉢的故事；離這裡不遠有座塔，是如來為母親說法和度化有緣的地方；旁邊還有一座塔，是如來化度迦葉波三兄弟及一千門徒的地方；再向西北有座塔，是如來降伏火龍的地方，它旁邊的塔則是五百獨覺一同入涅槃的地方；目支鄰陀龍王池南有座塔，這裡是迦葉波擔心如來溺水而來搭救的地方，……這些記敘雖然也有一定的方位標誌，但作者採用的更像是一種「連鎖」的記敘手法：由一個事物的記述轉向另一個相關事物的記述，從而使同類遺跡相對集中，也使相似的故事聯繫起來，更加突出主題。而在主題裡，我們可以看到如來成道後，已漸漸離開菩提樹而走向人間，開始了他度人救世和伏魔的行動，反映出佛和社會關係的日益密切。看來，如來成道後，很可能是從南門離開菩提樹的。

東門外遺跡

菩提樹垣東門外二三里，有盲龍室。此龍者，殃❶累宿積，報受生盲。如來自前正覺山欲趣菩提樹，途次室側，龍眼忽明，乃見菩薩將趣佛樹，謂菩薩曰：「仁今不久當成正覺。我眼盲冥，于茲已久，有佛興世，我眼輒明，賢劫之中，過去三佛出興世時，已得明視。仁今至此，我眼忽開，以故知之，當成佛矣。」

菩薩樹垣東門側有窣堵波，魔王怖❷菩薩之處。初，魔王知菩薩將成正覺也，誘亂不遂，憂惶無賴❸，集諸神眾，齊整魔軍，治兵振旅，將脅菩薩。于是風雨飄注，雷電晦冥，縱火飛煙，揚沙激石，備矛楯❹之具，極弦矢之用。菩薩于是入大慈定❺，凡厥兵仗變為蓮華。魔軍怖駭，奔馳退散。其側不遠有二窣堵波，帝釋、梵王之所建也。

【注釋】❶殃　罪孽。❷怖　恐嚇。❸無賴　百無聊賴；心神不定。賴，依靠。❹楯　大盾牌。❺大慈定　大慈大悲定。

【語　譯】在菩提樹圍牆東門外二、三里的地方，有一處盲龍的洞窟。這條龍由於累世作孽，受惡報，天生眼盲。如來從前正覺山去菩提樹的路上，從這龍的洞窟旁經過，這時龍的眼睛忽然復明了，它見菩薩正前往菩提樹，就對菩薩說：「您不久就要成佛了。我的眼睛已經瞎了很長時間，每當有佛興於世，我的眼睛就會復明。在這個賢劫當中，過去三佛興世時，我的眼睛都曾復明。您如今來到這裡，我的眼睛忽然就睜開了，所以我知道您就要成佛了。」

菩提樹圍牆東門旁邊有座塔，是魔王恐嚇菩薩的地方。當初，魔王知道菩薩將要成佛，就去引誘擾亂他，結果都沒有成功，他心裡悶悶不樂，非常發愁，最後他召集神眾，整頓魔軍，準備發兵威脅菩薩。於是風雨大作，雷電交加，天昏地暗，縱火飛煙，飛沙走石，他們並把矛盾弓箭全都派上了用場。這時菩薩入大慈大悲定，於是所有的兵器全都變成了蓮花。魔軍見此情形非常驚懼，一哄而散。離這裡不遠有兩座塔，是帝釋和梵天建造的。

【說明】東門外遺跡主要有兩個：一個是盲龍的洞窟，一個是如來戰勝魔王的塔。前者的傳說表明如來成道是早有先兆的，後者的故事表明如來成道是不可遏止的。二者從正反兩方面說明了如來成佛的必然性，當然這些事都是發生在如來成道之前，看來如來當初很可能是從東門這個方位走向菩提樹的。

北門外摩訶菩提寺

菩提樹北門外摩訶菩提僧伽藍❶，其先僧伽羅國王❷之所建也。庭宇六院，觀閣三層，周堵垣牆高三四丈，極工人之妙，窮丹青❸之飾。至於佛像，鑄以金銀，凡厥莊嚴，廁以珍寶。諸窣堵波高廣妙飾，中有如來舍利，其骨舍利大如手指節，光潤鮮白，皎徹中外；其肉舍利如大真珠，色帶紅縹❹。每歲至如來大神變月滿之日❺，出示眾人，即印度十二月三十日，當此正月十五日也。此時也，或放光，或雨花。僧徒減千人，習學大乘上座部法，律儀清肅，戒行貞明。昔者，南海僧伽羅國，其王淳信佛法，發自天然。有族弟出家，想佛聖跡，遠遊印度，寓諸伽藍，咸輕邊鄙。於是返跡本國，王躬遠迎，沙門悲耿❻，若不能言。王曰：「將何所負，若此殷憂？」沙門曰：「憑恃國威，遊方問道，羈旅異域，載罹❼寒暑，動遭凌辱，語見譏誚，負斯憂恥，詎得歡心？」王曰：「若是者何謂也？」曰：「誠願大王福田為意，於諸印度建立伽藍，既旌聖跡，又擅高名，福資先王，恩及後嗣。」曰：「斯事甚美，聞之何晚？」於是以國中重寶獻印度王❽。王既納貢，義存懷遠，謂使臣曰：「我今將何持報來命？」使臣曰：「僧伽羅王稽首印度大吉祥王！大王威德遠振，惠澤遐被，下土沙門欽風慕化，敢遊上國，展敬聖跡，寓諸伽藍，莫之見館，艱辛已極，蒙恥而歸。竊圖遠謀，貽範來葉，於諸印度建一伽藍，使客遊乞士，息肩有所，兩國交歡，行人無替。」王曰：「如來潛化，遺風斯在，聖跡之所，任取一焉。」使者奉辭報命，群臣拜賀，遂乃集諸沙門，評議建立。沙門曰：「菩提樹者，去來諸佛咸此證聖，考之異議，無出此謀。」於是捨國珍寶，建此伽藍，以其國僧而修供養，乃刻銅為記曰：「夫周給無私，諸佛至教；惠濟有緣，先聖明訓。今我小子丕承❾王業，式建伽藍，用旌聖跡，福資祖考，惠被黎元。唯我國僧而得自在，及有國人亦同僧例。傳之後嗣，永永無窮。」故此伽藍多執師子國僧也。

【注　釋】❶摩訶菩提僧伽藍　梵文寫作 Mahābodisaṃghārāma。意譯為大覺寺。❷僧伽羅國王　當為約西元三五二～三七九年的僧伽羅國王尸迷佉拔摩。梵文寫作 Śrimeghavarṇa。❸丹青　紅色和青色的顏料。借指繪畫。❹縹　青白色。❺月滿之日　即正月十五日。❻耿　通「哽」。哽咽。❼罹　遭遇。❽印度王　即西元三三五年左右到三七五年前後印度笈多王朝的國王三謨陀羅崛多。梵文寫作 Samudragupta。❾丕承　繼承大業。丕，大。

【語　譯】菩提樹圍牆北門外有座摩訶菩提寺，是早先的僧伽羅國王建造的。共有六進庭院，樓閣三層，圍牆高三、四丈，建築工藝非常高超，繪畫裝飾也非常精妙。佛像都是用金銀鑄成的，都很莊嚴，上面鑲嵌裝飾著珍寶。寺中的塔都非常高大，裝飾奇妙，裡面供奉著如來舍利。其中骨舍利像人的手指節那麼大，光潤鮮白，呈透明狀；那肉舍利像大真珠一樣大，顏色青紅。每年到了如來顯示大神變的那個月的滿月那一天，舍利便被出示眾人。這時候，或者神光照耀，或者從天上降下花雨。寺中有僧徒近千人，學習大乘和小乘上座部法教，教規嚴明，僧徒戒行端正。從前，南海上有個僧伽羅國，該國的國王天生對佛法非常信奉。他有個出家的族弟，為了禮拜佛的聖跡遠遊印度，他在印度寄住的寺院，都因他來自邊鄙之地而看不起他。於是他返回本國，國王親自出迎，這個沙門見了國王，悲傷哽咽，一句話都說不出來。國王就問：「你受了什麼委屈，這樣傷心？」沙門說：「我憑恃國威，雲遊四方，求學問道，長年身在異國他鄉，飽受寒暑之苦，一舉一動都會招來凌辱，一說話就被人譏諷。受了這樣的辛勞和恥辱，我怎麼能高興得了呢？」國王問：「為什麼會這樣呢？」沙門說：「我誠摯地希望大王樹立福德，在五印度建造一所寺院，這樣既表彰了聖跡，又樹立了崇高的名聲，福達先王，恩及後代。」國王說：「這是一件大好事，為什麼現在才有人對我說呢？」於是他將國內貴重的寶物奉獻給印度王。印度王收下了僧伽羅國的貢品，為了安撫這遠方的國家，他對僧伽羅國使臣說：「我現在用什麼來回報你們的盛情呢？」使臣說：「僧伽羅王向印度大吉祥王叩頭請安！大王威德遠振，恩惠及於四海，鄙國沙門欽風慕化，冒昧地巡遊了貴國，朝拜聖跡，他想寄居貴國寺院，卻沒有一個寺院願留他住宿，艱辛已極，受辱而歸。敝國有一個規劃，想作為後世的儀範，那就是在印度建一座寺院，使客遊的僧人有個歇息的地方，這樣一來，我們兩國也可長久地友好往來不停。」國王說：「如來潛移默化的遺風還在，你們可以任選一處有聖跡的地方建立寺院。」使者將印度王的答覆報告給僧伽羅王，群臣都向國王拜賀，於是將僧人們召集在一起商討建造寺院的事。僧人們說：「菩提樹是過去未來諸佛成道的地方。各種意見相比較，沒有比這裡更好的地方了。」於是國王施捨出珍寶，建造了這座寺院，用他們本國的僧人去供養，國王在銅刻銘文中記道：「無私地施捨，是諸佛的教導；施恩救濟有緣人，是先聖的明訓。如今我繼承偉大的事業，恭敬地建造了這座寺院，用以表彰聖跡，使祖先得福，並惠及百姓。我國的僧人可以自由地住在這裡，其他國家的僧人也可享受到同樣的待遇。這個規定要傳於後代，永遠永遠。」所以這個寺院中的僧人多來自執師子國。

【說　明】本文記述了北門外的摩訶菩提寺。它的特別之處在於，這是由僧伽羅國王建造的一座寺院，並且寺中僧人多半也是來自僧伽羅國。但這座寺院也和如來有關：這裡不僅有金銀鑄成的佛像，而且有神奇的如來舍利——看來這已是佛涅槃很久以後的事了。而僧伽羅國要建立這座寺院的原因，是由於王弟巡遊印度時受到了冷落和羞辱。這一方面說明當時僧伽羅國的佛學水準可能還不高，另一方面也表現出印度佛教其時的局限性和排外性。這座寺院的興建，無疑標誌著這種局面的打破和結束，也表明佛教影響的廣大無界。

安居月日

菩提樹南十餘里，聖跡相鄰，難以備舉。每歲苾芻解雨安居❶，四方法俗百千萬眾，七日七夜，持香花，鼓音樂，遍遊林中，禮拜供養。印度僧徒依佛聖教，皆以室羅伐拏月❷前半一日入雨安居，當此五月十六日；以頞溼縛庾闍月❸後半十五日解雨安居，當此八月十五日。印度月名，依星而建，古今不易，諸部無差。良以方言未融，傳譯有謬，分時計月，致斯乖異，故以四月十六日入安居，七月十五日解安居也。

【注　釋】❶雨安居　或稱安居、夏安居。古印度佛教僧人在雨季三個月中禁止外出，安坐在寺院中修習，就稱為雨安居。❷室羅伐拏月　印度的五月。❸頞溼縛庾闍月　印度的七月。

【語　譯】菩提樹南十幾里的範圍內，聖跡一個挨著一個，難以備舉。每年苾芻結束雨安居以後的七天七夜，成千上萬的僧人和俗眾從四面八方來到這裡，拿著香花，奏起音樂，遍遊林中，禮拜供養。印度僧徒遵照佛的聖教，都於室羅伐拏月前半月的第一天入雨安居，相當於這裡的五月十六日；於頞溼縛庾闍月後半月的第十五天結束雨安居，相當於這裡的八月十五日。印度的月名是依據十二星次確定的，從古到今沒有變化，各部之間也沒有差別。可能因為語言不通，傳譯有誤，在劃分季節計算月份時出現了差錯，以致我國在四月十六日入安居，七月十五日結束安居。

【說　明】本文記敘的已不是遺跡，而是教俗，即每年雨安居後七天七夜的佛教活動。不過活動的場所，是在菩提樹南，仍然與遺跡有聯繫。作者還認真地解釋了當地雨安居的起止時間，以及與中國僧人的雨安居在時間上的差異和原因。

卷九　一國

摩揭陀國（下）

香象池

菩提樹東渡尼連禪那河❶，大林中有窣堵波。其北有池，香象❷侍母處也。如來在昔修菩薩行，為香象子，居北山中，遊此池側。其母盲也，採藕根，汲清水，恭行孝養，與時推移。屬有一人，遊林迷路，彷徨往來，悲號慟哭。象子聞而愍焉，導之以示歸路。是人既還，遂白王曰：「我知香象遊舍林藪，此奇貨也，可往捕之。」王納其言，興兵往捕，是人前導，指象示王，即時兩臂墮落，若有斬截者。其王雖驚此異，仍縛象子以歸。象子既已維縶多時，而不食水草，典廄者❸聞王，王遂親問之。象子曰：「我母盲冥，累日飢餓，今見幽厄，詎能甘食？」王愍其情志，故遂放之。其側窣堵波，前建石柱，是昔迦葉波佛於此宴坐。其側有過去四佛座及經行遺跡之所。

【注　釋】❶尼連禪那河　即尼連禪河。現名帕爾古河。❷香象　梵文寫作gandhahastin。其身青色，有香氣。❸典廄者　指管理象廄的人。典，掌管。

【語　譯】從菩提樹向東渡過尼連禪那河，在大森林中有座塔。塔的北邊有個水池，是香象服侍母親的地方。從前如來修菩薩行時，轉生為一頭香象的兒子，牠們居住在北山中，常到這個池邊遊玩。牠的母親是個瞎子，牠在池中採藕根、取清水，恭敬地向母親行孝贍養，日復一日，從不間斷。一天，有一個人在林中迷了路，他彷徨無計，不禁號啕大哭。小象聽到他的哭聲心生悲憫，便引導他走上回家的路。這個人回去以後就向國王報告說：「我知道有一頭香象正在林澤中遊逛，這是稀世奇貨，大王可派人前去捕捉。」國王採納了他的意見，率兵前往捕捉，這人在前面領路，當他把香象指給國王時，兩隻臂膀突然落到地上，就像是被斬斷的一樣。國王雖然對這奇異的事件非常驚訝，但仍把小象捉了回去。小象已經被關了很長時間了，卻一直不飲不食，掌管象廄的人把這事報告給國王，國王於是親自來詢問小象。小象說：「我的母親眼睛看不見無法尋找食物，因此這麼多天一直在忍飢捱餓。現在我被囚禁在這裡，我怎麼吃得下好吃的食物？」國王體諒牠的心情，於是就放了牠。池邊有座塔，塔前建有一根石柱，從前迦葉波佛曾在這裡靜坐。旁邊是過去四佛座位和散步的遺跡所在地。

【說　明】本文主要講述了香象侍母的感人故事，借小香象的形象來讚美如來「從前」的仁孝和善良；指斥了那種恩將仇報的惡人。小香象對母親的恭行孝養，表現的是對親人的仁孝；牠對迷路者的幫助，表現的是對世人的救濟。迷路者雙臂斷落，是「神」對為惡者的懲罰；而國王釋放了小香象，則是佛對迷惑者的教化和挽救之功。在短短的篇幅中，不同的人和事之間形成了對比，究竟應該肯定和選擇哪一方已是不言而喻的了。

外道發惡願處

四佛座東渡莫訶河，至大林中，有石柱，是外道入定及發惡願處。昔有外道鬱頭藍子者，志逸煙霞，身遺草澤，於此法林棲神匿跡，既具五神通，得第一有定❶。摩揭陀王特深宗敬，每至中時，請就宮食。鬱頭藍子凌虛履空，往來無替❷，摩揭陀王候時瞻望，亦既至已，捧接置座。王將出遊，欲委留事，簡擢中宮，無堪承命。有少息女❸，淑慎令儀，既親且賢，無出其右，摩揭陀王召而命曰：「吾方遠遊，將有所委，爾宜悉心慎終其事。彼鬱頭藍僊，宿所宗敬，時至來飯，如我所奉。」敕誡既已，便即巡覽。少女承旨，瞻候如儀，大僊至已，捧而置座。鬱頭藍子既觸女人，起欲界染，退失神通，飯訖言歸，不得虛遊。中心愧恥，詭謂女曰：「吾比修道業，入定怡神，凌虛往來，略無暇景，國人願覩，聞之久矣。然先達垂訓，利物為務，豈守獨善，忘其兼濟？今欲從門而出，履地而往，使夫覩見之徒，咸蒙福利。」王女聞已，宣告遠近。是時人以心競，灑掃衢路，百千萬眾佇望來儀。鬱頭藍子步自王宮，至彼法林，宴坐入定，心馳外境，棲林則鳥鳥嚶囀，臨池乃魚鼈諠聲，情散心亂，失神廢定。乃生忿恚，即發惡願：「願我當來為暴惡獸，狸身鳥翼，摶食生類，身廣三千里，兩翅各廣千五百里，投林噉諸羽族，入流食彼水生。」發願既已，忿心漸息，勤求頃之，復得本定。不久命終，生第一有天❹，壽八萬劫。如來記之，天壽畢已，當果昔願，得此弊身，從是流轉惡道，未期出離。

【注釋】❶第一有定　即非想非非想處定。指定心進入至極靜妙清靜無為的狀態。非想非非想處，是無色界的第四天。不是一般思維可以了解的境界。❷無替　沒有間斷。❸息女　親生女兒。息，生。❹第一有天　即非想非非想處天。

【語譯】在過去四佛遺跡向東渡過莫訶河，到達一片大森林中，林中有個石柱，這裡是外道入定和發惡願的地方。從前有個外道叫鬱頭藍子，他心繫自然，身居荒野，在這片法林中凝神隱居，已經具備五種神通，證得第一有定。摩揭陀王對他非常崇敬，每到中午時分都請他到宮中用餐。這時鬱頭藍子凌空往來，從無滯礙中斷。摩揭陀王在宮中等待瞻望，見他一到就伸手接他請他入席。一次國王準備出遊，想把招待鬱頭藍子的事委託別人代管一陣子，但在宮中選來選去，找不到一個能夠擔當這個重任的人。國王有個親生女兒，雖然年輕，但賢淑懂禮，做事謹慎，秀外慧中，沒有人比得上她，摩揭陀王把她叫來對她說：「我要出去遠遊，打算將一件事委託給你，你要盡力把這件事辦好。那位鬱頭藍僊，我一向都很崇敬他，到他來吃飯的時候，你要像我那樣服侍他。」他向女兒說過這番話後，就出去巡遊了。少女奉了父王的旨意，便像父王平常那樣去迎候鬱頭藍子，大僊來到以後，她伸手接住他安排他就座。鬱頭藍子接觸女人後產生了愛欲，於是他的神通都失掉了。等到吃完飯要回去的時候，他已經無法凌空飛行了。鬱頭藍子心中非常羞愧，嘴上卻騙那少女說：「我過去修道，坐禪入定，怡養心神，凌空飛來飛去的，一點閑暇也沒有，國人都想見見我，這我早就聽說了。先賢聖達教導我們，要致力於使別人受益。

我怎能只顧完善自己而忘記幫助別人呢？今天我想從門出去，走路回去，使看到我的人都得到好處。」國王的女兒聽了以後，就將鬱頭藍子的打算宣告人民。這時心懷敬意的人們忙打掃街道，成千上萬的人們佇立街頭等待鬱頭藍子的到來。鬱頭藍子從王宮步行回到法林，在他靜坐入定的時候卻不能收斂心神，坐在林中，滿耳都是烏鳥的鳴叫；坐在池畔，魚鱉也彷彿發出諠鬧的聲音，他心意散亂，從此失神廢定。於是他心生怨忿，並發了一個惡願：「願我來世轉生為兇暴的惡獸，狸身鳥翼，捕食生靈，身寬三千里，兩翅各有一千五百里寬，撲入林中吃所有鳥類，潛入水中吃一切水生生物。」他發了這個惡願以後，怒氣漸漸平息，再努力片刻，便又獲得原來的定力。不久他死去，轉生於第一有天，壽命是八萬劫。如來預言，他的天壽終結以後，將實現從前發下的誓願，獲得這醜惡的身體，從此在惡趣中流轉不息，永遠沒有出離惡道的那一天。

【說　明】本文講述了鬱頭藍子從一個有道僊人墮入惡道的故事。這個故事可分三部分，即鬱頭藍子的得道、失道和失而復得。而這三部分又都是和「欲」緊密相關的。鬱頭藍子得道，是由於他嚮往自然、身居野外以「棲神匿跡」，這實際上就是對己欲的排除。所以他修得五種神通，證得第一有定，贏得了國王的禮遇和整個國家的敬重。但當他一旦和公主接觸後，竟「起欲界染」，有了色欲之念，從此便失去了神通，連入定都不能夠了，這是「失道」。當他發下惡願以後，才得以獲得本定，享有「天壽」，但天壽終結後，便要去履行惡願，永遠以醜惡的外形在惡趣中流轉，他為道的失而復得付出了代價。我們也可以這樣理解：他原來的「得道」是他心無外物，苦心修行的結果；他的「失道」則是墮落的結果；而道的「失而復得」既是對他墮落的懲罰，也是對他尚有悔過之心的鼓勵。當然，這個故事未必是真實的，作者只是通過這樣一個故事說明佛家修行時克制欲念的重要性。

雞足山

莫訶河東入大林野，行百餘里，至屈屈（居勿反）吒播陀山❶（唐言雞足山），亦謂窶盧播陀山❷（唐言尊足山）。高巒陗絕，壑洞無涯❸，山麓谿澗，喬林羅谷，崗岑嶺嶂，繁草被巖，峻起三峰，傍挺絕崿❹，氣將天接，形與雲同。其後尊者大迦葉波居中寂滅，不敢指言，故云尊足。摩訶迦葉波者，聲聞弟子也，得六神通，具八解脫。如來化緣斯畢，垂將涅槃，告迦葉波曰：「我於曠劫❺勤修苦行，為諸眾生求無上法❻，昔所願期，今已果滿。我今將欲入大涅槃，以諸法藏囑累於汝，住持宣布，勿有失墜。姨母所獻金縷袈裟，慈氏成佛，留以傳付。我遺法中諸修行者，若苾芻、苾芻尼、鄔波索迦❼（唐言近事男。舊曰伊蒲塞，又曰優婆塞，皆訛也）、鄔波斯迦❽（唐言近事女。舊曰優婆斯，又曰優婆夷，皆訛也），皆先濟渡，今離流轉。」迦葉承旨，住持正法。結集既已，至第二十年，厭世無常，將入寂滅。乃往雞足山，山陰而上，屈盤取路，至西南岡，山峰險阻，崖徑槃薄，乃以錫扣，剖之如割，山徑既開，逐路而進，槃紆曲折，回互斜通，至於山頂，東北面出，既入三峰之中，捧佛袈裟而立，以願力故，三峰斂覆，故今此山三脊隆起。當來慈氏世尊之興世也，三會說法之後，餘有無量憍慢❾眾生，將登此山，至迦葉所，慈氏彈指，山峰自開，彼諸眾生既見迦葉，更增憍慢，時大迦葉授衣致辭，禮敬已畢，身昇虛空，示諸神變，化火焚身，遂入寂滅，時眾瞻仰，憍慢心除，因而感悟，皆證聖果。故今山上建窣堵波，靜夜遠望，或見明炬，其有登山，遂無所覩。

【注　釋】❶屈屈吒播陀山　梵文寫作 Kukkutapāda。意譯為雞足山。❷窶盧播陀山　梵文寫作 Gurupāda。意譯為尊足山。❸涯　邊際。❹崿　山崖。❺曠劫　亦作永劫，謂無限長之時間。劫，古代印度表示極大時限之時間單位，據說阿彌陀佛曾發誓「於不可思議兆載永劫積植菩薩無量德行」。或形容眾生輪迴流轉時間之長久。❻無上法　佛教認為一切法無過於涅槃。因此稱涅槃為無上法。❼鄔波索迦　梵文 upāsaka 的音譯。又譯作近事男、清信士、善宿男等。指信仰佛教接受五戒在家修習的男佛教徒。即男居士。❽鄔波斯迦　梵文 upāsikā 的音譯。又譯作近事女、近善女、清信女、清淨女。指受五戒在家學佛的女佛教徒。即女居士。❾憍慢　驕矜傲慢。

【語　譯】從莫訶河向東進入一片大森林，走一百多里，就到達屈屈吒播陀山，也叫窶盧播陀山。這座山峰巒陡峭，洞壑深不見底。山麓谿澗中，高大的林木布滿山谷，嶺岡岑嶂上面，繁茂的野草覆蓋著山巖，三座山峰拔地而起，旁邊挺立著險絕的山崖，那氣勢彷彿要同天相接，其形狀像雲彩一般。後來尊者大迦葉波在山中涅槃，人們不敢直呼其名，便把這裡叫做尊足。摩訶迦葉波是如來的弟子，他獲得六神通，具備八解脫。如來在化度眾生的緣分已盡，就要涅槃的時候，對迦葉波說：「我從遠劫以來勤修苦行，為眾生求無上法，我從前的願望現在已經實現。現在我就要入大涅槃了，我把全部法藏託付給你，你要住於世上，保持正法，廣泛宣傳，不得有誤。我將姨母所獻的金縷袈裟留下，慈氏成佛的時候轉交給他。在我遺法中修行的人，如苾芻、苾芻尼、鄔波索迦、鄔波斯迦，你要首先濟度他們，讓他們出離生死輪迴。」迦葉接受佛的旨意，住於世上主持正法，到結集以後的第二十年，他厭惡無常的俗世，準備涅槃，他前往雞足山，從山的北坡上去，經過曲曲折折的小路到達西南山岡。這裡山峰險阻，崖徑不通，迦葉波便用錫杖擊打山崖，山就像被刀割的一樣剖開了。山路開通以後，他順著這條路向前走，曲曲折折地到達山頂，面向東北方向。他進入三峰之後，手捧佛的袈裟站在那裡，憑藉誓願的力量，使三座山峰收攏倒置，因此現在這座山隆起三個山脊。將來慈氏世尊興於人世，三會說法之後，無數驕矜傲慢的眾生將登臨這座山，來到迦葉所在的地方。慈氏一彈指，山峰自動開裂，迦葉出現在他們面前。那些人見了迦葉以後更加驕慢，這時大迦葉向慈氏授金縷袈裟，將如來佛預言轉告他，然後向慈氏禮拜致敬，敬禮已畢，大迦葉的身體昇上虛空，顯示各種神異的變化，最後化出火來焚燒身體，就此進入涅槃。當時眾生抬頭瞻仰他，消除了驕橫傲慢之心，並因此感悟，都證得了聖果。所以現在山上建了一座塔，靜夜中遠遠望去，有時會看見那裡有光明的燈炬照耀，如果那時有人登山，就什麼也看不見了。

【說　明】本文介紹了有關雞足山的傳說，讚頌了大迦葉廣大的神通。此山之所以名為「雞足」，是因為有三峰聳立，形如雲彩，與天相接。這種酷似雞足的形勢是與大迦葉有密切關係的，並且由於大迦葉在這裡涅槃的緣故，此山又被稱為「尊足」。在記敘時，作者先寫「雞足」的形成和得名。大迦葉既是如來弟子，獲得六神通，具備八解脫，又受如來臨終遺命，濟度眾生。他憑藉法力和願力將三峰倒置，於是這座山便成雞足之勢。他的涅槃，神奇變幻，使那些傲慢的眾生受到感動，獲得覺悟。這兩點不僅使雞足山成為一座奇異的山，而且也是一座神聖的山。它既是大迦葉功德的紀錄，也是如來佛對人間的惠賜。

佛陀伐那山及杖林

雞足山東北行百餘里，至佛陀伐那❶山。峰崖崇峻，巘崿隱嶙，巖間石室，佛嘗降止。傍有磐石，帝釋、梵王摩牛頭旃檀❷塗飾如來，今其石上餘香郁烈。

五百羅漢潛靈於此，諸有感遇，或得覩見，時作沙彌之形，入里乞食，或隱或顯，靈奇之跡，差難以述。

佛陀伐那山空谷中東行三十餘里，至洩（移結反）瑟知❸林（唐言杖林）。林竹修勁，被山彌谷。其先有婆羅門，聞釋迦佛身長丈六，常懷疑惑，未之信也，乃以丈六竹杖，欲量佛身，恒於杖端出過丈六，如是增高，莫能窮實，遂投杖而去，因植根焉。中有大窣堵波，無憂王之所建也。如來在昔，於此七日為諸天、人現大神通，說深妙法。

【注　釋】❶佛陀伐那　梵文 Buddhavana 的音譯。意譯為覺林。❷旃檀　梵文 candana 的音譯。樹名。其木味香，用作香料。共有三種：赤檀、白檀和牛頭旃檀。❸洩瑟知　梵文 Yaṣṭi 的音譯。意譯為「杖」。

【語　譯】從雞足山向東北走一百多里，到達佛陀伐那山。這座山峰崖高峻，山巖陡峭。山巖間有間石窟，佛曾經降臨這裡並稍事停留。石窟旁有塊大石，帝釋、梵王曾用它磨牛頭旃檀為如來塗抹裝飾，現在這塊石頭上仍有濃烈的餘香。五百羅漢的神靈都在這裡潛藏，那些有緣的人時常能看見他們。有時他們化成沙彌的模樣到村裡乞討飯食，身形時隱時現，神奇的情形難以描述。

在佛陀伐那山的空谷中向東走三十多里，到達洩瑟知林。林中修竹挺拔，滿山滿谷。原先有個婆羅門，他聽說釋迦佛身長一丈六，心裡一直很懷疑，不相信這是真的。於是他揀了一根一丈六的竹杖，想用它來丈量佛的身體，但不論他怎麼量，佛的身體總是比竹杖長出一丈六尺，這樣越來越高，終究無法清楚佛的實際身高。婆羅門沒辦法，只好扔下竹杖走了。這竹杖從此在這裡紮下根，並繁殖成這樣一片大林。杖林中有座大塔，是無憂王建造的。從前如來曾在這裡為天神和人眾現大神通，講說深奧妙法，歷時七天。

【說明】本文簡要介紹佛陀伐那山和杖林的概況。在山裡，有佛、帝釋、梵王以及五百羅漢的傳說；林中，則有永遠無法丈量佛身高的竹杖。而無憂王所建的塔則是如來現神通說妙法的遺跡所在地，更使這山和林讓人肅然起敬。以下分四個部分對這裡的重要遺跡加以具體介紹。

勝軍故事

杖林中近有鄔波索迦闍耶犀那❶者唐言勝軍，西印度剎帝利種也，志尚夷簡❷，情悅山林，跡居幻境，心遊真際❸，內外典籍，窮究幽微，辭論清高，儀範閑雅。諸沙門、婆羅門、外道、異學、國王、大臣、長者、豪右，相趨通謁，伏膺❹請益，受業門人，十室而六。年漸七十，耽讀不倦，餘藝捐廢，惟習佛經，策勵身心，不捨晝夜。印度之法，香末為泥，作小窣堵波，高五六寸，書寫經文，以置其中，謂之法舍利也；數漸盈積，建大窣堵波，總聚於內，常修供養。故勝軍之為業也，口則宣說妙法，導誘學人，手乃作窣堵波，式崇勝福，夜又經行禮誦，宴坐思惟，寢食不遑，晝夜無怠。年百歲矣，志業不衰。三十年間，凡作七拘胝唐言億法舍利窣堵波，每滿一拘胝，建大窣堵波，而總置中，盛修供養，請諸僧眾，法會稱慶，其時神光燭曜，靈異昭彰，自茲厥後，時放光明。

【注　釋】❶鄔波索迦闍耶犀那　勝軍居士。闍耶犀那，是梵文 Jayasena 的音譯。意譯為「勝軍」。是七世紀時和戒賢齊名的學者。博通古代印度宗教、哲學、天文、地理、醫方術數等。對因明學有很深的造詣。❷夷簡　平易簡樸。❸真際　佛家指不生不滅、不異不變的永恒至理。❹伏膺　牢記在心。伏，通「服」。

【語　譯】杖林中近來有一位闍耶犀那居士，西印度人，出身於剎帝利種姓，他平易簡樸，嚮往山林，喜歡幻想，心儀佛法至理，他對內外典籍中深奧精微的道理有透徹的了解，出語閑雅，見解高深，儀態不凡。沙門、婆羅門、外道、異學、國王、大臣、長者和豪門大族爭相上門求見，向他請教。十戶人家中六戶都有他的學生。年近七十還苦讀不倦，放棄了別的事情，一心一意研習佛經。他對自己要求嚴格，日夜不停地勤奮研習。印度有這樣的風俗：用香末和泥，做成五、六寸高的小塔，將書寫的經文放在裡面，稱為法舍利；這樣的小塔越積越多，便建一座大塔，把它們都放進大塔中，經常供養。因此勝軍居士每天嘴上宣講妙法，教化學生，手中作塔，恭敬營建，修福積德，晚上又要邊散步邊禮誦佛經，或靜坐深思，顧不上吃飯睡覺，晝夜不懈。到他一百歲的時候，他的這種志向和工作仍然沒有衰退和放鬆。三十年間，他共作了七拘胝法舍利塔，每積滿一拘胝就建一座大塔，把它們全都放進大塔中，隆重地供養。這時他總要請來許多僧人，舉行慶祝法會，會場上神光輝耀，靈異顯現。從此以後，這塔常會放出光明。

【說　明】勝軍居士是七世紀時印度著名學者，據史料記載，他先是跟從賢愛論師學習因明；又向安慧菩薩學聲明、大小乘論；又從戒賢法師學《瑜伽論》。對外道典籍、天文地理、醫方術數無不精通。摩揭陀滿胄王曾立他為國師，封給他二十座大城邑，他謝絕了。戒日王也拜他為國師，並將烏荼國八十大邑分封給他，他又拒絕了。玄奘在印度巡遊期間，曾作了兩年他的學生，跟從他學習《唯識決擇論》、《十二因緣論》等，並請教瑜伽、因明等方面的問題，因此，作者在這裡對勝軍的介紹用筆相當敬重和細膩。作者細緻地介紹了他的性格品節、道德學識、外貌風儀、名望影響、治學作風，然後更細緻地介紹他營建舍利、宣傳佛法的修行實踐，以及他壽達百歲，志業不衰，並終於使神光照耀、靈異顯現的造詣和收穫。把這些方面綜合起來，本文無疑可以看作是一篇比較全面的充滿敬仰和讚譽的人物傳記。

杖林附近諸跡

杖林西南十餘里，大山陽，有二溫泉，其水甚熱。在昔如來化出此水，於中浴焉。今者尚存，清流無減，遠近之人皆來就浴，沈痾❶宿疹多有除差❷。其傍側有窣堵波，如來經行之處也。

杖林東南行六七里，至大山，橫嶺之前有石窣堵波，昔如來兩三月為諸人、天於此說法，時頻毘娑羅王欲來聽法，乃疏山積石，壘階以進，廣二十餘步，長三四里。

大山北三四里，有孤山，昔廣博❸僊人棲隱於此，鑿崖為室，餘址尚存，傳教門人，遺風猶扇。

孤山東北四五里，有小孤山，山壁石室廣袤可坐千餘人矣。如來在昔于此三月說法。石室上有大磐石，帝釋、梵王磨牛頭旃檀塗飾佛身，石上餘香，於今郁烈。

【注　釋】❶痾　病。❷差　通「瘥」。病除。❸廣博　梵文Vyāsa的意譯。音譯為毘耶娑。

【語　譯】從杖林向西南走十幾里，在一座大山的南坡有兩處溫泉，泉水非常熱。從前如來化出這泉水，在水中沐浴。溫泉如今還在，清澈的水流一點也沒有減少。遠近人等都來這裡沐浴。許多積久難治的病症經過洗浴多能痊癒。溫泉旁邊有座塔，是如來散步的地方。

從杖林向東南走六、七里，到達一座大山，在連綿的山嶺前有座石塔，從前如來曾在這裡為天神和人眾說法，時間長達兩三個月。那時頻毘娑羅王為了來聽法，開鑿山崖，用石頭壘成階梯，寬二十多步，長達三、四里。

從大山向北三、四里有座孤山，從前廣博仙人曾隱居在這裡，開鑿山崖作成石窟，石窟遺址如今還在，他把學問傳給學生，因此遺風尚存。

從孤山向東北四、五里，有座小孤山，山壁的石窟又長又寬，可以容納一千多人。如來曾在這裡說法三個月。石窟上面有一塊大磐石，帝釋、梵天曾用它磨牛頭旃檀塗飾佛的身體，石頭上殘留的香氣，至今仍很濃烈。

阿素洛宮異事

石室西南隅有巖岫，印度謂之阿素洛❶舊曰阿修羅，又曰阿須倫，又曰阿蘇羅，皆訛也宮也。往有好事者，深閑呪術，顧儔命侶，十有四人，約契同志，入此巖岫。行三四十里，廓然大明，乃見城邑臺觀，皆是金銀琉璃。是人至已，有諸少女佇立門側，歡喜迎接，甚加禮遇。於是漸進至內城門，有二婢使各捧金盤，盛滿花香，而來迎候。謂諸人曰：「宜就池浴，塗冠香花，已而後入，斯為美矣。唯彼術士，宜時速進。」餘十三人遂即沐浴，既入池已，怳❷若有忘，乃坐稻田中，去此之北平川中，已三四十里矣。

【注釋】❶阿素洛　梵文asura的音譯。意譯為「非天」。是一種惡魔的名稱。❷怳　迷迷糊糊；不清楚。

【語譯】石窟西南角有座山洞，印度稱之為阿素洛宮。從前有個好事的人，精通咒術，他邀集了十四個朋友，走進這個山洞。走了三、四十里以後，前面豁然開朗，一座城邑出現在他們面前，亭臺樓閣都是金銀琉璃製成的。這些人到了城裡，受到守候在城門兩側少女們的熱烈歡迎和禮遇。於是他們繼續向前走，到達內城門，有兩名使女捧著裝滿鮮花和香料的金盤前來迎接，並對這些人說：「你們到池中沐浴吧。塗上香料，戴上花冠，然後進入池中洗浴，真是美事啊！那個術士留下，其餘的人快進去吧。」術士以外的十三個人於是就去沐浴，進入池中以後，迷迷糊糊覺得不對勁，這才發現自己坐在稻田中，這片稻田是在山洞北面的平原上，離山洞已有三、四十里了。

【說明】這裡講述的是一樁「異事」，看上去和如來與佛教關係都不大。一位精通咒術的好事者略施小技，把一群朋友都捉弄了。但這玩笑並無惡意，故讀來令人解頤。

棧道

石室側有棧道，廣十餘步，長四五里。昔頻毘娑羅王將往佛所，乃斬石通谷，疏崖導川，或壘石，或鑿巖，作為階級❶，以至佛所。

【注　釋】❶階級　臺階。

【語　譯】石窟旁有一條棧道，寬十幾步，長四、五里。從前頻毘娑羅王要到佛那裡聽法，於是劈石開崖，打通山谷，有的地方壘石，有的地方鑿巖，作成階梯，通到佛的住所。

上茅宮城

從此大山中東行六十餘里，至矩奢揭羅補羅城❶唐言上茅宮城。上茅宮城，摩揭陀國之正中，古先國王之所都，多出勝上吉祥香茅，以故謂之上茅城也。崇山四周，以為外郭，西通峽徑，北闢山門，東西長，南北狹，周一百五十餘里。內城餘址周三十餘里。羯尼迦❷樹遍諸蹊徑，花含殊馥，色爛黃金，暮春之月，林皆金色。

宮城北門外有窣堵波，是提婆達多與未生怨王共為親友，乃放護財❸醉象，欲害如來，如來指端出五師子，醉象於此馴伏而前。

【注　釋】❶矩奢揭羅補羅城　即上茅宮城。也就是舊王舍城。矩奢揭羅補羅，梵文寫作 Kuśāgrapura。kuśā 即吉祥草、香茅、上茅，是印度古代祭祀時用來墊坐用的草類。agra，意思是雲尖、頂、第一等。❷羯尼迦　梵文 karṇikāra 的音譯。也譯作迦尼迦。樹名。❸護財　梵文 Dhanapāla 的意譯。象名。

【語　譯】在這座大山中向東走六十多里，到達矩奢揭羅補羅城。上茅宮城，位於摩揭陀國中心，是古代先王的國都。因為這裡盛產上好的香茅，因此稱之為上茅城。上茅宮城四周有高山作它的外城牆，西邊有條小路通往外面，北面闢山為門，東西長，南北窄，方圓一百五十多里。內城遺址方圓三十多里，小路兩旁長滿羯尼迦樹。這種樹開的花有特殊的香氣，顏色像黃金一樣絢爛。暮春時節，所有的樹都是一片金色。

在宮城北門外有座塔，提婆達多和未生怨王結成好友以後，將一頭名為護財的大象灌醉，然後放出來想加害如來，如來從指端化出五頭獅子，醉象就在這裡馴服地匍伏在他的面前。

【說明】本文介紹了上茅宮城的概況和如來馴服醉象的傳說。上茅宮城即舊王舍城。這座城市為五座連綿的山峰環繞，山水秀麗。此城不僅是摩揭陀國先王的國都，在印度宗教史上也有非常重要的地位。佛陀曾在這裡進行過重要活動，城周圍為數眾多的精舍，大都與佛教有關。耆那教主大雄也在這裡度過十四個雨安居。這裡也是耆那教第二十世大師的誕生地，因此成為佛教徒和耆那教徒嚮往的地方。我國有名高僧除玄奘外，法顯、義淨都曾到這裡巡禮，並對這裡的風光大加讚賞。上茅宮城遺址現名Rājgir，是巴特那地方的一個村子。

舍利佛證果故事

伏醉象東北有窣堵波，是舍利子聞阿溼婆恃❶苾芻唐言馬勝說法證果之處。初，舍利子在家也，高才雅量，見重當時，門生學徒，傳以受業。此時將入王舍大城，馬勝苾芻亦方乞食，時舍利子遙見馬勝，謂門生曰：「彼來者甚庠序，不證聖果，豈斯調寂❷？宜少佇待，觀其進趣。」馬勝苾芻已證羅漢，心得自在，容止和雅，振錫來儀。舍利子曰：「長老善安樂耶？師何人，證何法，若此之悅豫❸乎？」馬勝謂曰：「爾不知耶？淨飯王太子，捨轉輪王位，悲愍六趣苦行六年，證三菩提，具一切智，是吾師也。夫法者，非有非空❹，難用詮❺敘，惟佛與佛乃能究述，豈伊愚昧所能詳議？」因為頌❻說，稱讚佛法，舍利子聞已，便獲果證。

【注　釋】❶阿溼婆恃　梵文 Asvajit 的音譯。又譯作阿溼波誓、阿奢婆耆、阿輸波祇等。意譯為馬勝、馬師、馬星、無勝等。人名。是釋迦牟尼初轉法輪所度五苾芻之一。❷調寂　文靜。調，才情。❸豫　高興。❹非有非空　即所謂「中道」觀。佛主張一切事物遷流無常而又相繼不斷。即是中道。❺詮　解釋。❻頌　偈語。

【語　譯】在如來伏醉象處東北方向有座塔，是舍利子聽阿溼婆恃苾芻說法證得聖果的地方。當初，舍利子還沒有出家，他的高才雅量得到世人的無比敬重，他收了許多學生，將自己的學業傳授給他們。一天他要進王舍大城，這時馬勝苾芻也正在那裡乞食，舍利子遠遠地看見了馬勝，對學生們說：「那個走過來的人舉止是多麼安詳肅穆，若不是證得了聖果，怎會如此文靜？我們稍等片刻，看看他到哪裡去。」馬勝苾芻這時已經證得了羅漢果，心無掛礙，容色平和舉止清雅，拄著錫杖飄飄走來。舍利子說：「長老身體好嗎？您師從何人？證得了什麼法，如此欣悅？」馬勝對他說：「你不知道嗎？淨飯王的太子捨棄了轉輪王的王位，憐憫眾生，苦行六年，終於證得三菩提，具備一切智慧，他就是我的老師。至於我學的法，非有非空，難以言傳，只有佛與佛之間才能講說透徹，豈是我這樣愚昧的人能論說明白的？」於是馬勝就為舍利子念偈，稱讚佛法。舍利子聽了以後，就證得了聖果。

【說　明】本文講述舍利子證得聖果的故事，並通過這個故事讚美馬勝及所持佛法的感召力量。舍利子本來就不是一般的人物，而是有著相當高尚的品德和學識修養的人。但就是這樣一位高人卻受了馬勝苾芻的感召，可見馬勝的修行境界更加高妙。作者在這個故事中塑造了兩個生動的人物形象。對馬勝雖然沒有用很多筆墨加以直接的描寫，但在他和舍利子的對比中，這個形象也已栩栩如生了。作者先是通過舍利子之口讚美馬勝的風度神儀，然後寫舍利子主動上前和馬勝交談，從而使馬勝能夠展示自己的修養；

然後又借馬勝之口宣講佛家「中觀」義理，從而使舍利子既深知自己的局限又拜服佛教的高明，終於證得了聖果。在對比中，作者不但寫了「人」，也寫了「理」，並顯示了舍利子一步步接近佛教真諦的過程，給人以循序漸進、水到渠成之感。

勝密火坑故事

舍利子證果北不遠，有大深坑，傍建窣堵波，是室利毱多❶唐言勝密以火坑毒飯欲害佛處。勝密者，崇信外道，深著衺見。諸梵志曰：「喬答摩國人尊敬，遂令我徒無所恃賴，汝今可請至家飯會，門穿大坑，滿中縱火，棧❷以朽木，覆以燥土，凡諸飯食，皆雜毒藥，若免火坑，當遭毒食。」勝密承命，便設毒會。城中之人皆知勝密於世尊所起惡害心，咸皆勸請，願佛勿往。世尊告曰：「無得懷憂。如來之身，物莫能害。」於是受請而往。足履門閫，火坑成池，清瀾澄鑒，蓮花彌漫。勝密見已，憂惶無措，謂其徒曰：「以術免火，尚有毒食。」世尊飯食已訖，為說妙法，勝密聞已，謝咎歸依。

勝密火坑東北，山城之曲，有窣堵波，是時縛迦❸大醫舊曰耆婆，訛也於此為佛建說法堂，周其壖垣種植花果，餘址蘖株尚有遺跡。如來在世，多於中止。其傍復有時縛迦故宅，餘基舊井，墟坎猶存。

【注　釋】❶室利毱多　梵文 Śrigupta 的音譯。又譯作尸利掘、尸利崛多。意譯為勝密、吉護、德護。❷棧　棚；閣。❸時縛迦　梵文 Jivaka 的音譯。又譯為侍縛迦、耆婆。意譯為活童子、壽命童子、固活、能活等。是王舍城著名的醫生。

【語　譯】在舍利子證聖果處北面不遠有個大深坑，坑旁建有一座塔，是室利毱多想用火坑和毒飯害佛的地方。勝密崇信外道，深深被邪道所迷惑。一些婆羅門對他說：「由於喬答摩受到國人的尊敬，使我們這些人沒有了依靠，你現在可以把他請到你家裡赴宴，在門的下邊挖一個大坑，坑裡點上火，上面以朽木覆蓋，表面再鋪上一層乾土，然後在所有的飯食裡都摻上毒藥，這樣即使他躲過了火坑，也會在吃飯的時候中毒。」勝密採納了他們的意見，於是設下了毒宴。城裡的人都知道勝密對世尊起了傷害之心，都勸佛不要去赴勝密的宴會。世尊對他們說：「不用擔心。沒有什麼東西能傷害如來的法身。」於是他接受勝密的邀請前往他的住所。當如來的腳踏上門檻的時候，火坑變成了水池，池水清波微漾，澄明如鏡，水面上開滿了蓮花。勝密見了這情景，驚惶失措，他對門徒說：「雖然他以法術免於火燒，還有毒食這一關呢。」世尊吃了他的毒飯以後，毫無中毒的跡象，又為勝密講說妙法，勝密聽法以後，承認錯誤並歸依了佛法。

在勝密火坑東北，山城的曲折隱蔽處有座塔，是時縛迦大醫為佛建造的說法堂所在地，圍牆四周種植著花果，說法堂的遺基現在還可以找到。如來在世時曾多次在這說法堂中居住。說法堂遺址旁還有時縛迦的故居，房子的遺基和古老的井穴，現在還可以看到。

【說　明】本文主要講述的也是一個皈依佛法的故事，但和上文不同的是，這裡被感化者是一位有惡行的人，所以對他的感化無疑更加困難。勝密要謀害如來有兩個主要原因：一是他崇信外道，受邪見迷惑；二是受人慫恿，心懷惡念。而佛的形象和他正好形成對比：一是佛深信自身法力廣大，不會受傷害；二是廣大善良的人勸他不要赴宴。在這種對比下，是非勝負已是一目了然的了。但有一點我們要知道，如來此行並不是為了炫耀法力，而勝密的惡行也並非出於他的本意。這便為他的皈依佛法留下了餘地和可能。當然，最後征服勝密的，還是佛所顯示的神通和演說的妙法。

文中又向我們介紹了時縛迦大醫為佛建造的說法堂的遺址，那殘存的基址和古井，更能讓人想起當年時縛迦建造說法堂和佛祖說法的情景，讀後令人無限悵惘。

鷲峰山

宮城東北行十四五里，至姞栗陀羅矩吒❶山（唐言鷲峰，亦謂鷲臺。舊曰耆闍崛山，訛也），接北山之陽，孤標特起，既棲鷲❷鳥，又類高臺，空翠相映，濃淡分色。如來御世垂五十年，多居此山，廣說妙法。頻毗娑羅王為聞法故，興發人徒，自山麓至峰岑❸，跨谷凌巖，編石為階，廣十餘步，長五六里。中路有二小窣堵波，一謂下乘，即王至此徒行以進；一謂退凡，即簡凡夫不令同往。其山頂則東西長，南北狹。臨崖西垂有磚精舍，高廣奇製，東闢其戶，如來在昔多居說法，今作說法之像，量等如來之身。

精舍東有長石，如來經行所履也。傍有大石，高丈四五尺，周三十餘步，是提婆達多遙擲擊佛處也。其南崖下有窣堵波，在昔如來於此說《法華經》❹。

精舍南山崖側有大石室，如來在昔於此入定。

佛石室西北，石室前有大磐石，阿難為魔怖處也。尊者阿難於此入定，魔王化作鷲鳥，於黑月❺夜分據其大石，奮翼驚鳴，以怖尊者。尊者是時驚懼無措，如來鑒見，伸手安慰，通過石壁，摩阿難頂，以大慈言而告之曰：「魔所變化，宜無怖懼。」阿難蒙慰，身心安樂。石上鳥跡，崖中通穴，歲月雖久，于今尚存。

精舍側有數石室，舍利子等諸大羅漢於此入定。舍利子石室前有一大井，枯涸無水，墟坎猶存。

精舍東北石澗中有大磐石，是如來曬袈裟之處，衣文明徹，皎如彫刻。其傍石上有佛腳跡，輪文雖暗，規模❻可察。

北山頂有窣堵波，是如來望摩揭陀城，於此七日說法。

【注　釋】❶姞栗陀羅矩吒　梵文寫作 Gṛdhrakūṭa。也譯作耆闍崛、揭梨馱羅鳩胝等。意譯為鷲頭、靈鷲等。❷鷲　猛禽。嘴呈鉤狀，視力很強，腿部有羽毛，也稱鵰。❸岑　尖；銳。❹法華經　全稱為《妙法蓮華經》。是大乘佛教的重要經典。❺黑月　指一月的後半月。即十六日至月末。❻規模　輪廓。

【語　譯】從宮城向東北走十四、五里，到達姞栗陀羅矩吒山，這座山與北山的南坡相接，拔地而起，類似一座高臺，山上棲息著鷲鳥，天空與翠谷相映襯，色彩濃淡分明。如來在世近五十年，多次在這山上為眾生廣說妙法。頻毘娑羅王為了聽到佛法，發動手下人從山腳到峰頂，跨谷淩巖，用石頭壘成臺階，每級寬十幾步，共有五、六里長。路上有兩座小塔，一座塔叫「下乘」，意思是君王到這裡要步行向前；一座叫「退凡」，意思就是從這裡開始凡夫俗子不能一同前往了。這座山的山頂東西長、南北窄。西面山崖邊有座磚造的精舍，又高又寬，製造奇特，門向東開，從前如來曾多次在這裡說法，如今塑了一尊如來說法的雕像，同如來真身一樣大小。

在精舍東面有一塊長長的石頭，是如來散步時踩過的。旁邊有塊大石，高一丈四、五尺，方圓三十多步，是提婆達多從遠處扔石頭打佛的地方。大石南面的山崖下有座塔，從前如來曾在這裡講說《法華經》。

精舍南面的山崖旁邊有個大石窟，從前如來曾在這裡入禪定。

在佛入定石窟西北方向，有座石窟，石窟前有塊大磐石，這裡是阿難被魔王驚嚇的地方。當時尊者阿難正在這裡入定，魔王化作鷲鳥，在黑月的夜裡佔據了阿難的磐石，振動翅膀淒厲地鳴叫，嚇唬尊者。這時尊者被嚇得不知所措，如來見了這情景，便伸出手去安慰阿難，如來的手穿過石壁撫摸著阿難的頭頂，用非常慈愛的言語寬慰阿難說：「那是魔王變化出來的，你不要害怕。」阿難得到如來的撫慰，身心安樂。雖然年深日久，但磐石上鷲鳥的爪印、山崖上的洞如今還在呢。

精舍旁邊有好幾間石窟，舍利子等大羅漢們曾在這裡入定。舍利子住的石窟前有一口大井，井現在已經枯涸，一點水也沒有了，但井的廢穴還在。

精舍東北的石澗中有一塊大磐石，是如來曬袈裟的地方。石上有清晰的衣紋，皎潔光亮，像雕刻上去的一樣。旁邊的石頭上有如來的腳印，輪相的紋路雖然模糊了，但輪廓仍能看出來。

在北山頂上有座塔，如來曾在這裡俯瞰摩揭陀城，並在這裡說法七天。

【說　明】姞栗陀羅矩吒山是一座佛教名山，傳說當年佛陀曾在這山上居住多時，並為眾生講說《法華經》和《楞嚴經》，因此這座山受到佛教徒的極大重視。本文簡要介紹了該山上的佛教遺跡。在敘述線索上，作者先從鷲峰的概況說起，然後依登山路徑由下至上，一步步向山上寫來。而這個「路徑」也不是一般的路徑，而是頻毘娑羅王為聽佛說法而修建的，並在不同的高度，有不同的標誌。到了山頂，先看到的是西邊靠近山崖的磚造精舍；它的東面是佛散步處和提婆達多擲石擊佛處；它的南面是佛說《法華經》和坐禪入定處；它的西北面石窟前是阿難受魔王驚嚇處。精舍旁還有幾間石窟，其東北有如來曬袈裟的大磐石，……這些便是鷲峰頂上的佛跡。另外，作者還順帶介紹了與鷲峰相連的「北山」頂上的如來遺跡。雖然遺跡很多，但作者在敘述中以路徑為線，以山頂精舍為中心點，將這些遺跡連綴在一起，因而顯得井井有條。

毘布羅山

山城北門西有毘布羅❶山。聞之土俗曰：山西南崖陰，昔有五百溫泉，今者數十而已，然猶有冷有暖，未盡溫也。其泉源發雪山之南無熱惱池，潛流至此，水甚清美，味同本池。流經五百枝小熱地獄，火勢上炎，致斯溫熱。泉流之口並皆彫石，或作師子、白象之首，或作石筩懸流之道，下乃編石為池。諸方異域咸來此浴，浴者宿疹多差。溫泉左右諸窣堵波及精舍，基址鱗次，並是過去四佛座及經行遺跡之所。此處既山水相帶，仁智攸居，隱淪之士蓋亦多矣。

【注　釋】❶毘布羅　梵文Vipula的音譯。也譯作尾布羅、毘浮羅、毘富羅等。

【語　譯】山城北門西邊是毘布羅山。聽當地人說：這山西南崖的北面，原來有五百處溫泉，現在只剩下幾十處了，還是有冷有暖，並不都是溫泉。那些泉水發源於雪山南邊的無熱惱池，從地下流到這裡，水質清純，味道和無熱惱池的池水一樣甜美。泉水分流，分別經過五百座小而熱的地獄，地獄火勢旺盛，熱氣上蒸，致使泉水變得溫熱。泉流的出口處都有石刻，有的雕成獅子、白象的頭像，有的雕成石筒作為懸流的水道，下面是石頭砌成的水池。四面八方的人都來這裡洗浴，那些有舊病的人在泉中沐浴後大多能痊癒。溫泉左右，塔和精舍的基址像魚鱗一樣密密地排列，都是過去四佛打坐和散步的遺址所在地。這裡山水相連，是仁智之士的好居處，在這裡隱居的高士大概很多吧。

【說明】本文名為記山，實為記泉，而且這些泉水及其效能和佛的聯繫也不很明顯，在這裡，作者是用比較自然的眼光來觀察和描寫泉水的。但文中對溫泉形成原因——是由「地獄」之火造成——的解釋，顯然是違背科學的，而溫泉可以治病的原因，用現代科學的眼光來看也是不足為奇的，但在作者的時代，也許就有些不可思議了。泉旁的塔和精舍，則是和佛有關的遺跡。

卑鉢羅石室及苾芻習定故事

溫泉西有卑鉢羅石室，世尊在昔恒居其中，後壁洞穴是阿素洛宮也。習定苾芻多居此室。時出怪異、龍、蛇、師子之形，見之者心發狂亂。然斯勝地，靈聖所止，躡跡欽風，忘其災禍。近有苾芻，戒行貞潔，心樂幽寂，欲於此室匿跡習定。或有諫曰：「勿往彼也。彼多災異，為害不少，既難取定，亦恐喪身。宜鑒前事，勿貽❶後悔。」苾芻曰：「不然。我方志求佛果，摧伏天魔，若此之害，夫何足言？」便即振錫而往室焉。於是設壇場，誦禁咒。旬日之後，穴出少女，謂苾芻曰：「尊者染衣守戒，為含識歸依；修慧習定，作生靈善導。而今居此，驚駭我曹。如來之教豈若是耶？」苾芻曰：「我守淨戒，遵聖教也。匿跡山谷，遠諠雜也。忽此見譏，其咎安在？」對曰：「尊者誦咒聲發，火從外入，燒我居室，苦我枝屬。唯願悲愍，勿復誦咒。」苾芻曰：「誦咒護身，非欲害物。往者，行人居此習定，期於聖果，以濟幽塗，覩怪驚駭，喪棄身命，汝之辜❷也，其何辭乎？」對曰：「罪障既重，智慧斯淺，自今已來，屏居守分，亦願尊勿誦神咒。」苾芻於是修定如初，安靜無害。

【注　釋】❶貽　遺留。❷辜　罪過。

【語　譯】溫泉西面有座卑鉢羅石窟，從前世尊經常住在這裡，隔著一層洞壁，它的後面就是阿素洛宮。修習禪定的苾芻多居住在這個石窟中。但那裡時常出現怪異現象和龍、蛇、獅子的形象，見了的人就會因心神錯亂而發狂。然而這是聖靈們居住的勝地，因而那些敬慕他們的風儀的人接踵而來，並不把這些災禍放在心上。近來有個苾芻，他戒行嚴謹，喜歡幽靜，想隱居在這個石窟中修習禪定。有人勸他說：「還是不要去吧。那裡多有災異，已經害了不少人，你到那裡不僅難以修禪入定，恐怕還得喪命。你應該吸取前人的教訓，不要讓自己將來後悔。」苾芻說：「不是這樣。我正一心想求證佛果，降伏天魔，像這樣的災害，簡直就不值一提。」於是他拄著錫杖前往石窟。他先在石窟前設立壇場，念誦咒語。十天以後，洞窟中走出一位少女，她對苾芻說：「尊者穿法衣守戒行，庇護眾生，修智慧學習禪定，導引生靈。如今卻在這裡驚嚇我們，難道如來的法教就是這樣的嗎？」苾芻說：「我謹守淨戒，這就是遵循了聖教。我隱居山谷，是為了遠離喧囂嘈雜。不料會受到這樣的責怪，我錯在哪裡呢？」少女回答說：「尊者一發聲念咒，火就從外面捲進來，燒了我的住處，使我的孩子受苦。希望您能發慈悲，別再念咒了。」苾芻說：「我念誦咒語是為了保護自己，並不想危害別人。以前，修行的人在這裡坐禪習定，希望能證得聖果，以濟度沈溺於惡趣的眾生，卻在這裡見到怪異，受驚喪命。這都是你們的罪過，難道我不該念咒嗎？」少女回答說：「我罪孽深重，因此才會這樣智慧淺薄，從今以後，我一定安分守己，也請尊者您別再念誦神咒。」苾芻便不再念咒，像從前一樣修習禪定，平安無事。

【說　明】本文講述了一位苾芻在卑鉢羅石窟修習禪定的故事。故事一開頭就介紹了這個石窟的種種怪異之處。修習禪定的地方偏偏是怪異猖獗的地方，這本身就是一個矛盾，因而格外引人注目。而越是在這種地方，越能考驗矛盾雙方的實力強弱。所以，儘管這裡容易使人狂亂，但真正的習定者仍然接踵而來，這位苾芻就是一個代表。他既是一位勇敢的冒險者，又是一位堅貞的信仰者。於是矛盾便集中於他和代表怪異的少女的衝突上。而人們對苾芻的勸阻不僅是對「矛盾」的強調，也從一個側面更加突出了苾芻的勇決和堅貞。苾芻和少女的衝突可分為三個回合：第一回合，少女用「道理」來指責苾芻，苾芻也據理駁斥；第二回合，少女用「感情」來打動苾芻，也被苾芻予以拒絕；第三回合，少女「伏法」，懺悔罪過請求饒恕，於是苾芻習定如初，平安無事。這樣，整個衝突過程有理、有情、有法，情節漸次展開，慢慢把矛盾推向高潮並予以妥善解決。結構完整，表現出作者敘事記人手段的高超和獨到。

其他諸異跡

毘布羅山上有窣堵波，昔者如來說法之處，今有露形外道，多依此住，修習苦行，夙夜匪懈，自旦至昏，旋轉觀察。

山城北門左，南崖陰，東行二三里，至大石室，昔提婆達多於此入定。

石室東不遠，磐石上有班❶采，狀血染，傍建窣堵波，是習定苾芻自害證果之處。昔有苾芻，勤勵心身，屏居修定，歲月逾遠，不證聖果。退而自咎，竊復歎曰：「無學之果❷，終不時證；有累❸之身，徒生何益！」便就此石自刺其頸，是時即證阿羅漢果，上昇虛空，示現神變，化火焚身，而入寂滅。美其雅操，建以記功。

苾芻證果東石崖上，有石窣堵波，習定苾芻投崖證果之處。昔在佛世，有一苾芻，宴坐山林，修證果定，精勤已久，不得果證，晝夜繫念，無忘靜定。如來知其根機將發也，遂往彼而成之，自竹林園至山崖下，彈指而召，佇立以待。時此苾芻遙覩聖眾，身意勇悅，投崖而下，猶其淨心，敬信佛語，未至於地，已獲果證。世尊告曰：「宜知是時。」即昇虛空，示現神變。用彰淨信，故斯封記。

【注釋】❶班　通「斑」。顏色夾雜；雜色。❷無學之果　即阿羅漢果。指到達學道圓滿不用修學的境界。❸累　纏繞。

【語譯】在毘布羅山有座塔，從前如來曾在這裡說法。現在這裡住著許多露形外道，他們日夜苦修，從不懈怠，從天明到黃昏，兩眼盯著太陽，隨太陽的移動旋轉他們的身體。

在山城北門的左邊，沿著南邊山崖向東走二、三里，到達一座大石窟，從前提婆達多曾在這裡入定。石窟東面不遠的一塊磐石上有一片雜色，像是血染的一樣。石旁建有一座塔，是一個修習禪定的苾芻自殺證果的地方。從前有位苾芻，刻苦修煉身心，隱居在這裡修習禪定，許多年過去了，他仍然沒有證得聖果。他深深自責，又獨自嘆息說：「看來我終究是不能證得羅漢果了，這被煩惱糾纏的身體，白白留在世上有什麼益處！」於是他便在這塊磐石上自刎而死，就在他自刎的那一瞬間，他證得了阿羅漢果。他上昇到虛空，顯示神異的變化，並化出火來焚燒了自己的身體，從而進入涅槃。後人為了讚美他高尚的德操，就建造了這座塔作為紀念。

在苾芻證果處東面的石崖上有一座石塔，這裡是修習禪定的苾芻投崖證果的地方。從前佛在世的時候，有一位苾芻靜坐在山林中修習禪定，想要證得聖果，他勤奮修習了很長時間，也沒有證得聖果，他日夜修習，一刻也不忘記靜心入定。如來知道他的慧根就要萌發了，就到他修習的地方去成全他。如來從竹林園來到這苾芻所在的山崖下，彈指召喚他，站在那裡等著他。這時，這個苾芻遠遠看見了聖人們，心中喜悅，充滿勇氣，於是從山崖上跳了下去，這時他仍保持著心地的清淨，對佛的教導深信不疑，還沒落到地上，他就證得了聖果。世尊對他說：「你應該知道現在是時候了。」於是他上昇到空中，顯示神異的變化。為了表彰他對佛教的虔誠信仰，就建了這座石塔作為紀念。

【說明】這裡主要介紹兩位苾芻「自殺」證果的奇特遺跡。一位苾芻長年勤奮修習，卻一直不能證得羅漢果，因而刎頸自殺，恰在這時他證得了聖果；另一位苾芻是投崖，但他是受了如來的召喚而跳下去的，並沒有明確的「自殺」意識，也就在即將墜地的時刻，他獲得了聖果。二者可謂異曲同工，雖然他們證得聖果的途徑微有差異：一個是自己達到的，一個是經過佛的引導，但都透露出一個從量變到質變的過程。他們都有過長期的堅貞的修習，距成正果只一步之遙，但這一步卻是很難跨越的。在這裡，「捨身」只是一個象徵，象徵修行者與俗世的最為堅固的聯繫。因此，當他們終於能夠心夷生死的時候，也就是修習有了成果——即證得聖果。因此，不能簡單地把「自殺」等同於證得聖果。實際上，佛家不僅反對自殺，而且將自殺看作是一項不可原諒的罪過。

迦蘭陀竹園

山城北門行一里餘，至迦蘭陀❶竹園。今有精舍，石基磚室，東開其戶。如來在世，多居此中，說法開化，導凡拯俗。今作如來之像，量等如來之身。初，此城中有大長者迦蘭陀，時稱豪貴，以大竹園施諸外道。及見如來，聞法淨信，追惜竹園居彼異眾，今天人師無以館舍。時諸神鬼感其誠心，斥逐外道，而告之曰：「長者迦蘭陀當以竹園起佛精舍，汝宜速去，得免危厄。」外道憤恚，含怒而去。長者於此建立精舍，功成事畢，躬往請佛，如來是時遂受其施。

迦蘭陀竹園東有窣堵波，阿闍多設咄路❷王唐言未生怨。舊曰阿闍世，訛略也之所建也。如來涅槃之後，諸王共分舍利，未生怨王得以持歸，式遵崇建，而修供養。無憂王之發信心也，開取舍利，建窣堵波，尚有遺餘，時燭光景。

未生怨王窣堵波側窣堵波，有尊者阿難半身舍利。昔尊者將寂滅也，去摩揭陀國，趣吠舍釐城，兩國交爭，欲興兵甲，尊者傷愍，遂分其身，摩揭陀王奉歸供養，即斯勝地，式修崇建。其傍則有如來經行之處。次此不遠有窣堵波，是舍利子及沒特伽羅子等安居之所。

【注釋】❶迦蘭陀　梵文寫作 Kalandaka。又譯作迦蘭多迦、羯嫩馱迦等。❷阿闍多設咄路　梵文 Ajātaśatru 的音譯。又譯作阿闍世、阿闍多沙兜樓。意譯為「未生怨」。即無敵者。

【語譯】從山城北門出去，向前走一里多路，就到達迦蘭陀竹園。竹園中有座精舍，石頭基址，磚結構，門向東開。如來在世時經常住在這裡，演說佛法，導化俗眾。現在精舍中建造了一尊如來像，大小和如來身體高度相同。當初，這城中有位大長者，名叫迦蘭陀，是當時有名的豪貴，早先他將這座大竹園布施給了那些外道。後來他見了如來，聽到佛法，產生了堅定的信仰，於是後悔把竹園施捨給外道居住，以致如今沒有地方給天人師居住了。這時鬼神們被他的誠心所感動，便去驅趕外道，告訴他們說：「長者迦蘭陀要用這片竹園為佛建造精舍，你們最好還是趕快離開，免得倒霉。」外道們非常憤怒，但也只好忍氣吞聲地離開了。於是長者便在這裡建造精舍，建成以後，他親自前去請佛，這時如來就接受了他的施捨。

迦蘭陀竹園東面有座塔，是阿闍多設咄路王建造的。如來涅槃以後，各國國王在一起分舍利，未生怨王將他分得的一份拿回來，恭敬地營建了這座塔進行供養。無憂王信奉佛法後，打開這座塔取出舍利，又建了一座塔供養，不過這塔中還剩下一些舍利，常常大放光明。

未生怨王塔旁有座塔，裡面供奉著尊者阿難半個身體的舍利。從前尊者將要涅槃的時候，他離開了摩揭陀國，去往吠舍釐城，這兩個國家為阿難發生了爭執，眼看就要爆發一場戰爭，尊者不忍心看人們自相殘殺，就把自己的身體分成兩半，摩揭陀王把他得到的一半捧回來，就在這個勝地恭敬地建造了這塔供養。塔旁就是如來散步的地方。在此不遠處有座塔，是舍利子和沒特伽羅子坐禪修學的地方。

【說　明】本文簡要介紹迦蘭陀竹園的變遷和竹園附近兩處佛教遺址。迦蘭陀竹園的變遷，可以說是從一個側面反映佛教戰勝外道的過程。迦蘭陀之所以能夠最終捨棄外道而信仰佛教，一方面是由於佛法的高妙，另一方面則是由於他原本就有施捨竹園的誠心；如來之所以能接受竹園，雖說是由於佛法的廣大，但也與鬼神的幫忙有關。而迦蘭陀雖在信仰上發生了轉變，但他只是後悔先將竹園施捨給外道，並沒有親自去驅趕他們。因此，不論從哪一方面看，由鬼神來「催促」外道們離去都是最適宜的處理。從中我們可以看出作者對事物的把握很有分寸。

第一結集

竹林園西南行五六里，南山❶之陰，大竹林中，有大石室，是尊者摩訶迦葉波於此與九百九十九大阿羅漢以如來涅槃後結集三藏❷。前有故基，未生怨王為集法藏諸大羅漢建此堂宇。初，大迦葉宴坐山林，忽燭光明，又覩地震，曰：「是何祥變，若此之異？」以天眼❸觀，見佛世尊於雙林間入般涅槃，尋命徒屬趣拘尸城。路逢梵志，手執天花。迦葉問曰：「汝從何來？知我大師今在何處？」梵志對曰：「我適從彼拘尸城來，見汝大師已入涅槃，天、人大眾咸興供養，我所持花，自彼得也。」迦葉聞已，謂其徒曰：「慧日淪照，世界闇冥，善導遐棄，眾生顛墜。」懈怠苾芻更相賀曰：「如來寂滅，我曹安樂，若有所犯，誰能訶❹制？」迦葉聞已，深更感傷，思集法藏，據教治犯。遂至雙樹，觀佛禮敬。既而法王❺去世，人、天無導，諸大羅漢亦取滅度。時大迦葉作是思惟：「承順佛教，宜集法藏。」於是登蘇迷盧山，擊大犍椎，唱如是言：「今王舍❻城將有法事❼，諸證果人宜時速集！」犍椎聲中傳迦葉教，遍至三千大千世界，得神通者聞皆集會。是時迦葉告諸眾曰：「如來寂滅，世界空虛當集法藏，用報佛恩。今將集法，務從簡靜，豈特群居，不成勝業？其有具三明，得六通，聞持不謬，辯才無礙，如斯上人，可應結集。自餘果學，各歸其居。」於是得九百九十九人，除阿難在學地，大迦葉召而謂曰：「汝未盡漏❽，宜出聖眾。」曰：「隨侍如來，多歷年所，每有法議，曾未棄遺。今將結集，而見擯斥，法王寂滅，失所依怙❾。」迦葉告曰：「勿懷憂惱。汝親侍佛，誠復多聞，然愛惑未盡，習結未斷。」阿難辭屈而出，至空寂處，欲取無學❿，勤求不證，既已疲怠，便欲假寐⓫，未及伏枕，遂證羅漢。往結集所，叩門白至。迦葉問曰：「汝結盡耶？宜運神通，非門而入。」阿難承命，從鑰隙入，禮僧已畢，退而復坐。是時安居初十五日也。於是迦葉揚言曰：「念哉諦聽！阿難聞持，如來稱讚，集素呾纜舊曰修多羅，訛也藏⓬。優波釐持律明究，眾所知識，集毘奈耶舊曰毗那耶，訛也藏⓭。我迦葉波集阿毘達磨藏⓮。」雨三月盡，集三藏訖⓯。以大迦葉僧中上座，因而謂之上座部焉。

大迦葉波結集西北，有窣堵波，是阿難受僧訶責，不預⓰結集，至此宴坐，證羅漢果。證果之後，方乃預焉。

阿難證果西行二十餘里，有窣堵波，無憂王之所建也，大眾部結集之處。諸學、無學數百千人，不預大迦葉結集之眾，而來至此，更相謂曰：「如來在世，同一師學，法王寂滅，簡異我曹。欲報佛恩，當集法藏。」於是凡、聖咸會，賢智畢萃，復集素呾纜藏、毘奈耶藏、阿毘達磨藏、雜集藏⑰、禁呪藏⑱，別為五藏。而此結集，凡、聖同會，因而謂之大眾部。

【注釋】❶南山　梵文 Dakṣiṇagiri 的意譯。位於王舍城南面。❷三藏　佛教經典的總稱。包括經藏、律藏和論藏。❸天眼　佛教所說五眼之一。即天趣之眼。能透視六道、遠近、上下、前後、內外以及未來等。❹訶　責備。❺法王　即釋迦牟尼。❻王舍　梵文 Rājagṛha 的意譯。❼法事　佛教稱供佛、施僧、誦經、講說、修行等事為法事。又稱佛事。❽盡漏　以聖智斷盡種種煩惱。漏，煩惱。❾怙　依靠。❿無學　指已斷盡色界、無色界之一切見惑、修惑而永入涅槃，不再有生死流轉的階位。證入阿羅漢果的聖者，超出三界，四智已經圓融無礙，已無法可學，故稱「無學」。⓫假寐　閉目養神。⓬素呾纜藏　梵文寫作 Sūtra-piṭaka。即經藏。指佛所說的教法。⓭毘奈耶藏　梵文寫作 Vinaya-piṭaka。即律藏。指僧眾教團所遵行的戒律。⓮阿毘達磨藏　梵文寫作 Abhidharma-piṭaka。即論藏。指對經文的論述和注釋。⓯訖　完畢。⓰預　參預；參加。⓱雜集藏　當指三藏之外的經典。⓲禁呪藏　當指各種陀羅尼（咒）經。

【語譯】從竹林園向西南走五、六里，在南山北坡的大竹林中有座大石室，如來涅槃後尊者摩訶迦葉波曾在這裡和九百九十九個大阿羅漢結集三藏。石室前有個遺址，是未生怨王為編纂法藏的大羅漢們建造的廳堂。當初，大迦葉在山林中靜坐，忽然光明燭照，又看見大地震動，他說：「發生了什麼大吉大凶的事，會出現這樣奇異的現象？」他以天眼觀察，看見佛世尊在兩棵樹間進入涅槃。於是他立刻命令門徒們同他一起前往拘尸城。路上，他們遇到一個手持天花的婆羅門。迦葉問道：「你從哪裡來？知道我的大師現在在哪裡嗎？」婆羅門回答說：「我剛從拘尸城來，看見你的大師已入涅槃了，天神和世人們都在供養他，我拿的花就是從那裡得來的。」迦葉聽了這番話，對他的門徒說：「智慧的太陽已經隱沒，世界變得黑暗，良師棄我們而去，眾生就要墮落了。」那些懶惰的苾芻相互祝賀說：「如來一死，我們就安逸了，即使犯了什麼戒條，誰能教訓我們？」迦葉聽了這話，心中更加感傷，於是他便考慮編纂佛經，依據佛的教義處治違犯戒律者。他來到雙樹下，瞻仰佛陀，禮拜致敬。不久法王去世，天神和世人失去了導師，大羅漢們也都涅槃了。這時大迦葉想：「為了使佛的教導流傳下去，應該編纂佛典。」於是他登上蘇迷盧山，擊響大犍椎，這樣叫道：「現在王舍城將舉行法事，證得聖果的人快快集合！」犍椎聲中，迦葉的命令傳遍了三千大千世界，獲得神通的人聽到後都來到會場。這時迦葉對大家說：「如來涅槃以後，世界變得空空蕩蕩，我們應該編纂佛典，以報答佛的恩德。現在要編纂佛典，必須人少安靜，怎能因人多嘈雜，使這勝業不成？凡是具有三明，獲得六種神通，能正確學習掌握佛的教導，說理通達圓融的上人可以參加編纂，其餘的人各自回去吧。」這樣得到九百九十九人，阿難由於還需修習，因此不在此列。大迦葉叫來阿難對他說：「你還沒有斷盡煩惱，該離開這裡了。」阿難說：「我多年來一直侍從在如來身邊，如來每次說法我都沒有錯過。現在要編纂佛典，我卻被排斥在外，法王涅槃以後，我就沒有依靠了。」迦葉對他說：「請不要難過，你隨侍在佛的身邊，也確實博學多才，但是你的愛欲和迷惑都沒有除盡，煩惱也沒有斷絕。恐怕不適合參與佛典的編纂工作。」阿難無言以對，他離開大迦葉，來到一處空曠寂靜的地方，想證取無學聖果，他勤奮修習仍然一無所獲。這時他非常疲倦，就想歇息一會兒，他的頭還沒挨到枕上，便證得了羅漢果。於是他前往編纂佛典的地方，叩門報告他的到來。迦葉問道：「你的煩惱已經斷絕了嗎？那就運用神通從門以外的地方進來吧。」阿難領命，從鑰匙孔中鑽了進來，向眾僧施禮後，找個地方坐了下來。這時是雨安居的第一個十五日。於是迦葉高聲說：「請仔細聆聽！阿難對佛法的掌握曾受到如來的稱讚，他負責編纂素呾纜藏。優波釐對戒律有深入研究，這是大家都知道的，他負責編纂毘奈耶藏。我迦葉波負責編纂阿毘達磨藏。」雨安居的三個月結束時，三藏的編纂工作也完成了。因為大迦葉是僧人中的上座，因而稱他們為上座部。

在大迦葉波編纂佛典處的西北方向有座塔，阿難受到僧人的指責，不許他參加佛典的編纂，他就到這裡靜坐證羅漢果。證得羅漢果後，他才參加編纂工作。

從阿難證果處向西走二十多里，有一座塔，是無憂王建造的，這裡是大眾部編纂佛典的地方。那些需繼續修習和已經證得羅漢果的成百上千的僧人，沒有被允許參加大迦葉的編纂，於是來到這裡，他們議論說：「如來在世，大家都跟從同一個導師學習，法王涅槃後，我們卻受到排斥。為了報答佛的恩德，我們也應當編纂佛經。」於是凡夫、聖僧、賢人、智者都聚在一起，又編纂了素呾纜藏、毘奈耶藏、阿毘達磨藏、雜集藏和禁呪藏，另外編成五藏。由於這次編纂是凡夫和聖僧共同參加的，所以他們被稱為大眾部。

【說明】本文介紹佛教經典首次大規模的編纂集成，這是佛教史上最重大的事件之一。這次事件的直接後果是導致了佛教僧團的初步分化，開始形成兩大派別。這樣一次重大歷史事件，其間的頭緒一定是紛繁複雜的，但作者講來卻井井有條，既簡明又生動。作者首先介紹結集地點：南山北大竹林中的大石室裡；接著介紹結集的時間：是在如來剛剛涅槃後；然後介紹結集的背景：如來去世後，世界失去智慧之光的照臨，眾生亟待拯救，而佛教自身也失去了最高權威和統一的約束，人和天神都失去了導師；結集的主持者：大迦葉波尊者；結集的參加者：九百九十九位在德行、學識和文辭表達方面都達到較高境界的聖僧。另有一位特殊人物阿難，他先是被排除在外，後經努力，成為羅漢後才得入選，合計共一千人；結集內容：上座部合經、律、論為「三藏」。另有大眾部，參編者是那些被排除在一千人以外的佛教徒，他們的結集內容合成「五藏」。作者以大迦葉這個人物貫穿始終，完整地介紹了結集的全部過程和各個要點，並且細緻地敘述了大迦葉和阿難的不同表現，塑造了這兩個生動的人物形象，從中可以看出作者舉重若輕的傑出寫作才能。

迦蘭陀池

竹林精舍北行二百餘步，至迦蘭陀池，如來在世多此說法。水既清澄，具八功德❶，佛涅槃後，枯涸無餘。

迦蘭陀池西北行二三里，有窣堵波，無憂王所建也，高六十餘尺。傍有石柱，刻記立窣堵波事，高五十餘尺，上作象形。

【注釋】❶八功德　指八種優良屬性。即澄淨、清冷、甘美、輕軟、潤澤、安和、除飢渴和長養諸根。

【語譯】從竹林精舍向北走二百多步，到達迦蘭陀池，如來在世時多次在這裡說法。池水清澄，具備八種優良屬性，佛涅槃以後，池水便枯竭了。

從迦蘭陀池向西北走二、三里，有一座塔，是無憂王建造的，塔高六十多尺。塔旁有根石柱，上面雕刻著建塔的事情。石柱高五十多尺，頂端雕成象的形狀。

王舍城

石柱東北不遠，至曷羅闍姑利呬城❶（唐言王舍）。外郭已壞，無復遺堵，內城雖毀，基址猶峻，周二十餘里，面有一門。初，頻毘娑羅王都在上茆❷宮城也，編戶之家頻遭火害，一家縱逸，四鄰罹災，防火不暇，資產廢業，眾庶嗟怨，不安其居。王曰：「我以無德，下民罹患，修何福德可以禳❸之？」群臣曰：「大王德化邕穆❹，政教明察，今茲細民不謹，致此火災，宜制嚴科，以清後犯。若有火起，窮究先發，罰其首惡，遷之寒林。寒林者，棄屍之所，俗謂不祥之地，人絕游往之跡。今遷於彼，同夫棄屍。既恥陋居，當自謹護。」王曰：「善。宜徧宣告居人。」頃之，王宮中先自失火。謂諸臣曰：「我其遷矣。」乃命太子監攝留事，欲清國憲，故遷居焉。時吠舍釐王聞頻毘娑羅王野處寒林，整集戎旅，欲襲不虞❺。邊候以聞，乃建城邑。以王先舍於此，故稱王舍城也，官屬、士、庶咸徙家焉。或云：至未生怨王乃築此城，未生怨太子既嗣王位，因遂都之。逮無憂王遷都波吒釐城，以王舍城施婆羅門，故今城中無復凡民，惟婆羅門減千家耳。

宮城西南隅有二小伽藍，諸國客僧往來此止，是佛昔日說法之所。次此西北有窣堵波，殊底色迦❻唐言星曆。舊曰樹提伽，訛也長者本生故里。

城南門外，道左有窣堵波，如來於此說法及度羅怙羅。

【注　釋】❶曷羅闍姞利呬城　此指王舍新城。曷羅闍姞利呬，梵文寫作 Rājagṛha。意譯為王舍。❷茆　通「茅」。❸禳　驅除。❹邕穆　和諧；和暢。邕，通「雍」。和諧。❺虞　準備。❻殊底色迦　梵文 Jyotiṣka 的音譯。也譯作樹提、樹提伽等。意譯為火生或光明。

【語　譯】石柱東北不遠就是曷羅闍姞利呬城。外城已經毀壞，連殘牆斷壁都無處尋覓，內城雖然也已毀壞，但基址仍然高高聳立。內城方圓二十多里，四面各有一門，當初，頻毘娑羅王的都城是上茆宮城，當時居民的家裡經常遭受火災，一家不慎，四鄰遭殃，人們忙於防火，有資產也無暇經營，百姓抱怨不已，不能安居樂業。國王說：「都是我無德，致使百姓遭災受難，要修什麼功德才能夠驅除災禍？」群臣說：「大王德化和諧，政教開明，如今都是因小民不謹慎，所以會發生頻繁的火災，應制訂嚴厲的法規，處罰日後犯錯的人。如果發生火災，要徹底追究是誰先引起的，然後懲罰首惡，把他遷到寒林去住。寒林是拋棄死屍的地方，通常被認為是不祥之地，人們從來不去。讓他搬遷到那裡，就等於像死屍一樣被拋棄了。由於住到那裡是非常恥辱的事，人們就會謹慎小心了。」國王說：「好。把這個法規通告全城居民。」不久，王宮中先自失火。國王對大臣們說：「我該搬家了。」於是命太子代理國事，為了維護國法，國王就遷到寒林去了。這時吠舍釐王聽說頻毘娑羅王搬到野外的寒林去住了，就整頓集合軍隊，想趁其不備發動突襲。防守邊境的官員將這個情況報告給國王，於是就在寒林一帶修築城邑。因為國王最早居住在這裡，就把這裡稱為王舍城。後來，官員、士族和百姓就都把家搬到這裡了。也有人說，到未生怨王統治時才修築這座城，未生怨太子繼位後，把這裡作為他的都城。到無憂王時，他將都城遷到波吒釐城，把王舍城施給了婆羅門，因此現在這城中沒有一個平民，只有近千家婆羅門。

宮城西南角有兩座小寺院，各國往來的客僧都住在這裡，是從前佛說法的地方。從這裡向西北有座塔，是殊底色迦長者的故鄉。

王舍城南門外，道路左邊有座塔，如來曾在這裡說法並度化羅怙羅。

【說　明】本文記載王舍城的興衰史。作者先從眼前所見記起。這裡外城早已毀壞得不見斷壁殘牆的影子，只內城還有些高大的基址。然後才追溯當初興建這座城邑的情況。王舍城的原址，乃是寒林——一片墳場，從來都無人涉足。頻毘娑羅王搬到這裡來住，本來只是為了執行一項法律。後來為了防禦吠舍釐王的進攻，才修築城邑，長住這裡。因此這座城邑被叫做王舍城。還有一種意見，說這座城是未生怨王統治時才開始修築的，然後把它作為都城。城的建築規模相當宏大堅固，共有三十二個城門，六十四個望樓。在頻毘娑羅王和未生怨王在位時，該城曾十分繁榮。至於此城的衰落，則是由於無憂王遷都華氏城，王舍城逐漸失去了政治上的重要性。作者在本文的記述中，特別突出了頻毘娑羅王自覺遵守國家法令的優良品行，在這裡，王舍城的形成和興盛正是對頻毘娑羅王的肯定和讚美，也是他因此得到百姓擁護的表現。

在佛教史上，王舍城也是一個重要聖地。佛陀在世時經常到王舍城，他的幾個大弟子如舍利弗、優波釐都是在這裡皈依佛教的。佛教的第一次結集也是在這裡舉行的。對於耆那教徒來說，王舍城也是一個聖地，而且一些早期的宗教信仰在這裡也很盛行。因此可以說，自古以來，王舍城就是印度各種宗教的匯集之地。

那爛陀僧伽藍

從此北行三十餘里，至那爛陀❶（唐言施無厭）僧伽藍。聞之耆舊曰：此伽藍南菴沒羅林中有池，其龍名那爛陀，傍建伽藍，因取為稱。從其實義，是如來在昔修菩薩行，為大國王，建都此地，悲愍眾生，好樂周給，時美其德，號施無厭，由是伽藍因以為稱。其地本菴沒羅園，五百商人以十億金錢買以施佛，佛於此處三月說法，諸商人等亦證聖果。佛涅槃後未久，此國先王鑠迦羅阿迭多❷（唐言帝日）敬重一乘，遵崇三寶，式占福地，建此伽藍。初興功也，穿傷龍身，時有善占尼乾外道❸，見而記曰：「斯勝地也，建立伽藍，當必昌盛，為五印度之軌則❹，踰千載而彌隆，後進學人易以成業。然多歐❺血，傷龍故也。」其子佛陀毱多❻（唐言覺護）王繼體承統，聿❼遵勝業，次此之南，又建伽藍。呾他揭多毱多❽（唐言如來）王篤修前緒，次此之東，又建伽藍。婆羅阿迭多⑨唐言幼日王之嗣位也，次此東北，又建伽藍，功成事畢，福會稱慶，輸誠幽顯，延請凡聖。其會也，五印度僧萬里雲集，眾坐已定，二僧後至，引上第三重閣。或有問曰：「王將設會，先請凡聖，大德何方，最後而至？」曰：「我至那國也。和上嬰⑩疹，飯已方行，受王遠請，故來赴會。」聞者驚駭，遽⑪以白王。王心知聖也，躬往問焉，遲上重閣，莫知所去。王更深信，捨國出家。出家既已，位居僧末，心常怏怏⑫，懷不自安：「我昔為王，尊居最上；今者出家，卑在眾末。」尋往白僧，自述情事。於是眾僧和合⑬，令未受戒者以年齒為次，故此伽藍獨有斯制。其王之子伐闍羅⑭唐言金剛嗣位之後，信心貞固，復於此西建立伽藍。其後中印度王於此北復建大伽藍。於是周垣峻峙，同為一門，既歷代君王繼世興建，窮諸剞劂⑮，誠壯觀也。帝日王本伽藍者，今置佛像，眾中日差四十僧就此而食，以報施主之恩。

僧徒數千，並俊才高學也，德重當時，聲馳異域者，數百餘矣。戒行清白，律儀淳粹，僧有嚴制，眾咸貞素，印度諸國皆仰則焉。請益談玄，竭日不足，夙夜警誡，少長相成，其有不談三藏幽旨者，則形影自愧矣。故異域學人欲馳聲問，咸來稽疑，方流雅譽，是以竊名而遊，咸得禮重。殊方異域欲入談議門者，詰難多屈而還；學深今古，乃得入焉。於是客遊後進，詳論藝能，其退走者固十七八矣。二三博物，眾中次詰，莫不挫其銳，頹其名。若其高才博物，強識多能，明德哲人，聯暉繼軌。至如護法⑯、護月⑰，振芳塵於遺教；德慧⑱、堅慧⑲，流雅譽於當時；光友⑳之清論；勝友㉑之高談；智月㉒則風鑒明敏；戒賢㉓乃至德幽邃。若此上人，眾所知識，德隆先達，學貫舊章，述作論釋各十數部，並盛流通，見珍當世。

【注　釋】❶那爛陀　梵文 Nālandā 的音譯。也譯作那難大、那難。意譯為施無厭。❷鑠迦羅阿迭多　梵文 Śakrāditya 的對音。意譯為帝日。即笈多王朝第四代國王拘摩羅笈多一世。鑠迦羅，即因陀羅 (Indra)。是古代印度神話中的眾神之首。漢譯作天帝釋、帝釋、帝。阿迭多，梵文 āditya。意譯為日、太陽。❸尼乾外道　即苦行外道。❹軌則　典範。❺歐　通「嘔」。❻佛陀毱多　梵文 Buddhagupta 的對音。意譯為覺護。佛陀 (Buddha)，意思是覺、覺悟了的。毱多 (gupta)，意思是護、被保護的。❼聿　助詞，用於句首。無實際意義。❽呾他揭多毱多　梵文 Tathāgatagupta 的對音。意譯為如來護。呾他揭多 (Tathāgata)，意思是如來。毱多 (gupta)，也譯作笈多。❾婆羅阿迭多　梵文 Bāladitya 的音譯。意譯為幼日。❿嬰　纏繞。⓫遽　匆忙。⓬怏怏　形容不滿意的神情。⓭和合　調和。⓮伐闍羅　梵文 Vajra 的對音。意譯為金剛。⓯剞劂　雕刻用的彎刀。引申為雕刻。⓰護法　梵文 Dharmapāla 的意譯。印度古代著名佛教哲學理論家。大乘佛教瑜伽行宗的重要人物。⓱護月　梵文寫作 Candragupta。唯識十大論師之一。⓲德慧　梵文 Guṇamati 的意譯。佛教瑜伽行宗的著名學者。唯識十大論師之一。⓳堅慧　梵文 Sāramati 的意譯。南印度人。著有《究竟一乘寶性論》等。⓴光友　梵文 Prabhāmitra 的意譯。生平不詳。㉑勝友　梵文 Viśeṣamitra 的意譯。護法弟子。唯識十大論師之一。㉒智月　梵文 Jñānacandra 的意譯。護法的弟子。唯識十大論師之一。㉓戒賢　梵文 Śīlabhadra 的意譯。大乘佛教有宗的權威學者。

【語　譯】從王舍城南門外的那座塔向北走三十多里，就到達那爛陀寺。聽年紀大的人說：這座寺院南面的菴沒羅林中有個池潭，池中有條叫那爛陀的龍，由於寺院建在這龍池的旁邊，就取了這個名字。實際情形是，從前如來修菩薩行時，轉生為大國王，他的都城就建在這裡，大國王憐憫眾生，樂善好施，時人讚美他的德行，稱他為施無厭，因此這座寺院便用了這個名稱。這裡原本是一片菴沒羅園，被五百位商人用十億金錢買下來布施給佛，佛在這裡說法三個月，商人們都證得了聖果。佛涅槃後不久，這個國家的先王鑠迦羅阿迭多敬重佛教，崇信三寶，他虔誠地占卜福地，建了這座寺院。剛動工的時候，不小心挖穿了龍身，當時有個擅長占卜的苦行外道見了預言說：「這是一個好地方，在這裡建造的寺院，一定會發達昌盛，成為五印度的楷模，一千年以後更加興盛，後輩學者很容易就可以成就學業，但他們大多會吐血，這是由於傷了龍的緣故。」鑠迦羅阿迭多王的兒子佛陀毱多王繼承王位後，也繼承了先王美好的事業，他在這座寺院的南面，又建造了一座寺院。呾他揭多毱多王，虔誠發展先王的事業，在這座寺院的東面，又建造了一座寺院。婆羅阿迭多王繼位後，在這座寺院的東北部，又建造了一座寺院，建成以後，他召集福會以示慶賀，對那些知名之人和無名人士，一般僧眾及有道高僧都發出了真誠的邀請。到集會的那一天，全印度的僧人萬里雲集，大家坐定以後，又來了兩位僧人，他們被領到第三層樓上。有人就問：「國王要舉行這次福會，最先邀請的就是凡、聖佛僧。高僧是從哪裡來的，最後才到？」那兩位僧人說：「我們是從至那國來。我們的大和尚病了，我們服侍他吃了飯以後才動身，因為受到國王的遠請，所以趕來赴會。」聽了這話，人們非常震驚，忙去稟告國王。國王明白他們是聖僧，親自前去問候，等到他上了樓，那兩個人已經不見了，沒有人知道他們去哪裡了。這件事使國王更加堅信佛法，於是他捨棄王國，出家為僧。他出家後，在寺中的地位是所有僧人中最低的，為此他心裡常快快不樂，難以平靜：「我從前做國王，地位最尊，居於所有人之上；現在出家，地位最卑，居於所有僧人之下。」於是他去向僧人們表白了自己的想法。僧人們聽了以後，經過商議，決定讓未受戒的人以年齡大小排列次序，因此這座寺院便有了這個獨一無二的規定。婆羅阿迭多王的兒子伐闍羅繼位以後，對佛法信仰堅定，又在這寺的西邊建立了一座寺院。後來，中印度王又在該寺北面建造了一座大寺院。於是高築圍牆，所有寺院共用一個大門，這些寺院經過歷代君王的累世興建，窮盡了所有能工巧匠的雕刻技藝，確實非常壯觀。帝日王建造的那座寺院，現在供奉有佛像，每天僧人中有四十位被派到這裡吃飯，以報答施主的恩德。

寺中有僧徒數千人，都是才智傑出、學識淵博的人，其中德高望重、聲名遠揚的有幾百人。他們個個戒行清白，嚴守教規。僧團有嚴格的制度，大家都能堅定不移地遵守，印度各國都以他們為榜樣。他們一天到晚請教問題、談論深奧義理，互相警誡，不論長少，互相促進。如果不談論三藏深義，這個人就要自慚形穢了。因此，想要馳名天下的外國學者，都要來這裡解決疑難，然後才能美名流傳。因此以它的名義，到哪裡都會受到禮遇和敬重。各地和外國想入寺論辯的人，大多因回答不了守門人的詰難而敗走，只有學識淵博、通達古今的人才能進去。進去後再由外來的後輩與他們較量藝能，他們十個當中必有七、八個失敗而回。剩下那兩三個博物強識的，經過僧人的依次詰難，也無不鋒芒全失，名聲掃地。寺中才華出眾、博物強識、多才多藝、德行高明的賢人聖哲，真是層出不窮。如護法、護月，美名振於遺教；德慧、堅慧，雅譽傳於當時；光友的清論；勝友的高談；智月明達智慧的風範；戒賢高尚的德行和深邃的洞察力。這些高僧都是眾所周知的。他們的德行高於先輩，又通達過去所有的學問，每人都有十幾部著作，這些著作廣泛流傳，被世人所珍視。

【說　明】本文記敘那爛陀寺浩大的興建、擴建情形，以及該寺在佛教學術史上的崇高地位。關於該寺的得名，這裡提供了兩種說法：一是因為它旁邊的池潭中有條叫那爛陀的龍，一是如來修菩薩行為該國國王，因樂善好施而被稱作那爛陀——施無厭。看來該寺的得名和二者都有關係。這一片土地本是座林園，由五百商人以十億金錢買來獻給佛，可見其基址之大，並且由於佛在此地說法而成為聖地。最先的建寺者是帝日王，此後對那爛陀寺的擴建工作一直繼續了許多代，本文列舉了佛陀毱多王、呾他揭多毱多王、婆羅阿迭多王、伐闍羅王、中印度王所建寺院，前後共建了六座寺院。六座寺院被圍在一道高大的院牆內，成為一處規模宏大、雄偉壯麗的建築群。這座寺院舉世聞名，不僅由於它規模宏大，更重要的是學者輩出，印度大乘佛教的許多大師都曾在這裡講學或學習，玄奘留學印度時就在那爛陀寺學習了五年，這是他巡遊印度的大部分歲月。作者在記敘這一部分內容時，先引入了一位善於占卜的外道的預言，暗示該寺的興旺發達的必然，又記敘了兩位高僧的神祕出現和消失，顯示該寺確有靈異，這些都為下面的敘述作了鋪墊。接著作者詳細介紹了該寺良好的修行傳統和作風。僧侶們戒行清白，嚴守教規，勤奮、虔誠，專心致志。其中對看門人學識不凡的介紹雖是一筆帶過，但卻是個不可忽視的細節，由此更反襯出寺中僧人學問的高超。在僧人中，又有著名的高僧如護法、護月、德慧、戒賢等，這樣層層遞進，既顯出這裡高僧雲集，也表明其中仍有不同的層次，學無止境。這樣經過層層鋪墊，並將一般與個別對比記述，不僅使主題突出，使讀者很容易把握整體脈絡，而且讀來清新自然，給人以生動之感，從中我們再次領略了作者高超的寫作手法。

需要補充的是，那爛陀寺不僅規模宏大，人才輩出，而且有豐富的藏書。據史料記載，寺中所有典籍分別儲藏在寶彩、寶海、寶洋三大殿堂內，其中寶洋殿高達九層，其藏書可謂浩如煙海。

那爛陀伽藍四周

伽藍四周，聖跡百數，舉其二三，可略言矣。

伽藍西不遠有精舍，在昔如來三月止此，為諸天、人廣說妙法。次南百餘步小窣堵波，遠方苾芻見佛處。昔有苾芻自遠方來，至此遇見如來聖眾，內發敬心，五體投地❶，便即發願求輪王位。如來見已，告諸眾曰：「彼苾芻者甚可愍惜。

福德深遠，信心堅固，若求佛果，不久當證。今其發願求轉輪王，於當來世必受此報。身體投地下至金輪，其中所有微塵之數，一一塵是一輪王報也。既耽❷世樂，聖果斯遠。」其南則有觀自在菩薩立像。或見執香爐往佛精舍，周旋右繞。

觀自在菩薩像南窣堵波中，有如來三月之間剃剪髮、爪。有嬰疾病，旋繞多愈。其西垣外池側窣堵波，是外道執雀於此問佛死生之事。次東南垣內五十餘步，有奇樹，高八九尺，其榦兩枝，在昔如來嚼楊枝棄地，因植根柢，歲月雖久，初無增減。次東大精舍，高二百餘尺，如來在昔於此四月說諸妙法。次北百餘步精舍中，有觀自在菩薩像，淨信之徒與供養者所見不同，莫定其所，或立門側，或出簷前，諸國法俗咸來供養。

觀自在菩薩精舍北有大精舍，高三百餘尺，婆羅阿迭多王之所建也，莊嚴度量及中佛像同菩提樹下大精舍。其東北窣堵波，在昔如來於此七日演說妙法。西北則有過去四佛坐處。其南鍮石精舍，戒日王之所建立，功雖未畢，然其圖量一十丈而後成之。次東二百餘步垣外，有銅立佛像，高八十餘尺，重閣六層，乃得彌覆，昔滿胄王❸之所作也。

滿胄王銅佛像北二三里，磚精舍中，有多羅菩薩❹像。其量既高，其靈甚察。

每歲元日，盛興供養，鄰境國王、大臣、豪族，齎❺妙香花，持寶旛蓋，金石遞奏，絲竹相和，七日之中，建斯法會。其垣南門內有大井，昔佛在世，有大商侶，熱渴逼迫，來至佛所，世尊指其地，言可得水，商主乃以車軸築❻地，地既為陷，水遂泉涌，飲已聞法，皆悟聖果。

【注　釋】❶五體投地　佛教最高敬禮。兩肘、兩膝和頭都著地。❷耽　沈溺；入迷。❸滿冑王　梵文 Pūrṇavarmā 的意譯。❹多羅菩薩　即觀自在菩薩的化身。多羅，梵文 Tārā 的音譯。意譯為眼。❺齎　帶。❻築　砸。

【語　譯】那爛陀寺四周，聖跡數以百計，現在只舉出其中幾個，大略說一說。

在寺院西面不遠有座精舍，從前如來曾在這裡住了三個月，為天神和人眾廣說妙法。再向南一百多步有座小塔，是遠方苾芻見佛的地方。從前，有個苾芻從很遠的地方來到這裡，在這裡遇到如來和聖賢們，他心生敬意，不禁五體投地拜倒在佛的面前，同時發願請求擔任轉輪王。如來見了，對眾人說：「那個苾芻太讓人惋惜了。他功德廣大，信仰堅定，若是求證佛果，不久就可獲得。現在他發願求做轉輪王，那麼來世他就要得到這個果報了。從他身體匍匐的地方往下，直到金輪，其中所有微塵數都是他受報做轉輪王的次數。但他既沈溺於世俗的快樂，那麼聖果也就遠不可得了。」這塔南面有一尊觀自在菩薩的立像。有人見到菩薩手拿香爐前往佛精舍，右旋為禮。

在觀自在菩薩像南面的塔中，供奉著如來在三個月內剪下的頭髮和指甲。有病的人繞塔旋轉行禮多能痊癒。塔的西邊，圍牆外的水池邊有座塔，一個外道曾在這裡手執烏雀向佛詢問關於生和死的問題。從這裡向東南走五十多步，圍牆內有棵奇樹，高八、九尺，樹幹分成兩枝。從前如來將嚼過的楊枝扔在地上，楊枝就在這裡生了根，雖然經過了許多歲月，但它的高度和當初一樣，毫無變化。從這裡再向東，有座大精舍，高二百多尺，從前如來曾在這裡講說各種妙法，歷時四個月。從這裡向北一百多步的精舍中，供奉著觀自在菩薩像，佛教徒們來供養時見到的情形各不相同，誰也無法說出它的確切位置，有時它立在門旁，有時是站在門外的簷下，各國僧人和俗眾都來供養這尊菩薩像。

在供奉觀自在菩薩的精舍北面有座大精舍，高三百多尺，是婆羅阿迭多王建造的，它的裝飾、大小和裡面的佛像同菩提樹下的大精舍一模一樣。它的東北方向有座塔，從前如來曾在這裡演說妙法七日。西北方向有過去四佛打坐的遺跡。南面有座鍮石精舍，是戒日王建造的，雖然沒有建造完成，但計劃高十丈，準備以後完成。從這裡再向東二百多步，圍牆外有一尊銅鑄的立佛像，高八十多尺，要用六層樓閣才能把它蓋住，這是從前滿胄王建造的。

滿胄王所立銅佛像北面二、三里的磚造精舍中，有一尊多羅菩薩像。這尊像很高大，也很靈驗。每年的初一，這裡都要舉行隆重的供養，鄰近各國的國王、大臣和豪族都拿著美妙的香和花，以及寶旛寶蓋前來，鐘磬齊鳴，絲竹相和，這樣的法會一直持續七天。圍牆的南門內有一口大井，從前佛在世的時候，有大隊商侶，又熱又渴來到佛這裡，世尊指著這片地，說從中可以得到水，商主於是用車軸砸地，地陷下去，水湧出來。商人們喝過水以後聽佛說法，全都證得了聖果。

【說　明】本文記敘了那爛陀寺附近的一些與佛有關的遺跡。在寫作手法上有個顯著特點，可稱之為「關聯中心」，即不是以一點為中心向四周記述，而是由一個相對的中心引向另一個相對的中心，各中心之間又是互相關聯著的。作者先以寺院西面的精舍為第一個相對的中心，向南記敘了苾芻見佛處，再向南記述觀自在菩薩像。在這裡，苾芻見佛處是介紹的重點，通過苾芻見佛的故事，提醒人們過分執著於塵世的快樂會使一個人離聖境越來越遠。然後，觀自在菩薩像又成了第二個相對中心，它的南邊有供養如來頭髮和指甲的塔，西邊有外道執雀問佛生死處，東南有奇樹，樹東有大精舍，大精舍北還有精舍，這裡突出顯示了如來佛法的靈異和影響——這大致是觀自在菩薩精舍南面的遺跡。然後集中介紹北面部分：

有婆羅阿迭多建造的大精舍，大精舍東北是如來說妙法塔；西北是過去四佛坐處；南面是戒日王所造鍮石精舍；東面是銅製佛立像。這裡主要是客觀記載遺址。然後以銅佛像為過渡，其北面的磚砌精舍又成了第三個相對中心。這一片的重要遺跡是圍牆南門內的大井，突出了佛法的靈驗。這樣以三個中心為主體，形成三個遺跡群，又以中間一個遺跡群為主體，將三個遺跡群聯成一個整體，這樣不僅主次分明，散而不亂，而且錯落有致。各處所突出的內容也各有分別，給人以豐富多彩的印象。

拘理迦邑

伽藍西南行八九里，至拘理迦❶邑，中有窣堵波，無憂王之所建也，是尊者沒特伽羅子❷本生故里。傍有窣堵波，尊者於此入無餘涅槃❸，其中則有遺身舍利。尊者，大婆羅門種，與舍利子少為親友，舍利子以才明見貴，尊者以精鑒延譽，才智相比，動止必俱，結要終始，契同去就，相與厭俗，共求捨家，遂師珊闍耶❹焉。舍利子遇馬勝阿羅漢，聞法悟聖，還為尊者重述，聞而悟法，遂證初果。與其徒二百五十人俱到佛所，世尊遙見，指告眾曰：「彼來者我弟子中神足第一。」既至佛所，請入法中。世尊告曰：「善來❺苾芻，淨修梵行，得離苦際。」聞是語時，鬚髮落，俗裳變，戒品清淨，威儀調順。經七日，結漏盡，證羅漢果，得神通力。

沒特伽羅子故里東行三四里，有窣堵波，頻毘娑羅王迎見佛處。如來初證佛果，知摩揭陀國人心渴仰，受頻毘娑羅王請，於晨朝時，著衣持鉢，與千苾芻左右圍繞，皆是耆舊螺髻梵志❻，慕法染衣，前後翼從，入王舍城。時帝釋天王變身為摩那婆❼，首冠螺髻，左手執金瓶，右手持寶杖，足蹈空虛，離地四指，在大眾中前導佛路。時摩揭陀國頻毘娑羅王與其國內諸婆羅門、長者、居士，百千萬眾，前後導從，出王舍城奉迎聖眾。

【注釋】❶拘理迦　梵文寫作 Kolika。又譯作拘離迦、俱利迦。❷沒特伽羅子　梵文寫作 Maudgalaputra。音譯為目犍連。是釋迦牟尼十大弟子之一。號稱神通第一。❸無餘涅槃　佛教名詞。指「生死」的因果已盡，不再受生世間三界。❹珊闍耶　梵文寫 Sañjaya。是六師外道之一。❺善來　梵文 svāgata 的意譯。音譯為莎揭哆。印度僧眾歡迎來人的辭語。❻螺髻梵志　印度古代相傳梵天王留頂髮結成螺形，稱為螺結或螺髻。婆羅門多加以效仿，稱為螺髻仙人或編髮梵志。❼摩那婆　梵文 mānava 的音譯。也譯作摩納婆等。意譯為儒童、年少或年少淨行。

【語譯】從那爛陀寺向西南走八、九里，到達拘理迦邑，邑中有一座塔，是無憂王建造的，這裡是尊者沒特伽羅子的故鄉。這塔旁邊還有一座塔，這裡是尊者入無餘涅槃的地方，塔中有他的遺身舍利。尊者出身於有名的婆羅門種姓，和舍利子很小的時候就是朋友，舍利子以聰穎得到世人的尊重，尊者以見識不凡受到讚譽，他們的才智不相上下，同行同止，他們相約要有始有終，發誓做任何事都要同心協力。他們都厭倦了塵俗生活，都想出家，於是就師從珊闍耶學習。一天，舍利子遇到馬勝阿羅漢，聽他說法，獲得了聖果，他回去以後向尊者複述了馬勝對他宣講的佛法，尊者聽了以後心領神會，就證得了初果。尊者和他的二百五十名門徒一同到佛那裡去，世尊遠遠地見了，指著他對眾人說：「那個走過來的人是我弟子中的神足第一。」尊者來到佛的面前，請求出家為僧。世尊對他說：「歡迎你，苾芻！虔誠修習佛法，就能脫離痛苦煩惱。」尊者聽到這話的時候，他的鬚髮盡落，世俗的衣服變成了法服，戒行清淨，舉止和順。七天後，他便斷絕一切煩惱，證得羅漢果，獲得神通力。

從沒特伽羅子的故鄉向東走三、四里，有一座塔，這裡是頻毘娑羅王迎見佛的地方。如來剛剛成佛的時候，知道摩揭陀國人心中渴望見到他，就接受了頻毘娑羅王的邀請，在一天早晨，身披袈裟，手持石鉢前往王舍城，一千名苾芻圍在他的身邊，他們都是年高德劭的螺髻婆羅門，因敬慕佛法，染衣出家，他們前後護從著佛，進入王舍城。帝釋天王這時化身為一位少年婆羅門，頭上盤著螺髻，左手拿金瓶，右手拿寶杖，離地四指，腳踩虛空，在大眾前面為佛引路。這時，摩揭陀國頻毘娑羅王和國內的婆羅門、長者、居士，成千上萬的人前呼後擁地出了王舍城，恭敬地迎接聖僧們。

【說　明】本文介紹兩處遺跡，一處是拘理迦邑的兩座塔，另一處是離該村邑不遠的頻毘娑羅王迎佛處。前者通過這兩座塔，講述了沒特伽羅子和舍利子皈依佛教的故事。他們二人本就聰明識辯，有心出家，而且又是一對親密朋友，發誓志同道合，有始有終。整個故事線索清晰：發誓願→共同投師→先後皈佛→終成正果。敘述簡潔、生動，有條不紊。後者則主要記述了頻毘娑羅王禮迎如來的情景。作者以濃重細密的筆觸描繪了當時的熱烈場面和祥和氣氛：早晨的陽光、新染的袈裟、左右圍繞的千名苾芻，擁托著剛剛成佛的如來，變成年輕婆羅門的天王帝釋頭頂螺髻，手執金瓶和寶杖，腳踏虛空，指引眾人；還有成千上萬的摩揭陀國婆羅門、長者和居士，前後簇擁著頻毘娑羅王前往迎接。天神、聖僧和人王聚在一起，彷彿是整個宇宙的歡慶節日。在這熱情洋溢的描寫中，既寄託了作者的理想，也體現了作者的敬仰和讚美之情。

迦羅臂拏迦邑

頻毘娑羅王迎佛東南行二十餘里，至迦羅臂拏迦邑，中有窣堵波，無憂王之所建也，是尊者舍利子❶本生故里，井今尚在。傍有窣堵波，尊者於此寂滅，其中則有遺身舍利。尊者，大婆羅門種。其父高才博識，深鑒精微，凡諸典籍莫不究習。其妻感夢，具告夫曰：「吾昨宵寐，夢感異人，身被鎧甲，手執金剛，摧破諸山，退立一山之下。」夫曰：「夢甚善。汝當生男，達學貫世，摧諸論師，破其宗致，唯不如一人，為作弟子。」果而有娠，母忽聰明，高論劇談，言無屈滯。尊者年始八歲，名擅四方，其性淳質，其心慈悲，朽壞結縛，成就智慧，與沒特伽羅子少而相友，深厭塵俗，未有所歸，於是與沒特伽羅子於珊闍耶外道所而修習焉。乃相謂曰：「斯非究竟之理，未能窮苦際❷也。各求明導，先嘗甘露，必同其味。」時大阿羅漢馬勝執持應器，入城乞食，舍利子見其威儀閑雅，即而問曰：「汝師是誰？」曰：「釋種太子厭世出家，成等正覺，是我師也。」舍利子曰：「所說何法，可得聞乎？」曰：「我初受教，未達深義。」舍利子曰：「願說所聞。」馬勝乃隨宜演說，舍利子聞已，即證初果❸。遂與其徒二百五十人往詣佛所，世尊遙見，指告眾曰：「我弟子中智慧第一。」至已頂禮，願從佛法。世尊告曰：「善來苾芻。」聞是語時，戒品❹具足。過半月後，聞佛為長爪梵志說法，聞餘論而感悟，遂證羅漢之果。其後阿難承佛告寂滅期，展轉相語，各懷悲感，舍利子深增戀仰，不忍見佛入般涅槃，遂請世尊先入寂滅。世尊告曰：「宜知是時。」告謝門人，至本生里，侍者沙彌遍告城邑，未生怨王及其國人莫不風馳，皆悉雲會，舍利子廣為說法，聞已而去，於後夜分，正意繫心，入滅盡定，從定起已，而寂滅焉。

迦羅臂拏迦邑東南四五里，有窣堵波，是尊者舍利子門人入涅槃處。或曰：迦葉波佛在世時，有三拘胝拘胝者，唐言億大阿羅漢同於此地無餘❺寂滅。

【注釋】❶舍利子　梵文寫作 Śāriputra。是釋迦牟尼十大弟子之一。號稱智慧第一。❷苦際　苦的邊際。這裡指苦的終極原因。❸初果　指斷盡三界之見惑，預入聖道之法流，以第十六心入無漏聖道之階位。❹戒品　佛教戒律的品類。指五戒、十善戒、具足戒等。❺無餘　梵文寫作 niravaśeṣa。為「有餘」之對稱，指到達完全無盡，一無殘餘的境界是「無餘依」的略稱。依，即依止，又作依身，意謂肉身，煩惱與肉身完全滅盡的狀態稱作無餘依涅槃，或稱無餘涅槃。

【語譯】從頻毘娑羅王迎佛處向東南走二十多里，到達迦羅臂拏迦村。村中有座塔，是無憂王建造的，這裡是尊者舍利子的故鄉，如今水井還在。這座塔旁還有座塔，尊者就在這裡涅槃，塔中供奉著他的遺身舍利。尊者出身於婆羅門大族，他的父親學識淵博，深通玄理，對一切典籍都有透徹的研究。他的妻子做了一個夢，她告訴丈夫說：「我昨夜在夢中看見一個奇人，他身穿鎧甲，手執金剛，推倒了很多山，然後退立在一座山下。」她的丈夫說：「這個夢很好。你會生個兒子，他將達學貫世，挫敗各派論師，擊破他們的學說，唯獨不如一人，並將成為那人的弟子。」果然她懷孕了。這時她忽然變得非常聰明，高談闊論，滔滔不絕。尊者剛八歲的時候已經名揚四方，他性情淳樸，心懷慈悲，內無雜念，使智慧充分發展，他和沒特伽羅子是從小的朋友，他深深厭倦塵俗，但又不知該向何方，於是他和沒特伽羅子到珊闍耶外道那裡修習。過了一陣，他們議論說：「這不是真理，不能解除苦痛的根源。我們各自去尋求英明的導師吧。誰先嘗到甘露，一定要和另一個人共同分享。」這時大阿羅漢馬勝手持飯鉢進城討吃的，舍利子見他儀態閑雅，就上前問他：「你的老師是誰？」馬勝說：「釋迦牟尼太子厭世出家，得道成佛，他就是我的老師。」舍利子問：「他說的是什麼法？能讓我聽聽嗎？」馬勝說：「我剛剛開始學習，還不能通曉深義。」舍利子說：「那就請講講你聽到的吧。」馬勝便為他演說佛法，舍利子聽完以後，就證得了初果。於是他和二百五十個門徒一同前往佛所在的地方，世尊遠遠看見他，就指著他對大家說：「這是我弟子中的智慧第一。」舍利子來到佛的面前頂禮膜拜，願信從佛法。世尊對他說：「歡迎你，苾芻！」聽到這話時，他就戒品具足了。半個月以後，他旁聽佛為長指甲婆羅門說法，聽了以後便即感悟，於是證得了羅漢果。後來阿難聽佛告訴他佛的涅槃日期，這個消息輾轉相傳，聽到的人都非常難過，舍利子深深依戀和敬仰佛，不忍心見佛涅槃，於是請求世尊允許他先入涅槃。世尊告訴他：「你應知道現在正是這個時刻。」舍利子辭別了門徒，來到故鄉，給他做侍者的沙彌把這個消息傳遍城鄉，未生怨王和國人無不飛馳而來，會集在這裡。舍利子為他們廣說妙法，聽完以後他們都離開了，後半夜的時候，舍利子排除雜念，入滅盡定，出定以後就涅槃了。

在迦羅臂拏迦村東南四、五里的地方，有一座塔，是尊者舍利子的門徒入涅槃的地方。有人說，迦葉波佛在世時，有三拘胝大阿羅漢在這裡一同入了無餘涅槃。

【說　明】本文記述舍利子皈佛證果的故事，其情節和前文有相同之處，手法也很相近。不同的是，本文筆致更為詳細，並且刻意進行一定的渲染，如增加了舍利子出生前的一段「夢兆」，以預示舍利子以後的命運和前途，從而增加了神祕色彩。舍利子聽馬勝說法的情節在前文只是略及，在這裡則是詳寫。舍利子皈依世尊一段，前文並未提及，此處則予以補足。作者之所以要在兩文之中互有詳略，主要是根據對象不同作出的安排：前面記沒特伽羅子，因此有關他的情節較詳；這裡記舍利子，自然舍利子的情節要多一些。若將二者一併對讀，便可收互相補充的功效了，由此可見作者裁剪結構藝術的高超。至於文末記述舍利子門徒涅槃遺跡的一筆，主要是為了過渡下文。

因陀羅勢羅窶訶山

舍利子門人窣堵波東行三十餘里，至因陀羅勢羅窶訶❶山唐言帝釋窟也。其山巖谷杳冥，花林蓊鬱，嶺有兩峰，岌然❷特起。西峰南巖間有大石室，廣而不高，昔如來嘗於中止，時天帝釋以四十二疑事畫石請問，佛為演釋，其跡猶在。今作此像，擬昔聖儀，入中禮敬者，莫不肅然敬懼。山嶺上有過去四佛座及經行遺跡之所。東峰上有伽藍，聞諸土俗曰：其中僧眾，或於夜分，望見西峰石室佛像前每有燈炬，常為照燭。

【注　釋】❶因陀羅勢羅窶訶　梵文 Indraśailaguhā 的音譯。樹名。❷岌然　山高的樣子。

【語　譯】從舍利子門徒塔向東走三十多里，就到達因陀羅勢羅窶訶山。這座山巖谷幽深，花林蓊鬱，山嶺上有兩座高峰，巍然聳立。西峰南邊的山巖間有個大石窟，寬闊但不高，從前如來曾在這裡住過，當時天帝釋曾將四十二個疑難問題畫在石上向如來請教，佛為他一一演說闡釋，那些畫的遺跡還在。現在石窟中的像，是模擬從前聖人的樣子塑造的。進去禮敬的人見了，無不肅然起敬，心生敬畏。山嶺上有過去四佛座位和散步場所的遺跡。東峰上有座寺院，聽當地人說：每當寺中的僧人在夜裡向西峰眺望時，總能看見石窟佛像前有燈炬照耀。

【說　明】本文記述了因陀羅勢羅窶訶山的概況和山上的佛跡。主要介紹的是大石窟，這座石窟名為帝釋窟，卻不是因他在這裡住過，而是因為他在這裡和如來有過一段問答，這段故事後來成為佛教徒繪畫、雕刻的重要題材。這些都是「從前」的事了，那麼「現在」，這裡有造像，山頂有四佛座位和散步場所遺跡。而寫東峰的寺院，為的是說明石窟在夜裡有燈炬照耀的靈異之處。因此，關於「現在」的記述是對「從前」的補充和發揮，是為「從前」服務的。這可以視為記敘上的「主從」筆法。

雁塔

因陀羅勢羅窶訶山東峰伽藍前有窣堵波，謂亘（許贈反）娑❶（唐言雁）。昔此伽藍習翫❷小乘，小乘，漸教❸也，故開三淨❹之食，而此伽藍遵而不墜。其後三淨求不時獲，有苾芻經行，忽見群雁飛翔，戲言曰：「今日眾僧中食不充，摩訶薩埵❺宜知是時。」言聲未絕，一雁退飛，當其僧前，投身自殪❻。苾芻見已，具白眾僧，聞者悲感，咸相謂曰：「如來設法，導誘隨機；我等守愚，遵行漸教。大乘者，正理也，宜改先執，務從聖旨。此雁垂誡，誠為明導，宜旌厚德，傳記終古。」於是建窣堵波，式昭遺烈，以彼死雁瘞❼其下焉。

【注　釋】❶亘娑　梵文 haṃsa 的音譯。意譯為雁。❷翫　用不嚴肅的態度對待。❸漸教　指還停留在初淺階段的教法。❹三淨　即三種淨肉。❺摩訶薩埵　梵文 Mahāsattva 的音譯。是僧訶補羅國王子。摩訶薩埵王子悲憫飢餓的老虎，以身飼虎。❻自殪　自殺。❼瘞　埋葬。

【語　譯】因陀羅勢羅窶訶山東峰寺前有座塔，叫亘娑。從前這座寺院僧人研習小乘法教，小乘是漸教，所以可以吃三種淨肉，這座寺院一直遵行著這種習慣。後來三種淨肉不能應時獲得了，一天，一位苾芻散步的時候，忽然看見一群大雁在天上飛過，就開玩笑地說：「今天僧人的中飯不夠吃，摩訶薩埵王子，你是知道現在該做些什麼的。」他的話聲未落，一隻大雁飛了回來，就在這個僧人面前投身自殺了。這個苾芻見了，便將事情的經過告訴了僧人們，聽到的人都非常感動，他們說：「如來設法，根據對象的情況隨機誘導，我們卻固守愚見，遵行漸教。大乘法教才是真理啊！我們應改變原先的信仰，努力遵從佛的教誨。這一隻大雁給我們一個警誡，牠實在是我們英明的導師，我們應表彰牠的厚德，把牠的事跡永遠傳下去。」於是就建塔表彰牠的功業，那隻死雁就被埋在這座塔下。

【說　明】本文介紹雁塔的來歷，表現出弘揚大乘佛教的意旨。小乘佛教允許食肉，終於導致大雁的自殺，這是一種象徵，象徵小乘教義的局限和粗淺，而大雁的自殺，既是出於對這些小乘教徒的憐憫，也是對他們的一種勸誡，並因而引起他們的反省，終於皈依了大乘佛教，從中也可看出如來「方便」導化的魔力。在這裡，雁塔不僅是對大雁的紀念，也是大乘征服小乘的標誌。

迦布德迦伽藍

因陀羅勢羅窶訶山東北行百五六十里，至迦布德迦❶（唐言鴿）伽藍，僧徒二百餘人，學說一切有部。伽藍東有窣堵波，無憂王之所建也。昔佛於此為諸大眾一宿說法，佛說法時，有羅者❷於此林中網捕羽族❸，經日不獲，遂作是言：「我惟薄福，恒為弊事。」來至佛所，揚言唱曰：「今日如來於此說法，今我網捕都無所得，妻孥❹飢餓，其計安出？」如來告曰：「汝應縕火❺，當與汝食。」如來是時化作大鴿，投火而死。羅者持歸，妻孥共食。其後重往佛所，如來方便攝化，羅者聞法，悔過自新，捨家修學，便證聖果。因名所建為鴿伽藍。

【注　釋】❶迦布德迦　梵文 Kapotaka 的音譯。意譯為鴿。❷羅者　捉鳥人。❸羽族　鳥類。❹孥　幼子。❺縕火　生火。

【語　譯】從因陀羅勢羅窶訶山向東北走一百五、六十里，到達迦布德迦寺，寺中有僧徒二百多人，學習小乘說一切有部法教。寺東有座塔，是無憂王建造的。從前佛曾在這裡為大眾說法一夜。佛說法的時候，有個捉鳥人在這林中張網捕鳥，忙了一天仍一無所獲，他便這樣說道：「我真沒有福氣，總是做些倒霉事。」他來到佛所在的地方，大聲喊道：「今天如來在這裡說法，讓我一無所獲，我的老婆孩子在捱餓，我該怎麼辦？」如來告訴他：「你點起火來，我會給你吃的東西。」這時如來變成一隻大鴿子，投火而死。捉鳥人把鴿子拿回家，和老婆孩子一起吃了一頓。後來他又來到佛所在的地方，如來以方便法門對他進行導化，捉鳥人聽了佛法，悔過自新，出家修學，後來證得了聖果。因此這裡建的這座寺院就叫鴿寺。

【說　明】鴿寺和雁塔頗有異曲同工之妙，區別只在於雁塔所教化的對象是小乘和尚，鴿寺的教化對象則是一位捉鳥人。如來悲憫他一家人忍飢捱餓，不惜以身布施，化作一隻大鴿子供他們食用，表現了如來捨己為人的精神境界，如來所化鴿子的投火自盡，實際上也是對捉鳥人的一種感化。後來此人終於悔過自新，出家學佛，並獲得了聖果。由此也可見如來教化眾生是因材施教，手段也是靈活多樣。

孤山觀自在像

迦布德迦伽藍南二三里，至孤山。其山崇峻，樹林鬱茂，名花清流，被崖注壑。上多精舍靈廟，頗極剞劂之工。正中精舍有觀自在菩薩像，軀量雖小，威神感肅，手執蓮花，頂戴佛像。常有數人，斷食要心❶，求見菩薩，七日、二七日、乃至一月，其有感者，見觀自在菩薩，妙相莊嚴，威光赫奕❷，從像中出，慰諭其人。昔南海僧伽羅國王清旦以鏡照面，不見其身，乃覩贍部洲摩揭陀國多羅❸林中小山上有此菩薩像，王深感慶，圖以營求，既至此山，實唯肖❹似，因建精舍，與諸供養。自後諸王尚想遺風，遂於其側建立精舍靈廟，香花伎樂供養不絕。

【注　釋】❶要心　約束心意。要，約束。❷赫奕　顯耀盛大的樣子。❸多羅　梵文 tala 的音譯。也譯作哆羅。一種高大喬木。❹肖　像；相似。

【語　譯】從迦布德迦寺向南走二、三里，到孤山。山勢高峻，樹林茂密，名花鋪滿山崖，清流注入深壑。山上有很多精舍靈廟，雕刻極盡精美。正中的精舍裡有一尊觀自在菩薩像，雖然不高，但威嚴神祕，令人敬畏，菩薩手執蓮花，頂戴佛像。常有幾個人斷絕飲食，一心一意求見菩薩，七天、十四天，乃至一個月，那些有機緣的人就可看見觀自在菩薩，菩薩妙相莊嚴，神光照耀，從像中出來教誨他們。從前南海僧伽羅國王早晨照鏡子的時候，沒看見自己，卻看見贍部洲摩揭陀國多羅林中的小山上的這尊菩薩像，國王深深感慶，便到處尋找這尊菩薩像，到了這座山上，看見這尊菩薩像，覺得和鏡中影像真是一模一樣，於是便建造精舍，大興供養。後來的國王們繼承遺風，就在這座精舍旁又建起精舍和靈廟，不斷用香花音樂去供養。

【說明】本文介紹孤山觀自在菩薩像。這尊菩薩像不是一個，而是兩個：一為實，一為虛；一為真，一為假。精舍中的菩薩像，形象威嚴，造工精巧，雖然是實像，也是「假」像；而那些虔誠有機緣的人，他們所見到的裝飾美麗、神光照耀的「妙相」，雖然是虛幻的，但卻是「真」像。而這座精舍正是由於僧伽羅國王先在鏡中看到菩薩像，循路而來，得到證實後才施工興建的。於是，真和假，實與虛在這裡便統一起來了。也就是說，真假虛實並無多大分別，充分顯示出這尊觀自在菩薩像的神異。作者敘事手法變幻莫測，令人嘆服。

其他佛說法遺跡

孤山觀自在菩薩像東南行四十餘里，至一伽藍，僧徒五十餘人，並學小乘法教。伽藍前有大窣堵波，多有靈異，佛昔於此為梵天王等七日說法。其側則有過去三佛座及經行遺跡之所。

伽藍東北行七十餘里，殑伽河南，至大聚落❶，人民殷盛，有數天祠，並窮彫飾。東南不遠有大窣堵波，佛昔於此一宿說法。

從此東入山林中，行百餘里，至洛般膩羅聚落。伽藍前有大窣堵波，無憂王之所建，佛昔於此三月說法。此北二三里有大池，周三十餘里，四色蓮花❷四時開發。

從此東入大山林中，行二百餘里，至伊爛拏鉢伐多國(中印度境)。

【注　釋】❶聚落　聚居地；村鎮。❷四色蓮花　指紅、黃、青、白四色蓮花。

【語　譯】從孤山觀自在菩薩像向東南走四十多里，到達一座寺院，寺中有僧徒五十多人，都學習小乘法教。寺前有座大塔，靈異很多，從前佛曾在這裡為梵天王等說法七天。塔旁有過去三佛座位和散步場所的遺跡。

從這座寺院向東北走七十多里，在恒河南岸有個大村落，人口稠密，村中有幾個外道神廟，雕飾精奇。村東南不遠有座大塔，從前佛曾在這裡說法一夜。

從這裡向東進入山林中，走一百多里，到達洛般膩羅村落。村中的寺院前有座大塔，是無憂王建造的。從前佛曾在這裡說法三個月。塔北二、三里有個大池潭，方圓三十多里，池中四色蓮花一年四季都在開放。

從這裡向東進入大山林中，走二百多里，到達伊爛拏鉢伐多國。

【說　明】本文介紹三處與佛說法有關的遺跡群。一是菩薩像東南四十多里處的一寺一塔和過去三佛遺跡；二是大村鎮，這裡有幾所外道神廟和一座佛塔；三是洛般膩羅村落，這裡有一寺一塔和一個大池潭，池中四色蓮花四季開放。至此，關於摩揭陀國的記述便告結束，此後，作者將帶領讀者往東穿過大山林，進入伊爛拏鉢伐多國，去領略那裡的遺跡和風光。

卷十 十七國

伊爛拏鉢伐多國

【題解】伊爛拏鉢伐多，關於這個詞的梵文有兩種說法：一種認為是Hiraṇyaparvata，意思是金山；一種認為應寫作Iraṇaparvata，意思是荒山。伊爛拏鉢伐多國也被簡稱為伊爛拏國。其位置相當於現在印度比哈爾邦的孟格爾。

伊爛拏鉢伐多國，周三千餘里。國大都城北臨殑伽河，周二十餘里。稼穡滋植，花果具繁。氣序和暢，風俗淳質。伽藍十餘所，僧徒四千餘人，多學小乘正量部法。天祠二十餘所，異道雜居。近有鄰王廢其國君，以大都城持施眾僧，於此城中建二伽藍，各減千僧，並學小乘教說一切有部。

大城側，臨殑伽河，有伊爛拏山，含吐煙霞，蔽虧日月，古今僊聖繼踵棲神，今有天祠尚遵遺則。在昔如來亦嘗居此，為諸天、人廣說妙法。

大城南有窣堵波，如來於此三月說法。其傍則有過去三佛座及經行遺跡之所。

【語譯】伊爛拏鉢伐多國方圓三千多里，這個國家的大都城北臨恒河，方圓二十多里。莊稼茂盛，花果繁多。氣候和暢，風俗淳樸。境內有寺院十幾所，僧徒四千多人，多學習小乘正量部法教。外道神廟有二十多所，異道們雜居在一起。近代鄰國的一位國王廢去了這個國家的國王，將大都城施捨給僧人們，在這座城中建起兩座寺院，每座寺院各有近千名僧徒，都學習小乘教說一切有部法教。

在大都城旁邊，瀕臨恒河，有一座伊爛拏山，這山吞吐著煙霞，遮蔽了日月，古往今來的僊人和賢聖一直棲息在這裡，從未間斷過。現在還有外道神廟遵循著古老的儀規敬奉著僊人們。從前如來也曾在這裡住過，為天神和人眾廣說妙法。

在大都城南有一座塔，如來曾在這裡說法三月。塔旁有過去三佛座位和散步地方的遺跡。

【說明】本文簡要介紹了伊爛拏鉢伐多國的概況和都城附近幾處遺跡。文中介紹伊爛拏山「含吐煙霞，蔽虧日月」，表明該山是一座活火山。這裡一向以風景優美並有溫泉而著名，現在也是如此。

二百億苾芻故事

三佛經行西不遠，有窣堵波，是室縷多頻設底拘胝❶唐言聞二百億。舊譯曰億耳，謬也苾芻生處。

昔此城有長者，豪貴巨富，晚有繼嗣，時有報者，輒賜金錢二百億，因名其子聞二百億。洎❷乎成立，未曾履地，故其足跖❸毛長尺餘，光潤細軟，色若黃金。珍愛此兒，備諸玩好，自其居家以至雪山，亭傳連隅，僮僕交路，凡須妙藥，遞相告語，轉而以授，曾不踰時，其豪富如此。世尊知其善根將發，因命沒特伽羅子往化導之。既至門下，莫由自通。長者家祠日天，每晨朝時東向而拜。是時尊者以神通力，從日輪中降立於前。長者子疑日天也，因施香飯而歸。其飯香氣遍王舍城，時頻毘娑羅王駭其異馥❹，命使歷問，乃竹林精舍沒特伽羅子自長者家持來，因知長者子有此奇異，乃使召焉。長者承命，思何安步：泛舟鼓棹，有風波之危；乘車馭象，懼蹎蹶❺之患。於是自其居家，至王舍城，鑿渠通漕❻，流滿芥子，御舟安止，長絙❼以引。至王舍城，先禮世尊。世尊告曰：「頻毘娑羅王命使召汝，無過欲見足下毛耳。王欲觀者，宜結跏❽坐，伸腳向王，國法當死。」長者子受佛誨而往，引入廷謁，王欲視毛，乃跏趺坐，王善其有禮，特深珍愛。亦既得歸，還至佛所。如來是時說法誨諭，聞而感悟，遂即出家。於是精勤修習，思求果證，經行不捨，足遂流血。世尊告曰：「汝善男子，在家之時知鼓琴耶？」曰：「知。」「若然者，以此為喻。弦急則聲不合韻，弦緩則調不和雅，非急非緩，其聲乃和。夫修行者亦然。急則身疲心怠，緩則情舒志逸。」承佛指教，奉以周旋，如是不久，便獲果證。

【注　釋】❶室縷多頻設底拘胝　梵文 Śrutaviṃśati-koṭi 的音譯。意譯為聞二十億。原書譯作「聞二百億」，並不確切。❷洎　到。❸跖　通「蹠」。腳掌。❹馥　香氣。❺蹎蹶　跌倒；摔倒。❻漕　河道。❼緪　粗繩子。❽結跏　即結跏趺坐。佛教徒坐禪的一種姿勢。交疊左右足背於左右腿上而坐。亦稱「吉祥坐」。

【語　譯】在三佛散步遺跡西面不遠有一座塔，這裡是室縷多頻設底拘胝苾芻的出生地。從前這座城中有位長者，豪貴巨富，到了晚年才有子嗣，兒子生下來後，第一個向他報告這個消息的人得到二百億金錢的賞賜，並因此給他兒子取名為聞二百億。聞二百億從小到大，他的腳從未踏在地上，因此他腳掌上的毛有一尺多長，光潤細軟，顏色像黃金一樣。長者對這個孩子非常珍愛，家中珍奇玩物應有盡有。從他住的地方一直到雪山腳下，亭臺驛站一個挨著一個，僕從們在路上來往奔馳，凡是聞二百億須用的妙藥，都由他們輾轉傳送，從來沒有耽誤過，他的生活就是如此豪富。世尊知道他的善根快到萌發的時候了，就派沒特伽羅子前去化導他。沒特伽羅子來到他的住所，飄然而入。長者家是供奉太陽神的，每天早晨向東方禮拜。當他們禮拜的時候，沒特伽羅子尊者運神通力，從日輪中降立在他們面前。長者的兒子以為是太陽神下降，於是布施給他香飯就回去了。這飯的香氣彌漫在王舍城內，頻毘娑羅王聞到這種奇異的香味覺得很驚訝，便命人四處查訪，終於知道香味原來是竹林精舍中沒特伽羅子從長者家帶回的香飯發出來的，並因此知道了長者兒子的奇異之處，於是派使者召他晉見。長者接到旨意，便開始為兒子怎樣去王宮苦思冥想：要是坐船去，會有遇到風波的危險；若是乘車或者騎象，又怕車會翻倒大象跌跤，也會使兒子受到傷害。他思來想去，最後從他家住的地方開鑿了一條河渠，一直通到王舍城，河渠中流滿芥子，將船安置在芥子上面，用長繩牽引而行。聞二百億到達王舍城後，先去禮敬世尊。世尊告訴他：「頻毘娑羅王命使者召你來，不過是想看看你腳掌上的毛。國王要看的時候，你要結跏趺坐，千萬不能伸腳向王，否則按國法就要被處死。」長者兒子接受了佛的教誨後去見國王。他被引進朝廷謁見國王，國王果然要看他腳底的毛，長者兒子便結跏趺而坐，讓王觀看。國王稱讚他有禮貌，非常喜愛他。他從王宮中出來後又回到佛住的地方。這時如來正在說法誨諭世人，他聽了以後因而感悟，於是立即要求出家。從此他勤奮修習，一心想早日求得果證，連散步時也不停止修習，以致腳上流出血來。世尊對他說：「你這好男子，在家的時候會鼓琴嗎？」他回答：「會的。」「若是這樣，我就用鼓琴這件事來打個比方吧。當你鼓琴的時候，如果琴弦繃得太緊，那麼發出的琴聲就不合韻律；如果琴弦太鬆，音調就不和雅。只有在琴弦不緊不鬆的情況下，才能奏出和諧的琴音。修行也是這樣：急於求成，則身心疲憊；過於疏懶，情志又會變得遲緩鬆懈。因此一定要把握好分寸。」長者兒子得到佛的指教，頓開茅塞。他按照佛的教誨去修行，沒過多久，就獲得了果證。

【說　明】本文講述聞二百億苾芻皈依佛門的故事，宣揚了人世無常等佛教思想，並對佛家修習方法、節奏等作了精當而具體的說明。全文分兩部分，第一部分講述聞二百億皈依佛法的經過，第二部分敘述他修習的經過。有關他皈依佛門的經過又是通過兩個對比強烈的場面完成的，這就是他在家中的尊崇地位和受到無微不至的呵護，以及在國王宮中的生死繫於一線。故事一開頭便用大量的篇幅極力渲染聞二百億的豪奢嬌貴、有求必應的生活，他進京的交通工具將他家人對他的珍愛和呵護淋漓盡致地表現了出來，也使這一部分的敘述達到了高潮。他在國王宮廷的情況，文中敘述得比較簡潔，但在這簡潔平直的敘述中，我們可以分明地感覺到當時那危機四伏的緊張氣氛。這一部分主要抓住國王要看他腳掌細毛這一個情節，他在這時，一個動作便可以決定自己的生死。以他一個不諳世事的少年，如果沒有世尊的預先提醒，他的生死實在是很難預料的。通觀整個故事，一邊是他家人對他的呵護備至，為他的幸福健康不惜一切，一邊卻是他生死繫於一線。可悲的是，正是由於家人的珍愛才將他推到了生死邊緣，命運是多麼無常而殘酷啊！經過這樣的鋪墊，聞二百億的皈依佛門也就顯得順理成章。他在國王面前的「結跏趺坐」，具有很強的象徵意義。

本文第二部分講述的則是如來對聞二百億苾芻的正面化導。而這化導也不是空洞的說教，而是以物喻理，生動具體。這兩個故事也是介紹了如來施教化的兩種方法，表現出如來根據教化對象不同情況靈活導化的「方便」性。

全文結構嚴謹，文字生動，使讀者在對故事的欣賞中領悟到深刻的佛理，表現了作者高超的寫作技巧。

小孤山佛遺跡

國西界殑伽河南，至小孤山，重巘❶崿崟❷，昔佛於此三月安居，降薄句羅藥叉❸。山東南巖下大石上，有佛坐跡，入石寸餘，長五尺二寸，廣二尺一寸，其上則建窣堵波焉。次南石上則有佛置君稚迦❹（即澡瓶也。舊曰軍持，訛略也）跡，深寸餘，作八出花紋。佛坐跡東南不遠，有薄句羅藥叉腳跡，長尺五六寸，廣七八寸，深減二寸。藥叉跡後有石佛坐像，高六七尺。次西不遠有佛經行之處。其山頂上有藥叉故室。次北有佛足跡，長尺有八寸，廣餘六寸，深可半寸，其跡上有窣堵波。如來昔日降伏藥叉，令不殺人食肉，敬受佛戒，後得生天。此西有溫泉六七所，其水極熱。

國南界大山林中多諸野象，其形偉大。

從此順殑伽河南岸東行三百餘里，至瞻波國（中印度境）。

【注　釋】❶重巘　山巒重疊。巘，小山。❷崿崟　山高的樣子。❸薄句羅藥叉　薄句羅，梵文作 Vakkula。傳說這個藥叉住在王舍城。❹君稚迦　梵文 kuṇḍikā 的音譯。意譯為水瓶、澡瓶、淨瓶等。是僧眾的十八物之一。

【語　譯】在這個國家西部邊界，沿恒河向南走，就到達小孤山，小孤山層巒疊嶂，山勢陡峭，從前佛曾在這裡安居三月，降伏了薄句羅藥叉。在山東南巖下的一塊大石上，有佛坐過的痕跡。這痕跡深入石中一寸有餘，長五尺二寸，寬二尺一寸，這個坐跡上面建有塔。再往南的石頭上有佛放置君稚迦的痕跡，這個印跡深有一寸多，呈現出八瓣花紋。在佛坐跡東南不遠，有薄句羅藥叉的腳印，長一尺五、六寸，寬七、八寸，深近二寸。在藥叉腳印後面有石雕的佛坐像，高有六、七尺。再向西不遠有佛散步場所的遺跡。在小孤山頂上有藥叉住過的石室。再向北有佛的足印，長有一尺八寸，寬六寸多，深有半寸，在這個足印上建有塔。從前如來降伏了藥叉，命他不許再殺人食肉，藥叉恭敬地接受了佛的戒律，後來得以轉生天上。在小孤山西邊有六、七處溫泉，泉水非常熱。在這個國家南部邊界的大山林中有許多野象，形體非常魁偉龐大。

從這裡沿著恒河南岸向東走三百多里，到達瞻波國。

【說　明】本文簡要介紹了小孤山遺跡以及溫泉和南界山林的情況。小孤山遺跡很多，基本上是佛和藥叉留下的。文章一開頭先概括了這座山的地理位置、地貌以及傳說。接下來依次介紹山中的遺跡。遺跡共有七處，分別以佛坐跡和山頂為中心加以敘述。使這些看似散亂的遺跡在作者的記敘中變得有條有理。最後一段話和開頭部分互相呼應，使全文構成一個有機的整體。

瞻波國

【題　解】瞻波，梵文Campā的音譯，也被譯為瞻蔔、闍波、占波等，意譯為「無勝」。瞻波原是印度古代十六大國之一的鴦伽國的首都。位於瞻波河和恒河岸邊，這個城市的遺址現在巴迦爾普爾附近。

瞻波國，周四千餘里。國大都城北背❶殑伽河，周四十餘里。土地墊❷溼，稼穡滋盛。氣序溫暑，風俗淳質。伽藍數十所，多有傾毀，僧徒二百餘人，習小乘教。天祠二十餘所，異道雜居。都城壘磚，其高數丈，基址崇峻，卻敵高險。在昔劫初，人物伊始，野居穴處，未知宮室。後有天女，降跡人中，遊殑伽河，濯流自媚，感靈有娠❸，生四子焉，分王贍部洲，各擅區宇，建都築邑，封疆畫界，此則一子之國都，贍部洲諸城之始也。

城東百四五十里，殑伽河南，水環孤嶼❹，崖巘崇峻，上有天祠，神多靈感。鑿崖為室，引流成沼，花林奇樹，巨石危峰，仁智所居，觀者忘返。

國南境山林中，野象猛獸群游千數。

自此東行四百餘里，至羯朱嗢祇羅國彼俗或謂羯蠅揭羅國。中印度境。

【注釋】❶背　靠。❷墊　淹沒；下陷。❸娠　懷孕。❹嶼　島。

【語譯】瞻波國方圓四千多里。這個國家的大都城北靠恒河，方圓四十多里。土地低溼，莊稼茂盛。氣候溫熱，風俗淳樸。境內有寺院幾十座，大多已經坍塌毀壞了，僧徒有二百多人，都學習小乘法教。外道神廟有二十多所，各種外道雜居一處。都城是用磚壘成的，城高數丈，城基高大峻拔，防禦工事堅固險要。在劫初的時候，剛剛開始有了人類，人們都住在荒野洞穴之中，還不懂得建造房屋。後來有一位天女降臨世間，在恒河邊遊玩，當她在河中沐浴時顧影自憐，於是感靈懷孕。後來便生下四個兒子，他們瓜分了贍部洲，各自統治一塊領地，建立都城，修築里邑，劃分疆界。這座城就是其中一個兒子的國都，也是贍部洲最早建起的一個城市。

從都城向東走一百四、五十里，在恒河以南，有一座被水環繞的孤島，島上山崖高峻，上有一座外道神廟，其中供奉的天神有許多靈異。人們在這裡開鑿山崖作成居室，引來流水修成池潭，島上花林奇樹掩映著巨石危峰，實是仁人智者居住的好地方。前來觀賞的人無不流連忘返。

在這個國家南部邊境的山林裡，野象和猛獸成群結隊四處遊竄，動輒上千。

從這裡向東走四百多里，到達羯朱嗢祇羅國。

【說明】本文介紹瞻波國的概況及有關傳說。瞻波原是鴦伽國的都城，鴦伽係印度古代十六大國之一，在佛陀之前非常強大，一度連摩揭陀國也向它稱臣。最初瞻波是鴦伽國的所謂八萬村落之一，後來經濟逐漸繁榮，發展成為古代印度六大城市之一。據說這個國家的商業貿易曾遠至緬甸。但玄奘到這裡時它卻已經非常衰敗了。

羯朱嗢祇羅國

【題解】羯朱嗢祇羅，梵文寫作 Kajunghira，是印度東部城市。其遺址初步確定在現在的拉吉馬哈爾(Rājmahal)。在玄奘訪問印度時，它役屬於戒日王統治的羯若鞠闍國，所以連自己的都城也沒有。

羯朱嗢祇羅國，周二千餘里。土地泉溼❶，稼穡豐盛。氣序溫，風俗順。敦尚❷高才，崇貴學藝。伽藍六七所，僧徒三百餘人。天祠十所，異道雜居。近數百年，王族絕嗣，役屬鄰國，所以城郭丘墟，多居村邑。故戒日王遊東印度，於此築宮，理諸國務，至則葺茅為宇，去則縱火焚燒。國南境多野象。北境去殑伽河不遠，有大高臺，積壘磚石，而以建焉，基址廣峙，刻彫奇製，周臺方面鏤眾聖像，佛及天形區別而作。

自此東渡殑伽河，行六百餘里，至奔那伐彈那國中印度境。

【注　釋】❶泉溼　低溼。❷敦尚　尊敬。

【語　譯】羯朱嗢祇羅國方圓二千多里。土地低溼，稼穡茂盛。氣候溫暖，風俗和順。人們尊敬學識淵博的人，看重學問技藝。境內有寺院六、七座，僧徒三百多人。外道神廟有十所，各種外道雜居一處。近數百年來，這個國家王族滅絕，役屬於鄰國，城池變成了廢墟，人們多住在村鎮裡。原來戒日王巡遊東印度時，在這裡修築行宮處理國事。來了以後用茅草蓋成房屋，離開的時候就放火燒掉。這個國家南部邊境有許多野象。北境離恒河不遠有一個大高臺，是用磚石壘建而成，高臺的基址又高又寬，上面有精美的雕刻。在臺的四周鏤刻著聖人們的畫像，佛和天神的樣子各不相同。

從這裡向東渡過恒河，走六百多里，到達奔那伐彈那國。

奔那伐彈那國

【題　解】奔那伐彈那，梵文寫作Puṇḍravardhana，也被譯作分那婆陀那。意譯為「正增長」。是東印度的一個有名的古國，印度史詩中曾多次提到這個國家。它最強盛時領土包括孟加拉全境，此後也包括孟加拉北部的大部分地區。玄奘到這裡時，該國的領土仍是「周四千餘里」。

奔那伐彈那國，周四千餘里。國大都城周三十餘里。居人殷盛，池館花林往往相間。土地卑溼，稼穡滋茂。般橠娑果❶既多且貴，其果大如冬瓜，熟則黃赤，剖之中有數十小果，大如鶴卵，又更破之，其汁黃赤，其味甘美，或在樹枝，如眾果之結實，或在樹根，若伏苓❷之在土。氣序調暢，風俗好學。伽藍二十餘所，僧徒三千餘人，大小二乘，兼功綜習。天祠百所，異道雜居，露形尼乾實繁其黨。

城西二十餘里有跋始婆❸僧伽藍。庭宇顯敞，臺閣崇高，僧徒七百餘人，並學大乘教法，東印度境碩學名僧多在於此。其側不遠有窣堵波，無憂王之所建也。昔者如來三月在此為諸天、人說法之處，或至齋日，時燭光明。其側則有四佛座及經行遺跡之所。去此不遠復有精舍，中作觀自在菩薩像，神鑒無隱，靈應有徵，遠近之人絕粒祈請。

自此東行九百餘里，渡大河，至迦摩縷波國東印度境。

【注釋】❶般橠娑果　梵文panasa的音譯。桑科波羅蜜屬喬木。❷伏苓　寄生在松樹根上的菌類植物。形狀像甘薯，外皮黑褐色。❸跋始婆　梵文寫作Vāsibhā。意思是火焰或光輝。

【語譯】奔那伐彈那國方圓四千多里。這個國家的大都城方圓三十多里。人口稠密，池潭、樓館、花林交相掩映。地勢低溼，莊稼茂盛。般橠娑果產量很高也很貴，般橠娑果大如冬瓜，成熟時呈黃紅色，剖開它，裡面又有幾十個小果子，大小同鶴鳥卵相當，剖開這小果，裡面有黃紅色的汁液，味道甘美。般榱娑果有的長在樹枝上，同別的水果一樣結果；有的長在樹根上，像結在土中的伏苓一樣。這裡氣候調和順暢，有好學的風俗。境內有寺院二十多座，僧徒三千多人，兼習大乘和小乘兩種法教，外道神廟有一百所，各種外道雜居在一起，其中露形外道人數眾多，勢力很大。

在都城西面二十多里的地方有一座跋始婆寺。這座寺院庭宇寬敞，臺閣崇高，寺中有僧徒七百多人，都學習大乘法教，東印度境內有名望的飽學高僧大多住在這裡。在跋始婆寺旁邊不遠有一座塔，是無憂王建造的，從前如來曾在這裡為天神和人眾說法三月。到齋日的時候，這塔常常大放光明。塔旁有四佛座位及散步場所的遺跡。離這裡不遠又有一間精舍，裡面有觀自在菩薩像，神鑑英明，非常靈驗，遠近人們都以絕食表明自己敬慕之情，前來祈請保佑。

從這裡向東走九百多里，渡過大河，就到達迦摩縷波國。

【說　明】本文介紹奔那伐彈那國的概況以及都城以西的幾處佛教遺跡。在對奔那伐彈那國的概況記敘中，作者用相當篇幅介紹了般榱娑果，這個國家大概是般榱娑果的主要產地。般榱娑果果實巨大，重的可達二十公斤。果肉可食，樹液和樹葉可以消腫解毒，木材可製染料，印度僧人常用以染法衣。

對都城西面佛教遺跡的介紹主要以跋始婆寺為中心。這座寺院是這個國家最為著名的佛地，近代以來，考古工作者在這裡發掘出了大量的笈多王朝時代的文物。本文提到的無憂王建造的塔和供養觀自在菩薩像的精舍，其遺跡現在還可以找到。

迦摩縷波國

【題　解】迦摩縷波，梵文 Kāmarūpa 的音譯，也被譯為伽沒路、箇沒盧等。迦摩縷國是東印度的一個大古國，最初名為東輝國。在印度古典文學作品中，「東輝」及「迦摩縷波」這兩個名稱往往交替使用。這個國家最強盛的時候，包括有布拉瑪普特拉河谷全部以及孟加拉北部。玄奘到達這裡時，它的國土還是「周萬餘里」，可以想見該國的廣大。其都城遺址在今印度阿薩姆 (Assam) 邦西部。

迦摩縷波國，周萬餘里。國大都城周三十餘里。土地泉溼，稼穡時播。般橠娑果、那羅雞羅❶果，其樹雖多，彌復珍貴。河流湖陂❷交帶城邑。氣序和暢，風俗淳質。人形卑小，容貌黧❸黑。語言少異中印度。性甚獷暴，志存強學。宗事天神，不信佛法。故自佛興以迄於今，尚未建立伽藍，招集僧侶。其有淨信之徒，但竊念而已。天祠數百，異道數萬。

【注　釋】❶那羅雞羅　梵文寫作 nārikela。棕櫚科椰子屬喬木。❷陂　池塘。❸黧　黑。

【語　譯】迦摩縷波國方圓一萬多里。這個國家的大都城方圓三十多里。地勢低窪，土質潮溼，莊稼應時播種。國中有很多般橠娑果和那羅雞羅果樹，但這兩種水果仍然很珍貴。河流湖泊交織如帶，連結著座座城邑。這裡氣候和暢，風俗淳樸。居民身材矮小，容貌黧黑。語言和中印度稍有差異。人民性情粗獷暴烈，但熱心學習技藝，他們信奉天神，不信佛法。因此從佛教興起到現在，這個國家從未建立一座寺院，招集一位僧侶。那些信奉佛法的人，也只能在心中暗暗信奉而已。境內有外道神廟幾百所，異教徒有好幾萬人。

【說　明】本文簡要介紹迦摩縷波國的概況。迦摩縷波國位於印度東部邊境，有許多民族從別的地方移居到這裡，並在當地人口中佔有相當大的比例，這不能不使雅利安人的語言受到其他種種外來語言的影響。因此這裡的語言也難免要和中印度語言有所差異。此外，同樣是由於民族眾多，而每個民族又都有自己根深蒂固的宗教信仰，使這個國家形成了多種宗教派別。玄奘在這裡所說的「異道數萬」實在並非誇大之詞。

拘摩羅王招請

今王本那羅延天❶之祚胤❷，婆羅門之種也，字婆塞羯羅伐摩❸（唐言日冑），號拘摩羅❹（唐言童子）。自據疆土，奕葉❺君臨，逮於今王，歷千世矣。國王好學，眾庶從化，遠方高才慕義客遊，雖不淳信佛法，然敬多學沙門。初，聞有至那國沙門在摩揭陀那爛陀僧伽藍，自遠方來，學佛深法，殷勤往復者再三，未從來命。時尸羅跋陀羅論師曰：「欲報佛恩，當弘正法，子其行矣，勿憚遠涉。拘摩羅王世宗外道，今請沙門，斯善事也，因茲改轍，福利弘遠。子昔起大心，發弘誓，願孤遊異域，遺身求法，普濟含靈，豈徒鄉國？宜忘得喪，勿拘榮辱，宣揚聖教，開導群迷，先物後身，忘名弘法。」於是辭不獲免，遂與使偕行，而會見焉。拘摩羅王曰：「雖則不才，常慕高學，聞名雅尚，敢事延請。」曰：「寡能褊智，猥蒙流聽。」拘摩羅王曰：「善哉！慕法好學，顧身若浮，踰越重險，遠遊異域。斯則王化所由，國風尚學。今印度諸國多有歌頌摩訶至那國〈秦王破陣樂〉者，聞之久矣，豈大德之鄉國耶？」曰：「然。此歌者，美我君之德也。」拘摩羅王曰：「不意大德是此國人，常慕風化，東望已久，山川道阻，無由自致。」曰：「我大君聖德遠洽，仁化遐被，殊俗異域拜闕稱臣者眾矣。」拘摩羅王曰：「覆載若斯，心冀朝貢。今戒日王在羯朱嗢祇羅國，將設大施，崇樹福慧，五印度沙門、婆羅門有學業者，莫不召集。今遣使來請，願與同行。」於是遂往焉。

此國東山阜連接，無大國都，境接西南夷，故其人類蠻獠矣。詳問土俗，可兩月行，入蜀西南之境，然山川險阻，嶂氣氛沴❻，毒蛇毒草，為害滋甚。國之東南野象群暴，故此國中象軍特盛。

從此南行千二三百里，至三摩呾吒國。

【注釋】❶那羅延天　梵文寫作 Nārayaṇa。是遍入天或黑天的別名。印度神話中原人之子。❷祚胤　指福及子孫。引申為後裔。❸婆塞羯羅伐摩　梵文寫作 Bhāskaravarman。意譯為「日冑」。❹拘摩羅　梵文 kumāra 的音譯。意思是童男、少年、青年。❺奕葉　世世代代。奕，盛大。❻沴　災氣。

【語譯】迦摩縷波國現在的國王是那羅延天的後裔，屬婆羅門種姓，字婆塞羯羅伐摩，號拘摩羅。這個王族世世代代統治著這片疆土，王位傳到當今國王，已經歷了千世。國王好學深思，百姓服從他的統治，遠方高士仰慕國王的仁義多到這個國家巡遊。國王雖然不信奉佛法，但對飽學的高僧還是很尊敬的。當初，國王聽說有一位至那國的沙門住在摩揭陀國的那爛陀寺，他從很遠的地方來學習深奧的佛法。國王幾次派遣使者殷勤邀請他到迦摩縷波國來，但至那沙門都沒有接受邀請。後來尸羅跋陀羅論師對他說：「要想報答佛的恩德就要弘揚正法，你還是去吧，不要害怕路遠。拘摩羅王世代崇信外道，現在邀請一位沙門，這是好事啊。如果他竟因此改變信仰敬奉佛法，那麼這件事的福利就太廣大了。你當初興起廣大的心願，發誓要孤身遠遊異國他鄉，捨身求法，普渡眾生，豈能拘泥於一鄉一國？所以不要計較個人的得失榮辱，而要致力於宣揚聖教，開導眾生，先物後己，弘揚正法。」於是至那沙門不再推辭，同使者一起來會見拘摩羅王。拘摩羅王說：「我雖才識短淺，卻很羨慕有學問的人。我聽聞您的大名非常敬佩，所以冒昧邀請您降臨我國。」至那沙門說：「我才疏學淺，微名有汙清聽，很是慚愧。」拘摩羅王說：「好啊！您因敬慕佛法好學不倦，將個人安危置之度外，越過重重險阻遠遊異域。這都是貴國國王教化有方、國風尚學的結果啊。現在印度各國多有歌頌摩訶至那國《秦王破陣樂》的，我聽說這種樂舞已經很久了。高僧難道是來自那裡嗎？」沙門回答說：「是的。這首歌曲就是讚美我國國君的功德的。」拘摩羅王說：「想不到高僧就是這一國的人。我對貴國的風俗教化傾慕已久，只是山川阻隔，沒有機會去表達自己的敬意。」沙門說：「我國君王的聖德仁化傳於四海，很多異族國家都來向我國君王朝拜稱臣。」拘摩羅王說：「既然別國都是這樣，我也很希望能去貴國朝貢。現在戒日王正在羯朱嗢祇羅國。他將舉行大法會，樹立福德。五印度全境有學問的沙門、婆羅門都被召集在那裡。現在他派了使者來邀請我們，請您和我一起去吧。」於是他們一同前往羯朱嗢祇羅國。

這個國家東部山巒連綿，沒有大的國都，因為這裡與西南夷接境，所以居民長相同蠻獠有些類似。經過向當地人仔細詢問得知，從這裡走兩個多月就可以進入蜀西南境內。然而這中間山川險阻，瘴氣成災，毒蛇毒草肆虐為害。迦摩縷波國東南部野象成群結隊，性情暴烈，因此這個國家象軍非常壯大。

從這裡向南走一千二、三百里，到達三摩呾吒國。

【說　明】本文生動地記敘了玄奘和拘摩羅王的一次會見。通過拘摩羅王和玄奘的對話讚頌了唐太宗的偉大功績。在本書卷五有一個相似的故事，就是玄奘和戒日王的一次會見。在那個故事中，戒日王也表達了自己對唐太宗的敬慕之情。兩個國王都統治著強大的國家，不同的是，戒日王是個崇信佛法的國王，拘摩羅王則宗奉外道。他們完全可以說是這兩類人的代表，而二人對大唐和太宗不約而同的崇拜和嚮往，生動表現了大唐的強盛和唐太宗的威名遠被。這兩個故事無疑是對唐太宗功德的最熱情而具體的歌頌了。

據史料記載，迦摩縷波國一向對我國非常友好，不僅對玄奘優禮有加，而且對唐使王玄策一行也十分優待，並與我國進行物質和文化交流。曾向大唐貢獻奇珍異物和地圖，又將老子像和《道德經》請回本國。

在本文後部講述了迦摩縷波國東境風土。其中也談到和我國蜀地的交通。其實，迦摩縷波國是印度境內最早和我國有直接交通往來的地方。在我國漢代，印度市場便已有四川的邛杖、布匹出售。關於兩國貿易往來的路線，許多地理志書中都有詳細記載。

三摩呾吒國

【題　解】三摩呾吒，梵文 Samataṭa 的音譯，意思是平地，因為這個國家地勢平坦而得名。三摩呾吒國是印度東北部最重要的古國之一，其領域在恒河和梅格納河三角洲上。關於其國都的確切位置，一般認為是在今孟加拉國達卡西南的柯密拉 (Gomilla) 附近。

三摩呾吒國，周三千餘里。濱近大海，地遂卑溼。國大都城周二十餘里。稼穡滋植，花果繁茂。氣序和，風俗順。人性剛烈，形卑色黑。好學勤勵，邪正兼信。伽藍三十餘所，僧徒二千餘人，並皆遵習上座部學。天祠百所，異道雜居，露形尼乾，其徒特盛。去城不遠有窣堵波，無憂王之所建也，昔者如來為諸天、人於此七日說深妙法。傍有四佛座及經行遺跡之所。去此不遠，伽藍中有青玉佛像，其高八尺，相好圓備，靈應時效。

【語　譯】三摩呾吒國方圓三千多里。因為瀕臨大海，因而地勢低溼。這個國家的大都城方圓二十多里。這裡莊稼茁壯，花果繁茂。氣候溫和，風俗善順。人們性情剛烈，身材短小，膚色黧黑，好學不倦，邪教正教都信奉。境內有寺院三十多所，僧徒兩千多人，都遵奉研習上座部法教。外道神廟有一百所，各種外道雜居一處，其中露形外道人數最多。離都城不遠有一座塔，是無憂王建造的，從前如來曾在這裡用七天時間為天神和人眾講說深奧妙法。塔旁有四佛座位和散步場所的遺址。離這裡不遠的寺院中供有青玉佛像，高八尺，三十二相八十種好無不具備，並經常顯示靈異。

【說　明】本文簡要介紹三摩呾吒國的概況和都城附近的佛跡。有關佛在此說法云云，一般認為這是佛教徒的傳聞附會。因為史料記載，釋迦牟尼傳布佛教，從未到過三摩呾吒國。這也可以看作是這裡的佛教徒對佛的嚮往和景仰之情的一種寄託吧。

傳聞六國

【題　解】本文所介紹的六個國家都是傳聞得來。室利差呾羅，梵文 Śrī-kṣetra 的音譯，在今下緬甸伊洛瓦底江畔驃蔑 (Prome) 附近。迦摩浪迦，梵文 Kāma-laṅka 的音譯，在今馬來半島上。墮羅鉢底，梵文 Dvārapatī

的音譯，為泰國古都。伊賞那補羅，梵文 Īśānapura 的音譯，即柬埔寨。摩訶瞻波，梵文 Mahācampā 的音譯，也譯作林邑、環王國，位於印度支那半島東南海岸。閻摩那洲，梵文寫作 Yamanadvīpa，即今爪哇。

從此東北大海濱山谷中有室利差呾羅國。次東南大海隅有迦摩浪迦國。次東有墮羅鉢底國。次東有伊賞那補羅國。次東有摩訶瞻波國，即此云林邑是也。次西南有閻摩那洲國。凡此六國，山川道阻，不入其境，然風俗壤界，聲問可知。

自三摩呾吒國西行九百餘里，至耽摩栗底國（東印度境）。

【語　譯】在三摩呾吒國東北方向的大海濱的山谷中有個室利差呾羅國。再向東南，在大海邊有迦摩浪迦國。再向東有墮羅鉢底國。再向東有伊賞那補羅國。再向東有摩訶瞻波國，也就是我們所說的林邑。再向西南有閻摩那洲國。這六個國家，因為山川阻隔，我沒有進入它們的國境，它們的風俗國界都是從傳說中得來的。

從三摩呾吒國向西走九百多里，到達耽摩栗底國。

【說　明】這六個國家都不是玄奘親踐之地，因而其方位等都是從傳聞中得來的。雖然文中說到「風俗壤界，聲問可知」，但這裡只簡要介紹其大致方位，其餘情況均無記載。

耽摩栗底國

【題　解】耽摩栗底，梵文寫作 Tāmraliptī，也被譯為多摩梨帝，是印度古老城池之一。在孔雀王朝時，耽摩栗底國是摩揭陀國的一部分。其遺址在今印度西孟加拉邦米德納浦爾縣的塔姆魯克。

耽摩栗底國，周千四五百里。國大都城周十餘里。濱近海陲❶，土地卑溼。稼穡時播，花果茂盛。氣序溫暑，風俗躁烈。人性剛勇，邪正兼信。伽藍十餘所，僧眾千餘人。天祠五十餘所，異道雜居。國濱海隅，水陸交會，奇珍異寶多聚此國，故其國人大抵殷富。城側窣堵波，無憂王所建也。其傍則有過去四佛座及經行遺跡之所。

自此西北行七百餘里，至羯羅拏蘇伐剌那國東印度境。

【注　釋】❶陲　邊地。

【語　譯】耽摩栗底國方圓一千四、五百里。這個國家的大都城方圓十幾里。因為靠近海邊，土地低溼。莊稼適時播種，花果茂盛。這裡氣候溫熱，風俗躁烈。居民性情剛勇，正教、邪教都信奉。境內有寺院十幾座，僧徒一千多人。外道神廟五十多所，各種外道雜居一處。這個國家位於海邊，是水陸交通的樞紐，各地的奇珍異寶大多聚集在這裡，因此這個國家人民大都比較富裕。在都城旁邊有座塔，是無憂王建造的。塔旁有過去四佛座位以及散步場所的遺址。

從這裡向西北走七百多里，到達羯羅拏蘇伐剌那國。

【說　明】本文簡要介紹耽摩栗底國的概況，這裡是東印度的重要港口，水陸交通中心，有航線赴南印度及東南亞各地，我國僧人很多曾來這裡訪問。玄奘曾想在這裡取海道去師子國（斯里蘭卡），後來出於安全考慮，轉為陸路。

羯羅拏蘇伐剌那國

【題　解】羯羅拏蘇伐剌那，梵文 Karṇasuvarṇa 的音譯，意思是「金耳」。這個國家的名字曾出現在笈多王朝的銘刻中，一度似乎相當強大，並與摩揭陀國為敵。一般認為其地在今印度孟加拉邦穆爾昔達巴德縣的羅傑巴底登迦。

羯羅拏蘇伐剌那國，周四千四五百里。國大都城周二十餘里。居人殷盛，家室富饒。土地卑溼，稼穡時播，眾花滋茂，珍果繁植。氣序調暢，風俗淳和。好尚學藝，邪正兼信。伽藍十餘所，僧徒二千餘人，習學小乘正量部法。天祠五十餘所，異道實多。別有三伽藍，不食乳酪，遵提婆達多遺訓也。

【語　譯】羯羅拏蘇伐剌那國方圓四千四、五百里。這個國家的大都城方圓二十多里，人口稠密，家家生活富裕。這裡土地低溼，莊稼應時播種，繁花茂盛，珍奇的水果大量種植。氣候調和，風俗淳樸。人民看重學習技藝，正教、邪教都信奉。境內有寺院十幾座，僧徒兩千多人，都學習小乘正量部法教。外道神廟有五十多所，外道信徒很多。另有三座寺院，寺中僧徒不吃乳酪，這是遵奉提婆達多的遺訓。

【說　明】本文簡要介紹羯羅拏蘇伐剌那國的概況。在此必須說明的是，這個國家的位置是在耽摩栗底國的東北，而不是西北。發生這種錯誤的原因是本卷各國順序排列有誤。據史料記載，玄奘離開那爛陀寺以後向南巡遊，其行程是伊爛拏鉢伐多國→瞻波國→羯朱嗢祇羅國→奔那伐彈那國→羯羅拏蘇伐剌那國→三摩呾吒國→耽摩栗底國→烏荼國。辯機在整理《西域記》時，各國是按地區排列，而不是按玄奘巡遊時間先後排列的。因此，在奔那伐彈那國之後，敘述了它東面的鄰國迦摩縷波國，然後敘述其西南的三摩呾吒國。這樣一來就把羯羅拏蘇伐剌那國放在耽摩栗底國的後面，造成方向上的錯誤。

赤泥僧伽藍

大城側有絡多末知❶僧伽藍（唐言赤泥），庭宇顯敞，臺閣崇峻，國中高才達學聰敏有聞者，咸集其中，警誡相成，琢磨道德。初，此國未信佛法時，南印度有一外道，腹錮❷銅鍱❸，首戴明炬，杖策高步，來入此城，振擊論鼓，求欲論義。或人問曰：「首腹何異？」曰：「吾學藝多能，恐腹拆裂；悲諸愚暗，所以持照。」時經旬日，人無問者，詢訪髦彥，莫有其人。王曰：「合境之內，豈無明哲？客難不酬，為國深恥。宜更營求，訪諸幽隱。」或曰：「大林中有異人，其自稱曰沙門，強學是務，今屏居幽寂，久矣於茲，非夫體法合德，何能若此者乎？」王聞之，躬往請焉。沙門對曰：「我，南印度人也，客遊止此，學業庸淺，恐黜所聞。敢承來旨，不復固辭。論議無負，請建伽藍，招集僧徒，光讚佛法。」王曰：「敬聞，不敢忘德。」沙門受請，往赴論場。外道於是誦其宗致，三萬餘言，其義遠，其文博，包含名相❹，網羅視聽。沙門一聞究覽，詞義無謬，以數百言，辯而釋之，因問宗致❺。外道辭窮理屈，杜口不酬。既折其名，負恥而退。王深敬德，建此伽藍，自時厥後，方弘法教。

伽藍側不遠有窣堵波，無憂王所建也，在昔如來於此七日說法開導。其側精舍，過去四佛座及經行遺跡之所。有數窣堵波，並是如來說經法之處，無憂王之所建也。

從此西南行七百餘里，至烏荼國東印度境。

【注釋】❶絡多末知 Raktamaṭi 的音譯。意譯為「赤泥」。❷錮 禁錮；固定。❸鍱 軋成的金屬薄片。❹名相 佛教五法之一。佛教認為一切事物有「名」有「相」。耳可聞的叫「名」；眼可見的叫「相」。❺宗致 教義。

【語譯】在大都城旁邊有一座絡多末知寺，寺中庭宇寬敞，臺閣高聳，這個國家博學多才的學者都聚集在這裡，他們在這裡互相指正，切磋學習道德。當初這個國家還不信奉佛法的時候，南印度有一位外道拄著手杖昂首闊步來到這座城中，他肚子上束著銅片，頭上頂著火把，手中敲擊論鼓，要找人辯論。有人問他：「你的頭和肚子為什麼打扮成這種奇怪的樣子？」他說：「我學藝多能，胸腹中學問太多，因為怕把肚子脹裂，所以用銅片束緊。我為眾生的愚昧痴暗感到悲傷，所以點燃火炬為你們照明。」過了十多天，沒有人出來和他論辯，國家派人詢訪英俊之士也沒有結果。國王說：「全境之內，連一個明哲也沒有嗎？客人提出問題我們卻不能應對，這是國家的奇恥大辱。希望加緊尋訪那些隱士。」有人說：「在大林中有一位奇人，他自稱是沙門，每日勤奮修習，在這裡隱居已經很久了。如果不是體會佛法，切合道德，他怎麼能做到這一點呢？」國王聽了這話，便親自前往大林去邀請沙門。沙門對國王說：「我是南印度人，出來巡遊，停留在這裡，我才學淺薄，恐怕名不符實，讓您失望。但有幸承您旨意，我也就不再推辭了。如果我論辯勝利，想請您建立寺院，招集僧徒，以光大佛法。」國王說：「一定照辦。您的大德我不會忘記。」於是沙門接受了國王的請求前往論場。這時外道誦出他的教義，共三萬餘言，意義深遠，文理廣博，名相視聽包羅其中。沙門一聽就明白了全部含義，他只用了幾百個字就正確無誤地辯釋了外道的意思，接著就問外道的教義。外道理屈辭窮，一句話也答不上來。於是外道聲名大損，慚愧而退。國王非常崇敬沙門的才德，便建起了這座寺院。從此以後，佛法開始在這裡得到弘揚。

寺院旁邊不遠有座塔，是無憂王建造的，從前如來曾在這裡說法七日開導眾生。塔旁精舍，有過去四佛座位和散步遺跡。還有幾座塔，都是如來說法的地方，是無憂王建造的。

從這裡向西南走七百多里，到達烏荼國。

【說　明】本文介紹赤泥寺的由來，講述了很久以前沙門和外道的一次論辯。這個故事的情節安排非常有意思。從本意上說，本文的主要人物應是促使國王建立赤泥寺的沙門，但文中卻用大量篇幅描寫了他的對手外道。故事一開始作者便對外道的出場大加渲染，接下來整個國家竟無一人敢於向外道應戰，更加顯示出外道的強大力量。與他相比，沙門出場的處理則顯得低調，所佔篇幅也少得多。就連二人的論辯，主要也是敘述和渲染外道的理論，對沙門的描寫只是寥寥數語。這實際上是欲揚先抑的手法的運用。這種寫作手法的運用不僅使故事充滿懸疑，情節曲折，而且也使最後沙門的勝利顯得更有意義和價值，這正是作者的高明之處。

烏荼國

【題解】烏荼，梵文寫作 Uḍra、Oḍḍa、Oḍra 等，其地在今印度奧里薩邦北部。

烏荼國，周七千餘里。國大都城周二十餘里。土地膏腴，穀稼茂盛，凡諸果實，頗大諸國，異草名花，難以稱述。氣序溫暑，風俗獷烈。人貌魁梧，容色黧黮❶。言辭風調❷異中印度。好學不倦，多信佛法，伽藍百餘所，僧徒萬餘人，並皆習學大乘法教。天祠五十所，異道雜居。諸窣堵波凡十餘所，並是如來說法之處，無憂王之所建也。

國西南境大山中有補澀波祇釐❸僧伽藍，其石窣堵波極多靈異，或至齋日，時燭光明。故諸淨信遠近咸會，持妙花蓋，競修供養，承露盤下，覆鉢勢上，以花蓋笴❹置之便住，若磁❺石之吸針也。此西北山伽藍中有窣堵波，所異同前。此二窣堵波者，神鬼所建，靈奇若斯。

國東南境臨大海濱，有折利呾羅❻城唐言發行，周二十餘里，入海商人、遠方旅客往來中止之路也。其城堅峻，多諸奇寶。城外鱗次有五伽藍，臺閣崇高，尊像工麗。南去僧伽羅國二萬餘里，靜夜遙望，見彼國佛牙窣堵波上寶珠光明，離離❼然如明炬之懸燭也。

自此西南大林中行千二百餘里，至恭御陀國東印度境。

【注　釋】❶黧黮　黑。黮，黑。❷風調　風度、格調。❸補澀波祇釐　梵文寫作 Puspagirisaṅghārāma。意譯為「花山」。❹笴　本指箭杆。此謂花蓋之柄。❺礠　同「磁」。❻折利呾羅　梵文寫作 Caritra。❼離離　歷歷分明。

【語　譯】烏荼國方圓七千多里。這個國家的大都城方圓二十多里。土地肥沃，莊稼茂盛，所有的果實都比別的國家大。異草名花品種繁多，難以一一列舉。這裡氣候溫熱，風俗粗獷暴烈。居民體魄魁梧，膚色黧黑。語言音調和中印度不同。人們好學不倦，多崇信佛法，境內有寺院一百多所，僧徒有一萬多人，都學習大乘法教。外道神廟有五十所，各種外道雜居一處。各處共有塔十幾座，都是如來說法的地方，這些塔都是無憂王建造的。

在這個國家西南邊境的大山中有一座補澀波祇釐寺，寺中的石塔極有靈異，在齋戒的日子裡，這塔常常大放光明。因此遠近佛教徒都來到這裡，他們帶來美妙的花蓋，爭相供養在塔下，只要把花蓋柄放在承露盤下或像個倒扣的鉢形的塔身上，花蓋就附在那裡，好像磁石吸針一樣。在這座寺院西北方向的山寺中也有座塔，這塔的靈異和前面所說的石塔一樣。這兩座塔都是神鬼建造的，因此會有如此的靈奇。

在這個國家的東南境瀕臨大海的地方，有座折利呾羅城，該城方圓二十多里，是出海的商人、遠方旅客往來休息的地方。這座城堅固高峻，城中有許多奇異的珍寶。城外依次排列著五座寺院，個個臺閣崇高，佛像精美。這座城南面兩萬多里是僧伽羅國，靜夜遙望，可以看見那個國家佛牙塔上寶珠的光亮，歷歷分明，好像懸在空中的火炬。

從這裡向西南走，在大森林中走一千二百多里，到達恭御陀國。

恭御陀國

【題　解】恭御陀，梵文寫作 Koṅgoda，在今印度奧里薩邦的甘賈姆縣北部。位於奇爾加湖畔。面臨孟加拉灣，背靠東高止山。

恭御陀國，周千餘里。國大都城周二十餘里。濱近海隅，山阜隱嶙❶，土地墊溼，稼穡時播。氣序溫暑，風俗勇烈。其形偉，其貌黑。粗有禮義，不甚欺詐。至於文字，同中印度，語言風調頗有異焉。崇敬外道，不信佛法。天祠百餘所，異道萬餘人。國境之內數十小城，接山嶺，據海交，城既堅峻，兵又敢勇，威雄鄰境，遂無強敵。國臨海濱，多有奇寶，螺貝珠璣❷，斯為貨用。出大青象，超乘致遠。

從此西南入大荒野，深林巨木，干霄❸蔽日，行千四五百里，至羯餧（力甑反）伽國南印度境。

【注　釋】❶隱嶙　突起。❷珠璣　珠子。❸干霄　連天。干，接觸。

【語　譯】恭御陀國方圓一千多里，這個國家的大都城方圓二十多里。這裡臨近海邊，山巒起伏，土地低溼，莊稼應時播種，氣候溫熱，風俗勇猛。居民體形雄偉，容貌黧黑，略微懂得一些禮義，為人不很欺詐。至於文字，和中印度相同，語言風調卻有些差異。人們崇敬外道，不信佛法。境內有外道神廟一百多所，異教徒一萬多人。國內有數十座小城，靠近山嶺，處於海路交通要道，城池堅固，士兵勇敢，因此威震鄰國，敵人不敢來犯。這個國家臨近海濱，有很多奇珍異寶，他們用螺貝、珠子作為流通的貨幣。這裡出產大青象，可以用作負重遠行的坐騎。

從這裡向西南進入大荒野，荒野中深林蔽日，巨木參天。再走一千四、五百里，到達羯餕伽國。

【說明】本文簡要介紹恭御陀國的概況。文中特別介紹該國境內的幾十座小城。恭御陀國是個小國，而且地理位置優越，人民富庶，應是鄰國垂涎的目標。它之所以能夠存在下去，大概正是靠著這些小城的險要位置和士兵的勇敢善戰。這可能就是小城在文中被重點提及的原因了。

羯餕伽國

【題解】羯餕伽，梵文Kaliṅga的音譯。也被譯為迦陵迦、葛令葛、迦陵等。它是印度東部沿海的一個著名國家。古代羯餕伽是南印度有名的強國，後被阿育王（無憂王）征服。其地理位置尚未確定。

羯餕伽國，周五千餘里。國大都城周二十餘里。稼穡時播，花果具繁，林藪聯綿，動數百里。出青野象，鄰國所奇。氣序暑熱，風俗躁暴，情多狷獷❶，志存信義。言語輕捷，音調質正，詞旨風則頗與中印度異焉。少信正法，多遵外道。伽藍十餘所，僧徒五百餘人，習學大乘上座部法。天祠百餘所，異道甚眾，多是尼乾❷之徒也。

羯餕伽國在昔之時，氓俗❸殷盛，肩摩轂❹擊，舉袂成帷。有五通僊棲巖養素，人或凌觸，退失神通，以惡呪術殘害國人，少長無遺，賢愚俱喪，人煙斷絕，多歷年所，頗漸遷居，猶未充實，故今此國人戶尚少。

城南不遠有窣堵波，高百餘尺，無憂王之所建也。傍有過去四佛座及經行遺跡之所。

國境北陲，大山嶺上有石窣堵波，高百餘尺，是劫初時人壽無量歲，有獨覺於此入寂滅焉。

自此西北山林中行千八百餘里，至憍薩羅國中印度境。

【注　釋】❶狷獷　急躁粗獷。狷，急躁。❷尼乾　即耆那教。❸氓俗　百姓。❹轂　車輪的中心部分。有圓孔。可以插軸。

【語　譯】羯餕伽國方圓五千多里。這個國家的大都城方圓二十多里。莊稼適時播種，花果繁茂，大森林動輒連綿幾百里。這裡出產青野象，是鄰國很少有的。氣候炎熱，風俗暴躁，人們性情急躁粗獷，講究信義。該國語言輕捷，音調端正，詞意風格和中印度頗為不同。少數人信奉佛法，大多崇信外道。境內有寺院十幾所，僧徒五百多人，都學習大乘和小乘上座部法教。外道神廟有一百多所，外道很多，大部分是耆那教徒。

過去，羯餕伽國人口眾多，人挨人，車連車，街上的人舉起衣袖就可以連成帷帳。當時有一位五通仙隱居山巖修身養性，後來有人觸犯了他，使他失掉了神通。於是他就用惡咒術對這個國家的百姓大肆殘害，無論老少賢愚都沒能倖免一死。從此這個地方人煙斷絕了很長時間，後來雖然逐漸有人遷來居住，但還是不夠充實，因此這個國家現在人口還是很稀少。

在都城南面不遠有一座塔，塔高一百多尺，是無憂王建造的。塔旁有過去四佛座位及散步場所的遺跡。

在該國北部邊境的大山嶺上有座石塔，塔高一百多尺，這裡是劫初人壽無限時一位獨覺涅槃的地方。從這裡向西北在山林中走一千八百多里，到達憍薩羅國。

【說　明】本文簡要介紹羯餕伽國的概況和該國的興衰史。有關羯餕伽國的衰落，文中講述了五通仙懲罰國人的傳說，這個傳說可能是在暗示阿育王的征討。西元前二六一年，阿育王征討羯餕伽國時遭到該國極其勇猛頑強的抵抗。據阿育王碑銘記載，當時羯餕伽國被俘十五萬人，戰死十萬人，因傷、病而死的數十萬，這場戰爭無疑是該國人口劇減的原因之一。此外，羯餕伽國地處印度東海岸東高止山和孟加拉灣之間的一條狹長而又平坦的地帶，是南北印度之間的天然通道，所以很容易成為各國侵略的目標，人們為了躲避戰亂紛紛出走，而且該國航運的發達也為這種人口遷移提供了條件，這可能就是該國人口減少的另一個原因。

憍薩羅國

【題　解】憍薩羅，梵文 Kosala 的音譯。因為印度北方另有一個憍薩羅國（室羅伐悉底國），所以該國也被稱為南憍薩羅國。其領域包括納格浦爾以南錢達 (Chandā) 全部及其以東康克爾 (Kanker) 一帶地區。

憍薩羅國，周六千餘里，山嶺周境，林藪連接。國大都城周四十餘里。土壤膏腴，地利滋盛。邑里相望，人戶殷實。其形偉，其色黑。風俗剛猛，人性勇烈。邪正兼信，學藝高明。王，剎帝利也。崇敬佛法，仁慈深遠。伽藍百餘所，僧徒減萬人，並皆習學大乘法教。天祠七十餘所，異道雜居。

【語　譯】憍薩羅國方圓六千多里，四境被山嶺環繞，森林連綿相接。這個國家的大都城方圓四十多里。這裡土地肥沃，出產豐富。城邑鄉里一個挨著一個，人們生活富裕。這裡的居民身形偉岸，膚色黧黑。風俗剛猛，人們性情勇猛暴烈，正教、邪教都信奉，崇尚學習技藝。該國國王是剎帝利種族，崇敬佛法，心地非常仁慈。境內有寺院一百多所，僧徒近萬人，都學習大乘法教。外道神廟有七十多所，外道們雜居在一起。

【說　明】本文簡要介紹憍薩羅國的概況。這裡是大乘佛教創始人龍猛菩薩的主要活動場所，他在這裡收提婆為徒，最後也在這裡涅槃。因而該國成為大乘佛法信奉者心目中的聖地。下面要講述的就是有關龍猛菩薩的幾處勝跡。

龍猛與提婆

城南不遠有故伽藍，傍有窣堵波，無憂王之所建也。昔者，如來曾於此處現大神通，摧伏外道。後龍猛菩薩止此伽藍，時此國王號娑多婆訶❶唐言引正，珍敬龍猛，周衛門廬。時提婆菩薩自執師子國來求論議，謂門者曰：「幸為通謁。」時門者遂為入白。龍猛雅知其名，盛滿鉢水，命弟子曰：「汝持是水，示彼提婆。」提婆見水，默而投針。弟子持鉢，懷疑而返。龍猛曰：「彼何辭乎？」對曰：「默無所說，但投針於水而已。」龍猛曰：「智矣哉，若人也！知幾其神，察微亞聖，盛德若此，宜速命入。」對曰：「何謂也？無言妙辯，其在是歟？」曰：「夫水也者，隨器方圓，逐物清濁，彌滿無間，澄湛莫測，滿而示之，比我學之智周也，彼乃投針，遂窮其極。此非常人，宜速召進。」而龍猛風範懍然肅物，言談者皆伏抑首。提婆素挹❷風徽❸，久希請益，方欲受業，先騁機神，雅懼威嚴，昇堂僻坐，談玄永日，辭義清高。龍猛曰：「後學冠世，妙辯光前，我惟衰耄，遇斯俊彥，誠乃寫瓶❹有寄，傳燈不絕，法教弘揚，伊人是賴。幸能前席，雅談玄奧。」提婆聞命，心獨自負，將開義府❺，先遊辯囿❻，提振辭端，仰視質義，忽覩威顏，忘言杜口，避坐引責，遂請受業。龍猛曰：「復坐。今將授子至真妙理，法王誠教。」提婆五體投地，一心歸命，曰：「而今而後，敢聞命矣。」

【注釋】❶娑多婆訶　梵文 Sātavāha 的音譯。意思是「以娑多（一種小神仙）為乘騎者」。❷挹　通「抑」。謙抑。❸風徽　美好的風範。徽，美好的。❹寫瓶　即瀉瓶。佛教典籍多以瓶水比喻佛法。❺義府　指學識。❻囿　事物萃聚之處。

【語　譯】在都城南面不遠有座舊寺院，寺旁有座塔，是無憂王建造的。從前，如來曾在這裡現大神通降伏外道。後來龍猛菩薩住在這個寺中，當時這個國家的國王號娑多婆訶，他非常敬愛龍猛，派兵為他在門口守衛。一天，提婆菩薩從執師子國來到這裡請求和龍猛菩薩論議佛法，他對守門人說：「請您為我通報一聲。」於是守門人進去替他通報。龍猛聽說過提婆的名字，他在鉢中盛滿水，吩咐弟子說：「你把這鉢水拿去給提婆看。」提婆見了這鉢水，沈默地將一根針投了進去。龍猛的弟子捧著鉢走了回去，心中充滿疑問。龍猛問弟子：「他說了什麼嗎？」弟子回答說：「他什麼也沒說，只是把一根針投在水裡。」龍猛說：「這個人真聰明啊！他的悟性之高已經快趕上賢聖了。這樣懷有盛德的人還不馬上讓他進來！」弟子說：「你們這是什麼意思呢？所謂妙辯無言，就是這樣的嗎？」龍猛說：「水是無形的，它的或方或圓只是容器的形狀。但水能將一切清濁事物驅逐一空，彌滿無間，清澄明澈但莫測高深。我將一滿鉢水拿給他看，是比喻我學問的廣博深奧；他將針投於水中，意思是要窮盡我學問的深旨。這不是一般的人，應快快召他進來。」龍猛風範懍然震懾外物，和他談話的都不由自主的要低下頭。提婆一向很景仰龍猛的風範，早就想向他請教。他想在請教以前先闡揚自己的見識，但又懼怕龍猛威嚴的氣勢，於是他登上講堂後挑了一處偏僻的地方坐下，因為看不清龍猛，所以能夠整日地談論玄理，辭義清高。龍猛說：「這年輕後學學問當世無雙，辯議玄妙光照前人。我能在衰邁的晚年遇到這樣年輕才俊之士，真是瀉瓶有寄，傳燈不絕，後繼有人了。法教的弘揚光大就要倚賴這個人了！請您往前坐，我們來暢談玄奧的理論。」提婆聽了這番話，心裡暗自驕傲，於是就想以所懷學識見聞於世。他先將所有要論辯的理論匯聚在一起，正要振振有辭開言宣講，這時他抬頭看質問論義的人，忽然看見龍猛的面容，馬上就說不出話來了。他退出坐席請求原諒，並請求得到龍猛的指教。龍猛說：「坐下吧。我現在要將至真的妙理傳授給你，這是法王如來的真義。」提婆五體投地，一心一意跟從龍猛，他說：「從今以後，願永遠得到您的教導。」

【說　明】本文講述了龍猛收提婆為徒的故事。全文結構完整，情節曲折，人物塑造具體鮮明，文字生動，可以看作是一篇繪聲繪色的小說。其中提婆求見龍猛時二人無言的論辯是全文最為精彩的場面，這個情節的安排，不僅成功表現了龍猛的學問的博大精深和圓融成熟，以及提婆傑出的悟性，也使我們不禁要讚嘆這種將高深佛法與優美的情境完美結合的論辯方式，也表現了作者高超的文學修養。

龍猛和提婆都是大乘中觀學說的創始人，也是早期大乘佛學的代表人物。龍猛也就是我國典籍中通常所說的龍樹，他是約三世紀時南印度人，青年時是著名婆羅門教學者，後皈依佛教，精通三藏，後入雪山佛塔，遇一老苾芻授以大乘經典。此後他大力傳教，使大乘般若性空學說風靡全印度，他的主要思想是「諸法實相論」，他有一偈說：

眾因緣生法，我說即是空。
亦為是假名，亦是中道義。
未曾有一法，不從因緣生。
是故一切法，無不是空者。

這可以說是他思想的概括。這裡所說的「空」，不是空無一物的空，而是因緣生法意義上的空。也就是說，從世俗的認識上說，因緣生法，一切皆有；而從佛理去看，這一切都沒有自性，因而又是空的。有就是空，空存在於有中。

龍樹以後，他的弟子提婆進一步發揮了中觀說。他有四句偈說：

諸世間可說，皆是假非真。
離世俗名言，乃是真非假。

這就是說，以語言了解的一切事物都是假有的，只有離開語言了解的法才能觸及法的真實本質，這實際上是中觀論更進一步發揮。看來提婆沒有辜負龍猛對他的讚賞和期望。

龍猛自刎故事

龍猛菩薩善閑藥術，餐餌❶養生，壽年數百，志貌不衰。引正王既得妙藥，壽亦數百。王有稺子，謂其母曰：「如我何時得嗣王位？」母曰：「以今觀之，未有期也。父王年壽已數百歲，子孫老終者蓋亦多矣。斯皆龍猛福力所加，藥術所致。菩薩寂滅，王必殂落。夫龍猛菩薩智慧弘遠，慈悲深厚，周給群有，身命若遺，汝宜往彼，試從乞頭，若遂此志，當果所願。」王子恭承母命，來至伽藍，門者驚懼，故得入焉。時龍猛菩薩方讚誦經行，忽見王子，佇而謂曰：「今夕何夕，降趾僧坊，若危若懼，疾驅來至？」對曰：「我承慈母餘論，語及行捨之士，以為含生寶命，經語格言，未有輕捨報身❷，施諸求欲。我慈母曰：『不然。十方善逝❸，三世如來，在昔發心，逮乎證果，勤求佛道，修習戒忍，或投身飼獸，或割肌救鴿，月光王施婆羅門頭，慈力王飲餓藥叉血，諸若此類，尤難備舉，求之先覺，何代無人？』今龍猛菩薩篤斯高志，我有所求，人頭為用，招募累歲，未之有捨。欲行暴劫殺，則罪累尤多，虐害無辜，穢德彰顯。惟菩薩修習聖道，遠期佛果，慈霑有識，惠及無邊，輕生若浮，視身如朽，不違本願，垂允所求！」

龍猛曰：「俞❹，誠哉是言也！我求佛聖果，我學佛能捨，是身如響，是身如泡，流轉四生❺，往來六趣，宿契弘誓，不違物欲。然王子：有一不可者，其將若何？我身既終，汝父亦喪，顧斯為意，誰能濟之？」龍猛徘徊顧視，求所絕命，以乾茅葉自刎其頸，若利劍斷割，身首異處。王子見已，驚奔而去。門者上白，具陳始末，王聞哀感，果亦命終。

【注　釋】❶餌　指藥餌。❷報身　指以法身為因，經過修習而獲得佛果之身。也稱「報身佛」。❸善逝　梵文 Sugata 的意譯。佛的十種通號之一。❹俞　然；是。應諾之辭。❺四生　指四種生命形式：卵生、胎生、溼生、化生。

【語　譯】龍猛菩薩精通藥術，服食藥餌調養生命，雖然有幾百歲的壽命，但精力容貌沒有衰邁的跡象。引正王得了龍猛菩薩的靈丹妙藥，年壽也有好幾百歲了。引正王有個幼子，他問母親：「我什麼時候可以繼承王位？」母親回答說：「現在看來還很難確定。你的父王已經有好幾百歲，他的子孫有很多已經老死了。他的高壽完全是龍猛的福力和藥術所致。菩薩如果涅槃了，國王也就會死了。那龍猛菩薩智慧弘遠，大慈大悲，他周濟眾生，將身命置之度外，你可以去找他試著乞求他將頭布施給你，如果你成功了，就會實現做國王的願望。」王子聽了母親的指點來到龍猛住的寺院，守門人見是王子到來非常驚慌，因此他順利進到寺中。當時龍猛菩薩正在一邊讚誦佛經一邊散步，忽然看見王子，便停下來對王子說：「今天是什麼好日子您能大駕光臨僧坊？您這樣驚惶地急急忙忙跑到這裡有什麼事嗎？」王子說：「我和慈母閑談，說到行施捨的志士，我以為一切眾生都愛惜生命，這是很自然的，沒有人能夠為了別人的請求就輕易將報身施捨出去。我的慈母卻說：『不對，十方善逝，三世如來曾發過心願，要證得聖果，就要勤修佛道，修習戒忍。或是投身飼獸，或是割肉救鴿，月光王將頭施給婆羅門，慈力王以自己的熱血餵餓藥叉。這樣的事例難以一一列舉。過去那些先覺中哪一代沒有這樣的人？』現在您龍猛菩薩胸懷高志，我有一件事求您。我想要一顆人頭，已經招募了很多年，沒有人肯施捨出來。若是使用暴力殺人取頭，則罪孽太深。而且傷害無辜，臭名昭著。而菩薩修習聖道，期望證得佛果，慈悲之心及於一切生靈，視生命如浮雲，視身體如朽木，因此我的請求並不違背您的本願，希望您能應允我。」龍猛說：「是啊，您說得很對！我求證佛果，學習佛的廣泛布施。這個身體不過如聲響泡沫一般無常，在四生六趣中往來流轉。我曾發過大誓願，不違逆外物的欲望要求，滿足您的請求正和我的誓願相合。但是王子，有一件事不知該怎麼處理？我如果命終，您的父親也就該死了。請您好好想想這件事，誰能救他呢？」龍猛徘徊四顧，找尋能讓他絕命的東西。最後他用一片乾茅草葉割斷了自己的脖子，就好像是利劍割斷的一樣，頓時身首異處。王子見了這情景，驚恐地逃走了。守門人將這件事稟告了國王，詳細敘述了事情的始末。國王聽了非常傷感，果然也就死了。

【說明】本文講述龍猛自刎的故事。這是一個看上去很悲壯的故事。讀者也許會責備王子的殘忍，但是我們必須明白，王子的請求只是龍猛捨命的表面原因，而更深層原因則是他對佛家教義的明悟。龍猛身為佛教徒而去研究藥術，服餌養生追求長生不老，又將此術傳給俗世的引正王，這本身就是有悖佛旨的。而且就此打亂了世俗社會正常的秩序和規律，可能給眾生帶來災難。所以這時的龍猛尚處於有障未悟的境界。當王子前來請求其捨命的時候，列述了許多高僧捨身布施的事跡，雖然王子本意未必是在說教，但他的話實際上卻促使了龍猛的省悟。於是肉體生命便不再有意義，「自刎其頸」也就是很自然的事了。但他還有一絲遺憾。他一死，引正王也不能活下去了。

跋邏末羅耆釐山

國西南三百餘里至跋邏末羅耆釐山❶唐言黑蜂，岌然❷特起，峰巖峭險，既無崖谷，宛如全石。引正王為龍猛菩薩鑿此山中，建立伽藍。去山十數里，鑿開孔道，當其山下，仰鑿疏石。其中則長廊步簷，崇臺重閣，閣有五層，層有四院，並建精舍，各鑄金像，量等佛身，妙窮工思，自餘莊嚴，唯飾金寶。從山高峰臨注飛泉，周流重閣，交帶廊廡❸。疏寮❹外穴，明燭中宇。初，引正王建此伽藍也，人力疲竭，府庫空虛，功猶未半，心甚憂慼。龍猛謂曰：「大王何故若有憂色？」王曰：「輒運大心，敢樹勝福，期之永固，待至慈氏，功績未成，財用已竭，每懷此恨，坐而待旦。」龍猛曰：「勿憂。崇福勝善，其利不窮，有興弘願，無憂不濟。今日還宮，當極歡樂，後晨出遊，歷覽山野，已而至此，平議營建。」王既受誨，奉以周旋。龍猛菩薩以神妙藥，滴諸大石，並變為金。王遊見金，心口相賀，回駕至龍猛所曰：「今日畋遊，神鬼所惑，山林之中時見金聚。」龍猛曰：「非鬼惑也。至誠所感，故有此金，宜時取用，濟成勝業。」遂以營建，功畢有餘。於是五層之中，各鑄四大金像，餘尚盈積，充諸帑藏❺。招集千僧，居中禮誦。龍猛菩薩以釋迦佛所宣教法，及諸菩薩所演述論，鳩集❻部別，藏在其中。故上第一層惟置佛像及諸經論，下第五層居止淨人、資產、什物，中間三層僧徒所舍。聞諸先志曰：引正營建已畢，計工人所食鹽價，用九拘胝（拘胝者，唐言億）金錢。其後僧徒忿諍，就王平議。時諸淨人更相謂曰：「僧徒諍起，言議相乖，凶人伺隙毀壞伽藍。」於是重關反拒，以擯僧徒。自爾已來，無復僧眾，遠矚山巖，莫知門徑。時引善醫方者入中療疾，蒙面入出，不識其路。

從此大林中南行九百餘里，至案達羅國（南印度境）。

【注釋】❶跋邏末羅耆釐山　梵文寫作Bhrāmara-giri。意譯為黑蜂山。❷岌然　山高的樣子。❸廡　正房對面和兩側的小屋子。❹寮　窗。❺帑藏　國庫。❻鳩集　聚集。鳩，通「糾」。

【語譯】從憍薩羅國往西南走三百多里，到達跋邏末羅耆釐山。這座山巍峨聳立，峰巖險峭，沒有崖谷，宛如一整塊石頭。引正王為龍猛菩薩開鑿此山，在山中建了一座寺院。離山十幾里，開鑿有孔道，是從山下向上鑿開山石而成。山寺中有長廊步簷，樓臺高聳，亭閣重疊。樓閣有五層，每層有四個院落，都建有精舍，精舍中鑄有金像，金像大小和佛身相等，非常精美，只用黃金珠寶裝飾。從山峰上飛流而下的泉水環繞著重閣，像帶子一樣交織在廊廡之間。疏朗的窗子向外洞開，光線照在屋宇之中。當初引正王建這座寺院的時候，剛剛建了一半，已經是人力疲竭，府庫空虛，引正王心裡非常憂愁。龍猛對他說：「大王為什麼面有憂色？」引正王說：「我發大心願，想樹立大福德，並期望它能永固等待慈氏出現。但我這功績還未完成，財力卻已枯竭，這個遺憾常使我夜不能寐。」龍猛說：「不必憂慮。做勝大的福善事業，利益無窮，只要有弘大的誓願，就不要發愁有解決不了的事。你今天回到宮中可以盡情歡樂，後天早晨到山野中遊覽過後，再到這裡，我們來商議營建寺院的事。」國王聽從了他的教誨，施禮而回。龍猛菩薩將神奇的妙藥滴在大石上，大石都變成了黃金。國王遊覽的時候見了這些金子，非常高興，他駕車來到龍猛的住所對龍猛說：「我今天出遊被神鬼迷惑，在山林中經常看見成堆的黃金。」龍猛說：

「這不是神鬼在迷惑人。因為大王至誠感動了上天，所以會有這些金子。你應及時取用，以完成勝大的福業。」引正王於是用這些黃金營建寺院，建成寺院後還有盈餘，便用剩餘的黃金在五層樓閣中各鑄了四尊大金像。還剩下很多黃金就都充實到國庫中去了。引正王招集了上千名僧人住在寺中禮誦佛經。龍猛菩薩將釋迦佛宣講的法教以及各位菩薩所作述論統一整理，分門別類收藏在寺中。寺院最上一層只放置佛像和經論著作，最下面一層住淨人，擱置資產、雜物，中間三層住僧侶。聽前輩們說：引正王建好這座寺院以後，計算工人所吃掉的鹽的價錢，用去了九拘胝金錢。後來僧徒發生爭執，到國王那裡評論是非。當時淨人們也互相議論說：「僧徒紛爭，言辭互相矛盾，惡人要趁機毀壞這座寺院了。」國王於是下令反鎖重門，擯退僧徒。從那以後，這裡就不再有僧人了。遠望山巖，也找不到入寺的門徑。有時擅長醫術的人被領進去治療疾病，但這些人出入都被蒙上臉，也無法辨識路徑。

從這裡在大森林中向南走九百多里，到達案達羅國。

【說 明】讀這段故事應注意其中「迷惑」的寓義。跋邏末羅耆釐山，在大唐語言裡是「黑山」的意思。稱此山為黑山可能具有象徵性，也可能這個故事是從這山的特點上演繹出來的。不管是哪種情況，這個故事都具有一定的啟示意義。引正王發弘願樹福德為龍猛建造寺院，這本來是件善事，但他好大喜功，疲竭民力，耗空府庫，顯然是過分之舉。從佛家教義說來，他這是一種「迷惑」。而龍猛菩薩受到感動，出於對人間善行的鼓勵而幫助引正王，這本來也是件好事，但他用神藥化石為金便不免過分，尤其是他化出的黃金太多，終因金錢引起僧徒的爭吵，直至寺院面臨被毀的危險。這不僅表明僧眾有所「迷惑」，而且表明龍猛也不很清醒。它最後的廢置不用彷彿告訴人們：這座寺院的建造本身就是各種「迷惑」的產物，因而也無法給人們指明正確路徑。

案達羅國

【題　解】案達羅，梵文 Āndhra 的音譯。案達羅是南印度有名的古國，其發祥地在現今特蘭加那以北、以東和以南地帶。古代案達羅國的領域隨國勢盛衰而發生變化，玄奘巡遊時的案達羅國是指東遮婁其王朝所統治的文者王國，其領域在哥達瓦里河和克里希那河之間的地區。

案達羅國，周三千餘里。國大都城周二十餘里，號瓶耆羅❶。土地良沃，稼穡豐盛。氣序溫暑，風俗猛暴。語言辭調異中印度，至於文字，軌則❷大同。伽藍二十餘所，僧徒三千餘人。天祠三十餘所，異道實多。

瓶耆羅城側不遠有大伽藍，重閣層臺，製窮剞劂❸，佛像聖容，麗極工思。伽藍前有石窣堵波，高數百尺，並阿折羅❹唐言所行阿羅漢之所建也。

所行羅漢伽藍西南不遠有窣堵波，無憂王之所建也，如來在昔於此說法，現大神通，度無量眾。

【注　釋】❶瓶耆羅　梵文寫作 Veṅgī、Veṅgīpura。❷軌則　規則。軌，秩序；原則。❸剞劂　雕刻用的彎刀。這裡指雕刻。❹阿折羅　梵文 Ācāra 的音譯。意譯為「所行」。羅漢名。

【語　譯】案達羅國方圓三千多里。這個國家的大都城方圓二十多里，名叫瓶耆羅。這裡土地肥沃，莊稼茂盛。氣候溫熱，風俗猛烈。語言辭調和中印度不同，至於文字，大體相同。境內有寺院二十多座，僧徒三千多人，外道神廟有三十多所，外道很多。

在瓶耆羅城旁邊不遠有座大寺院，重閣層臺，雕刻精奇，佛像聖容極盡華美精緻。寺院前有座石塔，高幾百尺，塔、寺都是阿折羅阿羅漢建造的。

在所行羅漢寺西南不遠有座塔，是無憂王建造的。從前如來曾在這裡說法，現大神通，度化無量眾生。

【說　明】本文介紹案達羅國的概況以及瓶耆羅城外的佛教勝跡。案達羅國是南印度有名的古國，一度以僅次於摩揭陀國的強國姿態稱雄南印度。西元前三世紀，案達羅國王希穆伽建立了有名的娑多婆漢那王朝，當時該國勢力強大，文學藝術及海運等相當發達。西元三世紀以後王朝不斷更迭，文耆王國從古老的案達羅版圖中獨立出來，玄奘巡禮時，該國正處於遮婁其王朝統治的全盛時期。那時，這裡不僅是南印度政治活動中心，而且在文學藝術方面也取得不少偉大成就，有名的阿旃陀石窟就是這一時代的成就。

古代案達羅國在佛教史上也佔有重要地位。有名的大天就曾在這裡傳布大眾部教義，大眾部的東山住、西山住等部也一直在該國及其南部馱那羯磔迦國盛行，這為後來大乘佛教的產生提供了基地。

陳那與《因明論》

所行羅漢伽藍西南行二十餘里，至孤山，山嶺有石窣堵波，陳那❶唐言童授菩薩於此作《因明論》。陳那菩薩者，佛去世後，承風染衣，智願廣大，慧力深固，愍世無依，思弘聖教，以為因明之論言深理廣，學者虛功難以成業，乃匿跡幽巖，棲神寂定，觀述作之利害，審文義之繁約。是時崖谷震響，煙雲變采，山神捧菩薩高數百尺，唱如是言：「昔佛世尊善權❷導物，以慈悲心，說《因明論》，綜括妙理，深究微言。如來寂滅，大義泯絕。今者，陳那菩薩福智悠遠，深達聖旨，因明之論重弘茲日。」菩薩乃放大光明，照燭幽昧。時此國王深生尊敬，見此光明相，疑入金剛定，因請菩薩證無生果❸。陳那曰：「吾入定觀察，欲釋深經，心期正覺❹，非願無生果也。」王曰：「無生之果，眾聖攸仰，斷三界欲，洞三明智，斯盛事也，願疾證之。」陳那是時心悅王請，方欲證受無學聖果，時妙吉祥菩薩❺知而惜焉，欲相警誡，乃彈指悟之，而告曰：「惜哉！如何捨廣大心，為狹劣志，從獨善之懷，棄兼濟之願？欲為善利，當廣傳說慈氏菩薩所製《瑜伽師地論》，導誘後學，為利甚大。」陳那菩薩敬受指誨，奉以周旋，於是覃思沈研，廣因明論，猶恐學者懼其文微辭約也，乃舉其大義，綜其微言，作《因明論》，以導後進。自茲已後，宣暢瑜伽，盛業門人，有知當世。

從此林野中南行千餘里，至馱那羯磔迦國亦謂大安達邏國。南印度境。

【注釋】❶陳那　梵文寫作 Dignāga。意譯為「域龍」、「大域龍」。約五世紀末到六世紀初佛學兼因明學大師。著有《因明正理門論》，簡稱《因明論》。❷善權　佛教方便的別名。指因人而異，善巧的權略。❸無生果　即無生智果。指斷盡一切煩惱不來生三界的無餘涅槃。是小乘佛教修習所能達到的最高境界。❹正覺　佛教徒以洞明真諦達到大徹大悟的境界為正覺。成正覺就是成佛。❺妙吉祥菩薩　文殊菩薩。

【語　譯】從所行羅漢寺向西南走二十多里，到達孤山，在山嶺上有座石塔，陳那菩薩曾在這裡撰寫《因明論》。陳那菩薩是在佛去世後出家的，他智願廣大，慧力深固，悲憫世人的無依無靠，便想弘揚聖教。因為因明理論言辭深奧、義理廣大，學習的人難以輕易學成，於是他隱居深谷，凝神入定，觀察述作的利害得失，審視文義的繁簡。這時巖谷震響，煙雲奇彩變幻，山神將陳那菩薩捧到幾百尺高的半空中，這樣唱頌道：「從前佛世尊對眾生因勢利導，以慈悲心說《因明論》，綜括妙理，深究微言。如來寂滅，大義泯絕。現在，陳那菩薩福智悠遠，深解聖旨，因明之論如今要發揚光大了。」陳那菩薩全身大放光明，照射了幽暗的山谷。當時這個國家的國王非常尊敬陳那菩薩，見了他這樣的光明相，疑心他將入金剛定，便請菩薩證無生果。陳那說：「我入定是為了觀察述作，準備詮釋深奧的經典。我的願望是成正覺，並不想證無生果。」國王說：「無生果是眾賢都一心盼望能證得的。能斷滅三界欲望，洞察三明智，這是多麼了不起的盛事！您還是趕快證了無生果吧！」陳那當時很贊同國王的話，就想證受無學聖果，這時妙吉祥菩薩知道了這件事，覺得陳那這樣做太可惜了，於是彈指提醒，告誡他說：「可惜啊！為什麼捨棄了廣大的心願，卻立那狹劣的志向，遵從獨善自身的懷抱而放棄兼濟眾生的宏願？要做有利的善事，就應當傳說慈氏菩薩所著的《瑜伽師地論》，引導後人，這樣為利最大。」陳那菩薩恭敬地接受了妙吉祥菩薩的教誨，施禮而謝。於是他便精心鑽研，推廣因明理論，為使學習的人不致因其文辭微妙深奧而卻步，他又提煉出其中大旨要義，綜括精微的言辭，撰寫成《因明論》，以引導後學青年。從那以後，陳那菩薩便一心從事宣講瑜伽這件大事，他的學生都成為當時有名的學者。

從這裡在山野中向南走一千多里，到達馱那羯磔迦國。

【說　明】本文主要講述著名大乘論師、因明學家陳那抗禦誘惑、排除干擾，完成其學說的故事。因明學是一種融和了深刻的佛教義理與邏輯思辯於一體的艱奧學問，非常人所能通達，因而要成為這種學說的深刻領悟者，就必須付出非常的努力。陳那智願廣大，慧力深固，隱居幽巖，苦下真功，終於大有收穫，受到山神的捧揚和讚頌。然而就在這個時候，一種誘惑出現了——案達羅國王請他證無生果。證得無生果，便可以斷滅三界欲望，達到無生滅煩惱的境界，這對任何人都是巨大的誘惑。陳那本來是希望獲得正覺的，但獲得正覺的道路卻要漫長和艱苦得多。在這樣的誘惑下，他開始動搖了，便欲改變操持。幸而他得到了妙吉祥菩薩的提醒，才沒有誤入歧途。妙吉祥告訴陳那也是告訴世人：應當追求廣大的志願，而不要做低小的計較；應當以兼濟眾生為先，而不要只想著自身的「獨善」。因此，證無生果對陳那來說既是誘惑也是考驗，好在他終於通過了考驗，排開了誘惑，並終於完成了學說，成為一代宗師。

馱那羯磔迦國

【題解】馱那羯磔迦，梵文寫作Dhānyakaṭaka，其地域在克里希那河河口兩岸地區。西元四世紀初到六世紀中葉，這一地區被建志補羅的跋羅婆王朝統治。後來又歸於遮婁其王朝。西元六三〇年，遮婁其王朝的毘濕奴伐彈那建都瓶者羅城實行獨立，其統治領域包括案達羅和馱那羯磔迦。因而馱那羯磔迦也被稱為大案達羅國。

馱那羯磔迦國，周六千餘里。國大都城周四十餘里。土地膏腴，稼穡殷盛。荒野多，邑居少。氣序溫暑，人貌黧黑。性猛烈，好學藝。伽藍鱗次，荒蕪已甚，存者二十餘所，僧徒千餘人，並多習學大乘部法。天祠百餘所，異道實多。

城東據山有弗婆勢羅❶唐言東山僧伽藍，城西據山有阿伐羅勢羅❷唐言西山僧伽藍，此國先王為佛建焉。奠❸川通徑，疏崖峙閣，長廊步簷，枕巖接岫❹，靈神警衛，聖賢遊息。自佛寂滅，千年之內，每歲有千凡夫僧同入安居，罷安居日皆證羅漢，以神通力凌虛而去；千年之後，凡、聖同居。自百餘年，無復僧侶，而山神易形，或作豺狼，或為猨狖❺，驚恐行人，以故空荒，閴❻無僧眾。

【注　釋】❶弗婆勢羅　梵文 Pūrvaśaila 的音譯。意譯為東山。❷阿伐羅勢羅　梵文 Avaraśaila 的音譯。意譯為西山。❸奠　建立。❹岫　山洞。❺猨狖　猿猴。❻閴　寂靜；空虛。

【語　譯】馱那羯磔迦國方圓六千多里，這個國家的大都城方圓四十多里。這裡土地肥沃，莊稼茂盛。荒野多，里邑少。氣候溫熱，人們膚色黧黑，性情猛烈，崇尚學藝。境內寺院像魚鱗一樣排列密集，只是都已荒蕪了，保存下來的只有二十多座，僧徒有一千多人，大都研習大乘法教。外道神廟有一百多所，外道信徒很多。

在都城東面依山建有一座弗婆勢羅寺，城西靠山有座阿伐羅勢羅寺。這兩座寺院都是這個國家的先王為佛建造的。河邊有路徑相通，樓閣聳立在高崖之上，長廊步簷在山崖間曲折盤旋，這裡有神靈護衛，常有聖賢在這裡遊玩休息。佛涅槃後一千年內，每年都有一千名凡夫僧一起在這裡入安居，解安居的那一天都證得羅漢果，憑神通力凌空飛去；一千年以後，凡人和聖人都住在這裡。近百年來，這裡不再有僧侶了，山神在這裡變化出各種形象，有時變作豺狼，有時變成猿猴，嚇唬行人。所以這兩座寺院便逐漸荒蕪了，空寂而沒有一個僧侶。

【說　明】本文簡要介紹馱那羯磔迦國的概況以及都城外兩座寺院的歷史。在佛涅槃後一千年內，這兩座寺院尚是靈神警衛聖賢遊息的莊嚴聖地，每年都有一千名凡夫僧在這裡證得聖果，凌空而去，但千年以後這兩座寺院卻逐漸荒蕪了，並成為山神邪魔肆虐的場所。這種變遷暗喻了佛教的逐漸衰微以及世俗社會的蒙昧沈淪。在平靜的敘述中飽含著作者的無奈和嘆息。

清辯故事

城南不遠有大山巖，婆毘吠伽❶唐言清辯論師住阿素洛宮待見慈氏菩薩成佛之處。論師雅量弘遠，至德深邃，外示僧佉之服，內弘龍猛之學，聞摩揭陀國護法菩薩宣揚法教，學徒數千，有懷談議，杖錫而往。至波吒釐城，知護法菩薩在菩提樹，論師乃命門人曰：「汝行詣菩提樹護法菩薩所，如我辭曰：菩薩宣揚遺教，導誘迷徒，仰德虛心，為日已久。然以宿願未果，遂乖禮謁。菩提樹者，誓不空見，見當有證，稱天人師。」護法菩薩謂其使曰：「人世如幻，身命若浮，渴日勤誠，未遑❷談議。」人信往復，竟不會見。論師既還本土，靜而思曰：「非慈氏成佛，誰決我疑？」於觀自在菩薩像前誦《隨心陀羅尼》❸，絕粒飲水，時歷三歲，觀自在菩薩乃現妙色身，謂論師曰：「何所志乎？」對曰：「願留此身，待見慈氏。」觀自在菩薩曰：「人命危脆，世間浮幻，宜修勝善願，生覩史多天，於斯禮覲，尚速得見。」論師曰：「志不可奪，心不可貳。」菩薩曰：「若然者，宜往馱那羯磔迦國城南山巖執金剛神所，至誠誦持《執金剛陀羅尼》者，當遂此願。」論師於是往而誦焉。三歲之後，神乃謂曰：「伊何所願，若此勤勵？」論師曰：「願留此身，待見慈氏，觀自在菩薩指遣來請，成我願者，其在神乎？」神乃授祕方，而謂之曰：「此巖石內有阿素洛宮，如法行請，石壁當開，開即入中，可以待見。」論師曰：「幽居無覩，詎知佛興？」執金剛曰：「慈氏出世，我當相報。」論師受命，專精誦持，復歷三歲，初無異想，呪芥子以擊石，巖壁豁而洞開。是時百千萬眾觀覩忘返，論師跨其戶而告眾曰：「吾久祈請，待見慈氏，聖靈警祐，大願斯遂，宜可入此，同見佛興。」聞者怖駭，莫敢履戶，謂是毒蛇之窟，恐喪身命。再三告語，惟有六人從入。論師顧謝時眾，從容而入，入之既已，石壁還合。眾皆怨嗟，恨前言之過也。

自此西南行千餘里，至珠利耶國。南印度境。

【注　釋】❶婆毘吠伽　梵文 Bhāviveka 的音譯。意譯為清辯、明辯或分別明。❷未遑　沒有空閑。遑，閑暇。❸隨心陀羅尼　梵名 Mahākāruṇkacittadhāraṇī。又譯為《千手千眼觀音大士大悲心陀羅尼》。即所謂《千手經》。

【語　譯】都城南面不遠有座大山巖，這裡是婆毘吠伽論師住在阿素洛宮等待慈氏菩薩成佛的地方。論師胸懷大志，德行深邃，雖然穿著僧佉服裝，心中尊奉的卻是大乘龍猛的學說。他聽說摩揭陀國護法菩薩宣揚法教，學徒有幾千人，有心要和他談論法教，於是拄著錫杖前往摩揭陀國。他來到波吒釐城，知道護法菩薩在菩提樹那裡，論師吩咐弟子說：「你到菩提樹護法菩薩那裡，向他轉達我的意思，就說：菩薩宣揚如來遺教，引導迷失的徒眾，我對菩薩的盛德仰慕已久。但因我的宿願還未實現，所以不能前來禮謁菩薩。我發誓不能空見菩提樹，當我來見菩提樹的時候一定是已經證得聖果並稱天人師。」護法菩薩對他的使者說：「人世如幻影，身命如浮雲，時日緊迫應勤勉修習，哪有閑暇高談闊論呢。」兩人派使者往返帶信，竟沒有見面。論師回到本國後，靜下心來想道：「除非慈氏菩薩成佛，不然誰能解答我的疑惑？」於是他在觀自在菩薩像前誦《隨心陀羅尼》，水米不進，絕食三年。這時觀自在菩薩便現出妙色身，問論師：「你有什麼心願？」論師說：「我願留下這個身命，等待拜見慈氏佛。」觀自在菩薩說：「人的生命非常脆弱，世事如同浮雲幻夢，你應修習行善，往生覩史多天，在那裡禮覲慈氏，那樣可以很快就見到他。」論師說：「我的志向心意決不改變。」菩薩說：「要是這樣，你可以去馱那羯磔迦國城南山巖執金剛神的住所，至誠誦持《執金剛陀羅尼》，就會實現這個願望。」論師於是來到馱那羯磔迦國城南山巖下，至誠誦持《執金剛陀羅尼》。三年以後，執金剛神出現了，他問論師：「你這樣勤懇地誦持，有什麼心願嗎？」論師說：「我希望能保存這個身體，等待覲見慈氏。觀自在菩薩指示我到這裡來，請求執金剛神幫助我達成這個願望。您就是大神嗎？」金剛神被他的至誠所感動，便傳授給他祕方，並對他說：「這巖石內有座阿素洛宮，你按我傳授的方法去求請，石壁就會裂開，石壁一開你就進去，你可以在裡面等待覲見成佛的慈氏菩薩。」論師說：「我幽居在裡面什麼也看不見，怎樣才能知道佛出世了呢？」執金剛神說：「慈氏成佛出世的時候，我會告訴你的。」論師接受了執金剛神的教誨，專心精誠誦持，這樣又過了三年，一天他無意中口念咒語以芥菜子擊打石壁，巖壁竟豁然大開，這時成千上萬的人看到了這個奇異的景象都在這裡流連忘返。論師站在洞門口向眾人說：「我祈求了很長時間，想找一個地方等待覲見慈氏成佛。現在聖靈保祐，讓我實現了這個大心願。你們可以都進來，和我一起等待佛的出世。」人們聽了都很害怕，沒人敢踏進洞口，都說這是毒蛇的洞窟，進去就會喪命。論師再三向他們解釋，只有六個人跟著他進去了。論師回頭向人們告別，然後從容地走進石門。等他一進去，石壁馬上又合上了。眾人見了都悔恨悲嘆，恨自己先前想錯了。

從這裡向西南走一千多里，到達珠利耶國。

【說 明】清辯是印度大乘佛教中觀學派的論師，主要繼承龍樹的學說並將其「空」的理論進一步發揚光大。本文講述了他入阿素洛宮的傳說。清辯論師雖然學問高深，但對佛法中許多精微之處尚不能完全領會，有很多疑惑需要解答。他去找當時另一位論師護法討論，但護法以「渴日勤誠，未遑談議」，拒絕了他。於是他決心等慈氏成佛時向佛請教。為了保留自己的身體，他鍥而不捨，精誠祈請，終於感動了上天，使他得以進入阿素洛宮等待慈氏的成佛出世。清辯一旦定下一個目標，便義無反顧堅定不移地去實行，這種精神和毅力是值得肯定的。但他也未免過於拘泥和頑固，如「菩提樹者，誓不空見」云云，就反映出一種「我執」的傾向，這無疑阻礙了他對佛法的深入理解。

珠利耶國

【題 解】珠利耶，梵文Colya的音譯。其領域在南印度東岸佩內爾河下游，自貢土爾以南到吠拉爾河之間的地區。

珠利耶國，周二千四五百里。國大都城周十餘里。土野空曠，藪澤荒蕪。居戶寡少，群盜公行。氣序溫暑，風俗姦宄❶。人性獷烈，崇信外道。伽藍頹毀，粗有僧徒。天祠數十所，多露形外道也。

城東南不遠有窣堵波，無憂王之所建也。如來在昔嘗於此處現大神通，說深妙法，摧伏外道，度諸天、人。

城西不遠有故伽藍，提婆菩薩與羅漢論議之處。初，提婆菩薩聞此伽藍有嗢呾羅❷（唐言上）阿羅漢，得六神通，具八解脫，遂來遠尋，觀其風範。既至伽藍，投羅漢宿。羅漢少欲知足，唯置一床。提婆既至，無以為席，乃聚落葉，指令就坐。羅漢入定，夜分方出。提婆於是陳疑請決，羅漢隨難為釋，提婆尋聲重質，第七轉已，杜口不酬，竊運神通力，往覩史多天請問慈氏。慈氏為釋，因而告曰：「彼提婆者，曠劫修行，賢劫之中當紹❸佛位，非爾所知，宜深禮敬。」如彈指頃，還復本座，乃復抑揚妙義，剖析微言。提婆謂曰：「此慈氏菩薩聖智之釋也，豈仁者所能詳究哉？」羅漢曰：「然，誠如來旨。」於是避席禮謝，深加敬歎。

從此南入林野中，行千五六百里，至達羅毘荼國（南印度境）。

【注　釋】❶姦宄　姦詐。宄，作亂或盜竊的壞人。❷嗢呾羅　梵文 Uttara 的音譯。意譯為上或勝。羅漢名。❸紹　繼承。

【語　譯】珠利耶國方圓二千四、五百里。它的國都方圓十幾里。田野空曠，林澤荒蕪，居民很少，群盜公然橫行。這裡氣候溫熱，風俗姦詐。人性粗獷暴烈，崇信外道。寺院大多坍塌毀壞，僧徒很少。外道神廟有幾十所，大多是露形外道。

在都城東南不遠有一座塔，是無憂王建造的。從前如來曾在這裡現大神通，講說深刻妙法，降伏外道，度化天神和人眾。

在城西不遠有座舊寺，是提婆菩薩和羅漢探討佛法的地方。當初，提婆菩薩聽說這座寺院中有位嗢呾羅阿羅漢，已獲得六神通，具備八解脫，於是從很遠的地方來找他，來瞻仰他的風範。提婆來到寺院，就住在羅漢那裡。羅漢清心寡欲，他的住室只有一張床。提婆來了以後，連坐的地方都沒有，羅漢便將落葉收拾在一處，讓提婆坐在上面。羅漢入定，到夜分才出定。提婆待他出定，便提出疑難問題請他解答，羅漢一一為他做出解釋。待他解答完畢，提婆馬上又提出新的問題，這樣二人連續對答了七個回合。這時羅漢停頓了一下，暗中運用神通力，上到覩史多天請教慈氏菩薩。慈氏菩薩為他解答了問題，並告訴他說：「那個提婆，曠劫修行，在賢劫中是要繼承佛位的。以你的能力還不能知道這一點，你對他一定要深加禮敬。」羅漢往返覩史多天只是彈指間的事，他回到本座，便開始闡揚玄妙的義理，剖析精微的言辭。提婆對他說：「這像是以慈氏菩薩的大智慧做出的解釋，好像不是您所能考究出來的吧？」羅漢說：「對，你說得很對。」於是離席向提婆施禮致意，對他非常敬重嘆服。

從這裡向南在林野中走一千五、六百里，到達達羅毘荼國。

【說　明】本文講述了提婆和嗢呾羅阿羅漢的一個小故事。故事雖然不長，但兩個主要人物的刻劃卻非常成功。故事的高潮在後半部，羅漢對提婆的問題無法解答，便潛運神通去請教慈氏菩薩，然後繼續對提婆侃侃而談。但提婆立刻指出這不可能是他的見解，而只能是慈氏的智慧，羅漢不好意思地承認了。短短一個片段，便將提婆的聰敏和羅漢的寬厚栩栩如生地表現了出來，內容具體，文字簡練。

達羅毘荼國

【題　解】達羅毘荼，梵文寫作 Dravida，佛典中也稱之為達羅鼻荼、達利鼻荼等。該國是曾統治案達羅國的跋羅婆王朝的根據地。其領域在今印度安得拉邦南部、泰米爾納德邦北部，以帕拉爾河流域為中心的東海岸地區。該國在那羅僧伽伐摩二世統治時期曾和我國建立友好關係，並接受唐朝冊封。該國的建築和雕刻藝術非常發達，並與中印度有頻繁的政治、文化交流，在南印度具有相當重要的地位。

達羅毘荼國，周六千餘里。國大都城號建志補羅❶，周三十餘里。土地沃潤，稼穡豐盛，多花果，出寶物。氣序溫暑，風俗勇烈。深篤信義，高尚博識，而語言、文字少異中印度。伽藍百餘所，僧徒萬餘人，並皆遵學上座部法。天祠八十餘所，多露形外道也。如來在世，數遊此國，說法度人，故無憂王於諸聖跡皆建窣堵波。

建志補羅城者，即達磨波羅❷唐言護法菩薩本生之城。菩薩，此國大臣之長子也。幼懷雅量，長而弘遠。年方弱冠，王姬下降，禮筵之夕，憂心慘悽，對佛像前慇懃祈請，至誠所感，神負遠遁❸，去此數百里，至山伽藍，坐佛堂中。有僧開戶，見此少年，疑其盜也，更詰問之，菩薩具懷指告，因請出家。眾咸驚異，遂允其志。王乃宣命，推求遐邇，乃知菩薩神負遠塵。王之知也，增深敬異。自染衣已，篤學精勤，令問風範，語在前記。

城南不遠有大伽藍，國中聰叡同類萃❹止。有窣堵波，高百餘尺，無憂王所建也。如來在昔於此說法，摧伏外道，廣度人、天。其側則有過去四佛座及經行遺跡之所。

自此南行三千餘里，至秣羅矩吒國。亦謂枳秣羅國。南印度境。

【注　釋】❶建志補羅　梵文 Kāñcīpura 的音譯。跋羅婆王朝的國都。❷達磨波羅　梵文 Dharmapala 的音譯。意譯為護法、法護。❸遁　逃走。❹萃　聚集。

【語　譯】達羅毘荼國方圓六千多里。其國都名字叫建志補羅，方圓三十多里。該國土地肥沃，莊稼豐盛，花果很多，出產寶物。氣候溫熱，風俗勇猛。人民非常講求信義，尊敬博學多識的人，語言、文字和中印度稍有差異。境內有寺院一百多所，僧徒一萬多人，都遵習上座部法教。外道神廟有八十多所，信徒大多是露形外道。如來在世的時候，曾多次來到這個國家，說法度人，無憂王在這些聖跡上都建了塔。

建志補羅城是達磨波羅菩薩的出生地。護法菩薩是這個國家一位大臣的長子，從小就胸懷雅量，長大以後志向更加遠大。他二十歲的時候，王姬下嫁給他。在舉行婚禮的那天晚上，護法菩薩心中非常憂傷，對著佛像誠懇地祈禱，他的至誠感動了上天，於是天神便背著他遠遠地跑掉了。天神將他背到離建志補羅城幾百里遠的一座山寺，將他放在佛堂中。這時有位僧人開門看見了這位少年，懷疑他是竊賊，一再地盤問他，菩薩便將自己的願望告訴了他，並請求出家。僧人們都很驚異，就答允了他的請求。護法菩薩失蹤後，國王發布命令，到處尋找他，後來知道菩薩被天神背到很遠的地方出了家。國王知道了這件事，對菩薩又敬重又驚異。菩薩出家以後，勤奮學習，關於他的事跡，前面已有記述。

在城南不遠有座大寺，全國的智者都匯聚在這裡。寺中有座塔，高一百多尺，是無憂王建造的。從前如來曾在這裡說法，降伏外道，廣度天神人眾。塔旁有過去四佛座位和散步場所的遺跡。

從這裡向南走三千多里，到達秣羅矩吒國。

【說　明】本文簡要介紹達羅毘荼國的概況和護法菩薩出家故事。護法菩薩的出家具有濃厚的神話色彩。他在新婚之夜的出逃，表現了他對俗世的所謂幸福快樂的淡漠和對佛法的堅定信仰。按照佛教的說法，他是一個有慧根的人。這個小故事可以作為他以後在佛學上取得巨大成就的一個注解。

建志補羅是一個著名的國都，這不僅因為它是瑜伽行宗十大論師之一護法的誕生地，該城自古以來就是宗教聖地。它是佛教的學術中心之一，歷代興建的壯麗寺院非常多；它又是印度教、耆那教派的主要活動場所，這座城市東部一度被稱為濕婆建志，西部被稱為毘濕奴建志，這裡有一座印度教的迦摩克希寺，尤為著名。建志補羅也是南印度的海運中心，和南亞及東亞各國都有海上交通。早在西漢時中國使者就曾到過這裡。

秣羅矩吒國

【題　解】秣羅矩吒，梵文 Malakūṭa 的音譯。意思是山區。這個國家，玄奘並沒有去過。有關這個國家的確切位置，現在還沒有一致的意見。

秣羅矩吒國，周五千餘里。國大都城周四十餘里。土田舄鹵❶，地利不滋。海渚❷諸珍多聚此國。氣序炎熱，人多黧黑。志性剛烈，邪正兼崇。不尚遊藝，惟善逐利。伽藍故基實多餘址，存者既少，僧徒亦寡。天祠數百，外道甚眾，多露形之徒也。

城東不遠有故伽藍，庭宇荒蕪，基址尚在，無憂王弟大帝之所建也。其東有窣堵波，崇基已陷，覆鉢猶存，無憂王之所建立。在昔如來於此說法，現大神通，度無量眾，用❸彰聖跡，故此標建，歲久彌神，祈願或遂。

【注釋】❶舃鹵　鹽分含量過高，不適合耕作的土地。舃，同「潟」。❷渚　水中間的小塊陸地。❸用　為了。

【語譯】秣羅矩吒國方圓五千多里。該國的大都城方圓四十多里。土壤中鹽分含量高，因此收成很差。海島中的各種珍寶大多積聚在這個國家。這裡氣候炎熱，人們膚色黧黑，性情剛烈，正教和邪教都信奉。他們不崇尚學藝，卻很擅長做生意。境內寺院遺址很多，但保存完整的很少，僧徒也很少。外道神廟有幾百所，外道信徒很多，其中大多是露形外道。

都城東面不遠有座古老的寺院。該寺庭宇荒蕪，只剩下基址了。這是無憂王的弟弟大帝建造的。寺東有一座塔，高大的塔基已經下陷，只剩下覆鉢狀的塔身屹立在那裡，這是無憂王建造的。從前如來曾在這裡說法，現大神通，度化無量眾生。為了光大聖跡，於是建了這座塔作為紀念。隨著時間的推移，這座塔越來越靈異，人們到這裡來祈禱多能實現自己的願望。

【說明】本文簡要介紹秣羅矩吒國的概況以及都城外的幾處佛教遺跡。該國是個商業高度發達的國家。這雖然與當地「惟善逐利」的風氣有關。但該國土地鹽鹹化嚴重，致使農業衰微，這恐怕才是商業發達的一個重要原因。

秣剌耶山

國南濱海有秣剌耶❶山，崇崖峻嶺，洞谷深澗，其中則有白檀香樹、栴檀儞婆❷樹，樹類白檀，不可以別，唯於盛夏登高遠矚，其有大蛇縈者，於是知之。猶其木性涼冷，故蛇盤也。既望見已，射箭為記，冬蟄❸之後，方乃採伐。羯布羅香樹❹松身異葉，花果斯別，初採既濕，尚未有香，木乾之後，循理而析，其中有香，狀若雲母❺，色如冰雪，此所謂龍腦香也。

秣剌耶山東有布呾洛迦❻山，山徑危險，巖谷敧傾❼，山頂有池，其水澄鏡，派出大河，周流繞山二十帀，入南海。池側有石天宮，觀自在菩薩往來遊舍，其有願見菩薩者，不顧身命，厲❽水登山，忘其艱險，能達之者，蓋亦寡矣。而山下居人，祈心請見，或作自在天形，或為塗灰外道，慰諭其人，果遂其願。

從此山東北海畔有城，是往南海僧伽羅國路。聞諸土俗曰：從此入海，東南可三千餘里，至僧伽羅國唐言執師子，非印度之境。

【注　釋】❶秣剌耶　梵文 Malaya 的音譯。意譯為「除垢」。即西高止山的卡爾達蒙山脈。❷栴檀儞婆　梵文 candaneva 的音譯。這種樹也被稱作烏洛迦栴檀，意思是「蛇衛栴檀」或「蛇心栴檀」。❸冬蟄　指動物冬眠。潛伏起來不食不動。❹羯布羅香樹　即樟腦樹。羯布羅，是梵文 karpūra 的音譯。❺雲母　一種具片狀結晶構造，含水、鋁的矽酸鹽類礦石。❻布呾洛迦　梵文 Potalaka 的音譯。也被譯作補怛洛迦、普陀落。意譯為光明山、海島山、小花樹山等。❼敧傾　傾斜不平。❽厲　涉。

【語　譯】在秣羅矩吒國南境瀕海的地方有一座秣剌耶山。山崖高峻，谷澗幽深。山中生長著白檀香樹和梅檀儞婆樹，梅檀儞婆樹的外形與白檀香樹一模一樣，幾乎無法分辨，只有在盛夏登高遠望，看見有大蛇盤繞的樹，就知道這是梅檀儞婆樹。因為這樹木性涼冷，所以蛇喜歡盤在上面。分辨出梅檀儞婆樹以後，先射支箭在上面作為記號，大蛇冬眠以後才可以採伐。還有一種羯布羅香樹，樹幹和松樹類似，葉子不同，花與果實也不一樣，剛剛採伐的羯布羅香樹是溼的，沒有香味，等木頭乾了以後，順著木頭的紋理將樹幹剖開，就可以看見裡面的香，形狀像雲母，顏色像冰雪一樣晶瑩，這就是所謂的龍腦香了。

在秣剌耶山東面是布呾洛迦山，山中曲徑危險，巖谷傾陷。山頂有片池潭，池水清澄如鏡，從這裡發源的大河繞山環流二十圈，流入南海。池旁有座石天宮，是觀自在菩薩往來的臨時住處，有些發願要見菩薩的人，不顧自身安危，爬山涉水，將一切艱險拋到腦後，但能到達這裡的卻非常少。山下的居民，只要虔誠祈請，觀自在菩薩就會化作自在天的形象，或是變成塗灰外道的模樣來撫慰勸諭他們，滿足他們想見菩薩的心願。

從布呾洛迦山往東北走，在海邊有座城市，這是前往南海僧伽羅國的必經之地。聽當地人說：從這裡入海，向東南走三千多里，就到達僧伽羅國。

【說　明】本文主要記敘秣羅矩吒國南境的兩座有名的大山。秣剌耶山的意譯是除垢山。意思是說山中香潔的空氣會將入山者身上塵世的汙垢清除得乾乾淨淨。這座山以盛產檀香樹而著名。在印度文學作品中，常用來自秣剌耶山的風比喻香風。作者在文中主要記述了香樹的品種以及採伐方法，突出了這座山「香」的特點。而布呾洛迦山是佛教名山（我國的佛教勝地普陀山和拉薩的布達拉都是從「布呾洛迦」這個名稱中化出的），因此作者在這裡著重記敘了觀自在菩薩的石天宮和他變化現身的傳說。

文中簡略提到的布呾洛迦山東北海畔的城市，是位於科弗里河口的那伽鉢亶那（梵文寫作Nāgapaṭṭanam）。這座城市是南印度和東南亞各地交往的重要港口，與斯里蘭卡（僧伽羅國）隔海相望。但文中所記該城和斯里蘭卡之間的距離大大超過了實際距離，是不確切的數字。

卷十一 二十三國

僧伽羅國

【題　解】僧伽羅，梵文Siṃhala的音譯，意譯為執師子、師子，這個國家也被稱為銅色、寶渚、婆羅洲、楞伽等。即現在的斯里蘭卡。

僧伽羅國，周七千餘里。國大都城周四十餘里。土地沃壤，氣序溫暑，稼穡時播，花果具繁。人戶殷盛，家產富饒。其形卑黑，其性獷烈。好學尚德，崇善勤福。

【語　譯】僧伽羅國方圓七千多里，這個國家的大都城方圓四十多里。這裡土地肥沃，氣候溫熱，莊稼應時播種，花果繁多。人口稠密，生活富裕。居民外貌又矮又黑，性情粗獷暴烈，但好學不倦，尊崇道德，勤於行善修福。

【說　明】本文簡要介紹僧伽羅國的概況。該國很早（約四世紀）就與我國有頻繁的貿易往來，我國許多典籍對這個國家都有記載。這裡需要說明的是，近代實測，僧伽羅國所在島嶼方圓不到一千公里，這和玄奘的記載出入很大。因為玄奘並沒有親自遊歷該國，這些數字都是得自傳說，所以產生這樣的錯誤，也是可以理解的。

寶渚傳說

此國本寶渚❶也，多有珍寶，棲止鬼神。其後南印度有一國王，女娉鄰國，吉日送歸，路逢師子，侍衛之徒棄女逃難，女在轝❷中，心甘喪命。時師子王負女而去，入深山，處幽谷，捕鹿採果，以時資給。既積歲月，遂孕男女，形貌同人，性種畜也。男漸長大，力格❸猛獸，年方弱冠，人智斯發，請其母曰：「我何謂乎？父則野獸，母乃是人，既非族類，如何配偶？」母乃述昔事以告其子。子曰：「人畜殊途，宜速逃逝。」母曰：「我先已逃，不能自濟。」其子於後逐師子父，登山踰嶺，察其遊止，可以逃難。伺父去已，遂擔負母妹，下趨人里。母曰：「宜各慎密，勿說事源，人或知聞，輕鄙我等。」於是至父本國，國非家族，宗祀已滅，投寄邑人，人謂之曰：「爾曹何國人也？」曰：「我本此國，流離異域，子母相攜，來歸故里。」人皆哀愍，更共資給。其師子王還無所見，追戀男女，憤恚既發，便出山谷，往來村邑，咆哮震吼，暴害人物，殘毒生類，邑人輒出，遂取而殺。擊鼓吹貝，負弩持矛，群從成旅，然後免害。其王懼仁化之不洽也，乃縱獵者，期於擒獲，王躬率四兵❹，眾以萬計，掩薄❺林藪，彌跨山谷。師子震吼，人畜辟易❻。既不擒獲，尋復招募，其有擒執師子除國患者，當酬重賞，式旌❼茂績。其子聞王之令，乃謂母曰：「飢寒已甚，宜可應募，或有所得，以相撫育。」母曰：「言不可若是！彼雖畜也，猶謂父焉，豈以艱辛，而興逆害？」子曰：「人畜異類，禮義安在？既以違阻❽，此心何冀？」乃袖❾小刃，出應招募。是時千眾萬騎，雲屯霧合，師子踞在林中，人莫敢近。子即其前，父遂馴伏，於是乎親愛忘怒，乃傳刃❿於腹中，尚懷慈愛，猶無忿毒，乃至刳⓫腹，含苦而死。王曰：「斯何人哉，若此之異也？」誘之以福利，震之以威禍，然後具陳始末，備述情事。王曰：「逆哉！父而尚害，況非親乎？畜種難馴，兇情易動，除民之害，其功大矣，斷父之命，其心逆矣，重賞以酬其功，遠放以誅其逆，則國典不虧，王言不貳。」於是裝二大船，多儲糧糗⓬，母留在國，周給賞功，子女各從一舟，隨波飄蕩。其男船泛海至此寶渚，見豐珍玉，便於中止。其後商人采寶，復至渚中，乃殺其商主，留其子女。如是繁息，子孫眾多，遂立君臣，以位上下，建都築邑，據有疆域。以其先祖擒執師子，因舉元功，而為國號。其女船者泛至波刺斯西，神鬼所魅，產育群女，故今西大女國是也。故師子國人形貌卑黑，方頤⑬大顙，情性獷烈，安忍鴆毒⑭，斯亦猛獸遺種，故其人多勇健。斯一說也。

【注 釋】❶寶渚 梵文Ratnadvipa的意譯。也譯作寶洲、寶所。❷轝 同「輿」。❸格 擊斃。❹四兵 又作四軍、四部兵、四兵眾，為印度古代戰場上之四種軍兵，一般指象軍、馬軍、車軍、步軍。❺掩薄 埋伏。❻辟易 驚退。❼旌 表彰。❽違阻 違，離開。阻，恃仗。❾袖 暗藏。❿傳刃 以刀刺人。傳，通「剸」。⓫剺 剖開。⓬糗 乾糧。⓭頤 面頰。⓮安忍鴆毒 殘忍狠毒。鴆，傳說中一種有毒的鳥。

【語 譯】這個國家本是個寶島，島上有很多珍寶，是神鬼居住的地方。後來南印度有個國王要將女兒嫁到鄰國去，在吉日出嫁的途中，遇到了獅子，侍衛們丟下這個女子四散逃命，當時女子在車子裡，心想這下要死了。但獅子王並沒有傷害她，而是把她背進深山，將她安置在幽谷中，每日捕鹿採果供她食用。幾年後，她生下一男一女，這兩個孩子容貌和人一樣，而性情和血統卻是野獸的。男孩漸漸長大，力氣大得可以擊斃猛獸，他到二十歲的時候，開始具有人的智慧。他問母親：「我是什麼呢？父親是野獸，母親卻是人。既然不是同類，你們怎麼又會成為夫妻呢？」他的母親便將從前的往事講給兒子聽。兒子說：「人獸殊途，我們應該趕快逃走。」母親說：「我從前逃過，但是沒有成功。」後來兒子便跟著獅子父親翻山越嶺，觀察他的作息時間以便逃跑。有一天，等到獅子王走遠以後，兒子便背著母親和妹妹下山跑到有人煙的地方。母親告誡孩子們說：「大家都要保密，不要洩露我們的來歷，人們要是知道了真相，會看不起我們的。」於是他們回到母親的故鄉，但是這個國家已經不屬於他們家族，母親的宗族已經滅絕了。無奈他們只好借住在這裡鄉下人家，有人問她：「你們是哪裡人？」她說：「我原是這一國人，流落到異鄉，現在我帶著孩子回來故鄉。」人們都很可憐他們母子，經常周濟他們。那獅子王回到住地，一看妻子兒女都不見了。牠思戀他們，又憤怒又傷心，就離開山谷，往來於村邑之間，咆哮震吼，兇暴地傷害人畜，殘害生靈。村裡的人一出去就被牠撲倒殺死。人們只好擊鼓吹貝，背負弓弩手持長矛，成群結隊地出行才能倖免於難。國王害怕他的統治不能安定，於是派遣獵人，希望能擒獲獅子。國王親自率領數以萬計的四兵埋伏在樹林中，伏兵布滿山谷。但是獅子一聲震吼，就將人馬驚退了。既然無法擒獲獅子，國王便在全國招募勇士，他發布公告說，如果有人能擒獲獅子為國除害，一定酬以重賞，並且表彰他的功績。獅子的兒子聽說了國王的這道詔令，就對母親說：「我們太窮了！我真應該去應募，如果得到報酬，也可以孝養母親，撫育妹妹。」母親說：「你怎麼能說這種話！牠雖是畜牲，但畢竟是你的父親。怎麼能因為生活艱辛，就產生逆倫害父的念頭？」兒子說：「人和畜是異類，哪裡有什麼禮義？既已拋開禮義，還有什麼不該想的呢？」於是他暗藏匕首去應募了。這時千軍萬馬像重重雲霧匯聚在山谷，獅子則雄踞林中，沒有人敢靠近樹林。兒子鎮定地走上前去，獅子父親馬上就馴服了。牠只顧和兒子親暱，把原來的憤怒都忘掉了。兒子趁機將刀刺進牠的腹部，這時獅子還是滿懷慈愛，沒有一點恨意，任憑兒子用匕首剖開牠的胸腹，最後滿含悲苦地死去了。國王看了刺殺獅子的情景，非常驚奇，說道：「這是什麼人哪？怎麼會有這樣的怪事？」於是恩威並施，要兒子說出真情，他於是便將事情的始末原原本本地告訴了國王。國王說：「真是大逆不道啊！自己的父親尚能加害，何況是外人呢？野獸的後代到底難以馴伏，他們性情兇狠，容易衝動。這次他為民除害，功勞很大，但殺害父親，他的心多麼狠毒！我只好用重賞酬答他的功勞，以流放懲罰他的大逆不道。這樣既不會損害國法，國王也沒有食言。」於是國王吩咐準備了兩艘大船，船中儲備了許多食品乾糧，母親被留在國中供養起來作為賞功，子女二人各乘一船，在海中隨波飄蕩。兒子的船在海上漂到這個寶島，他見島上有許多珍寶美玉，就留在島上。後來有商人到島上來尋寶，兒子便殺了商主，留下他的子女。這樣繁衍後代，子孫越來越多，於是立君封臣，分別地位的高下。建築都城，興修村邑，統治了這塊土地。因為他們的祖先是捕殺獅子的，並有開國的功績，就把「執師子」作為國名。獅子女兒的船漂流到波剌斯國西部，被神鬼魅惑，生下了一群女孩子。這就是現在的西大女國。所以師子國的人又矮又黑，方頰大額，性情粗獷暴烈，殘忍狠毒，這也是由於他們是猛獸的後代，因此這裡的人大多勇猛強健。這是一種說法。

【說　明】本文所記載的傳說帶有強烈的神話色彩，既荒誕離奇，又感人至深。整個故事情節曲折，驚心動魄，而且含義豐富，發人深思。這個故事首先是暗示著古代人對於僧伽羅族起源的認識。傳說中把師子國人的身材矮小、膚色黝黑、性情獷烈、殘忍狠毒等等民族特性歸結為他們是猛獸的遺種的緣故，也就是說他們是獅子的後代，這是古代人對這個民族的認識和解釋。實際的情形可能正相反：是這個民族的這些特性使人聯想到猛獸，於是便把獅子當作了他們的祖先。還有一種可能，就是這個民族可能是把獅子作為他們的原始崇拜圖騰，因此被認為是獅子「遺種」。

其次，這個故事也可以從人類文明發展和文化進步的角度來認識。我們都知道人是從動物群中走出來的。這個走出來的過程，也就是文明和文化的過程，也就是一天天告別獸性、增長人性的過程。獅王和公主的結合，正是人類野蠻時期獸性大於人性的隱喻；他們的兒子漸漸長大，正是人類逐漸走向文明的象徵。到兒子「智力斯發」的時候，也就是人類進入文明時代的階段。不過人類的文化面對獸性和人性的關係，不免有些困惑。這就像獅男的處境：他一方面為有獅子父親深感恥辱，決心殺掉他；另一方面他又不得不承認牠是自己的父親。就像國王，他一方面對獅男為民除害大加獎賞，另一方面對他的大逆不道作出懲罰。這也反映出人類的道義和倫理之間的衝突。

這個故事的一個主要特點是寫「情」。其中描寫了幾組感情糾葛：一是獅王和公主的感情。雖說她是被牠劫持為妻的，但畢竟夫妻一場而且生育了一對兒女。我們可以想見她為妻之初的羞憤痛苦，悄然離開時心情的矛盾複雜，以及她看到兒子要去殺父親時的悲哀和無奈。二是獅王和獅男的感情。獅王對獅男的慈愛表現了野獸也是有情的，正是這種「獸情」，使獅王喪失了生命。三是獅男對獅王的感情。雖說牠是他的父親，但在他眼裡牠只是一隻猛獸，所以毅然殺了牠。正因為有了這些感情矛盾，整個故事才寫得情節曲折，引人入勝。

整個故事以獅男的勝利並成為島上民族的始祖為結局，表明了人性終於戰勝獸性的主題。

僧伽羅傳說

佛法所記，則曰：昔此寶洲大鐵城中，五百羅剎❶女之所居也。城樓之上豎二高幢❷，表吉凶之相，有吉事吉幢動，有凶事凶幢動。恒伺商人至寶洲者，便變為美女，持香花，奏音樂，出迎慰問，誘入鐵城，樂讌歡會已，而置鐵牢中，漸取食之。時贍部洲有大商主僧伽者，其子字僧伽羅，父既年老，代知❸家務，與五百商人入海采寶，風波飄蕩，遇至寶洲。時羅剎女望吉幢動，便賫香花，鼓奏音樂，相攜迎候，誘入鐵城。商主於是對羅剎女王歡娛樂會，自餘商侶各相配合，彌歷歲時，皆生一子。諸羅剎女情疏故人，欲幽之鐵牢，更伺商侶。時僧伽羅夜感惡夢，知非吉祥，竊求歸路，遇至鐵牢，乃聞悲號之聲，遂昇高樹，問曰：「誰相拘縶，而此怨傷？」曰：「爾不知耶？城中諸女，並是羅剎，昔誘我曹入城娛樂，君既將至，幽牢我曹，漸充所食，今已太半，君等不久亦遭此禍。」僧伽羅曰：「當圖何計，可免危難？」對曰：「我聞海濱有一天馬，至誠祈請，必相濟渡。」僧伽羅聞已，竊告商侶，共往海濱，專精求救。是時天馬來告人曰：

「爾輩各執我毛鬣❹，不回顧者，我濟汝曹，越海免難，至贍部洲，吉達鄉國。」諸商人奉指告，專一無貳，執其髦鬣，天馬乃騰驤❺雲路，越濟海岸。諸羅剎女忽覺夫逃，遞相告語，異其所去，各攜稚子凌虛往來，知諸商人將出海濱，遂相召命，飛行遠訪。嘗未踰時，遇諸商侶，悲喜俱至，涕淚交流，各掩泣而言曰：「我惟感遇，幸會良人，室家有慶，恩愛已久，而今遠棄，妻子孤遺，悠悠此心，誰其能忍？幸願留顧，相與還城。」商人之心未肯回慮，諸羅剎女策說無功，遂縱妖媚，備行矯惑，商侶愛戀，情難堪忍，心疑去留，身皆退墮。羅剎諸女更相拜賀，與彼商人攜持而去。僧伽羅者，智慧深固，心無滯累，得越大海，免斯危難。時羅剎女王空還鐵城，諸女謂曰：「汝無智略，為夫所棄，既寡藝能，宜勿居此。」時羅剎女王持所生子，飛至僧伽羅前，縱極媚惑，誘請令還。僧伽羅口誦神呪，手揮利劍，叱而告曰：「汝是羅剎，我乃是人，人鬼異路，非其匹合。若苦相逼，當斷汝命。」羅剎女知誘惑之不遂也，凌虛而去，至僧伽羅家，謂其父僧伽曰：「我是某國王女，僧伽羅娶我為妻，生一子矣，齎持寶貨，來還鄉國。泛海遭風，舟楫漂沒，惟我子母及僧伽羅，僅而獲濟。山川道阻，凍餒艱辛，一言忤意❻，遂見棄遺，詈言不遜，罵為羅剎。歸則家國遼遠，止則孤遺羈旅。進退無依，敢陳情事。」僧伽曰：「誠如所言，宜時即入室。」居未久，僧伽羅至。父謂之曰：「何重財寶，而輕妻子？」僧伽羅曰：「此羅剎女也。」則以先事具白父母，而親宗戚屬咸事驅逐。時羅剎女遂以訴王，王欲罪僧伽羅。僧伽羅曰：「羅剎之女情多妖惑。」王以為不誠也，而情悅其淑美，謂僧伽羅曰：「必棄此女，今留後宮。」僧伽羅曰：「恐為災禍。斯既羅剎，食唯血肉。」王不聽僧伽羅之言，遂納為妻。其後夜分，飛還寶渚，召餘五百羅剎鬼女共至王宮，以毒呪術殘害宮中，凡諸人畜，食肉飲血，持其餘屍，還歸寶渚。旦日群臣朝集，王門閉而不開，候聽久之，不聞人語。於是排其戶，闢其門，相從趨進，遂至宮庭，閴其無人，惟有骸骨。群官僚佐相顧失圖，悲號慟哭，莫測禍源。僧伽羅具告始末，臣庶信然，禍自招矣。於是國輔、老臣、群官、宿將，歷問明德，推據崇高，咸仰僧伽羅之福智也，乃相議曰：「夫君人者，豈苟且哉？先資福智，次體明哲；非福智無以享寶位，非明哲何以理機務？僧伽羅者，斯其人矣。夢察禍機，感應天馬，忠以諫主，智足謀身。歷運在茲，惟新成詠。」眾庶樂推，尊立為王。僧伽羅辭不獲免，允執其中，恭揖群官，遂即王位。於是沿革前弊，表式賢良。乃下令曰：「吾先商侶在羅剎國，死生莫測，善惡不分，今將救難，宜整兵甲，拯危恤患，國之福也，收珍藏寶，國之利也。」於是治兵，浮海而往。時鐵城上凶幢遂動，諸羅剎女覩而惶怖，便縱妖媚，出迎誘誑❼。王素知其詐，令諸兵士口誦神呪，身奮武威。諸羅剎女蹎❽墜退敗，或逃隱海島，或沈溺洪流。於是毀鐵城，破鐵牢，救得商人，多獲珍寶，招募黎庶，遷居寶洲，建都築邑，遂有國焉。因以王名而為國號。僧伽羅者，則釋迦如來本生之事也。

【注釋】❶羅剎 梵文Raksasa的音譯略稱。印度神話中的惡魔。❷幢 古代旗子一類的東西。❸知 主持。❹鬣 某些獸類如馬、獅等頸上的長毛。❺驤 馬奔跑。❻忤意 違背心意。❼誑 欺騙。❽蹎 跌倒。

【語譯】有關僧伽羅國的來歷，佛經上是這樣記載的：從前在這寶島的大鐵城中住著五百個羅剎女。鐵城的城樓上豎著兩個高高的幢顯示吉凶，有吉事吉幢動，有凶事凶幢動。她們經常在商人來到寶島時變成美女，手捧香花，奏起音樂，出城迎接慰問，將商人誘騙到鐵城中，一番恩愛過後，便將他們投入鐵牢，慢慢吃掉。當時贍部洲有個叫僧伽的大富商，他的兒子名叫僧伽羅。父親年紀大了，僧伽羅便替父親主持家務。他同五百個商人入海採寶，風波飄蕩中，他們的船抵達了寶島。這時羅剎女望見吉幢飄動，就捧著香花，鼓奏音樂，列隊歡迎他們，將他們誘入鐵城。商主僧伽羅於是和羅剎女王恩愛歡會，別的商人也和羅剎女各自婚配，一年以後，每人都生了一個孩子。這些羅剎女都是喜新厭舊的，她們漸漸厭倦了這些商人，想把他們關進鐵牢，去迎接新的商人。一天夜裡僧伽羅做了一個惡夢，知道要有不祥的事情發生，便開始悄悄尋找離開的路徑。經過鐵牢的時候，他聽到裡面有悲號聲，於是就爬到一棵大樹上，向裡面問道：「是誰把你們扣押在這裡，讓你們這樣悲傷？」鐵牢中的人回答說：「你還不知道嗎？這城中的女子都是羅剎，當年她們將我們誘進城中娛樂，在你們來的前夕便將我們幽禁在這牢中，當做她們的食物慢慢消受，現在我們已被吃掉大半了，你們不久也要遭遇這樣的災禍的。」僧伽羅問：「有什麼辦法可以免去這樣的危難？」牢中的人回答說：「聽說海濱有一匹天馬，只要虔誠祈請，牠就會幫助你們逃離險境。」僧伽羅聽了這話，偷偷告訴了商人們，他們一起來到海濱虔誠祈求。於是天馬出現了，牠告訴大家：「你們每人緊緊抓住我頸背上的鬃毛，不要回頭看，我將把你們送過大海逃過災難，平安回到贍部洲自己的家鄉。」商人們全心全意聽從天馬的囑咐，每人都緊緊抓住天馬的髦鬣，於是天馬騰雲駕霧越過海岸。這時羅剎女都發覺丈夫逃走了，她們互相打聽，不明白他們是怎麼跑掉的，她們各自帶了孩子在空中往來搜索，終於探聽到商人們就要離開海濱了，便彼此召呼著飛來追趕。不一會兒她們就追上了商人們，她們做出悲喜交集的樣子，涕淚交流，向各自的丈夫掩面哭泣訴說道：「我有緣幸會夫君，家庭美滿，恩愛已久，而今卻要拋下我們孤兒寡母，狠心離去，你真能忍心這樣做嗎？請你留下來，我們一起回城去吧。」商人們不為所動。羅剎女見花言巧語沒有奏效，就又施展妖冶媚人的媚術對他們進行誘惑。這時商人的愛戀之心被引發了，情不由己，決心動搖，於是身體都墮落到地面了。羅剎女們見計策成功，高興得互相拜賀，各自帶著商人回去了。只有僧伽羅，由於智慧深廣，定力堅固，心無牽掛，得以越過大海，逃過了這次危難。這時羅剎女王隻身一人回到鐵城，眾女都笑她說：「你沒有一點智謀，所以才會被丈夫拋棄，既然這麼沒本事，還是離開這裡的好。」於是羅剎女王便帶著孩子飛到僧伽羅面前，使出所有媚惑人的手段誘請他回去。僧伽羅口誦神咒，手揮利劍，叱責她說：「你是羅剎，而我是人，人鬼不同途，怎能婚配！你如果再苦苦相逼，我就殺了你！」羅剎女知道她的誘惑無法得逞，便凌空飛去，來到僧伽羅家裡，對他父親僧伽說：「我是某國公主，僧伽羅娶我為妻，並生下了一個孩子。我們攜帶寶物回故鄉，不料卻在海上遭遇了風暴，船沈了，只有我們母子和僧伽羅得以生還。一路上我們經歷了重重的山川險阻，受凍挨餓，歷盡艱辛，哪知因為一句話不合僧伽羅的心意，就遭到他的遺棄，他還口出惡言，罵我是羅剎。現在我若要回去，故鄉實在太遙遠；若留下來，又是個孤苦的異鄉人。我現在真是進退無門，所以冒昧來向您講述這件事。」僧伽說：「如果事情真像你所說，你可以馬上住到家裡來。」羅剎女王在僧伽家住了沒有多久，僧伽羅回來了。父親責問他：「為什麼看重財寶，輕視妻兒？」僧伽羅說：「她是羅剎女啊！」便把先前發生的事詳細稟告了父母，親戚宗族知道了事情的原委，也都來驅趕羅剎女王。這時羅剎女王就到國王那裡上訴，國王聽了羅剎女的話，便想給僧伽羅治罪。僧伽羅分辯說：「羅剎女是一種以情媚惑人們的妖怪。」國王不相信他的話，又很喜歡羅剎女的美貌，就對僧伽羅說：「你一定要拋棄這個女子的話，我就把她留在後宮了。」僧伽羅說：「留下她恐怕要造成災禍。她是羅剎，專吃人的血肉。」國王不聽僧伽羅的話，把羅剎女收做他的王妃。後來有一天半夜，羅剎女飛回寶島，把那五百個羅剎鬼女都召到王宮，用毒咒術殘害宮中的人畜，食肉飲血，並將吃剩的屍體帶回寶島。第二天早晨群臣上朝，見宮門緊閉，等了很長時間也沒有動靜。於是人們打開宮門魚貫而入，到了宮庭一看，一個人也沒有，只見一塊塊骸骨。群官僚佐不禁驚慌失措，悲號痛哭，不明白為什麼會發生這樣的慘禍。僧伽羅便將事情的始末原原本本地告訴了大家，臣民們這才恍然大悟，原來這是國王自己招來的災禍。於是國王的輔佐、老臣、百官、宿將遍訪國中有德行有學問的人，想推舉一位品德出眾的人做國王。大家都一致推崇僧伽羅的福智，他們議論說：「國王豈是隨便什麼人都可以做的？先要看他的福德和智慧，然後再體察他是否明白事理。因為沒有福德智慧就不足以享受寶位，不明白事理怎麼能處理國務？僧伽羅就是這樣的人選。他從夢中察覺了災禍，以至誠感動了天馬，他忠心耿耿不惜犯顏上諫，又足智多謀保全了自己。天意如此，要形成新的王朝了。」於是大家一致推舉僧伽羅做國王。僧伽羅推辭不掉，只好答應了。他向百官恭敬地施禮後，便登上了王位。僧伽羅當了國王以後，大力改革前朝弊病，表彰賢良作為國人榜樣。他又下令說：「我先前的那些商人同伴還陷在羅剎國，生死未卜，善惡不分。現在我們就去援救他們，要馬上整兵出發，拯救危難，這是為國造福，收藏珍寶，這是為國謀利。」於是整頓軍隊，出海前往寶島。這時鐵城上凶幢大動，羅剎女們見了驚恐萬狀，施展妖媚惑術，出城誘騙。國王深知她們的詭計，命兵士們口誦神咒，勇猛衝擊。羅剎女們狼狽敗退，有的逃遁海島，有的淹死在大海中。於是大軍破壞鐵城，打開鐵牢，救出商人，並獲得許多珍寶。後來就招募百姓遷居寶島，建都築城，就產生了這個國家，並用國王的名字作為國名。僧伽羅的事跡，就是釋迦如來的本生故事。

【說　明】本文是有關僧伽羅國開國的傳說，這是佛教徒們對該國來歷的解釋。「僧伽羅」在這裡是一個人的名字，正像文末所說，他是釋迦如來成佛前無數次轉生中的一個形象。在這個故事中，僧伽羅不僅是文中著力塑造的一個形象，也是全文主要線索。這個形象貫穿始終，將全文連綴成一個結構嚴密的整體。

按照俗世的理解，本文講述的是一個正義戰勝邪惡的故事，羅剎女作為邪惡勢力的代表，以妖術惑人，殘害生靈，而僧伽羅認清其真相，率正義之師向羅剎開戰，最後戰勝羅剎，救出被她們迷惑的人們，然後還來百姓，建立了國家。

但如果從佛教的角度理解，可以認為這個故事宣揚的是「欲望」的毀滅力量，以及戰勝欲望獲得新生的主題。在故事中，羅剎以美色和媚術挑動人的愛欲，然後將受迷惑的商人投入鐵牢慢慢吃掉。一開始，甚至僧伽羅也受到迷惑，和羅剎女王恩愛和洽，並生下了孩子。但當他認清了羅剎的本來面目，便立即斬斷情絲，抽身而去，義無反顧，終於得以獲救。而其他商人甚至國王雖然知道羅剎是吃人的惡魔，但在她們的誘惑之下還是把持不住，墮入她們的圈套成為食物。在這裡，羅剎也可以看作是一個象徵：象徵人類的種種情欲，她使人迷惑，並終於陷入災難。僧伽羅和眾商人乘天馬渡海的情節很具典型意義。僧伽羅由於「智慧深固，心無滯累」，得以越過大海，避免了災禍，而眾商侶則因「情難堪忍」，被羅剎們虜獲了。它的隱喻意義應該是：要想獲得解脫和濟度就要「心無滯累」，不為各種誘惑所左右，否則便只有在世俗的「鐵牢」中哀號悲泣，最後成為一灘灘模糊的血肉。

這個神話故事也暗示了該島在海上貿易中的重要地位。該島地處東西方航線的中心，因此自古以來海上貿易發達，商賈雲集。對此，我國另一位高僧法顯的傳記中也有詳細的記載，這裡就不多說了。

佛教二部

僧伽羅國先時惟宗淫祀❶，佛去世後第一百年，無憂王弟摩醯因陀羅❷捨離欲愛，志求聖果，得六神通，具八解脫，足步虛空，來遊此國，弘宣正法，流布遺教。自茲已降，風俗淳信。伽藍數百所，僧徒二萬餘人，遵行大乘上座部法。佛教至後二百餘年，各擅專門，分成二部：一曰摩訶毘訶羅❸住部，斥大乘，習小教。二曰阿跋耶祇釐❹住部，學兼二乘，弘演三藏。僧徒乃戒行貞潔，定慧凝明，儀範可師，濟濟❺如也。

【注　釋】❶淫祀　這裡指外道。❷摩醯因陀羅　梵文Mahendra的對音。是無憂王的同母弟弟。❸摩訶毘訶羅　梵文Mahāvihāra的音譯。意譯為「大寺」。❹阿跋耶祇釐　梵文Abhayagiri的音譯。意譯為「無畏山」。❺濟濟　形容人多。

【語　譯】僧伽羅國過去只信奉外道，佛去世後第一百年，無憂王的弟弟摩醯因陀羅拋棄了世俗的欲念情愛，一心求證聖果，終於獲得了六神通，具備了八解脫。他凌空虛步來這個國家遊歷，並在這裡弘揚佛法，宣傳釋迦如來的遺教。從此以後，這裡的風俗逐漸淳厚正信。境內有寺院幾百所，僧徒有兩萬多人，都遵行大乘和小乘上座部法教。佛教在這裡流傳了二百年以後，根據對佛法不同的理解和修習方法，分成二部：一部稱為摩訶毘訶羅住部，排斥大乘，傳習小乘法教。一部叫做阿跋耶祇釐住部，這一部兼習大、小二乘，倡導研習經、律、論三藏。僧徒們戒行貞潔，定學專一，慧學明達，儀範可做師表的數不勝數。

【說　明】本文記敘了佛教在僧伽羅國的流傳情況，摩訶毘訶羅住部和阿跋耶祇釐住部是僧伽羅國的兩個主要的佛教派別。這兩個部派都是以其信徒的主要活動地址命名的。其中摩訶毘訶羅為都城南面七里的一座精舍，這座精舍位於僧伽羅國王天愛帝須王的彌迦園中，園中種植著菩提樹，後成為上座部摩訶毘訶羅住部的本山，斯里蘭卡的佛教中心。阿跋耶祇釐住部則是以王城北部的一座寺院命名的。

佛牙精舍及俯首佛像傳說

王宮側有佛牙精舍，高數百尺，瑩以珠珍，飾之奇寶。精舍上建表柱，置鉢曇摩羅伽❶大寶，寶光赫奕，聯暉照曜，晝夜遠望，爛若明星。王以佛牙日三灌洗，香水香末，或濯或焚，務極珍奇，式修供養。

佛牙精舍側有小精舍，亦以眾寶而為瑩飾，中有金佛像，此國先王等身而鑄，肉髻❷則貴寶飾焉。其後有盜，伺欲竊取，而重門周檻，衛守清切❸，盜乃鑿開孔道，入精舍而穴之，遂欲取寶，像漸高遠。其盜既不果求，退而歎曰：「如來在昔修菩薩行，起廣大心，發弘誓願，上自身命，下至國城，悲愍四生，周給一切。今者，如何遺像悋❹寶？靜言❺於此，不明昔行。」像乃俯首而授寶焉。是盜得已，尋持貨賣，人或見者，咸謂之曰：「此寶乃先王金佛像頂髻寶也，爾從何獲，來此鬻❻賣？」遂擒以白王。王問所從得，盜曰：「佛自與我，我非盜也。」王以為不誠，命使觀驗，像猶俯首。王覩聖靈，信心淳固，不罪其人，重贖其寶，莊嚴像髻，重置頂焉。像因俯首，以至於今。

【注釋】❶鉢曇摩羅伽　梵文 padmarāga 的音譯。意思是紅蓮花色、紅蓮華寶。即紅寶石。❷肉髻　髮髻。❸清切　嚴密。❹悋　同「吝」。吝惜。❺靜言　巧言。❻鬻　賣。

【語譯】在王宮旁有座佛牙精舍，高幾百尺，裝飾著珍珠奇寶。精舍上面建有表柱，鑲著鉢曇摩羅伽大寶石，寶光明亮閃耀，光華四射，不論白天黑夜，遠遠望去都彷彿是燦爛的明星。國王每天對佛牙三遍灌洗，或以香水洗滌，或以香末來焚熏，極盡珍奇，虔誠供養。

佛牙精舍旁有座小精舍，也是用許多珍寶裝飾著。精舍中有一尊金佛像，是這個國家的先王按常人身材鑄成的，佛像髮髻上以許多珍貴的寶石裝飾。後來有一個小偷想偷竊這些珍寶，但是佛像周圍是一道道門戶和柵欄，守衛得很嚴密。小偷便挖了一條地道，從地道進入精舍。當他伸手去取佛像髮髻上的珍寶的時候，佛像卻漸漸昇高，小偷無論如何也搆不到珍寶了。這個小偷一看目的達不到，就退下嘆息說：「從前如來修菩薩行，曾以廣大的心懷發下弘大的誓願，上自本身的生命，下到國家城市，都悲憫地可以施捨給一切眾生。現在為什麼佛的遺像對寶物卻這麼吝惜？我想您是忘了過去的言行了吧。」這時佛像低下頭將寶石送到他面前。這個小偷得了寶石，馬上就拿去賣。見到珍寶的人都對他說：「這是先王金佛像頂髻上的寶石，你是從哪裡得到的，拿來這兒賣？」於是把他抓起來去報告國王。國王問小偷他是從哪裡得到的珍寶，小偷說：「這是佛自己給我的，不是我偷的。」國王認為他在撒謊，派人到精舍中去驗證，一看佛像還低著頭。國王看到這聖靈的情景，向佛的信仰更加虔誠堅固。他沒有給小偷治罪，並以重金贖回了這些珍寶，重新裝飾在佛像頭頂的髮髻上。這尊佛像從此一直低著頭，現在仍然如此。

【說　明】斯里蘭卡的佛牙聞名世界，該國對佛牙的祭祀儀式也是相當隆重莊嚴。本文第一段以簡潔的筆墨介紹了佛牙精舍的華美高大和國王對佛牙的供養。我國唐代有不少僧人就是為拜謁佛牙到斯里蘭卡巡遊的。現在佛牙被安置在斯里蘭卡中部第一大城市坎迪市的佛牙寺。

本文第二段講述了俯首佛像的傳說，宣揚了該佛像的靈異。佛像的先「高遠」後「俯首」，構成了故事的戲劇性氣氛。但是無論是「高遠」還是「俯首」，都是佛的慈悲心的體現。「高遠」是對小偷以不正當手段獲取財物的勸諭。因為根據佛教的「因果報應」理論，他的這種行為是要受懲罰的。而佛像後來的「俯首」則是對他的布施了。這種布施不僅使小偷免受懲罰，而且無疑對他也是一種感化，並由此使國人對佛法的信仰更加堅定，這個傳說的意旨大概也就在這裡。

齋僧及採寶

王宮側建大廚，日營萬八千僧食。食時既至，僧徒持鉢受饌，既得食已，各還其居。自佛教流被，建斯供養，子孫承統，繼業至今。十數年來，國中政亂，未有定主，乃廢斯業。

國濱海隅，地產珍寶，王親祠祭，神呈奇貨，都人士子往來求採，稱其福報，所獲不同，隨得珠璣，賦稅有科❶。

國東南隅有䮕（勒鄧反）迦❷山，巖谷幽峻，神鬼遊舍，在昔如來於此說《䮕迦經》❸（舊曰楞伽經，訛也。）

【注釋】❶科　判定。❷駿迦　梵文Laṅkā的音譯。❸駿迦經　梵文名Laṅkāvatārasūtra。也譯作《楞伽經》。

【語譯】王宮旁邊建有一座大廚房，每天供應一萬八千名僧人的飯食。到了吃飯的時候，僧徒們拿著飯鉢前來就餐，吃過飯就各回各的住所。從佛教在這裡流傳以來就建立了這種供養制度，一代一代的國王都繼承這個事業，一直持續到現在。近十幾年來，國內政局混亂，沒有確定的王位繼承人，這個勝業就被廢棄了。

在這個國家濱臨海邊的地區出產珍奇的寶物，國王親自祭祀祠廟，神仙就呈上珍奇寶物。都城中的人士都來這裡發掘寶物，根據他們各自的福報有不同的收穫，國家按他們得到的珠璣的質量和數量徵收一定的賦稅。

在這個國家的東南角有座駿迦山，這裡山巖高峻，幽谷深深，是神鬼遊歷和棲居的地方，從前如來曾在這裡講說《駿迦經》。

【說明】本文主要介紹僧伽羅國的敬僧傳統和海濱珍寶的傳說。所謂該島出產珍寶的說法很可能是附會之辭。所謂「寶」，最初可能是印度半島的人航海到達這裡，在這裡發現的芝麻、大米、豆類、胡椒和珍珠之類的物產，後來以訛傳訛，出現了種種關於該島出產珍寶的傳說。玄奘的記載自然也是得自傳聞。

那羅稽羅洲

國南浮海數千里，至那羅稽羅❶洲。洲人卑小，長餘三尺，人身鳥喙❷。既無穀稼，唯食椰子。

那羅稽羅洲西浮海數千里，孤島東崖有石佛像，高百餘尺，東面坐，以月愛珠❸為肉髻，月將回照，水即懸流，滂霈❹崖嶺，臨注谿壑。時有商侶，遭風飄浪，隨波泛濫，遂至孤島，海鹹不可以飲，渴乏者久之。是時月十五日也，像頂流水，眾皆獲濟，以為至誠所感，靈聖拯之。於即留停，遂經數日，每月隱高巖，其水不流。時商主曰：「未必為濟我曹而流水也。嘗聞月愛珠月光照即水流注耳，將非佛像頂上有此寶耶？」遂登崖而視之，乃以月愛珠為像肉髻。當見其人，說其始末。

國西浮海數千里，至大寶洲，無人居止，唯神棲宅。靜夜遙望，光燭山川。商人往之者多矣，咸無所得。

自達羅毘荼國北入林野中，歷孤城，過小邑，凶人結黨，作害羈旅。行二千餘里，至恭建那補羅國南印度境。

【注　釋】❶那羅稽羅　梵文寫作 Nārikela。也譯作「那羅雞羅」、「那利薊羅」等。意思是椰子。❷喙　鳥獸的嘴。❸月愛珠　梵文 candrakānta 的意譯。又譯作水晶、月長石。❹滂霈　水勢浩大的樣子。

【語　譯】從僧伽羅國向南，在海上航行幾千里，到達那羅稽羅洲。洲上居民身材矮小，身高三尺多，長著人的身形，鳥的嘴巴。這裡沒有糧食，居民靠吃椰子維持生命。

從那羅稽羅洲向西航海數千里到達一座孤島。孤島東面的山崖上有一尊石佛像，高一百多尺，向東而坐。頭頂的髮髻是月愛珠雕成的。月亮回照的時候，水就像瀑布一樣從佛像頭頂流下，浩大的水流澎湃在崖嶺間，流注於谿谷裡。一次有一群商人在海上遭遇了風浪，隨波漂流到這座孤島上。由於海水太鹹無法飲用，人們很久沒有喝到水，就要渴死了。這時正當十五月圓的時候，從佛像頂上流下水來，於是大家都得救了。他們以為是自己的至誠感動了上天，所以聖靈拯救了他們。他們在島上停留了幾天，發現每當月亮隱沒在高巖後面的時候，佛像上就不流水了。商主便猜測說：「恐怕這佛像不是為了救我們才流下水來的。我曾聽說月愛珠一經月光照耀就會水流如注，莫非佛像頂上有這寶物嗎？」大家於是登到高崖上去看，果然佛像頭頂的髮髻是月愛珠做的。他們回去以後便向人們講述了這段經歷。

從僧伽羅國向西航行幾千里，到達大寶洲，洲上沒有人居住，只有神仙的宅邸。靜夜遙望，可見洲上山川一片光明。去洲上的商人很多，但都一無所獲。

從達羅毘荼國向北進入叢林曠野中，經過孤城和小鎮，一路上成群的凶人出沒，危害往來旅客。走兩千多里，到達恭建那補羅國。

【說　明】本文簡要介紹僧伽羅國以南以西的幾處洲、島。這些地方基本上是荒無人煙的，只是作為商侶海上航行時暫時的棲息地。文中講述了關於月愛珠的傳說。月愛珠是傳說中的一種珍寶，據說它是由月光凝結而成的，因此在受到月光照射時會發出光輝，並射出冰冷的涼氣，這個故事將月愛珠的神異進一步誇大：月愛珠在月光的照射下會流出洶湧的淡水，並因此挽救了商侶的性命。這個故事一方面宣傳了月愛珠的神奇，一方面也反映出當時海上交通的範圍之大，以及這種海上貿易的冒險性。

恭建那補羅國

【題　解】恭建那補羅，梵文 Koṅkaṇapura 的音譯，也被譯作「荼建那補羅」或「建那補羅」。關於該國的地理位置現在尚無定論。較為流行的說法認為這個國家是在起自印度半島西海岸，越過西高止山脈，深入半島腹地的一大片區域內。並以通加巴德臘河北岸的安納貢底 (Annagundi) 為恭建那補羅國都城舊址。這裡是古代耶陀婆 (Yādava) 王朝的國都，在穆斯林侵入前，一直相當繁榮。

恭建那補羅國，周五千餘里。國大都城周三十餘里。土地膏腴，稼穡滋盛。氣序溫暑，風俗躁烈。形貌黧黑，情性獷暴。好學業，尚德藝。伽藍百餘所，僧徒萬餘人，大小二乘，兼功綜習。天祠數百，異道雜居。

王宮城側有大伽藍，僧徒三百餘人，實唯俊彥❶也。其伽藍大精舍高百餘尺，中有一切義成太子寶冠，高減二尺，飾以寶珍，盛以寶函，每至齋日，出置高座，香花供養，時放光明。

城側大伽藍中有精舍，高五十餘尺，中有刻檀慈氏菩薩像，高十餘尺，或至齋日，神光照燭，是聞二百億羅漢之所造也。

城北不遠有多羅❷樹林，周三十餘里，其葉長廣，其色光潤，諸國書寫，莫不採用。林中有窣堵波，是過去四佛坐及經行遺跡之所。其側則有聞二百億羅漢遺身舍利窣堵波也。

城東不遠有窣堵波，基已傾陷，餘高三丈。聞諸耆舊曰：此中有如來舍利，或至齋日，時燭靈光。在昔如來於此說法，現神通力，度諸群生。

城西南不遠有窣堵波，高百餘尺，無憂王之所建也。是聞二百億羅漢於此現大神通，化度眾生。傍有伽藍，唯餘基址，是彼羅漢之所建也。

從此西北入大林野，猛獸暴害，群盜兇殘，行二千四五百里，至摩訶剌侘國南印度境。

【注釋】❶俊彥　才智傑出的人。❷多羅　樹名。即貝多樹。形如棕櫚，葉長稠密，可供書寫，稱「貝葉」。

【語譯】恭建那補羅國方圓五千多里。該國的大都城方圓三十多里。這裡土地肥沃，莊稼茂盛，氣候溫熱，風俗暴烈。人們膚色黧黑，性情粗獷暴躁，但愛好學習，崇尚德藝。境內有寺院一百多座，僧徒一萬多人，兼習大乘和小乘佛法。外道神廟有幾百所，各種教派的信徒雜居在一起。

在國王宮城旁邊有座大寺院，寺中有僧徒三百多人，都是才智傑出之士。這座寺院中有個大精舍，高一百多尺，裡面供奉著一切義成太子的寶冠，近二尺高，上面裝飾著珍寶，盛放在一個寶匣中，每到齋日就將寶冠請出來放置在高座上，用香花供養。這時寶冠常常會放射出光芒。

在都城旁邊的大寺院中有座精舍，高五十多尺，裡面供奉著慈氏菩薩的檀木雕像。高十多尺，常常在齋日發出神光，照耀四周。這是聞二百億羅漢建造的。

城北不遠有一片多羅樹林，方圓三十多里，多羅樹葉又寬又長，色澤光潤，是各國書寫用的好材料。林中有座塔，是過去四佛坐過和散步的遺跡所在地。塔旁還有聞二百億羅漢遺身舍利塔。

都城東面不遠有座塔，塔基已經傾陷了，但還有三丈多高。聽年紀大的人說：塔中供有如來舍利，齋日的時候，常常發出靈光。從前如來曾在這裡說法，展現神通力，度化眾生。

都城西南不遠有座塔，塔高一百多尺，是無憂王建造的。聞二百億羅漢曾在這裡現大神通，化度眾生。塔旁有座寺院，只剩下地基遺址了，這是那位羅漢建造的。

從這裡向西北進入大森林，這裡野獸兇暴，盜匪殘忍，為害行人。在這片林野中走兩千四、五百里，到達摩訶剌侘國。

摩訶刺佗國

【題解】摩訶刺佗，梵文寫作Mahārāṣṭra，也被譯為摩訶勒吒、摩訶賴吒等。意譯為「大國」。摩訶刺佗國的領域包括哥達瓦里河上游流域及該河與克里希那河之間地區，相當於現代印度的馬哈拉施特拉邦(Maharastra)。

摩訶刺佗國，周六千餘里。國大都城西臨大河，周三十餘里。土地沃壤，稼穡殷盛。氣序溫暑，風俗淳質。其形偉大，其性傲逸❶，有恩必報，有怨必復，人或凌辱，殉命以讎，窘急投分❷，忘身以濟。將復怨也，必先告之，各被堅甲，然後爭鋒。臨陣逐北❸，不殺已降，兵將失利，無所刑罰，賜之女服，感激自死。國養勇士，有數百人，每將決戰，飲酒酣醉，一人摧鋒，萬夫挫銳，遇人肆害，國刑不加，每出遊行，擊鼓前導。復飼暴象，凡數百頭，將欲陣戰，亦先飲酒，群馳蹈踐，前無堅敵。其王恃此人象，輕陵鄰國。王，剎帝利種也，名補羅稽舍❹，謀猷❺弘遠，仁慈廣被，臣下事之，盡其忠矣。今戒日大王東征西伐，遠賓邇肅，惟此國人獨不臣伏，屢率五印度甲兵，及募召諸國烈將，躬往討伐，猶未克勝。

其兵也如此，其俗也如彼。人知好學，邪正兼崇。伽藍百餘所，僧徒五千餘人，大小二乘，兼功綜習。天祠百數，異道甚多。大城內外，五窣堵波，並過去四佛座及經行遺跡之所，無憂王建也。自餘石磚諸窣堵波，其數甚多，難用備舉。

城南不遠有故伽藍，中有觀自在菩薩石像，靈鑒潛被，願求多果。

【注釋】❶傲逸　高傲。❷投分　志向相和；相知。分，情誼。❸北　失敗。❹補羅稽舍　梵文寫作 Pulakeśin。即補羅稽舍二世。是印度史上有名的統治者之一。❺謀猷　謀略。猷，計劃。

【語譯】摩訶剌侘國方圓六千多里。該國的大都城西臨大河，方圓三十多里。這裡土地肥沃，莊稼茂盛。氣候溫熱，風俗淳樸。人們身形魁偉高大，性情高傲不馴，有恩必報，有怨必復，若受到他人凌辱，不惜以死相拚，朋友有難，捨身相救。他們在要報讎以前必定先通知對方做好準備，然後雙方各披堅甲，刀兵相交，決一死戰。他們在戰場上追擊逃跑的敵人時，不殺那些已經投降的人。對於戰敗的兵將，並不施以刑罰，而是賜給他們女子的服飾，使他們羞憤自盡。國家養著幾百名勇士，每當要決戰的時候，這些勇士先飲酒至酣醉，交戰時一個奮勇衝鋒的勇士抵得上千軍萬馬。這些勇士偶而傷害了別人，國家也不施刑罰；他們每次出遊，都有鼓樂作為前導。後來該國又飼養了幾百頭兇暴的大象，作戰前也先餵給牠們酒喝，這樣牠們在戰場上馳騁踐踏，所向無敵。摩訶剌侘國王就憑藉著這些勇士和大象，欺凌鄰國。摩訶剌侘國的國王，屬於剎帝利種姓，名叫補羅稽舍，他深謀遠慮，仁慈博愛，他的臣下對他忠忱不貳。當今戒日王東征西伐，遠近國家大都降順了他，只有這個國家的人民不肯臣伏。戒日王屢次親自率領五印度甲兵以及召募的各國勇將前往討伐，還是沒能獲勝。這個國家軍隊如此勇猛，但風俗卻是另一個樣子。人們知理好學，正教、邪教都信奉。境內有寺院一百多座，僧徒五千多人，對大小二乘都用功學習研究。外道神廟有一百多所，異教徒很多。都城內外有五座塔，都是過去四佛坐過和散步的遺跡所在地，是無憂王建造的。此外石、磚建築的塔很多，難以一一列舉。

在都城南面不遠有座舊寺院，裡面有觀自在菩薩的石像，冥冥中靈鑑廣被，來祈請的人多能實現自己的願望。

【說　明】本文介紹了摩訶剌侘國的概況。著重介紹該國強大的軍事力量和國王的有力統治。摩訶剌侘是西遮婁其王國所在地。遮婁其族，一般認為是當地自稱屬剎帝利種姓的坎納拉族。西元六世紀中葉至八世紀中葉，遮婁其是南印度最強大的國家之一，並有效地抵抗了戒日王發動的侵略戰爭。這場戰爭的勝利無疑應歸功於補羅稽舍王的統治。玄奘在文中稱讚他「謀猷弘遠，仁慈廣被」，他也的確是印度史上有名的統治者之一。在他剛剛繼承王位的時候，摩訶剌侘只是一個中等國家，並且內亂頻繁，國力衰弱。他即位時雖只有二十歲，但已表現出非凡的統治才能。他先是迅速平定了內亂，不久便出兵南征北戰，不斷向外擴張。在取得對戒日王的勝利以後，他成為三摩訶剌侘迦（七世紀時該國分三部分，每部分稱為一個摩訶剌侘迦）的主宰。後來他又繼續向南印度進軍，擊潰達羅毘荼國王摩醯因陀羅伐摩一世的軍隊，將他困在建志補羅城中。約在西元六四二年，補羅稽舍卻被摩醯因陀羅的兒子那羅僧訶伐摩擊敗而死。該國曾與唐朝建立過友好關係，大約在西元六九二年左右，唐代典籍對此有明確的記載。

阿折羅伽藍

國東境有大山，疊嶺連嶂，重巒絕巘❶。爰❷有伽藍，基於幽谷，高堂邃宇，疏❸崖枕峰，重閣層臺，背巖面壑，阿折羅唐言所行阿羅漢所建。羅漢，西印度人也，其母既終，觀生何趣，見於此國受女人身，羅漢遂來至此，將欲導化，隨機攝受。

入里乞食，至母生家，女子持食來施，乳便流汁，親屬既見，以為不祥。羅漢說本因緣，女子便證聖果。羅漢感生育之恩，懷業緣之致，將酬厚德，建此伽藍。伽藍大精舍高百餘尺，中有石佛像，高七十餘尺。上有石蓋七重，虛懸無綴，蓋間相去各三尺餘。聞之耆舊曰，斯乃羅漢願力之所持也；或曰神通之力；或曰藥術之功：考❹厥實錄，未詳其致。精舍四周彫鏤石壁，作如來在昔修菩薩行諸因地事，證聖果之禎祥❺，入寂滅之靈應，巨細無遺，備盡鐫鏤。伽藍門外，南、北、左、右，各一石象。聞之土俗曰：此象時大聲吼，地為震動。昔陳那菩薩多止此伽藍。

自此西行千餘里，渡耐秣陀河❻，至跋祿羯呫昌葉反婆國南印度境。

【注　釋】❶巘　山峰；山頂。❷爰　語首助詞。無意義。❸疏　疏通；開通。❹考　考察。❺禎祥　吉兆。❻耐秣陀河　梵文名 Narmada。即今納巴達河。是中印度和西印度最重要的河流。

【語　譯】摩訶剌侘國東部邊境有座大山，山嶺連綿起伏，岡巒重重，山峰高峻。在深邃的山谷中有一座寺院，高高的殿堂，深廣的屋宇，重重樓閣層層臺榭，坐落在崖峰之上，背依山巖，面向深壑，這座寺院是阿折羅阿羅漢建造的。羅漢是西印度人，當他的母親去世後，他想知道母親會轉生在五趣中的哪一個地方，經過觀察，看見她在這個國家轉生為女人。羅漢便來到這裡，想借這個機緣導化眾生。他來到鄉里中乞討，到了母親轉生的這一家，女子拿著食物施捨給他，一看到他，乳房便流出了乳汁，她的親人們見了都覺得很不吉利。這時羅漢向他們講說其間的因緣，這女子便證得了聖果。羅漢深感生育的恩德是懷有業緣所致，為了報答這個厚德，羅漢建造了這座寺院。

寺中的大精舍高一百多尺，裡面有尊石佛像，高七十多尺。上面有七層石頭覆蓋，凌空懸著沒有連接的地方，每個石蓋之間相距三尺多。聽老年人說，這是羅漢的願力造成的，有的卻說是神通力所致，也有的說是藥術之功，一一考察了這些實錄，仍然不知道其形成的原因。精舍四周的石壁上雕刻著如來的事跡：有如來從前修菩薩行時的種種因緣、地點、事跡；如來證聖果時的種種吉兆，以及入涅槃時靈應的景象，事無巨細，無一遺漏，全都雕刻在上面。寺院門外，南、北、左、右各有一隻石象。聽當地人說：這些象時常大聲吼叫，震動大地。從前陳那菩薩常常住在這座寺院。

從這裡向西走一千多里，渡過耐秣陀河，到達跋祿羯呫婆國。

【說　明】本文介紹阿折羅寺的概況和阿折羅阿羅漢建立這個寺院的傳說。阿折羅寺即著名的阿旃陀(Ajaṇṭā)石窟寺。十九世紀這個遺址被發現，向世界展示了西元前後和西元五至七世紀印度傑出的建築和藝術水準。該寺是一個石窟群，開鑿在高達七十六公尺的玄武岩斷岩下面，共有大小石窟二十九個，石窟中有為數繁多的浮雕和壁畫，栩栩如生地描繪出古代印度生活的情景。本文提到的「大精舍」就是其中之一，阿折羅寺對研究印度文化史具有非常重要的價值。

有關阿折羅阿羅漢建立該寺的傳說帶有濃厚的佛教色彩，宣揚佛教「因緣和合」的因果思想。對其種種靈異的描寫更顯出它的神祕，令人敬畏。

跋祿羯呫婆國

【題　解】跋祿羯呫婆，梵文 Bharukacchapa 的音譯。該國也被叫做「婆樓割車」、「弼離沙」、「拔颬」等。

其都城相當於現在的布羅奇(Broach)。這裡自古以來就是著名的海港，與希臘、羅馬、波斯都有頻繁的海上交通。

跋祿羯呫婆國，周二千四五百里。國大都城周二十餘里。土地鹹鹵，草木稀疏。煮海為鹽，利海為業。氣序暑熱，回風❶飆❷起。土俗澆薄，人性詭詐。不知學藝，邪正兼信。伽藍十餘所，僧徒三百餘人，習學大乘上座部法。天祠十餘所，異道雜居。

從此西北行二千餘里，至摩臘婆國。即南羅羅國南印度境。

【注釋】❶回風 旋風。❷飆 暴風。

【語譯】跋祿羯呫婆國方圓兩千四、五百里。該國大都城方圓二十多里。土地嚴重鹽鹹化，草木稀疏。人們熬煮海水煉鹽，從大海中得利，以此為業。這裡氣候炎熱，常有龍捲風為害。風俗刻薄，人性詭詐。不喜歡學習技藝，邪教、正教都相信。境內有寺院十幾座，僧徒三百多人，學習大乘和小乘上座部法教。外道神廟有十幾所，各種教派信徒雜居一處。

從這裡向西北走兩千多里，到達摩臘婆國。

摩臘婆國

【題　解】摩臘婆，梵文 Mālava 的音譯。這個國家是伐臘毘國梅特拉迦王朝統治時期的一個東方分國。關於摩臘婆國的確切位置至今尚無定論。

摩臘婆國，周六千餘里。國大都城周三十餘里，據莫訶河東南。土地膏腴，稼穡殷盛，草木榮茂，花果繁實，特宜宿麥，多食餅麨❶。人性善順，大抵聰敏，言辭雅亮，學藝優深。五印度境，兩國重學，西南摩臘婆國，東北摩揭陀國，貴德尚仁，明敏強學。而此國也，邪正雜信。伽藍數百所，僧徒二萬餘人，習學小乘正量部法。天祠數百，異道實眾，多是塗灰之侶也。

國志曰：六十年前，王號尸羅阿迭多唐言戒日，機慧高明，才學贍敏，愛育四生，敬崇三寶。始自誕靈，洎乎沒齒❷，貌無瞋色，手不害生，象馬飲水，漉❸而後飼，恐傷水性也，其仁慈如此。在位五十餘年，野獸狎人，舉國黎庶咸不殺害。居宮之側建立精舍，窮諸工巧，備盡莊嚴，中作七佛世尊之像，每歲恒設無遮大會，招集四方僧徒，修施四事供養❹，或以三衣道具，或以七寶珍奇。奕世相承，美業無替。

【注　釋】❶麨　炒的米粉或麵。❷沒齒　去世；命終。沒，盡；終。齒，年齒。❸漉　過濾。❹四事供養　指供給飲食、衣服、臥具、醫藥。

【語　譯】摩臘婆國方圓六千多里。這個國家的大都城方圓三十多里，位於莫訶河東南。這裡土地肥沃，莊稼茂盛，草木欣欣向榮，花果品種繁多，土質特別適宜種植冬小麥，食物多是餅和炒麵。人們性情善良和順，大都聰穎敏捷，言辭文雅清越，修養深厚。在五印度境內，有兩個國家重視學業，即西南部的摩臘婆國和東北部的摩揭陀國，這兩個國家都尊崇道德仁義，人民勤奮學習。這個國家，邪教、正教都相信。境內有寺院幾百座，僧徒兩萬多人，學習小乘正量部法教。外道神廟有幾百所，外道信徒很多，其中大部分是塗灰外道的信徒。

國史上記載說：六十年前，這個國家的國王名叫尸羅阿迭多，他機敏智慧博學多才，愛育眾生，崇敬佛教三寶。他一生沒有發過脾氣，也沒有傷害任何生命。象和馬喝的水，要經過過濾然後才飼餵牠們，惟恐傷害水中的性命，他就這麼仁慈。他在位的五十多年中，野獸和人關係親密，全國百姓都不殺生。王宮旁邊建立了一座精舍，工藝高超，裝飾完備，精舍中有七尊佛世尊像，每年都在這裡召開無遮大會，招集四方僧徒，施以四事供養，或者施捨三衣，或有施捨珍奇的七寶。這種美好的事業代代相傳，從未間斷。

【說　明】本文介紹摩臘婆國的概況和尸羅阿迭多王的事跡。玄奘在這裡對這個國家及其統治者表達了衷心的讚美，並將這個國家的民風和印度最為著名的佛教勝地摩揭陀國並列，這是一個相當高的評價。

有一點需要說明的是，這裡所說的尸羅阿迭多王（戒日王）並非曲女城的戒日王喜增，而是伐臘毘國王，也就是梅特拉迦王朝第八代國王尸羅阿迭多一世，又名法日。他的統治時期約在西元五九五～六一〇年之間。玄奘在這裡將他描繪成一位虔誠的佛教徒，但據考古資料，他似乎還兼信印度教。當然佛教和印度教許多原則並不矛盾。

賢愛破邪論故事

大城西北二十餘里，至婆羅門邑，傍有陷阬，秋夏淫滯，彌淹旬日，雖納眾流，而無積水。其傍又建小窣堵波。聞之耆舊曰：昔者大慢婆羅門生身陷入地獄之處。昔此邑中，有婆羅門，生知博物，學冠時彥，內外典籍，究極幽微，曆數玄文，若視諸掌，風範清高，令聞遐被。王甚珍敬，國人宗重。門人千數，味❶道欽風。每自言曰：「吾為世出，述聖導凡，先賢後哲，無與我比。彼大自在天、婆藪天❷、那羅延天、佛世尊者，人皆風靡，祖述其道，莫不圖形，競修祗敬。我今德踰於彼，名擅於時，不有所異，其何以顯？」遂用赤旃檀刻作大自在天、婆藪天、那羅延天、佛世尊等像，為座四足，凡有所至，負以自隨，其慢傲也如此。時西印度有苾芻跋陀羅樓支❸唐言賢愛，妙極因明，深窮異論，道風淳粹，戒香郁烈，少欲知足，無求於物，聞而歎曰：「惜哉！時無人矣。今彼愚夫，敢行凶德。」於是荷錫遠遊，來至此國，以其宿心，具白於王。王見弊❹服，心未之敬，然高其志，強為之禮。遂設論座，告婆羅門。婆羅門聞而笑曰：「彼何人斯，敢懷此志？」命其徒屬，來就論場，數百千眾，前後侍聽。賢愛服弊故衣，敷草而坐。彼婆羅門踞所持座，非斥正法，敷述邪宗。苾芻清辯若流，循環往復，婆羅門久而謝屈。王乃謂曰：「久濫虛名，罔上惑眾，先典有記，論負當戮。」欲燒鑪鐵❺，令其坐上。婆羅門窘迫❻，乃歸命求救。賢愛愍之，乃請王曰：「大王仁化遠洽，頌聲載途，當布慈育，勿行殘酷，恕其不逮❼，唯所去就。」王令乘驢，遍告城邑。婆羅門恥其戮辱，發憤歐血❽。苾芻聞已，往慰之曰：「爾學苞❾內外，聲聞遐邇，榮辱之事，進退當明。夫名者，何實乎？」婆羅門憤恚，深詈苾芻，謗毀大乘，輕蔑先聖。言聲未靜，地便坼裂，生身墜陷，遺跡斯在。

自此西南入海交，西北行二千四五百里，至阿吒釐國南印度境。

【注釋】❶味　玩味；研究。❷婆藪天　梵文寫作 Vāsudeva。意譯為遍入天。為婆羅門教的主神之一——保護神。通常稱為毘濕奴。❸跋陀羅樓支　梵文 Bhadraruci 的音譯。意譯為賢愛。❹弊　破舊。❺鑪鐵　一種刑具。❻窘迫　非常為難。❼不逮　錯誤。❽歐血　吐血。歐，通「嘔」。❾苞　花沒開時包著花朵的小葉片。這裡引申為包含、涵蓋。

【語譯】從大都城向西北走二十多里，到達婆羅門邑。邑旁有個陷坑，秋夏時節，淫雨連綿，常持續十幾天。這個陷坑雖然匯集了眾多水流，卻不積水。陷坑旁建有一座小塔，聽年紀大的人說：這是從前大慢婆羅門活活陷入地獄的地方。從前這個城邑中有一位婆羅門，他學識廣博，學冠當時，對佛教和外道典籍都有精深研究，對曆數天文等學問更是瞭如指掌。他風範清雅高絕，名聲遠播。這個國家的國王非常敬重他，國人對他也是頂禮膜拜的。他有一千多個學生，都致力於傳習他的學說，對他的風範無比欽敬。他常說：「我生在這個世界就是為了傳布聖教導引眾生，那些先賢後哲都無法和我相比。那大自在天、婆藪天、那羅延天和佛世尊之流，他們的名字風靡於世，人們爭相祖述他們的法教，刻畫他們的形像，供養禮敬。現在我的德業高於他們，聞名於世，要是沒有特異之處，怎麼能顯出我的與眾不同？」於是他用紅色的旃檀木雕成大自在天、婆藪天、那羅延天、佛世尊的像，做了他座位的四條腿，走到哪裡就把這座位帶到哪裡，他就傲慢到這種地步。當時西印度有位叫跋陀羅樓支的苾芻，通曉因明學問，對外道理論也有深入研究。他的道風樸素完美，戒行像香花一樣郁烈，寡欲知足，對外物一無所求。他聽說了大慢婆羅門的言論後嘆息說：「可惜啊！世上真是沒有人才了啊！讓這種愚狂之人逞兇猖獗。」於是他帶著錫杖遠遊來到這個國家，將自己的心願稟告了國王。國王見他衣衫破舊，心裡對他沒有什麼敬意，但是不敢小看他的志向，勉強對他加以禮敬。於是設立論座，並通知了婆羅門。婆羅門聽了笑道：「是什麼人竟敢要和我論辯？」他立刻命他的學生和他一起來到論場。成百上千的人倚立前後，聽他們論辯。賢愛穿著他破舊的衣服，將草攏在一起，坐在上面。那婆羅門則高踞在他特製的座位上，汙蔑正法，闡揚邪教。苾芻雄辯滔滔，口若懸河，流水般循環往復。經過長時間論辯，婆羅門不得不認輸。國王便對他說：「你欺世盜名、罔上惑眾的時間也夠長了！根據祖先的法典，辯論失敗是要殺頭的。」就要燒紅鑪鐵，命他坐在上面。這時婆羅門在窘迫之中，便向苾芻求救。賢愛憐憫他，就向國王求情說：「大王的仁政遠近聞名，讚頌之聲載於道路。您應廣布慈悲，化育眾生，不要做殘酷的事情，請您寬恕他的過失，放他去吧。」國王於是免了他的死罪，但讓他騎著驢，將自己的失敗遍告城邑。婆羅門對這樣的羞辱深以為恥，氣得吐血。苾芻聽說了去安慰他說：「您學貫佛家和外道理論，遠近聞名。對於榮辱進退應當看得很明白。所謂名，有什麼實質意義？」婆羅門聽了這話不僅沒有醒悟，反而更加憤怨。他大罵苾芻，毀謗大乘佛法，口出輕蔑先聖的言辭。他話音未落，地便裂開了，婆羅門活活陷入地中，這個遺跡現在還在那裡。

從這裡向西南進入海道，再向西北走兩千四、五百里，到達阿吒釐國。

【說　明】本文介紹的是大慢婆羅門和賢愛論辯的故事。它告訴人們，傲慢自大、毀謗佛法的人是不會有好結果的。故事的主要人物是大慢婆羅門，他博學多才，深通義理，但他並沒有因學識涵養出優美的品德，反而因此自高自大，對先賢聖哲嗤之以鼻，甚至做出極端狂妄的事情：用四位賢聖像做他的椅子腿。及至後來他和賢愛苾芻論辯失敗，仍不思悔改，並大罵苾芻，毀謗佛法，終於遭到身陷地獄的下場。而他如此狂妄，除了他自身的性格修養這個因素，也是當時該國「時無人矣」造成的。這也從一個側面反映出佛法的衰微。

苾芻這個形象雖著墨不多，但刻劃也很生動。他的衣著、論辯滔滔以及他為婆羅門求情和安慰，這幾個情節便將一個佛教徒的少欲知足、心懷悲憫和深刻的佛理生動地表現了出來，手法高超。

阿吒釐國

【題　解】阿吒釐，梵文 Aṭali 的音譯。關於這個國家的地理位置，現在還沒有定論。

阿吒釐國，周六千餘里。國大都城周二十餘里。居人殷盛，珍寶盈積，稼穡雖備，興販❶為業。土地沙鹵，花果稀少。出胡椒樹，樹葉若蜀椒也。出薰陸香樹❷，樹葉若棠梨❸也。氣序熱，多風埃❹。人性澆薄，貴財賤德。文字、語言，儀形法則，大同摩臘婆國。多不信福，縱有信者，宗事天神。祠館十餘所，異道雜居。

從摩臘婆國西北行三百里，至契吒國南印度境。

【注釋】❶興販　做生意。❷薰陸香樹　梵文寫作 kunduru。也被稱為君杜嚕樹或君杜魯樹。薰陸香，梵文寫作 kunduruka。是用薰陸香樹的樹脂汁液製成的香料，與其他香料摻和供燒香用。也稱為乳香。❸棠梨　薔薇科落葉亞喬木。葉有圓的也有三叉的，葉邊有鋸齒，色澤青白。❹埃　灰塵。

【語譯】阿吒釐國方圓六千多里。這個國家的大都城方圓二十多里。人口稠密，珍奇的寶物到處都是，莊稼雖種類齊備，但主業是做生意。這裡土地多沙地和鹽鹹地，花果稀少。生長胡椒樹，這種樹葉子和四川的胡椒相似。還有薰陸香樹，樹葉像棠梨。該國氣候炎熱，多風沙。人們性情刻薄，看重錢財不重道德。文字、語言、風俗法則和摩臘婆國大致相同。百姓多不相信福報，那些有信仰的，也是信奉外道天神。境內有廟館十幾所，各種外道信徒雜居一處。

從摩臘婆國向西北走三百多里，到達契吒國。

【說明】本文介紹了阿吒釐國的概況。但從篇末一段「從摩臘婆國西北行……」來看，玄奘似乎並沒有到過阿吒釐國，那麼有關該國的情況應是得自傳聞。

契吒國

【題解】有關契吒國的梵文寫法及其地理位置，現在都沒有一致的確定說法。

契吒國，周三千餘里。國大都城周二十餘里。人戶殷盛，家室富饒。無大君長，役屬摩臘婆國，風土物產，遂同其俗。伽藍十餘所，僧徒千餘人，大小二乘，兼功習學。天祠數十，外道眾多。

從此北行千餘里，至伐臘毗國。（即北羅羅國。南印度境。）

【語譯】契吒國方圓三千多里。這個國家的大都城方圓二十多里。人口稠密，家室富饒。這個國家沒有國王，役屬於摩臘婆國，風土物產也和摩臘婆國一樣。境內有寺院十幾座。僧徒一千多人，兼學大乘和小乘法教。外道神廟有幾十所，外道信徒眾多。

從這裡向北走一千多里，到達伐臘毗國。

伐臘毗國

【題解】伐臘毗，梵文 Valabhi 的音譯。歷史上的伐臘毗國位於卡提阿瓦半島上，是梅特拉迦王朝的西方分國。其都城遺址現在已被發現，在卡提阿瓦半島東岸，今名瓦密拉普羅。

伐臘毗國，周六千餘里。國大都城周三十餘里。土地所產，氣序所宜，風俗人性，同摩臘婆國。居人殷盛，家室富饒，積財百億者乃有百餘室矣。遠方奇貨多聚其國。伽藍百餘所，僧徒六千餘人，多學小乘正量部法。天祠數百，異道實多。如來在世，屢遊此國，故無憂王於佛所止皆樹旌表，建窣堵波。過去三佛坐及經行說法之處，遺跡相間。

今王，剎帝利種也，即昔摩臘婆國尸羅阿迭多王之姪，今羯若鞠闍國尸羅阿迭多王之子壻，號杜魯婆跋吒（唐言常叡），情性躁急，智謀淺近。然而淳信三寶，歲設大會七日，以殊珍上味，供養僧眾，三衣醫藥之價，七寶奇貴之珍，既以總施，倍價酬贖，貴德尚賢，尊道重學，遠方高僧，特加禮敬。

去城不遠，有大伽藍，阿折羅阿羅漢之所建立，德慧、堅慧菩薩之所遊止，於中制論，並盛流布。

自此西北行七百餘里，至阿難陀補羅國（西印度境）。

【語譯】伐臘毘國方圓六千多里，這個國家的大都城方圓三十多里。物產、氣候、風俗人性和摩臘婆國一樣。人口稠密，家室富饒，家財百萬的有一百多家。遠方珍奇的寶物多匯聚在這個國家。境內有寺院一百多座，僧徒六千多人，多研習小乘正量部法教。外道神廟有幾百所，信徒很多。如來在世的時候多次到過這個國家，因此無憂王在佛經過的地方都建塔作為紀念。過去三佛打坐和散步、說法的遺跡和這些塔交錯相望。

伐臘毘國當今國王屬於剎帝利種姓，也就是從前摩臘婆國尸羅阿迭多王的姪子，現在的羯若鞠闍國尸羅阿迭多王的女壻，名叫杜魯婆跋吒。他性情急躁，缺乏智謀，但是他虔誠信奉佛法，尊崇三寶，每年召開七日大會，以奇珍佳肴，供養僧眾，從僧人穿的三衣、醫藥到七寶、奇珍全都布施出去，再以加倍的價錢贖回。他看重品德賢能，尊崇道德重視學問，對遠方的高僧致以特別的禮敬。

離都城不遠有座大寺，是阿折羅阿羅漢建造的。德慧、堅慧菩薩曾遊歷和居住在這裡，在寺中寫作經論，這些經論都廣泛流傳。

從這裡向西北走七百多里，到達阿難陀補羅國。

【說　明】本文介紹伐臘毘國的概況和杜魯婆跋吒王的敬佛行為以及國內的佛教遺跡。需說明的是，釋迦牟尼在世時從未到過伐臘毘國。因此文中所謂「如來在世，屢遊此國」的說法是不確切的，所列佛跡也大抵是佛教徒的附會。

阿難陀補羅國

【題　解】阿難陀補羅，梵文 Ānandapura 的音譯。其位置在薩巴馬提河 (Sābarmati) 和巴納斯河 (Bānas) 之間的三角地帶。其都城至今仍是著名的宗教城市。

阿難陀補羅國，周二千餘里。國大都城周二十餘里。人戶殷盛，家室富饒。無大君長，役屬摩臘婆國。土宜氣序，文字法則，遂亦同焉。伽藍十餘所，僧徒減千人，習學小乘正量部法。天祠數十，異道雜居。

從伐臘毘國西行五百餘里，至蘇剌侘國西印度境。

【語譯】阿難陀補羅國方圓二千多里。這個國家的大都城方圓二十多里。人口稠密，家家生活富裕。國家沒有國王，役屬於摩臘婆國。土地出產、氣候、文字、法則都和摩臘婆國相同。境內有寺院十幾座，僧徒近千人。學習小乘正量部法教。外道神廟有幾十所，各種外道雜居一處。

從伐臘毘國向西走五百多里，到達蘇剌佗國。

【說明】本文簡要介紹了阿難陀補羅國的概況。從文末一段看，這個國家可能是傳聞之國，玄奘並沒有到過這裡。

蘇剌佗國

【題解】蘇剌佗，梵文寫作Surāṣṭra，也被譯為「蘇剌吒」。這個國家在今卡提阿瓦半島南部的卡奇灣上。蘇剌佗在古代比較有名，它的都城位於訖利山下，一度曾為伐臘毘國的首都。

蘇剌佗國，周四千餘里。國大都城周三十餘里，西據莫醯河。居人殷盛，家產富饒。役屬伐臘毘國。地土鹹鹵，花果希少。寒暑雖均，風飄不靜。土俗澆薄，人性輕躁。不好學藝，邪正兼信。伽藍五十餘所，僧徒三千餘人，多學大乘上座部法。天祠百餘所，異道雜居。國當西海之路，人皆資海之利，興販為業，貿遷❶有無。

去城不遠，有郁鄯多❷山。山頂有伽藍，房宇廊廡，多疏崖嶺，林樹鬱茂，泉流交境，聖賢之所遊止，靈僊之所集往。從伐臘毘國北行千八百餘里，至瞿折羅國西印度境。

【注釋】❶貿遷　交換；貿易。❷郁鄯多　梵文寫作 Ujjanta。郁鄯多山是耆那教的聖地。

【語譯】蘇剌侘國方圓四千多里。這個國家的大都城方圓三十多里，西邊依靠著莫醯河。人口稠密，家家生活富裕。役屬於伐臘毘國。該國多為鹽鹹地，花果稀少。雖然四季分明，但經常刮風。風俗刻薄，人們性情輕浮暴躁，不好學藝，正教、邪教都信奉。境內有寺院五十多座，僧徒三千多人，多學習大乘和小乘上座部法教。外道神廟有一百多所，各種外道雜居一處。這個國家正處在通往西海的要道上，當地人都靠大海給他們帶來利益，以販運為業，互通有無。

離都城不遠是郁鄯多山。山頂有座寺院，屋宇廊廡多建築在崖嶺之間，這裡樹木蔥鬱，泉水交織，是聖賢和靈僊遊玩和居住的地方。從伐臘毘國向北走一千八百多里，到達瞿折羅國。

【說明】本文介紹蘇剌侘國的情況。這個國家位於入西海的要道，具有很重要的地理位置，自古以來就和西方有頻繁的海外貿易，在希臘的文學作品中就有關於蘇剌侘國的許多記載。文中介紹的郁鄯多山，雖然山上有不少佛教寺院，但該山主要還是耆那教的聖地，是耆那教聖人涅密那塔的誕生地，因此山上也有很多耆那教的廟宇。

瞿折羅國

【題解】瞿折羅，梵文寫作 Gūrjara。瞿折羅國是古吉拉 (Gurjara) 人建立的國家。約在六世紀下半葉，古吉拉人脫離笈多王朝而獨立，他們所建立的最主要國家在拉吉普坦那中心地帶，黃月是最早的古吉拉王國的建立者，玄奘訪問瞿折羅國時，該國的國王就是黃月的孫子。其國都位置在今巴爾默爾(Balmer)。

瞿折羅國，周五千餘里。國大都城號毘羅摩羅❶，周三十餘里。土宜風俗，同蘇剌侘國。居人殷盛，家產富饒。多事外道，少信佛法。伽藍一所，僧百餘人，習學小乘法教說一切有部。天祠數十，異道雜居。王，刹帝利種也，年在弱冠，智勇高遠，深信佛法，高尚異能。

從此東南行二千八百餘里，至鄔闍衍那國南印度境。

【注釋】❶毘羅摩羅 梵文 Bhillamala 的音譯。

【語譯】瞿折羅國方圓五千多里。這個國家的大都城名叫毘羅摩羅，方圓三十多里。這裡的物產、風俗和蘇剌侘國相同。人口稠密，生活富裕。百姓多信奉外道，很少信仰佛法。境內有一座寺院，僧徒一百多人，學習小乘說一切有部法教。外道神廟有幾十所，各種外道夾雜在一起。當今國王屬刹帝利種姓，二十歲左右，有勇有謀，深信佛法，看重奇異的技能。

從這裡向東南走二千八百多里，到達鄔闍衍那國。

【說明】本文介紹瞿折羅的概況。如「題解」所述，這是古吉拉人建立的國家。關於古吉拉人的起源，一直眾說紛紜，多數學者認為古吉拉人是外來民族，隨著白匈奴人入侵印度，這個民族也逐漸從旁遮普遷移至拉吉普坦那，最後到卡提阿瓦半島。該地現名古吉拉特(Gujarāt)便是由此而來，但這些都是玄奘以後的事情了。

現代古吉拉人分布的地區相當廣泛。主要在喜馬拉雅西部、旁遮普、北方邦、拉吉普坦那西部，古吉拉特邦大部分人口都是古吉拉人。

鄔闍衍那國

【題解】鄔闍衍那，梵文寫作Ujjayanī，又譯作優禪耶尼、嗢逝尼、鬱支等。其領土大致相當於現在的印度馬爾瓦、尼馬爾以及中央邦部分地區。該國的都城鄔闍衍那城是印度古代十六大國中的阿槃底(Avantī)的西部分國的首都，其位置就是現在的印度中央邦的烏賈因(Ujjain)。

鄔闍衍那國，周六千餘里。國大都城周三十餘里。土宜風俗，同蘇剌侘國。

居人殷盛，家室富饒。伽藍數十所，多以❶圮壞，存者三五，僧徒三百餘人，大小二乘，兼功習學。天祠數十，異道雜居。王，婆羅門種也，博覽邪書，不信正法。去城不遠有窣堵波，無憂王作地獄之處。

從此東北行千餘里，至擲枳陀國。南印度境。

【注釋】❶以　同「已」。

【語譯】鄔闍衍那國方圓六千多里。這個國家的大都城方圓三十多里，物產風俗和蘇剌侘國相同。這裡人口稠密，家家生活富裕。境內有寺院幾十所，大多已經倒塌毀壞，保存完整的只有三五所了。僧徒有三百多人，兼習大乘和小乘法教。外道神廟有幾十所，各種外道雜居在一起。當今國王屬於婆羅門種姓，他廣泛閱讀外道典籍，不信佛法。離都城不遠有座塔，是無憂王營建地獄的地方。

從這裡向東北走一千多里，到達擲枳陀國。

【說　明】本文介紹鄔闍衍那國的概況。鄔闍衍那城的經濟和文化自古以來就很繁榮。它位於王舍城通往南方普提提斯坦那城的大道上，和希臘、羅馬也有貿易往來，被稱為是輸入和輸出的商品集散地。

在宗教方面，鄔闍衍那不僅是佛教中心之一，也是印度教的聖地。此地有名的大黑廟是印度最著名的十二個濕婆廟宇之一，每年有大量的印度教徒來這裡朝拜。

擲枳陀國

【題　解】有關擲枳陀國的梵文寫法和具體方位至今仍沒有一個確定的說法。

擲枳陀國，周四千餘里。國大都城周十五六里。土稱沃壤，稼穡滋植，宜菽、麥，多花果。氣序調暢，人性善順。多信外道，少敬佛法。伽藍數十，少有僧徒。天祠十餘所，外道千餘人。王，婆羅門種也，篤信三寶，尊重有德，諸方博達之士多集此國。

從此北行九百餘里，至摩醯溼伐羅補羅國中印度境。

【語譯】擲枳陀國方圓四千多里。這個國家的大都城方圓十五、六里。這裡土地肥沃，莊稼茂盛，適宜種植豆、麥，花果繁多。氣候溫和清爽，人們性情善良溫順，多信奉外道，敬信佛法的很少。境內有寺院幾十座，僧徒很少。外道神廟有十幾所，外道信徒一千多人。當今國王屬婆羅門種姓，虔誠信奉佛家三寶，尊重有德行的人，各地博學之士多匯集在這個國家。

從這裡向北走九百多里，到達摩醯溼伐羅補羅國。

摩醯溼伐羅補羅國

【題解】摩醯溼伐羅補羅，梵文 Maheśvarapura 的音譯。意譯為「大自在城」。其具體位置現在尚不能確定。

摩醯溼伐羅補羅國，周三千餘里。國大都城周三十餘里。土宜風俗，同鄔闍衍那國。宗敬外道，不信佛法。天祠數十，多是塗灰之侶。王，婆羅門種也，不甚敬信佛法。

從此還至瞿折羅國，復北行荒野險磧，經千九百餘里，渡信度大河，至信度國（西印度境）。

【語譯】摩醯溼伐羅補羅國方圓三千多里。該國的大都城方圓三十多里。物產風俗和鄔闍衍那國相同，人們信奉外道，不信佛法。境內有外道神廟幾十所，塗灰外道很多。當今國王屬婆羅門種姓，對佛法不很敬重。

從這裡回到瞿折羅國，再向北在荒野沙漠中走一千九百多里，渡過信度大河，到達信度國。

信度國

【題解】信度，梵文 Sindhu 的音譯。關於這個國家的地理位置現在尚無定論。

信度國，周七千餘里。國大都城號毘苫婆補羅，周三十餘里。宜穀稼，豐粟、麥，出金、銀、鍮石，宜牛、羊、橐駝❶、騾畜之屬，橐駝卑小，唯有一峰。多出赤鹽，色如赤石，白鹽、黑鹽及白石鹽等，異域遠方以之為藥。人性剛烈而質直，數鬬諍❷，多誹讟❸。學不好博，深信佛法。伽藍數百所，僧徒萬餘人，並學小乘正量部法，大抵懈怠，性行弊穢，其有精勤賢善之徒，獨處閑寂，遠跡山林，夙夜匪懈，多證聖果。天祠三十餘所，異道雜居。王，戍陀羅種也，性淳質，敬佛法。如來在昔頗遊此國，故無憂王於聖跡處建窣堵波數十所。烏波毱多❹大阿羅漢屢遊此國，演法開導，所止之處，皆旌遺跡，或建僧伽藍，或樹窣堵波，往往間起，可略而言。

信度河側千餘里陂❺澤間，有數百千戶，於此宅居，其性剛烈，唯殺是務，牧牛自活，無所係命。若男若女，無貴無賤，剃鬚髮，服袈裟，像類苾芻，而行俗事，專執小見，非斥大乘。聞之耆舊曰：昔此地民庶安忍，但事凶殘，時有羅漢愍其顛墜❻，為化彼故，乘虛而來，現大神通，示稀有事，令眾信受，漸導言教，諸人敬悅，願奉指誨，羅漢知眾心順，為授三歸❼，息其凶暴，悉斷殺生，剃髮染衣，恭行法教，年代浸遠，世易時移，守善既虧，餘風不殄❽，雖服法衣，嘗無戒善，子孫奕世，習以成俗。

從此東行九百餘里，渡信度河東岸，至茂羅三部盧國西印度境。

【注釋】❶橐駝　駱駝。❷鬭諍　打架爭吵。❸誹讟　誹謗怨恨。❹烏波毱多　梵文 Upagupta 的音譯。意譯為近護。❺陂　高地。❻顛墜　墮落。❼三歸　即三皈依。是最初信仰佛教在家學佛的教法。包括皈依佛、皈依法、皈依僧。❽殄　消失；消滅。

【語譯】信度國方圓七千多里。這個國家的大都城名叫毘苫婆補羅，方圓三十多里。這裡的土質適宜種植稻穀，粟、麥產量也很高，出產金、銀、黃銅，還適宜牧養牛、羊、駱駝、騾等牲畜。這裡的駱駝比較矮小，只有一個駝峰。盛產赤鹽，顏色像紅石頭，還有白鹽、黑鹽和白石鹽等，邊遠地方多用它入藥。人們性情剛烈率直，經常鬥毆爭吵，好誹謗怨恨。不喜歡鑽研學問，深信佛法。境內有寺院幾百座，僧徒一萬多人，都學習小乘正量部法教。但那些僧徒大多很懶惰，疏於學業，戒行敗壞。也有些勤奮學習，品質賢善的僧侶，他們隱居在幽靜的山林中，日夜修持，毫不懈怠，多證得了聖果。外道神廟有三十多所，各種外道雜居在一起。信度國的國王屬於戍陀羅種姓，性情淳樸，敬信佛法。從前如來曾幾次遊歷這個國家，所以無憂王在聖跡所到的地方建造了幾十座塔。烏波毱多大阿羅漢多次遊歷此國，講說佛法，開導眾生，在他所到的地方都樹立了標記，或者建寺，或者建塔，這些塔、寺間隔不遠，可以大略了解些情況。

在信度河邊一千多里的山丘水澤間，住著成百上千戶人家。這些人性情剛烈，以殺戮為業，牧牛為生，沒有別的生計。無論男女貴賤全都剃光鬚髮，身穿袈裟，看上去像是出家人，卻干預世俗的事情。他們一心信奉小乘法教，排斥大乘。聽老人們說：從前這裡的民眾生性殘忍，做事兇殘。當時有位羅漢悲憫他們的墮落，為了化度他們，凌空而來，運用大神通，向他們顯示俗世稀有的事物，使大眾信服接受他，然後他說法慢慢開導他們，人們心悅誠服，都願意遵奉他的教誨。羅漢知道眾人都已順從，就教給他們三歸的法門，平息他們兇暴的心性，於是他們都不再殺生，剃了髮穿上法衣，恭敬地奉行法教。隨著年代的久遠，世事隨時間的推移發生變化，守善的行為漸漸虧缺，而原來的餘風尚未完全消失。所以他們雖然穿著法衣，卻沒有戒行和善事，代代相傳，形成這樣的習俗。

從這裡向東走九百多里，渡信度河到達其東岸，就到了茂羅三部盧國。

【說　明】本文介紹信度國的概況和信度河畔奇異的風俗。文中寫道，信度國人深信佛法，雖然「深信」，仍不能改變他們鬥狠好殺的習性，連寺中的僧徒也「大抵懈怠」，不守戒行，這種民風充分反映在信度河邊一群法服俗行的人們身上。他們的祖先多年以前受羅漢的感化放下屠刀，穿上法服。但是隨著時光的流逝，那些邪惡的念頭或行為又出現在他們中間，身上的法服便漸漸形同虛設了。這一方面說明人性的墮落，另一方面也表明佛法畢竟是在慢慢的衰微了。

茂羅三部盧國

【題　解】茂羅三部盧，梵文地名應寫作 Mūlasthānapura。其位置在印度河支流奇納布河和薩特累季河間三角洲上的木爾坦一帶。

茂羅三部盧國，周四千餘里。國大都城周三十餘里。居人殷盛，家室富饒。役屬磔迦國。土田良沃，氣序調順。風俗質直，好學尚德。多事天神，少信佛法。伽藍十餘所，多已圮壞，少有僧徒，學無專習。天祠八所，異道雜居。有日天祠，莊嚴甚麗，其日天像鑄以黃金，飾以奇寶，靈鑒幽通，神功潛被，女樂遞奏，明炬繼日，香花供養，初無廢絕。五印度國諸王豪族，莫不於此捨施珍寶，建立福舍，以飲食醫藥給濟貧病。諸國之人來此求願，常有千數。天祠四周，池沼花林，甚可遊賞。

從此東北行七百餘里，至鉢伐多國。北印度境。

【語　譯】茂羅三部盧國方圓四千多里。這個國家的大都城方圓三十多里。人口稠密，生活富裕。該國役屬於磔迦國，土地肥沃，風調雨順。風俗質樸直率，好學尚德。百姓多信奉外道天神，信奉佛法的很少。

境內有寺院十幾座，多半已經倒塌毀壞，寺中僧徒很少，沒有專門學習哪一部派法教的。外道神廟有八所，各種外道雜居在一起。該國有座供奉日天的神廟，裝飾非常華麗，裡面的日天像是用黃金鑄成的，裝飾著珍奇的寶物，冥冥中有神靈相通，神通廣被，廟中有女樂不停地演奏，日夜燃燒著巨燭，香花的供養更是從未斷絕過。五印度全境的王族豪門都來到這裡施捨珍寶，建立福舍，用食物和藥品接濟貧病的人。各國來這裡求願的常常日以千計。神廟四周是一片片池潭、花林，是個遊覽的好地方。

從這裡向東北走七百多里，到達鉢伐多國。

【說　明】本文簡要介紹茂羅三部盧國的概況以及一座華美的外道神廟。對外道神廟的描寫生動，使人彷佛可以看到神廟的金碧輝煌以及香煙繚繞、信徒雲集的興盛景象，表現出作者客觀平和的態度。

鉢伐多國

【題　解】鉢伐多，梵文 Parvata 的音譯，意思是山岳。其位置在巴基斯坦旁遮普省的哈拉巴。這一地區是著名的「印度河文明」古代遺跡的出土地點。

鉢伐多國，周五千餘里。國大都城周二十餘里。居人殷盛。役屬磔迦國。多旱稻，宜菽、麥。氣序調適，風俗質直，人性躁急，言含鄙辭。學藝深博，邪正雜信。伽藍十餘所，僧徒千餘人，大小二乘，兼功習學。四窣堵波，無憂王之所建也。天祠二十，異道雜居。

城側有大伽藍，僧徒百餘人，並學大乘教，即是昔慎那弗呾羅❶唐言最勝子論師於此製《瑜伽師地釋論》，亦是賢愛論師、德光論師本出家處。此大伽藍為天火所燒，摧殘荒圮。

從信度國西南行千五六百里，至阿點婆翅羅國西印度境。

【注　釋】❶慎那弗呾羅　梵文 Jinaputra 的音譯。意譯為最勝子、佛子等，是護法的弟子。唯識十大論師之一。

【語　譯】鉢伐多國方圓五千多里。這個國家的大都城方圓二十多里。人口稠密。該國役屬於磔迦國。多產旱稻，適宜種植豆類和小麥。氣候溫和，風俗質樸直率，人們性情急躁，言辭粗鄙。深入鑽研學問技藝，正教、邪教都信奉。境內有寺院十幾座，僧徒一千多人，對大、小二乘都勤奮研習。有四座塔，都是無憂王建造的。外道神廟有二十所，各種外道雜居在一起。

都城旁邊有座大寺院，寺中有一百多位僧人，都學習大乘法教。從前慎那弗呾羅論師曾在這裡撰寫《瑜伽師地釋論》，這裡也是賢愛論師和德光論師出家的地方。這座大寺院後來被天火燒毀，現在已經破敗荒廢了。

從信度國向西南走一千五、六百里，到達阿點婆翅羅國。

阿點婆翅羅國

【題　解】阿點婆翅羅，梵文似應作 Audumbatira，關於這個國家的領域現在還未確定，但初步認為，其國都的位置相當於現在的巴基斯坦的卡拉奇 (Karāchī)。

阿點婆翅羅國，周五千餘里。國大都城號揭鱭溼伐羅❶，周三十餘里。僻在西境，臨信度河，鄰大海濱。屋宇莊嚴，多有珍寶。近無君長，統屬信度國。地下❷溼，土斥鹵❸，穢草荒茂，疇壟少墾，穀稼雖備，菽、麥特豐。氣序微寒，風飆勁烈。宜牛、羊、橐駝、騾畜之類。人性暴急，不好習學。語言微異中印度。其俗淳質，敬崇三寶。伽藍八十餘所，僧徒五千餘人，多學小乘正量部法。天祠十所，多是塗灰外道之所居止。城中有大自在天祠，祠宇彫飾，天像靈鑒，塗灰外道遊舍其中。在昔如來頗遊此國，說法度人，導凡利俗，故無憂王於聖跡處建六窣堵波焉。

從此西行，減二千里，至狼揭羅國西印度境。

【注釋】❶揭鱭溼伐羅　梵文寫作 Kacchéśvara。即巴基斯坦的卡拉奇。❷下　低。❸斥鹵　鹽鹼地。

【語譯】阿點婆翅羅國方圓五千多里。這個國家的大都城名叫揭鱭溼伐羅，方圓三十多里，地處偏僻的西部邊境，瀕臨信度河，面向大海濱。城中房屋裝飾華美，多有珍寶。近年來這個國家一直沒有國王，役屬於信度國。這裡土地低溼，多是鹽鹼地，雜草叢生，一片荒蕪，田地開墾的很少，雖然也有稻穀，但產量高的還是豆、麥。氣候微微有點寒冷，刮風很厲害。適宜牛、羊、駱駝、騾等畜類的生長繁殖。人們性情暴烈急躁，不愛學習，語言和中印度稍微有些不同。風俗質樸，崇信佛法。境內有寺院八十多座，僧徒五千多人，多學習小乘正量部法教。外道神廟有十所，其中住的多是塗灰外道。城中有座供奉大自在天的神廟，神廟的屋宇雕刻裝飾得非常美麗，大自在天像很靈驗，常有來巡禮的塗灰外道住在廟中。從前如來曾幾次遊歷這個國家，講說妙法度化眾生，以方便法門導引凡俗，後來無憂王在聖跡所到之處建造了六座塔。

從這裡向西走近兩千里，到達狼揭羅國。

【說　明】本文介紹了阿點婆翅羅國的概況。關於這個國家使用的語言，是所謂的 Lari 方言，也就是印度雅利安語西北支派中的信德語方言的一種，和中印度語言微有差異。

狼揭羅國

【題　解】狼揭羅，梵文寫作 Langala，其地理位置相當於莫克蘭東部，現在巴基斯坦俾路支 (Balūchistān) 省東南部地方。

狼揭羅國，東西南北各數千里。國大都城周三十餘里，號窣菟黎溼伐羅。土地沃潤，稼穡滋盛。氣序風俗，同阿點婆翅羅國。居人殷盛，多諸珍寶。臨大海濱，入西女國之路也。無大君長，據川自立，不相承命，役屬波剌斯國。文字大同印度，語言少異。邪正兼信。伽藍百餘所，僧徒六千餘人，大小二乘，兼功習學。天祠數百所，塗灰外道，其徒極眾。城中有大自在天祠，莊嚴壯麗，塗灰外道之所宗事。

自此西北，至波剌斯國雖非印度之國，路次附見。舊曰波斯，略也。

【語譯】狼揭羅國，東西、南北各有幾千里長。這個國家的大都城方圓三十多里，名叫窣菟黎溼伐羅。土地肥沃，莊稼茂盛。氣候風俗和阿點婆翅羅國相同。人口稠密，國內匯聚了很多各地珍寶。該國都城面臨大海濱，是通往西女國的必經之地。國家沒有君主，豪強們各據山川自立為王，互不服從，役屬於波剌斯國。文字和印度大致相同，語言稍有差異。該國百姓兼信佛教和邪教。境內有寺院一百多座，僧徒六千多人，對大乘和小乘法教都勤奮研習。外道神廟有幾百所，其中塗灰外道信徒最多。都城中有座大自在天的神廟，裝飾壯麗，是塗灰外道供奉的神廟。

從這裡向西北走，到達波剌斯國。

【說明】本文介紹狼揭羅國的概況。文字簡潔。狼揭羅國都城的遺址已被發現，城中建築堅固壯麗，規模宏大，令人想見當年的繁華，顯示出莊嚴的古都氣派。

波剌斯等三國

【題解】「波剌斯等三國」包括波剌斯國、拂懍國和西女國。波剌斯，梵文寫作Pārsa，也稱波斯，即現在的伊朗，是西亞的文明古國。拂懍國即東羅馬。而西女國則是傳說中的國家，實際上並不存在。

波剌斯國，周數萬里。國大都城號蘇剌薩儻那❶，周四十餘里。川土既廣，氣序亦異，大抵溫也。引水為田，人戶富饒。出金、銀、鍮石、頗胝❷、水精、奇珍、異寶，工織大錦、細褐、氍毹❸之類，多善馬、橐駝。貨用大銀錢。人性躁暴，俗無禮義。文字、語言異於諸國。無學藝，多工伎，凡諸造作，鄰境所重。婚姻雜亂，死多棄屍。其形偉大，齊髮露頭，衣皮褐，服錦氎。戶課賦稅，人四銀錢。天祠甚多，提那跋❹外道之徒為所宗也。伽藍二三，僧徒數百，並學小乘教說一切有部法。釋迦佛鉢在此王宮。國東境有鶴秣❺城，內城不廣，外郭周六十餘里，居人眾，家產富。

西北接拂懍國，境壤風俗，同波剌斯，形貌語言，稍有乖異，多珍寶，亦富饒也。

拂懍國西南海島有西女國，皆是女人，略無男子，多諸珍寶貨，附拂懍國，故拂懍王歲遣丈夫配焉，其俗產男皆不舉也。

自阿點婆翅羅國北行七百餘里，至臂多勢羅國（西印度境）。

【注　釋】❶蘇剌薩儻那　梵文 Surasthāna 的音譯。意譯為「神的居所」。❷頗胝　玻璃。❸氍毹　毛織的地毯。❹提那跋　梵文 dinapati 的音譯。意思是太陽。❺鶴秣　梵文似為 Ormus。即現代有名的伊朗重要港口霍爾木茲 (Hormuz)。

【語　譯】波剌斯國方圓幾萬里。這個國家的大都城名叫蘇剌薩儻那，方圓四十多里。由於土地廣大，因此各地氣候也不相同，但大體是溫暖的。這裡多為水田，百姓生活富裕。出產金、銀、黃銅、玻璃、水晶和各種奇珍異寶，大錦、細褐、毛毯之類工藝精細。很多良馬、駱駝。通用貨幣是大銀錢。人們性情暴躁，不講禮義，文字、語言和別國不同。不好學藝，多工於技術，他們的手工製品一向被鄰國看重。這裡婚姻雜亂，人死了屍首多扔在郊野。該國人身材高大，齊髮，露出頭頂。衣服是皮褐和錦氎製成的。每戶都要交納賦稅，一人四個銀錢。境內有很多外道神廟，都是提那跋外道信徒供奉的。寺院有兩三座，僧徒幾百人，都學習小乘說一切有部法教。釋迦佛的飯鉢就在這個國家的王宮裡。該國東部邊境有座鶴秣城，內城不大，外城方圓六十多里，人口稠密，家家都很富裕。

波剌斯國西北和拂懍國接壤，拂懍國的風俗等和波剌斯國相同，人的外貌和語言稍有差異。多珍寶，也是個富饒的地方。

拂懍國西南的海島中有個西女國，國中都是女人，沒有一個男子，珍奇寶貨很多。附屬於拂懍國，拂懍國王每年都要派男子去西女國和那裡的女子匹配，這裡的風俗，生男孩都不撫養。

從阿點婆翅羅國向北走七百多里，到達臂多勢羅國。

【說　明】波剌斯等三個國家的情況都是玄奘從傳聞中得來的，其中的西女國更是傳聞中的傳說之國。在傳說中，這個國家最初是位於印度西海洋，後來逐漸變成是在東羅馬的西南海島上，到底是不是有這樣一個國家誰也無法說清楚。

在對波剌斯國的介紹中出現的一種外道叫做「提那跋外道」。這個教派相傳是古波斯人瑣羅亞斯德(Zoroaster)創立的，曾流行於伊朗和中亞一帶。該教認為世上有善和惡的對立，也就是光明神和黑暗神的對立。它認為太陽是神的眼睛，火則是善和光明的代表。因此該教以禮拜「聖火」為主要儀式。該教一度被定為波斯帝國的國教，後被伊斯蘭教消滅。南北朝時，該教傳入中國，稱為拜火教或波斯教。

臂多勢羅國

【題　解】臂多勢羅，梵文似應是Pāṭaśila，其位置相當於現在的巴基斯坦信德省的海德拉巴。

臂多勢羅國，周三千餘里。國大都城周二十餘里。居人殷盛，無大君長，役屬信度國。土地沙鹵，寒風淒勁。多菽、麥，少花果。而風俗獷暴。語異中印度。不好藝學，然知淳信。伽藍五十餘所，僧徒三千餘人，並學小乘正量部法。天祠二十餘所，並塗灰外道也。

城北十五六里大林中，有窣堵波，高數百尺，無憂王所建也。中有舍利，時放光明。是如來昔作僊人，為國王所害之處。此東不遠有故伽藍，是昔大迦多延那大阿羅漢之所建立。其傍則有過去四佛座及經行遺跡之處，建窣堵波以為旌表。

從此東北行三百餘里，至阿奄荼國西印度境。

【語　譯】臂多勢羅國方圓三千多里。這個國家的大都城方圓二十多里。人口稠密，沒有君主，役屬於信度國。土地多沙地和鹽鹹地，寒風凜冽。多產豆、麥，花果很少。風俗粗獷暴躁。語言和中印度不同。這裡的人們不好藝學，但對佛法信仰堅定。境內有寺院五十多所，僧徒三千多人，都學習小乘正量部法教。外道神廟有二十多所，都是塗灰外道。

在都城北面十五、六里的森林中有座塔，塔高好幾百尺，是無憂王建造的。塔中供奉著舍利，常常放射光明。這裡是從前如來為仙人時被國王殺害的地方。塔東不遠有座古老的寺院，是從前大迦多延那大阿羅漢建造的，寺旁有過去四佛打坐和散步的遺跡，都建了塔作為標誌。

從這裡向東北走三百多里，到達阿軬荼國。

阿軬荼國

【題解】阿軬荼，梵文寫作Avaṇḍa。有關該國的地理位置現在尚無確定的意見。

阿軬荼國，周二千四五百里。國大都城周二十餘里。無大君長，役屬信度國。土宜稼穡，菽、麥特豐，花果少，草木疏。氣序風寒，人性獷烈。言辭朴質，不尚學業。然於三寶，守心淳信。伽藍二十餘所，僧徒二千餘人，多學小乘正量部法。天祠五所，並塗灰外道也。

城東北不遠，大竹林中，伽藍餘址，是如來昔於此處聽諸苾芻著亟縛屣❶唐言靴。傍有窣堵波，無憂王所建也，基雖傾陷，尚高百餘尺。其傍精舍，有青石立佛像，每至齋日，或放神光。次南八百餘步林中，有窣堵波，無憂王之所建也。如來昔日止此，夜寒，乃以三衣重覆，至明旦，開諸苾芻著複納衣。此林之中有佛經行之處。又有諸窣堵波，鱗次相望，並過去四佛坐處也。其窣堵波中有如來髮、爪，每至齋日，多放光明。

從此東北行九百餘里，至伐刺拏國西印度境。

【注　釋】❶亟縛屣　厚皮靴。

【語　譯】阿軬荼國方圓兩千四、五百里。這個國家的大都城方圓二十多里。國中沒有君主，役屬於信度國。土地適於莊稼生長，多產豆、麥，花果較少，草木稀疏。氣候寒冷多風，人們性情獷烈，言辭樸質，不愛學習，但是對佛法虔誠信奉。境內有寺院二十多座，僧徒兩千多人，多學習小乘正量部法教。外道神廟五所，信徒都是塗灰外道。

都城東北不遠，在一大片竹林中有座寺院的遺址，從前如來曾在這裡允許苾芻們穿厚皮靴。寺旁有座塔，是無憂王建造的，塔基雖然已經倒塌下陷，仍有一百多尺高。塔旁的精舍中有一尊青石的立佛像，每到齋日，佛像常會放出神光。再向南走八百多步，林中還有座塔，是無憂王建造的。從前如來住在這裡，夜裡寒冷，他便允許苾芻們將出家人的三種衣服一層層穿在身上，天亮以後，又把苾芻們穿的複納衣都拿開了。這片林中也有佛散步的地方。還有許多塔，像魚鱗一樣密密排列，都是過去四佛坐過的地方。塔中供有如來的頭髮和指甲，一到齋日多放射光明。

從這裡向東北走九百多里，到達伐刺拏國。

【說　明】本文介紹阿軬荼國的概況和都城外竹林中的佛教勝跡。這些遺跡中包含了兩個故事。一個是如來允許苾芻穿厚衣靴。本來這是違背戒律規定的，但當時一些苾芻來往於山地之間，腳經常被岩石、荊棘刺傷，釋迦佛於是破例允許他們穿厚底靴。另一個故事是，因為天氣寒冷，釋迦佛允許苾芻們多穿衣服，「三衣重覆」，以禦嚴寒。這兩件事表現了釋迦佛的慈悲心懷和他靈活「方便」的處理事情的方法。需要說明的是，釋迦佛允許苾芻多穿衣服這件事發生在吠舍釐城，和阿耆荼國並無關係。

伐剌拏國

【題解】伐剌拏，梵文 Varṇu 的音譯。其都城位於庫臘姆 (Kuram) 河畔，在今巴基斯坦的班努一帶，是巴基斯坦北部重鎮白沙瓦通向南部的要道。

伐剌拏國，周四千餘里。國大都城周二十餘里。居人殷盛，役屬迦畢試國。地多山林，稼穡時播。氣序微寒，風俗獷烈。性忍暴，志鄙弊。語言少同中印度。邪正兼崇，不好學藝。伽藍數十，荒圮已多，僧徒三百餘人，並學大乘法教。天祠五所，多塗灰外道也。

城南不遠有故伽藍，如來在昔於此說法，示教利喜❶，開悟含生。其側有過去四佛座及經行遺跡之處。

聞諸土俗曰：從此國西接稽薑那國，居大山川間，別立主，無大君長。多羊、馬，有善馬者，其形殊大，諸國希種，鄰境所寶。

復此西北，踰大山，涉廣川，歷小城邑，行二千餘里，出印度境，至漕矩吒國亦謂漕利國。

【注釋】❶示教利喜　如來開悟眾生的方法。示，指示善惡。教，教言。使人捨惡行善。利，說法引導，令得大利益。喜，讚美其所做善行而使其歡喜。

【語　譯】伐剌拏國方圓四千多里。這個國家的大都城方圓二十多里。人口稠密，役屬於迦畢試國。境內山林很多，莊稼應時播種。氣候微寒，風俗粗獷暴烈。人們性情殘忍兇暴，鼠目寸光。語言和中印度差異很大。邪教、正教都信奉，不愛學習技藝。境內有寺院幾十座，大多已經荒蕪毀壞，僧徒三百多人，都學習大乘法教。外道神廟五所，信徒多為塗灰外道。

城南不遠有座古老的寺院，如來從前曾在這裡說法，通過「示教利喜」，使眾生開悟。寺旁有過去四佛座和散步地方的遺跡。

聽當地人說：這個國家西接稽薑那國。稽薑那國位於大山大川之間，另立領袖，沒有國王。盛產羊、馬，這裡產一種好馬，身形特別高大，是稀有的良種，為各國所寶貴。

從這裡再向西北走，越過大山，渡過大河，經過一些小城鎮，走兩千多里，出北印度境，到達漕矩吒國。

【說　明】本文介紹了伐剌拏國的概況和都城外的佛教遺跡。文中還提到稽薑那國，這個國家的情況由於也是根據傳聞得來，因此有關該國國名梵文寫法以及具體位置目前都沒有確定下來。

卷十二　二十二國

漕矩吒國

【題解】漕矩吒，梵文Jāguḍa的對音。意思是鬱金香。我國典籍中也將這個國家稱為謝颶國、漕國。其都城位於今阿富汗首都喀布爾以南一百五十五公里處，是喀布爾通往坎大哈的必經之地。現在譯作加茲尼或哥疾寧(Ghazni)。

漕矩吒國，周七千餘里。國大都城號鶴悉那❶，周三十餘里，或都鶴薩羅城，周三十餘里，並堅峻險固也。山川隱嶙，疇壟塽塏❷。穀稼時播，宿麥滋豐，草木扶疏，花果茂盛，宜鬱金香，出興瞿草❸，草生羅摩印度川。鶴薩羅城中涌泉流派，國人利之以溉田也。氣序寒烈，霜雪繁多。人性輕躁，情多詭詐。好學藝，多伎術，聰而不明，日誦數萬言。文字言辭，異於諸國。多飾虛談，少成事實。雖祀百神，敬崇三寶。伽藍數百所，僧徒萬餘人，並皆習學大乘法教。今王淳信，累葉承統，務興勝福，敏而好學。無憂王所建窣堵波十餘所。天祠數十，異道雜居。計多外道，其徒極盛，宗事𥢶（鋤句反，下同）那天❹。其天神昔自迦畢試國阿路猱山徙居此國南界𥢶那呬羅山❺中，作威作福，為暴為惡，信求者遂願，輕蔑者招殃，故遠近宗仰，上下祗懼。鄰國異俗君臣僚庶，每歲嘉辰不期而會，或賫金、銀、奇寶，或以羊、馬、馴畜，競興貢奉，俱申誠素❻。所以金、銀布地，羊、馬滿谷，無敢覬覦❼，唯修施奉。宗事外道，克心苦行，天神授其呪術，外道遵行多效，治療疾病，頗蒙痊愈。

從此北行五百餘里，至弗栗恃薩儻那國。

【注釋】❶鶴悉那　梵文寫作 Ghazni 或 Ghaznin。❷塽塏　高而乾爽。❸興瞿草　梵文寫作 hiṅgu。蒜類植物。可供食用。❹𥢶那天　梵文 Śuna 的音譯。意譯為福樂。是婆羅門教天神之一。❺𥢶那呬羅山　梵文 Śunā-hira 的對音。位置在漕矩吒國南界。❻誠素　虔誠的心跡。❼覬覦　非分地希望或企圖得到。

【語譯】漕矩吒國方圓七千多里。這個國家的大都城名叫鶴悉那，方圓三十多里，也曾以鶴薩羅為都城，該城方圓三十多里，兩座城全都堅固險峻。國中山川連綿，田地高而乾燥。莊稼適時播種，冬小麥產量很高。草木枝葉茂盛，花果繁多，這裡適宜種植鬱金香，出產興瞿草。這種草主要生長在羅摩印度河流域。鶴薩羅城中泉水湧流，百姓多利用泉水灌溉田地。這裡氣候嚴寒，多霜雪。人們性情輕浮暴躁，多行詭詐。愛好學藝，多有技能，聰明但才思不夠敏捷，每天可以誦讀幾萬字。文字語言和別的國家都不一樣。這裡的人喜歡誇誇其談，很少辦實事。雖然祭祀各種神明，對佛家三寶卻更為崇敬。境內有寺院幾百座，僧徒一萬多人，都學習大乘法教。當今國王虔誠信奉佛法，他繼承這個王族代代相沿的傳統，努力行善，聰敏好學。無憂王在這個國家建造了十幾座塔。外道神廟有幾十所，各種外道雜居在一起。外道信徒非常多，都事奉䅳那天。這位天神很久以前從迦畢試國阿路猱山移居到這個國家南部的䅳那呬羅山中，在這裡作威作福，逞兇為惡，信奉他的人可以實現自己的願望，輕蔑他的人就會遭到災禍，因此人們無論遠近貴賤無不由於恐懼而信奉他。鄰國異域的君臣吏民在每年的良辰吉日都不約而同地聚會在這裡，有的帶著金、銀、珍寶，有的用羊、馬和家畜，爭相向䅳那天神奉獻，以表明自己虔敬的心跡。其時這裡金銀遍地，羊馬滿山滿谷，但沒人敢對這些財物生出非分之心，都一心一意施捨供奉天神。對於那些信奉外道並苦心修行的人，天神就傳授給他咒術，外道信徒遵行咒術多很有效，用來治療疾病，大多能獲痊癒。

從這裡向北走五百多里，到達弗栗恃薩儻那國。

【說　明】本文介紹漕矩吒的概況以及供奉䅳那天的情況。漕矩吒國很長時期內是多種民族出入的國家，玄奘到這裡巡遊時，該國正被西突厥統治，因此這個國家的語言和印度別國有很大不同。

弗栗恃薩儻那國

【題　解】有關弗栗恃薩儻那國的國名語義、方位等問題，現在還沒有得到圓滿的解答。

弗栗恃薩儻那國，東西二千餘里，南北千餘里。國大都城號護苾那，周二十餘里。土宜風俗，同漕矩吒國，語言有異。氣序寒勁，人性獷烈。王，突厥種也，深信三寶，尚學遵德。

【語譯】弗栗恃薩儻那國東西長兩千多里，南北長一千多里，這個國家的大都城名叫護苾那方圓二十多里。該國物產風俗和漕矩吒國相同，語言不同。氣候嚴寒，人性粗獷暴烈。國王是突厥人，深信佛法三寶，崇尚學業道德。

婆羅犀那大嶺

從此國東北，踰山涉川，越迦畢試國邊城小邑凡數十所，至大雪山婆羅犀那大嶺，嶺極崇峻，危隥攲傾❶，蹊徑盤迂，巖岫❷回互，或入深谷，或上高崖，盛夏合凍，鑿冰而度。行經三日，方至嶺上。寒風淒烈，積雪彌谷，行旅經涉，莫能佇足，飛隼❸翱翔，不能越度，足趾步履，然後飜❹飛，下望諸山，若觀培塿❺。贍部洲中，斯嶺特高。其巔無樹，惟多石峰，攢立叢倚，森然若林。又三日行，方得下嶺，至安呾羅縛國。

【注釋】❶危隥攲傾　形容山嶺險阻，通行困難。隥，石級。攲，重累。❷巖岫　巖洞。❸隼　一種兇猛的鳥。也叫鶻。❹飜　同「翻」。翻騰。❺培塿　小土丘。

【語譯】從弗栗恃薩儻那國向東北走，跋山涉水，穿過迦畢試國的幾十座邊城小鎮，到達大雪山的婆羅犀那大嶺。這道山嶺非常高峻，重疊的石級斜斜欲墜，狹窄的小徑曲迂盤旋，回環交錯在巖岫之間，或入深谷，或上高崖。即使是盛夏時節，這裡也是冰封雪凍，需要鑿冰而行。這樣走上三天，才能到達山頂。山頂上寒風凜冽，積雪填滿山谷，旅客經過這裡，沒有能夠停留的。連翱翔的猛隼也無法翻越山嶺，只能落到地上走過峰頂，然後再振翅飛翔。從峰頂俯視群山，那些山看起來就像小土丘一樣渺小。在贍部洲，這座山嶺是最高的。山頂沒有樹木，只有很多石峰林立，彷彿茂密的森林。這樣再走三天，才能下到山腳，到達安呾羅縛國。

【說　明】本文介紹婆羅犀那大嶺的概況，作者是以他的行進路線為線索對這個著名的山嶺加以敘述的。先是上山的路徑。從山腳下先是看到山嶺的巍峨高峻，上山後走的是崎嶇傾危的盤山小徑，經年的積雪，盛夏時節的冰封，使行旅的前進充滿了艱難和危險。經過三天的攀登，終於到達山頂。山頂形勢更為險惡。在這裡，作者主要是描寫山頂凜冽的寒風。而且提供了一個情節：連飛行速度極快的猛禽隼也只能蹣跚走過峰頂，無法飛越而過。這個情節看似信手拈來，但有力地說明了山頂的惡劣環境。然後作者描寫從山頂向下俯視時的感受，和開頭相呼應，突出山的高峻。這時候，婆羅犀那大嶺的形象已經完整地浮現在我們面前了。本文雖然不長，但結構完整、緊湊，敘事清晰，文字生動，表現出作者的寫作功力。通過本文，我們也不由得要對玄奘的勇敢和為理想而獻身的熱情生出無限敬意。

安呾羅縛國及闊悉多國

【題　解】安呾羅縛，伊朗語 Andarāb 的對音；闊悉多，今稱 Khost，位於阿富汗東北部阿姆河上游支流 Khost 河流域。這兩個國家都屬於本書卷一所記「覩貨邏國故地」境內。

安呾羅縛國，覩貨邏國故地也。周三千餘里。國大都城周十四五里。無大君長，役屬突厥。山阜連屬，川田隘狹。氣序寒烈，風雪淒勁。豐稼穡，宜花果。人性獷暴，俗無綱紀。不知罪福，不尚習學，唯修神祠，少信佛法。伽藍三所，僧徒數十，然皆遵習大眾部法。有一窣堵波，無憂王建也。

從此西北，入谷踰嶺，度諸小城，行四百餘里，至闊悉多國。

闊悉多國，覩貨邏國故地也。周減千里。國大都城周十餘里。無大君長，役屬突厥。山多川狹，風而且寒。穀稼豐，花果盛。人性獷暴，俗無法度。伽藍三所，僧徒尟❶少。

從此西北，踰山越谷，度諸城邑，行三百餘里，至活國。

【注釋】❶尟　很少。

【語譯】安呾羅縛國屬覩貨邏國故地。方圓三千多里。都城方圓十四、五里。這個國家沒有君主，役屬於突厥。境內山巒連綿起伏，平原狹窄。這裡氣候嚴寒，風雪凜冽強勁。莊稼豐饒，適宜種植花果。人們性情粗獷暴烈，沒有道德準則和法紀的約束，不懂什麼是罪惡什麼是福祉。他們不講求學習正確的道理，只知道祭祀外道天神，信奉佛法的很少。境內有寺院三座，僧徒有幾十個，但都研習小乘大眾部法教。還有一座無憂王建造的塔。

從這裡向西北走，穿過山谷再翻越山嶺，經過一些小城，這樣走四百多里，到達闊悉多國。

闊悉多國位於覩貨邏國故地之內，方圓近千里，它的都城方圓十幾里。這個國家沒有君主，役屬於突厥。境內多山，平原狹小，氣候寒冷多風。農作物豐饒，花果繁盛。人們性情粗獷暴烈，沒有法紀制度來約束他們。境內有寺院三座，僧徒很少。

從這裡向西北走，翻山越谷，穿過許多城鎮，這樣走三百多里，到達活國。

【說　明】這兩個國家都是位於覩貨邏國故地的領域內。有關覩貨邏國故地的情況在第一卷中已有詳細介紹，這裡就不多說了。對照前文，我們可以知道，雖然都是覩貨邏國故地範圍內的國家，但第一卷所記是從大唐出發西行時經過的國家，而這裡所記則是從印度「取經」後返回大唐所經過的國家。這是兩條不同的路線。

活國

【題　解】有關活國的原文寫法現在尚無定論。根據史料可以知道，活國曾先後處於吐火羅、嚈噠和突厥的統治之下。其領域在現在的 Doshī 河和 Tālagān 河匯流處。

活國，覩貨邏國故地也。周二千餘里。國大都城周二十餘里。無別君長，役屬突厥。土地平坦，穀稼時播，草木榮茂，花果具繁。氣序和暢，風俗淳質。人性躁烈，衣服氈褐。多信三寶，少事諸神。伽藍十餘所，僧徒數百人，大小二乘，兼功綜習。其王突厥也，管鐵門已南諸小國，遷徙鳥居，不常其邑。

【語　譯】活國屬覩貨邏國故地。方圓兩千多里。都城方圓二十多里。這個國家沒有自己的君主，役屬於突厥。境內土地平坦，莊稼應時播種，草木茂盛，花果品種繁多。氣候溫和宜人，風俗質樸。人們性情暴烈，穿著毛織物製成的服裝。多信奉佛教三寶，供奉外道神靈的很少。境內有十幾座寺院，僧徒幾百人，綜合學習大小二乘法教。國王是突厥人，掌管鐵門以南的各個小國，他們經常像鳥一樣遷居，不在一個地方常住。

【說　明】這裡對活國的介紹還是比較詳盡的，其中包括對居民服飾及國王的記述，都是在對別的國家的介紹中所沒有的。活國在玄奘的行進旅途中是一個比較重要的「點」，他開始西行時，就是從活國向西南方向走，經過縛伽浪、縛喝等國進入印度境。現在他又經過活國向東踏上了歸程。

蔥　嶺

從此東入蔥嶺。蔥嶺者，據贍部洲中，南接大雪山，北至熱海、千泉，西至活國，東至烏鎩國，東西南北各數千里，崖嶺數百重，幽谷險峻，恒積冰雪，寒風勁烈，地多出蔥，故謂蔥嶺，又以山崖蔥翠，遂以名焉。

東行百餘里，至瞢健國。

【語　譯】從活國向東進入蔥嶺，蔥嶺地處贍部洲中部，南接大雪山，向北到熱海、千泉，向西到活國，向東到烏鎩國，東西長和南北長各有數千里，崖嶺重重，有幾百層之多。幽谷險峻，冰雪堆積，終年不化，寒風凜冽。這裡盛產蔥類，因此名為蔥嶺，還有一種說法認為，這裡山崖碧綠蔥翠，所以被稱為蔥嶺。

從這裡向東走一百多里，到達瞢健國。

【說 明】本文介紹蔥嶺的重要地理位置、險要的地形以及名稱由來。蔥嶺就是現在的帕米爾高原一帶，是古代中西交通的要道。

曹健　阿利尼　曷邏胡　訖栗瑟摩　鉢利曷等五國

【題 解】曹健，Mundzān 的對音，其遺址當在現今的 Khānābād 或 Tālaqān 一帶。阿利尼，即 Ārhan，是烏滸水上著名渡口，位於 Aazrät-Imām 附近。曷邏胡，擬音為 Rāhula。其遺址在縛芻河以北的 Rāwan。訖栗瑟摩，即 Kishm，在 Fayzābād 和 Talaqān 之間。鉢利曷，Pārghar 的對音。在珂咄羅境內。這五個國家均位於活國和呬摩呾羅國之間，基本上是在蔥嶺的範圍之內。

曹健國，覩貨邏國故地也。周四百餘里。國大都城周十五六里。土宜風俗，大同活國。無大君長，役屬突厥。北至阿利尼國。

阿利尼國，覩貨邏國故地也。帶縛芻河兩岸，周三百餘里。國大都城周十四五里。土宜風俗，大同活國。東至曷邏胡國。

曷邏胡國，覩貨邏國故地也。北臨縛芻河，周二百餘里。國大都城周十四五里。土宜風俗，大同活國。

從曹健國東踰峻嶺，越洞谷，歷數川城，行三百餘里，至訖栗瑟摩國。

訖栗瑟摩國，覩貨邏國故地也。東西千餘里，南北三百餘里。國大都城周十五六里。土宜風俗，大同瞢健國，但其人性暴惡有異。東北至鉢利曷國。

鉢利曷國，覩貨邏國故地也。東西百餘里，南北三百餘里。國大都城周二十餘里。土宜風俗，大同訖栗瑟摩國。

從訖栗瑟摩國東踰山越川，行三百餘里，至呬摩呾羅國。

【語譯】瞢健國屬覩貨邏國故地。方圓四百多里。國都方圓十五、六里。物產風俗和活國大致相同。這個國家沒有君主，役屬於突厥。從這裡向北到達阿利尼國。

阿利尼國屬覩貨邏國故地。位於縛芻河兩岸，方圓三百多里。國都方圓十四、五里。物產風俗和活國大致相同。從這裡向東到曷邏胡國。

曷邏胡國屬覩貨邏國故地。北面瀕臨縛芻河，方圓二百多里。其國都方圓十四、五里。物產風俗和活國大致相同。

從瞢健國向東翻越高峻的山嶺，跨過深幽的山谷，經過幾處平原城鎮，這樣走三百多里，到達訖栗瑟摩國。

訖栗瑟摩國屬覩貨邏國故地。東西長一千多里，南北長三百多里。其國都方圓十五、六里。這裡的物產風俗和瞢健國大致相同，但這裡的居民性情暴烈兇惡，這是和瞢健國不同的地方。從這裡向東北到鉢利曷國。

鉢利曷國屬覩貨邏國故地。東西長一百多里，南北長三百多里。其都城方圓二十多里。這裡的物產風俗與訖栗瑟摩國大致相同。

從訖栗瑟摩國向東翻山越谷，走三百多里，到達呬摩呾羅國。

【說　明】本文簡要介紹瞢健、阿利尼、曷邏胡、訖栗瑟摩和鉢利曷等五個國家的概況，這五個國家可分兩部分，一部分是玄奘親身走過的國家，這就是瞢健國和訖栗瑟摩國。另外三個國家的情況則是得自傳聞，玄奘並沒有經過那裡。

呬摩呾羅國

【題　解】呬摩呾羅，梵文 Himatala 的音譯。這個國家的具體方位尚未確定。

呬摩呾羅國，覩貨邏國故地也。周三千餘里。山川邐迤❶，土地沃壤。宜穀稼，多宿麥，百卉滋茂，眾果具繁。氣序寒烈，人性暴急，不識罪福，形貌鄙陋。舉措威儀，衣氈皮褐，頗同突厥。其婦人首冠木角，高三尺餘，前有兩岐❷，表夫父母，上岐表父，下岐表母，隨先喪亡，除去一岐，舅姑❸俱歿❹，角冠全棄。其先強國，王，釋種也，葱嶺之西，多見臣伏，境鄰突厥，遂染其俗，又為侵掠，自守其境，故此國人，流離異域，數十堅城，各別立主，穹廬毳帳❺，遷徙往來。西接訖栗瑟摩國。

【注　釋】❶邐迤　曲折連綿。❷岐　通「歧」。分叉。❸舅姑　舊指丈夫的父母。❹歿　死亡。❺毳帳　氈帳。毳，粗糙的毛織物。

【語　譯】呬摩呾羅國屬覩貨邏國故地，方圓三千多里，境內山川連綿起伏，土地肥沃，適宜農作物生長，盛產冬小麥，百花繁茂，果品種類齊全，產量很高。這裡氣候嚴寒，人們性情暴烈急躁，不知道什麼是罪惡什麼是福祉，外貌粗鄙醜陋。他們的舉止行為與以獸皮粗布為主的衣著，和突厥很相似。這裡的婦女頭上都戴著木角，高三尺多，前面有兩個分叉，代表丈夫的父母，上面的分叉代表丈夫的父親，下面的分叉代表丈夫的母親，哪個先去世就把哪個支叉先去掉，如果公婆全都亡故的話，就把所戴木角整個去掉。原來這個國家是一個強國，它的國王是釋迦族人，蔥嶺以西的許多國家都是它的屬國。由於這個國家和突厥相鄰，所以沾染了突厥的習俗，又常常受到突厥人的侵擾掠奪，因此漸漸將所有力量用於守衛邊境，在這種情況下，這個國家的人民往往背井離鄉，流落異域，幾十座堅固的城池則各立君長，他們住在拱頂的氈帳裡，不停地遷移。這個國家的西境和訖栗瑟摩國接壤。

【說　明】本文介紹呬摩呾羅國的概況以及歷史變遷。特別提到當地「婦人首冠木角」的奇特風俗，據一些史料記載，這種頭飾在嚈噠國婦女是常見的，因此這種習俗很可能是來自嚈噠。

鉢鐸創那　淫薄健　屈浪拏等三國

【題　解】鉢鐸創那，也譯作波多叉拏，就是現在的巴達哈商 (Badakhshān)，其範圍相當於阿姆河上游 Panj 河及 Kokcha 河流域。淫薄健國，當寫作 Yamgān，位於 Kokcha 河流域。屈浪拏，即 Kurān，也譯作俱蘭、俱羅拏、俱爛那等，也位於 Kokcha 河流域。是在該河上游。

鉢鐸創那國，覩貨邏國故地也。周二千餘里。國大都城據山崖上，周六七里。

山川邐迤，沙石彌漫。土宜菽、麥，多蒲萄、胡桃、梨、柰❶等果。氣序寒烈，人性剛猛。俗無禮法，不知學藝。其貌鄙陋，多衣氈褐。伽藍三四所，僧徒寡少。王性淳質，深信三寶。

從此東南，山谷中行二百餘里，至淫薄健國。

淫薄健國，覩貨邏國故地也。周千餘里。國大都城周十餘里。山嶺連屬，川田隘狹。土地所產，氣序所宜，人性之差，同鉢鐸創那，但言語少異。王性苛暴，不明善惡。

從此東南，踰嶺越谷，峽路危險，行三百餘里，至屈（居勿反）浪拏國。

屈浪拏國，覩貨邏國故地也。周二千餘里。土地山川，氣序時候，同淫薄健國。俗無法則，人性鄙暴。多不營福，少信佛法。其貌醜弊，多服氈褐。有山巖，中多出金精，琢析其石，然後得之。伽藍既少，僧徒亦寡。其王淳質，敬崇三寶。

從此東北，登山入谷，途路艱險，行五百餘里，至達摩悉鐵帝國（亦名鑊侃，又謂護蜜）。

【注　釋】❶柰　沙果。

【語　譯】鉢鐸創那國屬覩貨邏國故地。方圓兩千多里。其都城位於山崖上面，方圓六、七里。境內山川連綿，遍地沙石。適宜種植豆類和麥子，盛產葡萄、胡桃、梨、沙果等果品。這裡氣候嚴寒，人性剛猛。

習俗中不講禮法，人們不知道學習技藝，外貌粗俗醜陋，多穿著粗細不等的毛織物。境內有寺院三、四座，僧徒很少。國王性情淳樸，虔誠信奉佛教三寶。

從這裡向東南，在山谷中走二百多里，到達淫薄健國。

淫薄健國屬覩貨邏國故地。方圓一千多里。其國都方圓十幾里。境內山嶺連綿，平原狹窄。土地出產、氣候條件、人性差異和鉢鐸創那國相同，但語言稍有差異。國王性情殘酷暴虐，不明善惡。

從這裡向東南走，翻山越谷，峽谷中的小路非常險峻，這樣走三百多里，到達屈浪拏國。

屈浪拏國屬覩貨邏國故地。方圓兩千多里。該國地理條件、氣候情況和淫薄健國相同。習俗中沒有道德法則，人們性情粗鄙兇暴。大多數居民不知道修福行善，信奉佛法的很少。人們外貌醜陋，多穿著粗細不等的毛製品。境內有座山巖，山中多產金精，將山石敲碎剖開，就可以得到這種礦物。境內寺院很少，僧徒也沒有幾個。國王性情質樸，崇信佛法。

從這裡向東北走，翻山越谷，路途非常艱險，這樣走五百多里，到達達摩悉鐵帝國。

【說　明】本文介紹了鉢鐸創那國、淫薄健國和屈浪拏國的概況。這三個國家都位於Kokcha河流域，因此它們的物產、氣候、風俗等大致都差不多。這也是將這三個國家放在一起介紹的原因。

達摩悉鐵帝國

【題　解】達摩悉鐵帝，梵文寫作Dharmasthiti。相當於現在的瓦罕一帶。

達摩悉鐵帝國，在兩山間，覩貨邏國故地也。東西千五六百餘里，南北廣四五里，狹則不踰一里，臨縛芻河。盤紆曲折，堆阜高下，沙石流漫，寒風淒烈。唯植麥、豆，少樹林，乏花果。多出善馬，馬形雖小，而耐馳涉。俗無禮義，人性獷暴。形貌鄙陋，衣服氈褐。眼多碧綠，異於諸國。伽藍十餘所，僧徒寡少。

昏馱多❶城，國之都也。中有伽藍，此國先王之所建立，疏崖奠❷谷，式建堂宇。此國之先，未被佛教，但事邪神，數百年前，肇弘法化。初，此國王愛子嬰疾，徒究醫術，有加無瘳❸。王乃躬往天祠，禮請求救。時彼祠主為神下語：「必當痊復，良無他慮。」王聞喜慰，回駕而歸。路逢沙門，容止可觀，駭其形服，問所從至。此沙門者，已證聖果，欲弘佛法，故此儀形，而報王曰：「我，如來弟子，所謂苾芻也。」王既憂心，即先問曰：「我子嬰疾，生死未分。」沙門曰：「王先靈可起，愛子難濟。」王曰：「天神謂其不死，沙門言其當終，詭俗之人，言何可信？」遲至宮中，愛子已死。匿不發喪，更問神主，猶曰：「不死，疹疾當瘳。」王便發怒，縛神主而數❹曰：「汝曹群居長惡，妄行威福，我子已死，尚云當瘳，此而謬惑，孰不可忍？宜戮神主，殄滅靈廟。」於是殺神主，除神像，投縛芻河。回駕而還，又遇沙門，見而敬悅，稽首謝曰：「曩無明導，佇足邪途，澆弊雖久，沿革在茲，願能垂顧，降臨居室。」沙門受請，隨至中宮。葬子既已，謂沙門曰：「人世糾紛，生死流轉，我子嬰疾，問其去留，神而妄言，當必痊差，先承指告，果無虛說，斯則其法可奉，惟垂哀愍，導此迷徒。」遂請沙門揆度❺伽藍，依其規矩，而便建立。自爾之後，佛教方隆。故伽藍中精舍，為羅漢建也。

伽藍大精舍中有石佛像，像上懸金銅圓蓋，眾寶莊嚴，人有旋繞，蓋亦隨轉，人止蓋止，莫測靈鑒。聞諸耆舊曰：或云聖人願力所持，或謂機關祕術所致。觀其堂宇，石壁堅峻。考厥眾議，莫知實錄。

踰此國大山，北至尸棄尼國。

【注　釋】❶昏馱多　梵文寫作 Khamdādh。❷奠　建。此處有「填平」之意。❸瘳　病癒。❹數　列舉（罪狀）。❺揆度　規劃。

【語　譯】達摩悉鐵帝國位於兩條山脈之間，屬覩貨邏國故地。東西長一千五、六百里，南北寬四、五里，最窄的地方不足一里，瀕臨縛芻河。境內地形盤旋曲折，山巒起伏，沙石彌漫，氣候寒冷，寒風凜冽。這裡只適宜種植麥子和豆類，樹木很少，也沒有什麼花果。盛產良馬，馬的形體雖小，但善於長途奔跑跋涉。這裡的習俗不講禮義，人們性情粗獷兇暴，容貌粗鄙醜陋，穿著粗毛和細毛織品製成的衣服。居民眼睛多是碧綠色的，這是和別國不同的地方。境內有寺院十幾座，僧徒很少。

昏馱多城是這個國家的都城，城中有座寺院，是這個國家的先王建造的。他命人開鑿山崖，填平深谷，恭敬地建造了殿堂屋宇。原先這個國家沒有受到佛教教化，人們只崇奉外道邪神，幾百年前，佛法才開始得到弘揚。當初，這個國家國王的愛子病了，雖然用盡各種醫術救治，王子的病勢仍然一天天沈重起來。國王於是親自前往外道神廟拜神求救，這時，這座神廟的廟主以天神名義傳下話來：「您的愛子一定會痊癒，您不用再憂慮。」國王聽了，非常寬慰高興，就起駕回宮。路上他遇到一位僧人，容貌舉止非常引人注目，國王對他的容貌和衣著感到很驚奇，就問他是從哪裡來的。這位僧人已經證得了聖果，但為了弘揚佛法，所以以這樣的外表出現。他回答國王說：「我是如來的弟子，也就是人們常說的苾芻。」國王由於牽掛兒子的病，所以就先問道：「我的兒子得了病，生死未卜。」僧人說：「即使陛下祖先的英靈都能被喚回，您的愛子也是無法挽救的。」國王說：「天神說他不會死，這僧人卻說他一定會死，這個詭異的人，他的話怎能相信？」他不慌不忙回到宮中，愛子卻已經死了。國王於是把愛子已死的事隱瞞起來，暫不發喪，又去問外道神廟的廟主，廟主還是說：「不會死的，他的病就要痊癒了。」國王聽了大怒，命人把廟主綁了起來，列舉他的罪狀：「你們這幫人勾結在一起，長期以來，逞兇作惡，作威作福，我的愛子已經死了，你還在胡說什麼定會痊癒，這樣顛倒是非迷惑人心，實在令人忍無可忍！應殺掉廟主，摧毀所有神廟。」於是殺廟主，拆除神像扔到縛芻河裡。國王返駕回宮的路上又遇見了那位僧人，他一見僧人心中便油然而生敬愛之情，於是向僧人叩頭請罪說：「從前因為沒有明師的教導，因而我們走上邪路，這種浮薄的弊習雖然由來已久，但現在我決心改變這種情況，希望能蒙您眷顧，光臨我的宮室。」僧人接受了他的邀請，和他一起來到宮中。國王安葬了愛子，對僧人說：「人世紛擾不息，生生死死，流轉不已，我的愛子染病以後，我向邪神詢問兒子的生死，邪神胡說他一定會痊癒。只有您先前的指教才是正確無誤的，這說明佛法才是應該信奉的至理，希望您發慈悲，引導我這迷途的弟子。」於是國王請僧人規劃建造寺院，按建寺的規矩建起了這座寺院，從那以後，佛教開始興盛起來。因此，寺中有座精舍，是專門為這位羅漢建造的。寺院的大精舍中有尊石佛像，像上懸掛著金銅製成的圓蓋，上面裝飾著很多珍寶，如果有人向佛像旋繞行禮，圓蓋也隨著旋轉，人停下來，圓蓋也停止旋轉，神妙莫測。聽老人們說，有人認為是聖人發願的力量使圓蓋旋轉，也有人認為是裝設有隱祕的機關所致。觀察一下這座殿堂，石砌的牆壁堅固無比。比較眾人的議論，不知道哪種說法屬實。

向北翻越這個國家的大山，到達尸棄尼國。

【說　明】本文介紹達摩悉鐵帝國的概況以及都城昏馱多城中一座寺院的由來，這座寺院的建立標誌著佛法在這裡的興盛和傳播。作者以生動的筆墨記敘了這座在這個國家最早的寺院興建的始末。事情的起源是國王愛子的病，國王百般求醫但愛子病勢仍一天重過一天，情急之下便去向原本信奉的外道天神禮拜求救，廟主以天神名義向他許諾王子的病馬上就好，而國王路遇的苾芻卻很確定地說，他的愛子很快就要死了。國王並不相信苾芻的話，但當他回到宮中時，愛子果然已經死了。國王為了辨別真偽，祕不發喪，又向廟主詢問，廟主仍一口咬定王子馬上就會痊癒，至此國王明白自己受了邪神的蒙騙，於是幡然悔悟，廢棄神廟，改信佛法，建造寺院，這便是佛教在這裡興盛的開始。這個故事一方面說明外道邪神並不能給人帶來福祉，更多的是迷惑和欺騙，一方面也顯示了佛法洞明生死的法力。結合文末所記寺院大精舍中石佛像的靈異，也表現出佛法的廣大和神妙。

本文結構緊湊，情節曲折，脈絡清晰。在故事中，以國王的行為為線索，苾芻和廟主的形象交叉出現，第一次他們出現的時候，國王相信的是廟主，認為苾芻的話不可信；到第二次他們出現，國王對他們二人的態度發生了根本的轉折，對廟主是由敬信到譴責，對苾芻則是由不信到敬愛，並懇請苾芻引導他走出迷途。這種轉變並不是憑空出現的，而是通過國王的觀察和體驗層層鋪墊而成，使人在情節的起伏跌宕中感受到這種轉變的順理成章。這正是作者敘事說理的高妙之處。

尸棄尼國和商彌國

【題　解】尸棄尼，梵文 Śikni 的對音，也譯作赤匿、式匿，識匿等，即現在的舒格楠 (Shighnān)。商彌，在史籍中也被稱為雙靡、賒彌、俱位、拘緯等，其位置在現今的馬斯圖吉 (Mastuj) 和乞特拉爾 (Čitral) 之間。

尸棄尼國，周二千餘里。國大都城周五六里。山川連屬，沙石遍野。多菽、麥，少穀稼，林樹稀疏，花果寡少。氣序寒烈，風俗獷勇，忍於殺戮，務於盜竊，不知禮義，不識善惡。迷未來禍福，懼現世災殃。形貌鄙陋，皮褐為服。文字同覩貨邏國，語言有異。

越達摩悉鐵帝國大山之南，至商彌國。

商彌國，周二千五六百里。山川相間，堆阜高下。穀稼備植，菽、麥彌豐，多蒲萄，出雌黃❶，鑿崖析石，然後得之。山神暴惡，屢為災害，祀祭後入，平吉往來，若不祈禱，風雹奮發。氣序寒，風俗急。人性淳質，俗無禮義，智謀寡狹，伎能淺薄。文字同覩貨邏國，語言別異。多衣氈褐。其王，釋種也，崇重佛法，國人從化，莫不淳信。伽藍二所，僧徒寡少。

【注釋】❶雌黃 礦物名。晶體多呈柱狀，呈略透明的橙黃色，供作顏料或退色劑用。

【語譯】尸棄尼國方圓兩千多里，其國都方圓五、六里。境內山川連綿，沙石遍地。多產豆類和麥子，穀類作物很少，樹木稀疏，花果不多。這裡氣候嚴寒，風俗粗獷勇猛，行殺戮之事毫不手軟，專幹盜竊的勾當，居民不知禮義，不懂什麼是善什麼是惡。迷信未來禍福，害怕現世的災禍。他們形貌粗鄙醜陋，多穿皮製和粗毛織成的衣服。文字和覩貨邏國相同，語言有所不同。

越過達摩悉鐵帝國境內的大山向南走，就到達商彌國。

商彌國方圓兩千五、六百里，境內山川相間，連綿起伏。各種農作物在這裡都有種植，豆類和麥子尤其豐產，這裡盛產葡萄，出雌黃，人們鑿開山崖，剖開山石就可以得到這種礦物。這裡的山神殘暴兇惡，經常作惡為害，如果先祭祀然後再進山，就可以平安無事地往來，如果沒向他祈禱，狂風冰雹便會驟然降臨。此地氣候寒冷，風俗急躁，人們性情淳樸，不講禮義，缺乏智謀，技能低下。該國文字和覩貨邏國相同，語言不同。居民多穿氈褐製成的衣服。國王是釋迦族人，崇信佛法，國人受到他的教化，對佛法都虔誠信奉。境內有寺院兩座，僧徒很少。

【說　明】本文介紹的是達摩悉鐵帝國南、北方向的兩個國家，這兩個國家的情況都是得自傳聞，因此作者對它們只是概括敘述。關於這兩個國家的語言，據學者們考證，尸棄尼國所使用的語言，屬於東伊朗語族中的帕米爾方言中的一支，由於地理關係，這裡的居民和外部較少聯繫，因此語言上多保存了古代的特徵，這是它和別國語言有差異的地方。而商彌國語言之所以和別國不同，則是由於這一地區正處在兩大語族——伊朗語族和印度雅利安語族的交匯地帶，所以它的語言兼有這兩種語言系統的特徵。

波謎羅川

國境東北，踰山越谷，經危履險，行七百餘里，至波謎羅川。東西千餘里，南北百餘里，狹隘之處不踰十里。據兩雪山間，故寒風淒勁，春夏飛雪，晝夜飄風。地鹹鹵，多礫石❶，播植不滋，草木稀少，遂致空荒，絕無人止。波謎羅川中有大龍池，東西三百餘里，南北五十餘里，據大蔥嶺內，當贍部洲中，其地最高也。水乃澄清皎鏡，莫測其深，色帶青黑，味甚甘美。潛居則鮫❷、螭❸、魚、龍、黿❹、鼉❺、龜、鼈，浮游乃鴛鴦、鴻鴈、駕鵝❻、鷫❼、鴇❽，諸鳥大卵，遺鷇❾荒野，或草澤間，或沙渚上。池西派❿一大流，西至達摩悉鐵帝國東界，與縛芻河合而西流，故此已右，水皆西流。池東派一大流，東北至佉沙國西界，與徙多河合而東流，故此已左，水皆東流。波謎羅川南越山，有鉢露羅國，多金、銀，金色如火。

自此川中東南，登山履險，路無人里，唯多冰雪，行五百餘里，至朅盤陀國。

【注釋】❶礫石　經水流沖擊磨去稜角的巖石碎塊。❷鮫　鯊魚。❸螭　古代傳說中沒有角的龍。❹黿　黿魚。即鼈。❺鼉　即鼉龍。也叫揚子鱷。爬行動物。❻駕鵝　野鵝。❼鷫　即鷫鷞。雁的一種。長頸。其羽毛可製為裘。❽鴇　鳥名。像雁但比雁大。沒有後趾。又名地鵏。❾鷇　卵。❿派　分渙。

【語譯】從達摩悉鐵帝國的國境向東北走，翻山越谷，經過危險的路途，這樣走七百多里，到達波謎羅川，波謎羅川東西長一千多里，南北長一百多里，狹窄的地方不到十里。位於兩座雪山之間，因此寒風強勁凜冽，無論春夏，都是雪花紛飛，大風晝夜不停。這裡是鹽鹹土質，遍地礫石，農作物在這裡無法生長，草木也很稀少，致使這裡空寂荒蕪，絕無人煙。在波謎羅川中有個大龍池，東西長三百多里，南北長五十多里，地處大蔥嶺內，正當贍部洲的中心，是地勢最高的湖泊。池水清澈，澄明如鏡，深不可測，水色青黑，味道非常甜美。池底潛居著鮫、螭、魚、龍、黿、鼉、龜、鼈，水面浮游著鴛鴦、鴻鴈、駕鵝、鷫、鴇等鳥類，這些鳥產下的大蛋和孵出幼禽的蛋殼散布在荒野、草澤和沙洲上。池的西部分出一大支流，向西流到達摩悉鐵帝國的東部邊界，和縛芻河匯合以後向西流，所以這大龍池右半部分的水都向西流。池的東邊分出一大支流，向東北流到佉沙國的西部邊界，和徙多河匯合以後向東流去，所以這大龍池左半邊的水都向東流。從波謎羅川向南越過高山，有個鉢露羅國，盛產金銀，金的顏色像火一樣。

從波謎羅川中向東南走，攀登山嶺，走過險地，沿途沒有人煙，只有無邊的冰雪。這樣走五百多里，到達朅盤陀國。

【說　明】本文介紹波謎羅川的概況。波謎羅川即現在的帕米爾高原。本文前半部分介紹的是波謎羅川的地形、地理條件以及惡劣的氣候，這使該地成為一個荒無人煙的不毛之地。文章的後半部分主要介紹波謎羅川中的大龍池，作者先記述了這個大龍池的位置、面積、外觀，然後依次介紹了池中生物和大龍池分出的兩大支流情況，這兩大支流正是形成池水一半東流一半西流這個奇異景觀的主要原因。在生動的敘述中使一些獨特現象的形成得到合理的解釋，這是本文寫作上最主要的特點。

朅盤陀國

【題　解】朅盤陀國，在古代典籍中也被稱為蒲犁國、漢盤陀國、喝盤陀國等。即現在的塔什庫爾干(Tashqurgan)，意譯為石塔。

朅盤陀國，周二千餘里。國大都城基大石嶺，背徙多河❶，周二十餘里。山嶺連屬，川原隘狹。穀稼儉少，菽、麥豐多，林樹稀，花果少。原隰❷丘墟，城邑空曠。俗無禮義，人寡學藝。性既獷暴，力亦驍勇。容貌醜弊，衣服氈褐。文字、語言，大同佉沙國。然知淳信，敬崇佛法。伽藍十餘所，僧徒五百餘人，習學小乘教說一切有部。

今王淳質，敬重三寶，儀容閑雅，篤志好學。建國已來，多歷年所。其自稱云是至那提婆瞿呾羅❸唐言漢日天種。此國之先，葱嶺中荒川也。昔波利斯國王娶婦漢土，迎歸至此，時屬兵亂，東西路絕，遂以王女置於孤峰，峰極危峻，梯崖而上，下設周衛，警晝巡夜，時經三月，寇賊方靜，欲趣歸路，女已有娠。使臣惶懼，謂徒屬曰：「王命迎婦，屬斯寇亂，野次❹荒川，朝不謀夕，吾王德感，妖氣已靜，今將歸國，王婦有娠，顧此為憂，不知死地，宜推首惡，或以後誅。」訊問諠譁，莫究其實。時彼侍兒謂使臣曰：「必相尤❺也，乃神會耳。每日正中，有一丈夫從日輪中乘馬會此。」使臣曰：「若然者，何以雪罪？歸必見誅，留亦來討，進退若是，何所宜行？」僉曰：「斯事不細，誰就深誅？待罪境外，且推旦夕。」於是即石峰上築宮起館，周三百餘步，環宮築城，立女為主，建官垂憲。至期產男，容貌妍麗，母攝政事，子稱尊號，飛行虛空，控馭風雲，威德遐被，聲教遠洽，鄰域異國莫不稱臣。其王壽終，葬在此城東南百餘里大山巖石室中，其屍乾腊❻，今猶不壞，狀羸瘠人，儼然如睡，時易衣服，恒置香花。子孫奕世，以迄於今。以其先祖之出，母則漢土之人，父乃日天之種，故其自稱漢日天種。然其王族，貌同中國，首飾方冠，身衣胡服。

【注釋】❶徙多河　即今葉爾羌河(Yarkand Daria)。❷原隰　廣平低溼之地。❸至那提婆瞿呾羅　梵文Cīna-deva-gotra的音譯。意思是「中國和天神之種」。❹次　駐紮。❺相尤　互相怪罪。尤，怨恨；歸咎。❻乾腊　風乾。

【語譯】朅盤陀國，方圓兩千多里。其都城建在一座大石嶺上，背依徙多河，方圓二十多里。境內山嶺連綿，平原狹窄。穀類作物很少，盛產豆類和麥子。林樹稀疏，花果很少。低溼的平原和山丘都是光禿禿的，城鎮裡也是人煙稀少。這裡的人們不講禮義，也很少學習技藝，性格粗獷暴烈，驍勇有力，容貌醜陋，穿氈褐製成的衣服。文字、語言和佉沙國大致相同，但這裡居民深信佛教，敬崇佛法。境內有寺院十幾座，僧徒五百多人，學習小乘說一切有部法教。

這個國家現在的國王性情淳樸，敬重佛教三寶，儀容安詳清雅，好學不倦。這個國家已經建立了許多年了，他們自稱是至那提婆瞿呾羅。先前這個國家所在的地方，是蔥嶺中的一片荒原。從前波利斯國的國王娶了一位漢地的女子，迎娶新娘的隊伍在回國途中路過這裡的時候，正趕上寇賊興兵作亂，東西之間的道路被隔斷了，於是人們把國王迎娶的女子安置在一座孤峰上面，這座山峰非常險峻，要依靠安置在山崖的梯子才能上下，山峰下面設有警衛，晝夜巡邏警戒。三個月以後，寇賊被平定了，當他們想繼續趕路回去的時候，卻發現這女子已經有了身孕。使臣非常恐懼，對下屬們說：「國王命我們迎娶他的新娘，正趕上賊寇作亂，我們只得露宿在這荒野之地，朝不保夕，苦度歲月。現在由於我們國王威德的感召，妖寇已被平定，馬上就可以回國了，不料國王的這位新娘卻有了身孕。這件事讓我憂愁不堪，不知會葬身何地。現在我們一定要找出那首惡分子，然後問罪伏誅。」於是訊問追察，一片譁然，也沒有查出個究竟。這時那個女子的侍兒告訴使臣說：「不要互相怪罪了，是天神來和我的主人幽會了。每天中午，就有一個男子乘馬從太陽中來到這裡和我的主人相會。」使臣說：「要是這樣的話，拿什麼來洗刷我的罪過呢？回去一定會被殺掉，留在這裡國王也會派兵前來討伐，處在這種進退兩難的境地，該怎麼辦呢？」大家都說：「這事出現了紕漏，能怪誰呢？且讓我們就在境外等國王來問罪，過一天算一天吧。」於是就在石峰上修建了宮室，圍著宮室，築起一道方圓三百多步的牆垣，他們擁立這位女子為國王，並設立官職，制定法度。這女子到期分娩，生下一個男孩，容貌極其美麗，於是由母親代理政事，兒子做了國王，他能凌空飛行，駕馭風雲，他的威德和聲教播及遠方，鄰國和外國都來向他稱臣。這個國王壽終正寢後，被安葬在這座都城東南一百多里一個大山巖的石窟中，他的屍體是風乾的，至今仍然沒有損壞，他看上去就像一個瘦弱的人，好像睡著了一樣，國人按時為他換衣服，不斷放置香花供養他。這個國家便在他子孫的手中代代相傳，一直延續到現在。從這個王族祖先的血統來看，他的母親是漢地人，父親是日天神，所以他們自稱為漢日天種。他們王族的人，容貌像中國人，頭戴方冠，身穿胡服。

【說　明】本文介紹羯盤陀國的概況以及有關這個國家建國的傳說。這個傳說實際上也是對這個民族起源的一種解釋。在傳說中，這個民族被說成是漢地婦女和太陽神的後代，並由此演繹出一個曲折離奇而又優美動人的神話故事。這個傳說也許並不可信，但從中我們可以發現這個民族的一些特點，如將他們說成是漢地婦人的後代，可以知道他們的外貌必定和漢人相似；而說太陽神是他們的祖先，也就可以據此推測，這個民族可能是祭祀太陽神的。而且這個傳說也在一定程度上反映了塔什庫爾干一帶的居民和漢人之間源遠流長的親密友好關係。有關一個國家或民族起源的傳說常常蘊含了非常豐富和複雜的內容，可以從各個角度加以認識和分析，以上的解釋僅是其中很少一部分。

童受伽藍

後嗣陵夷，見迫強國。無憂王❶命世，即其宮中建窣堵波。其王於後遷居宮東北隅，以其故宮，為尊者童受❷論師建僧伽藍，臺閣高廣，佛像威嚴。尊者，呾叉始羅國人也，幼而穎悟，早離俗塵，遊心典籍，棲神玄旨，日誦三萬二千言，兼書三萬二千字，故能學冠時彥，名高當世，立正法，摧邪見，高論清舉，無難不酬，五印度國咸見推高。其所製論凡數十部，並盛宣行，莫不翫習，即經部本師❸也。當此之時，東有馬鳴，南有提婆，西有龍猛，北有童受，號為四日照世。故此國王聞尊者盛德，興兵動眾，伐呾叉始羅國，脅而得之，建此伽藍，式昭瞻仰。

【注　釋】❶無憂王　朅盤陀國王，西元三世紀人。與西元前三世紀孔雀王朝的無憂王同名。❷童受　梵文 Kumāralāta 的意譯。音譯為拘摩邏羅多。經量部論師。著有《喻鬘論》等幾十部著作。❸經部本師　創立經量部的大師。

【語　譯】朅盤陀國後代王族日益衰微，受到強國的欺凌。到無憂王統治時期，他就在宮中建了一座塔。後來他又遷到宮城的東北角去住，而把他原來的宮室為尊者童受論師建成一座寺院，寺中臺閣高大寬廣，佛像威嚴。尊者是呾叉始羅國人，從小聰明穎悟，很早就脫離了塵俗，專心研習佛教典籍，全神貫注於深奧的義理，他每天誦讀三萬二千言，並書寫三萬二千字，因此學業居當世俊才之首，在當時享有很高聲譽，他樹立正法，破除邪見，能清晰透徹闡明高妙的理論，沒有他解答不了的難題，五印度全境都很敬重他。他撰寫了幾十部論著，全都廣為流傳，被爭相研習，他是創立經量部的大師。在當時的印度，東有馬鳴，南有提婆，西有龍猛，北有童受，號稱是四輪太陽照臨當世。因此，這個國家的國王聽說了尊者的盛德，便大舉興兵，攻打呾叉始羅國，通過這種威脅手段「請」到了童受論師，為他建造這座寺院，恭敬地昭示世人瞻仰他。

【說　明】本文介紹童受寺的由來，並藉此介紹了童受論師的事跡。本文一開頭便點明童受寺院是竭盤陀國王將自己的王宮讓出來建造的，讓人不由產生好奇：是什麼樣的人物能使一個國王心甘情願將自己的王宮讓出來為他建造寺院？接著作者便從容不迫地記述了童受的學識和修養，以及他在印度全境的崇高地位，使開頭的懸疑得以解答。這樣既避免了結構上的平鋪直敘，枯燥乏味，又使童受這個形象深入人的腦海。因此可以說，這段短文的開頭是全文最精彩的地方，並牽動了全文的氣氛，使之變得靈活流暢，而結尾和開頭互相呼應，構成了一個緊謹的整體。

二石室入定羅漢

城東南行三百餘里，至大石崖，有二石室，各一羅漢於中入滅盡定，端然而坐，難以動搖，形若羸人，膚骸不朽，已經七百餘歲，其鬚髮恒長，故眾僧年別為剃髮易衣。

【語　譯】從都城向東南走三百多里，到達一個大石崖，崖上有兩間石窟，每個石窟中有一位入滅盡定的羅漢，他們端正地坐在那裡，人們推都推不動。他們看上去像是很瘦弱的人，肌膚骨骼都沒有朽壞，他們在這裡已經有七百多年了，鬚髮一直在生長，因此僧人們每年都要為他們剃鬚髮換衣服。

【說　明】本文記述竭盤陀國中兩位入了滅盡定的羅漢的形象，表現出佛法的奇妙。滅盡定也是一種禪定，多為佛教「聖者」所修習。據說這種禪定可以克制思想使之停止活動，以達到「為求靜住」的目的。

奔攘舍羅

大崖東北踰嶺履險，行二百餘里，至奔攘舍羅❶康言福舍。蔥嶺東岡四山之中，地方百餘頃，正中墊下❷，冬夏積雪，風寒飄勁，疇壠舄鹵，稼穡不滋，既無林樹，唯有細草，時雖暑熱，而多風雪，人徒纔入，雲霧已興，商侶往來，苦斯艱險。聞諸耆舊曰：昔有賈客，其徒萬餘，橐駝數千，齎貨逐利，遭風遇雪，人畜俱喪。時朅盤陀國有大羅漢，遙觀見之，愍其危厄❸，欲運神通拯斯淪溺，適來至此，商人已喪。於是收諸珍寶，集其所有，構立館舍，儲積資財，買地鄰國，鬻❹戶邊城，以賑❺往來，故今行人商侶咸蒙周給。

從此東下蔥嶺東岡，登危嶺，越洞谷，谿徑險阻，風雪相繼，行八百餘里，出蔥嶺，至烏鎩國。

【注釋】❶奔攘舍羅　梵文寫作punyaśala。即福舍。佛教所設布施修福的處所。❷墊下　低陷。❸厄　災難。❹鬻　養育。❺賑　接濟。

【語譯】從大石崖向東北走，翻過山嶺，走過險地，這樣走二百多里，到達奔攘舍羅。奔攘舍羅位於蔥嶺東岡的四座山的中間，方圓一百多頃，中部低陷，無論冬夏都積滿冰雪。這裡寒風凜冽，土地鹽鹹，莊稼無法生長，也沒有林樹，只有小草，即使是在炎熱的酷暑，這裡也是風雪交加。行人剛剛踏進這一區域，便被層層雲霧包圍，往來的商侶都苦於這裡的艱險環境。聽老人們說，從前有位商人，他帶著一萬多個學徒，幾千匹駱駝，載著大批貨物去做買賣，通過這裡的時候，他們遇到了大風雪，人畜全都死了。當時朅盤陀國有位大羅漢，他遠遠看到這情景，很憐憫這些人遭受的災難，便想運用神通力拯救他們，當他趕到這裡的時候，商人已經死了。羅漢於是將他們的珍寶和貨物收集在一起，建立一座館舍，在裡面儲存了各種物品和財貨，並在鄰國購買土地，養育邊境城邑的民戶，賑濟往來行人。所以現在的行人和商侶都蒙受了這種周濟的恩惠。

從這裡向東走下蔥嶺的東岡，攀登高峻的山嶺，穿過幽深的山谷，沿途盡是艱險的山間小路，風雪一刻也不停息。這樣走八百多里，就走出了蔥嶺，到達烏鎩國。

【說明】本文記述了蔥嶺中的奔攘舍羅。在這片險惡的地帶，這座福舍無疑給過往商侶和行人帶來很大的恩惠。關於這座福舍修建的傳說表現了羅漢悲憫的胸懷。

烏鎩國

烏鎩國，周千餘里。國大都城周十餘里，南臨徙多河。地土沃壤，稼穡殷盛，林樹鬱茂，花果具繁。多出雜玉，則有白玉、黳❶玉、青玉。氣序和，風雨順。俗寡禮義，人性剛獷，多詭詐，少廉恥。文字、語言，少同佉沙國。容貌醜弊，衣服皮褐。然能崇信，敬奉佛法。伽藍十餘所，僧徒減千人，習學小乘教說一切有部。自數百年，王族絕嗣，無別君長，役屬朅盤陀國。

【注釋】❶黳　黑。

【語譯】烏鎩國方圓一千多里。其國都方圓十幾里，南臨徙多河。這裡土地肥沃，莊稼繁盛，樹木鬱鬱蔥蔥，花果品種齊全。出產雜色玉石，有白玉、黑玉、青玉等。氣候溫和，風調雨順。人們不講禮義，性情剛烈粗獷，多行詭詐，不知廉恥。文字、語言和佉沙國有些相似。這裡的居民容貌醜陋，穿著皮和粗毛製成的衣服。然而他們能崇信佛法。境內有寺院十幾座，僧徒近千人，學習小乘說一切有部法教。近幾百年來，王族逐漸斷絕了後裔，國家也沒有另立君主，役屬於朅盤陀國。

【說明】本文記述了烏鎩國的概況。有關這個國家的名稱、方位等問題，現在眾說紛紜，還沒有一個統一確定的結論。

羅漢出定神變傳說

城西二百餘里，至大山。山氣巃嵸❶，觸石興雲，崖隒❷崢嶸，將崩未墜。其巔崒堵波，鬱然奇制也。聞諸土俗曰：數百年前，山崖崩圮，中有苾芻，瞑目而坐，軀量偉大，形容枯槁，鬚髮下垂，被肩蒙面。有畋獵者見已白王，王躬觀禮，都人士子不召而至，焚香散花，競修供養。王曰：「斯何人哉？若此偉也！」有苾芻對曰：「此鬚髮垂長而被服袈裟，乃入滅心定阿羅漢也。夫入滅心定者，先有期限，或言聞犍椎聲，或云待日光照，有茲警察❸，便從定起，若無警察，寂然不動，定力持身，遂無壞滅。段食❹之體出定便謝❺，宜以酥油灌注，令得滋潤，然後鼓擊，警悟定心。」王曰：「爾乎？」乃擊犍椎。其聲纔振，而此羅漢豁然高視，久之，乃曰：「爾輩何人？形容卑劣，被服袈裟？」對曰：「我，苾芻也。」曰：「然我師迦葉波如來今何所在？」對曰：「入大涅槃，其來已久。」聞而閉目，悵若有懷，尋重問曰：「釋迦如來出興世耶？」對曰：「誕靈導世，已從寂滅。」聞復俯首，久之，乃起，昇虛空，現神變，化火焚身，遺骸墜地。王收其骨，起窣堵波。

從此北行山磧曠野五百餘里，至佉沙國。

【注釋】❶巃嵸　山勢險峻的樣子。❷崖隒　崖石。❸警察　警示而使之覺察。❹段食　梵文pinda的意譯。指世間一切食物。段，分段。❺謝　凋朽。

【語譯】從都城向西二百多里，到達一座大山。山勢險峻，流動的山嵐嶂氣碰到山石就生成雲霧，崖石崢嶸，搖搖欲墜，山頂有座塔，形狀很奇特。聽當地人說，幾百年前，這裡山崖坍塌，露出崖中一位苾芻，他閉目坐在那裡，身材偉岸高大，形容枯槁，鬚髮垂下來，披在肩上蒙住面頰。有個打獵的人看見了他，就去稟告國王，國王於是親自來禮敬瞻仰，都城的百姓和士子也都不約而同來到這裡，焚香散花，爭先恐後地供養他。國王說：「這是什麼人呢？這樣偉岸！」有位苾芻回答說：「這人鬚髮這樣長又身披袈裟，乃是一位入滅心定的阿羅漢。入滅心定的人，先有期限，但需要一些警示讓他察覺，如聽到擊犍椎的聲音，或是受到日光照耀，他才會從定中出來。若是沒有這些使他警醒的信號，他就一直靜止不動，以定力保持他的身體，他的身體因此能不壞不朽。但他的肉身一出定便會衰朽，因此應該先用酥油澆灌他的身體，使之滋潤，然後再擊鐘鼓，喚醒這位羅漢的定心。」國王將信將疑地說：「是這樣嗎？」於是命令敲擊犍椎。犍椎聲剛剛響起，這位羅漢便豁然睜開眼睛，傲然掃視面前的人們，過了很久，才說：「你們是什麼人？看上去又矮又醜，卻穿著袈裟？」那位苾芻回答說：「我是個苾芻。」羅漢說：「知道了。我的老師迦葉波如來如今在什麼地方？」苾芻回答說：「很久以前他就入大涅槃了。」羅漢聽了閉上眼睛，悵然若失，過了一會兒他又問：「釋迦如來出世了嗎？」苾芻回答：「聖靈降臨導引世人以後，也已入涅槃了。」羅漢聽了又低下頭去，過了很久，他起身昇上虛空，顯示神異的變化，並化出火來焚燒自己的身體，遺骨墜落到地上。國王收拾羅漢的遺骨，建起這座塔供養。

從這裡向北經過山嶺、沙漠和曠野，走五百多里，到達佉沙國。

【說　明】本文記述了一個入滅盡定的羅漢的故事。這位羅漢和朅盤陀國那兩位石窟中的羅漢情形大致相同，不同的是他被世人喚醒，最後化骨焚身，再也不能繼續他的禪定了。這位羅漢的出定，比前文中兩個定中的羅漢更顯出佛教修持方法的神異和奇妙。羅漢出定後主要有四個行為，先是「高視」，對面前「形容卑劣」卻身披袈裟的人表示驚異；然後是詢問迦葉波佛的下落，當知道他已涅槃後，羅漢閉上眼睛，悵然許久；然後他又問釋迦如來的情況，得知釋迦如來也已興世並涅槃後，他再次低下頭；而第四個行為便是飛昇虛空，化火焚身。這四個動作可以說是一個連續的整體，其中前三個動作是導致第四個動作的直接原因。我們可以想像，當他知道老師已死時，其內心的傷感；而知道又一個佛世已經過去時，更增添他的惆悵和失落；面對滿目「形容卑劣」、修為低下的苾芻以及這個日漸澆薄的世界，他的失望也是可想而知的。這種種情緒交織在一起，促使了他最後的涅槃。而他涅槃前所顯示的神異的變化，也是他以自己的法力對世人的一次「警察」，使他們從中領悟佛法的神妙，並因此更加虔誠地信奉。

佉沙國

【題　解】佉沙國在我國歷代典籍中有不同的譯法。從漢朝至唐朝，該國被稱為疏勒國，元代被稱為可失哈爾，明代被稱為哈實哈兒，清代被稱作喀什噶爾。即現在新疆地區的喀什市。

佉沙國，周五千餘里。多沙磧，少壤土。稼穡殷盛，花果繁茂。出細氈褐，工織細氈氍毹❶。氣候和暢，風雨順序。人性獷暴，俗多詭詐，禮義輕薄，學藝膚淺。其俗生子押❷頭匾㔟❸，容貌麤鄙，文身❹綠睛。而其文字，取則印度，雖有刪訛，頗存體勢。語言辭調，異於諸國。淳信佛法，勤營福利。伽藍數百所，僧徒萬餘人，習學小乘教說一切有部。不究其理，多諷❺其文，故誦通三藏及毘婆沙❻者多矣。

從此東南行五百餘里，濟徙多河，踰大沙嶺，至斫句迦國舊曰沮渠。

【注　釋】❶氍毹　地毯。❷押　通「壓」。上加重力。❸匾㔟　扁而不圓。❹文身　即紋身。❺諷　背誦。❻毘婆沙　佛經。

【語　譯】佉沙國方圓五千多里。境內多沙漠，耕地很少。莊稼長勢旺盛，花果繁茂。這裡出產細氈和地毯，氣候溫和宜人，風調雨順。人們性情粗獷暴烈，多行詭詐，不講禮義，學識淺薄。當地有一種風俗，若生的是男孩，要用夾板把孩子的頭捆紮起來，使頭變扁。這裡的居民容貌粗俗醜陋，多紋身，長著綠色的眼睛。他們的文字取法於印度，雖然有刪減變化，但大的體勢還是保存下來了。語言中的語彙、聲調和別的國家不一樣。人們虔誠信奉佛法，勤於修福。境內有寺院幾百座，僧徒一萬多人，都學習小乘說一切有部法教。他們學習佛法不求甚解，只是大量背誦文句，因此能夠將三藏和毘婆沙從頭到尾背誦下來的人很多。

從這裡向東南走五百多里，渡過徙多河，越過大沙嶺，到達斫句迦國。

【說　明】本文介紹了佉沙國的概況以及奇特的風俗習慣，這種以夾板將新生兒的頭捆紮使之變扁的習俗也見於屈支國。

斫句迦國

【題　解】斫句迦，來自čukupa。也被譯作子合，朱駒波、句般及朱俱波等。斫句迦國即現在新疆的葉城縣。現代維吾爾語將這裡稱為Qaryaliq，意思是「有烏鴉的地方」。

斫句迦國，周千餘里。國大都城周十餘里，堅峻險固，編戶殷盛。山阜連屬，礫石彌漫，臨帶兩河，頗以耕植，蒲萄、梨、柰，其果實繁。時風寒，人躁暴。俗惟詭詐，公行劫盜。文字同瞿薩旦那國，言語有異。禮義輕薄，學藝淺近。淳信三寶，好樂福利。伽藍數十，毀壞已多，僧徒百餘人，習學大乘教。

國南境有大山，崖嶺嵯峨❶，峰巒重疊，草木凌寒❷，春秋一貫，谿澗浚瀨❸，飛流四注，崖龕石室，棊布巖林。印度果人❹多運神通，輕舉遠遊，棲止於此。諸阿羅漢寂滅者眾，以故多有窣堵波也。今猶現有三阿羅漢居巖穴中，入滅心定，形若羸人，鬚髮恒長，故諸沙門時往為剃。而此國中大乘經典部數尤多，佛法至處莫斯為盛也。十萬頌為部者，凡有十數；自茲已降，其流實廣。

從此而東，踰嶺越谷，行八百餘里，至瞿薩旦那國唐言地乳，即其俗之雅言也。俗語謂之。

【注釋】❶嵯峨　巍峨高聳的樣子。❷凌寒　這裡指耐寒。凌，冒著。❸浚瀨　浚，深。瀨，水流湍急的樣子。❹果人　佛教指通過修習證得佛果的人。分為三類：一佛，二辟支佛，三阿羅漢。

【語譯】斫句迦國方圓一千多里，這個國家的大都城方圓十幾里，險峻堅固，人口稠密。境內山川連綿，礫石彌漫，由於位於兩條河流的沖積帶上，因而農業比較發達。盛產葡萄、梨、沙果等果品。氣候寒冷多風，人們性情暴躁。風俗詭詐，人們公然行搶劫掠。文字和瞿薩旦那國相同，語言有所差異。這裡不講禮義，人們學識也很淺薄，但虔誠信奉佛教三寶，喜好修福積德。境內有寺院幾十座，其中大部分已經毀壞了，僧徒有一百多人，學習大乘法教。

在斫句迦國南部邊境有座大山，崖嶺巍峨高峻，峰巒層層疊疊，草木耐寒，四季長青。谿谷幽深，水流湍急，飛流四方，沿山崖有一座座石窟，在如林的山巖間星羅棋布。印度證得聖果的人多運神通力，飄然遠遊，棲息在這裡。很多阿羅漢在這裡涅槃了，因此山中有許多塔。現在還有三個阿羅漢身居石窟中，已入滅心定，看起來像個瘦弱的人，他們一動不動坐在那裡，只有鬚髮一直在生長，因此僧人們常常去為他們剃髮。這個國家裡，有許多部大乘經典，在佛法所到的地方，沒有一個地方有這裡這麼多，十萬頌一部的經典就有十幾部之多，十萬頌以下的經典，廣泛流傳的就更多了。

從這裡向東走，翻山越谷，走八百多里，到達瞿薩旦那國。

【說　明】本文介紹了斫句迦國的概況以及國內大乘典籍的豐富。特別是該國南境的石窟，據說是印度證果人聚居的地方，也是一個著名的佛教勝地。

瞿薩旦那國

【題　解】瞿薩旦那是一個梵文化的名稱，原文應為Gostana，梵文go是「大地」的意思，stana的意思是「乳房」。因此瞿薩旦那也被稱為「地乳」。在我國典籍中，瞿薩旦那也被稱為于寘、于闐、兀丹等。即現在的和闐。

瞿薩旦那國，周四千餘里。沙磧太半❶，壤土隘狹。宜穀稼，多眾果。出氍毹、細氈，工紡績❷絁紬❸。又產白玉、黳玉。氣序和暢，飄風飛埃。俗知禮義，人性溫恭。好學典藝，博達伎能。眾庶富樂，編戶安業。國尚樂音，人好歌舞。少服毛褐氈裘，多衣絁紬白氎。儀形有禮，風則有紀。文字憲章，聿遵印度，微改體勢，粗有沿革。語異諸國。崇尚佛法。伽藍百有餘所，僧徒五千餘人，並多習學大乘法教。

王甚驍武，敬重佛法，自云毗沙門天❹之祚胤也。昔者，此國虛曠無人，毗沙門天於此棲止。無憂王太子在呾叉始羅國被抉❺目已，無憂王怒遣輔佐，遷其豪族，出雪山北，居荒谷間，遷人逐物，至此西界，推舉酋豪，尊立為王。當是時也，東土帝子蒙譴流徙，居此東界，群下勸進，又自稱王。歲月已積，風教不通，各因田獵，遇會荒澤，更問宗緒，因而爭長，忿形辭語，便欲交兵。或有諫曰：「今何遽乎？因獵決戰，未盡兵鋒。宜歸治兵，期而後集。」於是回駕而返，各歸其國，校習戎馬，督勵士卒。至期兵會，旗鼓相望，旦日合戰，西主不利，因而逐北，遂斬其首。東主乘勝，撫集亡國，遷都中地，方建城郭。憂其無土，恐難成功，宣告遠近，誰識地理❻。時有塗灰外道，負大瓠❼，盛滿水，自而進曰：「我知地理。」遂以其水屈曲遺流，周而復始，因即疾驅，忽而不見。依彼水跡，峙其基堵，遂得興功，即斯國治，今王所都於此城也。城非崇峻，攻擊難克，自古已來，未能有勝。其王遷都作邑，建國安人，功績已成，齒耋云暮，未有胤嗣，恐絕宗緒，乃往毗沙門天神所祈禱請嗣，神像額上剖出嬰孩，捧以回駕，國人稱慶。既不飲乳，恐其不壽，尋詣神祠，重請育養。神前之地忽然隆起，其狀如乳，神童飲吮，遂至成立。智勇光前，風教遐被，遂營神祠，宗先祖也。自茲已降，奕世相承，傳國君臨，不失其緒。故今神廟多諸珍寶，拜祠享祭，無替於時。地乳所育，因為國號。

【注釋】❶太半　過半數；大多數。太，通「大」、「泰」。❷績　紡織。❸絁紬　粗綢。❹毘沙門天　梵文寫作Vaiśravaṇa。也譯作多聞天。原為古代印度施福之神。佛教奉為四天王之一，守護北方。古代和闐以他為保護神。❺抉　挖。❻地理　山川土地的環境形勢。❼瓠　葫蘆。

【語譯】瞿薩旦那國方圓四千多里。境內大半是沙漠地，耕地面積狹小。土質適宜作物生長，果品種類繁多。出產地毯、細氈，人們擅長紡織粗綢。又出產白玉、黑玉。氣候溫和宜人，多風沙。這裡的習俗講究禮義，人們性情溫和謙恭，喜歡學習典籍和技藝，通曉各種技能。百姓們都安居樂業，生活富足。這個國家崇尚音樂，人人能歌善舞，一部分人穿著毛、粗麻和氈裘製成的衣服，更多的人穿著粗綢和棉製品。人們舉止彬彬有禮，行為中規中矩。他們的文字全都取法於印度，只在體勢上有微小的變動，大體上還是對印度的沿襲。語言卻和別國不同。這個國家崇尚佛法，境內有寺院一百多座，僧徒五千多人，大都學習大乘法教。

當今國王非常驍勇，敬重佛法，自稱是毘沙門天的後代。從前，這個國家所在的地方空無人煙，毘沙門天就住在這裡。無憂王的太子在呾叉始羅國被挖去眼睛以後，無憂王大怒，流放了他的輔臣，並把呾叉始羅國內許多豪門大族遷到雪山以北的荒谷間居住，這些被流放的人為了尋找可以生活的地方，來到這個國家的西界，他們推舉一位首領立為他們的君主。這時候，東土一位帝王的王子獲罪被流放，住在瞿薩旦那的東界，在下屬們的勸說下，他自立為王。這樣許多年過去了，兩國一直不通消息。後來因為打獵，他們在荒澤中相遇了。他們互相詢問祖先的情況，並因此發生爭執，口出不遜，就要動手打架了。這時有人進諫說：「動手又何必急在一時呢？我們是出來打獵的，因此現在決戰並不能顯示各自的實力。我們還是各自回去整頓軍隊，約定一個日期再來交戰。」於是雙方各自回國，整頓兵馬，督促士兵，為開戰作準備。到了約定的那一天，兩軍排開陣勢，旗鼓相望，第二天交戰，西面的君主出戰失利，節節敗退，最後被砍掉了腦袋。東部的君主乘勝推進，安撫召集這個敗亡國家的百姓，將都城遷到瞿薩旦那國的中間地區，準備在這裡建築城池。但這位君主擔心這裡沒有適合建城的土，怕無法建成城池，於是宣告遠近，徵募通曉地理的人。這時有一位塗灰外道，背著一個裝滿水的大葫蘆，到國王那裡自我推薦說：「我懂地理。」於是他將葫蘆裡的水彎彎曲曲地傾倒出來，繞了一圈又一圈，然後他突然飛跑起來，一眨眼就不見了。人們便依照他撒下的水的印跡，在上面建起城基，而後開始興建，這就是這個國家的都城。現在的國王就定都在這裡。這座城池並不高峻，但是很難攻克，自古以來，還沒人能攻下它。當時那位國王在遷都建城、建立國家、安置百姓這些工作完成後，已到了古稀垂暮之年，但還沒有子嗣，他害怕宗族就此斷絕，就前往毘沙門天神那裡祈禱求嗣，他在天神的指引下，從神像的前額上剖出了一個嬰孩。他將嬰孩捧了回去，全國百姓為此額手相慶。但是嬰孩不吃奶，國王怕他活不長，馬上又去神廟祈請天神養育嬰孩。突然，神像前面的地慢慢隆起，形狀就像乳房一樣，神童吮吮這裡的乳汁，終於長大成人。他長大以後智慧和勇力超過前人，聲威和教化播及遠方。於是他營建神廟，以祭祀先祖。從那以後，這個國家在這一族世代相傳，世系從未間斷。所以現在神廟中有許多珍寶，因為歷代君王拜祭供奉，從不間斷。由於神童是大地的乳汁哺育成人的，於是地乳就成為這個國家的名稱。

【說　明】本文記述了瞿薩旦那國的概況以及和瞿薩旦那國建國有關的神話傳說。這個傳說大致涉及到以下幾個方面的內容：一是這個國家種族的來源。他們雖自稱是毘沙門天的後裔，但這不過是依託。實際上他們的祖先一部分是被無憂王放逐的呾叉始羅國的豪族，一部分是被流放的東土王子以及僚屬。二是這個國家都城的確定：在戰爭中，東邊的君主戰勝了西邊的君主，然後把都城確定在該國的中心地區，並靠一位神祕外道的幫助建成了都城。三是國號的獲得。這是和第二代國王的出生有關：他是從毘沙門天神的前額中剖出並靠「地乳」養大的神人，從此國力強盛傳代不絕，並由此獲得了國號。這些傳說不僅情節曲折，而且頗富神話色彩。在這神話色彩的籠罩下，可能隱含著極其複雜而動盪的民族和國家的成長史。例如，這裡既說首任國王是勝利者，卻又不讓他有自己的嫡親骨肉，而要造出一個「神種」來。他身為繼承人，實際上是以「神祖」取代了原來的東土之祖。這樣處理可能出於兩個原因：一是出於種族融合的要求。這個國家既是由戰爭造成的兩個民族的「融合」，那麼老國王的統治就具有強迫性，難於實現真正長久的融合，因此必須推出一個雙方都能接受又超越於雙方之上的人物來擔任共同的君主。於是他們找到了「神」。二是出於文化尤其是宗教的要求：這位神童既是神種，又食「地乳」，是天地結合的產物，因而他既是神話的產物，也是宗教的產物。這可能就是兩個民族在宗教信仰上互相融合的結果吧。看來在宗教上，是西方的一族戰勝了東方的一族。當然，這只是個神話傳說，未必實有其事，但它所反映出來的有關這個國家和民族的豐富複雜的產生、發展和演變的歷史卻有著珍貴的研究價值。

王城附近諸伽藍

王城南十餘里有大伽藍，此國先王為毘盧折那[1]（唐言遍照）阿羅漢建也。昔者，此國佛法未被，而阿羅漢自迦溼彌羅國至此林中，宴坐習定。時有見者，駭其容服，具以其狀上白於王。王遂躬往，觀其容止，曰：「爾何人乎，獨在幽林？」羅漢曰：「我，如來弟子，閑居習定。王宜樹福，弘讚佛教，建伽藍，召僧眾。」王曰：「如來者，有何德，有何神，而汝鳥棲，勤苦奉教？」曰：「如來慈愍四生，誘導三界，或顯或隱，示生示滅，遵其法者，出離生死，迷其教者，羈纏愛網。」

王曰：「誠如所說，事高言議，既云大聖，為我現形，若得瞻仰，當為建立，罄❷心歸信，弘揚教法。」羅漢曰：「王建伽藍，功成感應。」王苟從其請，建僧伽藍，遠近咸集，法會稱慶，而未有犍椎扣擊召集。王謂羅漢曰：「伽藍已成，佛在何所？」羅漢曰：「王當至誠，聖鑒不遠。」王遂禮請，忽見空中佛像下降，授王犍椎，因即誠信，弘揚佛教。

王城西南二十餘里，有瞿室餕伽❸山（唐言牛角）。山峰兩起，巖隒四絕，於崖谷間建一伽藍，其中佛像時燭光明。昔如來曾至此處，為諸天、人略說法要，懸記此地當建國土，敬崇遺法，遵習大乘。

牛角山巖有大石室，中有阿羅漢，入滅心定，待慈氏佛，教百年間，供養無替。近者崖崩，掩塞門徑，國王興兵欲除崩石，即黑蜂群飛，毒螫人眾，以故至今石門不開。

王城西南十餘里，有地迦婆縛那❹伽藍。中有夾紵❺立佛像，本從屈支國而來至止。昔此國中有臣被譴，寓居屈支，恒禮此像，後蒙還國，傾心遙敬，夜分之後，像忽自至，其人捨宅建此伽藍。

【注　釋】❶毘盧折那　梵文 Vairocana 的音譯。也譯作毘盧遮那、毗盧舍、毗盧旃等。意譯為「遍照」。❷罄　盡。❸瞿室𩜁伽　梵文寫作 Gośṛṅga。意思是牛角。❹地迦婆縛那　梵文寫作 Dīrghabhāvana。❺夾紵　塑像的一種方法。先塑成泥胎，再用漆把麻布貼在泥胎表面，待漆乾後，反覆塗多次，最後把泥胎取空。唐代工藝稱為「乾漆法」。

【語　譯】在王城南面十幾里的地方有座大寺院，這是這個國家先前的國王為毘盧折那阿羅漢建造的。從前，佛法還沒有傳到這裡的時候，毘盧折那阿羅漢從迦溼彌羅國來到這個國家的一片樹林中，靜靜打坐修習禪定。當時有人看見他，對他的容貌和服飾感到很驚奇，就把他的情形詳細報告了國王。於是國王親自前往樹林，去觀看他的容貌和舉止。國王問：「你是什麼人，一個人待在這樹林深處？」羅漢說：「我是如來的弟子，在這裡修習禪定，大王應該大修福德，弘傳佛教，建造寺院，召集僧徒。」國王說：「如來有什麼德行和神異，能讓你像鳥一樣棲息林中，這樣勤奮刻苦地遵奉他的教導？」羅漢說：「如來慈悲為懷，憐憫胎生、卵生、溼生、化生四種生命，循循誘導欲界、色界、無色界三界眾生，他有時顯形有時隱身，向眾生示意生滅的規律，遵奉佛法的人可以脫離生死輪迴，若不相信佛的教化，就一直被束縛在愛欲的羅網中。」國王說：「若真像你所說的那樣，事實勝於言談，既然你將如來說成是大聖，那就請他為我現形，如果我能瞻仰到他的真容，就一定為他建造寺院，全心全意皈依佛，弘揚佛法。」羅漢說：「大王可修建寺院，寺院建成的時候您就會感應到如來的。」國王半信半疑地聽從了他，建立了寺院。寺院建成的那一天，遠近百姓都聚集到這裡，舉行法會表示慶賀，但這時寺院還缺一個能敲擊鐘磬召集人眾的犍椎。國王對羅漢說：「寺院已經建成了，佛在哪裡？」羅漢說：「大王應虔誠信奉，聖靈的昭示已經不遠了。」國王於是禮敬請佛，忽然，一尊佛像從天而降，將犍椎授給國王。國王從此至誠信佛，並大力弘揚佛教。

在王城西南二十多里的地方，有一座瞿室𩜁伽山。兩座山峰高高聳起，四面是重重山巖，斷絕了與外界的往來，在崖谷中建有一座寺院，寺中的佛像常常大放光明。從前如來曾來到這裡，為天神和大眾簡單演說佛法要點，預言這裡將會建立一個國家，這個國家崇敬佛法，遵循修習大乘法教。

在牛角山的山巖上有個大石窟，裡面有個入滅心定的阿羅漢，等候著慈氏佛興世。幾百年間，對他的供養從未間斷。近來山崖崩塌，堵塞了洞口的路徑，國王調動軍隊，想清除崩塌下來的石頭，這時有成群的黑蜂飛來，毒螫眾人，因此一直到現在石門都沒有打開過。

在王城西南十幾里，有一座地迦婆縛那寺。寺中有一尊乾漆塗成的立佛像，是從屈支國來到這裡的。從前瞿薩旦那國有個大臣獲罪，寄居在屈支國，在屈支國期間，他一直禮奉這尊佛像，後來他被允許回國，在自己的國家裡仍傾盡誠心遙遙禮敬這尊佛像，一天半夜，這尊佛像忽然來到這裡。於是這人施捨出自己的住宅建造了這座寺院。

【說　明】本文介紹了王城附近幾處佛教勝跡。這些勝跡主要集中在王城的南和西南方向。毘盧折那寺是該國第一座寺院，標誌著佛法在瞿薩旦那國廣泛傳播的開始；牛角山佛跡包括如來說法的地方和一位入滅心定等待慈氏佛興世的阿羅漢的石窟；地迦婆縛那寺的著名則是由於寺中佛像奇妙的來歷。這幾處佛教勝跡無一不是顯示了佛法的神異，也宣揚了至誠能感動神靈的道理。其中介紹的重點是毘盧折那寺，作者娓娓動聽地向我們講述了毘盧折那寺建寺的傳說。這座寺院的建立可以歸結為三點：一是毘盧折那阿羅漢的努力，二是國王天性中的淳善以及和佛法的機緣，第三也是最重要的一點，就是佛法的神異。在敘述中，情節就是圍繞這三點層層推進的。先是毘盧折那阿羅漢來到這個國家修習禪定，他奇特的容貌和行為引起國王的好奇。其實，阿羅漢既已證得聖果，原本可以運用神通隨意改變外形，但阿羅漢以該國人從未見過的苾芻形象出現，正是為了引起他們的注意，可以說這也是羅漢對他們進行化導的第一個步驟。國王由好奇而來觀看羅漢，由觀看而發問，於是羅漢趁此機會對國王進行化導。他熱情讚美如來聖教，希望國王能信奉並弘揚佛法。但這時國王卻表示要眼見為實，要親眼看到佛才會相信。這一部分應該說是一個小小的高潮，但靈異並沒有馬上出現。羅漢對他說要等建好寺院以後佛才會顯靈。這就為我們留下一個懸疑：靈異會出現嗎？作者接著記述寺院建起來了，人們都來觀看慶賀。這時國王再次向羅漢表示希望看到佛的降臨，但佛仍沒有馬上出現。於是國王再次虔誠祈禱。經過這層層鋪墊後，佛像忽然從天而降，這個形象在此刻出現，真是光芒四射，將整個故事推向高潮，使得佛法在這裡的傳播顯得理所當然。整個故事在情節平穩的發展中，顯示出相對的起伏跌宕，使全文既有清晰的條理，又有生動形象，引人入勝，充滿了傳奇色彩。

勃伽夷城

王城西行三百餘里，至勃伽夷城。中有佛坐像，高七尺餘，相好❶允備，威肅嶷然❷，首戴寶冠，光明時照。聞諸土俗曰：本在迦溼彌羅國，請移至此。昔有羅漢，其沙彌弟子臨命終時，求酢米餅❸。羅漢以天眼觀見瞿薩旦那國有此味焉，運神通力，至此求獲。沙彌啜❹已，願生其國，果遂宿心，得為王子。既嗣位已，威攝遐邇，遂踰雪山，伐迦溼彌羅國。迦溼彌羅國王整集戎馬，欲禦邊寇。時阿羅漢諫王：「勿鬬兵也，我能退之。」尋為瞿薩旦那王說諸法要。王初未信，尚欲興兵。羅漢遂取此王先身沙彌時衣，而以示之。王既見衣，得宿命智❺，與迦溼彌羅王謝咎交歡，釋兵而返，奉迎沙彌時所供養佛像，隨軍禮請。像至此地，不可轉移，環建伽藍，式招僧侶，捨寶冠置像頂，今所冠者，即先王所施也。

【注釋】❶相好　相，梵文寫作 lakṣana，謂佛肉身所具足特殊容貌中之顯而易見者，可分三十二相。好，梵文寫作

vyañjana，為佛肉身形貌之細微難見者，共有八十種好。二者並稱，即為相好。❷嶷然　體態魁梧的樣子。❸酢米餅　餅是出家人可以食用的五種正食之一。酢，通「醋」。❹噉　吃。❺得宿命智　指獲得知道自身及眾生前世生涯行業的能力。也就是獲得了六神通之一的宿命通。

【語　譯】從王城向西走三百多里，到達勃伽夷城。城中有一尊佛的坐像，高七尺多，三十二相八十種好完全具備，威風凜凜，頭戴寶冠，常常大放光明。聽當地人說，這尊佛像原本是在迦溼彌羅國，後來被人們請移到這裡。從前有位羅漢，他的一個沙彌弟子臨終時想吃酢米餅，羅漢以天眼看到瞿薩旦那國有這種食品，於是運用神通力，到這裡求得酢米餅。沙彌吃了以後，發願要轉生在這個國家，後來他果然如願以償，轉生為瞿薩旦那國的王子。他繼位以後，威名聞於遠近，不久他領兵翻越雪山，去討伐迦溼彌羅國。迦溼彌羅國的國王整頓兵馬，準備抵抗來犯的敵人。這時阿羅漢向國王進諫說：「用不著打仗，我有辦法讓他退兵。」於是羅漢去向瞿薩旦那王講說佛法要領，瞿薩旦那王一開始不相信，仍要發兵。這時羅漢便拿出這位國王前世做沙彌時穿的衣服給他看。國王見了這件衣服，就獲得宿命智，洞知前世的生涯行業，於是他向迦溼彌羅王請罪，兩國交好，退兵回國，他又率同全軍將士將他前世做沙彌時供養的佛像奉迎回國。佛像一到這裡，就再也無法移動了。國王便命人圍著佛像建造了寺院，恭敬地招集了僧侶，並施捨出自己的寶冠戴在佛像頭上，現在佛像頭上的寶冠，就是先前那位國王施捨的。

【說　明】本文介紹了勃伽夷城中的一尊佛像以及有關佛像來歷的傳說。有關勃伽夷城的原文寫法及地理位置現在尚無確定的說法。而有關城中佛像的傳說，可作如下幾種理解：第一，這個傳說是佛教「六道輪迴」理論的體現，這個瞿薩旦那國國王的前世就是迦溼彌羅國的沙彌，那麼這個迦溼彌羅國的沙彌的前世又可能是國王或別的什麼，生命就是這樣流轉不息，在天、人、阿修羅、地獄、畜生、餓鬼之間循環往復，只有證得聖果，才能脫離出來。第二，沙彌即已出家的僧人，同一般的俗人相比，他離佛果的距離似乎更近一些。但他臨終之前卻終於沒能戰勝酢米餅的誘惑，並僅僅因為這種美味的食品而發誓要轉生在瞿薩旦那國，重新又墮回「六道」之中，受俗世無窮的煩惱，從中反映出俗世的一切對修行者的考驗還是很有力的，欲望的力量相當強大。第三，瞿薩旦那國王對迦溼彌羅國的戰爭也從一個側面反映出瞿薩旦那國領土擴張的歷史。

鼠壤墳傳說

王城西百五六十里，大沙磧正路中，有堆阜❶，並鼠壤墳也。聞之土俗曰：此沙磧中，鼠大如蝟❷，其毛則金銀異色，為其群之首長，每出穴遊止，則群鼠為從。昔者，匈奴❸率數十萬眾，寇掠邊城，至鼠墳側屯軍。時瞿薩旦那王率數萬兵，恐力不敵，素知磧中鼠奇，而未神也，洎乎寇至，無所求救，君臣震恐，莫知圖計，苟復設祭，焚香請鼠，冀其有靈，少❹加軍力。其夜瞿薩旦那王夢見大鼠曰：「敬欲相助。願早治兵，旦日合戰，必當克勝。」瞿薩旦那王知有靈祐，遂整戎馬，申令將士，未明而行，長驅掩襲。匈奴之聞也，莫不懼焉。方欲駕乘被鎧，而諸馬鞍、人服、弓弦、甲縺，凡厥帶系，鼠皆齧斷，兵寇既臨，面縛受戮。於是殺其將，虜其兵，匈奴震懾，以為神靈所祐也。瞿薩旦那王感鼠厚恩，建祠設祭，奕世遵敬，特深珍異。故上自君王，下至黎庶，咸修禮祭，以求福祐，行次其穴，下乘而趨，拜以致敬，祭以祈福，或衣服、弓、矢，或香花、肴膳，亦既輸誠，多蒙福利。若無享祭，則逢災變。

【注　釋】❶堆阜　丘陵。❷蝟　刺蝟。❸匈奴　古代我國北方少數民族之一。也稱為胡。❹少　稍微。

【語　譯】在王城西面五、六十里，大沙漠的正中，有許多丘陵，都是鼠壤墳。聽當地人說，這沙漠中的老鼠都像刺蝟一樣大，那些長著金毛、銀毛的老鼠，是所有老鼠的首領，每當這種老鼠出洞遊戲時，成群的普通老鼠都是隨從。從前，匈奴發兵幾十萬侵犯瞿薩旦那國邊境，大軍駐紮在鼠墳旁邊。當時瞿薩旦那王只率領著幾萬兵士，他擔心抵抗不了敵人的進攻，原先他就聽說沙漠中老鼠的奇異，但沒有把牠們當作神物，現在敵人來犯，沒有地方可以求救，君臣大為恐慌，無計可施，於是決定姑且一試，請老鼠幫忙。他們舉行祭祀，焚起高香，希望老鼠有靈，助他們一臂之力。當天夜裡瞿薩旦那王夢見一隻大老鼠對他說：「我們很願意效力。希望你們早早發兵，清晨交戰，一定會打敗敵軍。」瞿薩旦那王知道有神靈保祐，於是整頓軍馬，號令將士，天不亮就出發了，他們長驅直入，掩殺而來。匈奴得知這個消息，無不驚慌。他們正要騎馬乘車披掛鎧甲的時候，那些馬鞍、軍服、弓弦、甲縺，凡是用來聯繫的帶子全都被老鼠咬斷了。這時瞿薩旦那國的大軍已掩殺到他們面前，匈奴兵士只能束手就擒或引頸受戮。於是瞿薩旦那軍隊殺死匈奴將領，俘虜了他們的士兵，匈奴人大為恐怖，以為是神靈在保祐瞿薩旦那國。瞿薩旦那王感念老鼠的厚恩，就建起祠廟祭祀牠們，一代一代的國王都很尊敬這些老鼠，深深地認為牠們既珍貴而又神異。因此上自君王，下至平民百姓，都祭祀這些老鼠以求得牠們的護祐，人們經過牠們的洞穴，都要下馬步行，禮拜致敬，祭祀祈福，或是用衣服、弓、箭，或用香花、佳肴供奉，只要至誠禮敬祭祀，多能蒙受福報和利益。如果不祭祀牠們，就會遭受災難。

【說　明】大沙漠中的一處處丘陵，就是所謂的鼠壤墳。作者記述了有關巨鼠的傳說。作者記述這個傳說，並不是出於獵奇，而是為了說明這裡的人們為什麼會崇拜老鼠。其中蘊涵著一定的歷史和民俗方面的內涵。在已知的各個民族崇奉的神靈中，以老鼠為崇拜對象的並不多見，這是因為老鼠的生活習性、表現和外形對人類既少有益處，又缺乏美感。但牠卻成了瞿薩旦那人的崇拜對象，這不能不令人覺得奇怪。對於這個問題，這裡是用一個傳說來解釋。原來瞿薩旦那人最早也不崇拜老鼠，只是在大敵當前，情急之中偶然地祈求，竟意外地靈驗，靠牠們的幫助取得了勝利。為了感謝老鼠的功績，瞿薩旦那人便敬奉牠了。但老鼠畢竟不同於其他真正的神靈，當人們祭祀牠時，牠便給人以福祐，當人們祭祀不周時，牠就給人帶來災難，仍未能改變牠貪婪狹隘的本性。實際上，這裡的老鼠並不是什麼神靈，而是「精怪」了。不過，瞿薩旦那人和老鼠的關係在一定程度上反映了民間崇奉風俗的普遍情況。人們出於某種偶然的巧合，而對某物產生感激，進而將之神化予以祭祀，然後祭奉便成為壓在自己身上的沈重負擔。一旦遇到禍害，又將原因歸結為祭奉不周而引來「神靈」的懲罰，於是由畏懼而更加崇拜它。如此不斷循環，便完全生活在「神」的陰影裡，難以解脫。這也是這個傳說給我們的啟示之一。

娑摩若僧伽藍

王城西五六里，有娑摩若[1]僧伽藍。中有窣堵波，高百餘尺，甚多靈瑞，時燭神光。昔有羅漢，自遠方來，止此林中，以神通力放大光明。時王夜在重閣，遙見林中光明照曜，於是歷問，僉曰：「有一沙門，自遠而至，宴坐林中，示現神通。」王遂命駕，躬往觀察，既覩明賢，心乃祗敬，欽風不已，請至中宮。沙門曰：「物有所宜，志有所在。幽林藪澤，情之所賞；高堂邃宇，非我攸聞。」王益敬仰，深加宗重，為建伽藍，起窣堵波，沙門受請，遂止其中。頃之，王感獲舍利數百粒，甚慶悅，竊自念曰：「舍利來應，何其晚歟？早得置之窣堵波下，豈非勝跡？」尋詣伽藍，具白沙門。羅漢曰：「王無憂也，今為置之。宜以金、銀、銅、鐵、大石函等，以次周盛。」王命匠人，不日功畢，載諸寶輿，送至伽藍。是時也，王宮導從庶僚、凡百❷觀送舍利者，動以萬計。羅漢乃以右手舉窣堵波，置諸掌中，謂王曰：「可以藏下也。」遂坎地安函，其功斯畢，於是下窣堵波，無所傾損。觀覩之徒歎未曾有，信佛之心彌篤，敬法之志斯堅。王謂群官曰：「我嘗聞佛力難思，神通難究，或分身百億，或應跡人天，舉世界於掌內，眾生無動靜之想，演法性於常音，眾生有隨類之悟，斯則神力不共，智慧絕言，其靈已隱，其教猶傳，餐和飲澤，味道欽風，尚獲斯靈，深賴其福。勉哉，凡百！宜深崇敬，佛法幽深，於是明矣。」

【注　釋】❶娑摩若　梵文寫作 Samājñā。❷百　百官。

【語　譯】在王城西面五、六里的地方，有座娑摩若寺。寺中有座塔，高一百多尺，有很多靈異的現象，常常神光照耀。從前有位羅漢，從很遠的地方來到這裡，住在這片樹林中，運用神通力大放光明。當時正是夜裡，國王在樓閣之上遠遠望見林中光明照耀，便向每個臣屬發問，大家都說：「有個僧人，從很遠的地方來到這裡，這是他在林中打坐，顯示神通。」國王於是命令準備車駕，他親自前往察看。當他看到這位得道的賢者，心中產生深深的敬意，無比欽慕他的風采，便請僧人到他的王宮中去。僧人說：

「萬物都有自己的位置，人各有志。我只鍾情幽林草澤，高堂深宇，卻不是我應該去的地方。」國王聽了這話，對僧人更加敬仰和尊崇，於是為他建寺起塔，僧人便接受國王的請求，住進了寺院。不久，國王因機緣得到了幾百粒舍利，他心中非常喜悅，暗想：「這舍利來的為什麼這麼晚呢？如果我早點得到這些舍利，就可以將它們放到塔下面，這塔不就是一處勝跡了嗎？」於是他來到寺院，將自己的想法告訴了僧人。羅漢說：「君王不必為此心憂，我現在就替您將舍利放進去。請準備金、銀、銅、鐵、大石等製成的盒子，依次將舍利放進去。」國王便命工匠打造盒子，不幾天就完成了。於是用寶車裝上這些盒子送到寺院。這時候，王宮護送舍利的大臣隨從、觀看舍利的百姓和官員數以萬計。羅漢用右手舉起塔，放在手掌中，對國王說：「可以將舍利埋藏在塔下。」於是人們挖地安放舍利盒，等人們放好舍利以後，羅漢才放下塔來，這塔沒有一點傾斜損壞。在場觀看的人都讚嘆不已，說從未有過這樣的事情，於是信佛之心更加虔誠，敬法的信念也更加堅定了。國王對官員們說：「我曾聽說佛的法力不可思議，佛的神通深不可測，或者分為百億個化身，或者現身留形於人間天上。佛能把整個世界舉在他的手掌上，而世上的眾生卻不會有一點感覺，佛以平常的語言演說法性真理，使世上眾生各隨自己的根基而覺悟，就是說，沒有什麼事物能和佛的神力比肩，沒有什麼語言能形容佛的智慧，佛的聖靈已經消逝，但他的遺教還在傳布。我們如餐和風飲甘露一樣，體味佛法欽慕佛的教化。現在深賴他的福祐，讓我們獲得這些神物。努力吧，民眾和百官！應當深深崇敬佛法，佛法幽深，現在我們更能明白這一點了。」

【說　明】本文主要記敘娑摩若寺中的佛塔。這塔不僅高大，而且有很多靈瑞。它的巍然聳立，彷佛是一種標誌和象徵：標誌著佛法在這裡的至尊地位，象徵著這裡的人們對佛法的虔敬。那位遠方來的羅漢，無疑是佛法的化身，他的到來也就是「光明」的到來。他感化國王的方式也不是靠說教，而是用自己的神通：先是在樹林裡大放光明，然後是以手托塔，使舉國上下對他（也就是對佛教）五體投地。而國王對佛教的信仰過程則是與這個過程相伴實現的。國王開始對佛法並無特別的興趣，當見到光明後，對羅漢產生了欽仰；當他請羅漢入宮被拒絕後，他對羅漢更加尊崇；獲得佛舍利的國王，已是對佛法比較熱心的信奉者了，而當羅漢托塔後，國王便不僅是位堅定虔誠的信佛者，而且成為一位熱情忠實的佛教宣傳者。在他的率領下，佛教在該國的地位也就可想而知了。作者不僅生動地一筆記述了兩個並行的過程，而且巧妙地讓國王來宣講佛法，其效果無疑比由羅漢來傳法更好。作者以「神通」和佛法使佛教完全佔領了這個王國。

蠶桑傳入之始

王城東南五六里，有鹿射僧伽藍，此國先王妃所立也。昔者，此國未知桑蠶，聞東國有之，命使以求。時東國君祕而不賜，嚴敕❶關防，無令桑蠶種出也。瞿薩旦那王乃卑辭下禮，求婚東國，國君有懷遠之志，遂允其請。瞿薩旦那王命使迎婦，而誡曰：「爾致辭東國君女，我國素無絲綿桑蠶之種，可以持來，自為裳服。」女聞其言，密求其種，以桑蠶之子置帽絮中，既至關防，主者遍索，唯王女帽不敢以檢，遂入瞿薩旦那國，止鹿射伽藍故地，方備儀禮，奉迎入宮，以桑蠶種留於此地。陽春❷告始，乃植其桑，蠶月❸既臨，復事採養。初至也，尚以雜葉飼之，自時厥後，桑樹連蔭。王妃乃刻石為制，不令傷殺，蠶蛾飛盡，乃得治繭，敢有犯違，明神不祐。遂為先蠶建此伽藍。數株枯桑，云是本種之樹也。故今此國有蠶不殺，竊有取絲者，來年輒不宜蠶。

【注釋】❶勅　皇帝的詔令。❷陽春　溫暖的春天。❸蠶月　夏曆三月。

【語譯】在王城東南五、六里的地方，有座鹿射寺，是這個國家先前的王妃建立的。從前，這個國家不知怎樣種桑養蠶，他們聽說東方一個國家有桑蠶，國王便派使者去求取。當時東方國君將桑蠶養殖視為祕密，沒有賜給使者，並嚴令邊境關防，不得讓桑蠶種流出國境。於是瞿薩旦那王低聲下氣地向東方國君求婚，東方國君胸懷安撫遠國的大志，於是就答應了他的請求。瞿薩旦那王派了一位使臣去迎娶新娘，國王囑咐使者說：「你去對東國公主說，我們國家向來沒有絲綿桑蠶的種子，她可以帶一些來為自己做衣服。」公主聽了這話，便悄悄求得一些桑蠶的種子，把種子藏在她帽子的襯絮中，到關防的時候，關防人員把所有的人都搜了一遍，唯獨不敢檢查公主的帽子，於是他們進入瞿薩旦那國，住在鹿射寺這塊地方，準備婚嫁禮儀。公主被接到宮裡時，把桑蠶的種子留在這裡。春天一到，公主便開始種桑，三月來臨的時候，再將桑葉採下來養蠶。公主剛到這裡的時候，還用別的樹葉餵蠶，一段時間以後，桑樹就已經鬱鬱成蔭了。王妃於是在石頭上刻下制度，不准殺傷蠶蛾，要等蠶蛾飛盡以後才能治繭繅絲，若有人膽敢違犯，神明將不護祐他。並為最早的蠶建了這座寺院。寺中有幾株已經枯乾的桑樹，據說這就是第一批種植的桑樹。因此這個國家到現在仍不殺蠶蛾，有偷偷殺蠶蛾取絲的人，第二年就養不好蠶。

【說　明】鹿射寺是一座專為蠶而建立的寺院，這在玄奘的西行途中還是罕見的。然而，與其說這裡紀念的是蠶，不如說是為了紀念人——那位將桑蠶傳到這裡的王妃。實際上，這個故事透露出來的正是古代東方（中國）的「桑蠶」傳入西方（于闐）的歷史。從中我們可以看到，第一，「蠶桑」作為當時的重要祕密是很受重視的，西方欲求，東方不許，因而桑蠶來到瞿薩旦那國並不是很容易、很自然的「傳入」；第二，西方為了得到桑蠶種子，施計使用「和親」的方式，由公主偷偷帶出，很有些「盜竊」的意思；第三，蠶桑不只是養蠶和植桑的技術，還包括繅絲和紡織等加工技術，對當時西方人們的生活和文明的進步具有無法估量的意義；第四，公主盜取蠶桑種子，對東方來說，是一種不法行為，但對西方說來，則無異於將天火盜到人間。不僅如此，她還為種桑、養蠶、繅絲等制定了一套規章制度，因而她理應受到當地人神明般的敬仰。

城東南大河

城東南百餘里有大河，西北流，國人利之，以用溉田，其後斷流，王深怪異。於是命駕問羅漢僧曰：「大河之水，國人取給，今忽斷流，其咎安在？為政有不平，德有不洽乎？不然，垂譴何重也？」羅漢曰：「大王治國，政化清和，河水斷流，龍所為耳。宜速祠求，當復昔利。」王因回駕，祠祭河龍。忽有一女凌波而至，曰：「我夫早喪，主命無從，所以河水絕流，農人失利。王於國內選一貴臣，配我為夫，水流如昔。」王曰：「敬聞，任所欲耳。」龍遂目悅國之大臣。王既回駕，謂群下曰：「大臣者，國之重鎮❶，農務者，人之命食，國失鎮則危，人絕食則死。危、死之事，何所宜行？」大臣越席，跪而對曰：「久已虛薄，謬當重任，常思報國，未遇其時。今而預選，敢塞深責，苟利萬姓，何吝一臣？臣者，國之佐，人者，國之本，願大王不再思也。幸為修福，建僧伽藍。」王允所求，功成不日。其臣又請早入龍宮，於是舉國僚庶鼓樂飲餞，其臣乃衣素服，乘白馬，與王辭訣，敬謝國人，驅馬入河，履水不溺，濟乎中流，麾鞭畫水，水為中開，自茲沒矣。頃之，白馬浮出，負一旃檀大鼓，封一函書，其書大略曰：「大王不遺細微，謬參神選，願多營福，益國滋臣。以此大鼓懸城東南，若有寇至，鼓先聲震。」河水遂流，至今利用。歲月浸遠，龍鼓久無，舊懸之處，今仍有鼓，池側伽藍，荒圮無僧。

【注　釋】❶重鎮　擔負國家重任的人。也稱為柱石。

【語　譯】在王城東南一百多里的地方有條大河，河水流向西北，國人多利用河水灌溉農田，後來河水忽然斷流枯竭，國王感到非常奇怪，於是乘車親自去問羅漢僧。他問：「大河裡的水一直被國人取用，現在忽然斷流，是什麼原因呢？是我為政不公平，還是施仁德不夠周遍？不然為什麼會受到上天這樣嚴厲的責罰？」羅漢說：「大王治理國家，政務清明，教化溫和，河水斷流是龍造成的。應該趕快建祠祈求，應當會恢復原來的利益。」國王於是起駕回宮。建祠祭祀河龍。正在祭祀的時候，忽然有個女子踏著波濤來到眾人面前，她說：「我的丈夫早亡，使我沒有夫命可以遵從，因此河水絕流，農夫也失去了灌溉之利。國王若是在國內選一位貴臣給我做丈夫，河水便會像從前一樣奔流了。」國王說：「遵命，你想怎樣都可以。」河龍於是看中了這個國家的一位大臣。國王回宮後，對群臣說：「大臣是國家的柱石，農業是人的命食，國家失去柱石就會陷入危險的境地，而人若沒有了糧食就會死亡。在這種情況下該怎麼辦呢？」這時那位大臣越席來到國王面前，跪著對國王說：「臣才疏學淺，很久以來謬當重任，常想報效國家，只是沒有機會。如今被龍選中，怎敢推卸這重任？假如有利於百姓，王上何必吝惜一個臣子？臣子是國家的輔佐，而百姓則是國家的根本。請大王不要再考慮了。但願王上為我修福，替我建一座寺院。」國王答允了他的請求，不幾天寺院就建成了。這時那位臣子又請求早入龍宮，於是全國的臣僚和百姓奏起鼓樂，為他設宴餞行，這位大臣身穿素服，乘白馬，向國王訣別，並向國人表示感謝，然後他趕馬入河，馬走在水面上卻不沈下去，等到了河中央，大臣揮鞭劃向水面，河水從中間分開，他便從那裡沈下去了。過了不久，他騎的白馬浮出水面，背著一面檀木大鼓和一封書信。信的大意是說：「大王沒有遺忘我這卑微的人物，使我蒙神錯愛選中，願大王多修福業，使國家的臣民受益。可以將這面大鼓懸掛在城東南，如有敵人來犯，這鼓會先發聲震響。」從那以後，河水又重新奔流，直到今天人們仍利用它灌溉。由於歲月久遠，那面龍鼓早就沒有了，原來懸掛龍鼓的地方，現在仍有一面鼓。池旁的寺院，已經荒蕪倒坍，裡面沒有一個僧人。

【說　明】本文講述了有關王城東南一條大河的傳說。這個傳說的產生，可能是起因於當地人對這大河的感激，也是他們對大河枯而復流的一種解釋。傳說本身很生動，但其內涵則比較複雜。首先，傳說中把大河斷流的原因解釋為是龍女喪夫所致。這既很奇特，也很貼切：失去丈夫的女子不正像失去水源的人類一樣嗎？這個解釋一提出，解決的辦法也同時出現了：為龍女配夫。但做龍女的丈夫卻不是件簡單的事情，這無異於捨生赴死。實際上這是以人類的犧牲來換取河水的復流。在這個傳說中，作者為我們塑造了三個性格突出的人物形象：一是國王。他是位執政開明、仁愛臣民的君主，既不忍見民眾無水，也不忍讓臣下赴死，於是憂心如焚。二是那位大臣。他既然被龍女選中，可見是一位相貌出眾的人物；他既被君主視為棟梁，又可知他的政治才能。大難當前，他毫不猶豫勇於赴「死」，入龍宮後，還獻給國家一面大鼓，因而他是位忠良之臣、賢勇之士。三是龍女。她身為一個神怪，既是人類的對立力量，又是人類需要依賴的力量。於是她便有了向人類討價還價的本錢。但她身為一個「女人」，喪夫的痛苦和求夫的直率，在這裡也表現得很鮮明，令人難以忘懷。在她身上，體現了人類對神怪的複雜感情：既依賴她，又怨恨她，同時也對她表示同情和理解。當然，在這個傳說裡，那位大臣是最主要的人物形象，那面大鼓，可以看作是人們對他的歌頌和懷念。在這個不長的傳說裡，作者刻劃了三個形象，敘述了一個動人的故事，想像奇特，手法簡明，韻致悠長，涵義豐富，具有很強的藝術感染力。

戰地

王城東三百餘里大荒澤中，數十頃地，絕無蘖❶草，其土赤黑。聞諸耆舊曰：昔者，東國軍師百萬西伐，此時瞿薩旦那王亦整齊戎馬數十萬眾，東禦強敵，至於此地，兩軍相遇，因即合戰。西兵失利，乘勝殘殺，虜其王，殺其將，誅戮士卒，無復孑遺❷，流血染地，其跡斯在。

【注釋】❶蘖 樹木被砍伐後重生的枝條。❷孑遺 殘存的生命。

【語譯】在王城東面三百多里的大荒澤中有幾十頃地，那裡寸草不生，土色黑紅。聽老年人說：這裡是瞿薩旦那國兵敗的地方。從前，東方國家興兵百萬西伐，當時的瞿薩旦那王也整頓幾十萬兵馬東禦強敵，兩軍在這裡相遇，於是戰爭爆發了。瞿薩旦那國的軍隊打敗了，東國軍隊乘勝追殺，俘虜了瞿薩旦那王，屠殺他的將領和士兵，一個生命也沒留下。血流成河，浸染了土地，這黑紅的土地就是那時的遺跡。

媲摩城及尼壤城

戰地東行三十餘里，至媲摩城。有彫檀立佛像，高二丈餘，甚多靈應，時燭光明。凡有疾病，隨其痛處，金薄❶帖❷像，即時痊復。虛心請願，多亦遂求。聞之土俗曰：此像，昔佛在世憍賞彌國鄔陀衍那王所作也。佛去世後，自彼凌空至此國北曷勞落迦城中。初，此城人安樂富饒，深著邪見，而不珍敬，傳其自來，神而不貴。後有羅漢禮拜此像，國人驚駭，異其容服，馳以白王。王乃下令，宜以沙土坌❸此異人。時阿羅漢身蒙沙土，餬口絕糧。時有一人，心甚不忍，昔常恭敬尊禮此像，及見羅漢，密以饌之。羅漢將去，謂其人曰：「卻後七日，當雨沙土，填滿此城，略無遺類。爾宜知之，早圖出計。由其坌我，獲斯殃耳。」語已便去，忽然不見。其人入城，具告親故，或有聞者，莫不嗤笑。至第二日，大風忽發，吹去穢壤，雨雜寶滿衢路，人更詈所告者。此人心知必然，竊開孔道，出城外而穴之。第七日夜，宵分之後，雨沙土滿城中。其人從孔道出，東趣此國，止媲摩城。其人才至，其像亦來，即此供養，不敢遷移。聞諸先記曰：釋迦法盡，像入龍宮。今曷勞落迦城為大堆阜，諸國君王、異方豪右，多欲發掘，取其寶物，適至其側，猛風暴發，煙雲四合，道路迷失。

媲摩川東入沙磧，行二百餘里，至尼壤城，周三四里，在大澤中。澤地熱濕，難以履涉，蘆草荒茂，無復途徑，唯趣城路僅得通行，故往來者莫不由此城焉，而瞿薩旦那以為東境之關防也。

【注　釋】❶薄　通「箔」。❷帖　同「貼」。❸坌　塗抹。

【語　譯】從古戰場向東走三十多里，到達媲摩城。城中有一尊檀木雕成的立佛像，高兩丈多，有很多靈異，常常大放光明。凡是有病的人，無論哪裡疼痛，只要將金箔貼在佛像上相應的部位，就會馬上痊癒。如果虔誠向佛像祈禱請求，多半也會如願以償。聽當地人說：這尊佛像是從前佛在世時，憍賞彌國的鄔陀衍那王製作的。佛去世後，這像從那裡凌空飛到這個國家北部的曷勞落迦城中。當時，這座城中的人安樂富裕，但深信邪道，因此對這尊佛像並不珍視，雖然他們傳說這佛像是自己飛來的，但只是覺得這事很神奇而對佛像並不禮重。後來有個羅漢來禮拜這尊佛像，國人對羅漢奇特的容貌和服飾感到非常驚異，就飛快地去向國王報告。國王便下令說，應用沙土來塗抹這位奇特的人。這時阿羅漢全身都是沙土，隨身攜帶的乾糧也沒有了。當時有一個人，看到這情景心中非常不忍，從前他常常恭敬地禮敬這尊佛像，看到這位羅漢，便悄悄給他些吃的東西。羅漢將要離開的時候，對這人說：「七天以後，天上會降下沙土，把這座城埋沒，一個活物都不會留下。你知道這件事以後，早做離開的準備。這是因為他們用沙土塗抹在我身上，所以會遭到這樣的災禍。」說完他就忽然不見了。這人進到城中，把這個消息告訴他的親戚朋友，聽到的人無不嘲笑他。到了第二天，忽然刮起了大風，吹去汙穢的塵土，並從天上降下各種珍寶，鋪滿了大街小巷，人們更加責罵那個告訴他們要發生災難的人。但這人知道災難一定會發生，於是他偷偷地挖了一條地道，通往城外。到了第七天夜裡，半夜以後，天上降下來的沙土填滿城中。這人便從地道出城，向東來到瞿薩旦那國，在媲摩城住了下來。這人剛到這裡，那尊佛像也來到了。於是人們便到這裡來供養它，不敢移動這佛像。過去的典籍都記載說：釋迦佛法消失的時候，這尊佛像便會進入龍宮。現在的曷勞落迦城已經成為一個大土丘，各國的國王、各地的豪強多想到這裡發掘取寶，但往往剛到土丘旁，便狂風大作，煙雲蒸騰四合，使人迷失了道路。

從媲摩川向東進入大沙漠，走二百多里，就到了尼壤城。尼壤城方圓三、四里，位於一片大沼澤中。

沼澤地又溼又熱，難以行走，蘆葦蕪草茂密雜亂，沼澤中只有通向媲摩城的路可以通行，再沒有別的路徑可走，因此往來的旅客都要經過這座城池。於是瞿薩旦那國便以尼壤城為東境的關防了。

【說　明】本文主要介紹媲摩城中的檀木佛像的來歷，為我們講述了一個神奇的傳說。曷勞落迦人對那位羅漢的戲辱，實際上是對佛的褻瀆，他們代表著惡；而那位同情並救助羅漢的人則是對佛敬仰的，他代表著善，於是羅漢、曷勞落迦眾人和善人，便都具有了象徵意義。惡人是要受到懲罰的，而善人則應受到獎勵。於是羅漢宣布了上天對該城人的懲罰，而把生機留給善人。但羅漢並沒有完全斷絕眾人的生存機會，無奈他們受惑太深，罪孽太重，他們不僅沒有聽信善人的勸告，反而嘲笑辱罵他，最終便只能遭到全城埋沒的結局。但「佛」在這裡並不是一個完全的勝利者，佛像隨著善人來到媲摩城，實際上也代表著一種「轉移」。因此可以說，這個傳說表現了當初佛教和「邪見」相互鬥爭的情況，以曷勞落迦城為「戰場」，受邪見迷惑的人固然全都滅亡了，但佛教在這裡也失去了生存的基礎，可說是兩敗俱傷。這裡既顯示出佛教的強大，也顯示了「邪見」的根深蒂固。當然，傳說本身對佛教是肯定和敬仰的。

至於尼壤城，除了大片的沼澤地、艱難的路途以外，似乎沒有什麼令人感興趣的東西，所以作者便一筆帶過了。

大流沙及以東行路

從此東行入大流沙❶，沙則流漫，聚散隨風，人行無跡，遂多迷路，四遠茫茫，莫知所指，是以往來者聚遺骸以記之。乏水草，多熱風，風起則人畜惽❷迷，因以成病。時聞歌嘯，或聞號哭。視聽之間，恍然❸不知所至，由此屢有喪亡，蓋鬼魅之所致也。

行四百餘里，至覩貨邏故國。國久空曠，城皆荒蕪。

從此東行六百餘里，至折摩馱那❹故國，即沮末地也。城郭巋然，人煙斷絕。

復此東北行千餘里，至納縛波❺故國，即樓蘭地也。

【注釋】❶大流沙　指今塔克拉瑪干沙漠。❷惛　糊塗。❸怳然　迷迷糊糊；不清楚。❹折摩馱那　回鶻文寫作Sarmadan。現為且末縣。❺納縛波　回鶻文寫作Nop。即現在的若羌縣，此地在漢代為樓蘭國。

【語譯】從這裡向東走便進入大流沙。這裡沙土瀰漫流動，隨風聚散，人走過以後不留下任何痕跡，因此人們常常會迷路，四顧茫茫，漫無邊際，不知該往哪裡去，因此過往行旅將死人骸骨堆在一起作為標記。這裡很難見到水和草，多刮熱風，熱風一起人畜就會神智糊塗，並因此患病。在這裡常常會聽到歌聲、長嘯聲，或是號哭聲。聽到這些聲音再向四周察看，卻又恍恍惚惚不知道聲音是從哪裡發出來的，因此常常有人死在這裡，這是因為受了鬼魅的迷惑。

在大流沙中走四百多里，到達覩貨邏故國。這個國家所在地早已空無人煙，所有城鎮一片荒蕪。

從這裡向東走六百多里，到達折摩馱那故國，也就是沮末的地域。城郭仍然高高聳立，只是已經人煙斷絕了。

再從這裡向東北走一千多里，到達納縛波故國，這裡已是樓蘭的地域了。

【說明】這是玄奘「西域」之行回國到達內地之前的最後一段行程。雖說故國在望，但走向它的每一步仍是那樣的艱難和兇險。那令人恐怖的大流沙，無異於一片無邊無際、吞噬生命的魔海：在狂風的作用下，沙海淹沒了一切，並不斷變換著模樣，使人根本無法尋找舊路；沙海茫茫，無邊無際，使人根本無法辨別方向；這裡沒有水草，多有熱風，足以令人畜昏迷患病；不斷傳來的歌嘯號哭，是鬼魅在作怪，唯一可以作為標記的，是一堆堆死者的骸骨，……這就是大流沙。可以想像，玄奘通過這裡的情景是怎樣的驚心動魄，艱難備嘗！我們不能不為求法者的勇敢堅強所深深感動，並肅然起敬。

對大流沙是實寫、詳寫，而對大流沙以東的覩貨邏故國、折摩馱那故國和納縛波故國，則是虛寫、略寫。到了樓蘭領域，便距陽關不遠了，而過了陽關，便東入內地，西行就可以宣告結束和成功了。作者以虛略的手法寫此三地，兩千多里的路程一筆帶過，透露出遠遊歸來者急切的腳步和激越的心情。的確，對於一位遠離故園，在異國他鄉求法近二十年，歷盡艱險，終於歸來的遊子說來，此時此刻，他怎能按捺自己狂急的心跳，又怎能收起飛奔的步伐呢？作者雖然沒有一字描繪自己當時的心情和神態，但從他記述行程的迅捷和最後「即樓蘭地也」的輕盈的收束中，我們彷彿可以看到他的歡笑，他的慶幸，他的眼淚，以及他的勝利！

自贊

推表山川，考採境壤，詳國俗之剛柔，繫水土之風氣，動靜無常，取捨不同，事難窮驗，非可臆❶說，隨所游至，略書梗概，舉其聞見，記諸慕化。斯固日入已來，咸沐惠澤，風行所及，皆仰至德，混同天下，一之宇內，豈徒單車出使，通驛萬里者哉！

【注　釋】❶臆　猜測。

【語　譯】本書旨在描繪山川形勢，考察各國情況，詳細介紹各國或剛或柔的民俗和不同的生活環境，由於各地情況變化不定，因此在記錄時作了不同的取捨，事物雖然難以一一徹底驗證，但也不是可以隨便猜測定說的，我隨自己足跡所至，簡要寫下那裡大致的情形，列舉我所聽到和看到的，記下那裡嚮往和皈依佛教的情況。我之所以能夠完成這次遠行，自然是由於遠至太陽落下的西方，全都沐浴在皇上的恩澤之下，皇上教化所及之處，無不仰慕盛德，天下混同，宇內統一，否則單靠我一個人，如何能夠暢行無阻地走過這萬里行程！

【說　明】本篇從「推表山川」到「通驛萬里哉」一段文字，各種版本有不同的處理。有的將之題為〈跋文〉，有的題作〈後記〉，也有的則不另加標題，只以空行和上文隔開。另外，這些版本都將辯機的一篇有關文章冠以〈大唐西域記贊〉或〈記贊〉等名稱放在《大唐西域記》的結尾。我們以為這種處理雖然不無依據，但似乎不太妥當。這段文字實在是作者對以上記敘內容的概括和總結，也就是《大唐西域記》的最後部分。其含義恰好和卷首的〈自序〉相照應，不僅重申了「詳國俗之剛柔，繫水土之風氣」的旨趣，而且再次頌揚盛世，感戴聖德。至此首尾應合，中間充實，成為一部著作的整體。按照古代史書「記」(志或傳)體通例，這結尾部分正相當於「論贊」。但本書所記乃是作者本人的行蹤見聞，又是奉敕撰作，將呈聖覽，因此不宜自我評論和讚美，只應總結大概，歸美君主。因此，這段文字作為這部書的有機組成部分，題作「跋」或「後記」或空斷無題，都顯得不太妥帖，而稱之為「自贊」，或許更接近原義。至於辯機那篇文章，則不宜作為《大唐西域記》的「原來」整體的一部分。因為《大唐西域記》原是玄奘奉敕撰進的，雖然辯機參加了本書的一些筆錄或綴輯工作，但按照體例，不僅辯機的那篇文章不當附呈御覽，而且辯機的名字也不宜出現在題署裡。所以把辯機那篇文章和《大唐西域記》視為一體亦欠妥當。而從內容和旨趣上看，辯機那篇文章主要是對玄奘一生事跡功德(包括對《大唐西域記》)的頌揚，和對自己參與《大唐西域記》工作的「謙虛」，理應獨立於《大唐西域記》之外。估計此書當日進呈太宗御覽時，即使辯機已有此文，也不應在其中，而是後來另行傳世時被合入的。總之，若稱辯機那篇文章為「記贊」或「贊」，或許情有可原，但若將其視為原書整體，則似有未安。因此，我們不妨稱之為「後記」，並將它置於「附錄」中。

附錄

一、大唐西域記序

祕書著作佐郎敬播　製

【題解】這是敬播為玄奘《大唐西域記》所作的序。敬播，蒲州河東人。貞觀初年舉進士。先是奉詔入祕書內省佐顏師古、孔穎達修《隋史》，不久官授太子校書。《隋史》完成後，遷著作郎，兼修國史。與給事中許敬宗撰《高祖實錄》、《太宗實錄》。其史才深受房玄齡稱賞。後遷官太子司議郎，參撰《晉書》，並與令狐德棻等四人總領其類。永徽初年，官拜著作郎，與許敬宗等撰《西域圖》。後歷官諫議大夫、給事中，並依舊兼修國史。後坐事出為越州都督府長史。龍朔三年（西元六六三年）卒於官。其事跡詳見兩《唐書》之〈儒學傳〉。此序署「著作佐郎」，當作於永徽初年。從他參與修撰《西域圖》看，敬播應是當時與「西域」事情關係較為密切的人物之一。

竊以穹儀方載❶之廣，蘊識懷靈❷之異，《談天》無以究其極，《括地》詎足辯其原？是知方志所未傳，聲教所不暨者，豈可勝道哉！詳夫天竺❸之為國也，其來尚矣。聖賢以之疊軫❹，仁義於焉成俗。然事絕於曩代，壤隔於中土，《山經》❺

莫之紀，〈王會〉❻所不書。博望鑿空❼，徒寘懷於邛竹❽；昆明道閉❾，謬肆力於神池❿。遂使瑞表恒星，鬱玄妙於千載⓫；夢彰佩日，祕神光於萬里⓬。暨於蔡愔訪道，摩騰入洛⓭。經藏石室，未盡龍宮之奧；像畫涼臺⓮，寧極鷲峰之美。自茲厥後，時政多虞。閹豎乘權，憤東京而鼎峙；母后成釁，剪中朝而幅裂。憲章泯於函、雒，烽燧警於關塞，四郊因而多壘，況茲邦之絕遠哉！然而釣奇之客，希世間至。頗存記注，寧盡物土之宜；徒采神經⓯，未極真如⓰之旨。有隋一統，實務恢疆，尚且睠西海⓱而咨嗟，望東離⓲而杼軸。揚旌玉門⓳之表，信亦多人；利涉蔥嶺⓴之源，蓋無足紀。曷能指雪山㉑而長騖，望龍池㉒而一息者哉！良由德不被物，威不及遠。我大唐之有天下也，闢寰宇而創帝圖，掃欃搶㉓而清天步㉔。功侔造化，明等照臨。人荷再生，肉骨㉕豺狼之吻；家蒙錫壽，還魂鬼蜮之墟。總異類於藁街㉖，掩遐荒於輿地。苑十洲㉗而池環海，小五帝而鄙上皇。法師幼漸法門，慨祇園之莫履；長懷真迹，仰鹿野而翹心。褰裳淨境，實惟素蓄。會淳風之西偃，屬候律㉘之東歸，以貞觀三年㉙，杖錫遵路。資皇靈而抵殊俗，冒重險其若夷；假冥助而踐畏途，幾必危而已濟。暄寒驟徙，展轉方達。言尋真相，見不見於空有之間；博考精微，聞不聞於生滅之際。廓群疑於性海㉚，啟妙覺於迷津。

於是隱括眾經，無片言而不盡；傍稽聖迹，無一物而不窺。周流多載，方始旋返。十九年正月，屆於長安。所獲經論六百五十七部，有詔譯焉。親踐者一百一十國，傳聞者二十八國。或事見於前典，或名始於今代。莫不餐和飲澤㉛，頓顙而知歸；請吏革音，梯山而奉贐㉜。歡闕庭而相抃，襲冠帶而成群。爾其物產風土之差，習俗山川之異，遠則稽之於國典，近則詳之於故老。邈矣殊方，依然在目。無勞握槧㉝，已詳油素㉞。名為《大唐西域記》，一帙，十二卷。竊惟書事記言，固已緝於微婉；瑣詞小道，冀㉟有補於遺闕。祕書著作佐郎敬播序之云爾。

【注釋】❶穹儀方載　代指天地。古人以為天圓地方，天覆地載，故有此言。❷蘊識懷靈　代指人類。古人認為人為萬物之靈。❸天竺　古代印度的別稱。❹疊軫　言車馬往來的盛況。軫，(馬)車底部四面的橫木。❺山經　《山海經》的簡稱，我國古代著名地理著作。❻王會　《逸周書》的篇名，記載成周之會諸侯入朝的事跡。❼博望鑿空　指漢張騫開通西域通道。張騫因功封博望侯。❽邛竹　邛山(在今四川滎經西南)所產竹杖。❾昆明道閉　張騫曾建議由我國西南開闢通印度的道路，但因昆明「善寇盜」而不得通。❿神池　概指昆明池。漢武帝為習水戰而鑿，在上林苑。中有靈沼神池，據說堯時洪水，曾停船於此。⓫瑞表恒星二句　指釋迦牟尼誕生時所謂「祥瑞」。⓬夢彰佩日二句　也是指佛。據說漢明帝夜夢金人，項有日月之光，以問群臣，回答說：西方有神，其名曰佛。⓭蔡愔訪道二句　據說漢明帝派遣蔡愔等往天竺尋訪佛法，愔等便請來了摩騰。摩騰不畏艱險，來到了洛陽。⓮涼臺　即清涼臺，相傳原是漢明帝避暑之所。後畫佛像於此。⓯神經　指《神異經》，一部託名東方朔的古代志怪小說集。⓰真如　梵文Bhūtatathatā的意譯。各宗派解釋不同，一般理解為「法性」。⓱西海　說法不一，或云黑海，或云泛指西邊的海洋。史載東漢班超曾遣甘英「窮臨西海而還」。⓲東離　有的學者以為指多摩梨帝國，亦即本書卷一〇的耽摩栗底國。⓳玉門　玉門關。

⑳蔥嶺　今帕米爾高原一帶。㉑雪山　一般指今喜馬拉雅山。㉒龍池　此似指本書卷一迦畢試國的雪山大龍池。㉓欃搶　亦作欃槍，即彗星，古人以為彗星出現，國家將有禍亂。㉔天步　指國家命運。㉕肉骨　肉在此作動詞用，有再生之意。㉖藁街　漢代長安街名，為少數民族與外國人聚居之所。㉗苑十洲　以十洲為苑。十洲，為傳說中十個人跡罕至的地方。㉘候律　候應的法則。我國古代曆法將一年分為七十候。㉙三年　有學者以為當作「元年」。㉚性海　佛教譬喻「真如」的理性深廣如海洋。㉛餐和飲澤　意味以德施人，感戴不已。《莊子》：「故曰不言，而能飲人以和」。㉜梯山而奉贐　謂翻山越嶺，贈送禮物。㉝槧　古代書寫的版片，引申為刻本、書籍。㉞油素　光潔如油的白色絹，古人用作書畫。㉟冀　希望。

【語　譯】我以為宇宙廣漠無際，具有思維和智慧的眾生千差萬別，騶衍的《談天》不能窮盡這一切，皇象的《括地》又怎能完全辨識其本原？由此可知，方志所沒有記載的，王朝的聲威和教化所沒有到達的地方，實在是數不勝數啊！天竺這個國家，它的歷史是很悠久的，那裡聖賢輩出，仁義成俗。但是，由於過去從沒有來往，而且其疆域也不和中國相鄰，所以《山海經》中對它沒有記載，《逸周書・王會篇》中也不曾寫到它。漢代博望侯張騫出使西域，號稱「鑿空」，卻只把西行的目標定在邛山的竹杖；西南越巂阻塞了昆明的通道，漢武帝只能徒勞地在長安的神池演習水軍。因此，雖然周昭王二十四年四月初八夜天現五色恒星，表明了佛誕生的瑞兆，但玄妙的佛法卻仍被幽閉了千載；雖然漢明帝曾夢見丈六金人項間佩著日輪，但佛教的神光仍被阻隔在萬里之外。直到蔡愔訪道於西域，迦葉摩騰入洛陽譯經，佛教才開始流傳。但這些藏在石室的佛經，卻沒有印度龍宮中的精深；涼臺上的佛畫像，又怎及印度鷲峰山上的那麼美妙。從那以後，時政出現很多失誤。宦官奸佞乘機篡權，禍亂東京洛陽，形成鼎峙之勢；皇后太后造成禍亂，使中央王朝像被翦的帛幅一樣分裂開來。典章制度在函、雒一帶完全失去效力，邊境要塞報警的烽火頻頻燃起，因而域郊四周都是禦敵的堡壘，哪裡還顧得上印度這個如此遙遠的國家！然而也有獵奇的旅客，偶爾有一兩個到過那裡。他們也記下了一些情況，但哪裡能將那裡的風土人情敘述詳備呢！他們所摘錄的一些佛學經文，也沒有窮盡真如的精髓。隋朝統一全國，致力於開拓疆土，卻也只能對著西邊的海洋長嘆，遙望東藩紙上談兵。能夠到玉門關外的，確實有很多人；但能順利涉過葱嶺源頭的，卻不見記載了，更何況是向雪山長驅直入，在龍池停留片刻呢！這都是由於隋朝的德惠不能遍及萬物，其威名不能遠揚。我大唐統一天下，開闢宇內創繪帝圖，掃除叛逆廓清海內。功績如同天地造化，光明照臨四海。人人感謝再生之德，如同從豺狼嘴邊奪回生命，家家慶幸添壽，如同從鬼蜮之墟得以還魂。不同的國家和民族的首領聚集在長安的館邸，邊遠荒僻之地全都納入了大唐的版圖。我大唐以十大洲作為園囿，以四海為池潭，同聖主相比，黃帝、顓頊、帝嚳、堯、舜這五帝是多麼渺小，而上古的伏羲又是多麼樸野。玄奘法師自幼受佛法熏陶，常為沒有到過如來說法的祇園精舍而慨嘆，長大以後緬懷佛跡，對佛首次說法的鹿野苑深為嚮往，於是他向著純淨的佛境出發了，這實是他平生宿願。當時正值淳善之風向西方流布，屬時令東歸的時候，玄奘法師在貞觀三年手持錫杖登程了。他憑恃皇靈的護佑抵達了風俗不同的異國，冒重重危險最後都能化為平安。依賴著神明的暗中幫助走過許多可怕的路途，多次死裡逃生。寒暑驟遷，日月如梭，法師終於輾轉到達了目的地。他尋求佛學的真諦，見不見於虛妄和實有之間；他廣泛考察精微的學說，聞不聞於因緣和合與離散之際。澄清了眾生對深廣如海的真如理性的疑惑，使迷津中的眾生獲得證取聖果的正確啟示。於是他概括所有經典，沒有一句話是不清楚的；禮敬如來聖跡，沒有什麼是他不曾見到的。他在外周遊了許多歲月，方才歸來。貞觀十九年正月，他到達長安。帶回經論六百五十七部，並奉皇上詔命進行翻譯。玄奘法師親身到過的國家有一百一十個，從傳聞中得知的國家有二十八個。這些國家有的在前代典籍中有所記載，有的現在剛知道名字。它們無不如餐和風飲甘露一樣沐浴著我大唐的德澤，都向大唐叩拜請求歸附，或是請求派遣官吏越過重重山川來奉獻貢禮。在朝廷歡娛鼓掌，成群結隊地披掛著大唐的冠帶。關於那裡物產風土的差別，習俗和地理的差異，一方面是參考這些國家典籍的記載，一方面向當地老者請教。雖然異邦是那麼遙遠，但卻歷歷如在眼前。現在免去了簡牘之勞，這些都詳細記載在光潔的白絹上了。名為《大唐西域記》，共一函，十二卷。我以為，本書記事記言都已非常精細，瑣碎的言詞屬於小道，希望能以此彌補前史的遺漏和闕失。

祕書著作佐郎敬播謹序於此。

【說　明】一般說來，為他人著作寫序文，是帶有一些應酬性質的。尤其是為玄奘這樣的高僧所著的《大唐西域記》作序，更具有一定的「官面」意味。因為《大唐西域記》本身就有奉敕而作的背景，而敬播又並不是一位佛學專家。因此，這種序其實是很不容易寫的。唯其如此，才越發能夠見出作者製作文章的才調和能力。這篇序文有兩個基本意項必須突出：一是玄奘及其《大唐西域記》巨大意義；一是大唐帝國的巨大聲威，而說到底，玄奘及其《大唐西域記》乃是大唐帝國的一部分。也就是說，玄奘「奇蹟」是從屬於大唐帝國，或者具體些說是從屬於大唐皇帝「奇蹟」的。這是敬播作為一個御用文人所不能不特予注意的。而從實際上說，玄奘的成功，特別是他歸國後的巨大效應與影響，在一定程度上也確與大唐帝國和大唐皇帝分不開。除此之外，尚有幾點值得一提：一是敬播把人們對於西域和佛教的興趣，與人類作為靈智者對宇宙所抱有的探索興趣聯繫起來，這實際上已觸及到人類追求真善美的本能和本質問題，只可惜他很快就把話題轉向社會政治方面去了。二是敬播對佛教表現出一種坦然接受，甚至崇敬有加的心態。這應該是與大唐帝國的開闊恢弘的政治文化胸襟相一致的。眾所周知，李唐王朝是以儒學（教）立天下的，兼或採用一點道家（教）。對於佛教，在嚴肅的政治決策中，實際上是有所限抑的。當然，個別時期的極端佞佛或毀佛可另作別論。然而在一般的社會生活和文化生活裡，佛教仍被很寬容地對待著，從而成為那種生活的有機組成部分。這是十分明智的態度。從敬播的序文裡便能獲得感受和證明。三是敬播並不是把玄奘的西行僅僅看成是「單向的」赴外求法，而是看成「雙向的」活動：在赴外求法的同時，也把大唐「德澤」撒向了西域，用現在的話說，正是實現了「交流」。這個認識也是很有道理的。最後，還應一提的是，敬播對《大唐西域記》的讚美顯示出某種謹慎的「分寸感」，和後來的一些稱譽之詞頗不一樣，這也許更能反映出當時的實情。

二、大唐西域記序

尚書左僕射燕國公于志寧 製

【題解】此序作者于志寧，雍州高陵人，他的祖、父在周、隋皆任職清顯。志寧在大業末年曾任冠氏縣長，當唐高祖李淵兵將入關時，志寧率群從迎接，因受禮遇，官銀青光祿大夫。隨後長期跟隨李世民，任天策上將、文學館學士等。貞觀初期，便官至中書侍郎、加散騎常侍、行太子左庶子，封黎陽縣公。為政敢於諫諍，特別是在匡救太子（承乾）方面，直言不隱，深受太宗器重。後復為太子（高宗）左庶子。永徽元年加光祿大夫，進封燕國公。不久拜尚書左僕射、同中書門下三品（即宰相），兼太子少師。其後因事降為榮州刺史，轉華州刺史。於麟德二年（西元六六五年）卒於家，年七十八歲。史稱于志寧「雅愛賓客，引接忘倦」。「前後預撰格式律令、《五經義疏》及修禮、修史等功，賞賜不可勝計。」並有文集二十卷。可見他是當時高級官員中文化興味較濃的人物。由他來為《大唐西域記》作序，應該說是相當合適的。

若夫玉毫❶流照，甘露❷灑於大千；金鏡❸揚輝，薰風❹被於有截❺。故知示現三界❻，粵稱天下之尊；光宅四表，式標域中之大。是以慧日淪影，像化之跡東歸；帝猷❼宏闡，大章❽之步西極。有慈恩道場三藏法師，諱玄奘，俗姓陳氏，其先穎川人也。帝軒提象❾，控華渚而開源；大舜賓門，基歷山❿而聳構。三恪照於姬載⓫，六奇光於漢祀⓬。書奏而承朗月，遊道而聚德星。縱壑駢鱗，培風齊翼。

世濟之美，鬱為景胄⑬。法師籍慶誕生，含和降德，結根深而莅茂，導源浚而靈長。奇開之歲，霞軒月舉；聚沙⑭之年，蘭薰桂馥。洎乎成立，藝殫墳素⑮。九皋載響，五府交辟。以夫早悟真假，夙昭慈慧，鏡真筌而延佇，顧生涯而永息。而朱紱紫纓，誠有界之徽網；寶車丹枕，實出世之津途。由是擯落塵滓，言歸閑曠。今兄長捷法師⑯，釋門之棟榦者也。擅龍象⑰於身世，挺鶖鷺⑱於當年。朝野挹其風猷，中外羨其聲彩。既而情深友愛，道睦天倫。法師服勤請益，分陰靡棄。業光上首⑲，擢秀檀林⑳；德契中庸㉑，騰芬蘭室㉒。抗策平道㉓，包九部㉔而呑夢㉕；鼓枻玄津，俯四韋㉖而小魯。自茲徧遊談肆，載移涼燠。功既成矣，能亦畢矣。至於泰初日月㉗，燭耀靈臺㉘；子雲鞶帨，發揮神府。於是金文暫啟，佇秋駕而雲趨；玉柄纔撝，披霧市而波屬。若會斲輪之旨，猶知拜瑟之微。以瀉瓶之多聞，泛虛舟而獨遠。迺於轘轅㉙之地，先摧鍱腹之誇㉚；井絡之鄉㉛，遽表浮杯㉜之異。遠邇宗挹，為之語曰：昔聞荀氏八龍㉝，今見陳門雙驥。汝、潁多奇士，誠哉此言。法師自幼迄長，遊心玄籍。名流先達，部執交馳，趨末忘本，摭華捐實，遂有南北異學，是非紛糾。永言於此，良用憮然。或恐傳譯踳駁，未能筌究，欲窮香象之文㉞，將罄龍宮之目。以絕倫之德，屬會昌之期，杖錫拂衣，第如遐境。

於是背玄灞而延望，指蔥山而矯迹。川陸綿長，備嘗艱險。陋博望之非遠，嗤法顯㉟之為局。遊踐之處，畢究方言，鐫求幽賾，妙窮津會。於是詞發雌黃㊱，飛英天竺；文傳貝葉，聿歸振旦㊲。太宗文皇帝金輪纂御，寶位居尊。載佇風徽，召見青蒲㊳之上；迺睠通識，前膝黃屋之間。手詔綢繆，中使繼路。俯摛睿思，乃製〈三藏聖教序〉，凡七百八十言。今上㊴昔在春闈，裁〈述聖記〉，凡五百七十九言。啟玄妙之津，盡揄揚之旨。蓋非道映雞林，譽光鷲嶽，豈能緬降神藻，以旌時秀。奉詔翻譯梵本，凡六百五十七部。具覽遐方異俗，絕壤殊風，土著之宜，人倫之序，正朔所暨，聲教所覃，著《大唐西域記》，勒成一十二卷。編錄典奧，綜覈明審，立言不朽，其在茲焉。

【注　釋】❶玉毫　眉間的白毛，被認為是佛家所謂三十二大人相中之最上相，也用作佛的別稱。❷甘露　梵文 amrta。或譯為不死藥。佛教把自己的教義喻為甘露。❸金鏡　比喻明道。❹薰風　和風，喻政治清平。❺有截　整齊。❻三界　泛指宇宙世界。佛家把眾生所住世界分為「欲界」、「色界」和「無色界」。❼帝猷　皇帝的統治之道。❽大章　傳說為唐堯時的音樂名稱。❾帝軒提象　帝軒，即黃帝。史載黃帝名軒轅。提象，天所垂象。❿歷山　據說舜曾耕於歷山。⓫三恪照於姬載　史載周得天下，封夏、殷二王之後，又封舜後，謂之恪，並二王後為三國，以示禮敬，故稱三恪。周為姬姓，而陳為舜後，故謂三恪照於姬載。⓬六奇光於漢祀　這是說陳平對漢朝的貢獻。據說漢的建立，得力於陳平的「六出奇計」。⓭景胄　景，大。胄，長（嫡）子。此指陳氏本枝繁茂，為著名望族。⓮聚沙　謂兒童遊戲。此處「奇開」、「聚沙」，均說玄奘早慧。⓯墳素　指古代典籍。⓰長捷法師　玄奘仲兄陳素，早年出家，法名長捷。⓱龍

象　佛教稱佛教徒的修行勇猛精進，有最大能力的為龍象。⑱鶖鷺　即舍利弗多羅，傳說為釋迦牟尼十大弟子之一。⑲上首　佛教寺院僧侶中的主位，即首座、主席。⑳檀林　寺院的尊稱。㉑中庸　此指佛教的「中道」，亦名中道觀。㉒蘭室　佛寺的別稱。㉓平道　指佛教的「平等法」。㉔九部　指佛教的九部經。㉕吞夢　指有吞納雲夢澤那樣的胸懷，喻玄奘學殖廣大。㉖四韋　即四《吠陀》，印度雅利安人最早的文獻紀錄。㉗泰初日月　《世說新語・容止》記「時人目夏侯泰初，朗朗如日月之入懷」。此處喻玄奘的儀容舉止。㉘靈臺　指心。㉙轘轅　轘轅山，在今河南偃師，亦即玄奘故鄉洛州緱氏。㉚鍱腹之誇　鍱，銅鐵錘鍊成的薄片。佛教傳說有薩遮祇尼犍子外道自誇其腹中容納一切智慧，恐其破裂，以銅鍱鍱腹保護之。此處指玄奘能摧敗邪說。㉛井絡之鄉　指蜀地。《河圖括地象》：「岷山之精，上為井絡。」井絡為星名。玄奘曾遊蜀受業。㉜浮杯　指僧人遊歷廣泛。㉝荀氏八龍　東漢荀淑有子八人，並有名聲，時人謂之八龍。㉞香象之文　佛典的通稱。㉟法顯　(約西元三三七～四二二年)俗姓龔，於西元三九九年與慧景、道整等從長安西行求法，前後十四年，遊歷三十餘國，攜回梵本佛經多種，著有《佛國記》。㊱雌黃　此指玄奘在天竺改正論師的錯誤。㊲振旦　梵文 Cinasthāna 的音譯。又作震旦，古代印度對中國的稱呼。㊳青蒲　皇帝的臥室。㊴今上　指唐高宗李治。

【語譯】佛法的甘露如流照的陽光灑遍世界，大唐的和風如揚輝的月色廣被四海。佛法示現欲界、色界和無色界，堪稱天下至尊；大唐光照四方，是世界上最強大的國家。因此，佛法智慧的太陽隱沒，佛像及佛的教化歸於東土；聖上帝業廣為弘揚，中國聲教遠播於西域。慈恩寺的三藏法師，法名玄奘，俗姓陳，祖籍潁川。從軒轅帝開始有了天文曆象，任姒遊華陽而生炎帝，因此建都於陳，這就是陳姓的源頭；大舜的繼位為帝，在歷山躬耕時便已打下了基礎。陳與杞、宋合稱三恪，光照周代，陳平的六出奇計榮耀於漢朝，陳寵父子的書奏，如同繼日的朗月，陳實與諸子遊方訪道，有德星會聚的徵兆。陳氏人才彷佛縱壑齊游的巨鱗，乘風比翼的大鵬。世代相傳的美德，使陳氏成為人才輩出的望族。玄奘法師憑恃前世的吉慶誕生，是蘊含和光降下的德星，慧根深厚壯大繁茂，導源運祚淵遠綿長。他從小就氣宇軒昂，彷佛初生的朝霞和明月，童年的法師，和他的兄弟稱得上是蘭桂齊芳。等到成年以後，已遍讀學術典籍。

他的聲名天下皆知，各地官府爭相延聘保舉他。但法師早已明悟真假，素以慈悲為懷，以佛法真諦為鏡躬省自身，對人生的短暫長嘆不已。他以為，朱袍紫纓的富貴實是世俗世界的羅網，只有佛法的寶車丹枕，才是出離世間迷途的橋梁和正路。因此，他擺落塵俗的渣滓，所談所論都是閑幽曠遠的道理。他的兄長長捷法師，堪稱佛門的棟梁。他的修持如龍象般突飛猛進，傑出的才智已能和當年的鶖鷺子相比美。朝野人士一致崇敬他的風範，他的聲容光彩受到中外共同的仰慕。他們之間情深友愛，和睦相處合於天倫之道。玄奘法師對兄長殷勤服侍請教，從不浪費一寸光陰。於是，他的學業光大堪稱首座，在寺中高人一籌；他的德性合於「中道」，聲譽大振如蘭室中的芬芳。他高談大乘的平等法，其中涵括了《蘭經》的九部分類，有氣吞雲夢之勢；他擊楫於玄門的渡口，居高臨下俯視四《吠陀》，彷彿從東山頂上俯視，便覺魯國渺小一樣。從此他遍遊僧徒談論的場所，不覺經歷了好幾個寒暑。這時他的功德已經成就，學業也完備了。他的儀容舉止如夏侯泰初，光耀靈臺，他的文彩如揚雄一般質樸宏大，發人神思。於是佛法漸啟，等待著良驥為駕雲遊四方；玉柄輕揮，撥開霧市，但見波濤相屬。而法師猶如斲輪老手，領會其中要旨；好像庖羲造瑟，深知其中奧妙。他以如瓶瀉水一樣廣博識見，泛輕舟獨自遠遊。他先在轘轅之地，挫敗了自稱滿腹經綸，以銅片護腹的大言不慚之徒；又在蜀地突然向兄長表明了要出外遊學的意願。遠近人們仰慕不已，議論說：從前聽說過荀氏八龍，現在親眼見到了陳門雙驥。汝州、潁川之間多出奇士，這話真是太對了。玄奘法師從小到大，一心鑽研佛經。一些佛學名流先輩各執部派，捨本逐末，如摭拾花朵卻丟棄了果實，於是便有南北不同學派，是是非非糾纏不休。這樣長期論爭，使法師深感茫然。他恐怕是由於傳譯的錯誤紛雜，以致使人不能明察究竟，於是想遍讀佛典原文，求得印度龍宮真經。於是他便以無以倫比的毅力，在國家昌盛之時，負起錫杖，拂衣而行，去那遙遠的地方。他離開長安，向蔥嶺進發，他爬山涉水，經歷了漫長的路途，備嘗艱難險阻。同他相比，張騫的出使西域走的並不算遠，法顯遊歷的地方也實在有限。所到之處，他都要仔細研究方言，探索幽微的學說，神妙地理解佛法要旨，於是雄辯滔滔，英名飛揚於印度，貝葉寫的經文，就被帶回中國。太宗文皇帝以金輪王統治天下，向來愛好風雅，在皇宮內殿召見了玄奘法師；聖上垂青博學之士，在御輦間和法師促膝交談。聖上親手下詔，情意殷切，派去問候法師的使者往來不斷。並接受玄奘法師的請求，發睿思寫成〈三藏聖教序〉，共七百八十言。當今皇上從前在春宮作太子時，著有〈述聖記〉，共五百七十九言。啟示佛法玄妙的要旨，表明宣揚的意思。如果不是法師德望輝映雞足山，聲名光顯鷲峰嶺，怎能使聖上緬懷而下降神旨，來表彰這位當代秀異之士！玄奘法師奉詔翻譯梵文佛經，共六百五十七部。法師遍觀遠方異俗和僻地風光、土地物產、人倫之序、大唐曆法所及以及聲威教化的傳布，著《大唐西域記》，編成十二卷，編錄典奧，綜合考校詳明精審。所謂立言不朽，這就是了。

【說明】于志寧的序基本主題和敬播的序相似，但二者的側重點不盡相同。于序的重點在於介紹玄奘其人以及他著《大唐西域記》的緣起，所以關於玄奘的內容就顯得比較多而具體。正是在這裡，使我們獲得了許多寶貴的關於玄奘及其著作的信息。從陳姓的源流，說到玄奘的身世；從玄奘的少年穎慧，說到他的學識志趣。爾後才詳細介紹他的西行始末，以及著書經過。關於這些事跡和過程，在今天看來，也許已家喻戶曉，但在當時，是有必要作此詳明交代的。因為作為當朝宰相的于志寧為什麼要給此書作序？玄奘其人其書何以會具有如此巨大的意義和影響？從太宗到高宗，兩朝皇帝因何要對玄奘隆禮相待？于志寧必須回答，事實上他的回答是很得體的。他在對玄奘充分肯定、熱情讚揚的同時，也就包含了對這些問題的答案。同時並沒忘記稱頌大唐天子和大唐王朝。不過，他並沒有過多地涉及到佛的問題。他對佛教的讚美更多的是屬於「詞令性」的應酬文字，很巧妙地避開了對佛教教義的評價和佛教與中國傳統文化的比較等問題。這些都顯示了于志寧政治上的成熟和文章上的老練。即使是對玄奘的褒揚，也是站在大唐帝國和大唐天子的立場上，把玄奘的「秀異」，看成是大唐天子和大唐帝國的「偉大」的一部分和結果。這些都是很合乎立言之體的。另外，于序在藝術形式上也顯得更加華貴典雅、精緻嚴密，更具有宮廷駢麗文體的標準。但由於過分追求典麗，也不免有些晦澀、雕琢之嫌，此雖微瑕，卻能透露出唐初朝廷的文風之一些情況。

三、後記

沙門辯機 製

【題解】本文為諸多版本的《大唐西域記》所收錄，但題目多題作「記贊」。我們則以為稱作「後記」似乎更適當些，其理由請參見本書〈自贊〉的說明。關於辯機，現在所能知道的情況並不多。他是唐初僧人，據說他原為長安大總持寺薩婆多部道岳法師之弟子，形貌偉晳，懷抱高潔。當玄奘自西域歸來，在長安弘福寺譯經時，譯場內有諳解大小乘經論之證義者十二人，綴文者九人，字學及證梵語者各一人，筆受者若干人。辯機時為綴文者之一。玄奘的《大唐西域記》，便是由他執筆綴文而成。從某種意義上說，辯機也可以算是《大唐西域記》的作者之一，因此，由他來作一篇〈後記〉也是合情合理的。

大矣哉，法王之應世也！靈化潛運，神道虛通。盡形識❶於沙界，絕起謝❷於塵劫。形識盡，雖應生而不生；起謝絕，示寂滅而無滅。豈實迦維❸降神，娑羅❹潛化而已。固知應物效靈，感緣垂迹，嗣種刹利，紹胤釋迦，繼域中之尊，擅方外之道。於是捨金輪而臨制法界，摛玉毫而光撫含生。道洽十方，智周萬物。雖出希夷❺之外，將庇視聽之中。三轉法輪❻於大千，一音振辯於群有。八萬門❼之區別，十二部❽之綜要。是以聲教之所霑被，馳騖福林；風軌之所鼓扇，載驅壽域。聖賢之業盛矣，天人之義備矣！然忘動寂於堅固之林，遺去來於幻化之境，莫繼乎有待，匪遂乎無物。尊者迦葉妙選應真，將報佛恩，集斯法寶。四含總其源流，三藏括其樞要。雖部執茲興，而大寶斯在。粵自降生，洎乎潛化，聖迹千變，神瑞萬殊。不盡之靈逾顯，無為之教❾彌新。備存經誥，詳著記傳。然尚群言紛糺，異議舛馳，原始要終，罕能正說。此指事之實錄，尚眾論之若斯，況正法幽玄，至理沖邈，研覈奧旨，文多闕焉。是以前修令德，繼軌譯經之學；後進英彥，踵武缺簡之文。大義鬱而未彰，微言闕而無問。法教流漸，多歷年所，始自炎漢，迄於聖代，傳譯盛業，流美聯暉，玄道未攄，真宗猶昧，匪聖教之行藏，固王化之由致。我大唐臨訓天下，作孚海外，考聖人之遺則，正先王之舊典。闡茲像教，鬱為大訓，道不虛行，弘在明德。遂使三乘奧義，鬱於千載之下；十力遺靈，閟於萬里之外。神道無方，聖教有寄，待緣斯顯，其言信矣。夫玄奘法師者，疏清流於雷澤❿，派洪源於嬀川⓫，體上德之禎祥，蘊中和之淳粹，履道合德，居貞葺行，福樹曩因，命偶昌運。拔迹俗塵，閑居學肆，奉先師之雅訓，仰前哲之令德。負笈從學，遊方請業，周流燕、趙之地，歷覽魯、衛之邦，背三河而入秦中，步三蜀而抵吳會。達學髦彥，遍效請益之勤；冠世英賢，屢申求法之志。側聞餘論，考厥眾謀，競黨專門之義，俱嫉異道之學。情發討源，志存詳考。屬四海之有截，會八表之無虞，以貞觀三年仲秋朔旦，褰裳遵路，杖錫遐征。資皇化而問道，乘冥祐而孤遊。出鐵門、石門之阨，踰凌山、雪山之險，驟移灰管，達於印度。宣國風於殊俗，諭大化於異域。親承梵學，詢謀哲人，宿疑則覽文明發，奧旨則博問高才，啟靈府而究理，廓神衷而體道。聞所未聞，得所未得，為道場之益友，誠法門之匠人者也。是知道風昭著，德行高明，學蘊三冬，聲馳萬里。印度學人，咸仰盛德，既曰經笥，亦稱法將，小乘學徒號木叉提婆（唐言解脫天），大乘法眾號摩訶耶那提婆（唐言大乘天）。斯乃高其德而傳徽號，敬其人而議嘉名。至若三輪奧義，三請微言⑫，深究源流，妙窮枝葉，奐然慧悟，怡然理順，質疑之義，詳諸別錄。既而精義通玄，清風載扇，學已博矣，德已盛矣，於是乎歷覽山川，徘徊郊邑。出茅城而入鹿苑，遊杖林而憩雞園，回眺迦維之國，流目拘尸之城。降生故基，與川原而膴膴⑬，潛靈舊址，對郊阜而茫茫。覽神迹而增懷，仰玄風而永歎，匪惟〈麥秀〉悲殷⑭，〈黍離〉愍周⑮而已。是用詳釋迦之故事，舉印度之茂實，頗採風壤，存記異說。歲月遄邁，寒暑屢遷，有懷樂土，無忘返迹。請得如來肉舍利一百五十粒；金佛像一軀，通光座高尺有六寸；擬摩揭陀國前正覺山龍窟影像金佛像一軀，通光座高三尺三寸；擬婆羅痆斯國鹿野苑初轉法輪像刻檀佛像一軀，通光座高尺有五寸；擬憍賞彌國出愛王思慕如來刻檀寫真像刻檀佛像一軀，通光座高二尺九寸；擬劫比他國如來自天宮降履寶階像銀佛像一軀，通光座高四尺；擬摩揭陀國鷲峰山說《法華》等經像金佛像一軀，通光座高三尺五寸；擬那揭羅曷國伏毒龍所留影像刻檀佛像一軀，通光座高尺有三寸；擬吠舍釐國巡城行化像；大乘經二百二十四部；大乘論一百九十二部；上座部經律論一十四部；大眾部經律論一十五部；三彌底部經律論一十五部；彌沙塞部經律論二十二部；迦葉臂耶部經律論一十七部；法密部經律論四十二部；說一切有部經律論六十七部；因論三十六部；聲論一十三部：凡五百二十夾，總六百五十七部。將弘至教，越踐畏途，薄言旋軔，載馳歸駕。出舍衛之故國，背伽耶之舊郊，踰蔥嶺之危隥，越沙磧之險路。十九年春正月，達於京邑，謁帝雒陽。肅承明詔，載令宣譯，爰召學人，共成勝業。法雲再蔭，慧日重明。黃圖流鷲山之化，赤縣演龍宮之教。像運之興，斯為盛矣。法師妙窮梵學，式讚深經，覽文如已，轉音猶響，敬順聖旨，不加文飾，方言不通，梵語無譯，務存陶冶，取正典謨，推而考之，恐乖實矣。有搢紳先生，動色相趨，儼然而進曰：「夫印度之為國也，靈聖之所降集，賢懿之所挺生，書稱天書，語為天語，文辭婉密，音韻循環，或一言貫多義，或一義綜多言，聲有抑揚，調裁清濁，梵文深致，譯寄明人，經旨沖玄，義資盛德。若其裁以筆削，調以宮商，實所未安，誠非讜論。」傳經深旨，務從易曉，苟不違本，斯則為善。文過則豔，質甚則野。讜而不文，辯而不質，則可無大過矣，始可與言譯也。李老⑯曰：美言者則不信，信言者則不美。韓子曰：理正者直其言，言飾者昧其理。是知垂訓範物，義本玄同，庶袪蒙滯，將存利喜，違本從文，所害滋甚，率由舊章，法王之至誠也。緇、素僉曰：「俞乎，斯言讜矣！」昔孔子在位，聽訟文辭，有與人共者，弗獨有也，至於修《春秋》，筆則筆，削則削，游、夏之徒，孔門文學，嘗不能贊一辭焉。法師之譯經，亦猶是也。非如童壽逍遙之集文⑰，任生、肇、融、叡⑱之筆削。況乎园方為圓之世，斲彫從朴之時，其可增損聖旨，綺藻經文者歟？辯機遠承輕舉之胤，少懷高蹈之節，年方志學，抽簪革服，為大總持寺薩婆多部⑲道岳法師弟子。雖遇匠石，朽木難彫；幸入法流，脂膏不潤。徒飽食而終日，誠面牆而卒歲。幸藉時來，屬斯嘉會。負燕雀之資，廁鵷鴻之末。爰命庸才，撰斯方志。學非博古，文無麗藻，磨鈍勵朽，力疲曳蹇，恭承志記，倫次其文，尚書給筆札，而撰錄焉。淺智褊能，多所闕漏，或有盈辭，尚無刊落。昔司馬子長⑳，良史之才也，序《太史公書》，仍父子繼業，或名而不字，或縣而不郡。故曰：一人之精，思繁文重，蓋不暇也。其況下愚之智，而能詳備哉？若其風土習俗之差，封疆物產之記，性智區品，炎涼節候，則備寫優薄，審存根實。至於胡戎姓氏，頗稱其國，印度風化，清濁群分，略書梗概，備如前序。賓儀、嘉禮、戶口、勝兵、染衣之士，非所詳記。然佛以神通接物，靈化垂訓，故曰：神道洞玄，則理絕人區，靈化幽顯，則事出天外。是以諸佛降祥之域，先聖流美之墟，略舉遺靈，粗申記注。境路盤紆，疆場回互，行次即書，不在編比。故諸印度，無分境壤，散書國末，略指封域。書行者，親遊踐也；舉至者，傳聞記也。或直書其事，或曲暢其文，優而柔之，推而述之，務從實錄，進誠皇極。二十年秋七月，絕筆殺青㉑，文成油素㉒，塵黷聖鑒，詎稱天規㉓？然則冒遠窮遐，實資朝化；懷奇纂異，誠賴皇靈。逐日八荒，匪專夸父之力；鑿空千里，徒聞博望之功。鷲山徙於中州，鹿苑掩於外囿。想千載如目擊，覽萬里若躬遊，夐古之所不聞，前載之所未記。至德壽覆，殊俗來王；淳風遐扇，幽荒無外。庶斯地志，補闕《山經》。頒左史之書事，備職方之遍舉。

【注 釋】❶形識 形，形體與色相。識，識知。形識猶言身心。❷起謝 即起滅。❸迦維 迦維羅衛城（劫比羅伐窣堵）的略稱。❹娑羅 即娑羅雙樹的略稱，係釋迦牟尼逝世處。❺希夷 指道空虛寂靜，不可致詰。《老子》謂「視之不見曰夷；無聲曰希」。❻三轉法輪　佛教以示、勸、證為三轉法輪。❼八萬門　極言佛法之多，以八萬四千法門以解眾生之煩惱。❽十二部　指佛教一切經，按文體分成十二部。❾無為之教　此指佛教。❿雷澤　據說帝舜曾「漁雷澤」。舜，嬀姓，而陳姓係自嬀姓分出，玄奘俗姓陳，故有此說。⓫嬀川　指陳姓。據說堯嫁二女於舜，居於嬀汭，其後遂以為姓。春秋時陳國為嬀姓。⓬三請微言　指釋迦牟尼的法教。據說佛陀因舍利弗的三次請求才說《法華經》。⓭膴膴　土地山川肥沃美麗之貌。⓮麥秀悲殷　據說箕子感慨殷亡而作〈麥秀〉之詩。⓯黍離愍周　〈黍離〉為《詩經・王風》篇名，據說是周大夫因悲愍周室顛覆而作。⓰李老　指老子。據說老子姓李。⓱童壽逍遙之集文　指鳩摩羅什在逍遙園翻譯佛經。童壽，鳩摩羅什(Kumārajira)的意譯。⓲生肇融叡　指竺道生、僧肇、道融、和僧叡，都是鳩摩羅什的門徒。⓳薩婆多部　即說一切有部。⓴司馬子長　司馬遷，字子長，著《史記》(又名《太史公書》)。㉑殺青　指書籍寫定。㉒油素　精白的絹，古人作書畫之用。㉓天規　即天路。

【語　譯】法王的降臨人世是多麼偉大啊！靈異的化育在不知不覺間便已進行，神妙的道理甚至能通於虛無。他在如恒河沙數一樣無窮的世界中窮盡了事物的形式和意念，在無邊久遠的時間中滅絕了事物的興起和衰謝。因為形和識都已窮盡，那些應產生的就不產生了；因為興衰已被滅絕，即使顯示寂滅的也並沒有壞滅。哪裡是迦維城降神，娑羅樹中入滅這樣簡單的。由此可知，他順應萬物而表現靈異，由因緣感悟而在人間留下他的形跡。法王出身於剎帝利種姓，是釋迦族的後裔，他本可以成為國中至尊，卻喜愛俗世以外的學說，於是他拋棄了王位出家致力於法界，如陽光一樣普照化育眾生。他的法教及於十方，智慧周遍萬物。雖出離於無色無聲世界之外，但眾生無一不在他的視聽庇護之中。他在大千世界中演說法教，以雄辯的法音震撼了俗眾。其中的細微分別可分為八萬四千門，其要旨被綜為十二部經。因此，他的聲教廣布，往來於福報之林，他的風範遠遠傳揚，在長壽之域備受愛戴。聖賢的德業是多麼盛大！天人的道義都已完備了！但他終於在堅固之林——娑羅樹林中忘懷了動和靜的意蘊，在幻化之境遺棄了去和來的變換，入於涅槃。他的繼承者沒有出現，人間於是不再探討空無的深義。尊者迦葉精心選擇人員，為了報答佛的恩德，結集佛的法教。增一、中、長、雜四部《阿含經》總結了佛法的源流，經、律、論三藏概括了佛法的旨要。雖然從此部派蜂起，但佛法也流傳下來了。佛從降生到寂滅，聖跡神瑞變化萬千，顯示出數不盡的靈異，沒有生滅變化的真如無為的教法日久彌新。這些都完整地保存在經誥裡，詳細地記載在記傳中。然眾說紛紜，異論錯雜，佛法原始要義，很少能得到正確的解說。這都是根據事實的記錄，尚有這許多不同的說法，何況佛法深奧玄遠，至理虛渺沖淡，對其深義的鑽研記載就更加缺乏。因此前代的大德賢者主要從事譯經之學，後輩中的才智傑出之士，則繼承整理前人殘缺的文字。但佛法大義仍沈鬱寂寂，沒有被彰顯出來，其精微的言辭也有許多缺失一直無人過問。佛教的流傳已經很多年了，從漢代開始直到當今聖代，傳譯佛典的盛業，如泉源流美日月聯暉，但深奧的道理還沒有完全闡發，佛法真諦還沒有顯明。這並非是由於聖教行藏不定，而是王朝教化的結果。我大唐臨治天下，名揚海外，根據聖人遺下的法則，匡正先王的舊典，闡揚佛像與經義的教化，形成重要的訓誡，道不虛行，弘在明德。於是使得三乘深奧的義理發揚在千年以後，佛所具有的「十力」留下的靈驗光大於萬里之外。神道無所不在，聖教卻要有所寄託，因緣具備才會彰顯，這是千真萬確的。玄奘法師，他的家世可以追溯到虞舜的雷澤，他這一支可上達於虞舜娶唐堯二女的媯川，這體現了上德的禎祥，蘊結了中和的淳粹，他遵行合於德業的正道，並以正道規定行為，他早已樹立福德，因而有昌盛的命運。法師出塵絕俗，久居佛學場所，奉行先師的教誨，仰慕前哲的美德。他背著書箱四處求學請教，後周遊了燕、趙故地，歷覽了魯、衛舊邦，又離開三河而入秦中，經三蜀到達吳會。他向所有飽學才俊之士勤勉地請教，並多次向當世英賢，表達出外求法的志向。他根據一些議論，並考察眾多學派的宗旨，發現他們都競相使自己的學派佔據上風，而對別的學派則嫉妒排斥。於是他決心要探討佛學的本源，立志對此作詳盡的考察，正當四海統一，八方會同的時候，玄奘法師於貞觀三年八月初一的清晨撩起衣襟，手持錫杖踏上了遠征的漫漫長路。他憑藉皇上的教化和神明的護祐孤身遠遊，走出鐵門、石門關隘，翻越險阻的淩山、雪山。時光飛逝，終於他來到了印度。他在那異域宣揚中國的風尚，對那裡的人們曉諭宏大的教化，他直接學習梵文學問，向學識高深的人請教，多年的疑問看了梵文就豁然開朗，對深奧的意旨就廣泛地請教高才之士。這樣他啟發心胸鑽研學理，開拓智慧體味佛道。聞所未聞，得所未得，成為道場的益友，真是法門的巨匠啊！從此玄奘法師的道風昭著，德行高明，學識蘊於三冬，聲名馳於萬里。印度學者無不仰慕他的盛德，說他是裝滿佛經的箱子，又稱他是法將，小乘信徒叫他木叉提婆，大乘法眾叫他摩訶耶那提婆。這是因崇尚他的德業而傳揚的徽號；因敬慕他的人品而贈予的美名。至於三輪的深義、三請精微的言辭，他都深入探討其源流，力求窮盡其枝葉，並能恍然慧悟，欣欣然理順文辭，而將需質疑的義理，另外詳細記錄。於是他精通佛理玄學，聲譽如清風載扇般廣泛傳播，學業既已廣博，德業既已盛大，玄奘法師便遍覽山川，流連於郊邑，出上茅宮城進入鹿苑，遊於杖林小憩於雞園寺，回望迦維羅衛國，遊目拘尸那揭羅城。佛陀降生的故基，連綿著肥沃的川原，冥冥中顯靈的舊址，面對的是茫茫的荒野。對這些神跡的瞻仰使他倍增緬懷之情，嚮往玄風，他久久嘆息，這種情感是悲悼殷朝的〈麥秀歌〉或哀憫周室的〈黍離篇〉所無法比擬的。於是他詳細記下了釋迦佛的故事，條列了印度眾多的史實，還採集了不少風土習俗，記錄下種種奇聞異說。歲月荏苒，寒暑交替，玄奘法師雖然懷戀這樂土，卻時刻沒有忘記要返回故土。於是他請得如來肉舍利一百五十粒；金佛像一尊，通光座高一尺六寸，仿製的摩揭陀國前正覺山龍窟影像金佛像一尊，通光座高三尺三寸；仿製的婆羅痆斯國鹿野苑初轉法輪像刻檀佛像一尊，通光座高一尺五寸，仿製的憍賞彌國出愛王思慕如來刻檀寫真像刻檀佛像一尊，通光座高二尺九寸；仿製的劫比他國如來從天宮下降足踏寶階像銀佛像一尊，通光座高四尺；仿製的摩揭陀國鷲峰山說《法華》等經像的金佛像一尊，通光座高三尺五寸；仿製的那揭羅曷國伏毒龍所留影像的刻檀佛像一尊，通光座高一尺三寸；仿製的吠舍釐國巡城行化像；大乘佛經二百二十四部；大乘論一百九十二部；上座部經律論十四部；大眾部經律論十五部；三彌底部經律論十五部；彌沙塞部經律論二十二部；迦葉臂耶部經律論十七部；法密部經律論四十二部；說一切有部經律論六十七部；因論三十六部；聲論十三部：共五百二十夾，總計六百五十七部。為了弘揚佛教，玄奘法師又踏上了艱難的旅途，他乘上還鄉的車輪返回故國。他出了舍衛國的舊地，離別了伽耶的故郊，越過蔥嶺危險的山徑，穿過沙漠險惡的路途，於貞觀十九年春正月，到達京城長安，在雒陽謁見了皇帝，並敬領詔命，從事翻譯工作。於是召集飽學之士，共同完成這偉大的事業。法教的祥雲又一次庇蔭了大地，智慧的太陽重放光芒。整個中國開始流傳鷲山的教化和龍宮的誨導。佛教法運的興起，以這時最為盛大。玄奘法師精通梵學，當他誦讚深奧的佛經，可以在閱覽梵文的同時進行翻譯轉讀。他能夠敬順佛經的意旨，不加文飾，對於方言不通或無法譯出的梵語，法師都要仔細琢磨，求正於佛教典謨，推敲考訂，惟恐與原意不符。一些縉紳先生神色激動地跑來鄭重地向法師說：「印度這個國家，是靈聖降集、賢懿誕生的地方，他們的書可稱為天書，梵語就是天語，文辭婉約而嚴謹，音韻循環往復，或者一句話包含了許多意思，或者很多詞語表達的是一個意思，聲音有抑有揚，語調有清有濁，梵文深遠的意義要靠明哲的人來翻譯，佛經沖玄的意旨要靠盛德之人來闡發，如若對其加以增刪譯出，再配以宮商律呂的聲調，實在有些不妥，不是完善的做法。」傳譯佛經深奧的意旨，必須要明白易懂，明白易懂又不違背原文本意，這就是最好的。過分文飾易流於華麗，過於求質易陷於鄙俗。意思正確而不失於華麗，清晰而不失於鄙俗，那就沒有什麼大問題了，這時才可以談翻譯的事。老子說：漂亮的言辭不可信，可信的言辭不漂亮。韓非說：道理正確則言辭直率，言辭經過修飾則其理隱晦。由此可知對事物的認識規範，古今都是一樣的，去掉那些隱晦不通的言辭，更有利於說出主旨得到人們的喜愛，而違背本旨一味追求文辭，則為害極大，率由舊章，這是法王著重強調的。僧人和俗眾都說：「對啊！這話是多麼正確！」從前孔子在位的時候，文書都是和別人合寫，沒有自己獨自寫的，而修《春秋》的時候，則該記則記，該刪則刪，連子游、子夏這些孔門的文學之士，也不能插一句話呢。玄奘法師譯的經也是這樣，不能像鳩摩羅什在逍遙園的集文那樣，任由道生、僧肇、道融、僧叡增刪。況且在這削方為圓之世，去雕飾尚樸質之時，怎麼可以增損佛旨，使經文詞藻華麗？辯機生為傴人的後裔，從小便胸懷隱逸的高節，年方十五便落髮出家，成為大總持寺薩婆多部道岳法師的弟子。雖有明師教導，但自己卻如朽木不可彫琢；雖有幸混跡法門，但卻如脂膏中的孔奮不能自潤，白白飽食終日，面壁空度歲月。天幸憑藉時運，遇到這樣譯經的盛會。以燕雀般的才智，追隨在鵷雛、鴻鵠的後邊，以一介庸才受命撰寫這部方志。我既沒有廣博的學識，又沒有華麗的辭藻，如同磨鈍刀去彫刻朽木，勉為其難。我恭謹地接受命令記下這些文字，按次序整理這些文章，由尚書發給筆札，將文章撰錄在這裡。由於智識淺陋，因此文中必定會有許多缺失，或是一些多餘的辭句沒有被刪去。從前，有良史之才的司馬子長序《太史公書》，雖是子承父業，尚且有些地方只寫人名沒有表字，有的地方有縣名而沒有郡名。因此可以說，單憑一個人的精力，要應付繁雜的思慮和文章，不免會應接不暇。以司馬子長之才尚出現紕漏，更何況我才智愚下，怎能做到詳盡完備呢？像那些風土習俗的差異，有關疆域物產的記載，人們性情智能的區分品評、季節氣候等這裡都做了詳盡的記敘，這些都是經過審核的實際情況。至於胡戎的姓氏，多以他們所在的國土方言稱呼，印度的風俗教化，有清濁之分，這裡只簡略講些梗概，詳見前序。有關賓儀、嘉禮、戶口、兵士、僧侶都不做詳細記載。佛以神通接觸萬物，以靈異教化垂訓世人，所以說，神道深邃玄妙，其理法與俗世截然不同，靈化於冥冥中顯現，其事跡出於天外。因此在諸佛降下祥瑞的區域，先聖流傳美譽的地方，粗略地舉出其遺跡，並申明於記注中。通往各國的道路曲折紆迴，疆界地域相互交錯，這裡是按旅行路線記述，沒有編排。因此五印度不分境界，散記於每一國的末尾處，大略指出其所屬的分域。寫「行」的，是親身遊歷所到的地方，寫「至」的，是根據傳聞的記載。或直書其事，或委婉描寫，經過剪裁安排，仔細推敲，然後記述下來，力求根據實錄，把可靠的材料進獻給皇上。貞觀二十年秋七月完稿。有辱聖上明鑑，不敢說能符合聖上的旨意。然則法師冒險遠至窮域，實是憑仗著朝廷的教化；懷抱奇志編纂這異方的志書，完全有賴於皇上的威靈。追逐太陽於八荒，並不只是夸父才有這樣的力量；開拓千里西域，並非只有博望侯張騫才能建立這樣的功績。將鷲峰山搬到中州，以鹿野苑作為皇室的園囿，千載以來的事跡歷歷在目，萬里歷覽彷彿親臨其境，這些都是遠古以來聞所未聞，也是從前典籍沒有記載的。聖上的至德覆蓋大地，遠國異族都來臣服，我大唐淳善的風尚遠遠傳播，幽遠荒僻之地也不例外。也許這部地志，可以彌補《山海經》的缺失，如果像記事的史書一樣頒布下去，就可以讓掌管天下輿圖的官員普遍採用。

【說　明】辯機作為《大唐西域記》撰著過程的見證人和參與者，有必要對有關情況作一交代。同時，面對玄奘及其著作——這樣的「奇蹟」，辯機一定有許多感情需要表達。從讀方面說，在捧讀其書、仰慕其人的同時，也希望更多地知道一些相關情況。因此這篇〈後記〉不論從哪方面說，都不是多餘的。至於它的內容構成，則是比較清楚且簡單的：主題無非是介紹玄奘及其著作。然後歸美天子、歌頌朝廷。不過，值得注意的是，正是在這裡，顯示了辯機作為一個僧侶的「專業」特點和「業務」水平。他先是從法王的誕生和佛教的傳播敘述起來，在敘述中滿含著崇拜和讚仰。然後對教義的紛雜、經文的散亂深表嘆息。這事實上是在為玄奘的出現鋪墊基礎、提供背景，以明「應運而生」之義。在介紹玄奘時，雖然也遠溯堯舜，近及早學，但重點則放在西行及其歸來之後諸活動上；因為這些活動與《大唐西域記》的關係更為密切。在這裡，辯機較為詳細地敘述了玄奘活動的幾個主要內容：一是通過西行求法，終於獲得了完整而真實的「道」，成為佛學「巨匠」；二是玄奘高深的佛學造詣給當地佛學者以巨大的影響，令其驚嘆不已，稱玄奘為佛法的「大將」；三是求法、弘法之外，玄奘還廣泛遊歷，記錄了大量的西域資料；四是歸國時帶回了大量的佛教典籍和法物法器；五是歸國後的佛經翻譯工作。這五大內容正是玄奘西行的主要目的和成就之所在！隨後辯機說到了自己：在謙虛的表達裡，講了自己對玄奘的敬仰；在筆錄時的基本原則和態度；在具體處理上的一些考慮。最後，當然少不了要對當今皇上歌頌一番，對大唐帝國讚美一通。雖然有些程式化，但也確係實情。上述內容在辯機的筆下，顯得條理清晰而又流暢自然，看得出他的佛學修養和文學水平都不同尋常，所以當時選中他來參與其事不是沒有原因的。我們今天能夠讀到如此潔淨明達的《大唐西域記》，除了要感謝玄奘之外，也要感謝辯機的貢獻。

注譯後記

在永夜四圍的沈鼾裡，我們寫完了本書的最後一行文字。沒有勝利模樣的歡呼，也沒有疲憊模樣的頹倒，瞥一眼高高摞起的手稿，我們只是隔著燈光，相顧微笑，彼此無言地傳遞著某種會心和愉悅，或許還有某種超脫和神祕。

大約一年前的那段日子，我們被四周的嘈雜和無常的變幻弄得有些煩躁，有些心驚，彼此在自覺不自覺中都想尋找一個去處，算是休息也罷，算是寄託也罷，總歸不能像一片黃葉那樣任憑風塵的漫卷。正在這時，遠方友人來信約稿，並且已為我們定下了《大唐西域記》。這個消息可謂來得適逢其時，我們幾乎沒有一點猶豫便接受下來了。

接下來的日子就像早秋的風掠過溪水一樣，清涼而又明淨，匆匆而來，富於活力；淙淙而去，有如琴瑟。在被塵世遺忘了的斗室裡，我們展卷讀寫，彷佛也遺忘了塵世，追尋著荒遠戈壁上的一豆風燈，一串駝鈴，隨玄奘西行復西行。行程是緩慢的、艱難的，有時甚至是凶險的，但每前行一步，呈現在眼前的總是新的景象，新的境界，奇妙復奇妙。於是，那燈光便越來越顯明亮，那駝鈴便越來越覺悠揚。

有時，我們竟會產生某種幻覺，覺得玄奘的西行，並不必為了聽取什麼「佛法」，搜求什麼典獻，僅僅西行本身，已足以讓他跋涉不止了。畢竟在人們有限的生命裡，領略如此次第展現於眼前的奇景，感受如此聯翩而至的妙境，能有幾位？能有幾回？玄奘能如此，已是天祐，實為大幸，還不足夠麼？又何必計較他禮拜的佛像有多少，師從的高僧係何人？又何必斤斤於他帶回幾卷經文，傳續了幾代燈火？事實上，他所禮拜的佛像，如今陳遺何在？他所師從的高僧，如今姓名誰識？就連他所翻譯的經文，他所開創的教派，如今在人們心目中又有多少影響？倒是他的西行，他西行的美麗與豪邁，奇險和勇決，他的偉大歷程和獨特人格，早已深深注入人們的心靈，並將永遠為人們所詠舞歌唱，傳頌不歇。

當然，玄奘還有更讓我們感動的地方。他雖然是一位奇蹟的創造者，但當他完成了這個奇蹟創造後，彷彿很快就將它「忘卻」了，幾乎從來不提過去的輝煌和偉大，甚至在專門記述這一次征程的著作裡，也幾乎一字不提自己，甚至連書名也取作《大唐西域記》，而不是「我的西行」之類，更沒有逢人便誇耀自己的經歷，而是目不斜視，義無反顧地繼續新的征程。也許這正是玄奘人格精神中更為深刻而永恒的東西。

我們有時也廢卷而嘆，為我們民族的「人文浪費」現象而感慨。在過往的歲月裡，有多少傑出的人物，創造了多少偉大的人文成就！但後來的人們往往無視這些成就，而是要從「一張白紙」重新來過。結果，不僅很少達到先前的高度，甚至連先前的成就也給丟掉了。就像魯迅當年所揭露的「民族性」一樣，如今雖有連篇累牘的諷刺文章，但加在一起也無法超過魯迅的深度、廣度和力度，這真讓人在為前人的偉大而感嘆的同時，又不免為後人的「徒勞」而悲哀了。為什麼人文領域不能像科學領域那樣，一個「發明」會立即為人們所普遍接受和利用，後一個「發明」必然超過前一個發明，而無須重複勞動、浪費成果呢？也許這只是我們的愚痴或杞憂吧！

我們都是平庸的人，心靈和身體似乎都承擔不了如此沈重的問題，卻很願意感受眼前的愉悅，祈禱未來的福祐。這本書既給我們帶來了那麼多美妙的時光，也為我們把那些時光記錄下來，我們沒有理由不感謝她。自上天賦予我們生命以來，我們在人間行走啼笑，雖屢經災病磨難，現在仍吃得香、睡得好，想必這都賴「佛」的愛護和庇祐。常言道「借花獻佛」，我們權且以此書當做為佛做的功德吧。祈願無邊的佛法能為我們滌盡塵世的汙濁，給大地雨散天花，讓眾生在人間天堂裡安詳。

阿彌陀佛！

陳飛　凡評　於天心居

◎新譯洛陽伽藍記

劉九洲／注譯
侯迺慧／校閱

《洛陽伽藍記》不僅是一本地理著作，同時也是歷史和文學著作。它以北魏京城洛陽之佛寺、園林為記敘主線，繫以當時的政治、經濟、人文、風俗、地理、掌故傳聞等等，其目的在貶斥北魏王公貴族建寺造塔、勞民傷財的惡行，表明佞佛誤國的觀點。作者以「實錄」的歷史觀點和態度寫作，全書內容豐富，行文結構巧妙，手法多樣，語言穠麗秀逸，優美生動，記敘傳說掌故，趣味盎然，值得一讀。

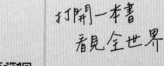

國家圖書館出版品預行編目資料

新譯大唐西域記／陳飛,凡評注譯;黃俊郎校閱.——
三版一刷.——臺北市：三民，2024
面；　公分.——(古籍今注新譯叢書)

ISBN 978-957-14-7783-1（平裝）
1. 歷史地理 2. 亞洲

730.6　　113004276

古籍今注新譯叢書
新譯大唐西域記

注譯者　陳飛　凡評
校閱者　黃俊郎

創辦人　劉振強
發行人　劉仲傑
出版者　三民書局股份有限公司(成立於1953年)

三民網路書店
https://www.sanmin.com.tw

地　址　臺北市復興北路386號　(復北門市)　(02)2500-6600
臺北市重慶南路一段61號(重南門市)　(02)2361-7511

出版日期　初版一刷1998年11月
二版四刷2020年1月
三版一刷2024年5月
書籍編號　S031580
ISBN　978-957-14-7783-1